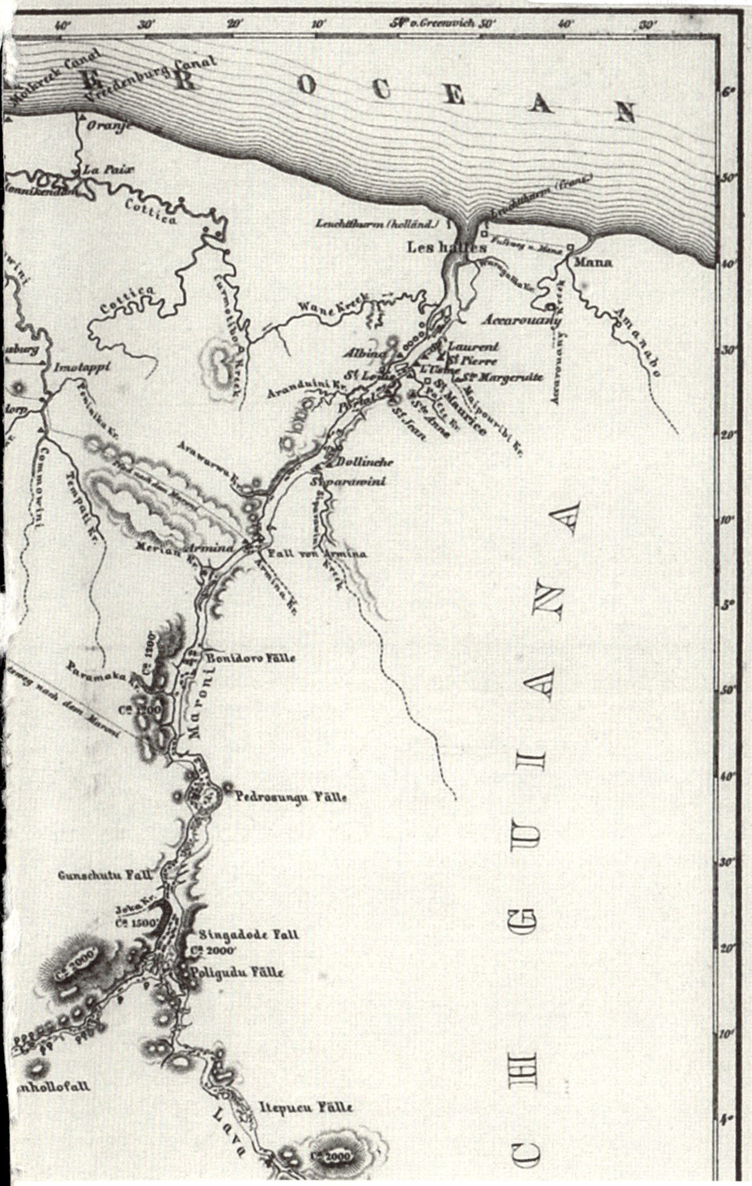
54° v. Greenwich 30'
40'
30'
20'
10'
40'
30'
6°
50'
40'
30'
20'
10'
5°
50'
40'
30'
20'
10'
4°
OCEAN
Moilecreek Canal
Vreedenburg Canal
Oranje
La Paix
Cottica
Wane Kreek
Imotappi
Commowini
Tempati Kr.
Leuchtthurm (holländ.)
Les hattes
Mana
Amanabo
Accarouany
Albina
Laurent
St. Pierre
St. Margeruite
St. Louis
St. Maurice
St. Jean
Ste. Anne
Maipourini Kr.
Aranduini Kr.
Arawarwa Kr.
Dollinche
Sparawini
Armina
Merian Kr.
Fall von Armina
Armina Kr.
Bonidoro Fälle
Paramaka Kr.
Ca. 1200'
Maroni
Pedrosungu Fälle
Gunschutu Fall
Joka Kr.
Ca. 1500'
Singadode Fall
Ca. 2000'
Poligudu Fälle
Itepucu Fälle
Lava
GUIANA
CHE

August Kappler

LEBEN UND REISEN IM TROPISCHEN REGENWALD

Erlebnisse und Erfahrungen während eines 43jährigen
Aufenthalts in Holländisch-Guyana/Surinam

1836 - 1879

Herausgegeben und eingeleitet
von Lars Martin Hoffmann

EDITION ERDMANN

© 2008 by Edition Erdmann in der marixverlag GmbH, Wiesbaden
Der Text wurde behutsam revidiert nach der Ausgabe
*Holländisch-Guiana. Erlebnisse und Erfahrungen während eines 43jährigen
Aufenthalts in der Kolonie Surinam*, Stuttgart 1881
Redaktionelle Mitarbeit: Gudrun Kolb-Rothermel, Lenningen
Covergestaltung: Nele Schütz Design, München
Bildnachweis: Bridgeman Art Library, Berlin (Titelkarte)
Internet (Titelbild, Porträt Kappler)
Satz und Bearbeitung: C&H Typo-Grafik, Miesbach
Gesetzt in der Adobe Garamond
Gesamtherstellung: GGP Media GmbH, Pößneck
Printed in Germany

ISBN: 978-3-86539-801-7

www.edition-erdmann.de
www.marixverlag.de

Inhaltsverzeichnis

Erste Abteilung. Leben und Erfahrungen als
Naturaliensammler. 1842–1846

Zurückreise nach Surinam. – Ankunft in Paramaribo. –
Beschreibung des Landes. – Die Pflanzungen. – Die Ne-
ger. – Transportmittel. – Die Stadt Paramaribo. – Der
Landbau. – Die kolonialen Produkte. – Das Klima. –
Krankheiten.

Reise nach dem Obersurinam. – Die Judensavanne. –
Marsch nach dem Posten Mauritsburg. – Leuchtende
Pflanzen. – Rama Berg en Daal. – Ankunft auf Victoria. – Beschäftigungen. – Zurückreise nach Parama-
ribo. – Streit zwischen Affen und Spottvögeln. – Dok-
tor H. – Unsere Hausgenossen. – Reise in den Para
Distrikt. – Osembo. – Der Direktor B. – Meine Wan-
derungen. – Der Schmetterlingsfang. – Die Höhle in
Topibo. – Pflanzung Hannover. – Der Bromelienflachs. –
L'Inquiétude. – Häusliche Szenen. – Der Fliegenschnap-
per und der Riesenfalter. – Frühere Kolonisation am
Oranjepad. – Spinnen, Skorpione, Zecken. – Fußreise
nach Paramaribo. – Eine Ölpalme.– Klein Onoribo. –
Der Wanikaweg und Kanal. – Fliegen und Wespen. –
Feuerfliegen. – Zikaden. – Mantisarten. – Kakerlaken
und Termiten. – Reise nach Victoria. – Zitronenfalter. –

Fischfang. – Der Granmorgo. – Fahrt nach einem anderen Indianerdorf. – Der Leilusschmetterling. – Wahl meines künftigen Wohnortes. – Das Stachelschwein. – Süßwasserfische. – Der Zitteraal. – Zurückreise nach Paramaribo. – Gesellig lebende Vierfüßler. – Die Fledermäuse. – Die Katzenarten. – Abreise nach Holland. – Der Ökonom C. – Rückkehr.

ZWEITE ABTEILUNG. MEINE ANSIEDLUNG
AM MARONI. 1846 BIS 1879

Meine Pläne. – Reise nach dem Maroni. – Biwak am Seestrande. – Ankunft am Maroni. – Reise nach dem Amanabo. – Indianische Ratsversammlung. – Der neue Wohnplatz. – Arbeit und Lebensweise. – Die Cassave-Ameise. – Die Buschneger. – Administrative Veränderung in Mana. – Schildkrötentransport. – Primo und John. – Der Warappa.

Holzschlag und Holzhandel. – Projekte des Herrn Bukh. – Unsere Association. – Bau eines ersten Hauses. – Der Posten Armina. – Der Louy oder Tigerfisch. – Überfluß an Wild und Fischen. – Die Schmeißfliegen. – Schwieriger Transport. – Ab- und Anspülen der Küste. – Adam. – Schnepfenschwarm. – Adams Flucht. – Gouvernements-Erlaubnis.

Vergebliches Warten. – Abfahrt nach Paramaribo. – Konkurrenz. – Zurückreise. – Wespenstiche. – Zusammentreffen mit Buschneger. – Stranden der Schaluppe »van Spykh«. – Bukhs Tod. – Ankunft auf Albina. – Fröhliches Gelage. – Rückkehr nach dem Indianerdorf. – Der Schnapskrug. – Ausbesserung meines Bootes. – Soirée

von französischen Deportierten. – Reise nach Europa. –
Die deutsche Kommission. – Engagement von Arbeitern. – Abreise. – Ankunft am Maroni.

Erste Arbeiten. – Unordnung an Bord. – Fledermäuse. –
Die deutsche Kommission. – Interesse der holländischen
Regierung an europäischer Kolonisation. – Günstiges
Urteil der deutschen Kommission über die Kolonisationsfrage. – Erste bürgerliche Heirat. – Unverschämtheit, Aufhetzereien und heimliche Tücke. – Besuch des
Gouverneurs. – Klagen. – Verminderung der Arbeit. –
Versprechen des Ministers. – Hoffnung des Herrn K. –
Zweiter Transport. – Aufruhr an Bord. – Der neue Assistent. – Verschiedene Kontrakte. – Holzarbeit. – Anarchie
und Katzenmusik. – Ankunft des Gouverneurs. – Allgemeine Klagen. – Abreise des Assistenten. – Holländische
Fischerfamilie. – Vorteile einer Fischerei. – Holzhau am
Aranduini. – Untaugliches Seeboot. – Errichtung des Fischerhauses. – Unnötige Arbeit. – Überschätzung unserer
Verhältnisse. – Zweite Fischerfamilie. – Neue Nachbarn
auf dem französischen Ufer. – Wilde – Schweinsjagd. –
Wiederholte Unruhen. – Der dritte Transport. – Wertlosigkeit des Holzes. – Krankheit und Sterbefälle.

Tod des Herrn K. – Zumutung des Gouvernements. –
Plan einer Kolonisation mit Holländern. – Die politischen
Deportierten im französischen Guyana. – Ihre Flucht
von *Ile du salut*. – Ankunft eines Forcat. – Sendung
des Curacaonaars. – Stranden desselben. – Der verlangte
Kolonisations-Plan. – Mein Vorschlag an die K.schen
Erben. – Ihre Kontrakte mit Herrn N. – Trübe Aussichten. – Beschluß Sr. Majestät des Königs. – Andacht des
französischen Gouvernements auf dem Maroni. – Anlage der Penitenciers auf dem rechten Ufer. – Offiziöser
Gouvernements-Brief. – Organisation der Penitenciers. –
Reise zu den Aucaner-Buschnegern. – Missionsprojekt. –

Felsen mit indianischen Figuren. – Brasilianische Indianer. – Süßwasser-Rochen und Panzerwelse. – Ankunft
beim Großoberhaupt – Gruttu. – Die Lava. – Gallenfieber. – Reise des père Neu. – Eifer der katholischen
Geistlichen.

Stranden des Pacific. – Sonderbarer Gottesdienst. – Reise
nach Barbados. – Sorglosigkeit an Bord des Eagle. – Ankunft in Bridgetown. – Das Eishaus. – Das Garnisonstheater. – Die Stadt. – Reis'chen nach der Nordküste. – The
burning spring. – Uncle Toms Cabine. – Georgetown. –
Rückkehr nach Paramaribo. Die Theodora Josina. – Chinesen und deren Transport.

Chinesen. – Ein neuer Minister tritt auf. – Seine Abneigung gegen europäische Kolonisation. – Projekt Javanesen nach Surinam zu bringen. – Die Reiskultur. – Berechnungen werden von mir verlangt. – Bedenken des
Gouverneur-Generals von Niederländisch Indien. – Vergebliche Reisen. – Gefährliche Lage gegenüber einem Jaguar. – Ausbreitung der Penitenciers. – St. Louis. – Milch-
lieferung. – Admiral Tardy de Montravel. – Ankunft von
Frauen auf St. Laurent. – Große Sterblichkeit. – Die Jesuiten. – Verkehrte Maßregeln. – Sorge für meine eigene
Sicherheit – Zweck meiner Reise nach Europa. – Audienz
beim Minister. – Entschädigung der Regierung. – Zurückreise nach Surinam mit meinem Neffen. – Die französischen Dampfaviso's. – Gefälligkeit der französischen
Seeoffiziere. – Holzschlag am Siparawini. – Dampfsägemühle – Unternehmung des Herrn Riolet. – Proponierte
Holzlieferung für die russische Marine. – Bestellung von
Eisenbahnschwellen. – Ochsenlieferung an die Penitenciers. – Anlage von Leshattes. – Vorteile der Viehzucht. –
Die Zuckerkultur. – Verschwendung der Arbeitskräfte. –
Weitschweifigkeit in der Verwaltung. – Gleichgültigkeit
der subalternen Beamten.

Einleitung des Herausgebers

Der vorliegende Band enthält die Lebenserinnerungen August Kapplers, eines badischen Auswanderers, der im 19. Jahrhundert sein Glück in Übersee suchte – und dort auch fand. Kappler wurde am 10. oder 11. November 1815 in Mannheim geboren. Er stammte aus einfachen Verhältnissen, wobei die Sorgen der Familie nach dem frühen Tod seines Vaters, der zunächst noch einfacher Lehrer an einem Lyzeum in Mannheim war und mit der Familie bald nach der Geburt seines letzten Kindes nach Tübingen übersiedelte, beträchtlich anwuchsen. Sein ältester Bruder, dem nunmehr das weitere Geschick der Familie oblag, bestimmte, dass der junge August nach seiner Konfirmation eine Lehre beginnen solle. So kam es, dass Kappler zunächst in Stuttgart, dann in Heilbronn eine kaufmännische Ausbildung absolvierte. Überhaupt sollte Stuttgart von da an zu seiner europäischen Heimat werden. Die wirtschaftliche Situation im damaligen Deutschland war jedoch alles andere als aussichtsreich. So entschloss sich Kappler schon recht bald, seine Heimat zu verlassen und sein Glück in der Fremde zu suchen. Dazu kam seine offene Abneigung dagegen, in einem Abhängigkeitsverhältnis von Dienstherren zu leben. Von daher ging er im Juni 1835 nach Griechenland, um in der Armee des dort neu gegründeten Königreichs zu dienen. Allerdings misslang dies, da er keinen Pass besaß – und infolgedessen nach Deutschland zurückkehren musste. Doch blieb er nicht lange in Stuttgart, da er bereits im Juli 1835 in die Niederlande aufbrach, um sich dort jener Armee anzuschließen, die in den holländischen Überseegebieten eingesetzt wurde. Nach Surinam gelangte Kappler mehr oder weniger zufällig: Eine Einheit war nämlich gerade nach Ostindien aufgebrochen, während das nächste Kontingent für das holländische Guyana bestimmt war. Letztere erreichte

Surinam am 18. Januar 1836, wohin er sich für sechs Jahre verpflichtet hatte.

Seinen Dienst leistete Kappler meist außerhalb der Hauptstadt Paramaribo ab. Die Niederländer unterhielten damals noch eine ganze Reihe von kleineren militärischen Vorposten, die über die Kolonie verstreut waren. Knapp die Hälfte seiner Dienstzeit verbrachte er somit an verschiedenen, sehr abgelegenen Orten, an denen es in der Regel nicht viel zu tun gab. Kappler begann in dieser Zeit sein erstes Geschäft, denn er sammelte und konservierte seltene Pflanzen und Tiere, die er über die Kapitäne der Überseeschiffe nach Europa verkaufte. Ab 1840 wurde Kappler fest an dem kleinen Vorposten Armina stationiert, der am Maroni/Marowijne, dem Grenzfluss nach Französisch Guyana lag. Streitigkeiten mit den Franzosen gab es freilich nicht. Vielmehr hatte Armina den Sinn, eine gewisse Kontrolle über die einheimische Bevölkerung, insbesondere jedoch über jene neuen Stämme auszuüben, die sich aus entlaufenen bzw. entlassenen Sklaven afrikanischer Herkunft gebildet und sich nunmehr im südamerikanischen Regenwald niedergelassen hatten.

Allzu viel Gesellschaft hatte Kappler in jenen Jahren naturgemäß nicht, und immer wieder weist er in seinen beiden biographischen Büchern darauf hin, dass Surinam alles andere als dazu geeignet sei, die Freuden eines opulenten kolonialen Lebens zu genießen. Armina, wo Kappler zuletzt den Rang eines Fourier, also eines höheren Unteroffiziers bekleidete, wurde übrigens bald nach seiner ersten Abreise aus Surinam aufgegeben, da der Posten nicht zuletzt auch aufgrund seiner Lage keinen echten strategischen Nutzen besaß. Außerdem – wie Kappler selbst schrieb – waren es wohl eher die Bewohner des Regenwalds, die die wenigen Soldaten ohne großen Aufwand in eine Art Geiselhaft hätten nehmen können, um dadurch womöglich Vorteile von Seiten der Kolonialverwaltung in Paramaribo zu erzwingen.

Zurückgekehrt in die Niederlande erfolgte seine Entlassung aus dem Militärdienst im Januar 1842. Daraufhin ging er zu seinen Verwandten nach Stuttgart, wo er von der unangenehmen Nachricht überrascht wurde, dass seine umfangreiche Pflanzen- und Insektensammlung, die er in Europa hatte verkaufen wollen, mit dem Frachtschiff untergegangen war, das sie dorthin hätte bringen sollen. Gleichwohl hatte Kappler noch in Armina den Entschluss gefasst, nach Surinam zurückzukehren und sich am Maroni niederzulassen. Darin bestätigte ihn nicht zuletzt auch die wirtschaftliche Lage in Deutschland, die einem Mittellosen wie ihm keinerlei Zukunftsaussichten versprach. So befand er sich denn bereits im Juli 1842 wieder in Surinam, das für die kommenden 37 Jahre seine Heimat werden sollte. Um sich jedoch niederlassen zu können, benötigte Kappler zumindest ein kleineres Kapital, das er sich erst einmal erarbeiten musste. Dabei erwies es sich für ihn durchaus als hilfreich, dass er in Surinam über einige recht gute Kontakte verfügte.

Jedenfalls ließ er sich zunächst in Paramaribo nieder, um sich dort über einen Kleinhandel ein eher bescheidenes Auskommen zu erwirtschaften. So sammelte er auch wieder kleine Tiere und Pflanzen, für die er in Europa mit den privaten und öffentlichen naturkundlichen Sammlungen seiner Zeit dankbare Abnehmer fand. Den Maroni bereiste Kappler erstmals im Februar 1845 gezielt, um dort nach einem geeigneten Siedlungsplatz Ausschau zu halten. Er wurde dabei auch fündig, um jedoch im Juni desselben Jahres zunächst wieder nach Europa zurückzukehren. Den Bestand seiner Naturaliensammlung, den er offenbar mit Gewinn verkaufen konnte, führt er in dem hier vorliegenden Buch ausführlich an.

Zurück in Surinam verfolgte er ab dem Frühjahr 1846 sein Ziel, von Seiten der Kolonialregierung eine Siedlerkonzession zu erhalten. Damit sollte er schließlich Erfolg haben, und am 13. Dezember 1846 nahm er sein Land in Besitz, an dem bislang nicht einmal die einheimische Bevölkerung Interesse gezeigt hatte. Diesen Ort benannte er nach seiner zukünftigen Frau Albina. Allerdings wurde sein Beginn dadurch erheblich erschwert, dass ein Korse namens Monte-Cattini gleichfalls die Konzession erhalten hatte, am Maroni einen Handelsplatz zu errichten. Kappler berichtet hier ausführlich über diese für ihn nicht immer einfache Nachbarschaft, da man schließlich dieselben Handelswaren vertrieb. Das Problem sollte sich aber dadurch lösen, dass Monte-Cattini nach anfänglichen Erfolgen allem Anschein nach zu viel Kapital aus seinem Geschäft abzog und sich nur wenig selbst darum kümmerte, sodass die Unternehmung nach einigen Jahren scheiterte.

Gleichwohl benötigte Kappler – wollte er in Albina dauerhaft bestehen – einen geeigneten Handelspartner, der ihn auch mit dem notwendigen Kapital unterstützen konnte. Im Amsterdamer Handelshaus Krieglinger fand er nun diesen Partner, der es ihm ermöglichte, wirtschaftlich zu expandieren und das dafür notwendige Personal zu bezahlen. Die entsprechenden Vereinbarungen wurden im Herbst 1852 unterzeichnet, und Kappler sollte den darauf folgenden Winter in Stuttgart verbringen, wo er seine Jugendliebe Albina Josefine Eleonore Liezenmaier heiratete. Gemeinsam erreichte das Paar im Juni 1853 Surinam und den Siedlungsplatz Albina, wo man zunächst daran ging, eine einigermaßen geeignete Haushaltung zu errichten. Fraglich bleibt allerdrings, ob dieser Platz nicht auch früher schon den Namen Albina trug, da bereits englische Karten aus dem 18. Jahrhundert einen solchen Ort am Maroni verzeichnen, der von seiner Lage jedoch eher mit dem holländischen Militärposten Armina in Verbindung zu bringen wäre.

Mit dem Ehepaar kam eine Gruppe von Holzfällern aus dem Schwarzwald an den Maroni, da sich Kappler erhoffte, diese würden effizienter und genauer arbeiten als die bislang mit dieser Aufgabe betrauten Indianer. Das Experiment sollte jedoch scheitern, da diese Gruppe mit den klimatischen Bedingungen im Regenwald nur schwer zurechtkam. Außerdem bekommt man hier einen kleinen Einblick in die politische Situation Deutschlands nach der gescheiterten Revolution von 1848. Denn einer der angeworbenen Arbeiter in der Funktion eines Verwalters war Sozialist – und ging nun daran, Kappler sein Eigentum streitig zu machen und seine Schwarzwälder Landsleute gegen ihren Arbeitgeber aufzuhetzen. Trotz dieser schlechten Erfahrungen verfolgte Kappler weiterhin das Ziel einer systematischen Kolonisation Albinas mit Europäern – was ihm 1857 von Seiten der niederländischen Verwaltung auch zugestanden wurde. Die Kosten dafür hatte er selbst zu tragen. Aber auch hier sollten die entsprechenden Pläne mittelfristig scheitern, sodass er neben den Indianern, die für ihn arbeiteten, in den späteren Jahren überwiegend Malaien und Chinesen beschäftigte, um seine Unternehmung zu bewirtschaften. In demselben Jahr erwies sich für Kappler ein weiterer Umstand als sehr nützlich. Denn im August 1857 gründete die französische Regierung Napoleons III. gut zwei Kilometer von Albina entfernt auf der anderen Seite des Maroni eine Strafkolonie, mit der man trotz anfänglicher Vorbehalte und immer wieder vorkommender Ausbrüche einen schwunghaften Handel mit Lebensmitteln betreiben konnte. Über die so entstehenden Kontakte konnte Kappler außerdem feste Handelsbeziehungen mit den französischen Gebieten in Südamerika knüpfen, die ihm vor allen Dingen für den Holzhandel nützlich waren. Denn der Holzvertrieb über Amsterdam sollte sich immer als eine recht unsichere Angelegenheit erweisen, die nur schwankende Erträge erwarten ließ.

Eine neuerliche Wende brachte das Jahr 1874, als man von Seiten der holländischen Kolonialverwaltung daran ging, den inneren Surinam auf Bodenschätze hin zu untersuchen. Anlass dafür waren größere Goldvorkommen, die in Französisch Guyana gefunden worden waren. Der Gouverneur machte dem nunmehr fast sechzigjährigen Kappler den Vorschlag, dass die holländische Regierung Albina übernehmen könne – und dass man ihn engemessen ausbezahlen werde. Im Jahr 1876 wurden die entsprechenden Verträge unterzeichnet, mit denen Kappler die Hälfte seines Besitzes an die Kolonie abtrat. Die zweite Hälfte überschrieb er – da das Ehepaar keine Kinder hatte – einem seiner Neffen, der bereits eine ganze Reihe von Jahren in Albina verbracht hatte. Bis 1879 blieb das Ehepaar jedoch noch in Surinam, bevor man am 4. Juli 1879 zum letzten Mal nach Europa aufbrach. Den endgültigen Anlass dafür gab der angeschlagene Gesundheitszustand Albina Kapplers ab, die zuvor schon schwer am Gelbfieber erkrankt war. Eine zwischenzeitliche Kur in Deutschland bei ausgegleicheneren klimatischen Bedingungen hatte bereits zu Erfolgen geführt, weswegen man schließlich für immer dorthin zurückkehren wollte. Dort lebte man in recht guten Verhältnissen, auch wenn Kappler bei weitem nicht das Vermögen hatte erwirtschaften können, das er sich bei seinem Aufbruch im Jugendalter erhofft hatte. Er starb nach einigen Reisen, unter anderem eine um die ganze Welt, am 20. Oktober 1887 an den Folgen eines Schlaganfalls. Seine Frau kam in Deutschland wieder zu bester Gesundheit, denn sie sollte ihr Leben erst 17 Jahre nach ihrem Mann im Alter von 89 Jahren gleichfalls in Stuttgart beenden.

Das vorliegende Buch veröffentlichte August Kappler bereits zwei Jahre nach seiner Rückkehr aus Surinam unter dem schlichten Titel „Holländisch Guina". Es ist ein eindrucksvoller Beleg darüber, welche Möglichkeiten das Leben in den europäischen Kolonien eröffnete, auch wenn sich um die Mitte des 19. Jahrhunderts bereits deren Niedergang andeutete. Zurecht weist Kappler darauf hin, dass das Ende der Sklaverei insbesondere den Kolonialreichen schwer zu schaffen machte, und dass nach deren Abschaffung, die zu immensen sozialen Problemen in den betroffenen Ländern führte, solche Gebiete kaum noch mit Gewinn bewirtschaftet werden konnten. Als Gegenmodell bevorzugte er das einer gezielten Kolonisation aus Europa, wobei dies natürlich nur in so schwach besiedelten Regionen wie Surinam möglich war. Allerdings hätte er dazu eine systematische Unterstützung der holländischen Regierung benötigt, die solche Projekte jedoch eher ablehnte und den enormen finanziellen Aufwand scheute, den ein solches Unternehmen mit womöglich zweifelhaftem Ausgang erfordert hätte. Überhaupt war Surinam kein Land, aus dem sich höhere Erträge erzielen ließen.

An das Ende des Buches stellte Kappler ein kurzes Essay, in dem er aus seiner Sicht die Möglichkeiten darlegte, wie man Surinam und auch andere Gebiete hätte erhalten können. Sicherlich war er dabei durch seine eigenen Erlebnisse und Erfahrungen geprägt, etwa die schweren allgemeinen Lebensbedingungen in Deutschland (und Europa), die sich erst im Verlauf der sog. Gründerjahr nach 1848 bessern sollten. Durch seinen Aufenthalt in Südamerika erhielt Kappler davon nur bedingt Nachricht. Immerhin jedoch findet sich im seinem Buch – wie bereits erwähnt – eine kleine Reaktion auf die Revolutionsjahre, wobei er von staatlicher Wohlfahrt nichts wissen will und darauf hinweist, dass es jedem selbst obliegt, für eine Verbesserung der eigenen Lebenssituation zu sorgen.

Dabei spricht er jedoch nicht von oben herab – ganz im Gegenteil. Denn das Buch ist auch ein eindrucksvoller Beleg dafür, wie hart und entbehrungsreich ein solches Leben ist. Kappler hat dem Regenwald jeden Gulden, den er verdiente, auf oft bittere Art und Weise abringen müssen, und erst im Alter von etwa 50 Jahren sollte er sich ein halbwegs sicheres Vermögen erarbeitet haben, das zumindest ein sorgenfreies Leben im Alter gewährleisten konnte. Zwar fallen die Schilderungen Surinams, das Kappler über die Maßen liebte, durchwegs positiv aus, doch entwirft er kein romantisch verklärtes Bild über die allgemeine Lage in dieser Kolonie. Jeder, der sich dort niederlasse, müsse genau wissen, worauf er sich einlasse, und nur durch härteste körperliche Arbeit, zahlreiche Entbehrungen und ein hinreichendes Maß an Willenskraft könne sich nach einer gewissen Zeit ein wirtschaftlicher Erfolg einstellen. Genügend Siedler scheiterten – und auch dafür nennt Kappler eine ganze Reihe von Beispielen. Oder es ist der Staat, der einem das Leben schwermacht, denn eine Erhöhung des allgemeinen Handelszolls durch die holländische Regierung, die mit dem Erhalt ihres Kolonialreichs finanziell überfordert war, hätte für ihn fast den Ruin bedeutet, da die angrenzenden Länder diesem Beispiel nicht folgten. Nur ein geschicktes Agieren und ein (zulässiges) Umgehen der Handelsgesetze verhalfen Kappler dazu, dass er nicht schon vorzeitig aufgeben musste.

In der Schilderung der Einheimischen wählte Kappler eine recht robuste Sprache, doch war das eben der Umgangston seiner Zeit – und auch seine Leser erwarteten von ihm nichts anderes. Dennoch zeigt er sowohl den Indianern als auch den sogenannten Buschnegern, also jenen bereits erwähnten neuen Stämmen gegenüber große Sympathie, auch wenn er ein engeres Zusammenleben ablehnte. Mit einer gewissen Ironie etwa berichtet er über seine Übersetzung des Dogmas von der unbefleckten Empfängnis Mariens aus dem Jahr 1854 in das von ihm so bezeichnete „Negerenglisch", worum ihn ein Jesuitenpater gebeten hatte, um darauf hinzuweisen, dass die zu erreichende Zielgruppe mit solchen Vorstellungen nicht allzu viel werde anfangen können. Gleichwohl würde man heute seine Ausdrucksweise und das eine oder andere „Kompliment", mit dem er diese Gruppen bedachte, entschieden zurückweisen, aber Sozialromantik oder unser heutiges Menschenbild darf man bei einem Autor des 19. Jahrhunderts nicht voraussetzen. Auch über unsere Zeit und unsere Ansichten wird man in gut 100 Jahren mit Sicherheit lächeln.

Lesenswert ist Kapplers Bericht über sein Leben in Surinam aber nach wie vor – und für Naturkundler wie auch für Historiker, die sich mit dem Kolonialismus befassen, eine wahre Fundgrube. Was den ersten Bereich angeht, beschrieb und bestimmte Kappler nicht nur eine Vielzahl von Pflanzen und Tieren. Vielmehr enthält der Band auch eindrucksvolle Beschreibungen der Topographie des Landes, soweit er es bereisen konnte, oder er schreibt über den Einfluss, den Gezeiten und Meeresströmungen auf den Küstenverlauf nehmen – und die damit verbunden Schwierigkeiten bei der Erschließung des Landes. Für einen historisch interessierten Leser ist Kapplers Buch aus zwei Gründen sehr aufschlussreich. Zum einen nämlich macht allein schon sein langer Aufenthalt den Text zu einem der wenigen Zeugnisse der Geschichte des Landes, das erst 1975 in die Unabhängigkeit

entlassen wurde, zum anderen finden sich zahlreiche kultur-
geschichtlich wichtige Rückblicke, etwa auf die im 18. Jahrhundert noch blühenden jüdischen Gemeinden, von denen
Kappler selbst nur noch Reste wahrnehmen konnte, oder auf
die Mission der Herrnhuter Brüder, denen Surinam bis heute
am Herzen liegt. Sein Bericht wird damit zu einem eindrucks-
vollen naturkundlichen und historischen Zeitdokument.

Lars Martin Hoffmann, Mainz Januar 2008

Bibliographie

H. Tanner, Südamerika. Band 2: Atlantikstaaten. Braunschweig 1980.

F. Haverschmidt, August Kappler als ornithologischer Sammler und Beobachter in Surinam, in: Stuttgarter Beihefte zur Naturkunde, Serie A: Biologie, Nr. 260. Stuttgart 1973.

P. Kloos, The Maroni River Caribs of Surinam. Assen 1971.

E. Hennig, Württembergische Forschungsreisende der letzten anderhalb Jahrhunderte. Stuttgart 1953, S. 29–30.

F. Oudschands Dentz, Suriname, in: Onze West. S'Gravenhage 1928, S. 1–80.

E. Metzger, In memoriam August Kappler, in: Jahresbericht des Württembergischen Vereins für Handelsgeographie und zur Förderung deutscher Interessen im Auslande 5–6 (1888), S. 91–94.

VORREDE

Wenn auch das Buch, das ich hiermit der Öffentlichkeit übergebe, in Stil und Form von manchem, das in ähnlicher Weise über Begebenheiten und Verhältnisse in Tropenländern handelt, übertroffen wird, so hat es wenigstens ein Verdienst, das der strengsten Wahrheit.

Ich hätte mit weniger Mühe, wenn ich Reise- oder Naturbeschreibungen zur Hand genommen haben würde, dem Ganzen einen mehr wissenschaftlichen Anstrich geben können; da mir aber eine solche Bildung abgeht, so soll es auch nicht scheinen, daß ich mir fremde Ansichten, die ich aber keineswegs bestreite, aneignen will.

August Kappler, Stuttgart, im Oktober 1881.

I. Abteilung

Leben und Erfahrungen als Naturaliensammler. 1842 bis 1846

ERSTES KAPITEL

In den sechs Jahren einer von mir 1836 bis 1842 in Surinam als Militär verbrachten Dienstzeit, deren Erlebnisse ich in einem früheren Schriftchen veröffentlicht habe[1], war mir dieses Land teuer geworden. Obgleich ich weder Freunde noch Verwandte dort hatte, und alles, was ich liebte, im Schwabenland war, fühlte ich doch ein Heimweh nach jenen immergrünen, dunklen Waldungen, die so viele noch unerforschte Schätze bergen mögen, nach der lebhaften, farbenstrahlenden Fauna, die dieselben belebt und der ich so manche heitere Stunde verdankte, nach dem bei Tage so sonnigen, bei Nacht so prachtvoll funkelnden Himmel. Wäre mir die Rückkehr dahin verschlossen gewesen, so hätte ich ein freudloses Dasein unter den Meinigen geführt.

Freilich war ich ebenso mittellos wie damals, als ich in meinem neunzehnten Jahr (1835) Stuttgart verließ, aber ich war gesund und kräftig und vollkommen an das tropische Klima gewöhnt. Bekannt mit allen kolonialen Verhältnissen hätte ich keine Schwierigkeiten gehabt, auch ohne Vermögen eine gesicherte Stellung in der Kolonie zu erwerben, entweder im Fach des Pflanzers, in welchem man in der bescheidenen Funktion als Blankoffizier seine Laufbahn anfängt, bis man durch die Gunst des Administrateurs die Direktion einer Pflanzung erhält, und in welchem derjenige, der die vielen Vorteile, die man in der Kolonie mit dem elastischen Namen *Usantie*[2] bezeichnet, zu benützen weiß, bei einiger Sparsamkeit in einer Reihe von Jahren ein Vermögen sich erwerben kann, das den Lebensabend sorgenlos macht, oder als Kommis bei einem Kaufmann, oder auch vielleicht als subalterner Schreiber auf einem der Büros der kolonialen Regierung, in welch letzterer

---

[1] Sechs Jahre in Surinam oder Bilder aus dem militärischen Leben dieser Colonie. Und Skizzen zur Kenntnis seiner socialen und naturwissenschaftlichen Verhältnisse. Stuttgart 1854 (Red.).

[2] Eine Art Gewohnheitsrecht (Red.).

Stellung die geistige und körperliche Kraft nicht sehr in Anspruch genommen wird.

Aber mich zog keine dieser drei Karrieren an: Freiheit und Unabhängigkeit gingen mir über alles. Frei wollte ich bleiben, nicht wie ein Wilder ohne Beziehung zur zivilisierten Welt, aber ich wollte niemanden als mir mein Bestehen und meinen Wohlstand verdanken. Das gesellige Leben Surinams, das ich freilich bis jetzt nur meist in der Kaserne kennen lernte, hatte mich nie angezogen: Meine Freuden und Unterhaltungen fand ich von jeher in der herrlichen Natur; die Einsamkeit schreckte mich nicht ab, ja meine ganze militärische Dienstzeit war eine stete Vorbereitung gewesen auf den Beruf den ich mir erwählen wollte, und zu dem ich schon Pläne gemacht hatte, als ich 1840 auf dem so abgelegenen Vorposten am Maroni das unbedeutende Kommando führte. So blieb es auch schon seit jener Zeit mein Lieblingswunsch, mir an dem entlegenen Maroni meinen Wohnplatz zu gründen, wie auch als Knabe das Entfernteste stets den größten Reiz für mich gehabt hatte.

Aber ehe ich daran denken konnte, mich dort anzusiedeln, mußte ich mir wenigstens so viel erwerben, um der Hilfe der Indianer versichert zu sein. Wenn ich auch unter ihnen zu leben beabsichtigte, so war ich doch keineswegs gesonnen, ihre Lebensweise zu führen und ohne Sorge für die Zukunft, wie sie, in den Tag hinein zu leben. Der Wunsch, es zum Wohlstand zu bringen, lag auch in mir, obgleich der Lebensweg, auf dem ich ihn zu erreichen hoffte, mir bloß dunkel vorschwebte und kein gewöhnlicher sein konnte. Durch Sammeln und Verkauf von Naturalien dachte ich mir vorerst die nötigen Mittel zu verschaffen, um meine Pläne später ausführen zu können.

Schon ehe ich Surinam im November 1841 verlassen hatte, war mir von Herrn H., einem der bedeutendsten Ärzte der Kolonie, dessen vielseitige Kenntnisse jedermann bewunderte und dessen Liebe zur Natur ich teilte, der Vorschlag gemacht, in Gemeinschaft mit ihm das Innere des Landes zu bereisen und Pflanzen und Naturalien zu sammeln, worauf er von England und anderen Ländern Bestellungen erhalten hatte. Ich nahm mit Freuden sein Anerbieten an, und da ich wußte, daß er in der Trockenzeit des Jahres 1842 eine Reise in das Innere beabsichtige, um Gegenden zu besuchen, die der Fuß eines Europäers niemals betreten hatte, so beschleunigte ich meine Abreise aus Württemberg, wo ich kaum zwei Monate lang bei den Meinigen mich aufgehalten hatte und schiffte mich auf dem Schiff *Nicolas Witsen*, das im Nieuwen Diep[1] segelfertig lag, zum zweiten Mal nach Surinam ein.

So sah ich denn am 26. Juli 1842 wieder die surinamische Küste vor mir liegen, einen langen Streifen dunkler Waldungen, von keinem Hügel oder einem Zeichen menschlicher Kultur unterbrochen; des Meeres grünliche Farbe war, als man die Küste noch kaum erkennen konnte, in ein schmutziges Hellbraun verändert, und unter beständigem Loten bei vier bis fünf Klafter Tiefe kam man am Abend in den Surinamstrom. Flut und günstiger Wind brachten uns schnell ans Ziel der Reise.

So ungern ich bereits Gesagtes wiederhole, so muß ich doch dem Leser, der das oben angeführte Schriftchen nicht kennt, eine kurze Beschreibung des Landes, seiner Bewohner und seiner sozialen Verhältnisse geben, um bei der Erzählung meiner Erlebnisse nicht mehr darauf zurückkommen zu müssen.

Der große Landstrich, der umschlungen von den zwei größten Flüssen des tropischen Amerikas, dem Amazonenfluß und dem Orinoko vom 2. bis 8. Grad nördlicher Breite und 52. bis 62. westlicher Länge von Greenwich sich längs dem atlantischen Ozean ausdehnt, im Westen an Venezuela, im Süden aber an Brasilien grenzend, und dessen Küstenländer schon seit zwei Jahrhunderten die köstlichen Erzeugnisse ihres durch Negersklaven bebauten Bodens nach Europa senden, während das ungeheure Innere, beinahe unbewohnt und unbekannt ist, teilt sich in das französische, holländische und englische Guyana, wogegen der südöstliche Teil zu Brasilien, der nordöstliche aber zur Republik Venezuela gezählt wird.

---

[1] Früherer holländischer Überseehafen (Red.).

Durchschnitten von großen schiffbaren Flüssen und zahllosen natürlichen Kanälen und Kreeken[1], welche mit einander in Verbindung stehen, ist es durch seine geographische Lage und große Fruchtbarkeit besonders geschickt für den Anbau der tropischen Gewächse; und da es weder Stürmen noch Orkanen, die so oft die benachbarten Antillen heimsuchen, ausgesetzt ist, die schlammigen, niedrigen Küsten meistens frei von Klippen und Riffen sind, Fieber und Epidemien weniger verheerend auftreten als auf den Inseln und Küstenländern, welche die karaibische See umsäumt, so würde Guyana den ergiebigsten Ländern der Erde gleich gestellt werden können, wenn Arbeitskräfte vorhanden wären, um den Reichtum des Landes auszubeuten. Aber obgleich Französisch, Holländisch und Englisch Guyana einen Flächeninhalt besitzen, der dem von Deutschland beinahe gleich kommt,[2] so wird es doch kaum von 250 000 Menschen bewohnt, wovon etwa 170 000 auf Britisch, 28 000 auf Französisch und 50 000 auf Holländisch Guyana kommen. Der weitaus größere Teil ist afrikanischen Ursprungs, wozu noch in späterer Zeit Malaien und Chinesen kamen. Die Europäer und deren Abkömmlinge, Kreolen und Farbige, sind an Zahl unbedeutend, und die verschiedenen Indianerstämme, die das Innere bewohnen, leben zu getrennt und ohne alle Überwachung, so daß man ihre Anzahl nur annähernd angeben kann, jedenfalls aber ist sie nicht beträchtlich und vermindert sich durch den heillosen Einfluß der Europäer, so daß sie nach und nach aussterben.

---

[1] Schiffbare Verbindungen in größeren Flußsystemen (Red.).

[2] Die Grenzen zwischen dem französischen Guyana und Brasilien sind noch nicht geregelt, indem Frankreich den vom Oyapok bis zum Cap Nord sich hinziehenden Ladstrich „terre contesté" beansprucht, jetzt so zu sagen herrenlose Ländereien, an deren Flüssen und Seen sich von Para gewichene Farbige und Neger angesiedelt haben, die unter ihren eigenen Chefs leben, Cassave pflanzen und das Mehl dieser Wurzel Couac, und den in jenen Seen häufigen Fisch „Pirarucu" (Sudis gigas) gesalzen nach Cayenne bringen. Von Zeit zu Zeit werden sie von französischen Priestern besucht. Auch zwischen Venezuela, Brasilien und England sind, meine ich, die Grenzen noch nicht bestimmt, ebenso ist die Südgrenze Surinams nicht genau angegeben.

Surinam, das Land, mit dem wir es jetzt zu tun haben, liegt zwischen dem 3. und 6. nördlichen Breitengrade und dem 54. bis 57. Grad westlicher Länge, zwischen dem französischen Guyana, von dem es im Osten durch den Maroni, und dem englischen, von dem es im Westen durch den Correntin begrenzt wird. Im Süden sind vermutlich die waldigen Gebirge, die unter dem Namen Tumucumac bekannt sind, die Grenze, im Norden aber bespült es der atlantische Ozean.

Sein Flächeninhalt kann etwa 2 300 geographische Quadratmeilen betragen.

Der bei weitem größere Teil seiner 50 000 Bewohner hält sich in der Stadt Paramaribo und auf den etwa zwölf bis 15 Stunden im Umkreise liegenden Pflanzungen auf, so daß was weiter davon abliegt, ein ungeheurer menschenleerer Wald ist, in dem höchstens 3 000 Buschneger und Indianer leben. Die Zahl der letzteren mag nicht 2 000 betragen.

Die ganze Meeresküste ist eben und angeschwemmtes Land, das bedeckt mit Bäumen und niedrigem Gesträuche, worin sich Scharen von Wasservögeln aufhalten, und zu dem Wolken von Muskiten[1] dem Menschen den Zugang verwehren, mit jeder neuen Meeresflut wieder unter Wasser gesetzt wird. Durch diese niedrige Beschaffenheit des Bodens erstrecken sich die Bänke, die eigentlich bloß eine Fortsetzung der Küste sind, meilenweit in das Meer, so daß das Meer 2 bis drei Stunden vom Lande bloß vier bis fünf Faden Tiefe hat. Als Alluvium der Flüsse sind diese Bänke beinahe ganz vegetabilischen Ursprungs.

Parallel mit der Seeküste ziehen sich Sandritzen oder Muschelbänke, die bisweilen sich bis an das Meer ausdehnen und auf denen eine mannigfaltige und üppige Vegetation, der des inneren Landes ähnlich, herrscht. Sie sind höher als der sie umgebende sumpfige Boden, aber von geringer Breite, doch manchmal bedeutender, mehrstündiger Länge; sie scheinen die zurückgewichenen Meeresufer einer früheren Periode

---

[1] Stechmücken (Red.).

gewesen zu sein. Diese Ritzen sind stets mit dichtem Hochwald bedeckt, in dem der Locusbaum (Hymenaea Courbaril), die verschiedenen Arten der Weihrauch- oder Haiawabäume (Icica), der indianische Pflaumenbaum (Spondias) und die Awara- und Cumupalmen (Astrocaryon und Oenocarpus) vorkommen.

Hinter diesen Ritzen dehnen sich meistens große Süßwassersümpfe aus, die in den Regenzeiten beinahe undurchdringlich sind. Stundenlange Wälder der Mauritienpalme (Mauritia flexuosa) und große Flächen des baumartigen Arums (Caladium arborescens) bedecken diese Wasserflächen, in denen überdies ein sehr nahrhaftes Zypergras wuchert; nur in heißen Sommern trocknen diese Sümpfe aus.

Der Seestrand selbst bietet dem Auge überall ein einförmiges trauriges Bild dar. Tausende von entwurzelten, abgestorbenen und angeschwemmten Bäumen liegen in allen Richtungen und halb im Schlamm begraben umher. Am Strande sind Gebüsche von Parvasträuchen, die ein hellgrünes, hartes Blatt haben, ebenso wie die Bäume, die den Küstenwald ausmachen, niedrig sind und nur einer Gattung angehören. Der Boden ist manchmal mit einem fußhohen Portulack[1] wiesenartig bewachsen, aber durchlöchert von Millionen Krabben und so weich, daß man oft bis an die Knie einsinkt.

Ebenso niedrig sind die Mündungen der Ströme, deren Ufer aber durch Waldungen von Mangrovebäumen, Rizophora, besäumt werden, die durch ihre Wurzeln undurchdringliche Verschanzungen bilden, und sie vor der Gewalt der Brandung beschützen.

Je weiter man sich von der See entfernt und die Flüsse hinauf fährt, desto mehr verändert sich die Szene. Die Ufer schmücken sich mit anderen Gewächsen. Größere Bäume treten aus dem niedrigen Gesträuche hervor.

Die schlanke Pinapalme, das sichere Zeichen eines fruchtbaren Bodens, zeigt sich, schön blühende Begonien winden

---

[1] Der sog. Cuba-Spinat (Red.).

34

sich girlandenartig von Zweig zu Zweig. Das Ufer, oft bewachsen mit stachligen Papillonaceen, ist nicht sichtbar vor
der Masse von Laubwerk, das bis weit hinein ins Wasser hängt.
Etwa acht bis zehn Stunden von der Meeresküste ab, da wo
das Ufer schon etwas höher wird und das Wasser nicht mehr
vom Salz der See getrübt und trinkbar ist, wächst am Ufer die
Carolinea mit ihren herrlichen Blumen, Malpighien, Melastomen und Margraviaceen zeigen sich, und im Walde wachsen
die schönen Maripapalmen (Maximilianea regia); die Heliconien mit ihren riesigen Blättern und viele Nutzhölzer.

Doch ist hier noch alles eben. Überall in allen Strömen
herrscht dasselbe Bild der üppigsten Vegetation, und das kla-
re, schwarzscheinende Wasser spiegelt die Landschaft herrlich
zurück.

Wo aber auf etwa 15 bis 20 Stunden vom Meere ab Hügel
am Ufer sich erheben und den Lauf der Flüsse bestimmen, wo
Felsen und Klippen diese einengen und die Fahrt mühsamer
wird, ist auch die Grenze der Kultur. Denn nur im niederen
Lande, das durch die Springfluten überschwemmt wird und
wo sich im Laufe von Jahrhunderten ein fußhoher Humus
ansammelte, wollten die Holländer ihre Pflanzungen anlegen.
Sie scheuten keine Mühe, sie mit Dämmen und Deichen zu
umgeben, mit Kanälen zu durchziehen, wohl wissend, daß
die Arbeit ihnen durch die Fruchtbarkeit des Bodens reichlich
vergolten werden würde.

Zwischen diesem niederen Landstrich, der von der Meeresküste acht bis zehn Stunden entfernt sein mag und der
meist aus alluvialem Boden besteht, und dem höheren Ur-
lande, das erst wellenförmig sich erhebt, um darauf in Hügel,
Hochland und Gebirge überzugehen, die aber beinahe nie
die absolute Höhe von 2 000 Fuß übersteigen, liegt das sogenannte Savannenland. Es ist ein von kräftigem Baumwuchs
entblößter Landstrich, dessen Boden weißer Sand oder verwit-
terter Granit ist, vermutlich in der Vorzeit von den Gebirgen
durch Wasserfluten herabgeflößt, deren Kraft vielleicht jener
der Gletscherströme gleich kam.

Die Savannen ziehen in südwestlicher Richtung durch das ganze Land bei einer Breite von kaum zwei Stunden. An den Flußufern sind sie durch Hochwald unterbrochen, ihre Form ist unregelmäßig, bald ins Tiefland einschneidend, bald ins Hochland übergehend. Oft unterbrochen durch oasenähnliche Striche der prächtigsten Vegetation, ziehen sie sich vom Commewini, denn am Maroni kommen sie nicht vor, über den Surinam, Saramacca, Coppename, Nickerie und Correntin ins britische Guyana. Sie sind wesentlich verschieden von den Savannen des inneren Landes wie sie Schomburgh beschreibt, und die ich leider nie gesehen habe.

Der Pflanzenwuchs ist spärlich, bloß die Mauritienpalme bildet stundenlange Wälder und einzelne Gruppen. Hartes Gras deckt den Boden, auf dem eine eigentümliche Flora sich entfaltet. Stellenweise ist der Boden von aller Vegetation entblößt, ein schneeweißer Sand, der besonders um die Mittagszeit das Auge schmerzt, und eine furchtbare Hitze zurückwirft. Niedrige Bäume und Sträucher mit hellgrünen, saftigen Blättern und einer schwarzen, eßbaren Beere bilden, da, wo der Boden mit etwas Humus vermischt ist, Gebüsche; hier wuchern verschiedene Arten Erdorchideen und Farnen. Große Flächen sind manchmal bewachsen mit Bromeliaceen, worunter die Bromelia pinguin, die den so dauerhaften Bromelienflachs (in der Kolonie Zeilgras, bei den Franzosen Pitre genannt) gibt, andere mit der wilden Ananas, die rund, nicht viel über faustgroß, goldgelb, von herrlichem Geruch und süßem, gutem Geschmack ist. Auch die Agave americana wächst hier wild. In den Gebüschen zieht sich die Vanille von Stamm zu Stamm; sie ist von der im Handel vorkommenden wesentlich verschieden; die Blätter sind dicker und harscher, die Frucht ist stark, fingerdick, dreikantig, etwa zehn Zoll lang und gleicht beinahe einer kleinen Banane; reif ist sie vom herrlichsten Geruch und übertrifft bei weitem die gebräuchliche, die sich an den Flußufern findet. Selten bekommt man übrigens eine reife Frucht, denn das Eichhörnchen (Sciureus aestuans) und besonders die Bienen stellen ihr nach.

In und um die Savannen halten sich auf: Ameisenfresser, Cavias, Armadille, Landschildkröten und alle Arten hühnerartiger Vögel. Da aber in der trockenen Zeit alles dürr und welk wird, so können die Savannen nicht als Weiden gebraucht werden. Allmählich geht dies Savannenland in das Hügel- und Gebirgsland über, das dicht bewaldet sich bis an den Äquator ausstreckt, wo dann wieder andere Savannen beginnen, deren Gewässer sich in den Amazonenstrom ergießen.

Die Waldungen der Küste und des Inneren unterscheiden sich wesentlich von einander, denn wenn auch die Flora manchmal dieselbe ist, so treten doch Formen auf, die dem ganzen einen anderen Charakter geben. So sind im alluvialen Land[1] die Waldungen so sehr mit Lianen, stachligen Palmen und Schneidgras verwachsen, daß man nur mit dem Hauer (einem säbelartigen Messer mit hölzernem Griffe) sich einen Weg bahnen kann, und nach stundenlangem Abmühen kaum hundert Schritte weit gekommen ist; oder sie bestehen aus sumpfigem Boden, in dem die Pinapalme (Oenocarpus) mit der Symphonia coccinea vorherrscht. Die letztere, in der Kolonie Mani genannt, ist 30 bis 40 Fuß hoch und hat eine knorrige Rinde; ihre Wurzeln, die »Trompetter«, bilden zwei Fuß hohe, aus dem Boden hervorragende Halbbögen, die sich von einem Baum zum andern ziehen, und den Marsch in diesen Waldungen ungemein erschweren.

Der Bombax ceiba oder Seidenwollenbaum ist der größte Baum auf angeschwemmtem Boden, ein wahrer Riese des Pflanzenreiches, der nach zehn Jahren schon zwei Fuß im Durchmesser dick wird.

Im höheren Lande ist der Baumwuchs kräftiger und die Hölzer zeichnen sich vor allem durch ihre Härte aus; das Laubholz herrscht vor, Palmen, Lianen und stachlige Gewächse, Murrupalmen und Oenocarpusarten ausgenommen, sind seltener zu sehen. Große, manchmal stundenlange Sümpfe finden sich sowohl im alluvialen Boden als auch im Inneren;

---

[1] Schwemmland (Red.).

manche trocknen in den Trockenzeiten aus, andere aber sind stets unzugänglich. Alle könnten aber, wenn das Land mehr bevölkert würde, durch Abzugskanäle urbar gemacht werden.

Surinam sowohl als das französische und britische Guyana haben keinerlei Art industrieller Betriebe; sie bestehen allein durch die Kultur kolonialer Produkte wie Zucker, Kaffee, Baumwolle und Kakao, die durch Negersklaven angebaut und verarbeitet werden. Diese Pflanzungen liegen an den Ufern der Ströme oder Kreeken, jede derselben ist ein auf sich bestehendes, von den Nachbar-Plantagen ganz unabhängiges Dorf von 40 bis 600 Bewohnern. Das Areal einer Pflanzung besteht aus 1–4 000 und mehr Äckern (ein Acker = 43 560 Fuß), wovon vielleicht der zehnte Teil bebaut, das andere aber Wald ist. Diese Länderei ist mit einem Damm umgeben, innerhalb dessen die Gebäude und Felder liegen, die letzteren durchschnitten von Kanälen zur Entwässerung und zum Transport des Produktes nach der Mühle.

Sämtliche Pflanzungen, sie mögen nun Zucker, Kaffee, Baumwolle oder Kakao produzieren, haben dasselbe Entwässerungssystem. Die Anlage ihrer Gebäude sowie die Art ihrer Kultur ist ebenfalls fast überall dieselbe. Da die Zuckerkultur die übrigen an Bedeutung bei weitem übertrifft, so gebe ich allein die Beschreibung einer solchen. Wie gesagt befinden sich alle Pflanzungen an den Strömen, und da das Land nichts kostet, so ist bei Anlage der Gebäude der Raum nicht gespart.

Vom Landungsplatz oder von da, wo die Fahrzeuge, die immer von Negern gerudert werden, die Passagiere ans Land setzen, bis zum Hause des Direktors führt meist eine Allee von Palmen, Orangen, Tamarinden oder anderen Fruchtbäumen, selten länger als 2–300 Schritte. Neben oder hinter diesem Hause, das unten eine Galerie oder Veranda hat, befinden sich andere kleinere, als Küche, Magazine und dergleichen genutzte Gebäude. Etwas weiter entfernt ist das Hospital, wo sich die Kranken befinden; daran reihen sich die Fabrikgebäude, Mühle, Kochhaus und Branntweinbrennerei, die zum Teil zwei oder drei Gebäude einnehmen, oft aber unter einem Dache vereinigt sind. Sie liegen immer am großen Kanal, der mit dem Fluß in Verbindung steht, und in dem täglich zweimal Ebbe und Flut wechseln, was einen Niveauunterschied von sechs bis acht Fuß macht. Meist werden die Mühlen durch Dampfkraft in Bewegung gesetzt; in früherer Zeit aber bloß durch Wasser, wobei das Abmahlen des Rohres sich auf die Springzeiten, nämlich drei Tage vor und drei Tage nach Neu- und Vollmond beschränkte, während in der übrigen Zeit wegen des zu niederen Wasserstandes nicht gemahlen werden konnte.

Bei Wassermühlen trat das Flußwasser in den großen Einnahmekanal, den es allmählich füllte. Hatte die Flut ihre höchste Höhe erreicht, so wurde das Wasser im Kanal durch eine Schleuse abgesperrt und so verhindert, durch den Fluß wieder abzufließen. War nun Ebbe eingetreten, und das Wasser im Fluß bereits um zwei Fuß gefallen, so ließ man das Wasser des Kanals in die Mühle strömen, wo es ein 18 bis 20 Fuß hohes Schöpfrad drehte, das in Verbindung mit drei eisernen Zylindern das dazwischen geschobene Rohr zerquetschte; der Saft dieses Rohres lief durch eine Rinne in das Kochhaus, wo er in fünf bis sechs eisernen Kesseln so lange gekocht wurde, bis er die nötige Konsistenz erhielt um zu kristallisieren. Von dem letzten Kessel wurde er in große, flache hölzerne Behälter geschöpft, in welchen der dickflüssige Brei erstarrte, und zu Zucker wurde. Von hier kam er in Fässer, deren Boden durchlöchert war und woraus der nicht kristallisierbare Sirup in steinerne Behälter abfloß. Dieser Sirup (Melasse) bildete ein Nebenprodukt des Zuckers und wurde nach den Vereinigten Staaten ausgeführt. Der Schaum, der beständig vom kochenden Zuckersaft abgeschöpft wurde, floß in andere Behälter; aus ihm wurde, manchmal mit Zumischung von Melasse, der Zuckerbranntwein (Dram), das dritte Produkt der Zuckerfabrikation, in eigenen auf jeder Pflanzung befindlichen Brennapparaten fabriziert.

Auf einer Zuckerpflanzung waren noch Werkstätten zum Verfertigen der Zuckerfässer, Trasslogen oder lange Gebäude, in denen man das ausgepreßte Zuckerrohr (Trass) bewahrte, das zur Feuerung beim Kochen des Saftes verwendet wurde. Offene Schuppen, worunter Zimmerleute arbeiten; andere am Wasser, unter denen die besseren Fahrzeuge gegen Regen und Sonne geschützt waren, befanden sich auf jeder Pflanzung; ebenso Gemüsegärten, Hühnerställe usw.

Hinter der Pflanzung waren die Wohnungen der Neger, manchmal aus Holz aufgeführte, mit Brettern beschlagene und mit Schindeln gedeckte Häuschen, oft aber auch nur Hütten mit Palmlatten beschlagen und mit Palmblättern gedeckt. Beinahe jede hatte ein kleines Gärtchen, in dem der Neger Pfeffer, Okero (hibiscus esculentus) und anderes Gemüse oder Wurzeln pflanzte, denn die Hauptnahrung erhielt er von seinem Herrn; Hühner und Enten und manchmal ein Schwein machten seine Habe aus. Vom Negerdorf ab fingen meistens die Zuckerfelder an, streng in Beete eingeteilt, deren jedes wo möglich 330 Fuß lang und 33 Fuß breit, und wieder durch einen 2 Fuß tiefen Graben vom anderen abgeschieden waren.

Sämtliche Gräben mündeten in einen größeren, auf dem das Rohr nach der Mühle gebracht wurde, und der ebenfalls Schleusen hatte, durch die das überflüssige Regenwasser in den Strom abgeleitet werden konnte. Durch diese Einrichtung konnte in der Trockenzeit das Wasser, das das Wachstum der Pflanze beförderte, aufbewahrt, in der Regenzeit aber, wenn es Schaden anzurichten drohte, abgelassen werden. Deshalb war auch die Erhaltung und Ausbesserung der Dämme eine der wichtigsten Arbeiten auf jeder Art Pflanzung.

Die erste Person einer solchen ist der Direktor, der vom Eigentümer oder dessen Bevollmächtigten in der Kolonie angestellt ist. Sein Einkommen richtet sich nach der Größe des Effekts, denn so wird in der Kolonie eine Pflanzung in der Geschäftssprache genannt, und nach der Art der Kultur, und beläuft sich auf den größten Zuckerpflanzungen manchmal auf 3 000 Gulden. Manche haben sichere Prozente von der Produktion und ziehen Schweine und Federvieh. Sie sind oder waren vielmehr unumschränkte Herrscher auf ihren Pflanzungen. Verstehen sie nun sich der Gunst des Administrators zu versichern, und sind sie in ihrem Fache als tüchtige Männer bekannt, so haben sie wirklich eine beneidenswerte Stellung. Geräumige Gebäude sind ihre Wohnungen, eine Menge Dienstboten führen die Haushaltung. Jäger, Fischer und Gärtner sorgen für die Bedürfnisse der Tafel, und unter den hübschen Mädchen der Pflanzung hatten sie meist ehedem nur auszuwählen, um ihre Lüste zu befriedigen. So war es noch vor 20 Jahren in der Zeit der Sklaverei bis 1863, aber das Wohlleben hat sich nun bedeutend vermindert.

Die zweite Person der Pflanzung ist der Blankoffizier, deren größere *Effekts* zwei bis drei, kleinere aber nur einen haben. Es waren dieses früher meist junge Leute, die aus Europa kamen um ihr Glück zu machen, und die, wenn sie Protektion hatten und sich gut betrugen, in drei bis vier Jahren selbst Direktoren werden konnten. Ihr Gehalt überstieg selten 250 Gulden jährlich.

Ich komme nun zu der Hauptbevölkerung des Landes, der Sklaven. Schon seit dem Jahre 1824 wurden keine Sklaven mehr aus Afrika eingeführt, und so besteht die Mehrzahl derselben aus in der Kolonie geborenen Kreolen. Diese letzteren, welche von Jugend auf an das Effekt und den Verwalter gewöhnt sind, werden den Afrikanern bei weitem vorgezogen. Die Sklaven bilden große Familien, die nie von der Pflanzung verkauft werden dürfen. Man teilt die Plantagensklaven in vier Klassen ein, nämlich in *Feldarbeiter*, die das Land bestellen, *Haussklaven*, die das Hauswesen, Tafel, Wäsche etc. zu besorgen haben; in *Kreolen*, d. h. kleine Kinder die noch keine Arbeit verrichten können, und in *Malenkers* oder Alte und Kranke, die zu keiner Arbeit mehr fähig sind. Außer diesen sind noch Sklaven, die das Zimmer-, Küfer-, Maurer-Handwerk erlernt haben und auf den Pflanzungen dazu gebraucht werden, doch diese sind meistens Mulatten oder Farbige, denn ein Sklave der von einem Weißen abstammt, darf keine Feldarbeit verrichten, als ob dieselbe den Menschen erniedrigte.

Wenn daher eine Pflanzung von 200 Köpfen 70 bis 80 Feldsklaven besitzt, so ist dies ein günstiger Zustand. Auf ihnen beruht natürlich die meiste Arbeit, doch ist sie nicht übermäßig, und wo sie in Tagwerken ausgeheilt wird, kann der Neger sie leicht in sechs bis sieben Stunden vollbringen. Über das Maß und die Zeit der Arbeit bestehen bestimmte Gesetze, so daß der Pflanzer dieselbe nicht eigenmächtig vermehren darf.

Ihre Nahrung erhalten die Sklaven von der Pflanzung nach einem ebenfalls bestimmten Tarife; sie muß wöchentlich aus zwei Büschen Bananen oder einer diesen an Masse und Nahrungsstoff gleichkommenden Menge Reis, Erdfrüchte oder Mehl nebst drei Pfund gesalzenen Fischen bestehen. Erwachsene Neger erhalten dazu noch täglich etwas Schnaps und wöchentlich Pfeifen und Tabak, die Frauen dagegen Melasse. Kleidungsstücke und andere Bedürfnisse werden zu bestimmten Zeiten von den Eigentümern der Pflanzungen verabreicht. Die Kranken werden durch einen Arzt, deren einer in jedem Distrikt sich aufhält, besucht und im Krankenhause der Pflanzung behandelt. So ist die Sklaverei bei weitem nicht das, wofür man sie manchmal in Europa hält. Freilich kam manche Willkür und Grausamkeit vor, die aber besonders in den letzten Zeiten durch strenge Maßregeln der Regierung beinahe unmöglich gemacht wurde. Auf jeden Fall war ihr Dasein im allgemeinen sorgloser und besser als das der ärmeren Taglöhner in Europa, und jetzt (1880) nach den sieben Jahren, seit denen die Neger ganz frei sind und gleiche Rechte mit den Europäern haben, sieht man an der besorgniserregenden Sterblichkeit der Freigegebenen, daß man dieses Volk nicht sich selbst hätte überlassen sollen.

Der größte Teil der Plantagensklaven waren Heiden. Wenn auch die Herrnhuter Missionare von Zeit zu Zeit die Pflanzungen besuchten, einige Kapitel aus der Bibel vorlasen oder erklärten, so war es doch kein geregelter Unterricht oder Gottesdienst, auch fanden diese Missionare von Seiten der Direkteure gerade keine Ermutigung die Neger zu unterrichten weil, wenn Kirche gehalten wurde, man die Arbeit so lange einstellen mußte. Im Neger selbst war kein Trieb, aus dem Schlamm von Aberglauben und Götzendienst, in den er versunken war, sich zu erheben, und er würde in seinen Freistunden nie eine Kirche besucht haben.

Die Haus- und Stadtsklaven in Paramaribo und die freie, farbige Bevölkerung daselbst bildeten die Herrnhuter Gemeinde, die regelmäßig in der Herrnhuter Kirche dem Gottesdienste beiwohnt, und deren Kinder in der Schule unterrichtet werden. Seit der Emanzipation wird mehr Eifer für den Unterricht an den Tag gelegt, die Neger besuchen aus freien Stücken die Bethäuser der Missionare in den verschiedenen Distrikten, und senden auch ihre Kinder in die Schule.

Außer den Pflanzungen, deren letzte etwa 20 Stunden von der Stadt Paramaribo entfernt sein mag, und den weiter abliegenden Nickerie-Distrikten ist keinerlei Art sonstiger Niederlassungen im Lande, als jene Missionen der Herrnhuter und die Etablissements der Distriktsärzte. Erst bei der Emanzipation wurden in jedem Distrikt, und die Kolonie hatte deren zehn, auf verlassenen Plantagen Gebäude eingerichtet für Beamte, Marechausse[1] u. dgl., die die Pflanzungen ihres Distrikts zu gewissen Zeiten besuchen, die bürgerlichen Register zu führen und im Falle von Streitigkeiten diese zu untersuchen haben.

Die Produkte der Pflanzungen werden, da beinahe keine Wege bestehen, alle zu Wasser nach der Stadt gebracht. Dies geschieht in großen, plumpen, länglichviereckigen, platten Fahrzeugen, die mit einem Dache aus Palmblättern gedeckt sind und durch vier Neger gerudert werden; man nennt sie Ponten. Zur Beförderung von Passagieren bedient man sich der Tentboote, 35 bis 40 Fuß langer, sechs Fuß breiter Boote, deren rückwärtiger Teil mit einer hölzernen Kajüte versehen ist, in der man bequem sitzen oder auf Matratzen liegen kann, Jalousien an den Seiten gewähren Luft und Aussicht, während die Decke vor Sonne und Regen schützt. Zwei Drittel

---

[1] Staatspolizei (Red.).

der Länge des Bootes werden von den sechs bis acht Ruderern eingenommen, während der Hausbediente des Passagiers, gewöhnlich *Voeteboy* genannt, das Boot steuert. In diesen Tentbooten herrschte früher ein großer Luxus, sie waren bei den ansehnlicheren Pflanzern hübsch bemalt, führten die holländische Flagge und die Ruderer trugen eine Art Livree. Jetzt, da durch die Freilassung der Sklaven die Händearbeit eine so teure geworden ist, sind diese Boote nur wenig mehr in Gebrauch, und Dampfboote befahren zu gewissen Tagen die verschiedenen Flüsse und geben den Reisenden Gelegenheit, von und nach der Stadt zu kommen.

Zwei Stunden von der Mündung des Surinamflusses, durch den die Schiffe einfahren, mündet auf dem östlichen Ufer die beinahe eben so weite Commowini, ein stattlicher Fluß, der aus Osten kommt, und an dem die schönsten Pflanzungen liegen. An der Ecke, welche durch den Zusammenfluß gebildet wird, liegt das Fort Amsterdam, einst zum Schutze der Kolonie angelegt, das durch seine Batterien den Schiffen die Einfahrt in den Commowini und die Weiterfahrt im Surinam wehren kann.

Hübsche Zucker- und Kaffee-Pflanzungen schmücken die Ufer des Surinamflusses, bis man zwei kleine Stunden weiter in einer halbkreisförmigen Bucht an dem linken Ufer des Flußes an die Stadt Paramaribo kommt.

Auf der Ecke, welche durch die schnelle Krümmung des Flußes entsteht, liegt das Fort Zelandia, gleich der Stadt auf Muschelboden erbaut. Das Fort hat nur wenige Batterien, ist unregelmäßig angelegt, und von der Stadt durch den Gouvernementsplatz und einen breiten Graben, der sein Wasser aus dem Strom erhielt, jetzt aber ausgefüllt ist, geschieden. Eine große aus Backsteinen erbaute Kaserne erinnert noch an die guten alten Zeiten der Kolonie.

Während in früheren Jahren das Jägerbataillon, zu dem ich auch sechs Jahre lang gehörte, nur aus Europäern bestand, und etwa 5–600 Mann zählte, besteht die Militärmacht jetzt meist aus Farbigen und wird kaum die Hälfte betragen. Nette

Häuser, die nach einer Form gebaut wurden, dienen den Offizieren zur Wohnung. Im Fort selbst steht das Binnenfort, mehrere kleinere Gebäude, die mit einer Mauer umgeben einen kleinen Platz umschließen, wo verschiedene Gefängnisse für Militärs und Bürgerliche sind. In früheren Jahren wurden die Neger auf diesem Platze abgestraft. Das Pulvermagazin und der Signalposten, der durch den auf dem rechten Ufer liegenden Telegraphen der Pflanzung Jagdlust mit dem Posten des Forts Amsterdam korrespondiert, befindet sich ebenfalls hier. Man erfährt deshalb, wenn das Wetter nicht trübe ist, sogleich wenn ein Schiff in die Mündung des Stromes kommt, sowie welches es ist.

Die Stadt, welche etwa 100 Schritte hinter der Barriere des Forts anfängt, ist ganz ohne Mauern, hat größtenteils gute breite Straßen, welche zwar ungepflastert sind, aber da sie aus Muschelsand bestehen, nach schwerem Regen bald wieder trocknen. Mehrere dieser Straßen sind auf beiden Seiten mit Orangebäumen bepflanzt. In den längs dem Strome oder nahe demselben laufenden Straßen stoßen die Häuser an einander und sind nur selten durch Gärten getrennt. Mit Ausnahme weniger, die aus Backsteinen aufgeführt sind, sind sie alle von Holz. Sie ruhen auf einem zwei bis drei Fuß hohen aus Backstein aufgeführten Gemäuer. Läden und Türen sind grün, das Übrige aber perlenfarbig angestrichen. Sie sind jetzt alle mit Schiefer gedeckt, früher mit *Singeis* oder Schindeln, die aber seit dem großen Brand von 1832 nicht mehr in der Stadt gebraucht werden dürfen. Viele Häuser haben keine Glasfenster, aber an ihrer Stelle Jalousien oder Sassinetten von Gaze. In den entfernten Stadtteilen ist beinahe bei jedem Hause ein Garten, der aber meist schlecht bepflanzt und unterhalten ist; diese Gärten sind fast immer durch Zitronenhecken umgeben. Küche und Abtritt sind stets vom Wohnhanse abgesonderte Gebäude. Bei den meisten Häusern sind noch Nebengebäude für Sklaven oder Magazine. Jedes Haus hat zwei Türen, die Haustür für Vornehmere, die Hoftür für ärmere Personen und Sklaven.

Verschiedene Kanäle, welche ihr Wasser aus dem Fluß erhalten, durchschneiden die Stadt, sie sind mit Tamarinden und Mango bepflanzt, laufen aber mit der Ebbe trocken und verbreiten dann einen schlechten Geruch. Zwei Vorstädte heißen Combé und die Freikolonien.

Das Gouvernements-Gebäude liegt zwischen der Stadt und dem Fort Zelandia an einem großen mit Rasen bepflanzten Platz, den man das *Plein* heisst. Es ist ein stattliches von Holz aufgeführtes Gebäude, mit einer schönen Aussicht auf den Fluß. Der große dahinter liegende Garten ist mit allerlei Fruchtbäumen bepflanzt, doch schlecht unterhalten. Eine dreifache Allee von hohen Tamarindenbäumen zieht sich längs desselben gegen das Fort hin. Ein angenehmerer Spaziergang läßt sich in des Tages Schwüle nicht denken, aber niemand macht davon Gebrauch, und die herrlichen Bäume brechen beinahe unter der Last der Schmarotzergewächse.

An dem Plein stehen das Justizgebäude oder der Schwarze Rat, aus Backstein gebaut, in welchem ein Sitzungssaal und Büros sind. Daran stößt das Verwaltungsgebäude, 1839 aus Backstein gebaut, mit den Büros der Finanzverwaltung. Von seinem mit einem Uhrwerk versehenen Turm genießt man eine schöne Aussicht über die ganze Stadt. An seinem Nordende ist das Rathhaus, in dem der Gouvernementssekretär und die Beamten des bürgerlichen Standes ihre Büros haben.

Am Quai oder der Wasserseite, die sich längs dem Fluß hinzieht, steht das steinerne Douanegebäude[1], in dessen unteren Räumen das Entrepot oder Zwischenlager für ins Ausland gehende Waren ist; in den obern sind die Beamten des Zollwesens. In neuerer Zeit ist am Fluß ein Steiger angebracht, wo jedes Schiff anlegen und auf bequemste Weise seine Ladung löschen und einnehmen kann, eine Einrichtung, die selbst in Demerara, wo so viel für den Handel und die Erleichterung desselben getan wird, nicht besser zu finden ist.

---

[1] Zollamt (Red.).

Paramaribo hat eine lutherische und eine reformierte Kirche, letztere umgeben von schattigen Mangobäumen. An Bauart und Eleganz werden sie von den Judensynagogen bei weitem übertroffen.

Die katholische Kirche ist klein aber zierlich, eine zweite befindet sich in einem andern Stadtteil. Das einfache Herrnhuter Bethaus ist das größte dem Gottesdienst geweihte Gebäude. Es ist mit Palmen und tropischen Gewächsen umgeben; die vielen Häuser, welche der Mission gehören, ziehen sich drei Straßen entlang hin und machen, weil sie stets reinlich und gut unterhalten sind, einen vorteilhaften Eindruck gegenüber den verwahrlosten Gebäuden der Nachbarschaft.

Ein kleines Schauspielhaus, in dem eine Liebhabergesellschaft einmal im Monat Lustspiele oder kleine Dramen aufführt, zeichnet sich weder durch seine innere noch durch seine äußere Einrichtung aus.

Das Innere der Wohnhäuser ist bei allen wohlhabenden Familien fast auf gleiche Weise geordnet. Große luftige Zimmer mit Spiegeln, Kupferstichen, Hänge- und Wandlampen, und unter den Möbeln ein mit Glas, Silber und Porzellan überladenes *Side board*, werden beinahe in jedem Hause angetroffen. Im Schlafzimmer steht eine große mit Gazevorhängen versehene aus feinem inländischem Holz gedrechselte Bettlade, in der Berge von Kissen aufgehäuft sind. Dieses Bett ist bloß ein Prunkstück, das wenig gebraucht wird, weil man der Kühlung wegen auf Matten oder in Hängematten schläft, die über Tag abgenommen werden. Die Zimmer werden reinlich gehalten und häufig mit Orangensaft gewaschen, was bei dem vielen Ungeziefer, das sich in den Ritzen aufhält, sehr nötig ist.

Die Stadt hat kein Quellwasser, sondern Zisternen, deren Wasser einen faden Geschmack hat. Allgemein wird aber Regenwasser getrunken, das von den Dächern in große steinerne Behälter geleitet wird.

Eigentliche Spaziergänge oder für den öffentlichen Gebrauch eingerichtete Gärten hat die Stadt nicht, doch bieten ihre Umgebungen und die unter den schönsten Pflanzen einer tropischen Vegetation versteckten Landhäuser prächtige Partien dar.

In der Stadt selbst befinden sich zwei Kirchhöfe, der eine *Oranjetuin* genannt, dient für Wohlhabendere, der andere für Ärmere; vier andere liegen außerhalb der Stadt. Da jede Konfession ihren eigenen Kirchhof hat, so wundert man sich nicht über diese Zahl, bei einer Bevölkerung von noch nicht 24 000 Menschen.

Der Markt wird teils unter den Tamarindenbäumen am Fluß, teils an einem Kanal gehalten, wo man im Freien Fische, Federvieh und alle Arten einheimischer Früchte und Lebensmittel verkauft. Seit einigen Jahren ist übrigens ein langer mit Zinkplatten bedeckter Schuppen zum Schutz der Verkäuferinnen gegen Hitze und Regen aufgeführt.

Längs dem Quai und in der Saramacca-Straße ist beinahe in jedem Haus ein Kaufladen, wo man, da sich der Kaufmann nicht mit einer speziellen Art von Waren befaßt, alles nur Erdenkliche beisammen findet. So werden in einem und demselben Laden Bücher, Wichse, Käse, Bijouterie, Schmalz, Ziegelsteine, Kleider und Schuhe feil gehalten. Es gibt nichts, womit der Kaufmann nicht handelt. Da die meisten Lebensmittel gesalzen, geräuchert oder getrocknet aus Nordamerika oder Holland kommen, so kauft man sie in Fässern, Fäßchen, Büchsen, Kisten etc. von einem bestimmten Gewicht und in der Originalverpackung. Dabei läßt sich natürlich vom Kaufmann keine Sachkenntnis erwarten.

Man kauft meist auf Kredit, und wer innerhalb von sechs Monaten bezahlt, ist ein guter Kunde. Die anderen werden nach Ablauf dieser Zeit erst mündlich dann schriftlich an ihre Schuld erinnert, endlich durch Läufer (loopers), meist Juden, die, die Taschen mit Rechnungen voll gestopft, die ganze Stadt durchrennen, dringend ermahnt, und wenn alles nichts nützt, verklagt – welch letztes Mittel aber meist auch erfolglos ist.

Der Detailhandel wird durch Krämer, hier Vetwariers oder Schmuggler genannt, getrieben. Diese verkaufen im Kleinen an solche, welche keinen ganzen Schinken, kein ganzes Fäßchen Fleisch oder Butter kaufen können und für jede Mahlzeit besonders ihren Bedarf nehmen müssen. Hier wird übrigens nicht geborgt und die Zahl dieser Krämer ist ebenfalls sehr groß. Ihr Gewerbe ist oft das letzte Existenzmittel für manchen, dem auf die eine oder andere Weise das Glück untreu geworden ist. Jetzt ist dieser Handel meist in den Händen von Portugiesen und Chinesen, die, nachdem sie als Landbauer in die Kolonie gekommen waren, mit ihrem Ersparten diesen wenig anstrengenden Erwerbszweig ergriffen haben.

In den Maßen und Gewichten der Kolonie herrscht große Unordnung: Artikel, welche aus Nordamerika kommen, wie gesalzenes Fleisch, Speck, Seife, Mehl etc., werden nach amerikanischem Gewicht, tannene Bretter aus Kanada nach dem englischen Maß verkauft. Bei holländischen Erzeugnissen gebraucht man das alte Amsterdamer Pfund, bei Längenmassen den Rheinischen Fuß, bei Flüssigkeiten das englische Gallon. Auf dem Markte werden alle Erdfrüchte nach dem Augenmaß, Reis, Hülsenfrüchte und dergleichen in kleinen Kalebassen verkauft. Was nach Holland verladen wird, geht nach dem holländischen Meter oder Dezimalsystem, in dem auch das Gouvernement seine Bedürfnisse ausschreibt. So kommt mancher Irrtum vor, worunter stets der Konsument leidet. Seit den letzten Jahren ist zwar das holländische Maß und Gewicht verpflichtend, aber viele Kaufleute behalten den alten Schlendrian bei, dessen Aufgeben mehr Schwierigkeit macht als sonst wo, weil der größere Teil der Abnehmer nicht lesen und schreiben kann und mancher Willkür Raum gelassen ist.

Nachdem man in der Kolonie sich Jahre lang mit einem schmutzigen Papiergeld hatte behelfen müssen, wobei, wenn man es gegen Silber einwechseln wollte, man bis 35 Prozent verlor, wurde im Jahr 1848 holländisches Geld eingeführt.

Die Stadt Paramaribo ist der Sitz des Gouverneurs und der Verwaltungsbehörden, die, alle Bediensteten zusammengenommen, ein recht hübsches Kontingent zur Bevölkerung liefern. Unmittelbar auf den Gouverneur, der direkt unter den Befehlen des Ministers steht, folgt im Range der Procureurgeneral, der die Justizpflege und alles, was damit in Verbindung steht, zu besorgen hat, dann der Administrateur der Finanzen, des schwierigen Departements der Finanzen. Der Dritte höhere Beamte ist der Gouvernements-Sekretär oder Kabinetts-Chef, dem noch verschiedene andere Ämter zugewiesen sind. In früheren Jahren standen dem Gouverneur bei Beratung wichtiger Angelegenheiten die kolonialen Räte zur Seite, unter denen außer den Hauptbeamten auch ansehnliche Bürger der Kolonie waren. Jetzt hat die Kolonie Repräsentanten, die durch sämtliche Bürger gewählt werden und einen Landstand bilden, der im Verein mit dem Gouverneur alles, was das Wohl des Landes angeht, behandelt und dem Minister zur Billigung übersendet.

Die Verwaltung der Kolonie ist besonders seit der Emanzipation eine sehr kostspielige, die in gar keinem Verhältnis steht zu der Produktion und zu den Einkünften des Landes, und deren Defizit das Mutterland alljährlich zu decken hat. Besonders in den unteren Verwaltungszweigen wäre wohl mancher Schreiber zu entbehren.

Nächst den höchsten Beamten der Kolonie, und gewissermaßen vor diesen, waren früher die Administrateure der Pflanzungen in großem Ansehen. Sie waren die Bevollmächtigten der meisten Plantagen-Besitzer, die in Europa wohnten und die Verwaltung ihrer Pflanzungen ihnen übertragen hatten. Diese Administrateure wohnten in der Stadt, stellten die Direkteure des Effekts an oder entließen sie, besuchten diese von Zeit zu Zeit, um sich von Ordnung und Stand der Dinge zu überzeugen, besorgten die Verschiffung der Produkte, der Einkäufe für die Pflanzung und handelten oder mußten wenigstens im Interesse des Eigentümers handeln. Solch ein Administrateur hatte manchmal 20 bis 30 Plantagen zu verwalten, und weil ihm von allen Einkünften gesetzlich 5% zukommen und auch was man *Usantie* nennt durch sie nie vergessen wurde, so belief sich das, was ihm manche Pflanzung netto aufbrachte, manchmal auf mehr als 5 000 Gulden. Man begreift daher wohl, daß solche Herren, von denen gar

50

manche arme Schlucker abhängig waren, die wahre Noblesse des Landes ausmachten, ohne gerade mit ihrem Stammbaum prunken zu können. Nach ihnen kommen die Kaufleute, die was die Bedeutung des Handels angeht, weit unter dem der Nachbarkolonie Demerara stehen, dann Rechtsgelehrte, Ärzte und andere.

Die Hälfte der freien Bevölkerung sind Juden, die zwei Gemeinden bilden, die hochdeutsche und die portugiesische, der Rest besteht aus Protestanten und Katholiken. Die Handwerker sind fast ausschließlich Farbige und freigegebene Neger, so daß die ganze Bevölkerung der Stadt vor der Emanzipation sich vielleicht auf 10 000 freie Personen belaufen mochte, wovon, das Militär mit einbegriffen, kaum 1 500 geborene Europäer waren.

Die Lebensweise der Bewohner Paramaribos ist an Abwechslung sehr arm und beschränkt sich hauptsächlich auf eine gute Tafel und andere körperliche Genüsse. Zur ersteren liefert die Kolonie, Holland und Amerika das Nötige. Ein großer Luxus sind Sklaven, denn je mehr man deren im Hause zur Bedienung hat, desto angesehener ist man, gleichgültig ob dieses Gesinde arbeitet oder nicht. Eine Familie, welche drei bis vier Kinder hat, kann ohne sechs bis acht Dienstboten, welche man für Küche, Wäsche und Bedienung als unumgänglich notwendig erachtet, nicht wohl leben. Hat man einen Garten oder Pferde, so sind noch viel mehr nötig.

Gesellige Genüsse, die auch der Ärmste in Europa hat, findet man hier nicht. Verirren sich aber englische Reiter, Seiltänzer, oder eine ältliche Primadonna nach Surinam, so machen sie gute Geschäfte, wären auch die Bananen und der Bakkeljau[1] noch so teuer.

Viel wird für Musik getan, beinahe in jedem besseren Hause ist ein Klavier und nicht selten werden gute Liebhaberkonzerte gehalten.

---

[1] Hier allgemein für Fisch als Nahrungsmittel gebraucht (Red.).

Unter den Europäern sind die meisten Holländer, Engländer und Schotten, dann Amerikaner, und während früher die Deutschen sowohl im Handel wie als Pflanzer eine ehrenhafte Stelle einnahmen, tritt das deutsche Element in den Hintergrund und würde wie ein Bettlerlämpchen wohl ganz verlöschen, wenn nicht die moravischen Brüder sich die Aufgabe gestellt hätten, den numerisch bedeutenden Teil der Kolonie im Gottesdienste zu unterrichten und die Moral zu heben.

Der größere Teil der freien Bevölkerung lebt im Konkubinat mit farbigen oder schwarzen Weibern, die man ganz anständig Haushälterinnen nennt; Kinder aus solchen Verbindungen werden zwar nicht vor Gericht, aber sonst wie rechtmäßig behandelt, doch führen sie den Namen der Mutter. Bei den niedern Klassen der Bevölkerung ist von Wohlleben keine Rede, es herrscht sogar eine wirklich diogenische Genügsamkeit, wenn kein Kaufmann mehr borgen will.

Wie die Sittlichkeit in früherer Zeit war, also 1842, als ich zum zweiten Male in die Kolonie kam, kann man daraus sehen, daß unter einer Bevölkerung von etwa 10 000 freien Personen sich bloß 370 Ehepaare befanden. Seit der Emanzipation hat sich die Moralität bedeutend gehoben, es herrscht wenigstens nicht mehr so öffentlich das frivole Leben, das für alle Sklavenkolonien so bezeichnend war; jedes Jahr werden mehr Ehen geschlossen, und die Regierung läßt es sich angelegen sein, dazu zu ermutigen, auch offenbart sich bei den freigegebenen Negern ein Hang zu soliderer Lebensweise, wohl nur aus Nachäffung der blanken Bevölkerung, die ihr dazu das Muster gibt.

In der langen Zeit von 1842 bis 1879, in welchen die Erlebnisse abspielten, die ich hier erzähle, und ich meine Erfahrungen sammeln konnte, habe ich gesehen, wie mit jedem Jahr die Wohlfahrt der Kolonie abnahm, bis sie dann mit dem so verhängnisvollen 1. Juli 1863 ohne Hoffnung verloren war. Jetzt nach weiteren 16 Jahren ist von jenem Wohlstand, wie ich ihn 1842 fand und der doch nur relativ war, keine Spur mehr. Früher in der Sklavenzeit noch wohlhabende Familien sind jetzt bettelarm. Hunderte von Pflanzungen sind verlassen und kaum kennt man die Stätte mehr, wo sie einst standen, und mancher frühere Besitzer oder Direktor derselben, der sich nie die Mühe gab, sich ein Glas Wasser einzuschenken, muß nun seine Schuhe selbst putzen, und hat kaum die Mittel, sich ein bescheidenes Mittagessen zu verschaffen.

Mit der Abnahme des Landbaues nahm auch der Handel ab. Zwei bedeutende Kulturen, Baumwolle und Kaffee wurden ganz aufgegeben und die des Kakao, die weniger Arbeitskräfte erfordert, nahm ihre Stelle ein. Herren und ihre früheren Sklaven gehen jetzt zu Grunde, die ersten weil sie sich der Arbeit schämen, die sie nie getan haben, die anderen aber, weil sie sie tun mußten. Hierin liegt der Fluch der Sklaverei, der so lange dauern wird, bis eine andere Generation, welche die Sklaverei nicht kannte, unter verständiger Leitung sich entwickelt.

Der einzige Gewinn, den Holland aus seiner so schönen Kolonie gezogen hat und ziehen konnte, und der jetzt noch die Ein- und Ausfuhr möglich macht, war und ist die Kultur von Kolonialprodukten, wozu der überaus fruchtbare Boden besonders geeignet ist. Diese Kultur wurde bis zur Abolition der Sklaverei einzig und allein durch Sklaven betrieben und zwar auf eben so primitive Art, als sie vor mehr als 200 Jahren eingeführt wurde, obgleich die Fabrikation des Zuckers auf einigen Pflanzungen nach neuerer Methode verrichtet wird.

Die Art des Landbaues läßt sich mit der europäischen nicht vergleichen, denn während bei der letzteren Landbau und Viehzucht Hand in Hand gehen, hat man bei dem so sehr ausgedehnten Grundgebiet der Pflanzungen, die manchmal 4 000 Ackers betragen, gar kein Vieh nötig, weil, wenn ein Stück Land durch langjährige Kultur ausgenützt ist, man ein neues urbar macht. Bei dem verlassenen werden die Abzugsgräben geschlossen, wodurch es sich in zehn bis 15 Jahren mit einem 50 bis 60 Fuß hohen Walde bedeckt, den man *Kappe wiri* nennt; ist dieser gefallen, gebrannt und das Land aufs neue hergerichtet und bepflanzt, so kann es wieder acht bis zehn Jahre reichliche Produkte liefern.

Alles wird mit dem Spaten bearbeitet, denn da die Felder alle 33 Fuß mit Gräben durchzogen sind, so wäre der Pflug schwierig anzuwenden. Über das Hauptprodukt, den Zucker, habe ich mich bereits ausgesprochen; obgleich die Kultur desselben noch die hauptsächlichste ist, so sind bei Mangel an Arbeitskräften doch so viele Pflanzungen verlassen, daß manche, deren Gebäude, Maschinen, Schleusen über 100 000 Gulden kosteten, mit einem Grundgebiet von 3–4 000 Ackern oft für 2–3 000 Gulden feil sind.

Das zweite Hauptprodukt, der Kaffee, wovon in früheren Jahren bis sechs Mio. Kilogramm ausgeführt wurden, hat jetzt ganz und gar aufgehört zu den Stapelprodukten zu zählen und wird für den Bedarf der Kolonie eingeführt. Auch die Baumwolle war von großer Bedeutung, und Pflanzungen davon fanden sich an der Seeküste, dem Vredenburger, Mot, Matappica und Warappa Kreeken, auch längs den Küsten im Ober- und Nieder-Distrikt Nickerie. Dieser Strauch hebt den mit Salzteilen geschwängerten Boden; und da an der Seeküste weniger Regen fällt als im innern Lande, so wurde er auch ausschließlich in der Nähe der See gepflanzt. Auch diese Kultur hat beinahe aufgehört, denn während sie 1852 noch 600 000 Kilogramm betrug, belief sie sich 1879 nur noch auf 42 000 Kilogramm.

Das vierte und jetzt nach dem Zucker bedeutendste Produkt ist der Kakao. Zwar fängt dieser Baum erst im vierten und fünften Jahre zu tragen an, erfordert aber am wenigsten Arbeit, weil unter dem dichtbelaubten Baum kein Unkraut wächst, dessen Ausrottung bei den andern Kulturpflanzen die Hauptarbeit ausmacht; der Anbau des Kakaos nimmt von Jahr zu Jahr zu und dürfte mit der Zeit den Zucker ganz verdrängen.

Die Hauptnahrung der arbeitenden Klasse ist in Surinam die Banane (Musa). Die meisten Pflanzungen lassen bei dem Hauptprodukt auch noch dieses so notwendige Gewächs anpflanzen; was nicht für die Neger selbst verbraucht wird, wird nach der Stadt zum Verkauf geschickt. Wie von Cayenne an in ganz Südamerika das aus der Maniokwurzel bereitete Mehl Couac oder Tapioca- das Hauptnahrungsmittel ist, so zieht die hiesige Bevölkerung wie auch die Neger im britischen Guyana die Banane allem andern vor. Und doch leidet gerade diese krautartige Pflanze am meisten unter abnormer Witterung. Eine große Trockenzeit mit heftigen Winden, die die markigen, großblättrigen, nicht tief wurzelnden Pflanzen leicht umwerfen, oder schwere Regen, der die Wurzeln faulen macht, könnten oft eine Hungersnot zur Folge haben, wenn nicht durch Einfuhr von Mais, Reis, Bohnen, Erbsen etc. geholfen werden könnte.

Viel weniger leiden unter einer ungewöhnlichen Jahreszeit die verschiedenartigen Erdfrüchte, die überall angebaut werden könnten, deren Kultur aber sich mehr auf die höher gelegenen Landstriche im Paradistrikt und am obern Surinam beschränkt. Dies sind die bittere und süße Cassave (Jatropha Manihot), die verschiedenen Arten der Gamswurzel (Dioscorea), die Taro-Knollen (arum esculentum) und die süße Patate (Convolvulus batatta). Mais und Reis, die in größter Vollkommenheit hier gedeihen und drei Ernten jährlich geben, werden, der erste aus den Vereinigten Staaten, der zweite aber über Demerara aus Ostindien bezogen und es gehen, seitdem Kulis und Chinesen hier arbeiten, dafür bedeutende Summen aus dem Land. Die Einfuhr der verschiedenartigsten Lebensmittel ist so bedeutend, daß, würde diese nur drei Monate unterbleiben, unter Umständen die Bewohner des fruchtbarsten Landes der Welt dem Hungertode verfallen könnten.

Die so nahe am Äquator gelegene Kolonie hat ein heißes tropisches Klima und eine beständige Wärme, die aber in Folge der durch die ungeheuren Waldungen entstehenden Feuchtigkeit nie so drückend ist wie auf den nördlicher gelegenen Antillen. Das Thermometer sinkt nie unter +18° R., steigt aber auch nur höchst selten auf 28°, so daß als Mitteltemperatur 22–23° angenommen werden können.

Tag und Nacht sind einander gleich; ist die Sonne im Wendekreis des Krebses, so geht sie sieben Minuten vor sechs Uhr auf und sieben Minuten nach sechs Uhr unter, im Steinbock dagegen geht sie neun Minuten nach sechs Uhr auf und eben so viel früher unter; Morgen- und Abenddämmerung dauern kaum eine halbe Stunde; die Luft ist so rein, daß man den Schall eines Geschützes bei Tagesanbruch und in der Windrichtung 18 bis 20 Stunden weit hören kann. Wie nur selten ein Tag ist, an dem die Sonne gar nicht scheint, so sieht man auch beinahe nie den Himmel ganz unbewölkt. Über alle Beschreibung prachtvoll ist er aber bei Nacht, wo die Sterne mit einem Glanze funkeln, wie man sie nie in nördlichen Breitegraden sieht. Morgen- und Abendstunden sind in der Regel sehr schön und angenehm, aber schon kurz nach acht Uhr fängt es an warm zu werden und die Hitze dauert bis gegen vier Uhr Abends.

In den Regenzeiten aber, wo der Himmel oft bewölkt ist, ist die Temperatur meist angenehm.

Der Wind kommt beständig von Osten, in den ersten Monaten des Jahres mehr in nördlicher Richtung, in den großen Regenzeiten manchmal südlicher. In der Trockenzeit herrscht meist Windstille bis gegen den Nachmittag, wo die Seebrise sich erhebt, die die Hitze schnell mäßigt und bis neun oder zehn Uhr Abends anhält. Westliche Winde sind äußerst selten und halten nie länger als einige Stunden an. Orkane, die auf den Antillen so häufig sind und oft so große Verheerungen anstellen, kommen in Surinam nicht vor, ebenso wenig Erdbeben. In den 43 Jahren meines Aufenthaltes hat man bloß zwei Stöße gespürt, die aber nicht den mindesten Schaden verursachten.

Bei diesem beinahe gleich warmen Klima, dessen Temperaturunterschied nie über zehn Grade beträgt und bei der immer gleichen Tageslänge kann natürlich von Jahreszeiten wie in Europa keine Rede sein; doch werden sie ebenfalls in vier besondere eingeteilt, nämlich in die große und kleine Regen, und in die große und kleine Trockenzeit. Die kleine Regenzeit fängt gewöhnlich Mitte November an; schwere Regengüsse, die manchmal einen Tag und eine Nacht anhalten, folgen rasch aufeinander, Kreeken und Flüsse schwellen an, und die Vegetation erhält rasch ein frisches Ansehen. In dieser Jahreszeit wehen starke Winde und die See ist mehr als gewöhnlich bewegt. Gegen Mitte oder Ende Februar haben die Regen nachgelassen, viele Früchte reifen, und so ist diese Zeit, welche bis Mitte April anhält, und die man die kleine Trockenzeit nennt, hierdurch und wegen der frischen Winde die angenehmste des Jahres.

Auf diese folgt die große Regenzeit, welche von der Mitte April bis Anfang August dauert. Schwere Regengüsse, wie man sie in Europa nicht kennt, fallen manchmal mehrere Male täglich; leichtere Landregen halten auch wohl, aber selten, Tage lang an; alles niedere Land wird unter Wasser gesetzt, die Flüsse des oberen Landes treten aus und viele Savannen gleichen Seen, über die man mit größeren Ruderbooten fahren kann; Flußfische ziehen in die überschwemmten Waldungen ein und leben von Früchten und saftigen Beeren. Im Inneren des Landes, wo die Ufer steil oder bergig sind, kann der Unterschied zwischen dem höchsten Wasser der Regen, und dem niedrigsten der Trockenzeit 30 bis 40 Fuß betragen. Etwa Mitte Juli nehmen die Regenschauer ab und fallen meist nur noch zu gewissen Tages- oder Nachtstunden.

Schwere Gewitter verkündigen das Eintreten der Trockenzeit, die Flüsse ziehen sich in ihr Bett zurück, sie werden niedriger, ihr rascher Lauf vermindert sich und unterliegt wieder unterhalb den ersten Wasserfällen, die in rechter Linie etwa 15 bis 20 Stunden von der Seeküste entfernt sind, der Einwirkung der Meeresflut; die Sümpfe trocknen aus und bei gewissen Windströmungen erzeugen die daraus sich entwickelnden Ausdünstungen Fieber und andere Krankheiten, die nie im ganzen Lande, sondern nur stellenweise herrschen; August und September sind daher für den angekommenen Fremdling nicht überall ohne Gefahr.

Man behauptet, daß in früherer Zeit die Jahreszeiten viel regelmäßiger eingetreten seien; jetzt kommt es häufig vor, daß die eine mehr oder weniger lang anhält, wodurch die Kulturpflanzen notleiden, da entweder großer Wassermangel entsteht, wie im November 1877, oder Überschwemmungen den Pflanzungen verderblich sind, wie im März 1880. Auf einigen Militärposten wurden Wahrnehmungen über die jeden Tag gefallene Regenmenge angestellt; sie ergaben etwa 2 292 m im Jahr. Ohne Zweifel beträgt die Regenmenge mehr, und ist die Angabe von Wojekof mit drei 618 für Paramaribo richtiger, denn die Gefäße, welche zum Auffangen des Regens dienten, waren zu einfacher Art und der Aufmerksamkeit der Schildwache oder des Korporals überlassen; auch wurde vermutlich die tägliche Verdunstung nicht in Betracht gezogen, so daß die Genauigkeit der in Surinam angestellten Beobachtungen wohl in Zweifel zu ziehen ist.

So nahe am Meer ist die Ebbe und Flut von großer Bedeutung, sowohl für die Kultur und den Betrieb der Fabriken als bei Reisen; es ist also eine Kenntnis des genauen Eintreffens dieser so regelmäßigen Naturerscheinung sowohl für den Pflanzer als den Reisenden unumgänglich nötig. An den Mündungen des Surinam und Maroni ist am Tage des Voll- oder Neumonds gegen fünf Uhr Morgens und Abends Hochwasser, das heißt die Flut hat ihre höchste Höhe erreicht und fangt an zu fallen. Während hier nun bereits die Ebbe eintritt, ist vier Stunden den Fluß hinauf, also bei Paramaribo, erst um sechs Uhr Hochwasser, und so tritt, je weiter man die Flüsse aufwärts fährt, desto später die Flut und das Hochwasser ein; deshalb ist, während an der Mündung des Surinam um fünf Uhr Morgens schon die Ebbe eintritt, an demselben Tag auf der am oberen Cottica liegenden von der Mündung 15 Stunden entfernten Zuckerpflanzung La Paix erst gegen zehn Uhr Morgens Hochwasser, so daß, obgleich eine Flut oder Ebbe an einem Platz bloß sechs Stunden dauert, der den Fluß aufwärts Fahrende sieben bis acht Stunden lang Flut hat, der Abfahrende aber bloß fünf oder vier Stunden durch die Ebbe begünstigt wird.

Die Stärke und Höhe der Ebbe und Flut sind sehr ungleich, einen Tag nach Voll- und Neumond ist sie am stärksten; sie kommt dann jeden folgenden Tag weniger hoch, bis am fünften die sogenannte *tote Zeit* eintritt, welche fünf bis sechs Tage dauert, worauf vier Tage vor Neu- und Vollmond das Wasser von Tag zu Tag höher wird, was man Springfluten heißt.

Während jedes Mondwechsels von Voll- bis Neumond, also etwa 14 Tage, hat man die Hälfte tote Zeit und die Hälfte Springzeit. Die Stärke der Fluten ist aber nicht gleichmäßig und kann, wenn der Wind sie begünstigt, ihr Normalmaß übersteigen; sehr schwach sind sie im Monat Dezember, ungewöhnlich hoch aber im April und September, in der Äquinoctialzeit. Bei toter Zeit ist der Unterschied zwischen hohem und niederem Wasser sieben bis acht, bei Springzeit aber zehn und elf Fuß.

Über die in der Kolonie herrschenden Krankheiten kann ich nur als Laie meine Meinung sagen. Die häufigsten, denen der Europäer sowohl wie der Kreole unterworfen ist, und die auch bei Indianern und Buschnegern vorkommen, sind die Wechselfieber, welche, wenn der Patient nicht in geschickte Hände kommt, Monate, ja Jahre lang anhalten können. Es ist gewöhnlich die erste Krankheit der Neuangekommenen oder das sogenannte Akklimatisationsfieber. Gallenfieber sind ebenfalls häufig, auch herrscht unter Kindern und oft bei Erwachsenen Bleichsucht oder Blutarmut, gepaart mit einem Hang, unverdauliche Stoffe wie Erde, Kohlen, Gips etc. zu essen, eine Krankheit, die schwer zu verhüten ist und woran viele Kinder sterben. Eine beschwerliche, lange anhaltende Krankheit ist der *Kuk* oder Kuchen, eine Anschwellung der Milz. Man fühlt sich immer ermattet, lustlos, hat kurzen Atem, unruhigen Schlaf und ist außerordentlich reizbar; dabei ist man bleich, oder mehr gelb und kann dieses Unwohlsein Jahre lang anhalten. Meist befolgen die Leute bei dieser Krankheit den Rat inländischer Quacksalber, die stark drastische Mittel geben, oder falls diese nichts helfen, eine Reise nach Europa empfehlen. Auch Ruhr ist ziemlich häufig und grassiert besonders unter Indianern; Schwindsucht aber und Lungenkrankheiten kommen höchst selten vor.

Das entsetzlichste von allen Leiden aber, und in den frühesten Zeiten im Orient und auch in Europa bekannt, wiewohl es hier unter einer andern Form aufgetreten sein mag, ist die Lepra oder Aussatz, in der Kolonie unter dem Namen *Boasie* bekannt. Sie ist zugleich auch die ansteckendste und befällt Europäer, Farbige und Neger, ist aber bei den Indianern unbekannt, wiewohl ein Arowak, Malimaliko, an ihr gestorben sein soll. Bei den von ihr Befallenen zeigen sich zuerst auf der Haut mißfarbige Flecken; Ohren, Nasen, Augenlider usw. schwellen auf, es zeigen sich Beulen im Gesicht und am Körper, welche manchmal Jahre lang in demselben Stadium bleiben, manchmal aber auch schnell ihren Verlauf nehmen. Oft brechen diese Beulen auf, Zehen, Finger, Ohren, Nase fallen teilweise oder ganz und ohne besondere Schmerzen ab. Die meisten Kranken sind dabei innerlich gesund, können arbeiten und selbst alt werden, während bei anderen wieder das Übel schnelle Fortschritte macht. Die damit Behafteten, seien sie Freie oder Sklaven, werden nach einem eigens dazu bestimmten Etablissement Batavia am Coppenamfluß abgeschickt, wo sie entfernt von der übrigen Welt auf Landeskosten so lange verpflegt werden, bis der Tod sie von ihren Leiden erlöst. Noch nie ist ein an der Lepra Erkrankter von dieser Qual geheilt worden. Leute von Vermögen oder höherem Range, welche davon befallen werden, leben einsam in ihren Häusern oder reisen nach Europa, wo ihnen aber ebenfalls nicht geholfen werden kann. Das Etablissement Batavia ist der Leitung des katholischen Präfekten anvertraut. Ein Priester weilt stets dort und setzt sich durch den beständigen Umgang mit diesen Armen der Gefahr aus, selbst angesteckt zu werden. Die Anzahl der Leprosen, die dort unterhalten werden, beträgt immer einige Hunderte.

Eine andere Krankheit, mit dieser verwandt, aber nicht ansteckend, ist die Elephantiasis. Es schwellen dabei die Beine, oft aber auch nur ein Fuß, auf fürchterliche Weise an und erhalten ganz das Ansehen von Elefantenfüßen. Häufig kommen noch Auswüchse und Knollen dazu, und eine rauhe, chagrinartige Haut überzieht das Ganze. Die Zahl der davon Angesteckten ist sehr groß, und dem Neuankommenden, der solche groteske Gestalten zuerst sieht, besonders auffallend. Auch dagegen gibt es kein Mittel. Auch die Jaws, eine andere Hautkrankheit, wobei sich einzelne runde Flecken auf dem Leibe zeigen, die aufbrechen, ist ansteckend, wie die Krätze, welch letztere nur bei den Chinesen vorkommt.

Zweites Kapitel

So war ich also wieder wohlbehalten in Paramaribo angekommen, und vernahm, ehe ich nur das Haus des Doktor H.
betreten hatte, daß er schon seit drei Wochen nach dem Innern abgereist sei. Es waren ihm vom Gouvernement Empfeh-
lungsbriefe an die Kommandanten der militärischen Posten
und die Posthalter der das Innere bewohnenden Negerstämme mitgegeben worden, um ihm seine für die Wissenschaft
so wichtige Unternehmung zu erleichtern. Freilich kannte ich
die Wirkung dieser pompösen Empfehlungen, um sie nach
ihrem Wert zu würdigen noch nicht, denn erst später wurde
ich mit den Buschnegern bekannt und sah aber dann, wie die
armen Beamten, die bei dem rohen Volke wohnen mußten,
nicht einen Schein von Macht über sie besäßen.

Mehrere Ballen Papier zum Trocknen der Pflanzen, eine
Trockenmaschine, Insektennadeln bei Tausenden in allen
Größen, Pulver und Blei, Töpfe mit Arsenikseife, Branntwein,
Lebensmittel, kurz eine Ausrüstung für mehrere Monate war
in einem großen neugezimmerten Boote mitgenommen. Und
dieser glorreiche Zug nach dem unbekannten Süden sollte
ohne mich unternommen werden? Ich war, als Frau H. mir
dieses erzählte, der Verzweiflung nahe. Aber die gute Frau
tröstete mich mit der Bemerkung, daß ihr Mann noch auf
Victoria, dem letzten militärischen Posten am obern Surinam
sich befinde, und einen Korb Bier erwarten wolle, den sie ihm
zu senden habe. Denn das, welches er mitgenommen habe,
sei bereits aufgetrunken, und der bestellte Korb werde am
folgenden Tage mit einer Pont des Postens Gelderland abgeschickt werden.

Wer war froher als ich, ich suchte also sogleich den Korpo-
ral auf, der über die Pont zu verfügen hatte und nach seinem
Posten zurückkehrte; schon am andern Tage fuhr ich mit ihm,
dem Bier, den nötigen Kleidern und Lebensmitteln für die
Reise dem zwölf Stunden von Paramaribo abgelegenen Posten
Gelderland zu.

Freilich war es von da bis Victoria, wo der Doktor sein Bier erwarten wollte, noch 14 Stunden, aber ich hoffte bei den Juden des Dörfchens Jodensavanne, das auf dem Sandhügel oberhalb des Postens lag, eine kleine Korjal mieten zu können, zu deren Bemannung ich Indianer, die auf den Savannen des Casawinika wohnten, holen wollte. War ja ganz in der Nähe dieser Indianer der Posten Mauritsburg, wo mein guter Kapitän, der mir stets gewogen war und den ich herzlich verehrte, das Kommando hatte.

Die Reise in der Pont, die mit Lebensmitteln für den Posten geladen war, dauerte lange, denn wir waren noch in der Regenzeit und die Flut machte sich nicht mehr fühlbar. Die Neger waren genötigt, mit langen Stangen, an denen Hacken waren, die Pont längs den Zweigen der Bäume des Ufers aufwärts zu ziehen. So kamen wir erst am Nachmittag des dritten Tages an.

Der Posten befindet sich nahe dem rechten Ufer des Flußes, am Fuß eines etwa 80 Fuß hohen Hügels, auf dem das früher so wohlhabende Judendorf liegt. Freilich jetzt sah es armselig und verfallen aus, und nur wenige arme, alte Juden bewohnten dasselbe. Die große, schöne, aus Backsteinen gegen das Ende des 17. Jahrhunderts gebaute Synagoge, ragte trübselig über die elenden Häuser hervor. Sie ist noch ein Zeichen aus der Zeit, wo der ganze obere Surinam nur Pflanzungen zählte, die den portugiesischen Juden gehörten, die am Sabbat von weit und breit herkamen, um hier ihren Gottesdienst zu feiern. Alle diese Pflanzungen hatten nur biblische Namen, als: Streit Jakobs, Rama, Petra, Carmel, Hebron, Moria etc. Sie sind jedoch längst verlassen, während die Kirche allein noch übrig geblieben war. Später wurde auch sie abgebrochen und ihre Stätte ist unter Unkraut begraben, wie die biblischen Plantagen, für deren Bewohner sie 160 Jahre lang diente. Aber ist auch der Stamm der Gemeinde nicht mehr am obern Surinam, ihre Zweige haben sich in der ganzen Kolonie verbreitet; in Ämtern und Würden in der Rechtspflege, in der Heilkunde, wie im Handel haben sie die Oberhand im Lande, und nicht weniger war bei der Ausbeute des Goldes in den letzten Jahren ihnen der Himmel günstig.

Herr H. hatte zehn Tage auf der Judensavanne zugebracht und ein kleines Häuschen gemietet, in dem das Gesammelte aufbewahrt war. Hierher brachte auch ich mein Kistchen und das Bier, nahm in meiner Botanisierbüchse reine Wäsche mit, und nachdem mir der Jude, dem das Häuschen gehörte, versichert hatte, mir eine Korjal (kleines, aus einem hohlen, Baumstamm verfertigtes Boot) zur Weiterreise nach Victoria leihen zu wollen, verließ ich Abends vier Uhr, bloß mit einem Hauer bewaffnet, die Judensavanne und ging dem vier starke Stunden entfernten Posten Mauritsburg zu. Der Himmel war hell und ich hoffte, obgleich noch alle Tage Regen fielen, den Posten bei schönem Wetter zu erreichen.

Ich war ganz allein, und da manchmal Wochen vergingen, ohne daß jemand diesen früheren Cordonweg beging, so war ich auch sicher, keinen Begleiter zu finden. Der Weg führte über endlose Sandsavannen, teilweise mit Gesträuch und Mauritiuspalmen bewachsen. Kleine Kreeken liefen durch die Niederung und rüstig schritt ich durch, froh, nach der langen Seereise wieder einmal recht marschieren zu können. Über drei ½ Stunden lang geht der Cordon über Savannen, ehe man an einen sumpfigen Wald kommt, durch den ein breiter Weg in einer starken halben Stunde nach dem Posten führt.

Ich wollte aus einem breiten Arumblatt einen Becher drehen, um aus dem Waldwasser zu trinken, aber ich hatte nicht beachtet, daß mein Blatt das in der ganzen Kolonie bekannte giftige Domkeen war; sein Saft brannte mir Blattern in die Hand, die mich vier Tage später noch schmerzten.

Es dunkelte schon, als ich an dem verlassenen Posten Frederiksdorp ankam, dessen Wohnhaus, erst vor vier Jahren errichtet, jetzt einsam mitten im Wege stand. Hätte ich eine Hängematte oder wenigstens einen Feuerzeug bei mir gehabt, um Licht machen zu können, ich würde nicht gezaudert haben, hier über Nacht zu bleiben, denn ein Gewitter, wie es so oft beim Übergang der Regen in die Trockenzeit stattfindet, war im Anzug. Aber ohne Hängematte und Licht auf dem mehrere zollhoch mit Fledermauskot bedeckten Fußboden zehn lange Stunden zuzubringen, hatte ich wenig Lust. Also rüstig weiter. Noch eine starke Stunde weit mußte ich durch die Savanne, ehe der Weg durch den Wald ging; aber noch war ich keine halbe Stunde weit gegangen, als das Gewitter mit aller Macht sich entlud; der Regen fiel in Strömen und um nicht in nassen Kleidern den Rest des Weges zu machen, zog ich mein Hemd aus, setzte mich darauf und ließ es nun regnen so viel es wollte.

Glücklicherweise dauerte der Regen kaum eine Viertelstunde.

Ich zog also mein Hemd wieder an und schritt lustig weiter, obgleich in der Dunkelheit der Weg nicht leicht zu finden war. Endlich erreichte ich den Wald, wo es denn stockfinster war, aber dessen ungeachtet konnte man sich nicht verirren, denn auf beiden Seiten des Weges, auf dem man bis über die Knöchel im Kot waten mußte, befanden sich zwölf Fuß breite und drei Fuß tiefe Wassergräben und überdies war der Weg, der bloß einmal im Jahr, in der Trockenzeit, aufgebessert wurde, mit drei Fuß hohem Grase bewachsen.

Beide Wassergräben, in die sich in den Trockenzeiten die Buschtiere zurückziehen, waren mit Nymphäen verschiedener Arten bedeckt, worunter eine kleine, mit weißlichen Blüten einen phosphoreszierenden Schein von sich gab, so daß stellenweise die Gräben recht gut zu erkennen waren. Dreißig Jahre später fand ich dieselbe Erscheinung wieder in Wasserlöchern, als ich eines Nachts von der Plantage Tourtonne nach Paramaribo Rückkehrte.

Auch sie kam von Nymphäen, aber ob es dieselbe Art war, wie die von mir auf dem Wege nach Mauritsburg gesehenen, kann ich nicht sagen. Ich glaube, daß dieses Leuchten nicht immer, sondern nur zeitweise und unter besonderen atmosphärischen Einflüssen stattfindet. Es war ein sanftes ruhiges Licht, das den Blumenkelch erhellte, schwächer als das unserer

Feuerfliegen, aber viel heller als das des Scheinholzes. Hunderte Male fuhr ich später bei dunkler Nacht auf mit Nymphäen aller Art bewachsenen Kreeken und Sümpfen, aber nie sah ich außer dem Wege von Tourtonne jene Erscheinung wieder. Endlich kam ich aus dem Walde und sah in der Ferne das Wachtfeuer.

Auf das „Wer da?" der Schildwache kam der ganze Posten auf die Beine, denn ein einzelner Mann in so später Nacht ist nichts Gewöhnliches; man sah mich staunend an, dann glaubte man in mir endlich den Fourier[1] zu vermuten; der vor acht Monaten nach Holland abgereist war, was ich denn auch bestätigte. Mein guter Kapitän nahm mich freundlich auf, und eine Stunde später hatte ich in ruhigem Schlaf meinen ermüdenden Marsch und meine Blasen an der Hand vergessen.

Am andern Morgen war mein erster Gang auf die Savannen nach dem etwa eine halbe Stunde abgelegenen Indianerdorf. Ich war denn auch so glücklich, drei junge Burschen, die ich schon vom Maroni aus kannte, zu finden, die mich aber bloß bis Berg en Daal zu bringen versprachen, weil bei dem hohen Wasserstand des Flußes und dem anhaltenden Pagaien der Weg nach Victoria gar zu weit und beschwerlich sei.

Abends vier Uhr verließ ich mit meinen Indianern Mauritsburg und wir hatten, als wir auf Frederiksdorp ankamen, gerade noch so viel Tageshelle, um einen Haufen trockenen Holzes zusammen zu suchen, um damit ein Feuer im Hause anzünden zu können.

Die Indianer machten ihre Hängematten auf, in deren eine ich mich bettete, und kaum graute der Morgen, als wir den Marsch nach der Judensavanne fortsetzten.

Ich untersuchte nun erst die Korjal, die mir der Jude für zwei Gulden vermieten wollte. Sie war wohl groß genug, aber so leck, daß man sie erst ausbessern mußte, ehe man wagen konnte, mit ihr eine Reise zu unternehmen. Ich ließ sie also

---

[1] Ein Unteroffizier von höherem Rang (Red.).

ans Land ziehen und brachte, nachdem ich sie gereinigt hatte, einige Stunden damit zu, mit Werg und Pech, das mir der Kommandant gab, sie so gut wie möglich auszubessern.

Während ich nun im Schweiße meines Angesichts damit beschäftigt war, besuchten meine Indianer ihre Bekannten und waren durch die häufigen Schnäpse, die man ihnen gab, ziemlich benebelt, als wir um ein Uhr abfuhren.

Der Fluß war sehr angeschwollen und die Reise ging nur langsam vor sich, so daß wir beim Anbruch der Nacht noch weit von der Pflanzung Rama, wohin man bei niederem Wasserstand von Gelderland aus ganz leicht in drei Stunden kommen kann, entfernt waren.

Es war eine dunkle, sternenlose Nacht, und nur einer der Indianer wußte, wo die Pflanzung lag. Wir mußten, da in dieser Gegend viele Felsen längs dem Ufer sind, in der Mitte des Flusses fahren, von wo aus, da derselbe über 700 Fuß breit sein wird, das Ufer schwer zu erkennen war.

Endlich meinten die Indianer, die Umrisse des großen Seidenwollenbaumes, der auf Rama steht, zu unterscheiden; wir fuhren dem Lande zu und nach langem Rufen erhielten wir eine Antwort und sahen ein bewegliches Feuer durch das Gebüsch ans Ufer kommen. Der einzige Bewohner von Rama war ein alter Neger, denn der Direktor war mit allen seinen Leuten, im ganzen fünf, nach Paramaribo und hatte sein Haus abgeschlossen, in dem vermutlich nicht viel Wertvolles zurück geblieben war.

So mußte ich denn in einer Wachthütte, wohin mir der Neger mit seinem Feuerbrand den Weg zeigte, meine Hängematte aufhängen, wozu, um uns zu leuchten, der Alte unermüdet mit seinem Feuerbrand wehte. Ich hatte zwar von Mauritsburg zwei Talglichter mitgenommen, weil man an solchen unbewohnten Plätzen derlei Bequemlichkeiten selbst mitbringen muß, aber ich hatte sie an die noch stets leckende Korjal verschmieren müssen; der Neger half uns jedoch mit trockenem Holz und bald loderte ein Feuerchen unter den Hängematten. Ohne ans Nachtessen zu denken, denn wir waren sehr müde, die Indianer vom anhaltenden Pagaien[1] gegen den Strom, ich durch das immerwährende Wasseraus- schöpfen aus der leckenden Korjal, legten wir uns in unsere Hängematten und schliefen herrlich.

Ich kochte meinen Kaffee, beschenkte den alten Neger mit einem Stück Bakkeljau, den er dann wieder mit eini- gen Kokosnüssen vergalt, und wir setzten unsere Reise fort. Abends fünf Uhr kamen wir nach Berg en Daal, einem gro- ßen Holzgrund, der zehn Stunden von Gelderland abgelegen ist. Auf der ganzen Strecke zwischen diesem und Berg en Daal liegen bloß drei elende Holzgründe, jeder mit drei bis vier Negern, deren Eigentümer, Mulatten, *Singeis* arbeiten oder Erdfrüchte pflanzen lassen und ein einsiedlerisches Leben fuhren.

Auf Berg en Daal sind etwa 300 Neger, die, weil sie in früheren Jahren sich den Blanken treu bewiesen haben, von ihren Herren Vergünstigungen erhielten, die die Neger ande- rer Pflanzungen nicht haben. Die Pflanzung liegt an einer Hü- gelkette auf dem linken Ufer des Flusses. Dicht an demselben erhebt sich der blaue Berg, der höchstens 180 Fuß hoch, aber ganz unbewaldet ist; am Fluß selbst ist er steil und mühsam zu erklimmen, es führt aber ein bequemer Weg auf den Gipfel, wo ein kleines Häuschen oder Pavillon steht.

Hier hat man eine schöne Aussicht auf die im Südwesten liegenden Berge der Saramacca, die vielleicht acht bis zehn Stunden entfernt sein mögen, während im Südosten und viel- leicht zwanzig Stunden abgelegen, höhere Gebirge sich zeigen, die am oberen Maroni liegen.

Oben auf dem Berge ist der Begräbnisplatz der Neger, und unten am Fluß das geräumige Wohnhaus des Directeurs in einem Garten voll blühender Sträucher. Etwas davon ent- fernt ist das Negerdorf: hölzerne Häuschen in einem Walde von Kokos-Palmen. Der Boden ist überall aus roter eisenhal- tiger Erde, und große Quarzblöcke sind in der Ebene und am

---

[1] Paddeln (Red.)

Berge. Auf einer kleinen Anhöhe neben dem Dorfe steht die Kirche. Die Herrnhuter Missionare haben beinahe alle Neger dieser Pflanzung zum Christentum bekehrt, und es wird täglich Schule und Gottesdienst gehalten. Diesem Geschäft unterzieht sich ein junger Neger, der von den Herrnhutern unterrichtet wurde.

Alle vierzehn Tage kommt ein Missionar von „Worsteling Jackobs", einer unterhalb Roma liegenden Missionsstation, dann ist Buß- und Bettag. Die Arbeit der Sklaven die Bauholz fällen und Bretter sägen müssen, ist sehr gering, und sie benützen ihre viele freie Zeit zum Anbau von Erdfrüchten, die sie mit den Ponten, welche Bretter zum Verkaufe nach der Stadt bringen, dahin senden. Schweine und Federvieh ziehen sie in Menge, und sie verschaffen sich auf diese Weise manche Vorteile, die Sklaven anderer Pflanzungen entbehren müssen.

Die Indianer, des Pagaiens müde, wollten hier umkehren, aber auf mein dringendes Bitten ließen die guten Kerls sich doch bewegen, mich bis Victoria zu bringen, das bloß vier Stunden weiter, aber auf demselben Ufer wie Berg en Daal liegt. Von hier aus macht der Surinamfluß, der höchstens 200 Fuß breit ist, eine über zwei Stunden lange Krümmung nach Osten, an deren Ende auf dem rechten Ufer ein Fels ist, in dem einige Bäume Wurzel, gefaßt haben. Eine Menge rote und gelbe Spottvögel (Cassicus hämorrhous u. persicus) hatten da ihre beuteiförmigen Nester aufgehangen und erhoben ein höllisches Geschrei als wir vorbeifuhren. Nahe am Felsen mündet der Mavasi Kreek in den Surinam, und der Fluß nimmt wieder seine südliche Richtung an. Am dritten Tag nach unserer Abreise von Gelderland kamen wir um zwei Uhr Mittags auf Victoria an.

Der gute Doktor empfing mich und sein Bier mit großer Freude; leider aber hatte er teils weil die Strömung noch zu bedeutend war, teils weil er einige Fieberanfälle gehabt hatte, die Reise nach dem Inneren aufgegeben, und wollte schon am andern Tage wieder nach Paramaribo zurückkehren. Dieser Entschluß verstimmte mich nicht wenig, denn wenn auch mit noch so vielen Entbehrungen verknüpft, wären solche Reisen mir der höchste Genuß gewesen. Jakob, der Lieblingsneger des Doktors, mußte nun sogleich etwas für mich zum Essen kochen; das geschah so rasch, daß keine Stunde nach meiner Ankunft Erbsen, Speck und Wurst auf dem Tisch standen. Zum Glück hatte ich großen Appetit und starke Zähne, um die Erbsen die noch so hart waren, daß man damit hätte Vögel schießen können, zu zermalmen.

Der andere Morgen fand uns also schon wieder auf dem Rückweg, und pfeilschnell fuhren wir den reißenden Strom hinab, so daß, obwohl wir den Mittag auf Berg en Daal zubrachten, wir doch schon um sieben Uhr Abends auf der Judensavanne ankamen. Hier blieben wir nun bis zum siebenten August, und während der Doktor die Pflanzen beschrieb und zu bestimmen suchte, die er mit Jakob gesammelt hatte, durchstreifte ich die Savannen und umliegenden Waldungen und brachte manches Schöne und Seltene nach Hause.

Die Pflanzen auf die gewöhnliche Weise durch wiederholtes Umlegen in Fließpapier zu trocknen, ist besonders in einem feuchten Klima eine schwierige Sache und im großen beinahe nicht anzuwenden. Überhaupt lassen sich gewisse Arten sehr saftiger Pflanzen, wie Orchideen, Guttiferen und Liliaceen, gar nicht trocknen, ohne daß die Blätter abfallen, schwarz werden, auch wohl ganz verderben. Wir hatten nun zum Pflanzentrocknen eine einfache, aber sehr zweckmäßige Einrichtung bei uns. Es war eine doppelte hohle Platte von Kupferblech, einen Meter lang und einen halben Meter breit; beim Gebrauch wurde sie auf zwei Schrägen gelegt, in einem kupfernen gut verschlossenen Kessel Wasser gekocht, und der Dampf davon durch genau in den Kessel und die Platte passende Röhren in diese geleitet. Das Papier mit den sorgfältig darin ausgebreiteten Pflanzen wurde darauf gelegt, in Schichten von sechs bis acht Bogen, die wieder mit Brettchen beschwert waren. Das Feuer wurde beständig unterhalten, neues Wasser zugegossen und der zu Wasser gewordene Dampf in der Platte abgelassen, denn diese durfte nicht erkalten. Die

Blätter, die ebenfalls feucht wurden, mußten von Zeit zu Zeit in trockenem Papier umgelegt, wobei immer die Schichten verwechselt wurden, so daß alle der vollen Wärme der Platte teilhaftig wurden. So konnten, wenn die Pflanzen nicht zu saftig waren, in der Zeit von etwa vier Stunden hundert schöne Exemplare getrocknet werden, die dann am folgenden Tag aufs Neue in trockenes Papier gelegt wurden. Damit wurde so lang fortgefahren, bis sich keine Spur von Feuchtigkeit mehr zeigte.

Jakob war ein guter Jäger, und brachte stets Vögel und kleine Säugetiere nach Hause, die Adrian, ein junger Mulatte, abziehen und präparieren mußte, so daß trotz der verfehlten Expedition ins Innere an Pflanzen und zoologischen Gegenständen eine hübsche Ausbeute gemacht ward.

Nach viertägigem Aufenthalt auf der Judensavanne reisten wir nach Paramaribo zurück. Unterwegs und in der Nähe der Pflanzung Waterland sahen wir dem Streite zwischen einer Truppe Eichhornaffen (Callitrix sciurea) und einigen Spott- oder Bananenvögeln (Cassicus persicus) zu.

Auf einem hohen Spondiasbaum hingen die langen beutelförmigen Nester der Vögel; wahrscheinlich hatten die Äffchen, die arge Eierdiebe sind, sich diese zueignen wollen. Beide Tierarten verführten ein mörderisches Geschrei und ohne Zweifel zogen die Äffchen den Kürzeren, denn sie wurden außer von den Vögeln auch von den Bundesgenossen derselben, den Marabonsen (Polister, Hornissen) verfolgt und mußten erheblich zerstochen worden sein, denn sie liefen wie toll auf den breiten Zweigen des Baumes hin und schienen uns gar nicht zu bemerken.

Zwischen diesen beiden Tieren so ungleicher Art herrscht ein eigentümlich freundschaftliches Verhältnis, das jedem Indianer und Neger bekannt ist. Nie sieht man die Nester der Vögel (wovon außer dem Icterus, drei Arten, als der Cassicus oder Oriolus cristatus, den die Indianer Jaap nennen und der seine drei bis vier Fuß langen Nester stets an die höchsten Bäume hängt, der rote, Oriolus haemorrhous, und der gewöhnliche, in der Kolonie als *Bananenbeck* bekannte Oriolus persicus die gemeinsten sind), ohne daß in der unmittelbaren Nähe dieser Nester sich große Wespennester befänden, und selbst so nahe, daß der Vogel, wenn er in sein beutelförmiges Nest schlüpft, mit seinen Flügeln die Waben der Wespen berühren muß, was das Insekt nicht im mindesten kümmert. Wehe aber dem, der die Beutelnester der Vögel antastete, er würde jämmerlich zerstochen. Ich kenne drei Arten Wespen, die in dieser Sympathie zu den Cassicus stehen.

Den 13. August waren wir nach Paramaribo zurückgekehrt, wo der Doktor mit seiner Frau und seinem Töchterchen ein geräumiges Haus in der Gravenstraat bewohnte.

Doktor H., ein Hannoveraner von Geburt, lebte schon seit dem Jahre 1818 in Surinam, und war als Arzt hoch geachtet. Seine Hauptpraxis fiel noch in die guten alten Zeiten der Kolonie, deren Wohlfahrt mit dem Aufhören des überseeischen Sklavenhandels den ersten Stoß erlitt.

Mit großen Kenntnissen und Erfahrungen in seiner langjährigen kolonialen Laufbahn verband er eine feurige Liebe zur Natur, der er sich in der wenigen freien Zeit, die ihm seine sehr ausgebreitete Kundschaft ließ, widmete. Durch diese hätte er sich ein kolossales Vermögen erwerben können, wenn ihn nicht der Ehrgeiz gestachelt hätte, auch als Pflanzer eine Rolle zu spielen, und in späteren Jahren, als ihm allmählich sein Beruf als Arzt zur Nebensache wurde, als Kämpfer gegen die drohende Emanzipation die Feder zu ergreifen, europäische Einwanderung anzuempfehlen und für eine solche Kolonisation Pläne zu entwerfen. Schon im Jahr 1840 hatte ich ihn auf dem Posten Armina kennen gelernt.

Die Regierung hatte in dem eifrigen Bemühen, die Buschneger zu zivilisieren, ihn zu jener Zeit auf seinen Vorschlag zum Posthalter ernannt und sehr bedeutende Kosten darauf verwendet, ihn in seinem Unternehmen kräftig zu unterstützen. Aber nach einem kurzen Aufenthalt im Buschnegerland hatte er eingesehen, daß dieser schon so lange Zeit verwahrloste und zügellos freilebende Negerstamm nicht anders zu zivilisieren sei als durch Zwangsmittel, die außer der Macht des Gouvernements lagen. Durch Fieber geschwächt war er wieder nach Paramaribo zurückgekehrt, und da er seine Praxis aufgegeben hatte, widmete er sich nur der Natur und Entwürfen für die Emanzipation, die er in einer Weise bekannt machte, welche, so richtig seine Meinungen auch waren, ihrer abstrakten Form wegen nicht die Teilnahme fanden, die die Wichtigkeit der Sache verdient hätte. Tag und Nacht beschäftigte sich der talentvolle Mann mit Ideen und Plänen, die in Surinam bespöttelt und in Holland übersehen wurden. In dieser Zeit kam ich zu ihm.

Sechs Jahre lang war ich durch meine militärische Dienstzeit mehr oder weniger gebunden gewesen, mich der Natur zu widmen. Jetzt sollte ich in Verbindung mit diesem Mann, der an Kenntnissen mir so sehr überlegen, denselben Enthusiasmus, dieselbe Liebe für das ewig Schöne und Vollkommene, die Natur, mit mir teilte, ihr allein leben können. Aber nach unserer Rückkunft von Victoria fand ich nicht mehr die geistreiche Unterhaltung des Doktors über die mutmaßliche Fauna und Flora des Jupiter und Saturn, die ich, ehe ich nach Europa ging, so anziehend gefunden hatte; es waren jetzt materielle Erwägungen an ihre Stelle getreten: wie viele Paar Schuhe ein Einwanderer jährlich nötig habe, und welche Arten Hülsenfrüchte besser wären, Erbsen, Bohnen oder Linsen, während der Zeit wo der angepflanzte Maniok, Yams oder Taiers[1] ihrer Reife entgegen gingen. Die Stelle des Idealen, den Geist Bezaubernden, hatte jetzt das Nüchterne, Praktische des gewöhnlichen Erdenlebens eingenommen. Im Hause des Doktors ging es kreolisch zu.

Er selbst bekümmerte sich nicht im mindesten um die Haushaltung. Madame H., eine farbige, herzensgute Frau, hatte für alles zu sorgen, was ihr manchmal recht schwer wurde, da alle Pläne und Berechnungen ihres Mannes keinen Cent einbrachten, und nur mit Bitten und Dringen konnte man ihn

---

[1] Kartoffelartige Knollenpflanze (Red.).

manchmal bewegen, den einen oder anderen Kranken zu besuchen. Der große, schöne Garten hinter dem Hause war eine Wildnis, obgleich zur Bedienung von vier Personen, worunter ein Kind von drei Jahren, fünf Neger sich im Haus befanden, daneben noch drei Mädchen zum Kochen oder Waschen. Mit leichter Mühe hätte dieses Gesindel den Garten unterhalten können, aber daran war nicht zu denken.

Neben dem Hause wohnte ein Jude, Herr N., dessen Anwesen nur durch einen Zaun von dem unsrigen getrennt war, und der auf seinem Hofe mehrere Hühner hielt, denen die Flügel so geschnitten waren, daß sie nicht über den Zaun fliegen konnten. Nun hatte der Doktor einen prachtvollen Haubenadler, Conini (falco destructor), der ebenfalls mit gestutzten Flügeln im Hofe herumlief. Das schöne Tier wurde mit den Eingeweiden des geschlachteten Geflügels ernährt, auch schoß ihm Jakob manchmal einen Vogel, aber wie es oft geschah, hatte er nicht halb genug und liebäugelte dann mit den Hühnern des Juden.

Eines Tages entstand ein Zetergeschrei im Nachbarhaus; ich wurde schnell dahin geholt, denn der Conini hatte sich von einem leeren *Basse*, das in unserm Hofe stand, auf den Zaun zu schwingen gewußt, war in den Hof des Herrn N. hinunter geflattert, und war eben beschäftigt ein Huhn zu verspeisen. Niemand wagte sich an den gewaltigen Vogel. Ich mußte nun warten bis Jakob nach Hause kam, um das böse Tier zu fangen, was keine Kleinigkeit war, denn dieser Adler, welcher sich an die Brüllaffen und das zweizehige Faultier wagt und sich hauptsächlich von ihm nährt, ist nicht durch einen Mann zu überwältigen.

Als Jakob kam, war auch der Vogel mit seiner Mahlzeit fertig; wir wurden seiner habhaft, indem wir über ihn zwei wollene Decken warfen. Ich hatte Mitleid mit dem schönen Tier und hätte ihm gerne zu seiner Freiheit verholfen, wenn seine Flügel nicht beschnitten gewesen wären.

Ein anderes Ungeheuer lief im Hause frei herum, eine schöne Riesenschlange von der Art der *boa canina*, wie ich schon eine als Fourier besessen hatte, nur war die des Doktors größer, aber eben so zahm. Sie war volle vierzehn Fuß lang und beinahe schenkeldick und bekam Ratten zu fressen, die bei uns eben nicht selten waren; darum gefiel sie sich wohl im Hause und legte sich bald auf das Kanapee, bald sonst irgendwohin, wo es ihr eben behagte. Nur über Nacht wurde sie in eine Kiste eingesperrt.

So lag sie denn eines Tages auf einem großen Tisch, an welchem der Doktor seine Kolonisationspläne schrieb, zusammengerollt in süßer Ruhe und ohne jegliche Bewegung, so daß man sie leicht für ein präpariertes Tier halten konnte; Skelette, Bälge, getrocknete Pflanzen lagen auf allen Stühlen umher, denn je größer die Unordnung im Zimmer war, desto mehr fühlte sich der Doktor darin heimisch, und gerade das Besuchzimmer im Parterre war das eines echten Studio.

Nun kam an jenem Tage ein Herr zu uns, um den Doktor über eine Krankheit zu sprechen, denn trotz allem pekuniären Mangel machte Herr H. nur Besuche, wenn ein Kranker so zu sagen in extremis sich befand. Während nun der Doktor den Besuchenden bat, einen Augenblick sich zu setzen, bis er einen Satz vollendet habe, sah dieser die schöne Eva, so hieß das Tier, auf dem Tische liegen, verwunderte sich, wie naturgetreu sie ausgestopft sei, und strich dabei über ihr glattes Fell hin. Plötzlich hob Eva ihren Kopf empor und sah mit dem den Schlangen eigenen freundlichen Blicke und indem sie die gespaltene Zunge herausstreckte, den Besucher an, der todesblaß einen Schrei des Entsetzens ausstieß, den Stuhl umwarf und ohne Hut und Regenschirm zum Hause hinaus und auf die Straße sprang; durchs Fenster bat er mich um Hut und Schirm; er hatte alle Lust verloren, den Doktor zu konsultieren.

Eines Tages fehlte Eva; auch der Doktor ließ es sich angelegen sein, des Tieres wieder habhaft zu werden, denn, meinte er, obgleich sie reichlich mit Ratten gefüttert würde, könne es ihr wenn sie des Nachts im Hause frei umherschleichen dürfe, leicht einfallen, die kleine Louise, welche, wie alle Kreolen-

kinder, nicht im Bette, sondern auf einer Matte auf dem Fußboden schlief, zu verschlingen, eine Sache, die – so sanftmütig
Eva auch schien – wohl möglich war.

Drei Tage war die Schlange schon weg und das ganze Haus
von oben bis unten nach ihr durchstöbert, als eines Morgens
der Nachbar leichenblaß ins Zimmer trat und erzählte, daß
Eva in sein Schlafzimmer, wo seine Frau soeben in den Wochen
lag, hereingekrochen sei. Die Kinderwärterin und das ganze
weibliche Personal, denn der Nachbar hatte keine männliche
Bedienung, hätten sogleich das Haus verlassen und wollten
auch nicht mehr dahin Rückkehren, so lange das unheimliche
Tier im Hause sei. Ich holte Eva, die ganz willig sich wieder in
ihr altes Domizil zurücktragen ließ, ab – und hatte zu tragen,
denn sie wog über achtzig Pfund.

Am Abend aber kam ein Brief des Nachbars, der seine Drohungen lieber schriftlich als mündlich vortrug, und dessen
kurzer Inhalt war, daß, wenn der Doktor seine Bestien nicht
besser bewahre und sie abermals wieder in sein Haus kämen,
er sich ans Gericht wenden würde. Obgleich sich Herr H. wenig um die Drohung bekümmerte, so wurde, da man gerade
dazu Gelegenheit hatte, Eva und der Adler an einen holländischen Schiffskapitän verkauft.

Ein drittes, viel gefährlicheres Tier, hatten wir wohl verwahrt in einer mit einem Drahtgitter wohlverschlossenen
Kiste, nämlich ein sehr großes Exemplar der giftigen Capassischlange, Trigonocephalus rhombeatus. Auch sie wurde mit
Ratten gefüttert. Als ich mit Jakob, der sie besorgte, nach Para
abreiste, töteten wir das gefährliche Reptil um es in Spiritus
aufzubewahren.

Ende August, nachdem das Gesammelte wohl konserviert
und eingepackt war, machte ich mit Jakob und Adrian eine
Reise nach dem Paradistrikt, um da einige Wochen lang Pflanzen, Schmetterlinge und andere Tiere zu sammeln. Die erste
Pflanzung, wo ich mich aufzuhalten hatte, war Osembo, das
etwa sieben Stunden südlich von Paramaribo an einer kleinen Kreek liegt, welcher in das Paraflüßchen mündet. Außer

drei Zucker-Pflanzungen, die im niedern Land nahe an der Mündung in den Surinamfluß liegen, sind im ganzen Distrikt bloß sogenannte Holzgründe, wo durch die Neger Bauholz und Bretter zum Gebrauche der übrigen Pflanzungen und der Stadt Paramaribo bearbeitet und gesägt werden.

Der letzte dieser Holzgründe am Para liegt etwa zwölf Wegstunden von der Stadt, und alle stehen, obgleich sie am Paraflüßchen oder dessen Nebenbächen liegen, auch durch Wege mit einander in Verbindung, die in jener Zeit ziemlich gut unterhalten waren. Die Vegetation des Paradistrikts ist mehr die des Inlandes, auch erhebt sich das Land schon etwas wellenförmig und wird im südlich liegenden Teile von der Savannenregion durchschnitten.

Als ich auf Osembo ankam, empfing mich der Direktor Herr B., ein großer schwerer Mulatte sehr zuvorkommend und gastfrei. Im großen Haus desselben wurde mir eine Kammer angewiesen, während Jakob und Adrian in einem Schuppen logierten, wo denn auch die Pflanzentrockenmaschine aufgestellt war.

Die Pflanzung Osembo hatte etwa 130 Neger und gehörte einer Verlassenschaftsmasse, die durch das Waisengericht verwaltet wurde. Die Direkteure von Pflanzungen, die das Glück hatten, unter der Waisenkammer zu stehen, hatten gar gute Herren, wenn man sie gut zu behandeln wußte, und das verstand Herr B. aus dem Grunde.

Keine Pont brachte Bretter, *Singeis* oder dergleichen nach der Stadt, ohne daß einige Kisten Stärke, Mais, Schweine, Geflügel, schöne Zedernbretter u. s. w. an die Vorgesetzten geschickt wurden. Wurde ein Tapir, ein wildes Schwein oder ein anderes Wild geschossen, geschwinde mußte Hals über Kopf ein kräftiger Junge durch Dick und Dünn zu Fuß nach Paramaribo, daß das geschatzte Wild noch zeitig genug zum Mittagstisch des Patrons ankam, und niemand verstand das leider überall bewährte Sprichwort: „Schmieren und Salben hilft allenthalben," mehr in Praxis zu bringen, als er; deshalb war B. auch unumschränkter Herr und die Briefe seiner Vorgesetzten an ihn, den zärtlichen Herrn (teedere heer), waren voll von Vertrauensvoten und Achtungsbezeugungen.

Die Neger von Osembo arbeiteten, da die Waldungen der Pflanzung schon längst kein Holz zu Brettern mehr hatten, vier Stunden weit am Saramaccafluß, wohin sie sich am Montag begaben, und woher sie am Freitag zurückkamen. Der Bastian oder schwarze Aufseher hatte die Arbeit zu leiten, suchte die Bäume aus und machte jeden Samstag seinen mündlichen Rapport. War eine Pontladung Bretter oder Singeis bereit, so mußte der Blankoffizier nach dem Arbeitsplatz, die Bretter nachsehen und sie auf die Pflanzung, die sie bestellt hatte, oder nach der Stadt senden. Der Direktor selbst ritt nur selten dahin.

Es war nun dessen ganze Tätigkeit darauf beschränkt, diese jungen Neger (denn unter 20 Jahren durfte kein Neger zum eigentlichen Holzgeschäft, und ebenso wenig ein Mädchen unter diesem Alter und so lange sie keinen Mann hatte, zum Tragen von Brettern verwendet werden), zweckmäßig zu beschäftigen. Auch hierin bewährte er seinen praktischen Verstand, denn er ließ durch das junge Volk Kostäcker anlegen und unterhalten, in denen außer Bananen, Yams und Taiers zum Lebensunterhalt noch Maniok zur Stärkemehlbereitung und Mais gepflanzt wurde. Diese Kostäcker waren sein Eigentum, und allein aus Mais löste er bei einer Ernte über 400 Gulden.

Durch große Gastfreiheit und guten Humor war er überall beliebt, nur mit seinen Nachbarn, lauter Farbigen und auf derselben Bildungsstufe stehend wie er, konnte er sich nicht vertragen, denn sie beneideten ihn weil Osembo „aan de Weeskamer" war.

Kurze Zeit vor meiner Reise nach Para war auch Onverwagt, ein ebenso großer Holzgrund, nur eine Viertelstunde von Osembo entfernt, unter die Verwaltung der Waisenkammer gekommen, und Herrn B. die Aufsicht über dieselbe ebenfalls aufgetragen. Onverwagt hatte ebenso viele Sklaven als Osembo, und diese arbeiteten ebenfalls in den Waldungen der Saramacca, aber während es eine Menge kräftiger Jungens hatte, geschickt um die Kostäcker in Ordnung zu halten, bot Onverwagt eine Auswahl junger hübscher Mädchen dar: so konnte B. nun das Nützliche mit dem Angenehmen vereinen.

Ehe ich über meine Beschäftigungen spreche, will ich einige Worte über die Lebensweise des Direktors sagen, „à tout seigneur tout honneur". Um sechs Uhr Morgens war er bereits angekleidet und saß unter der luftigen Galerie beim Kaffee. Bei diesem war frisches Cassavebrot, geröstete Bananen, Käse und Butter. Nach eingenommenem Frühstück unterhielt er sich mit seinem Blankoffizier, oder ging er in die Zimmermannslots (Werkstätte), wo stets das eine oder andere Fahrzeug zu reparieren war, um da die Arbeit des Zimmermanns nachzusehen; dann setzte er sich zu Pferd und ritt nach Onverwagt, wo er die hübschen Negerinnen besuchte, die seinen Sultanslaunen sich gerne unterwarfen, aber, obwohl sie als Hausmädchen in der Sklavenliste aufgeführt wurden, weil kein Direkteur da wohnte, auch nicht die mindeste Arbeit zu verrichten hatten und ihre Zeit in Müßiggang zubrachten.

Manchmal ritt B. auch in den Kostacker, wohin ich ihn mit meinem Schmetterlingsnetz zu Fuß begleitete. Um zehn Uhr kam er gewöhnlich nach Hause, trank ein Gläschen Genever und aß präzis zwölf Uhr zu Mittag, wobei es nie an frischem Fleisch fehlte, denn B. hatte stets gute Jagdhunde, die ihn manchmal 100 bis 200 Gulden das Stück kosteten und mit denen ein Arowakenindianer jagte. Da er nun Erdfrüchte im Überfluß hatte, so kostete ihn seine Haushaltung verhältnismäßig wenig.

Gleich nach dem Essen hielt er seine Siesta, wobei eine hübsche Negerin ihm so lange den Kopf kratzen mußte, bis er in Schlaf fiel. Dieses Schläfchen dauerte bis fünf Uhr, wo in einer Badekammer wieder die eine oder andere Schöne ihn in einer Badewanne waschen mußte, bis er, erfrischt von des Tages Mühen, sich nach sechs Uhr unter der Galerie im Lehnstuhl niederließ, um die Abendkühle zu genießen.

Hier leistete ihm nun der Blankoffizier Gesellschaft, oder Bekannte aus Paramaribo, die ihn häufig besuchten. Um acht Uhr wurde ein reichliches Nachtessen eingenommen, und um neun Uhr präzis begab man sich zur Ruhe.

Ein solches Leben führten in jener Zeit alle Directeure dieser Holzgründe, wenn sie auch nicht die Vorteile hatten, welche dem Herrn B. seine Chefs zuließen. Die Unterhaltung mit diesen Herren bezog sich bloß auf Vorfälle in der Kolonie, denn alles was außer derselben lag war ihrem Ideenkreise fremd, und sie war für mich viel langweiliger als ein Gespräch mit Indianern, das ich abbrechen konnte wenn ich wollte.

So wenig ich nun auch begriff, wie ein Mann in den besten Jahren ein solches Geist und Körper tötendes Leben führen konnte, ebenso wenig begriff er, wie ich, wenn ich am Abend beschmutzt und durchnäßt nach Hause kam, und nun ermüdet mich noch ans Einlegen von Pflanzen, Aufspannen von Insekten und Präparieren von Bälgen machen mußte, in dieser Tätigkeit mich glücklich fühlen konnte.

Er erteilte mir oft den wohlmeinenden Rat Blankoffizier zu werden, weil ich ja gut lesen und schreiben könne und überdies so gut zu Fuß sei, da könne es mir doch in einigen Jahren nicht fehlen, Direktor einer Pflanzung zu werden und so in eine leichte behagliche Existenz zu kommen. So liefen unsere Meinungen auseinander, ohne daß wir aufhörten, gute Freunde zu bleiben, und ich bin diesem Mann für die Gastfreundschaft, die er mir so oft und uneigennützig bewiesen, bis an seinen Tod dankbar gewesen.

Meine Wanderungen, die durch die vielen Wege sehr erleichtert wurden, übernahm ich nie vor acht oder neun Uhr Morgens, denn um diese Zeit war der Tau von den Blättern abgetrocknet, und die Insektenwelt regte sich. War mein Ausflug kurz, so kam ich zum Mittagessen nach Haus und machte von eins bis fünf Uhr einen zweiten Spaziergang. Bei jeder Tageszeit zeigen sich wieder eigene Arten Schmetterlinge, und so unendlich verschieden das Reich derselben in Gattungen ist, nicht weniger mannigfaltig ist ihre Lebensweise, und das

Studium derselben unerschöpflich. Ich will hier nur von den Schmetterlingen reden, die durch ihre Pracht und Große in den Tropenländern am meisten in die Augen fallen.

Die bei weitem größere Zahl hält sich in den Wegen oder am Saume der Waldungen auf, und sie fangen erst zu fliegen an, wenn die Sonne hoher steigt und es warm wird. Zehn bis fünfzehn Fuß über dem Boden fliegt rasch der prachtvolle glänzendlasurblaue Morpho Rhetenor. Gr., der sich nur selten setzt, in Wegen oder in Kreeken fliegt und die dichten Waldungen vermeidet. Sein doppelt so großes hochgelbes Weibchen ist so selten, daß man eher hundert Männchen als ein Weibchen zu Gesicht bekommt.

Die schöne Gattung der Heliconier, so reich an Arten als an Varietäten, fliegt meist niedrig am Saume des Waldes. Ihre unansehnlichen Domraupen leben in Gemeinschaft von den Blättern verschiedener Passifloren. Auch im Puppenzustand bleiben sie bei einander und hängen sich eine neben der andern stets an den Ranken der Blätter, welche sie fressen, auf. Ihre Puppen sind grau, dornig und es hängen manchmal an einer Ranke über hundert, schliefen auch meist zur gleichen Stunde aus. Am Abend setzen sich diese Schmetterlinge wieder gemeinschaftlich auf dürre Reiser in Kreeken, so daß man mit einem Schlag des Netzes oft ein halbes Dutzend bekommen kann.

Die trojanischen Ritter, deren meist graue glatte Raupen teils gemeinschaftlich, teils einzeln hauptsächlich auf Zitronen- und Orangenbäumen leben, lieben die Sonne weniger und halten sich gerne im niedrigen Wald und an schattigen Plätzen auf. Auch der schöne schwalbenschwanzähnliche Thoas, dessen Raupe einsam auf einer nach Anis riechenden Piperace lebt, gehört hierher. Alle Raupen dieser Gattung strecken wie die europäische Schwalbenschwanzraupe so bald man sie berührt zwei gelbe übelriechende Hörnchen aus dem ersten Halsring und verwandeln sich später meist in graue Stückchen holzgleichende Puppen, aus denen nach vierzehn Tagen der Schmetterling ausschlieft.

Jetzt fliegen auch die Morphos, wie Menelaus L. Deidamia, Hübs., Achilles L. Nestor C., während die verschiedenen Arten von Caligo als Eurilochus C., Teucer L. Automedon F. nur in düsterem Hochwald sich aufhalten, an Bäumen sitzen und bloß in der Morgen- und Abenddämmerung längs den Wegen und Kreeken fliegen. Die Raupen dieser Gattung sind oft bei sieben Zoll lang, braun oder grün von Farbe, gestreift, haben vier harte Hörnchen auf dem Kopf und einen Gabelschwanz. Sie sitzen an den Blattstielen der Bananen- und Heliconienblätter und fressen bloß morgens und abends.

Da die Morphos meist im Walde sich aufhalten, so bekommt man sie selten unbeschädigt; auch sind sie nicht im Stande, gegen starken Wind zu fliegen. Eine Ausnahme davon macht der silberfarbene Morpho Adonis. da er stets beim stärksten Wind und Sonnenschein, aber so hoch fliegt, daß man ihn nicht leicht fangen kann.

Im dunkeln Gebüsch unter Blättern, nahe am Boden, findet man die schöne blaue Esthema bicolora S. und die gelbe Hyclosia heliconides II.; sie flattern nur davon wenn sie verjagt werden. Gefangen stoßen sie mit zischendem Laut einen gelben nach Opium riechenden Schaum aus ihren mit weißen Punkten gezeichneten Halswirbeln in solcher Menge aus, daß sein Volumen wohl dreimal so groß ist als der Körper des Insektes. Ebenso wie diese, unter Blättern und meist an Kreeken oder feuchten Stellen im dichten Strauchwerk, findet man die verschiedenen Arten Stalachtis stets in großer Menge beieinander.

Nur die Nymphaliden, zu deren schönsten Arten Medea F., Clymena H., Postverta B., Numilius C., Acontius L., Ancaea L., Bolina, Claudia C., Pheridamas Cr., Orion Fab., Baeotus B., Hippona F., Clytemnestra F., Thetis F., Basilea Cr. gehören, lieben die Sonne, fliegen wie der deutsche Fuchs (Pap. polychloros) oder der Admiral (Pap. Atalanta) von Blatt zu Blatt und zeigen kokettierend die bunten Zeichnungen der Oberseite. Aber jede dieser so mannigfaltigen Schmetterlingsarten hat ihre eigene Weise zu fliegen, zu sitzen und sich zu verbergen. Manche sind so frech wie das C. (Pap. C. album), setzen sich auf die Kleider oder gar auf die Hand, andere ganz sorglos auf die Blätter, fliegen aber, so bald man mit dem Netze fehlschlägt, in die Höhe und bleiben stundenlang in den obersten Zweigen der Bäume sitzen, ehe sie wieder herunterkommen.

Um einen solchen seltenen Schmetterling gab ich mir einst zwei Stunden lang vergebliche Mühe; fruchtlos warf ich Stücke Holz hinauf, ja ich schoß sogar nach ihm, er flog nur auf, um sich in derselben Höhe wieder zu setzen, bis ich endlich unverrichteter Sache abzog.

Manche setzen sich nie an Blätter, sondern nur an den Stamm der Bäume, wie die mit einem klappernden Geräusche fliegende Feronia und Amphinerma. Andere wie die Castniaarten, meist an trockenen Zweigen und mit dachförmig über einander geschlagenen Flügeln. Nur wenige, wie die glasflügelartigen Piera L., und Andromeda H. findet man im Walde auf dem Boden.

Auf freien Plätzen, an Wegen oder auf verlassenen Kostäckern, wo eine weiße Synanthere strauchartig wächst, saugen mit schnellem Fluge, aber nur bei hellem Sonnenschein, die schöne Dido, die ziegelrote Julia, Juno, Vanilla den Blumensaft, und man findet hier die blauen Thecla, Marsyas, Tuneta und die verschiedenen Hesperiden als Herrichii, Vulcanus usw. Überhaupt sind diese Sträucher von einer zahllosen Menge kleiner Schmetterlinge besucht, und die Mittagshitze ist stets die beste Zeit zum Fangen derselben. War ich nun den ganzen Morgen mit dem Fange der kleineren Arten beschäftigt, so machte ich nach vier Uhr Abends noch einen Gang. um die größeren Morphos zu erhaschen; diese hatten sich dann schon zur Ruhe begeben und saßen auf den Blättern an der Seite des Weges, so daß ich sie mit der Hand wegnehmen konnte. Auf diese Weise fing ich oft an einem Abend sechs und mehr ganz unverdorbene Morphos.

Bei der ungeheuren Menge schädlicher Insekten, meist Ameisen, die oft so klein sind, daß man sie kaum bemerkt, hat man beim Aufspannen und Bewahren von Schmetterlingen eine Sorgfalt nötig, von der man in Europa sich keinen Begriff macht, denn trotz Kreosot und Kajeputöl dringen kleine Kakerlaken durch die kleinsten Öffnungen, und wenn sie sich auch nicht an die eingeölten Leiber wagen, so fressen sie Löcher in die Flügel. Der Sammler muß deshalb, besonders bei Insekten genau schließende Kästen haben und darf überdies den Kampfer nicht sparen. Die Fugen meiner Insektenkistchen hatte ich stets mit bepflasterten Leinwandstreifen beklebt.

Nach achttägigem Aufenthalt bei dem gastfreien B. verließ ich Osembo, um auf der letzten Pflanzung L' Inquiétude noch vierzehn Tage zuzubringen. Ein kleiner Bach, der Oemankreek, der bloß bei hohem Wasserstande zwei bis drei Fuß tief ist, führt in großen Krümmungen in die Para. Auf dieser fuhr das Boot, während ich den viel kürzeren Weg zu Fuß machte und über eine Stunde warten mußte, ehe mein Boot am Landungsplatze eintraf.

Wir fuhren nun eine kleine Strecke die Para hinunter, um durch einen gegrabenen Kanal von höchstens fünf Minuten Länge eine große Krümmung des Paraflüßchens abzuschneiden; so kommt man eine Stunde oberhalb Osembo bei dem Holzgrund Overtoom wieder in die Para. Auch Overtoom hat etwa 190 Sklaven, die ebenfalls an der Saramacca arbeiten. Sein Direktor ist ein Mulatte, der gerade wie B. lebt. Ich fand ihn eben im Begriff, einen Besuch auf einer benachbarten Pflanzung zu machen. In einem kleinen, länglich viereckigen Fahrzeug Kruskrusi, worin acht junge Mädchen singend drauf los pagaiten, saß der Direktor bequem auf einer mit einem roten Teppich bedeckten Bank. Unter immerwährendem Gesang fuhr die junge Schar die Para hinab.

Eine kleine Stunde oberhalb Overtoom kommt man an der verlassenen Pflanzung Topibo vorbei, wo ein Hügel von etwa sechzig Fuß Höhe die erste beträchtliche Erhebung des Bodens bildet. Man erzählt sich, daß in diesem Hügel, den man den Berg nennt, sich eine Höhle befinde, worin ein Pflanzer seine Schätze verborgen haben soll, als im Jahre 1712 die Franzosen die Kolonie überrumpelten und brandschatzten. Auf Osembo befand sich ein alter Neger, der vorgab, die Höhle zu kennen.

Als ich ein Jahr später wieder nach Osembo kam, ruhte ich nicht, bis dieser Neger, den ich dafür mit zwei Gulden belohnte, mich dahin begleitete. Aber der Spitzbube war so mißtrauisch, daß er vorgab, die Stelle nicht mehr zu finden. Ich durchstreifte über eine Stunde lang allein den Hügel, fand endlich eine backofenartige Höhlung, aber kaum so groß, daß ein Mensch sich liegend darunter hätte ausstrecken können. Alles war voll Schutt und eisenhaltigen Steinen die nicht abgerundet waren. Es wäre interessant gewesen, nachzugraben, ob jener Schutt wirklich eine Höhle ausfülle oder primitiver Boden war.

Von Höhlen habe ich in Surinam nie gehört, doch sollen nach der Aussage eines alten Indianers oben im Siparawinifluß große Höhlen sein, wo sich ein fabelhaftes Tier von kolossaler Größe und der Gestalt eines Ameisenfressers aufhalte.

Zwei kleine Stunden in nordöstlicher Richtung von Topibo befindet sich auf dem rechten Ufer des Surinamflusses bei der verlassenen Pflanzung Rac à Rac ein zweiter Hügel von derselben Höhe und Formation. Dieser und der vorige sind die einzigen Erhöhungen in diesem Teile der Kolonie, denn erst drei Stunden südlicher erhebt sich das Land etwas mehr und der alluviale Boden geht allmählich in einen Gürtel von Sandsavannen über, welcher früher die Meeresküste bildete.

Bedeutende Krümmungen verlängern die Reise in der Para ungemein, und drei Stunden lang bis zur Mündung der Corupinkreek findet man nichts als verlassene Kostacker. An letzterem Kreek, der von Westen her in die Para fließt, liegen bloß die Holzgründe Prosperité und „de vier kinderen“. Zwischen beiden ist der Militärposten Republik mit zehn Soldaten unter dem Kommando eines Sergeanten.

Die Stelle wo der Corupinikreek in das Paraflüßchen mündet, nennt man den Triangel, und die Neger knüpfen, wie an verschiedene andere Orte, daran abergläubische Bedeutungen; so soll man da nicht pfeifen, um den Wassergeist Watramama nicht zu erzürnen.

Wir fuhren die Para weiter hinauf und kamen nach zwei Stunden an den Holzgrund Hannover, der dem Doktor gehörte, aber vieler Schulden halber der Bank verpfändet war. Keiner dieser Holzgründe kann dem Eigentümer einige Rente abwerfen, denn da die Waldungen im Umkreise schon längst ihres Nutzholzes beraubt sind, so müssen Bretter und Bauholz in weit entfernteren Waldungen bearbeitet werden, so daß der Transport nach der Stadt viel zu viel kostet und die Holzgründe, die bedeutende Steuern bezahlen müssen, nicht mit den Buschnegern konkurrieren können.

Die Holzgründe sind in Gegenden, wo die Kultur des Zuckers sich nicht lohnen würde; da aber ein Neger ohne seinen Willen nicht von seinem Geburtsort weggenommen, auch Familien nicht getrennt werden dürfen, es überdies schwierig ist, die Sklaven an eine neue Kultur zu gewöhnen, weil die Folgen solcher Neuerungen sehr häufig und besonders bei den Paranegern, Widerspenstigkeit, Aufruhr und Weglaufen veranlassen, so befanden sich die Eigentümer solcher Pflanzungen, deren reeller Wert an Sklaven oft 50–80,00 Gulden betrug, manchmal in ganz ungünstigen Verhältnissen, und so warf dieses bedeutende Kapital gar keine Rente ab, oft nicht einmal soviel, daß die Steuern bezahlt werden konnten.

Nun hatte vor mehreren Jahren der Doktor auf seiner Pflanzung diesem Übelstande abhelfen wollen und eine Kultur einzuführen beabsichtigt, wofür der Boden günstig war und welche die Sklaven, da sie wenig Arbeit beanspruchte, gerne versahen, nämlich die Kultur des Ananas oder Bromelinflachses *Bromelia pinguin*. Aus dieser Pflanze, welche zum Ananasgeschlecht gehört und deren Blätter überreich an einer starken, wohl drei Fuß langen Faser sind, verfertigen die Indianer Hängematten und Schnüre, die an Dauerhaftigkeit und Starke diejenigen aus Flachs und Hanf bedeutend übertreffen.

Die Pflanze war in Europa beinahe unbekannt und der Doktor hatte nicht die Mittel auf das Resultat von Probesendungen warten oder die nötigen Reklamen machen zu können. So mußte er denn die Sache aufgeben und die Bank, welche das Geld vorgeschossen hatte, zog die Verwaltung von Hannover an sich und ließ wieder Bretter sägen und *Singeis* spalten. Das Unkraut überwucherte die angepflanzten Äcker, und die Arbeit einiger Jahre war umsonst gewesen. Auf Hannover befanden sich über 180 Neger, die wie alle Paraneger sich vorteilhaft vor den Sklaven der im niedern Land gelegenen Pflanzungen auszeichneten. Von Hannover an hat man auf beiden Ufern der Para Savannen, die sich gegen Osten nach dem Surinamfluß, gegen Westen aber nach der Saramacca hinziehen.

Drei Stunden oberhalb Hannover kommt man an die Mündung der Carolinakreek, bei der ich, weil es schon dunkel war, die Korjal verließ und mit Jakob, der meine Hängematte trug, mich zu Fuß nach dem Wohnhaus begab, wo der Direktor, ein Deutscher, den ich schon früher kannte, mich freundlich willkommen hieß.

L'Inquiétude ist ein stilles ruhiges Plätzchen, so abgelegen und einsam an der schmalen mit Bäumen dichtbeschatteten Carolinakreek, daß der Name Solitude oder Eremitage passender dafür gewesen wäre. Das kleine, nette, noch nicht ganz fertige Wohnhaus lag versteckt unter alten dichtbelaubten Mangobäumen, über die einige Dutzende hohe Kokospalmen hervorragten: Zitronenhecken und ein schlecht unterhaltener Zaun schieden den Platz, wo das Wohnhaus war, von den elenden Hütten der 30 bis 40 Neger, welche die Sklavenbevölkerung von L'Inquiétude ausmachten.

Vor dem Hause dehnte sich eine vielleicht 50 Acker große Savanne aus, in der einige Kühe und Ochsen grasten. Alles war von Hochwald umgeben, der Boden erhob sich schon hier und da wellenförmig, und so unbedeutend das Plätzchen auch war, so machte es doch den angenehmsten Eindruck und schien ganz geeignet, um abgeschieden von der Arbeit nur sich und der Natur zu leben. Herr W. war ein gebildeter und belesener Mann, und seine Gesellschaft für mich eine ganz andere, als die des guten B.

Der Holzgrund gehörte einem Juden in Paramaribo, der sich wohl hütete, daß L'Inquiétude an die Waisenkammer kam; das Wohlleben war deshalb auch nicht das Osembos, und die besten Neger waren bei ihrem Herrn in der Stadt ; die ganze Hausbedienung bestand aus einem ganz jungen Mädchen als Köchin, und aus einem Mulattenjungen.

Nur war Herr W. ein heftiger Mann, der jede Arbeit seiner Neger überwachte und nachsah. Schon am zweiten Tage nach meiner Ankunft kam eine drollige Szene vor; das Essen war nicht rechtzeitig fertig; die Köchin und der Junge wurden deshalb gerufen, als sie aber den Herrn nach der Peitsche greifen sahen, nahmen sie Reißaus und versteckten sich in den Negerhäusern, wo kein Bitten und Schelten sie bewegen konnte, wieder nach der Küche zu gehen. So mußten wir eben selbst den Topf vom Feuer nehmen und ins Haus tragen. Am Abend aber war von beiden Parteien die Sache vergessen.

Jeden Tag machte ich, begünstigt vom schönsten Wetter, meine Wanderungen in der Umgegend, und an der Tierwelt hatte ich, wie immer, die beste Unterhaltung. So hatte ich einmal, was nicht häufig geschah, außer meinem Netz zum Schmetterlingsfang mein Gewehr mitgenommen, als ich auf dem breiten Wege, der nach dem Holzgrund Berlin führte, ganz ruhig auf einem Zweige über mir einen

Galbula viridis, dessen schönes Gefieder im Sonnenschein wie grünes Gold glänzte, sitzen sah. Ich trat zurück und wollte eben das Gewehr auf den Vogel anlegen, als ein schöner blauer Morpho den Weg herunterflog; ebenso leicht konnte ich diesen mit dem Netz fangen, ich ließ die Flinte und nahm das Netz, aber der Galbula kam mir zuvor, packte im Fluge den Rhetenor, setzte sich wieder auf denselben Zweig und fraß den Schmetterling so geschickt, daß die vier Flügel desselben zu mir herunterflatterten. Nach dieser Tat, wozu er ein noch größeres Recht als ich hatte, blieb er so ruhig und zufrieden sitzen, daß ich ihm unmöglich etwas zu Leid tun konnte.

Ein kleiner Weg führte in südlicher Richtung nach dem Oranjepad, wo man um die Mitte des vergangenen Jahrhunderts mit einigen Pfälzer- und Schweizerbauern kolonisieren wollte. Aber alle gingen elend zu Grunde; bei der geringen Teilnahme, die ihnen die in der Nähe wohnenden Pflanzer, meist Juden bewiesen, der unglücklichen Wahl eines so weit abgelegenen Wohnortes, wo sie sich noch gegen die Einfälle der weggelaufenen Neger zu wehren hatten, mußte dieses so ohne allen festen Plan angefangene Unternehmen mißglücken.

In nordwestlicher Richtung liegt eine Stunde von L'Inquiétude entfernt der bedeutende Holzgrund Berlin mit mehr als 300 Negern, die an der obern Saramacca ihre Arbeitsplätze haben. Ein Weg von vier Stunden Länge führt durch Hochwald und Savannen dahin. Mehrere Male war ich später dort, denn in den Savannen wuchs eine Art Erdorchideen mit schönen roten Blumen, die ich nie sonst irgendwo gefunden habe. Auf L'Inquiétude hielt ich mich vierzehn Tage lang auf, die Ausbeute an Insekten war hier geringer als im Umkreise von Osembo, wo mehr Wege dem Sammler günstig sind. Zum ersten Male aber fand ich hier eine riesenmäßig große Spinne Mygale Blondii Lat., die in Löchern im Sandboden sich aufhält und ihre Höhlen so austapeziert, daß keine Erde ins Loch fallen kann. Die Löcher sind über zwei Fuß tief, und es war jedes Mal keine kleine Arbeit, das Tier mit der Schaufel aus dem wurzelreichen Boden herauszugraben. Ich habe später am Maroni Exemplare dieser Spinne bekommen, deren Hinterleib so groß wie ein kleines Hühnerei war, sie sind von rotbrauner Farbe, dicht behaart, und manche dieser Tiere waren ausgespannt so groß wie ein mäßiger Suppenteller.

So selten nun diese große Spinne vorkommt, desto häufiger ist die gewöhnliche Buschspinne Mygale avicularia. Sie ist etwa vier Zoll breit und lang, bläulichschwarz und stark behaart, die Enden der Füße sind rosenrot. Sie hat überall ihre Schlupfwinkel, auf Bäumen, in alten Gebäuden und in den Blättern der Ananas. Sie spinnt sich einen acht bis zehn Zoll langen seidenen Gang, den sie am Abend verläßt, um ihrem Geschäfte nachzugehen, das heißt, große Heuschrecken, Schmetterlinge,

Kakerlaken und dergleichen aufzufangen, in ihr Nest zu bringen und da in Ruhe zu verzehren. Sie wird leicht zahm. Ich hatte eine wohl sechs Monate lang in einem alten Schuppen, wohin ich ihr jeden Morgen eine Kakerlake oder Heuschrecke brachte, die sie schon nach einigen Tagen mir aus der Hand nahm; sie saß vor ihrem Loche, um ihr Frühstück aus meiner Hand zu empfangen. Einer meiner Arbeiter schlug, um mich zu ärgern, die Spinne tot.

Eine andere von derselben Größe Mygale ist hellgrau mit gelblichen Streifen und lebt auf den Sandsavannen der Casawinika. Sie ist ziemlich zahlreich und alle paar Schritte findet man wieder ein Loch. Die Höhlen sind einen bis anderthalb Fuß tief, übersponnen und so angelegt, daß am untern Ende des Ganges Wasser ist. Die Spinne sitzt vor dem Eingang und lauert auf die vorübergehenden Passagiere, die sie überfällt und in ihre Höhle und ins Wasser zieht, wo sie dieselben leichter überwältigen kann. Die rotbraunen Freßzangen sind beinahe einen halben Zoll lang.

Eine Art mit zollangem länglichtem Hinterleib ist dunkelgrün und mit ausgespannten Füssen etwa zwei und einen halben Zoll lang. Diese Spinnen machen gemeinschaftlich an Wegen, im Walde oder auf freien Plätzen ein oft fünfzehn Meter langes und zwei Meter hohes Netz von gelben klebrigen Fäden. – Die Spinnen sitzen darin verteilt, manchmal über Hundert. Eine Menge Schmetterlinge und anderer Insekten fangen sich darin. Ich sah mehrere Male Kolibris die kaum aus den Eiern gekrochenen Jungen dieser Spinnen im Fluge verspeisen. Von wunderschöner Farbe sind einige, deren Hinterleib beinahe dreieckig, (Gasteracantha) in zwei langen Stacheln ausläuft. Der Rücken ist porzellanfarben, mit roter Einfassung und gelben Flecken. Sie macht wie die Kreuzspinne ein ungemein gleichförmiges radförmiges Nest, in dessen Mitte sie sitzt und ihre Beute erwartet.

Überall, in Häusern und im Freien findet man die Springspinnen, Salticus, die auf Fliegen, Schmetterlinge, Heuschrecken und dergleichen Jagd machen. Sie erhaschen ihre Beute mit einem Sprung, und obgleich Füße und Unterleib immer grau sind, so prangt ihr Rücken manchmal in den prächtigsten Farben. Von Skorpionen kenne ich nur drei Arten. Der größte, Broteas maurus Lin., ist ohne den Schwanz etwa drei Zoll lang, schwarzbraun, mit dicken krebsähnlichen Scheren. Er ist besonders häufig unter Spänen des im Walde gesägten Waneholzes, wo man ihn bei Dutzenden finden kann, was bei andern Holzarten nicht der Fall ist. Auch fand ich diesen Skorpion häufig an den Wurzeln eines Schlingfarns Pteris, der in Bergwäldern des Innern vorkommt. – Die zweite Art Tityus ist ebenso lang, aber weniger dick, gelblichweiß mit bräunlichen Flecken und langen schmalen Scheren. Auch sie findet sich im Walde und an altem Holze. Die dritte Art hat dieselbe Farbe und Form, nur ist der Schwanz weniger lang. Sie hält sich überall in den Häusern auf, unter den Schindeln der Dächer, in Kleiderkästen und in Büchern; obwohl ihr Stich schmerzhaft ist, so erregt er weder Fieber noch Geschwulst.

Bei weitem gefährlicher als der Skorpion ist der Tausendfuß, Scolopendra morsitans. Er hat 21 paar Füße und hinten noch zwei Hacken, mit denen er wie durch seinen Biß gefährlich verwunden kann. Ich habe diese Insekten schon in der Länge von elf bis zwölf Zoll und 3/4 Zoll Breite gefangen. Sie sind olivengrün, mit rötlichen Füßen, halten sich in den Dächern, unter alten Brettern und in den Ritzen der Wände auf, wo sie nach Spinnen, Kakerlaken und anderem Ungeziefer jagen, aber so mutig sie sind, so müssen sie doch vor den Wanderameisen entfliehen, wenn diese ein Haus besuchen. Asseln (Julus) leben in feuchtem Mulm und werden sechs bis acht Zoll lang, es sind unschädliche Tiere, die aber unangenehm riechen. Eine Art Asseln leuchtet im Dunkeln wie ein Leuchtkäfer.

Eine wahre Plage für Vieh und Hunde, aber auch für viele wilde Tiere sind die Zecken, Astoma in Surinam unter dem Namen Coupari bekannt. Kränkliches Vieh, an das sie sich besonders gerne machen, geht manchmal dadurch zu Grunde. Sie erreichen die Größe eines Fingerglieds, werden beinahe einen Zoll lang und über einen Zoll dick und sind blau oder gelblich von Farbe. Von wilden Tieren werden besonders der große Ameisenfresser, die wilden Schweine und Hirsche durch sie geplagt, aber auch kaltblütige Tiere, denn selten erhielt ich eine Landschildkröte an deren Hinterteil sich nicht einige große Zecken eingebissen hatten, ja gewöhnliche Kröten werden von ihnen angefallen und schleppen sie oft lange mit sich herum.

Von L'Inquiétude sandte ich Jakob und Adrian mit der Korjal nach der Stadt, während ich mit einem jungen Neger, den der Direktor nach Paramaribo schicken mußte, zu Fuß mich dahin begab. In der Nähe des Holzgrundes Berlin, der auf einer großen Savanne liegt, sah ich eine Art Palme die ich sonst noch nirgends bemerkt hatte und erst einige Jahre später wieder an der Wasserscheide der Wanekreek fand. Der Stamm ist nicht mehr als mannshoch, bei zwei Fuß dick und hat einige Ähnlichkeit mit den Cykadeen. Durch die dürren Blätter, die nicht leicht abfallen, ist er kaum sichtbar; die Blätter biegen sich bogenartig zur Erde, sind zehn bis zwölf Fuß lang, an ihrer Basis gezähnt und die Wedel drei Fuß lang bei einem Zoll Breite. Sie sind grünlich grau und harsch, und da die Blätter zum Boden herabhängen und die Bäume dicht bei einander stehen, so bilden sie ein undurchdringliches Gebüsch. Die Früchte sind gelb, später schwarz, sehr ölreich, doch machen die Indianer keinen Gebrauch von ihnen.

Ein drei Stunden langer Weg führt teils durch Hochwald, teils über Savannen an dem Posten Republik vorbei über die Corrupinakreek und eine kleine Viertelstunde weiter abwärts an den Holzgrund Prosperité. Bei dunkler Nacht kamen wir auf Osembo an, wo ich übernacht blieb, um am andern Morgen meine Fußreise nach der Stadt fortzusetzen. Von Osembo kommt man durch schönen Hochwald und nach anderthalbstündigem Marsch an ein einsames Haus, umwuchert von Gesträuch und umgeben von einem Walde von Orangen- und Avigatobäumen (Persea gratissima). Dieses Haus diente früher zur Wohnung des Direktors von Onoribo, wenn seine Neger in dieser Gegend arbeiteten. Ein wehmütiges Gefühl muß den europäischen Wanderer beschleichen, wenn er an solchen verlassenen Wohnungen vorbeikommt und sich dabei erinnert, wie im Heimatlande jedes noch so unfruchtbare Stückchen Land bebaut oder benützt wird und so viele fleißige Hände kaum im Stände sind, ihr Leben dürftig durchzuschlagen. Was wäre unter diesem milden Himmelsstrich bei dieser Fruchtbarkeit zu machen!

Von klein Onoribo, so hieß das verfallene Plätzchen, geht es über zwei Stunden lang durch schönen Hochwald, worin das Grünhart, Bignonia leucoxylon, von den Franzosen Ebene *verte* genannt, viel vorkommt. Dieser Baum ist manchmal drei Fuß dick, verliert jedes Jahr, wenn er blühen will, nämlich im August oder September, seine Blätter, worauf die goldgelben Blüten den ganzen Baum bedecken, der dann wie eine Feuerflamme über den Wald hervorragt – ein prachtvoller Anblick.

Aus dieser Waldung, an deren Ende vor vielen Jahren eine Kaffeepflanzung Koffy Jumbo lag, deren Trümmer und einzelne Fruchtbäume noch zu sehen sind, kommt man an einen Sumpf, in dem man in der Regenzeit manchmal bis um die Mitte des Leibes zu waten hat und der auch in der Trockenzeit nie ganz austrocknet. Von diesem Sumpfe aus zieht sich ein etwa zwölf Fuß breiter Graben über eine Stunde weit nach dem Wanikakanal, der den Surinam mit der Saramacca verbindet, so daß, wäre dieser Graben, der aber schon seit vielen Jahren verschlammt ist, gereinigt und vertieft, man von Paramaribo aus bei Flutzeit in Booten hierher fahren könnte.

Da das Land sehr fruchtbar ist, so wäre auf diese Weise armen Leuten die arbeiten wollen, durch Anpflanzung von Mais, Erdfrüchten, Viehzucht etc. eine vorteilhafte Existenz geboten. Jetzt sind an demselben nur die Niederlassungen von freien Negern und Mulatten, die in elenden Hütten wohnen, etwas Mais, Reis und Maniok pflanzen, was sie mühsam auf dem Kopf nach der Stadt bringen und die so träg und kümmerlich ihr Leben zubringen. In solchen Leuten wohnt keine

Energie, um durch gemeinschaftliche Arbeit den Graben befahrbar zu machen und ihn zu unterhalten, ebenso wenig hat
das Gouvernement die Macht, um es diesem Gesindel zur
Pflicht zu machen.

Näher dem Wanikakanal ist der Graben besser unterhalten und einige Viehfokkereien[1] finden sich dort. Am Wanikakanal liegt da, wo eine Brücke über ihn führt, der kleine
Militärposten Pulepantje, dessen Namen „Zieh dein Hemd
aus" bedeutet, weil, ehe eine Brücke über den Kanal gelegt
war, die Reisenden bei niederem Wasserstand ihn durchwaten, bei hohem aber hinüberschwimmen mußten. Pulepantje
stößt beinahe an die Vorstadt „die Freikolonien", von wo man
in weniger als einer halben Stunde im Mittelpunkt der Stadt
ist. – Ein großer breiter Fahrweg führt vom Kanal in gerader
Linie bis an die Hauptstraße der Stadt, die Gravenstraat, die
sie in einem rechten Winkel abschneidet. An diesem Fahrweg
liegen Begräbnisplätze, Viehweiden und in früheren Zeiten
der Richtplatz, der aber später in einen andern Teil der Stadt
verlegt wurde. Jetzt sind einige Niederlassungen holländischer
Bauern dort, die Viehzucht treiben, Gemüse und Erdfrüchte
pflanzen und sich auf anständige Weise durchbringen.

Der Weg nach Para ist beinahe der einzige zu Lande, er wird
in den Trockenzeiten unterhalten, indem das Gras abgehauen
und die Brücken, welche über kleine Waldwasser führen, ausgebessert werden, so daß man, die große Regenzeit ausgenommen, zu Pferde von Paramaribo nach L'Inquiétude kommen
kann, ein Marsch oder Ritt von etwa dreizehn Stunden. Die
Verbindungswege zwischen einigen Pflanzungen des niedern
Landes sind in den Regenzeiten beinahe bodenlos.

Die Verlängerung der Gravenstraat wird vom Fahrweg
nach Pulepantje aus „Weg nach Kwatts" genannt; dessen Ende
war früher der botanische Garten. An diesem Weg, der ebenfalls aus Muschelsandboden besteht, liegen die Kirchhöfe der
Juden und mehrere kleine Landgüter, auf denen Viehzucht

---

[1] Viehzuchtbetriebe (Red.).

und Anbau von Erdfrüchten, Gemüse usw. betrieben wird. Ich war nun wieder in Paramaribo und setzte täglich meine Wanderungen im Umkreis der Stadt fort. Nichts ist so reich und bietet so viel Abwechselung wie die Natur, und wie gering sind trotz der Menge von Gelehrten, welche die Welt jetzt in allen Richtungen durchreisen, unsere Kenntnisse sowohl die der Fauna als der Flora der Tropenländer, verglichen mit denen Europas. Obgleich hier im kleinsten Städtchen Liebhaber und Sammler ja Spezialisten für jedes einzelne Genus sind, so findet man doch immer noch neue Specien, ja Gattungen. Was aber wird in Guyana getan, welche Schätze mögen diese Hunderte von Stunden langen Waldungen, wohin noch keines Menschen Fuß kam, verbergen! Die wenigsten Europäer, die sich in den Tropenländern angesiedelt haben, wurden durch die Natur derselben dazu bewogen.

Findet sich je einmal einer, der Interesse daran hat, so fehlen ihm oft die Kenntnisse, die Wissenschaft durch seine Erfahrungen zu bereichern. Halten sich auch Jahre lang Sammler in tropischen Gegenden auf, so gibt es des Großen, Prächtigen in die Augen Fallenden so viel, mit dem sich der Naturalist sein Leben lang beschäftigen kann, so daß man dem schwierigen Studium des Kleinen sich gerne entzieht, um so mehr als man zwar der Wissenschaft dadurch Vorschub leistet, aber für die Zeit und Mühe, die man dazu verwenden muß, nicht entsprechend pekuniär entschädigt wird.

Aber gerade diese kleinen in der Insektenwelt oft beinahe mikroskopischen Tierchen spielen in der Haushaltung der Natur durch den Schaden, den sie anrichten, und durch die Zahl der Individuen eine bedeutendere Rolle, als die großen, prächtigen, die dem Liebhaber so willkommen sind. Beschäftigt sich auch die Wissenschaft nicht damit und gibt sich der Sammler damit nicht ab, so lernt sie doch jeder wider Willen kennen.

An ihrer Spitze stehen die Stechfliegen, oder Muskiten genannt, die meist in der Nähe der See oder da vorkommen, wo das Flußwasser mit dem Seewasser vermischt oder brackisch ist.

Die Plage dieser höllischen Insekten habe ich schon mehrere Male besprochen, leider aber ihre Lebensweise nicht so genau beobachtet, daß ich darüber etwas Neues zu sagen wüßte. Die Larven leben zu Millionen im süßen wie auch im stehenden Brackwasser, halten sich an der Oberfläche auf und schwimmen schlängelnd nach dem Boden, sobald man sich ihnen nähert. In den Fässern, in denen ich das Regenwasser von den Dächern meiner Häuser auf Albina auffing, entpuppten sich jeden Tag Hunderte dieser Larven, die dann am Abend in die Zimmer kamen und uns belästigten. Ich ließ genau auf die Fässer passende Deckel machen und das Loch wodurch die Rinne ihr Wasser ins Faß ergoß, mit Gazeflor überziehen und dem Übelstand war bald abgeholfen.

Ich kenne drei Arten dieser Schnaken, die in Form und Größe einander gleichen, aber in der Farbe von einander verschieden sind. Es gibt aber auch prächtig dunkelblaue, mit roten Federbüschen, die nur einzeln vorkommen. Die Karaiben unterscheiden bloß zwei Arten, Krabana und Maku. Der Kollektivname für alle ist bei den Franzosen Maringuens. Die Maku sind weniger häufig, von grauer Farbe, haben weißgefleckte Hinterfüße und strecken beim Saugen den Leib beinahe vertikal in die Hohe. Ihr Gesumms ist weniger hörbar, doch ihr Stich mehr schmerzhaft. Makus und Muskiten finden sich selten zusammen.

Die zweite, am meisten in der Nähe der See vorkommende Art ist schwarz, größer und stärker als die vorige; die dritte Art ist mager und grau, genau wie die Rheinschnaken; sie kommt im höheren Land und stellenweise vor, während sie im Umkreis nicht zu finden ist. Beide sind sowohl durch ihr Gesumms lästig als auch durch ihre Stiche eine Plage. Diese letzteren saugen in horizontaler Stellung und strecken dabei die Hinterfüße in die Höhe. Will die Schnake saugen, so sucht sie erst ein ihr passendes Schweißloch und tastet mit ihrem Rüssel so lange auf der Haut umher, bis sie es gefunden, worauf sie denselben hineinsteckt und zu saugen anfängt. Nach zehn bis zwölf Sekunden sieht man schon den Hinterleib sich röten, nach 25 öffnet sich der After und ergießt ein kleines Bläschen weißer Flüssigkeit. Dies wiederholt sich zweimal, bis das Insekt nach 45 bis 50 Sekunden sich vollgetrunken hat und schwerfällig nicht nach oben, sondern nach unten fliegt und sich sogleich setzt, um das Genossene zu verdauen. Zerdrückt man die Schnake, so gibt das Blut einen Flecken, größer als ein Quadratzentimeter. Man kann daraus ersehen, wie viel Blut man verliert, wenn man im Schlaf diesen Insekten preisgegeben ist. Durch dreifache leinene oder baumwollene Zeuge stechen sie, und nur dicke wollene Decken oder geölte Überzüge, die aber in den warmen Nächten unausstehlich sind; widerstehen ihren Stichen.

In Zimmern schützt man sich durch dicht verschlossene Gazevorhänge. Im Freien, auf Reisen und im Wald ist Wind und starker Bauch das einzige Mittel dagegen. Bei großen Trockenzeiten, wie in den Jahren 1845 und 1877 vermehren sich die Muskiten ungeheuer und im letzten Jahr war in Paramaribo kein Haus, wo man sich nicht durch Rauch dagegen schützen mußte. Im hellen Sonnenschein konnte man auf den Straßen nicht ruhig stehen und auf manchen Pflanzungen in der Nähe der Stadt, kam der Rauchtopf nicht aus dem Zimmer. Die natürlichen Feinde dieser Landplage sind die Libellen, aber hauptsächlich die Fledermäuse. Obgleich Blut ihr besonderer Lieblingstrank zu sein scheint, so ist es doch unwahrscheinlich, daß sie ausschließlich davon leben und ich vermute, daß sie aus faulenden vegetabilischen Stoffen hauptsächlich ihre Nahrung ziehen.

Mehr im Inneren und meist an süßen Gewässern kommt eine kaum bemerkbare kleine Fliege, vermutlich ein Simulium vor. Die Franzosen nennen diese Fliege *Moustique*, die Indianer aber Mapiri; in der Kolonie ist sie unter dem Namen Mompir bekannt. Ihr Stich erregt Entzündung und schmerzt genau wie ein Feuerfunke, doch ist ihr Rüssel nicht lang genug, um durch irgendeine Kleidung durchzudringen, die leichteste Bedeckung schützt dagegen. Ihr ganz ähnlich ist die Sandfliege, die auf den Sandsavannen in ganz ungeheurer

Menge vorkommt und in der ärgsten Sonnenglut fünf bis sechs Fuß hoch vom Boden schwärmt, so daß man sie leicht durch Mund und Nase einatmet. Sie setzt sich auf die Haut, sticht aber nicht. Eine andere, ganz ihr gleiche ist die Jawsfliege, die sich auf Geschwüre von Tieren und Menschen setzt und dadurch leicht Hautkrankheiten oder Blutvergiftung auf Gesunde übertragen kann.

Stubenfliegen kommen in geringerer Anzahl vor und sind weniger lästig als in Europa, Fleisch- oder Schmeißfliegen aber, wie ich später erzählen werde, zeitweise in ganz unglaublicher Menge. Bremsen und Kuhfliegen verfolgen Pferde und Vieh das ganze Jahr und sind demselben eine ebenso große Plage, wie ihre europäischen Vettern. Als in späteren Jahren die französische Deportation nach dem Maroni kam, starben einige Male Deportierte an furchtbaren Schmerzen im Gehirn. Bei der Sektion fand man in den obern Nasenknochen Hunderte von Fliegenlarven. Die Fliege scheint also im Schlafe durch die Nase hineingekrochen zu sein.

Ein anderes schädliches Insekt, unter welchem das Vieh und gar viele Tiere, besonders Hirsche, Tiger, Hunde, Katzen, auch mehrere Vögel, Ratten und Mäuse und selbst Menschen leiden, ist die Larve einer Mücke, in der Kolonie unter dem Namen Muskitenwurm, bei den Franzosen aber als *ver macaque* bekannt. Leider kennt niemand das vollkommene Tier, das vermutlich eine große Bremse ist, die Humboldt als *Stercus homini* beschreibt. Wie und wann das Insekt seine Eier in die Haut des Menschen und an Stellen, die doch immer bekleidet sind, bringt, ist mir unbegreiflich.

Da ich mehrere Male von dieser Plage heimgesucht war, so kenne ich sie genau. Man nimmt die Anwesenheit des Tieres wahr an einem kleinen roten etwas erhabenen Pünktchen, in dessen Mitte man eine feuchte Öffnung sieht. Durch ein Vergrößerungsglas bemerkt man später eine regelmäßige Bewegung dieses Pünktchens und fühlt manchmal einen stechenden Schmerz, hat aber sonst bloß die Empfindung einer gewöhnlichen Geschwulst.

In dieser Zeit ist der Wurm groß genug um herausgenommen zu werden, was an gewissen Stellen, wo die Haut nicht zu dick ist, wohl Schmerzen, aber keine Schwierigkeit macht: Unter immerwährendem Kneipen des entzündeten, etwas erhabenen Teiles, unter dem der Wurm sitzt, bläst man Tabakrauch auf die Öffnung, wodurch endlich der Vorderleib der Larve zum Vorschein kommt. Man zieht sie nun entweder heraus oder aber schnellt sie selbst bei längerem Kneipen hervor. In diesem Zustand ist sie einen halben Zoll lang und zwei Linien dick, ausgewachsen und zur Verpuppung reif hat sie eine Länge von fünf Viertel, bei einer Dicke von einem drittel Zoll, sie ist von weißlicher Farbe und umgeben von Ringen, die mit schwärzlichen Wärzchen besetzt sind. Selten hat man bloß eines dieser Tiere, meist mehrere.

Als ich bei meiner letzten Reise in Surinam am 26. Juni 1879 in einer Hütte in dem Wanekreek schlief und nach meiner Gewohnheit auf der rechten Seite in meiner Hängematte lag , wurden von dieser unbekannten Fliege sieben Eier in meine Haut gelegt und zwar an der linken Wade, dem Schenkel und den Hüften. Erst vierzehn Tage später, als ich mich schon an Bord des Dampfers St. Nazaire befand, bekam ich die Gewißheit, daß ich mit diesen Larven behaftet sei. Durch die Pflaster, die mir der Doktor des Schiffes auflegte, starben die Tiere und faulten heraus.

Wird die Larve in der Haut der Tiere zur Verpuppung reif, so kriecht sie wahrscheinlich heraus und sucht in der Erde einen geschickten Platz zur weiteren Entwicklung. Das Vieh leidet durch diese Plage sehr, es reibt sich vor Schmerz an den Bäumen, wodurch die Larven zerdrückt werden und herausfaulen. Andere Fliegen legen ihre Eier in die wunden Stellen, wodurch wieder Maden entstehen; kann man das Tier nicht davor befreien, so magert es ab und geht elend zu Grunde.

Eine weit verbreitetere Plage ist der Sandfloh, Sicca (pulex penetrans). Er hat ganz die Gestalt des Flohs, ist aber viel kleiner und hüpft weniger weit. Er hält sich am liebsten an sandigen, trockenen Plätzen auf, und das Weibchen kriecht

Menschen, Hunden, Katzen und Schweinen unter die Nägel der Zehen oder in die weicheren Teile des Fußes, auch an die Fersen und beißt sich ins Fleisch ein. Man bemerkt sein Dasein an einem leichten Jucken, auch ist an der Stelle, wo das Insekt sitzt, die Haut ein wenig entzündet und man sieht dasselbe als einen kleinen Punkt im Fleische stecken. Es wird mit einer Nadel oder einem spitzigen Hölzchen herausgezogen. Fühlt man es aber nicht und bleibt es im Fleische sitzen, so geht eine wunderbare Veränderung mit ihm vor. Sein Bauch schwillt an und wird strotzend voll von Eiern, die nach und nach ihre volle Größe erhalten und das anfangs kaum bemerkbare Insekt wird so groß wie eine kleine Erbse. Wird es nun erst aus der Haut herausgenommen, so gibt es ein ziemlich großes Loch, das besonders bei Leuten, welche barfuß gehen, sich mit Sand und Unreinigkeiten füllt, wodurch Geschwüre entstehen. Bleibt das Insekt aber in der Haut sitzen, so platzt es auf und die Öffnung füllt sich mit grüner Jauche. Faule Leute haben oft diese Sandflöhe bei Hunderten und werden dadurch manchmal zur Arbeit untauglich. Leute der niederen Klasse und Neger sind sehr davon geplagt, Indianer aber viel seltener. Ich kam oft in unbewohnte Hütten, wo sogleich Hunderte dieser lästigen Flöhe sich mir an die Füße setzten. Ich ließ dann trockene Palmblätter auf dem Boden ausbreiten und diese in Brand stecken, oder mit kochendem Wasser den Boden besprengen.

Unter den wespenartigen Insekten ist die Verschiedenheit ungemein groß. Von denen, welche Nester bauen, mögen es Hunderte von Arten sein, von der Größe der Hornisse bis zu der kleinsten Fliege. Ebenso mannigfaltig sind auch ihre Wohnungen.

Die Bekannteste in der Kolonie ist die *Marabons*, bei den Franzosen *Mouche à drague* genannt. Sie wählt vorzugsweise Häuser und Schuppen, wo sie nicht beunruhigt wird, zu ihrem Aufenthalt, lebt aber selten zu mehr als fünfzehn bis zwanzig zusammen. Sie hat die Größe einer Hornisse, ist braunrot, von starkem angenehmen aromatischen Geruch, macht ein tafelförmiges Nest ohne Hülle, das je nach seiner Größe, durch ein oder zwei Säulchen getragen, am Gebälk festsitzt. Das Nest ist weißlich und mit einem Firnis überzogen, der vermutlich die Feuchtigkeit abhalten soll. Sie baut übrigens auch im Freien und stets da, wo der Spottvogel (Cassicus) nistet. Die Marabons fliegt schwerfällig und nährt sich von Blumen und Zucker. Ihr Stich ist unter Umständen gefährlich und immer sehr schmerzhaft. So fühlte ich bei einem Stich in den Daumen furchtbare Schmerzen in den Eingeweiden und am andern Tag war mir der Arm bis an die Schulter geschwollen; später hatte der Stich des Insekts bei mir keine Folgen.

Eine andere Art derselben Größe, aber ganz dunkelblau, nennt man *Capassi Marabons*. Sie bauen an einen Baumstamm etagenartig ihre Waben über einander, das ganze Nest ist mit einem halbrunden grauen Dach oder einer Decke umgeben, die einen Zoll von einander abstehende erhabene Ringe hat, wodurch es so ziemlich der Schale der Gürteltiere (Capassi) gleicht; diese Wespen leben gesellig und ihr Nest kann mehrere Tausend enthalten. Im Jahr 1837 wäre ich beinahe ein Opfer meiner Neugierde geworden. Es war auf den Savannen des Postens Mauritsburg, als ich, mein Schmetterlingsnetz in den Händen, aus einem der kleinen Wäldchen, die oft wie Oasen aus den Savannen hervorragen, das mörderische Geschrei und die Flügelschläge von Vögeln, die man Buschhahnen nennt, hörte. Ich lief hin und sah am Fuße einer Awarapalme vier oder fünf dieser Wespenbussarde (Ibicter aquilans) am Boden um die Reste eines enormen Capassi Marabonsen-Nestes sitzen, aus dessen Waben sie die Larven und Jungen herausklaubten und verzehrten. Das zerbrochene Nest umflogen Hunderte der Marabonsen. Kaum sahen mich die Vögel, so erhoben sie sich mit raschen Flügelschlägen und scheuchten so die Wespen auseinander, die mich nun ebenfalls bemerkten und verfolgten. Bloß der Schnelligkeit meiner Füße und dem immerwährenden Wehren mit dem Schmetterlingsnetz, in dem sich mehrere fingen, hatte ich es zu danken, daß ich mit heiler Haut davon kam. Diese Art baut ihr Nest an Bäume und an den Saum der Savannen.

Hoch in der Luft und meist an trockenen Bäumen, allen Unbilden der Witterung bloßgestellt, sieht man ein rundes kopfgroßes Haus. Es ist das Nest einer anderen, der europäischen ähnlichen Wespe. Das zollgroße Flugloch befindet sich am Unterteil, so daß der Regen nicht eindringen kann; das Nest ist grau und die Masse so stark wie Pappendeckel. Die verschiedenartigsten Nester, teils in Kugelform, teils genau sechseckig, dann als ein langer Streifen herunterhängend, dann oval mit einer Menge feiner Fransen verziert, findet man am Saume der Savannen in dem Wanekreek. Verhältnismäßig wenige Gattungen nisten in Baumlöchern oder unter der Erde. Diese aber halten sich jahrelang in demselben Loch auf und kommen, falls sie daraus vertrieben werden, immer am liebsten wieder in ihre alten Wohnungen zurück.

So steht an einem sehr schmalen Teil des Wanekreek, wo dieselbe eine starke Krümmung macht, ein alter Baum, an den jede Korjal, die die Kreek passiert, anstößt. Ein rundes, zwei Fuß über dem gewöhnlichen Wasserspiegel der Kreek liegendes Loch in diesem Baum war das Flugloch eines Schwarms Wespen, die sich wenigstens fünf und zwanzig Jahre lang darin angesiedelt hatten. Es war beinahe nicht möglich, an dem Baum vorüber zu kommen, ohne gestochen zu werden, bis endlich ein Buschneger sich in wollene Decken hüllte und einen vorher dazu gemachten Zapfen ins Loch schlug. Die Wespen blieben nun einige Jahre weg, bis der Zapfen verfault war und herausfiel. Sofort waren sie aber wieder da und nahmen vom Baum Besitz, bis man zum zweiten Mal einen Zapfen aus starkem Holz hineinschlug und die Tiere wiederum ihre Stammburg verlassen mußten.

Die merkwürdigsten unter diesem so reichen und kunstfertigen Geschlecht waren für mich die Ichneumons-Wespen, deren größte wohl zwei Zoll lang, blau mit gelben Fühlern ist und bloß Spinnen in ihre Löcher schleppt. Sie lebt einsiedlerisch in einer selbstgegrabenen Höhle unter dem Boden, wohin sie denn auch die Spinnen, die den Larven der Wespe zur Nahrung dienen mußten, schleppt. Kommt sie an das Loch, so wird die Spinne abgelegt, die Öffnung und das Innere aufs genaueste untersucht, die Umgegend von allen Seiten umschritten und mit den Fühlern betastet – kurz, es wird eine Vorsicht an den Tag gelegt, die mich, den Beobachtenden, so ungeduldig machte, daß ich selten das Ende abwartete.

Eine andere kleinere und braune Wespe, deren Vorderleib nur durch eine zwei Millimeter lange fadendünne Röhre mit dem Hinterleib zusammenhängt, baut in Zimmern und an Stellen, wo der Regen nicht hintrifft, von gelblicher Erde, die sie, in nasse Kügelchen geballt, herbeiträgt, halbkugelförmige, einen halben Zoll im Diameter und in der Höhe haltende Nester, oben mit einem trichterförmigen Loche versehen. In diese Nestchen schleppt die Wespe Raupen, Heuschrecken oder kleine Spinnen, die durch die Öffnung hineingeschoben werden. Dann legt sie ihr Ei und verschließt das Nest, das dann das fertige Insekt durchbricht. In jedes Nest oder Häuschen kommt nur ein Ei. Aber wohl ein Dutzend solcher Häuschen macht das emsige Insekt im Laufe einiger Tage.

Interessant ist es, der Verfertigung dieser Nester zuzusehen. Mit ihren Freßzangen und Vorderfüßen kneten sie die nassen Erdkügelchen genau auf dieselbe Weise, wie die Karaibenweiber mit ihren Händen und Spateln den Ton behandeln, woraus sie ihre Wasserkrüge verfertigen, und höchst wahrscheinlich haben die Indianerweiber die Verfertigung ihrer Wasserkrüge, die ganz dieselbe Form, nur einen etwas längeren Hals haben, jenen Insekten abgesehen.

Nicht so häufig als die Wespen sind die Bienen. Doch kenne ich sechs bis sieben verschiedene Arten, wovon die größte ganz der europäischen gleicht, in hohle Bäume baut, aber keinen Stachel hat. Die Waben dieser Art sind nicht von Wachs, sondern von einer zerreibbaren holzartigen Masse; der Honig wird in an einander hängenden blasenähnlichen Höhlungen von der Größe eines Fingerhuts aufbewahrt. Diese Blasen bestehen aus einem schwarzen pechartigen Wachs, das wohl im Geruch Ähnlichkeit mit dem europäischen Bienenwachs hat, sich aber nicht bleichen läßt und von den Indianern zu Fackeln verwendet wird. Ein großes Bienennest gibt zwei bis drei Pfund dieses Wachses und drei bis vier Liter guten hellen, manchmal etwas säuerlich schmeckenden Honig, der eingekocht sich lange aufbewahren läßt. Diese Bienen sind häufig in der Nähe der See und an den Savannen, wo immer Blumen und blühende Sträucher zu finden sind. Die Bienenzucht ließe sich mit leichter Mühe einführen, da in jeder Jahreszeit Palmen und andere Bäume in Blüte stehen, und keine Jahreszeit die Tiere am Sammeln verhindert. Eine weitere Art, die *apis amalthea* ist schwarz, kaum über einen Viertelzoll lang und benützt zu ihrer Wohnung verlassene Termitennester. Auch ihr Honig ist in Blasen von schwarzem Wachs. Eine andere ebenso große Biene ist gelb, nistet in Baumlöchern oder Termitennestern und baut ganz wie die vorige; der Honig beider Arten ist so gut wie der der größeren. Beide Bienenarten sind sogleich zur Hand, wenn Fleisch geschlachtet oder zerlegt wird, fressen und tragen davon nach ihren Nestern. Doch riechen sie stets aromatisch angenehm und in ihren Nestern findet man nichts, was tierischen Stoffen gliche.

Eine prachtvolle goldgrüne Biene machte mir tausendfachen Ärger. Sie baut ins Innere der Tür und Kastenschlösser, wohin sie durch das Schlüsselloch kriecht, um das ganze Schloß von innen nach und nach mit einem wohlriechenden pecharrigen Wachse auszufüllen, so daß man weder öffnen noch schließen kann, die Schlösser auseinander nehmen, ausbrennen und wieder aufs neue einölen muß.

Auch von Hummeln (Bombus) gibt es viele. Arten. Sie leben, wie die europäischen in kleinen Familien in eigenen Nestern, die sie aus Reisern und Blättchen zusammentragen. Außer den Indianern, die den Bienennestern nachstellen, ist ihr Hauptfeind der Aira (mustela barbata), der die Nester aufkratzt und den Honig wegnimmt. Den Wespen aber ist, wie schon oben gesagt, ein schwarzer Bussard mit gelben Füssen, weißem Bürzel und einer roten Kehlhaut, wegen seines Geschreis Buschhahn genannt, besonders feind; er zerreißt die Nester und frißt die Larven sowie die Jungen.

Die Umgebung von Paramaribo ist reich an Insekten, doch kommen im höheren Land bedeutend mehr und andere Arten vor. Außer den Muskiten, die man schmerzlich fühlt, fallen dem Fremden, der nie ein südliches Klima besucht hat, zweierlei Insekten-Arten besonders auf: Feuerfliegen und Zikaden. An den Abenden der Regenzeit sieht man eine Menge dieser Leuchtkäfer in den Gärten und Savannen herumfliegen, die ein viel helleres Licht von sich geben als die europäischen Arten. Sie sind einen halben bis drei Viertel Zoll lang und haben gelbliche, ziemlich weiche Flügeldecken. Das Licht kommt aus den letzten Ringen unter dem Bauch. Der Käfer kann es willkürlich leuchten oder erlöschen lassen.

Der große Leucht-Springkäfer, Elater noctilucus, kömmt auch wohl, aber selten im Umkreis der Stadt vor, um so häufiger aber im höhern gebirgigen Land. Es gibt hiervon drei Arten, die bloß in der Größe von einander abweichen, während sie dieselben grünlich leuchtenden Punkte auf dem Thorax haben und im Fluge noch ein rotgelbes Licht aus den oberen Rückenwirbeln verbreiten.

Bei einer Reise auf dem Wanekreek im Jahre 1874 schlief ich auf einem Platz im Wald, wo eine unzählige Menge dieser leuchtenden Insekten mich umflog, was einen unbeschreiblich reizenden Anblick gewährte. Sie kamen an die Feuer geflogen, die unter unseren Hängematten brannten und ich nahm mehrere Hunderte in einer Flasche mit, die ich halb mit verfaultem Holz gefüllt hatte. In der folgenden Nacht ließ ich sie in meinem Schlafzimmer fliegen und ergötzte mich an den gelb und rot flammenden Lichtchen, die das ganze Zimmer erhellten, bis ich einschlief. Am Morgen aber war kein einziger der Käfer mehr vorhanden. Sie hatten sich durch die Spalten der Bretter die Freiheit verschafft.

Das zweite durch einen schrillen Ton, den es von sich gibt, auffallende Insekt ist der Scherenschleifer (Zikada tibicen). Von den Karaiben Boko Boko, von den Arowaken Lia

Lia genannt. Es ist eine zwei Zoll lange grünliche Zikade mit dachförmigen durchscheinenden Flügeln, die umherschwirrt, sich an Bäume setzt und da ihr Liedchen singt. Obwohl sie zu jeder Tages- und Nachtzeit singt, fängt sie doch ihr Hauptlied erst mit Sonnenuntergang an. Es ist ein schriller, scharfer Ton, nicht unähnlich dem Schleifen eines harten stählernen Instrumentes, nur viel stärker und reiner, so daß es nervösen Leuten sehr zuwider ist. Als ich zum ersten Mal in die Kolonie kam und diesen so eigenen Ton hörte, sagte man mir, es wäre ein kleiner Vogel; ich lernte aber bald das Insekt kennen, als ich unter den Tamarinden-Bäumen bei der Schleuse des Forts auf Schildwache stand.

Wie gerne hätte ich mein Gewehr stehen lassen und wäre dem wunderbaren Sänger nachgelaufen, aber ich mußte meine Neugierde zügeln, bis ich später, ohne die Gefahr für Pflichtversäumnis bestraft zu werden, Gelegenheit hatte, die musikalischen Fliegen fangen zu können. Besonders häufig waren sie in der Allee, die vom Hospital aus nach der Pflanzung Tourtonne geht; da konnte man jeden Abend ihr Konzert hören und sie mit leichter Mühe fangen.

Da ich mich als Soldat nur in beschränktester Weise meinen Liebhabereien widmen konnte, so durfte ich gar vieles nicht nach der Kaserne bringen, was ich wohl näher hätte untersuchen mögen. Freilich war ich auch trotz meiner zwanzig Jahre noch ziemlich läppisch. So hatte ich eines Abends wohl ein Dutzend dieser Sänger gefangen, lauter Männchen, denn die Weibchen sind stumm. Sie wurden sorgfältig in mein Taschentuch eingewickelt und in meinen Tschako versteckt in die Kaserne gebracht.

Als abends halb neun Uhr der Appell verlesen war und man die Hängematten aufgehängt hatte, nahm ich mein Taschentuch vorsichtig in die meinige mit. Um neun Uhr, als der Korporal der Woche den Saal durchschritten und hier und da Stille geboten hatte und darauf die Lampen ausgelöscht wurden, wartete ich nur noch, bis vollends alles im Schlaf lag und vollkommene Dunkelheit im Saal herrschte.

Nun ließ ich eine um die andere meiner Zikaden fliegen, die sich sofort an die Pfosten setzten und vielstimmig ihr Nachtlied sangen, und zwar in solcher Stärke und Reinheit, daß alles erwachte und der Korporal fluchend aus der Hängematte sprang die Lampen anzünden und die Fenster öffnen ließ. Die anakreontischen Sänger wurden hinausgejagt unter dem laut ausgesprochenen Verdacht, daß nur ich der Urheber dieser Ruhestörung sein könne. Ich aber lag anscheinend in tiefem Schlaf.

Manchen Spaß hatte ich auch sonst mit diesen Insekten. So ging ich eines Tages mit meinem Schmetterlingsnetz auf dem Wege von Kwatta, wo an der einen Seite des Weges Mais- und Reisfelder, an der andern aber Bäume und hohes Gebüsch waren. Eine dieser Zikaden flog über das Feld und den Weg, um ins Gebüsch zu kommen, wurde aber von einem Würger (lanius tyrannus) verfolgt, der sie gerne im Fluge verspeisen wollte. Der Scherenschleifer befand sich in einer schwierigen Lage, denn er hatte noch wenigstens fünfzig Schritte zum Wald. In seiner Angst fing er nun mit lauter Stimme zu schreien an, worauf der Vogel stutzte und ein paar Schritte zurück flatterte. Weil aber die Zikade zum Schreien die Flügel schließen muß, so fiel sie auch während des Schreiens mehrere Fuß tief herunter. Weiterfliegend wurde sie wieder vom *Lanius* verfolgt, der, durch einen neuen Schrei entmutigt, dem Insekt einen neuen Vorsprung gab, bis es dann glücklich den Wald erreichte und nun erst seinen Gesang recht anstimmte, während der Lanius sich auf einen Strauch setzte und sein gellendes „Nietteveel" hören ließ.

Die Larve des Scherenschleifers lebt, wie alle zu dieser Familie gehörigen Zikaden, mehrere Fuß tief unter dem Boden. Kommt die Zeit der Verwandlung für das geflügelte Insekt, so arbeitet sie sich hervor, baut aber, ehe sie sich ans Tageslicht wagt, von Lehm eine drei bis vier Zoll hohe Röhre, die, oben abgerundet und verschlossen, bloß eine Fortsetzung des Loches ist, in dem die Larve lebte. Ist die Larve zu ihrer Verwandlung reif, so durchbricht sie die Röhre und kriecht am Gesträuch empor, wo sie bleibt, bis sie oben auf dem Rücken aufspringt und die vollkommene Fliege aus ihr entsteigt. Diese selbst hat wieder einige Zeit zu warten, bis ihr Körper getrocknet und genügend erstarkt ist, um wegfliegen zu konnen. Die Larvenhaut bleibt am Gesträuch zurück, ein altes Kleid, das man für immer abgelegt hat.

Es gibt eine Menge Arten solcher Sing-Zikaden, besonders läßt am Anfang der trockenen Zeit eine etwas großere von schwärzlicher Farbe ihre Stimme erschallen. Sie gleicht genau dem Schlag einer Schwarzwälder Uhr: Dasselbe Geknarr der Räder, dieselben reinen Glockentone, die zuerst regelmäßig, zuletzt immer schneller und schneller werden, bis nach etwa zwanzig Schlägen der Gesang verstummt.

Das Geschlecht der Zikaden ist ungemein groß, und unter ihnen finden sich die barocksten Gestalten der Insektenwelt von der Größe kleiner Ameisen bis zu der des Laternenträgers. Der letztere heißt bei den Karaiben Dolin Dolin, bei den Arowaken Simaruba isé und lebt wie andere ähnliche Zikaden-Arten, bloß vom Simaruba, in dessen Rinde er seinen Rüssel streckt. Obgleich mich die Karaiben versicherten, daß er einen hellen, seinem Namen ähnlichen Ton von sich gebe, so habe ich diesen Ton eben so wenig gehört als ich sein Leuchten je gesehen habe, von dem übrigens auch kein Indianer etwas weiß. Ich habe diese wunderlichen Insekten dutzendweise lebend besessen. Die Aussagen der Frau Merian[1] beruhen vermutlich auf einem Irrtum oder einer Verwechslung der Abbildungen. Wahrscheinlich sind jene leuchtenden Insekten, von denen sie spricht, die Arten der Elater noctilucus gewesen. Doch läßt sich die Aussage einer so ehrenwerten Frau nicht geradezu verwerfen. Vielleicht kommt dieses Leuchten bloß zeitenweise und unter gewissen Umständen vor, die höchst selten, aber eben doch gerade durch Frau Merian wahrgenommen worden sind.

---

[1] Gemeint ist die 1647 in Frankfurt geborene und 1717 in Amsterdam verstorbene Maria Sibylla Merian (Red.).

Als wir im Oktober 1861 an der obern Lava in der Nähe des Arouaflusses auf einer Sandbank unser Biwak aufgeschlagen hatten, sahen wir aus dem gegenüberliegenden Walde ein leuchtendes Insekt über uns hinfliegen, dessen Licht hellgelb, beinahe einen Zoll lang und ganz verschieden von dem des Elater, und dessen Flug viel langsamer war, als der des Letzteren. Keiner der Neger und Indianer, die bei uns waren, hatten solch ein Insekt je gesehen. Eine zweite, etwas kleinere Art Laternenträger, mit purpurroten Unterflügeln, fing ich einige Male am oberen Surinam.

Während die Zikaden nur harmlose Sänger sind, die zwar nicht, wie Plinius meint, vom Tau, sondern vom Safte der Baumrinden, in die sie ihren Saugrüssel stecken, leben, so ist eine andere Gattung Insekten, die nur von Raub und Mord sich nährt, durch diese Lebensweise und durch ihre eigentümlichen Formen nicht weniger beachtenswert.

Es sind dieses die Mantisarten oder wandelnden Blätter, wovon auch eine Art, Mantis religiosa, zuweilen in Deutschland gefunden wird. In Surinam kenne ich wenigstens ein Dutzend Arten. Die Bekannteste hat grüne Oberflügel, die genau wie zwei übereinander gelegte Blätter aussehen. Die Unterflügel, die man erst sieht, wenn das Insekt fliegt, sind gelb und sehen wie feiner Flor aus, der Oberleib oder die Brust, an der die zwei Fangfüße sitzen, ist anderthalb Zoll lang, und das ganze Tier ist ausgespannt etwa vier ½ Zoll breit und eben so lang. Der dreieckige Kopf ist sehr beweglich. Die Mantis hält sich gerne auf niedrigem Gesträuch am Saum der Wälder auf Akazien und Kassiabäumen auf, deren Blumen von allerlei Arten Fliegen, Schmetterlingen und dergleichen besucht werden. Sie sitzt stundenlang ganz unbeweglich mit hart an den Oberleib angelegten Fangfüßen, und lauert, indem sie den Kopf hin- und herdreht, auf ihre Beute, die sie blitzschnell mit Ihren Vorderfüßen ergreift, deren scharfe Dornen den Gefangenen festhalten, der dann so verspeist wird. Das Fressen geht so rasch vor sich, daß man ganz deutlich das Genossene durch den langen Oberleib in den Bauch gleiten sehen kann. Ist die

Mahlzeit beendet, so ist es drollig zu sehen, wie die Mantis zuerst ihre Klauen ableckt und putzt, dann wie eine Katze sich mit denselben über Kopf und Maul streicht und sich darauf wieder auf die Lauer, stellt. Diese Insekten bekämpfen sich untereinander wie die Spinnen, und der Sieger sättigt sich am Überwundenen. Ihre Eier liegen in einem runden dreiviertel Zoll großen Neste. Dasselbe wird aus einem durchsichtigen, verhärteten Schleim gemacht, der schichtenweise auf einander geklebt und mit einem kammartigen Aufsatze versehen wird. Daraus schlüpfen einige Dutzend kaum drei Millimeter große Jungen, die sich anfänglich nur von den kleinsten Insekten nähren können, aber sehr rasch wachsen, jedoch erst wenn sie beinahe ihre volle Größe erreicht haben, Flügel bekommen. Es gibt mehrere große Arten, aber alle, sind grün und gleichen mehr oder weniger Baumblättern. Andere kleinere sind braun oder grau gefleckt, mit rotbraunen Unterflügeln sie sehen wie Baumrinde aus; auch halten sie sich nur an Baumstämmen auf.

Die Stabheuschrecken oder Phasma leben zwar von Pflanzen, sind aber so merkwürdig von Gestalt wie die vorigen. Ich habe Insekten dieser Art gefangen, die einen Fuß lang waren, bei einer Dicke von ein drittel Zoll. Man sieht sie oft an feuchten schattigen Stellen im Wald und in der Nähe von Kreeken, und sie würden für trockenes Reisig gehalten werden, wenn nicht die Gleichmäßigkeit der Form sie als Tiere erkennen ließe.

Es würde zu weit führen, wenn ich alle merkwürdigen Insekten die ich gesehen und teilweise auch genauer beobachtet habe, anführen wollte; sie selbst oder ihre Repräsentanten sind schon oft oder besser beschrieben als ich es vermag. Nur einige Arten will ich noch erwähnen.

Die Kakerlake, blatta americana, ist das lästigste und schmutzigste aller Insekten. Sie ist etwa zwei Zoll lang, dreiviertel Zoll breit, glänzend hellbraun von Farbe und hat lange Fühlhörner. Über Tag verbirgt sie sich in Ritzen, unter alten Schuhen und Eisenwerk gegen Helligkeit und Sonnenlicht, die sie nicht liebt. Erst wenn es dunkel wird, verläßt sie ihre Schlupflöcher. Sie läuft beinahe immer, obgleich sie sehr gut fliegen kann, und nichts ist vor ihr sicher, weder die Tinte im Tintenzeug, noch gewichste Schuhe, die sie so abfrißt, daß das gelbe Leder heraussieht; es gibt keine Art Lebensmittel, keine Frucht, die nicht von ihr benagt und verunreinigt würde. Sie benagt die Goldrahmen der Spiegel, um in den Gips derselben ihre Eier zu legen; zu eben dem Zweck zerfrißt sie seidene und wollene Kleider, kriecht in Flaschen und teilt allem, mit dem sie in Berührung kommt, ihren ekelhaften Geruch mit. Die Kakerlake legt nur jedesmal ein Ei in der Form einer kleinen Bohne, braunrot und etwa sechs Millimeter lang und vier breit, das oben einen klein gezahnten Rand hat.

Dieses Ei wird mit abgenagtem Gips, Wolle, Holz oder dergleichen irgendwo befestigt und nach vierzehn Tagen schlüpfen aus diesem Ei, oder vielmehr dieser Kapsel, etwa zwanzig Junge aus, die kaum so groß wie eine Ameise sind. Sie laufen schnell und da sie alles nur Denkbare fressen, so werden sie bald groß und häuten sich oft. Jedoch erst wenn sie ihre volle Größe erreicht haben, bekommen sie Flügel. Sie sind weder durch Insektenpulver, noch mit Phosphor oder Gift zu vertreiben und eine rechte Hausplage. In der Begattungszeit laufen und fliegen sie wie toll umher und in Zimmern. Wo sich viele aufhalten, ist dann das Schlafen ohne Gazevorhänge beinahe unmöglich.

In den Gärten ist die *Werre* (*Gryllotalpa*)[1] den zarten Pflanzen schädlich. Kaum halb so groß wie die europäische, legt sie in eine Art Nestchen ein Häutchen weißlich durchscheinender runder Eier, die Indianer nennen sie Dagrligrli.

Nur kurz führe ich die so oft beschriebenen Termiten (*Termes*) an, von denen verschiedene Gattungen vorkommen. Einige bauen ihre Nester aus zernagtem Holz und von beinahe schwarzer Farbe auf Bäume und meist zwischen die Äste, so

---

[1] Maulwurfsgrille (Red.).

daß sie gegen jeden Stoss oder Wind gesichert sind und mit dem Baum eine Masse auszumachen scheinen.

Beinahe immer haben diese Nester eine runde Form und gleichen einer großen Kugel von oft vier Fuß Diameter. Das Insekt, das sie bewohnt, Holzlaus genannt, arbeitet stets im Verborgenen hinter seinen von Holz gemachten Gängen, die dahin führen, wo es seine Verheerungen anrichten will. Findet man einen solchen Gang, so schüttet man ein wenig Arsenikpulver hinein; indem sie darüber laufen vergiften sie sich.

Doch hilft dieses Mittel nur für einige Tage, denn bald findet man neue Gänge, so daß man beständig auf der Hut sein muß. Die Tiere höhlen alle Arten Holz, besonders tannene Bretter so aus, daß die ganze Form aber bloß noch in einer Dicke von einem Kartenblatt bleibt. So stand in meinem Schuppen eine große tannene Bettlade, scheinbar ganz unbeschädigt, aber so ausgefressen, daß sie nicht mehr als fünf Pfund wog, als ich sie wegnehmen wollte. Sechs Kisten Champagner hatte ich geraume Zeit in meinem Magazin stehen. Beim Öffnen waren Kiste, Stroh, das Papier womit die Flaschen umgeben waren, und bei vielen die Pfropfe, wenn sie nicht ganz gut vom Staniol bedeckt waren, aufgefressen, der Wein war verdorben und ausgelaufen. Bücher und Leinwand haben besonders zu leiden. Bei den ersten heftigen Regen zu Anfang des Dezembers verlassen, wie bei den Ameisen, die geflügelten Weibchen das Nest. Tausende fliegen umher und werden von Vögeln gefressen, verlieren aber bei der mindesten Berührung ihre Flügel und kriechen dann hilflos am Boden umher.

Die Termite ist schwärzlich mit weißem Kopfe, etwa drei Millimeter lang, die Weibchen aber sind doppelt so groß und schwarz. Die Termiten dienen als sehr gutes Futter für junge Enten und Hühner; die auf den Bäumen sich aufhaltenden Ameisenfresser Myrmecophaga tetradactyla und didactyla leben ausschließlich davon, während der größere, Myrmecophaga Jubata, außer von Ameisen von einer anderen Art Termiten lebt, deren Nester manchmal vier Fuß hoch aus einer erdigen Substanz bestehen und auf den Savannen gefunden werden.

Zu Anfang November machte ich wieder eine Reise nach dem obern Surinam, wo ich auf Victoria einige Zeit mich aufhielt, um die an Pflanzen und Insekten so reiche Umgegend auszubeuten. Es war das Ende der Trockenzeit und der Fluß so niedrig, daß er an den vielen Stellen bloß drei Fuß Wasser hatte. Gegen Mittag als die Sonne am heißesten brannte, setzten sich Wolken von grünlichgelben Zitronenfaltern, Callidrias evadne, auf den nassen Sand und so nahe an einander, daß man mit einem Schlag des Netzes wohl 50 fangen konnte. Unter diesen befand sich, wiewohl weniger häufig, der schone orangenfarbige Callidrias argante, dessen hochgelbe Raupe sich von den gelben Blüten der Cassia Callantha nährt. Auch Segler (Papilio agesilaus B.) fanden sich vereinzelt darunter. Vermutlich haben die Stellen, auf welchen diese Schmetterlinge sich so massenhaft niederlassen und einander zu verdrängen suchen, eine eigene mineralische Säure, die sie anzieht und welche sich bloß stellenweise vorfindet, obgleich, wenn ich solche Stellen untersuchte, ich durchaus nichts anderes finden konnte, als denselben Sand wie überall am Ufer.

Eine eigentümliche Erscheinung sind die von Zeit zu Zeit auftretenden Schmetterlingszüge des Callidrias evadne, aus denen man ohne allen Grund eine außergewöhnliche Trockenzeit vorhersehen will. Ich sah diese Züge zuerst im Juli 1837, als ich als Soldat auf dem einsamen Posten Nepheusburg detachiert war. Etwa vier Wochen lang von Morgens neun bis Mittags 2 Uhr flogen durch den Kordonweg, der in einer Breite von sechzig Fuß durch Wald und Savannen vom Comowini bis zum Surinamfluß sich hinzog, Myriaden dieser Schmetterlinge, die Breite des ganzen Weges einnehmend und in einer Hohe von fünf bis 30 Fuß immer von Osten nach Westen ziehend. Nach zwei Uhr waren nur wenige mehr zu sehen. Später habe ich diesen Zug auch in andern Teilen der Kolonie, besonders am Maroni beobachtet, wo übrigens die Züge nicht immer eine bestimmte Richtung verfolgten. Auch von dem so prachtvollen Leilus habe ich am Maroni Züge bemerkt, die Wochen lang dauerten, aber am Boden hinzogen, von Nordwesten kamen und nach Südosten über den Fluß flogen, doch nicht in einer solchen Zahl wie jene Callidrias.

Auf Victoria schoß Jakob den in bergigem Lande manchmal vorkommenden Pitheciä israelita, den Xiu der Karaiben. Er ist einer der zierlichsten Affen Guyanas und lebt in kleinen Familien von vier bis sechs Individuen. Er ist von der Größe des Kapuzineraffen oder einer Katze, hat ganz die Form des ersteren, aber statt des Wickelschwanzes einen schlaffen buschigen Schwanz; der Rücken ist gelbbraun, Kopf, Bauch, Hände und Schwanz beinahe schwarz. Ein dickes Kopfhaar ist in der Mitte aufs Zierlichste gescheitelt und der schöne, dicke, zwei Zoll breite Backenbart zieht sich unter dem Kinn von einem Ohr nach dem andern. Kein Stutzer konnte Bart und Haar besser in Ordnung halten, als dieses schöne Tier.

Am Maroni erhielt ich einen jungen Affen dieser Art lebend, er starb aber bald; drei andere waren angeschossen und ich hielt sie zu verschiedenen Zeiten viele Monate lang geheilt im Käfig, aber sie waren stets traurig und heimtückisch. Die Affen Guyanas sind an Gattungen nicht so zahlreich, aber da sie meist gesellig leben, an Zahl der Individuen doch sehr beträchtlich. Der häufigste und gelehrigste von allen, der auch das europäische Klima am besten auszuhalten scheint, ist der Kapuzineraffe, Cebus apella. In Surinam nennt man ihn Kesikesi, in Cayenne Macaque, bei den Karaiben wird er Meku, bei den Arowaken aber Pfuiti genannt. Er kommt teils paarweise, teils in Truppen von höchstens dreißig Individuen vor, bei welchen sich immer einige steinalte Männchen befinden, deren Stirnhaar emporsteht, so daß es manchmal aussieht, als hätte das Tier kleine Hörner. Die Farbe ist kastanienbraun, das Gesicht etwas heller; Hände, Füße und der behaarte Wickelschwanz beinahe schwarz. Sie sind scheu und suchen eiligst die Flucht, wenn sie Unrat wittern.

Sie haben ein eigentümliches Geschrei und Gewinsel, das die Indianer täuschend nachzuahmen wissen, wodurch sie sie anlocken und schießen. Man hort sie oft im Wald Nüsse aufschlagen oder Händel mit einander führen. Sie leben von

Früchten, auch von Vogeleiern und vielleicht jungen Vögeln, weniger von Insekten, fressen aber kein Laub. Jung gefangen werden sie bald zahm, sind äußerst possierlich und fassen zu dem, der sie gut behandelt, eine große Zuneigung, die sich durch Liebkosungen und selbst Tränen zu erkennen gibt. Tabakrauch lieben sie sehr und gibt man ihnen Tabak, so reiben sie sich damit am ganzen Leibe ein, pissen darauf und waschen sich damit. Wenn die Indianer ein Weibchen schießen, das ihr Junges trägt, so nehmen es die Indianerinnen auf den Kopf, wo es sich an den Haaren anklammert und säugen es. Die Indianer essen das Fleisch des Cebus sehr gerne und ziehen es dem der größeren Arten vor. Es gibt mehrere Abarten dieser Affen, auch findet man immer mehr Männchen als Weibchen.

Der größte der surinamischen Affen ist der Coita (Ateles coita); er kommt nicht in den Küstenwäldern, sondern hauptsächlich im innern Lande vor, wo er den Buschnegern das beliebteste Wildbret ist. Er wird aufrecht stehend etwa drei Fuß hoch und dann bei zwanzig Pfund schwer. Der ganze Leib ist mit glänzend schwarzen langen Haaren bewachsen; das Gesicht ist haarlos, rötlich und hat viel Ähnlichkeit mit dem einer alten Indianerin. An den Vorderfüßen hat er nur vier Finger und statt des Daumens einen kleinen Stummel. Der fast drei Fuß lange Schwanz ist ebenfalls dicht behaart, an der Spitze aber und an der Unterseite ganz nackt wie das Innere der Hand. Er hat das feinste Gefühl in dieser Schwanzspitze und braucht sie gewissermaßen wie der Elefant seinen Rüssel. Die kleinsten Dinge weiß er damit an sich zu ziehen und wo er geht oder klettert, dient der Schwanz ihm zur Stütze und zum Anklammern. Sind diese Affen im Klettern begriffen, so weiß man nie, was Schwanz oder Fuß ist; sie tragen den Namen Spinnenaffe mit Recht, weil, wenn sie in den Zweigen hängen, sie wie eine ungeheure Spinne aussehen. Sie werden sehr zahm, fürchten sich aber oft vor den unbedeutendsten Dingen. Sie leben bloß von Pflanzen, was man schon an ihrem Gebiß sehen kann, dem die Reißzähne beinahe fehlen. Hauptsächlich fressen sie Baumknospen. Ich hatte auf Albina einmal zwei, die frei auf dem Platze herumliefen. Zwischen der Küche und dem Wohnhause steht ein schöner großer Brotfruchtbaum, den ich selbst pflanzte und der den ganzen Platz zwischen den zwei Gebäuden beschattet. Auf diesem hielten sich die zwei Coitas auf und kamen nur ins Haus oder die Küche, um ihre Nahrung, reife Bananen oder Pataten zu holen. Der schöne Baum fing plötzlich an zu trauern, trockene Äste zeigten sich und die Blätter fielen ab. Ich sah nun, daß die beiden Coitas trotz des Überflusses von Bananen und Pataten, die man ihnen gab, die Knospen der jungen Blätter abfraßen. Ich band die Affen sogleich an und der Baum erholte sich glücklicherweise nach und nach.

Der Coita wird von Läusen sehr geplagt, die genau den Läusen der Neger gleichen, und, wenn er in Gefangenschaft ist, auch von Sandflöhen, die sich in seinen Fingern und der Schwanzspitze einnisten. Es scheint mehr Weibchen als Männchen zu geben, denn meist werden Weibchen geschossen oder jung gefangen. Wird er angeschossen, so klammert er sich mit dem Schwanze so fest an den Baum, auf dem er eben saß, daß er auch im Tode nicht früher herunterfällt, als bis der Körper in Verwesung übergeht. Die Indianer des Inneren schießen ihn daher mit Pfeilen, die mit dem Ouraligift bestrichen sind, das in neuerer Zeit mit Erfolg gegen Tetanos gebraucht wird; die Muskeln erschlaffen und das Tier fällt sogleich nach der Verwundung herunter.

An Größe dem Coita beinahe gleich ist der Brüllaffe (Mycetes seniculus) von den Holländern Babun, den Franzosen Singe hurleur, den Karaiben Alouatte, den Arowaken Itoli genannt. Er lebt sowohl in den Küstenwäldern als im Innern des Landes und frißt Baumfrüchte, besonders die Früchte des Mani (Symphonia coccinea), hauptsächlich aber Baumknospen. Der dicke, wenig behaarte Bauch, der rotgelbe Pelz des Rückens, der am Hinterkopf und den Füßen ins Purpurbraune übergeht, das schwarze Gesicht mit starkem Gebiß, der Kropf unter dem Hals, bedeckt mit einem gelben Bart, machen ihn zum häßlichsten aller Affen des südlichen Amerikas.

Er lebt in kleinen, selten über zehn Stück ausmachenden Gesellschaften, worunter aber immer ein altes ausgewachsenes Männchen ist, das auf den Bäumen einen höheren Sitz als die andern einnimmt und das schauerliche Konzert leitet, wodurch sich diese Affen vor allen andern so auffallend auszeichnen. Die Luftröhre des Männchens, schon an sich viel stärker und entwickelter als bei allen übrigen Affen, steht mit einer Stimmkapsel in Verbindung, die von knöcherner Substanz, und beinahe von der Größe eines Gänseeies ist und in der Höhle der untern Kinnlade hängt. Sie sieht wie ein Kropf aus, dient als Resonanzboden und kann die Stimme ganz unglaublich verstärken. Die Weibchen haben einen ähnlichen Apparat, aber nicht über einen Zoll groß. Was dem Tier den Anlaß zu diesem Geschrei gibt, weiß ich nicht; in der Kolonie glaubt man, es schreie nur, wenn die Meeresflut anfängt. Das ist irrig, denn die Affen schreien zu jeder Zeit des Tages oder der Nacht, außerdem auch im Inneren des Landes, wohin die Flut nicht mehr dringt.

Es mögen wohl eigenartige atmosphärische Einflüsse sein, die das Männchen bestimmen zu schreien, in dessen Lied dann das Weibchen einstimmt. Geschlechtliche Triebe können es nicht sein, sonst würden nicht alle Tiere schreien. Ich habe diesem Geschrei drei bis viermal in nächster Nähe zugehört. Jedesmal saß ein altes Männchen oben auf dem Baum, hielt sich mit den Vorderfüßen an einem starken Ast und hatte den Greifschwanz um den Ast geschlungen, auf dem es saß. Andere Männchen und Weibchen saßen in verschiedenen Stellungen etwas niedriger. Plötzlich hub der Alte ein entsetzlich röchelndes „Rochu, Rochu" an, das, nachdem es sich fünf bis sechsmal wiederholte, in ein Gebrüll überging, in das nun alle einstimmten und zwar so stark, daß man befürchten mußte, das Gehör zu verlieren. Am meisten gleicht es dem Geräusch, den ein schwerbeladener Wagen, dem die Räder gesperrt sind, beim Abfahren auf einer steilen Straße macht, nur unendlich stärker, denn man hört in stillen Nächten das Gebrüll dieser Affen zwei Stunden weit.

Das Gebrüll der Tiger, das Pichegru und seine Genossen auf ihrer Flucht von Cayenne nach Surinam so entsetzte, war wohl nichts anders als das Geschrei der Brüllaffen, das wohl jeden der es zum erstenmal hört und nicht weiß, daß es von diesen harmlosen Affen herkommt, mit Furcht erfüllen muß.

Der Brüllaffe ist träge und melancholisch, er springt bloß, wenn er verfolgt wird, sonst klettert er bedächtig, sich stets mit dem Schwanze haltend, dessen unteres Ende eben so nackt wie das des Coita ist, auf den Bäumen umher. Jung gefangen wird er sehr zahm und zutraulich, spielt auch mit Katzen und Hunden, ist aber meist traurig, und entfernt sich die Person, die er lieb hat, so ist sein immerwährendes Röcheln und Geschrei höchst unangenehm. Es glückte uns nie, einen derselben aufzuziehen, obschon wir uns alle Mühe gaben. Auch haben sie einen eigentümlich widerlichen Geruch an sich, so daß man die Nähe von Brüllaffen leicht riecht. Wie der Coita oder überhaupt, wie alle unsere Affen, bringen sie nur ein Junges zur Welt; aber während beim Coita meist Weibchen geschossen werden, werden beim Brüllaffen mehr Männchen getötet.

Beide Affenarten leben häufig miteinander, doch versichern Buschneger, daß sie manchmal in arge Händel geraten, wobei der Brüllaffe wegen seines starken Gebisses vermutlich den Sieg davon trägt, obwohl der Coita schneller und gelenkiger ist. Das Fleisch beider Arten ist meist sehr fett und wird von den Negern gerne gegessen. Ein Hauptfeind des Brüllaffen ist der Haubenadler, falco destructor.

Der niedlichste der surinamischen Affen ist aber der Simia sciurea oder Eichhornaffe. In der Kolonie nennt man ihn Monki, die Franzosen Sapajou, die Karaiben Akalima, die Arowaken aber Kabuanama. Ich hatte sechsundzwanzig Jahre lang immer drei dieser Äffchen, und sobald eines derselben starb, sorgte ich, daß wieder ein anderes an seinen Platz trat. Eines davon lebte dreizehn Jahre. Sie sind größer als ein Eichhörnchen, etwa zwölf Zoll lang, von grünlichgrauer Farbe und weißlichem Bauch. Vorder- und Hinterhände sind bis zu den Ellenbogen goldgelb, Gesicht und Ohren weiß, Schnauze schwarz, Augen groß und braun, der behaarte schlaffe Schwanz ist an der Spitze schwarz, dreizehn bis vierzehn Zoll lang und dient dem Tierchen bei seinen Sprüngen als eine Art Balancierstange. Im Schlaf und in Ruhe schlägt er den Schwanz über die Schultern. Diese Äffchen sind sehr lebhaft, immer in Bewegung, obgleich sie von Zeit zu Zeit über Tag auch ein Schläfchen machen, und äußerst empfindlich gegen die Kälte. Sie legen sich oft in die Sonne, und will man sie in Europa am Leben erhalten, so müssen sie beständig eine Wärme von nicht unter 20°R. haben.

Sie leben meist in großen Truppen von hundert und mehreren, nicht im Hochwald, sondern im Strauchwerk am Saum der Waldungen und nähren sich von Früchten, Insekten und Vogeleiern. Ich bekam sie immer noch ganz jung und sie gewöhnten sich bald an Milch, Brot und reife Bananen, bei denen sie gut gediehen. Die erste Zeit über ließ man sie frei im Zimmer umhergehen, wo sie dann stundenlang, wie ein kleines Kind, an ihrem Daumen saugten; das niedliche weiße Gesichtchen mit dem scharfbegrenzten Kopfhaare, der schwarze Mund, die großen, lebhaften, dunkelbraunen Augen und ihr munteres zutrauliches Wesen machten sie zu jedermanns Liebling. Sie haben nicht die Falschheit, die sonst beinahe allen Affen eigen ist, kommen, da sie sehr reizbar sind, leicht in Zorn, sind aber eben so schnell wieder gut, benehmen sich überhaupt wie kleine Kinder. Sie suchen ungereizt nie zu beißen und sind bei guter Behandlung die harmlosesten, fröhlichsten Tierchen, die man finden kann. Unter der Galerie meines Hauses waren sie an Schnürchen angebunden und wurden zum Schlafen in ein kleines Häuschen gesperrt.

Frei im Hause durfte man sie nicht umher gehen lassen, weil sie überaus neugierig sind, alles betasten und verderben. Liefen sie manchmal frei umher, so setzten sie sich auf die Schweine und ließen sich durch dieselben in den Savannen herumtragen. Jeden Abend fünf Uhr, nachdem man die Fensterläden der besseren Zimmer im oberen Stockwerk geschlossen hatte, wurden sie losgelassen; dann war ein tolles Treiben und Jagen auf dem Brotfruchtbaum und den Kokos-Palmen hinter dem Haus, das so lange dauerte, bis es dunkelte und sie von selbst kamen, um in ihr Häuschen gesperrt zu werden. Obgleich sie Insekten fressen, scheinen sie die giftigen nicht unterscheiden zu können, und so starben mir drei dieser Tiere an Schmetterlingen der Kokosraupe (Brassolis Sophorac C.).

Wir hatten in unserer Einsamkeit am Maroni diesen lieben Tierchen manche Unterhaltung zu danken, wie mich denn die Tierwelt für gar manches entschädigte. Wollen sie ihre Freude ausdrücken, so schnurren sie wie ein Kätzchen. Gelehrig sind sie nicht und stehen an Intelligenz trotz ihrem verhältnismäßig bedeutenden Gehirn weit unter den Kapuzineraffen. Die meisten wurden mir vom Seestrand gebracht, wo sie mit Leichtigkeit auf den Awara-Palmen umherspringen, obgleich diese über und über mit drei Zoll langen, nadelscharfen Stacheln bedeckt sind.

Die Indianer schießen die Mütter, wenn sie ihre Jungen noch auf dem Rücken tragen, oder schütteln auch wohl die Jungen von den Bäumen, wenn sie von den Müttern abgesetzt sind. Selten bekommt man ein Männchen, beinahe alle, die man erhält, sind Weibchen.

Etwas kleiner als dieser ist der Sagoin oder Tamarin (hapale midas) von den Karaiben Sirile genannt. Sie sind in kleinen Truppen bis zu etwa 20 Stücken beisammen. Das Äffchen ist ungefähr acht Zoll lang, schwarz, der Rücken mit Grau untermischt, das Haar seidenweich, die vier Füße orangegelb, die Hände haben statt der Nägel kleine Krallen, der Schwanz ist länger als der Leib und dünn behaart. Die sonderbar ausgeschweiften, fleischigen, schwarzen Ohren geben dem ebenfalls schwarzen Gesichtchen ganz den Ausdruck einer Fledermaus. Sie werden sehr zahm, sind aber weniger lebhaft und zutraulich als die vorigen. Wir ließen die unsrigen immer frei im Zimmer umhergehen, wo sie sich dann meist bei den angebundenen Sapajous aufhielten. Mehrere Male hatte ich einen andern niedlichen Affen (Pithecia leucocephala). Das Männchen ist schwarzgrau und mit langen Haaren bedeckt, das Gesicht weißlichgelb, sieht wie eine Maske aus, unter der die schwarze Nase und das Maul stark absteht. Der Schwanz ist so lang wie der Leib und sehr dick und buschig; das Tierchen läßt ihn hängen. Das Weibchen ist bräunlich. In Surinam nennt man ihn Wanaku, die Franzosen Maman dina, die Indianer Arighi. Er ist etwas größer als der Sapajou, nicht lustig und lebt in kleinen Truppen von höchstens zehn Stücken im Hochwald.

Victoria am obern Surinam, von Paramaribo etwa 24 Stunden entfernt, ist ein kleiner Holzgrund von vielleicht 50 Sklaven, die Bretter und *Singeis* bearbeiten. Früher gehörte das Land einer Mineral-Compagnie, die hier und auf Berg en Daal nach edlen Metallen suchen ließ, aber schlechte Geschäfte machte und die Sache aufgab. Ein Militärposten lag ganz in der Nähe und diente eigentlich zum Schutze gegen die Buschneger, deren Posthalter in späteren Jahren hier wohnte. Der Posten war als sehr ungesund bekannt und wurde auch später eingerückt. Auch der Holzgrund ist verlassen, so daß am Ende niemand übrig blieb als der Posthalter, nach dessen Tode seine Stelle nicht mehr besetzt wurde.

Schon unter Berg en Daal wird das Land hügelig und bei Victoria erheben sich Hügel, die 200 bis 250 Fuß hoch sein mögen, Alle sind mit Hochwald bewachsen und an den Abhängen findet man die im Innern so häufige Murru Murru-Palme, ein Astrocaryon eben so stachlig wie die Awarra. Ihr Früchtetross kommt aus der Mitte heraus, ist etwa einen Fuß lang und an ihm sitzen bei 30 Stück eigroße, runde, dicht mit Stacheln bedeckte Nüsse, die sehr hart sind und ein der Kokosnuß ähnliches Fleisch enthalten, das die Indianer geröstet essen.

Eine große prächtige Castnia scheint in diesen Palmen ihre Eier zu legen, denn ich fand sie stets um dieselbe herumflattern.

In den Schluchten der Berge stehen viele Arten Farne, auch fand ich eine bis auf die höchsten Bäume hinaufrankende Pteris, die ich im niederen Land nie gesehen habe. Die Gegend bei Victoria ist reich an Eisen, das sich als Bohnerz[1] in den Kreeken findet. Auch findet sich in der Nähe eine schneeweiße Erde, vermutlich Porzellanerde.

Von Victoria aus besuchte ich die an der Sarakreek liegenden Buschnegerdörfer und den ersten bedeutenden Wasserfall des Surinamflusses Arunsabanja und kehrte dann nach Gelderland zurück, um auf Mauritsburg die den Savannen eigenen Pflanzen einzusammeln.

Ich wanderte also wieder nach Mauritsburg, um im Indianerdorf meine Wohnung zu nehmen. Aber schon unterwegs im Boot hatte ich mich unwohl gefühlt, und der anstrengende Marsch in der Mittagshitze über die vier Stunden langen Savannen hatte ein Fieber erzeugt, das auszubrechen drohte, als ich bei meinem Kapitän ankam.

Diesem zuvorzukommen bat ich den Militärarzt, mir ein starkes Brechmittel zu geben, das ich auch am Abend noch einnahm. Aber die Wirkung desselben auf meinen geschwächten Körper war furchtbar. Ich lag Tage lang im Fieber und in Phantasien und erhielt erst am sechsten Tag wieder mein Bewußtsein. Ein Gallenfieber hatte mich erfaßt und machte meine Lage sehr bedenklich. Aber ich war nicht verlassen, sondern hatte durch die gute Frau meines Kapitäns die beste Pflege. Erst am zwanzigsten Tage konnte ich das Bett verlassen und nach Sonnenuntergang am Arme des Doktors einen kleinen Spaziergang von höchstens hundert Schritten machen, wobei aber das Grün der Wälder, von der scheidenden Sonne beleuchtet, meine Augen so schmerzte, daß ich sie nicht aufzuschlagen vermochte. Meine Kräfte waren so gesunken, daß ich nur mit der größten Anstrengung einige Worte schreiben konnte. Doch bald wurde es besser und Ende Dezember am 47sten Tage meines Aufenthalts auf Mauritsburg war ich stark genug, nach Paramaribo zurückkehren zu können.

Ich war nun auch in Paramaribo noch längere Zeit leidend, denn leider hatte sich bei mir das dreitägige Fieber eingestellt,

---

[1] Eisenhaltige Kieselsteine (Red.).

das nur schwer zu heilen ist und mich erst nach sechzehn Monaten ganz verließ. Die Ärzte jener Zeit waren mit dem Chinin sehr sparsam, gaben nur zwölf Gran per Tag, und diese drei Tage hintereinander, so daß das Fieber wohl aufhörte, aber nach einigen Wochen Wohlseins stets wieder zurückkam, worauf man aufs neue zum selben Mittel griff, ohne sich je an eine größere Dosis zu wagen. Größere Ausflüge konnte ich nun nicht mehr machen und fing meistens bloß Insekten im Umkreise der Stadt.

Herr H. war inzwischen mit seinen Kolonisationsprojekten so beschäftigt, daß ihm zeitweise zwei Schreiber helfen mußten, und obgleich die Natur nie ihre Reize für ihn verloren hatte, so war er jetzt ausschließlich bestrebt, den hereinbrechenden Ruin der Kolonie zu verhüten, mit eben dem Eifer, wie er früher auf das physische Wohlsein seiner zahlreichen Patienten bedacht gewesen war. Meinen Sammlungen sah er gleichgültig zu, und da ich fühlte, daß man mich im Haus wohl entbehren konnte, überdies Selbständigkeit auch in bescheidenen Verhältnissen mir als das höchste Gut erschien, so verließ ich das Haus des Doktors im April 1842, als der Verkauf von Schmetterlingen mir eine kleine Summe einbrachte und ich der Unterstützung eines Freundes für so lange sicher war, bis das, was ich nun für meine eigene Rechnung zu sammeln beabsichtigte, in Europa verkauft sein würde.

Drittes Kapitel

Ich mietete nun ein kleines Haus in einer abgelegenen Straße der Stadt, wofür ich monatlich acht Gulden Miete zu bezahlen hatte, kaufte das Nötige, um die zwei Zimmerchen zu möblieren und richtete mich mit wenig Geld häuslich ein. Eine alte freie Mulattin, Missie Koba, versah meine Haushaltung, kochte mein Essen und wusch meine Wäsche.

Meine Küche war sehr einfach. Kaffee durfte nicht fehlen, und da Bananen und Bakkeljau stets meine Lieblingskost war, so waren auch diese meist mein Hauptgericht. Da ich weder Boot noch Neger besaß, so konnte ich vorerst keine Reise nach den Pflanzungen machen, wo eine reichere Ausbeute für mich war und mußte mich die ersten Monate nur auf den Umkreis der Stadt beschränken.

Jeden Morgen gegen neun Uhr machte ich meine Wanderungen, von denen ich erst um vier oder fünf Uhr Abends zurückkam. Auf ihnen fing ich meist so viele Schmetterlinge (denn das Vorjahr 1843 war daran besonders reich), daß ich bis in die Nacht mit dem Aufspannen derselben beschäftigt war. Die seltenen Arten bewahrte ich für meine Sendungen nach Europa auf, mit den bunten und prächtigen aber füllte ich Kästchen, die ich bei einem Schreiner machen ließ. Das Stück kostete 50 Cents, ein Glas darauf bezahlte ich mit 40 Cents, Solche Kästchen verkaufte ich dutzendweise zu zehn Gulden pro Stuck an holländische und amerikanische Schiffskapitäne.

Ich war unermüdet, obgleich ich mich das leidige Fieber jedesmal mehr oder weniger stark je am dritten Tage heimsuchte. In der Hoffnung , daß meine kräftige Natur auch diese Plage ohne Arznei besiege, gebrauchte ich einige Monate lang kein Chinin mehr, blieb an den Tagen, wo ich das Fieber erwartete, zu Hause und beschäftigte mich mit dem Auskleistern und Füllen der Kästchen. Aber oft, wenn ich mich auf meinen Märschen zu sehr erhitzt hatte oder vom Regen durchnäßt war, beschlich mich der böse Gast einen

Tag früher, dann hieb ich, wenn es im Wald war, rasch einige Heliconien-Blätter ab, bettete mich auf den Boden und breitete jene Blätter über mich aus, so daß auch der heftigste Regenguß mich nicht durchnässen konnte. War das Fieber, das gewöhnlich von Frost in Hitze überging, und zwei bis drei Stunden dauerte, vorüber, so verließ ich mein Lager und kam oft recht vagabundenartig und nicht reinlich wie ein fortenaar (Stadtbewohner) nach meiner Wohnung zurück, wo Missie Koba schnell das Essen aufwärmte, das ich mit wahrem Heißhunger verzehrte.

Ich hatte in Paramaribo nur wenige Bekannte und machte sehr selten Besuche. Mit Leuten höheren Standes, wovon manche vielleicht so viel Bildung besaßen, um meinen Broterwerb für einen ehrenvollen zu halten, kam ich in keine Berührung. Die Farbigen, die wie der gute B. mich nur für einen potibakera (armen unbedeutenden Blanken) hielten, hatten mich nie angezogen, und so hatte ich eigentlich nur einen Freund, an den ich mich auch mit ganzem Herzen anschloß. Es war dieser ein Arzt der kolonialen Truppen, Sachse von Geburt, und mir nach Alter und Neigungen gleich. Da er in meiner Nähe wohnte, so kamen wir beinahe jeden Abend zusammen, wobei wir dann, er bei mir oder ich bei ihm, uns bis tief in die Nacht aufs angenehmste unterhielten. Welche glückliche Stunden habe ich da verlebt, wie viele Pläne machten wir, er um auf dem Felde der Wissenschaft eine ehrenvolle Stellung einzunehmen, ich mir eine sichere unabhängige Existenz für die Zukunft am Maroni zu erwerben. Aber während die meinen sich realisierten, unterlag er im September 1843 einem Gallenfeber, von dem er, hätte man Chinin in genügender Menge angewendet, gewiß gerettet worden wäre. Er starb in meinen Armen, und so hatte ich denn auch den einzigen Freund, dessen Neigungen mit den meinigen harmonierten, verloren. Nie hat mich ein Todesfall so ergriffen. Jetzt waren meine Abende wieder so einsam, kein freundliches Gespräch erheiterte sie mehr. Zwar die Zeit mildert alle Schmerzen und Verluste, welcher Art sie auch sein mögen, aber noch jetzt nach 37 Jahren denke ich mit Wehmut an jene frohen Abende zurück, wo in meiner Jugend mich dieselbe feurige Liebe für die Natur belebte, die auch mein späteres Alter noch erheitert.

Ein anderer Bekannter, an den ich mich weniger anschloß, als ich ihn seiner Sammlungen und Bücher wegen besuchte, verdient hier ebenfalls einiger Erwähnung. Herr L., schon ein guter Fünfziger, als ich ihn kennen lernte, war in Holland geboren und der Sohn eines der höchsten Beamten der Kolonie, der Surinam verlassen hatte und in hohem Alter im Haag lebte, wo ich später mit ihm bekannt wurde. Der Sohn hatte vorgezogen in der Kolonie zu bleiben und lebte von den Renten eines nicht unansehnlichen Vermögens.

Schlicht und einfach in seinem Benehmen und in seiner Kleidung hatte er bloß Interesse für zwei Dinge, nämlich für alle auch noch so unbedeutenden Vorfälle der Kolonie, die er schon scit Jahren mit gewissenhafter Treue in einem Tagebuch verzeichnete. Zu diesem Zwecke besuchte er jeden Tag die frequentesten Läden, wo ihm dann die abenteuerlichsten Bären aufgebunden wurden, die er in seinem Tagebuch verewigte. Ferner für Insekten, hauptsächlich die Schmetterlinge. Eine ganz kolossale Sammlung der surinamischen Schmetterlinge und anderer Insekten, die im Laufe der Zeit ihn wohl bei 30 000 Gulden gekostet haben mag, war in zwei großen Kasten in Schubladen verwahrt.

Schöne tadellose Exemplare sah man wenige bei ihm, aber alle Gattungen und Arten waren aufs beste vertreten und fand man ein Insekt in der L.'schen Sammlung nicht, so war es gewiß etwas Bedeutendes oder höchst Seltenes. Hatte ich nun solche seltene Exemplare, so war ich gewiß, an ihm einen Käufer zu finden. Ich setzte dann dieselben in ein Kästchen, umgeben von anderen gemeineren Arten, welche er mit wenig Mühe selbst hätte fangen können und war gewiß, daß er den seltenen zu lieb auch die gemeinen Specien kaufte. So hatte ich an ihm einen guten Kunden, und seine Sammlung wurde durch mich mit manchem schönen Insekt bereichert.

Bereits als Fourier hatte ich mit Herrn L. Bekanntschaft gemacht. Kurz vor meiner Abreise nach Europa im November 1841 hatte ich aus Furcht, daß mir nicht gestattet werden würde, eine weitere als meine Kleiderkiste an Bord des Kriegsschiffs mitzubringen, mit dem ich nach Holland zurückkehrte, die am Maroni und in Paramaribo gesammelten Insekten einem Kaufmannsschiff mitgegeben. In dieser Sammlung befand sich ein grüner Bombyx mit Spiegelflecken wie der Atlas, der ganz unbekannt war.

Herr L. hatte durchaus dieses kostbare Insekt kaufen wollen, aber stets hatte ich ihn abgewiesen. Bereits war die Kiste an Bord, als er einen Wechsel von 300 Gulden für die Sammlung bot, den ich aber verweigerte. Beinahe in Verzweiflung über meine Starrköpfigkeit, den seltenen Bombyx nicht an ihn verkaufen zu wollen, prophezeite er mir nichts Gutes; leider hatte er recht, denn dag Schiff strandete an der englischen Küste, und da ich die Sammlung nicht versichert hatte, erhielt ich keinen Cent Schadensersatz. Aber in seinen Tagebüchern, die nach und nach zu vielen Folianten angewachsen waren, hatte Herr L. meinen grünen Bombyx verewigt und den interessanten Verlust samt allen Details und der mir gemachten Prophezeiung genau beschrieben.

Beide unschuldige Liebhabereien hätte Herr L. bis an seinen Tod fortsetzen können, ohne daß sein Vermögen dabei gelitten hätte, aber er ließ sich bereden, die Pflanzung Onverwagt zu kaufen, in deren Umkreis er Schmetterlinge fangen konnte; die Verwaltung darüber überließ er andern, die seine Unerfahrenheit so gröblich mißbrauchten, daß er um sein ganzes Vermögen kam und in dürftigen Umständen starb.

Mit dem Anfang der Trockenzeit ging ich nach Osembo. Ich hatte mir eine Maschine zum Trocknen der Pflanzen machen lassen und wollte meine Exkursionen weiter ausdehnen. Da es mir zuwider war, von der Gastfreiheit Fremder zu leben, so hatte ich Butter, Käse und andere Lebensmittel eingekauft, die ich B. in seine Haushaltung gab; denn gerade dies mußte er ankaufen, während Wild, Fische und Erdfrüchte ihn nichts kosteten. Ich war stets bei ihm ein gerne gesehener Gast und hatte nicht das drückende Gefühl, ein Schmarotzer zu sein.

Da ich außer auf getrocknete Pflanzen auch Aufträge auf lebende hatte, so war mir ein eigenes Boot unumgänglich nötig, dies war leicht auf Osembo zu erhalten, weil der Blankoffizier, ein gelernter Zimmermann, in seinen Freistunden und deren hatte er gar viele, das Boot um ein billiges machen konnte. Der Paradistrikt war immer mein liebster Aufenthalt, da kannte ich jeden Weg und Steg und konnte beinahe jeden Tag einen andern Ausflug machen.

Bald nach dem Tode meines Freundes H. hatte ich das Haus, in dem er gestorben war, gemietet. Bedeutend größer als mein früheres, hatte es für mich den Vorteil, daß ich das Fahrzeug, welches ich auf Osembo bauen ließ, in dem hinter dem Hause fließenden Sommelsdyckerkreek aufbewahren konnte. Die Eigentümerin des Hauses, eine freie Negerin, bewohnte ein Seitengebäude und versah meine Haushaltung, die immer gleich einfach war.

Mein Boot war endlich fertig und kostete mich mit Zeltdach Ruderriemen usw. 160 Gulden. Es war schön weiß und grün angestrichen und zu meinen Reisen ausnehmend geschickt. Von jetzt an blieb ich nur wenige Zeit in der Stadt und wollte ich eine Reise nach Para, den oberen Surinam oder sonst wohin machen, so nahm ich zwei junge Bursche, die man in jener Zeit mit 30 bis 40 Cts. per Tag mieten konnte. Wenn ich an Ort und Stelle war, hatten sie mir Gewehr und Pflanzenpapier nachzutragen, auf der Reise aber das leichte Boot zu rudern, während ich dasselbe steuerte.

War der eine oder andere ermüdet, so ruderte ich ein paar Stunden. Ja einmal auf Victoria wurden mir beide Jungen krank, so daß der eine im Fieber lag, während der andere kaum so viel Kraft mehr hatte, am Steuerruder zu sitzen, so daß ich den langen Weg von Victoria bis Gelderland allein rudern mußte und ebenfalls unwohl auf dem Posten ankam. Aber mein alter Leutnant van D., der Kommandant des Postens war, gab mir zwei schwarze Soldaten, die mein Boot bis

Paramaribo ruderten, während ich am Steuer saß. In dieser Weise wurde mir manchmal geholfen.

Meine erste Reise mit dem neuen Boote war nach Victoria, denn in der bergigen Umgegend gefiel es mir besonders. Der militärische Posten war schon seit einigen Monaten aufgehoben und die Kaserne dem Posthalter zur Wohnung angewiesen. Der Direktor des benachbarten kleinen Holzgrundes, ein Jude und sehr gefälliger Mann, war nun die einzige Person, mit der der Posthalter umgehen konnte. Dieser, er hieß G., ein Mann in meinen Jahren, liebte die Wirtshäuser Paramaribos weit mehr, als die Einsamkeit, welche mit seiner Stellung verbunden war. Eine hübsche Mulattin, Missie Kosi, war seine Haushälterin und machte ihm das Leben soweit erträglich, daß er sich noch nicht vor langer Weile und Ärger erschossen oder aufgeknüpft hatte. Auf Victoria wurde ich stets mit Freuden empfangen und ich bezog jedesmal das Haus des früheren Posthalters, in dem auch Doktor H. gewohnt hatte. Ich hatte hier stets meine eigene Haushaltung und immer die nötigen Lebensmittel bei mir. Es mußte deshalb, während ich mit dem einen Jungen meine Wanderungen anstellte, der andere die gesammelten Pflanzen trocknen und das Essen bereiten. Waren nun am Abend die Pflanzen eingelegt, die Bälge präpariert und die Schmetterlinge aufgespannt, so ging es zum Posthalter, bei dem dann der Abend bis Mitternacht unter Scherz und Lachen zugebracht wurde.

Der arme G. mußte trotz des bedeutenden Salärs von 2 000 Gulden doch eingezogen leben, denn er war mit Schulden überladen und der größte Teil seines Einkommens wurde von den Gläubigern in Empfang genommen. Obgleich er Holländer und keineswegs ohne Bildung war, hatten weder die Natur, noch die Jagd oder Lektüre einigen Reiz für ihn und da er seine Neigung zum Wirtshausleben, Billard- oder Kartenspiel nicht befriedigen konnte, so wußte er mit seiner Zeit nichts anzufangen, und die Langeweile brachte ihn auf die albernsten Ideen. So hatte er von seiner letzten Reise nach Paramaribo sechs farbige Bilder von so unflätigen Gegenständen, daß sie nicht einmal das Verdienst der Zweideutigkeit hatten, mitgebracht, um die kahlen Wände seiner Stube damit auszuschmücken. Es besuchte den Posthalter freilich niemand als Buschneger, die ihre Pässe holten, und diese ergötzten sich an den Bildern, um so mehr, als sie keine Erklärung dabei nötig hatten. Höchstens konnte es vorkommen, daß in den Trockenzeiten, wenn sich ein Fremder, der die Pflanzung Berg en Daal besuchte, auch nach Victoria, dem äußersten Grenzposten der Zivilisation, wie sie sich denn auch in den Gemälden kund gab, verirrte. Aber oft vergingen Jahre, ehe ein Fremder zum Posthalter kam. Nun hatten früher die Herrnhuter Missionare unternommen, die Saramaccaner Buschneger am oberen Surinam zu bekehren, wobei sich eine Frau Hartmann, Witwe eines Missionars sehr verdient machte, indem sie nach ihres Mannes Tode Jahre lang ganz allein bei diesem rohen Heidenvolke lebt, die Jugend unterrichtete, die Kranken verpflegte und nach Möglichkeit ihrer geringen Kräfte den Götzendienst zu vertreiben suchte, eine Selbstaufopferung, die in den Jahrbüchern der Mission in Surinam vermutlich allein steht.

Diese allgemein hochgeachtete Frau kam denn auch zufällig nach Victoria, und als der Posthalter sie auf sein Haus zuschreiten sah, hing er, statt seine lasziven Gemälde ganz zu entfernen, dieselben bloß verkehrt an die Wand, wie es Gebrauch in der Kolonie ist, wenn sich eine Leiche im Hause befindet. Begreiflicherweise fielen der guten Frau bei ihrem Eintritt ins Zimmer die verkehrt hängenden Gemälde auf, und teilnehmend erkundigte sie sich nach dem Toten im Hause. Als der Posthalter ihr aber sagte, daß er bloß aus eigener Laune die Gemälde umgekehrt habe, wurde sie neugierig und drehte das erste beste um. Der Effekt war treffend. Sie verließ sogleich das Haus, in dem sie dem Posthalter die harte Wahrheit sagte, daß sie bedaure, daß das Gouvernement ihm eine Stelle gegeben habe, wo er, anstatt die Neger zur Sittlichkeit anzuhalten, nur darauf bedacht zu sein scheine, durch solche Sudeleien im Hause ihre guten Lehren wieder zu vereiteln.

130

Aber auch Victoria wurde kurz nach meinem letzten Besuch im Jahr 1845 verlassen. Herr G. starb in Paramaribo, tief beklagt von seinen Gläubigern; auch der Holzgrund Victoria wurde abgebrochen und so ist jetzt kaum mehr die Stelle davon zu erkennen. In den zwei Jahren, seitdem ich für mich allein arbeitete, war meine Tätigkeit von gutem Erfolg gekrönt. Lebende und getrocknete Pflanzen, Bälge und Insekten aller Art wurden abgeschickt, verkauft und schafften mir ein sorgloses und unabhängiges Dasein, wie ich es mir immer gewünscht hatte.

Aber mein Plan, mich am Maroni niederzulassen, war nie aufgegeben und da ich im Juni 1845 nach Europa zu gehen beabsichtigte, so wollte ich noch vorher die Ufer des mir so lieben Stromes besuchen und den Ort zu meinem künftigen Wohnplatz erwählen.

Eine Reise nach dem Maroni war aber viel schwieriger als nach irgendeinem Teil des bewohnten Landes. Der obere Cottica und der Courmotibokreek waren bloß von Buschnegern bewohnt, die eine Reise durch die Flüsse des von ihnen bewohnten Gebiets als einen Einbruch in ihre Rechte betrachteten. Der Wanekreek war ohne kundigen Führer nicht zu befahren und dazu konnte man bloß Indianer oder Buschneger brauchen. So reiste ich denn im Januar 1845 nach der Para, um auf dem dem Holzgrund Hannover gegenüberliegenden Karaibendorfe Lucia einige Indianer zu mieten, die den Weg durch den Wanekreek kannten.

Auf Hannover war mein lieber Doktor H., der jetzt, nachdem er Praxis und Kolonisationsentwürfe aufgegeben hatte, sich hier mit Eifer auf die Tabakskultur legte. Ich hatte für diese Pflanze nie das mindeste Interesse, weil ich weder rauche noch schnupfe, ja mir selbst der Geruch des Tabaks zuwider ist und ich nur bedauern kann, daß fabelhafte Summen, wie sie der Verbrauch des Tabaks verschlingt, eher zum Schaden als zum Nutzen für die Menschheit in Rauch aufgehen. Weil ich aber mit meiner Meinung wenig Einfluß bei den Konsumenten des schädlichen Krautes haben werde, so hatte ich nie etwas dagegen einzuwenden, wenn man in Gesellschaft über das Wünschenswerte, die Tabakskultur in Surinam einzuführen, sprach.

Herr H., der selbst ein leidenschaftlicher Raucher war, pries aber jedem diese Kultur an. Auf die Verwendung des neuen Gouverneurs Elias, der dem Doktor sehr gewogen war, hatte die Bank die an sie verpfändete Pflanzung Hannover Herrn H. wieder zurückgegeben, damit er die Tabakskultur, von der er sich so viel versprach, mit seinen eigenen Negern versuche. Ich fand bei meiner Ankunft auf Hannover den Doktor in seiner Wohnstube, die jetzt sein Atelier geworden war. An der einen Seite des Tisches lag ein großer Haufen Erde, an der andern ein ebenso großer gesiebten Mistes. Ein halbes Dutzend Negerkinder machten fabrikmäßig aus den Blättern der Mauritia-Palme, die sie zusammendrehten, kleine, zwei Zoll im Durchmesser haltende und drei Zoll hohe Büchsen, die durch den Stachel einer Awarapalme festgehalten wurden. Andere Kinder stellten diese Büchsen auf ein Brettchen, füllten sie mit Erde und Mist und setzten sie vor den Doktor auf den Tisch.

Herr H., mit Brille und Vergrößerungsglas bewaffnet, nahm die angekeimten Samen des Tabaks mit einer Pinzette aus einem durchnäßten Fließpapier heraus und setzte je einen in ein solches Büchschen, bedeckte ihn leicht mit Erde und übergab das Büchschen einem Kinde, das es nun zu den übrigen schon fertigen stellte. Waren hundert eingepflanzt, so wurden sie weggetragen und kamen auf ein im Hofe errichtetes Gerüst, das etwa acht Fuß hoch, fünf Fuß breit und sechzig Fuß lang und in drei bis vier Etagen abgeteilt, viele Tausende dieser Büchschen fassen konnte. Dächer von Pinapalmen schützten die jungen Pflänzchen sowohl gegen Sonnenhitze als gegen schweren Regen, und obwohl es in der Regenzeit viele Sorgfalt erforderte, die jungen Pflänzchen auf- und zuzudecken, so standen doch alle schön und bewährten die Zweckmäßigkeit der Einrichtung. Hatte die Pflanze vier Blättchen, so war sie schon so fest angewachsen, daß sie der Regen nicht mehr wegschwemmen konnte, und jetzt wurde sie mit der Kapsel ins freie Land versetzt. Diese Arbeit, so kleinlich und langweilig sie auch zu sein scheint, ist nach meiner Ansicht doch die sicherste, indem sie das Anwachsen der jungen Pflanzen befördert und sie so lange sie noch sehr klein sind, gegen die oft verderblichen Einflüsse der Witterung und gegen Insekten beschützt. Auch kann ohne Anstrengung jemand täglich drei bis viertausend dieser Kapseln einfüllen und zur späteren Verpflanzung vorbereiten, wozu zwei kleine Kinder von sieben bis acht Jahren zureichen.

Am andern Morgen begleitete ich Herrn H. nach seinem Tabakfeld, das er auf dem linken Ufer der Para hatte anlegen lassen. Ich war erstaunt über diese Pflanzung, die etwa zehn bis fünfzehn Ackers betragen mochte. Die größten Pflanzen waren erst zwei Fuß hoch, während mit jedem Tage wieder neue gebracht und gepflanzt wurden. Als ich drei Monate später vom Maroni zurück und wieder nach Hannover kam, war der gepflanzte Tabak in einer Schönheit und Vollkommenheit, die nichts zu wünschen übrig ließ und zu den schönsten Hoffnungen berechtigte. Sechs bis sieben Fuß hoch standen alle Pflanzen, mit Blättern von zwei Fuß Länge und darüber. Von dieser Zeit an war ich überzeugt, daß Tabak sich mit großem Vorteile in Surinam pflanzen lasse und wenn je eine europäische Kolonisation im Lande Wurzel fassen würde, die Kultur des Tabaks allen andern vorzuziehen sei und sich hauptsächlich für Familien eigne, die reich mit Kindern gesegnet sind, denn außer dem Instandsetzen des Feldes, dem Umschlagen des Bodens und Häufchen- oder Beetenmachen, ist alle Arbeit so leicht, daß sie meist durch Kinder verrichtet werden kann.

Der gute Doktor hatte keinen Vorteil bei seiner Kultur, denn kaum war ich nach Paramaribo zurückgekehrt, als furchtbare Regengüsse die Anpflanzung beinahe vernichteten. Nur wenig wurde gerettet, aber der Tabak war von ausgezeichneter Güte und wurde in Amsterdam zu 1,10 Gulden das Pfund geschätzt. Beinahe dreißig Jahre später machte auch ich auf

Albina eine Probe, die einen vorzüglichen Tabak gegeben hätte, wenn wir mit der Zubereitung der Blätter bekannt gewesen wären und darauf die nötige Sorgfalt hätten verwenden können, dringende Geschäfte aber verhinderten uns daran. Trotz der schlechten Zubereitung wurde mein Tabak vom Mäkler in Amsterdam auf 37 Cts. per halbes Kilo geschätzt mit der Bemerkung, daß bei zweckmäßiger Bereitung wenigstens der doppelte Preis dafür zu bekommen gewesen wäre.

Ich hatte auf dem Karaibendorfe Lucia, das am linken Ufer des Para, eine halbe Stunde von Hannover entfernt in den Savannen lag, vier Indianer gefunden, wovon zwei Ältere, Curieli und Green, früher am Maroni wohnten und mich kannten. Zwei Jüngere, Iradaweh und Aliabali, waren aber noch niemals im östlichen Teile der Kolonie gewesen, wiewohl sie Verwandte dort hatten und diese nun besuchen wollten; Aliabali hatte sein junges Weibchen Kraerume mitgenommen, ein nettes schüchternes Geschöpf, hübscher als ihr rauher Name.

Mein Boot war mit allem beladen, was ich für die zwei bis dreimonatliche Reise nötig zu haben glaubte; Reis, Salzfleisch, Speck, Butter, Bakkeljau etc.; auch die Hauptsache für die Indianer, zehn Pullen (Krüge von vier Gallon) Dram, war nicht vergessen. Es war zusammen so viel, daß ich eine zweite kleine Korjal mitführen mußte, die durch zwei Mulattenjungen pagait wurde.

Wir verließen Anfangs Februar 1845 Paramaribo und fuhren mit aufkommender Flut die breite Commewini hinauf, deren Zucker- und Kaffeepflanzungen im schönsten Sonnenschein vor uns lagen. Der stattliche Fluß war von Ponten belebt, welche die Produkte der Pflanzungen nach der Stadt gebracht hatten, ebenso von Tentbooten, in denen die Plantagenbewohner nach den Pflanzungen Rückkehrten. Ich hatte dasselbe Gefühl wie damals, als ich zur selben Jahreszeit vor neun Jahren an Bord des Kriegsschiffes, mit dem ich aus Europa kam, in den von der Abendsonne so schön beleuchteten Fluß blickte, das herrliche Grün der Waldungen, die Palmenalleen, unter denen weiße Gebäude hervorsahen, bewunderte und Gott dankte, nun endlich die Wunder der Tropenwelt, die so lange meine Phantasie erhitzt hatten, sehen zu dürfen.

Als am späten Abend die Ebbe eintrat, warfen wir Anker an dem Etablissement Sommelsdyk, wo zuvor ein Militärposten gewesen war und später ein Divisionsarzt sich aufhielt. Jetzt war es aber verlassen, um in späteren Jahren wieder mit Militär besetzt zu werden. Wir schliefen im Boote, denn auf allen meinen Reisen vermied ich bis in die spätesten Zeiten so viel möglich, die Gastfreiheit der Plantagenbewohner in Anspruch zu nehmen und besuchte nur solche Plätze, wo man mich und die Art meiner Lebensweise genau kannte.

Da ich später meist mit Indianern und in offenen Korjalen reiste, die mit allen möglichen Dingen so vollgeladen waren, daß ich kaum Platz zum Sitzen hatte und ich oft durchnäßt und beschmutzt im Boote saß, so hatte meine persönliche Erscheinung etwas Ungewohntes, Vagabundenartiges, das mich erst zu einer Erklärung zwang, wer ich eigentlich sei und warum ich so reisen müsse, ehe mich der Direkteur der betreffenden Pflanzung, wo ich über die Flut- oder Ebbezeit, die mich am Weiterfahren verhinderte, bleiben wollte, wie einen ordentlichen ebenbürtigen bakkera (Blanken/Weißen) empfangen konnte.

Bei Sommelsdyk teilt sich die Commewini in zwei Arme, wovon der aus Südosten und Süden kommende seinen Namen behält und aus Sümpfen und Bächen des westlichen Abhangs der Anosoberge besteht, weshalb ihr Ursprung nicht südlicher zu suchen ist, als etwa 4' 40". In späteren Jahren (1876) hat man vom oberen Surinam in südöstlicher Richtung einen kleinen Weg aufgehauen, der etwas oberhalb der Anosoberge am Maroni herauskam und bei einem. Abstand von 78 Kilometer meist über ein Hochplateau führte, indem sich keine Spur der Comniowini fand. Dieser Weg wurde angelegt, um die vermutlichen Goldschätze des Maroni den Bewohnern Surinams zugänglich zu machen. Aber niemand machte Gebrauch davon, so daß er jetzt wieder dicht bewachsen ist.

In die Commewini münden in ihrem obern Laufe mehrere große Kreeken, unter denen die Tempati die bedeutendste ist. An ihr lagen mehrere Pflanzungen, die schon seit hundert Jahren verlassen sind. Die obere Commewini, sowie ihre Kreeken sind unbewohnt, nur zeitweise halten sich Buschneger hier auf, um mit Erlaubnis des Gouvernements Bauholz zu fällen.

Der aus Osten kommende und über sechzehn Stunden lang parallel mit der Seeküste laufende Fluß, den wir nun zu befahren hatten, heißt Cottica. An seinen Ufern lagen ebenfalls größere und kleinere Zucker- und Kaffeepflanzungen, so daß man selten eine Viertelstunde fuhr, ohne an der einen oder anderen vorbeizukommen. Jetzt aber, nach 16 Jahren der Emanzipation, befinden sich am Cottica nur noch fünf Pflanzungen, die sich notdürftig erhalten haben; alle anderen sind verlassen.

Schon um drei Uhr des andern Morgens fuhren wir in die Cottica und landeten, als eben die Sonne aufging, an der Pflanzung Nieuw Levant, wo einer meiner Freunde Direkteur war. Auf dieser Pflanzung wurde in den ersten Jahrzehnten des vergangenen Jahrhunderts der erste Kaffee gepflanzt; sie war das Eigentum eines Grafen de Neale, der als Matrose Niels in die Kolonie gekommen war und sich in Preußen den Grafentitel gekauft hatte. Die Kaffeekultur nahm im Laufe der Jahre so zu, daß bis sechzehn Millionen Pfund jährlich ausgeführt wurden, verminderte sich aber dann von Jahr zu Jahr, bis sie im Jahr 1850 kaum noch eine Million Pfund betrag und im Jahr 1879 sogar zum eigenen Gebrauch der Kolonie Kaffee eingeführt werden mußte. Auf Nieuw Levant versah ich mich mit Bananen und setzte am zweiten Morgen meine Reise fort.

Gegen acht Uhr kamen wir an eine der schönsten Zuckerpflanzungen der Kolonie, Monnikendam, bei der ein Kreek in die Cottica mündet, an deren oberem Lauf ein Kanal von einer Stunde Länge bis ans Meer gegraben ist. Dort liegt der kleine Posten Brandwacht, wo ich in späteren Zeiten so oft von den Beschwerden einer kurzen aber lästigen Seereise mich erholte oder mich darauf vorbereitete.

Auf Monnikendam fallen zwei große aus Backsteinen in holländischem Stil gebaute Wohnhäuser besonders ins Auge, ebenso ein schön unterhaltenes Fabrikgebäude. Dies alles ist umgeben von Palmen, Brotfrucht, Orangen- und Tamarindenbäumen. Die Pflanzung zählte etwa 350 Neger und gehörte den Nachkommen eines Mannes, der sich wegen der bestialischen Grausamkeit gegen seine Sklaven eine traurige Berühmtheit in der Kolonie erworben hat.

Da der Seewind, der immer aus Osten, wo wir hin mußten, weht, sich noch nicht erhoben hatte und uns die Springflut begünstigte, so ging es rasch vorwärts. Die schlammigen Ufer waren dicht bebuscht, aber nur mit Gesträuch, Mangrobäumen und einer niedrigen Staude, die immer im Brackwasser wächst, glänzendgrüne, lederartige Blätter hat und Parva genannt wird. Ungeachtet wir etwa zwölf Stunden von der See entfernt waren, so war doch das Wasser trübe und kaum trinkbar. An einer der Parvastauden fand ich einige Dutzend Puppen des schönen Nachtschmetterlings Attacus hesperus L., dessen Raupen sich erst vor einigen Tagen eingesponnen hatten, ja teilweise noch in diesem Geschäft begriffen waren. Die Raupe ist grün, beinahe fingerlang und ebenso dick, hat rote, schwarz eingefaßte Querstreifen und kleine Dornknötchen, die aber nicht empfindlich stechen. Sie fressen viel, sind deshalb bald ausgewachsen und verpuppen sich frühzeitig. Das Kokon ist etwa zwei Zoll lang, drei Viertel Zoll breit und nankinfarbig. Die Seide davon ist stark und recht gut zu gebrauchen. Der Falter schlüpft nach drei Wochen aus, ist fünf Zoll breit und hat rundlich ausgeschweifte Ober- und Unterflügel. Die Grundfarbe ist rötlichbraun mit einem breiten Saum von weißen, schwarzen und gelben Punkten, die wieder mit olivenfarbenen Streifen eingefaßt sind. In jedem Flügel ist ein durchscheinend ovaler Flecken wie von Marienglas. Da die Staude, an welcher die Raupe vorkommt, überall an den Mündungen der Flüsse gedeiht und zwar soweit deren Wasser noch mit Salzteilen vermischt ist, so wäre die Kultur dieser Raupen, die drei bis viermal im Jahr erscheinen, behufs der Seidengewinnung gewiß von großem Nutzen.

Die beinahe ähnliche Raupe des Attacus Aurota T. hält sich auf Orangen, Spondias und noch andern Bäumen auf, kommt ebenfalls in großer Menge vor, erzeugt drei bis viermal im Jahr ganz dieselben Kokons, aus denen der gegen sieben Zoll breite Schmetterling schlüpft, der aber in der Form mehr dem ostindischen Atlas ähnelt.

Die obere Cottica macht bedeutende Krümmungen, die man in früheren Jahren durch Kanäle abgekürzt hat, es entstanden dadurch drei große Inseln, hinter denen Zucker und Kaffeepflanzungen liegen.

In dem Strauchwerk am Ufer trifft man häufig und in kleinen Scharen die den Elstern ähnlichen Smausenvögel, Crotophaga ani, schwarz, mit bläulichem Schimmer von Zweig zu Zweig hüpfend an. Sie sind nicht scheu, stoßen aber beim Anblick des Menschen einen gellenden Schrei aus. Nähert man sich dem Neste, das aus Reisern gemacht im Gebüsche steht und in dem eine Menge Weibchen gemeinschaftlich ihre Eier, manchmal ein paar Dutzend zusammen ausbrüten, so fangen diese ein ganz eigentümlich murmelndes Geplauder an, das man nicht unpassend mit dem lauten Gebet in einer Judenschule verglichen hat.

Die ziemlich großen Eier sind bläulich und mit einer weißen Kalkkruste überzogen, die aber so weich ist, daß durch die Zehen der brütenden Vögel Striche und Zeichnungen auf den Eiern entstehen, so daß die blaue Schale durchscheint. Der Vogel begleitet stets das weidende Vieh, dem er die Zecken und anderes Ungeziefer abliest. Jung gefangen wird er sehr zahm, hat aber einen widerlichen Geruch. Eine andere Art, Crotophaga major, größer, mit grünlichem Schimmer, kommt an denselben Plätzen, aber selten vor. Beide Arten bewegen beständig den Schwanz wie die Elster.

Ehe man an die „Tabbetjes" genannten Inseln kommt, zeigt sich auch längs dem Ufer die Mauritienpalme, die, je weiter man die Cottica hinauffährt, desto häufiger wird und zuletzt

138

die Pinapalme ganz verdrängt. Gegen die Mittagszeit kamen wir an die letzte Zuckerpflanzung La Paix, deren Direktor ich schon seit längerer Zeit kannte. An dieser Pflanzung, auf der etwa 120 Neger sind, mündet die Vreedenburgerkreek in den Fluß, von welchem ein gegrabener Kanal bis an die See führt. Der Militärposten Vreedenburg und das Piket Oranje liegen an demselben, ebenso zwei kleine Baumwollepflanzungen Harmonie und Zwarigheid.

Nach dem Essen fuhr ich mit dem Direktor nach dem Posten Vreedenburg; der Posten lag auf einer Sandritze und in einem großen Garten wurden mehrere Arten Gemüse gezogen. In einem Wasserloch daneben fand ich eine große Menge des so sonderbaren Rana paradoxa in allen Altersstufen, die ich sogleich mitnahm und in Spiritus aufbewahrt auf La Paix zurückließ. Obgleich die Soldaten hier an nichts Mangel litten, so war der Posten doch berüchtigt wegen der Menge von Muskiten, vor denen man sich schon bei Sonnenuntergang ins Haus zurückziehen mußte; hier mußte man, um von dem Ungeziefer verschont zu sein, im Rauch fast ersticken.

Noch am Abend fuhr ich bis Piket, dem letzten auf dem rechten Ufer des Cottica liegenden Militärposten, wo außer acht Soldaten, die aber später abgelöst wurden, auch der Posthalter der Aucaner Buschneger sich aufhielt. Die Pflicht dieses Beamten, dem einige Monate später ein acht Stunden aufwärts liegendes neu erbautes Häuschen zur Wohnung angewiesen wurde, bestand einzig und allein darin, den am Maroni und an der Cottica wohnenden Buschnegern Pässe auszustellen, womit sie nach Paramaribo gehen oder auf den Pflanzungen Bananen, Dram, Melisse gegen Holz eintauschen konnten.

Ich hatte von nun an nichts als einige Buschnegerdörfer zu passieren und um mit diesem anmaßenden Volke nicht in Unannehmlichkeiten zu kommen, hatte ich vom Gouvernement mir ein Schreiben an den Posthalter mitgeben lassen, um den Buschnegern den Zweck meiner Reise durch das Land, das sie als das ihrige betrachten und nach dem Maroni zu erläutern. Denn seit dem Frühjahr 1842, wo die militärischen Posten eingezogen wurden, hatte nie ein Weißer den Maroni, den obern Cottica und den Wanekreek mehr besucht; bloß Buschneger und manchmal Indianer befuhren diese Gewässer. Mehrere Korjalen mit Buschnegern, die von den Pflanzungen heimkehrten, befanden sich am Piket und einer dieser Neger, der sich Kapitän nannte, wollte durchaus nicht zugeben, daß ich den obern Fluß passiere, ehe ich von den weiter aufwärts liegenden Dorfoberhäuptern die Erlaubnis dazu habe.

Die zwei jüngeren Indianer waren durch das brutale Benehmen des Kerls so eingeschüchtert, daß sie wieder umkehren wollten. Es gelang mir aber, sie zu beschwichtigen, wozu Curieli und Greil das Ihrige beitrugen, und nachdem der Posthalter dem brutalen Kerl gedroht hatte, er werde bei der mindesten Schwierigkeit, die man mir machen würde, meine Reise fortzusetzen, keine Pässe mehr abgeben, fuhr er schimpfend von Piket ab, um womöglich noch vor mir in die oberen Dörfer zu kommen und die Neuigkeit mitzuteilen, daß ein Blanker, ohne ihre Erlaubnis dazu erfragt zu haben, durch ihr Land kommen werde.

Ehe ich nun das Land, das sie bewohnen und das sie, obwohl ohne alles Recht, als ihr Eigentum betrachten, betrete oder vielmehr befahre, will ich in möglichster Kürze dem Leser einiges über die Buschneger mitteilen, die gewissermaßen in der Kolonie eine Art Republik formieren, und ehe man ihnen ihre Freiheit gab, die Besitzer der Kolonie zu kostspieligen und meist nutzlosen Kriegen nötigten. Bereits als im Jahr 1667 die Engländer Surinam an Holland abgetreten hatten, hielten sich hier und da in den Waldungen kleine Horden weggelaufener Sklaven auf, an die sich, als 1712 die Franzosen Surinam überrumpelten, andere anschlossen, die mit ihren Herren in die Wälder hatten flüchten müssen, um den raubgierigen Händen der Franzosen sich zu entziehen. Diese Neger hatten nun im Inneren der Waldungen und an schwer zugänglichen Plätzen eigene Dörfer angelegt und lebten vom Ertrag ihrer Äcker, des Fischfangs und der Jagd, oder auch vom Raub auf den benachbarten Pflanzungen, mit deren Sklaven sie häufig in geheimem Einverständnis waren.

Das Weglaufen der Sklaven nahm, besonders wenn sie streng behandelt wurden, mit der Zeit so zu, daß sie die Existenz der Kolonie gefährdeten. Anstrengende und sehr kostspielige Kriegszüge mußten in die Waldungen und nach den Dörfern dieser Wegläufer unternommen werden. Eine Menge Negersklaven hatten dabei wochenlang den nötigen Proviant zu tragen und meist gelang es höchstens, die Dörfer der Wegläufer und ihre Kostäcker zu vernichten, auch wohl einiger von ihnen habhaft zu werden, während die Verjagten andere Pflanzungen überfielen und sich neue Dörfer anlegten. So dauerte dieser Zustand viele Jahre fort. Die Pflanzer sehnten sich nach Ruhe, und man beschloß, womöglich mit diesem Raubgesindel Frieden zu schließen, was denn auch nach einigen glücklich ausgefallenen Buschpatrouillen geschah. Sie wurden in drei Stämme geteilt; der erste und bedeutendste der Aukaner schloß im Jahre 1762 Frieden, ihnen folgte einige Jahre später der Stamm der Saramaccana am Surinam, und nach diesen die die Saramacca bewohnenden Becouund Musinganeger. Sie wurden zu jener Zeit auf etwa 6 000 Köpfe geschätzt, haben aber bedeutend abgenommen, so daß sie jetzt kaum die Hälfte betragen mögen. Zu ihrem festen Wohnplatze wurden ihnen die oberen Länder über den Wasserfällen der drei Flüsse Maroni, Surinam und Saramacca angewiesen und ihnen erlaubt, in gewisser Anzahl, wozu sie durch einen eigenen Beamten, der bei ihnen wohnte, einen Paß erhielten, die Stadt und die Pflanzungen zu besuchen, um da ihre Erzeugnisse als Reis, Erdnüsse usw. nebst den Produkten der Waldungen, Bau- und Möbelholz zu verkaufen. Je einmal in vier Jahren erhielten sie vom Gouvernement vertragsmäßig Geschenke wie Pulver, Gewehre, Gerätschaften, Leinwand und dergleichen.

Sie wählten aus ihrer Mitte ein Groß-Oberhaupt (Granmann) und mehrere sogenannte Kapitäns, die die Regierung als solche anerkannte, indem sie ihnen zum Zeichen ihrer Würde einen Stock mit silbernen Knopf und einen silbernen

Halskragen, beide mit dem holländischen Wappen, gab. Dagegen gaben sie aus ihrer Mitte einige Geiseln, die in Paramaribo wohnen mußten, und verpflichteten sich, keine neue Wegläufer mehr aufzunehmen, auch im Falle eines Aufruhrs der Kolonie beizustehen. So hörte dann dieses Wegläuferwesen auf, obgleich noch hier und da an der Seeküste auch im Inneren Wegläuferdörfer bestehen, deren Bewohner man in Ruhe läßt, so lange sie nicht durch Exzesse die Aufmerksamkeit auf sich ziehen.

Die Buschneger teilen sich, wie gesagt, in drei Stämme, die alle den Namen *bevreedigde boschneger* führen.

Die ältesten, die Aukaner, bewohnen die Ufer des Tapanahoni, eines Seitenflusses des Maroni; auch sind einige Niederlassungen im Sarakreek, der zwei Stunden oberhalb Victoria in den Surinam mündet. Da sie bei ihren Reisen vom Maroni die Flüsse Courmotibo und Cottica zu passieren haben, so hat ihnen das Gouvernement erlaubt, auch da sich anzusiedeln, um in den Waldungen Holz zu hauen und nach den Pflanzungen zum Verkaufe zu bringen.

Der zweite Stamm, die Saramaccaner, bewohnen den oberen Surinamfluß und mögen, da man ihre Dörfer weniger kennt, den Aukanern an Zahl gleichstehen. In früheren Jahren suchten die Herrnhuter Missionare das Christentum unter ihnen zu verbreiten, aber die Mission wurde plötzlich aufgegeben. Der dritte Stamm, dessen Zahl auf sechs bis siebenhundert Köpfe geschätzt wird, sind die Matuari oder Becu Musinganeger, die den oberen Saramaccafluß bewohnen. Mehrere von ihnen haben sich zum Christentum bekehrt.

Die Buschneger, meist von ganz schwarzer Farbe, unterscheiden sich von den Plantagennegern vorteilhaft durch einen kräftigeren Körperbau und haben brutalere Manieren. In ihren Dörfern gehen sie immer nackt mit einer um den Leib gehenden Binde, Kamis. In der Stadt aber haben sie kurze Wämschen von gedrucktem Baumwollenzeug an. In neuester Zeit müssen sie auch Hosen tragen und dürfen nicht mehr wie früher beinahe unbekleidet umhergehen. Ihre wolligen Haare binden sie in kleine Zöpfchen, die wie Hörnchen in die Höhe stehen. An den Arm- oder Fußknöcheln tragen sie Ringe von starkem Messing oder Eisen und an den Fingern eine Menge von Gardinenringen. Überdies sind bei den meisten Knöchel, Arme und Hals mit Fetischen, hier Obias genannt, behangen, die ihre besondere Bedeutung haben und sie vor bestimmten Unfällen schützen müssen. Auch Hunde bekommen derglei- chen, um das Wild besser jagen zu können.

Diese Obias werden aus allen möglichen Dingen zusam- mengestellt; Tigerzähne, Papageienfedern, Käferhörner und Schnecken werden mit Glasperlen und baumwollenen Schnü- ren verbunden und festgehalten. Oft tragen sie auch selbstge- schnitzte kleine hölzerne Puppen um den Hals, und je toller die Zusammenstellung ist, eine desto kräftigere Wirkung wird erhofft.

Beinahe jede Familie hat eine Pflanze vor ihrer Wohnung, die sie ehrt oder anbetet und sorgfältig verpflegt, um ihr Wachs- tum zu befördern. So fand ich bei den Buschnegern am oberen Maroni eine große, wohl vier Fuß hohe Tillandien, die überall mit langen Stacheln bedeckt ist, vor einigen Häusern in einem eigenen Gehege gepflanzt, und überwölbt von einer schönen rotblühenden Bauhinia. Die Hauptgottheit aber ist der Seiden- wollenbaum, bombax Ceiba, in dessen auslaufende Wurzeln sie ihrer Gottheit Speisen, Getränke und selbst Geld opfern.

Auf jedem Dorf sind mehrere Häuschen, wo die ihrem Fe- tischismus dienenden Geräte aufbewahrt werden. Niemand unternimmt eine Reise, ohne vorher eine Schildwache, „Kan- du“, vor das Haus gesetzt zu haben; dieser Kandu besteht meist aus dem Blütentross einer Palmenart, dem Horne einer Kuh, dem Stachel eines Rochen, einem Termitennest, einer mit dem Stiele in die Erde gesteckten Schaufel u. dgl., welche Stücke, an einem im Boden steckenden Stock befestigt, das Eigentum da, wo der Kandu steht, sichern soll. Fremde wer- den nie wagen, den dadurch bezauberten Platz zu betreten, denn jedermann glaubt fest an die Zauberkraft dieses aus den unbedeutendsten Dingen zusammengestellten Machwerks.

Ihre Priester sind die Lukumanns, Seher oder Ärzte, die aber nicht wie die Indianer mißtrauisch sind, sondern bei Krankheiten, gegen welche ihre inländischen Kräuter nicht helfen, ihre Zuflucht gerne zu den Europäern nehmen; die Buschneger scheuen bei gefährlichen Krankheiten selbst die weite Reise nach Paramaribo nicht, um sich im Hospital behandeln zu lassen.

Der Lukuman gibt auch seinen Rat bei der Verfertigung der Obias, und unter seiner Leitung werden geheimnisvolle Tänze ausgeführt, besonders aber gibt er seine Meinung bei Krankheiten ab, die man nicht begreifen konnte, und bei Todesfällen ohne vorhergehende Krankheit. Solche Sterbefälle werden meist dem einen oder anderen Feinde des Gestorbenen zur Last gelegt, er mag nun anwesend oder abwesend sein; der Angeklagte muß sich zu verteidigen wissen und wird oft, wenn er auch ganz schuldlos ist, durch den Haß oder die Eifersucht anderer verdammt, um auf scheußliche und qualvolle Weise sein Leben zu verlieren. Ihr Gottesdienst, wenn man ihn so nennen kann, ist der in Afrika noch bestehende Fetischismus. Sie haben einen Ober-Gott, den sie Gran Gado nennen, dem eine Menge Unter-Gottheiten, als Amucu, Waldgott, Toni, Wassergott, und Geister oder Dämonen als Adjutanten zur Ausführung seiner Befehle dienen. In ihrer Dämonologie kommen auch Vampire vor, die sie Asemans nennen und die bei Nacht den Menschen das Blut aussaugen.

Obgleich sie sich stets weigerten, Missionare unter sich aufzunehmen, so wurde, wenn sie in beständige nähere Berührung mit Weißen kämen, und besonders wenn diese durch ihr Betragen sich Achtung zu verschaffen wüßten, dieser Widerwillen doch wohl weichen. Ein rein intellektueller Unterricht, wie der der Herrnhuter, wird aber weniger Wurzel unter ihnen fassen als der katholische, dessen Bilder und Zeremonien ihren Gebräuchen äußerlich mehr analog sind.

Ihre Lebensweise ist von der der Indianer nicht sehr verschieden, und wenn sie weniger faul sind, so kommt es nur daher, daß sie mehr. Bedürfnisse als jene haben. Ihre Dörfer sind immer ganz in der Nähe des Flusses und meist auf Inseln angelegt, weil außer kleinen Jagd- und Waldwegen nirgends Wege bestehen und jeder Transport und jede Reise zu Wasser geschehen muß. Die Hütten in denselben sind ohne alle Ordnung dahin gebaut, wo es der Eigentümer für gut fand, viel niedriger und kleiner als die der Indianer, aber ziemlich fest und dauerhaft aus roh behauenen Pfosten und mit Palmblättern gedeckt.

Die eine Hälfte dieser Hütten, worin man nur gebückt stehen kann, ist auf drei Seiten offen und dient zur Küche und zum Aufenthalt über Tag. Die andere Hälfte aber ist mit Palmlatten getäfelt und dient als Schlafkabinett, wo die Familie teils in Hängematten, teils auf roh gemachten Pritschen schläft.

In diesem Schlafgemach, das meist nicht über zwölf Fuß lang und sechs Fuß breit ist, werden auch die Habseligkeiten in Kisten oder Körben aufbewahrt, während Kochgeschirr, Teller usw. immer sauber geputzt in der Küche aufgestellt sind. In den Hütten findet man keinerlei Möbel, außer kleinen neun Zoll hohen Schemeln, die die Männer meist aus Zederbrettchen verfertigen. Um die Hütten und in ihnen ist immer alles sauber geputzt und gefegt; die Buschneger zeichnen sich durch diese Reinlichkeit vorteilhaft vor den Indianern aus. Um ihre Häuser pflanzen sie gerne Fruchtbäume, besonders Orangen, auch Kaffee, wiewohl sie diesen nicht trinken, sondern verkaufen.

Die Bearbeitung der Kostäcker und deren Unterhalt ist wie bei den Indianern den Weibern überlassen; die Männer versehen bloß die schwerere Arbeit, fällen die Bäume und verbrennen sie.

Die Hauptnahrung ist Cassave oder Maniok, aus dem sie Brot bereiten, das aber viel schöner, feiner und weißer ist, als das der Indianer, weil diese sich nicht die Mühe geben, das geriebene Mehl klein zu stoßen und zum zweiten Mal zu sieben; außerdem die verschiedenen Arten der Yams-Wurzel (Dioscorea), die Taier (Arum) und hauptsächlich Reis, der an sumpfigen Stellen des obern Landes ausgezeichnet schön wächst und von dem sie denn auch etwas zum Verkauf nach der Stadt bringen.

Jagd und Fischerei sind sehr ergiebig. Zur ersteren haben sie Hunde, die sie von den Indianern eintauschen, die die waldigen Gebirge in der Nähe des Äquators bewohnen und mit denen sie in den Trockenzeiten in beständiger Verbindung stehen. Sie versehen jene Indianer mit Hauern, Beilen, Messern, Spiegeln, Perlen und dergleichen und verkaufen die dafür eingetauschten Hunde die auf wilde Schweine, Hirsche und Tapirs abgerichtet sind, auf den Pflanzungen für namhaftes Geld.

Überhaupt sind die Buschneger, wie alle Afrikaner, mehr Handelsleute als Produzenten und treiben den Landbau bloß aus Not. Was sie außer Reis und Erdnüssen, die sie selbst pflanzen, in der Kolonie noch sonst verkaufen, ist sehr wenig und beschränkt sich hauptsächlich auf Tonga-Bohnen (Dipterix odorata) und Schildkröten.

Ihr Haupterwerbszweig aber ist der Holzhandel, denn da die Voreltern der Aukaners als Sklaven den Holzhau auf den Holzgründen betrieben, so erlernten sie ihn von jenen und behielten eine Vorliebe für diese Beschäftigung. Sie fällen und behauen das Bauholz in den unterhalb der Wasserfälle gelegenen Waldungen und bringen es in sogenannten Kokrokos zum Verkaufe nach der Stadt und den Pflanzungen. Da die meisten Hölzer schwerer als das Wasser sind und in demselben sinken, so werden die Balken mittelst zweier Querhölzer, die über die Korjalen liegen, mit Lianen daran befestigt und auf diese Weise geflößt, wobei die Korjal also den Gewichtsunterschied des Holzes im Wasser trägt.

Da die Buschneger im Behauen des Holzes sehr erfahren sind, dasselbe sie nichts kostet, sie auch keine Abgaben zu bezahlen haben, so kann bei ihnen das Holz um vieles billiger gekauft werden, als die Holzgründe es liefern können. Sie sind also für diese bedeutende Konkurrenten. Für das erlöste Geld kaufen sie in den zahlreichen Läden der Stadt was sie für sich selbst und für ihren Handel mit den Indianern nötig haben. Dagegen auf den Pflanzungen Dram, Melasse, Zucker und Bananen. Diese Produkte verbrauchen sie teils selbst, teils treiben sie wieder damit Handel.

Ihre Staatswirtschaft ist ganz einfach; das Oberhaupt jedes Stammes wird wie bereits gesagt, *Granman* genannt. Unter ihm stehen verschiedene Kapitäns, die über die Dörfer „Loos" gesetzt sind. Die Würde des Granman ist in der Weise erblich, als (bei den Aucanern aus der Familie zweier Negerinnen Cato und Donna gewählt) nicht der Sohn des Granman, sondern der Sohn seiner Schwester sein Nachfolger wird, seine Kinder dagegen nicht das mindeste Vorrecht vor andern haben. Gesetze sind bei ihnen unbekannt. Über Zwiste, die unter ihnen entstehen, über jeden Vorfall in der Kolonie, den sie nicht begreifen, werden Palawers oder sogenannte Gruttus gehalten, zu welchen die Ältesten sich bei dem Oberhaupte versammeln, wo man um die Wette schreit und streitet und am Ende so weise nach Hause geht als man gekommen ist. Jede Familie lebt für sich und obgleich sie viel geselliger sind als die Indianer, so gibt es doch auch ganz kleine Dörfer von nur einigen Hütten.

Ihre Heiraten gehen ohne alle Zeremonie vor sich. Sind die Eltern und das Mädchen zufrieden, so ist die Sache abgemacht und die junge Frau zieht zu ihrem Manne. Die Mädchen können bereits im dreizehnten Jahre heiraten. Bis dahin gehen sie beinahe nackt. Vielweiberei ist gebräuchlich, nur wohnen diese Weiber nicht beisammen, sondern jede auf einem andern Dorf, so daß an eine eheliche Treue nicht zu denken ist, auch aus Eifersucht manchmal arge Händel vorfallen.

Eine Leiche bleibt gewöhnlich vier bis fünf Tage im Hause, ehe sie begraben wird, während welcher Zeit beständig Dram getrunken und geschossen wird. Stirbt ein Buschneger auf der Reise, so daß er nicht auf seinem Dorfe beerdigt werden kann, so wird ihm sein Kopfhaar abgeschnitten und dieses in seiner Heimat begraben. Als Zeichen der Trauer für einen Verstorbenen wird der Leib mit einem weißen Ton Pimba beschmiert, was auch bei gewissen Krankheiten gebräuchlich ist.

In ihrem Umgang sind sie gegenseitig sehr höflich und äffen überhaupt in allem die Weißen nach. Sie sind unter sich gastfrei; geht ein Buschneger in ein anderes Dorf, so findet er überall freie Kost und Wohnung; doch bestehlen und betrügen sie sich einander bei jeder Gelegenheit und sind eben so argwöhnisch gegen sich als gegen die Weißen. Auf ihren Dörfern haben sie so wenig wie die Indianer Gewicht Maß oder Münze. In der Kolonie wird ihnen ihr Holz nach dem allgemein üblichen rheinischen Fußmaß abgekauft. Man rechnet mit ihnen nach einem vor hundert Jahren in der Kolonie gebräuchlichen Münzfuß, dem Kartengeld, von welchem der Gulden 32 Cents galt; zehn solcher Gulden oder 3,20 Gulden machten eine biggi Kaarta, acht Cents aber, der vierte Teil eines solchen Guldens, einen Schilling. Es ist unter ihnen keiner, der auf Hundert zu zählen versteht; bei großen Rechnungen ist es äußerst schwierig, ihnen alles begreiflich zu machen und ihr Mißtrauen mag freilich manchmal nicht ungegründet sein.

Ihre Zeitbestimmungen gehen wie bei den Indianern nach Nächten. Fragt man, wie weit es von einem Patze nach dem andern sei, so erhält man stets die Antwort, man schläft eine, zwei, zehn oder mehr Nächte, ehe man dort ankommt. Da sie aber ihre Zeit so gering anschlagen, überdies oft unterwegs tagelang jagen, so kann man sich auf diese Zeitbestimmungen nicht verlassen; überhaupt ziehen sie ein Nomadenleben jedem geregelten Aufenthalt vor. So bleiben denn oft auch ihre Dörfer Monate und Jahre lang verlassen und sie haben in dieser Beziehung viel Ähnlichkeit mit den Indianern. Diese ihre schwärmende Lebensweise würde auch einem Missionar seinen Unterricht sehr erschweren.

Viertes Kapitel

Auch ich setzte meine Reise fort. Die Ufer der Cottica waren dichtbewaldet, aber da jetzt das reine schwarze Flußwasser vorherrschte, so waren Mangrove- und Parvabäume verschwunden und an ihrer Stelle trat die Mauritienpalme auf, die hauptsächlich die Ufer des oberen Cottica und des Courmotibo besäumt. Das Land ist überall niedrig und bis ins Wasser bewachsen; oft fand man am Ufer große Flächen von Zypergras, in dem schönblühende Nymphäen wachsen. An solchen Stellen halten sich, wie in einem weichen Bett, manchmal Kaimans und Boas auf. So machten mich, als ich einige Jahre später längs dem Ufer der Cottica fuhr, meine Indianer auf eine große Boa aufmerksam, die, von einem Fraße angeschwollen, sich ganz weich im Treibgras gebettet hatte. Ich schoss das hilflos liegende Tier, warf ihr eine Schlinge um den Hals und hieß in den Fluß hinausrudern. An einem trockenen Platze zogen wir sie ans Land. Ich schnitt ihr den Bauch auf, und obgleich sie bloß siebzehn Fuß lang war, so hatte sie doch ein großes Capybara (Wasserschwein) verschlungen, das wohl über einen Zentner schwer gewesen sein mochte. Ich wollte den Kopf dieses Capybara abschneiden, um den Schädel zu präparieren, aber der entsetzliche Gestank machte es mir unmöglich. Mit Verwunderung sah ich, daß der Magensaft der Schlange die Knochen des Schädels schon mürbe gemacht hatte. Wie lange das Reptil braucht, um solch einen ansehnlichen Fraß ganz zu verdauen, weiß ich nicht; ich denke einige Wochen. Aber während derselben muß, da ja alle Organe mächtig wirken müssen, um die festeren Massen eines so großen Tieres in Brei zu verwandeln, die Schlange ganz untätig liegen und sie zieht wahrscheinlich zu ihrem Verdauungsprozeß das Wasser vor, wo sie vom Feinde nichts zu fürchten hat.

Wir mochten wohl vier Stunden gefahren sein, als wir am ersten Buschnegerdorf vorbeikamen; elenden kleinen Hütten auf einem niedrigen sandigen Ufer. Sämtliche Bewohner waren an den Fluß gekommen als sie die Ruderschläge hörten und luden mich ein, ans Land zu kommen, worauf ich zur Antwort gab, daß ich keine Zeit habe und weiter fuhr. Gegen Mittag passierten wir ein größeres Dorf Landweri, wo einst der bedeutende Militärposten „s'Landswelvaren" war, von dem Stedman in seinem Werke spricht. In großen Buchten und Krümmungen lief die Cottica bis hierher beinahe ganz parallel mit der Seeküste, von hier an aber macht sie einen langen Bogen nach Süden und Westen, um dann eine beinahe südliche Richtung beizubehalten. Auf ihrem nördlichen Ufer münden drei schöne große Kreeken in sie ein, die ihren Ursprung in den Savannen haben, die zwischen dem Meeresufer, der Cottica und dem Courmotibo bis auf kurzen Abstand vom Maroni sich hinziehen. Auf jedem Dorf wurde ich angerufen, aber überall gab ich dieselbe Antwort und fuhr weiter.

Gegen fünf Uhr Abends kamen wir an den Zusammenfluß der beinahe gleich großen Courmttibo in die Cottica. Es ist ein wunderschöner Anblick. Der breite, ruhige, tief schwarze Wasserspiegel zeigt wie eine Camera obscura die Landschaft der beiden Ufer in der größten Klarheit. In der Courmotibo sieht man malerisch schöne Gruppen der Mauritia mit ihren gewaltigen Rispen brauner zierlicher Früchte, in der Cottica aber die dunkeln hohen Waldungen. Dieser Fluß kommt in großen Krümmungen aus Süden und Südwesten und entsteht wie der Commowini aus dem Abfluß der Auosoberge, die an ihrer Westseite in ein hügeliges Terrain übergehen und zwischen denen eine Menge Kreeken fließen, die vereinigt die Cottica Commowini und Courmotibo bilden.

Wir fuhren den Courmotibo eine halbe Stunde aufwärts und schlugen unser Nachtlager auf der längst verlassenen Pflanzung Jerusalem auf, wo nur noch zwei eiserne Zuckermühlen übrig sind, ein Beweis, wie weit hinauf die Pflanzungen reichten. Hier war das Land schon höher, sandig, aber von früheren Gebäuden war keine Spur mehr zu sehen. Bloß ein alter Mangobaum breitete seine mächtigen Äste über uns aus.

Da es schönes helles Wetter war, stießen wir Pfähle in den Boden, hingen unsere Hängematten im Kreise um ein großes Feuer auf und kochten aus sechs großen Papageien, die die Indianer unterwegs geschossen hatten, einen kräftigen Reis. Als weiteres Wild hatten die Indianer noch einen Kaiman, dessen Schwanz und Füße sie abkochten und in der Pfeffersauce verzehrten. Aliabali schlief mit seinem Weibchen im Boote, wo man unter der Zeltdecke leicht eine Hängematte aufhängen konnte. Er sollte uns wecken für den Fall, daß Buschneger uns aufsuchen oder belästigen würden. Es kam aber niemand und wir hörten die ganze Nacht nichts anderes als das Gequake der Frösche und das Geschrei der Eulen.

Am Morgen nach eingenommenem Kaffee brachen wir zeitig auf, denn Curieli und Gren, die die Reise schon mehrere Male gemacht hatten, hofften am Abend noch in den Wanekreek zu kommen. Man ruderte also rüstig fort, bis wir gegen zehn Uhr und ziemlich nahe bei uns einen starken Schuß hörten und keine halbe Stunde später einen Neger auf uns zukommen sahen der in seinem Korjal neben einem toten Jagdhund einen großen Tiger liegen hatte. Das furchtbare Tier war eben erst geschossen, nachdem es den Hund des Negers getötet hatte. Der Tiger war nach seiner Gewohnheit auf einen Baum geklettert und ein einziger Schuß ins Herz hatte ihm den Garaus gemacht.

Ich kaufte das prachtvolle Tier um wenig Geld, mußte mich aber sogleich daran machen, es abzuziehen, weil der Neger das Fleisch mitnehmen wollte, was mich verwunderte, da weder Busch- noch Plantagenneger Tigerfleisch, Dagru meti (Böses Fleisch), essen. Bald war das Tier abgezogen; der Neger behielt die zwei Hinterfüße, während ich die Vorderfüße auf dem letzten Dorf an seine Frau abgeben sollte. Das Fleisch sah sehr appetitlich aus, und da ich schon mehrere Male Jaguarfleisch gegessen und es immer sehr wohlschmeckend gefunden hatte, so schnitt ich, da ich Nierenbraten, den wir leider in Surinam, weil keine Kälber geschlachtet werden, nie haben konnten, sehr liebe, die Nieren mit einem großen Stück Fleisch, umgeben vom schönsten Fette, heraus, wusch sie säuberlich und setzte sie in eine Lauge mit Zitronensaft und Wasser, um sie am Abend zu verspeisen.

Gegen drei Uhr Abends kamen wir auf das letzte Dorf im Courmotibo, Mungo oder Berg, das auf einem etwa vierzig Fuß hohen Hügel erbaut ist. Dieser besteht aus roten eisenhaltigen Konglomeraten, die hier klein waren, aber in einem dahinter liegenden viel höheren Hügel, den ich mehrere Jahre später bestieg, in großen Blöcken zu Tage traten. Wir hatten unterwegs nur wenige Buschneger gesehen, hier aber war eine Menge versammelt, denn noch etwa 200 Schritte vom Dorfe entfernt hörten wir ihr Johlen und Geschrei. Ich wußte, daß sich hier der Kapitän der im Cottica und Courmotibo sich aufhaltenden Buschneger befand, und um allen Unannehmlichkeiten vorzubeugen, wollte ich diesem meinen Besuch abstatten. Ich betrat das Land und fand auch sogleich den brutalen Kerl von gestern, welcher mir eine Hütte zeigte, worin drei Männer auf ihren Stühlchen saßen; ich hatte die Ehre in dem einen den Kapitän der Cottica Kwassi Doi kennen zu lernen. Er hatte einen alten Schlafrock an und seinen silbernen Halskragen um, war aber im übrigen ohne Hemd und Beinkleider. Man brachte mir ein Stühlchen, das aber etwas niedriger war als das seinige und mich sogleich an *l'honneur du tabouret* erinnerte, dessen mich der gute Kerl würdig erachtete. Ich mußte nun erzählen, was mich herführe und was ich eigentlich am Maroni, der ihnen gehöre, zu tun habe, worauf ich den Zweck meiner Reise, nämlich Pflanzen und Schmetterlinge zu suchen, wie es Doktor H. den sie alle kannten, getan habe, auseinandersetzte.

Als ich ihnen sagte, daß ich auch nach dem verlassenen Posten Armina zu gehen beabsichtigte, lächelte der Kapitän auf unbeschreiblich pfiffige Weise, denn der Gedanke stieg in ihm auf, daß mich der Gouverneur sende, um zu untersuchen, ob oder wie jener vor drei Jahren verlassene Posten wieder aufzubauen sei. Das Abbrechen dieses Postens hatten die Buschneger nie gerne gesehen, weil sie weit entfernt dessen

Besatzung zu fürchten, die Soldaten gewissermaßen als ihre Geiseln betrachteten. So hatten sie oft das Gouvernement gebeten, den Posten Armina wieder aufzubauen. Ich war nun in ihren Augen eine wichtigere Person, als mein bescheidenes Äußeres erwarten ließ. Eine Pulle (Krug) Dram, den ich dem Kapitän verehrte, wurde mit Dank angenommen und man ließ mich in Frieden ziehen.

Die Courmotibo kann, wenn die Flut günstig ist, von der Mündung bis zum Wanekreek in acht Stunden befahren werden. Sie ist voll Krümmungen und führt meist durch hohes, aber nicht hügeliges Land. An ihren Ufern findet sich viel Vanille, die in langen Girlanden sich von Baum zu Baum schlingt, auch steht man hie und da Copaivabäume. Es sind an ihr vier Buschnegerdörfer, die aber häufig leer stehen, weil ihre Bewohner meist Bauholz schlagen, und dieses nebst Sparren oder Brandholz auf den Pflanzungen verkaufen. Auf der Westseite des Kreek sind Sandsavannen.

Kaum fünf Minuten über dem Dorfe Mungo mündet der aus Osten kommende Wanekreek in den Courmotibo, der aus dem Süden kommt, aber wegen der Menge übereinander gefallener Bäume mit Ruderbooten nicht weiter befahren werden kann. Die Indianer hatten anhaltend gerudert und waren müde. Wir schlugen deshalb an der ersten höheren Uferstelle im Wanekreek unser Lager auf und bald loderte ein lustiges Feuer.

Die Indianer hatten einen großen steinalten Kapuzineraffen geschossen, den sie nicht abzogen, sondern brühten. Als die Eingeweide herausgenommen und er gewaschen war, setzten sie ihn auf einem Stock ans Feuer, weil auf demselben meine Bratpfanne stand, in der der Nierenbraten brodelte, an dem ich weder Butter noch Zwiebel gespart hatte. Der Affe sollte einstweilen in der Nähe des Feuers etwas mürbe werden, bis er dann, wenn mein Braten fertig wäre, ebenfalls gekocht werden sollte. Das bleichgelbe Tier mit seinen menschenähnlichen Gliedern sah bei dem flackernden Feuer ganz scheußlich aus und hätte jedem andern als mir den Appetit verderben können.

Endlich war der Nierenbraten fertig und sauber auf einem Teller angerichtet, und ich erhob die Hände zum lecker bereiteten Mahl. Aber der erste Bissen, den ich vom Nieren abschnitt und in den Mund steckte, roch so entsetzlich nach Katzenpisse, daß ich ihn zum Gaudium der Indianer sofort ausspuckte und den ganzen Braten ins Wasser warf. Den ganzen Abend hatte ich den abscheulichen Geschmack im Mund und allen Appetit zu etwas anderem verloren. Seit dieser Zeit habe ich nie wieder Tigerfleisch versucht, obgleich es ohne allen Beigeschmack und wenigstens eben so gut wie surinamisches Rindfleisch ist.

Am Morgen setzten wir unsere Reise fort, der Kreek war tief aber voll von Gesträuchen und umgefallenen Bäumen; wir hatten das Zeltdach abgenommen und die Pagaien[1] wurden statt der Riemen gebraucht. Curieli steuerte und langsam fuhren wir zwischen den mit Orchideen. Tillandsien und Aroideen beladenen Bäumen und Gesträuchen hindurch, als ich an einem Zweig den größten und prachtvollsten aller Riesenfalter, den Morpho Hecuba, noch ganz weich, aber vollkommen ausgewachsen an seiner Puppenhülse sitzen sah. Mein Entzücken zu beschreiben ist unmöglich und könnte nicht großer gewesen sein, wenn man mir eine Tonne Gold geschenkt hätte.

Ich ließ augenblicklich halten, reichte dem Insekt den Finger, an den es sich anklammerte und hielt es so wohl eine Stunde lang, bis es vollkommen erstarkt war und ich es töten und aufbewahren konnte. Zum ersten Male fing ich diesen wunderschönen Falter, der bei zehn Zoll groß werden kann. Mehrmals und selbst im Umkreis der Stadt hatte ich denselben gesehen, aber immer 20 bis 30 Fuß hoch stattlich und langsam durch die Luft fliegend, so daß man nicht daran denken konnte, ihn mit dem Netz zu fangen. Jetzt hatte ich ihn mit leichter Mühe und noch dazu ganz unverdorben.

---

[1] Paddel (Red.).

Bei meinen späteren Reisen fing ich diesen Falter oft, stets in diesem Kreek, aber nie anders als zu Ende April oder Anfangs Mai. Immer richtete ich es so ein, daß ich in den Morgen- oder Abendstunden diesen nur zwei Stunden langen Teil des Kreek zu passieren hatte, wo der Schmetterling auf niedrigem Gesträuch am Ufer sitzt, während er, so lange die Sonne hoch am Himmel steht, in den obern Regionen herumsegelt. Alle meine Indianer mußten nach ihm aussehen, und derjenige welcher einen unverdorbenen entdeckte, erhielt eine Belohnung aus einer Flasche Melasse oder selbst Dram bestehend. In einer kleinen Korjal, die bei der geringsten Bewegung rechts oder links umzuschlagen droht, ist der Schmetterlingsfang nicht leicht, besonders wenn der Falter so hoch sitzt, daß man aufstehen und nach ihm schlagen muß, doch entschlüpfte mir selten einer, denn schlug ich auch fehl oder flog er weg ehe ich ihm nahe genug war, so pagaite man ihm nach bis dahin, wo er sich wieder setzte. Kamen wir dann bis etwa fünfzig Fuß in seine Nähe, so wurde so lautlos pagait, daß man eine Maus hätte gehen hören. Da ich nur immer hinten am Steuer saß, so wurde rasch die Korjal gedreht und von der Vorderseite gesteuert, so daß ich nun an der Spitze saß und den Schlag so am besten führen konnte.

Zu meinen Reisen hatte ich häufig dieselben Burschen, und diese waren denn auch meist so eingeschult, daß sie von selbst wußten, was sie zu tun hatten. Nur einmal in späteren Jahren spielte mir einer einen schlimmen Streich. Ich bemerkte ganz nahe, und nur vier Fuß über dem Kreek, eine ganz unverdorbene Hecuba von ungewöhnlicher Größe. Während ich aber nach meinem Netz griff um sie zu fangen, hatte Airuali, einer meiner Burschen, der Versuchung nicht widerstehen können, hier seine Geschicklichkeit zu zeigen. Er packte den prachtvollen Falter mit den Fingern und riß ihm auch richtig zwei große Stücke aus den Hinterflügeln. Es war der größte Riesenfalter, den ich je gesehen habe, über elf Zoll groß. Man muß Schmetterlingsfreund sein, um zu begreifen, welchen Genuß man hat, solche wunderschöne Falter selbst zu fangen, und welchen Ärger, wenn man so sicher weiß, ihn unbeschädigt bekommen zu können, und ihn nun so zerfetzt erhält. Allgemeines Gelächter der Indianer machte mich nur noch böser. Die Raupe des Morpho Hecuba ist mir nie zu Gesicht gekommen. Wie ich gelesen habe, wird dieser Schmetterling in Brasilien mit feinem Vogeldunst geschossen, was ich gerne glaube.

Einen ganz ähnlichen nur viel kleineren Morpho, Metellus, zog ich, als ich mich auf Albina angesiedelt hatte, häufig aus Raupen. Der Falter ist fünf bis sieben Zoll groß, hat beinahe dieselbe Oberseite wie die Hecuba, die Unterseite ist aber einfacher, bräunlichschwarz mit dunkeln Bändern, und einigen Augen. Er fliegt beinahe ebenso hoch und ist deshalb im Fluge nicht zu fangen. Die Lebensart der Raupen ist die sonderbarste, die mir je vorgekommen ist. Sie leben dicht an einander gedrängt an den lederartigen, harschen, hellgrünen, bloß anderthalb Zoll langen Blättern, eines Schlingstrauches, einer Anone, mit olivengroßen gelben Früchten. Diese Pflanze nimmt in der Nähe von Albina am Ufer große Flächen ein und reckt ihre Zweige nach allen Richtungen aus; die Raupen haben schon seit ihrer frühesten Jugend, bis da wo sie erwachsen, eine Länge von vier Zollen erreichen, ganz dieselbe Farbe und Zeichnung, purpurfarben mit hellgelben Flecken und Punkten und rotbraunen Haaren. Einige Tage vor ihrer Verpuppung werden sie grünlichgelb, laufen einzeln umher, und verwandeln sich in eine grüne Puppe, die am Schwanze hängt, und in 14 Tagen sich in den Falter verwandelt. Diese Raupen sind nun eine wahre Geduldsprobe für den der sie zum ersten Mal aufzieht und ihre Eigenheiten noch nicht kennt, denn sie bedürfen in der Freiheit wie in der Gefangenschaft volle drei Monate, ehe sie sich verpuppen.

Den ganzen Tag und die ganze Nacht ruht die Raupe dicht neben der andern, an einem oder mehreren Blättern, so daß sie manchmal einen ganzen Klumpen bilden, und weder bei Sonnenschein oder Regengüssen sieht man die mindeste Bewegung an ihnen. Erst am Morgen nach sieben Uhr kommt einiges Leben in den Klumpen; die Raupen kriechen an den Stielen herauf oder herunter, stets einen Faden spinnend und fressen nun die einzelnen Blätter mit solchem Geräusch, daß man sie auf mehrere Schritte Abstand hören kann. Aber dieses Mahl dauert nur eine halbe Stunde, worauf sie wieder den Rückzug antreten, und in derselben Ordnung wie sie es verlassen, an demselben welken Blatte sich wieder festsetzen. Die wenige Nahrung, welche sie zu sich nehmen, und die viele Seide, welche sie zu ihren Zügen spinnen müssen, ist die Ursache ihres so langsamen Wachstums. Auch die Schmetterlinge haben das besondere, daß Männchen und Weibchen eigentlich bloß durch die Dicke des Leibes zu unterscheiden sind, denn aus derselben Brut Raupen kommen Männchen und auch Weibchen mit gelben Oberflügeln, ebenso wie mit stahlblauen, die zu dem Irrtum Anleitung geben, daß man aus dem Metellus zwei verschiedene Arten gemacht hat. Als ich die Lebensart dieser Raupen kennen lernte, ließ ich sie ganz ruhig an ihrem Blatt sitzen, sah bloß von Zeit zu Zeit nach ihnen und sperrte sie, als sie ihre Größe erreicht hatten, ins Raupenhaus. Obgleich ich sie manchmal mit den Händen ohne allen Schaden von ihren Blättern losmachte, so ist es doch nicht ratsam, sie mit bloßen Händen anzugreifen, denn mein Neffe bekam, als er mit den Händen ein Nest abgenommen und heimgetragen hatte, eine solche Geschwulst in der rechten Hand, daß er sie mehrere Tage zu nichts gebrauchen konnte.

Vom Courmotibo bis zu dem Negerkreek, etwas mehr als zwei Stunden, kommt der Kreek, der ziemlich tief, und ohne bedeutende Krümmungen ist, aus Nordosten. Das südliche Ufer ist hügelig, mit dichtem Hochwald bewachsen; das nördliche aber ein ungeheurer bewaldeter Sumpf; die Bäume sind bedeckt, mit Orchideen, Farnen und Afumsarten, und das Fahrwasser ist stellenweise so breit, daß man die Ruderstangen gebrauchen könnte, wenn nicht überall so viele umgefallene Bäume im Wege lägen. Bei dem Negerkreek, der aus dem Süden kommt, und dem Teil des Wane, den wir jetzt zu befahren hatten, und der eigentlich nichts ist als ein Komplex verschiedener durch Sümpfe mit einander in Verbindung stehender Kreeken, die einen Wasserweg nach dem Maroni bilden, kommt man plötzlich in ein niederes mit Gesträuch und Mocco Mocco, (Caladium arborescens) bewachsenes Land, durch das eine so enge, sich vielfach windende, teilweise mit Nymphäen und Binsen bewachsene Wasserstraße führt, daß die Korjal oft auf beiden Seiten anstreift, und man sich flach in dieselbe legen muß, um unter den Zweigen durchzukommen.

Aus diesem Gewirre kommt man in ein Savannenland, das nun mit kurzen Unterbrechungen bis auf zwei Stunden Abstand vom Maroni sich erstreckt. Dieses Savannenland ist in der Regenzeit überschwemmt und wechselt mit Hochwald ab. Der Kreek selbst ist stellenweise über 20 Fuß breit und es wachsen in ihm eine Menge Nymphäen, deren schöne weiße Blumen über Tag geschlossen sind und sich nur bei Nacht entfalten. In jeder dieser Blumen findet man oft ein Dutzend Blumenkäfer (Cetonia), die sich von den Pistillen der Blumen nähren. Sie sind lichtbraun mit purpurrotem Thorax und von der Größe der Brachkäfer. Der Hinterleib wird von den Indianern gegessen. Durch die Blume, in der sie leben, haben sie einen angenehmen Geruch; aber ihr Geschmack ist fade.

Man fährt stundenlang durch Sümpfe, die an der einen Seite durch Hochland, an der andern durch verkrüppelte staudenartige Bäume begrenzt werden. Bietet auch der Wanekreek besonders da, wo er sich in weite Teichstrecken ausbreitet, den unvergeßlichen Anblick der üppigsten tropischen Natur, so hat er leider so viele Plätze, wo auch der eifrigste Naturfreund sich langweilt. Man irrt, wenn man in der tropischen Vegetation sich alles schön und erhaben vorstellt. Leider hat der Wanekreek viele Stellen, die auch nicht das mindeste Schöne, sondern nur Unangenehmes bieten. Teilweise sind diese Wasserwege bewachsen mit knorrigem, dicht ineinander verschlungenem Gesträuch, aus dem massenhaft dürre abgestorbene Bäume hervorragen. Viele von diesen sind umgestürzt und hemmen den Kreek in seinem Lauf. Andere, im Umfallen begriffen, blieben in den Lianen hängen, die sich von andern Bäumen herüberschlingen. Unrat aller Art ist da angeschwemmt, wo die ins Wasser gefallenen Bäume den Kreek versperren. Trockene Palmblätter, Mauritienfrüchte, dürre Zweige müssen erst aus dem Wege geräumt werden, ehe man mit der Axt hantieren kann. Bei jedem Schlag fallen von den trockenen Bäumen, Termiten, Ameisen und anderes Ungeziefer ins Boot, das sich dann wieder an die Insassen desselben retiriert, sticht und beißt, je nachdem es eben bei Laune ist, so daß, sobald solche Stellen passiert sind, man nichts Eiligeres zu tun hat, als ein Bad zu nehmen, um sich den Staub und das Ungeziefer vom Leib zu waschen.

Ehe man in die eigentlichen Mauritiensavannen kommt, findet man eine Stelle, wo mit dem schwarzen Wasser des Kreek, das im Glas eine leicht bräunliche Farbe zeigt, ein kristallhelles sich vermischt, das wahrscheinlich aus einer Quelle kommt, die in den Savannen entsteht. Die Indianer nennen diese Stelle Tabiaia Krekrek.

Eine kleine halbe Stunde weiter kommt man in die Savannenregion. Der Kreek, welcher jetzt ohne alle Krümmung recht aus Osten kommt, ist bloß fünf bis sechs Fuß breit, hat an der Südseite teils Wald, teils Sümpfe, an der Nordseite aber dehnen sich stundenlange und stundenbreite Savannen, bedeckt mit falbem Gras aus: Diese Savannen sind zwar in den großen Regenzeiten überschwemmt, sonst aber trocken, und Tausende von Stücken Rindvieh würden hier eine gute Weide finden. Waldungen von Mauritienpalmen bilden den Hintergrund, und wie auf den Savannen von Mauritsburg, kommen hier auch höher liegende Stellen vor, die oasenartig kleine Lusthaine von Amyris, Awaras, Helicouien u. dgl. bilden. Der Kreek selbst ist besäumt mit kleinen Sträuchern Melastomen, Cephaelis und einem Tabak, der in schönen blauen Glocken blüht. Auf diesen Savannen sieht man zur Zeit ihrer Überschwemmung viele weiße und graue Reiher, die fünf Fuß hoch sind und neugierig ihre Hälse über das Gras emporstrecken, wenn sie die Ruderschläge der Vorbeifahrenden hören.[1] Gegen Mittag kamen wir in einen Wald beinahe ausschließlich aus Pinapalmen und Manibäumen bestehend, der so dicht war. daß kein Sonnenstrahl aufs Wasser der Kreek fiel. Alles war hier totenstill, nur manchmal sah man aus hohlen Bäumen eine Stachelratte herauskommen und uns neugierig ansehen, oder auf den Zweigen einen Galbula oder den noch langweiligeren Trogon sitzen, und am Stamme der Baume ein Agama (Eidechse) oder ein Phasma (Gottesanbeterin), das mit sei-

---

[1] Die Mauritienpalme, Mauritia flexuosa, ist die in Guyana am häufigsten vorkommende Palme, da sie sowohl im Küstenland als im Inneren große Flächen bedeckt und da Waldungen bildet, wo Sandniederungen und Striche sind, die einen großen Teil des Jahres vom Regenwasser überschwemmt bleiben. In See- oder Brackwasser kommt sie nicht vor. Sie ist die höchste der surinamischem Palmen und erreicht manchmal die Höhe von 100 Fuß und darüber, bei einer Dicke von 18 bis 20 Zoll. Etwa ein Dutzend Blätter, die sich am Ende des Stieles fächerartig ausbreiten und 15–18 Fuß lang sind, zieren ihren Gipfel. Der Fruchttross oder die Traube ist sechs Fuß lang und so schwer, daß zwei Männer ihn kaum tragen können. Zwei bis drei solcher Trosse hangen zugleich am Baume und jeder enthält über 100 Früchte von der Grösse eines kleinen Apfels, glänzend braun und zierlich wie ein kleiner noch nicht offener Tannenzapfen geformt. Sie enthalten einen ungenießbaren Kern, umgeben von einem unschmackhaften dünnen rötlichen Fleisch, das die Indianer, wenn sie nichts anderes haben, essen. Ehe die Blütentrosse sich öffnen, gibt der Baum, wenn man ihn anbohrt, eine Menge süßen Wassers, aus dem Zucker und Branntwein bereitet werden kann. Von größerer Wichtigkeit ist er aber den Indianern dadurch, daß die jungen noch nicht ganz entwickelten Blätter ihnen das Material zu ihnen Hängematten liefern, in deren Verfertigung die Arowaken-Weiber besonders geschickt sind. Aus dem Mark der Blattstiele werden kleine Latten geschnitten; mit Bromelienflachs zusammengebunden, geben sie sehr leichte und zweckmässige Segel. Wird der Baum gefällt, so legen in die dabei entstandenen Löcher große Rüsselkäfer, Curculio palmarum, Eier hinein, und es entstehen daraus nach etwa einem Monat die so delikaten Palmwürmer. Um die Mauritien-Bäume ist es beinahe immer sumpfig, und in den grössten Trockenzeiten darf man kaum einen Fuß tief graben, um Wasser zu finden. Dieses Wasser ist wie die Sümpfe, in denen die Palme wächst, rötlich und wie das der Mineralquellen mit einem eigentümlichen Schlamm gefüllt. Wer solche Moräste zu durchwaten hat, ist dadurch beinahe ebenso gefärbt wie ein Indianer. Die Farbe lässt sich nicht ohne Mühe wieder abwaschen.

nen ausgestreckten Füssen kaum von einem Reise zu unterscheiden war. Das Land, bisher stets ein Sumpf, wird jetzt auf
beiden Seiten höher, der Kreek seichter und im Oktober und
November ist die ganze Strecke trocken.

Ein großer Teil dieses Kreeks, der zwischen hohem Lande schnurgerade nach Ost und West läuft, scheint durch
die Buschneger gegraben zu sein, ein Beweis, welch große
Wichtigkeit diese sonst so faulen Kerls auf die Verbindung
mit dem Maroni legten. Hier findet man wieder jene kurz-
stämmigen Palmen, die ich an der obern Para in der Nähe
des Holzgrundes Berlin fand, sie werden um so häufiger je
mehr man sich der Wasserscheide nähert. Auch der Kreek, der
über Sandboden läuft, wird um so seichter, und während das
Wasser mit großer Schnelligkeit nach Westen lief, mußte man
das Boot lange Strecken weit über den Sand ziehen und oft
an gar zu seichten Stellen aus Pinablättern einen Damm her-
stellen, wodurch das Wasser innerhalb desselben rasch stieg
und man so wieder eine Strecke weiter fahren konnte. Unter
dieser so anstrengenden Arbeit war es Abend geworden, und
wir schlugen in einem scheinbar bequemen Kampe, welchen
Buschneger errichtet hatten, unser Nachtlager auf. Die Hütte
war wohl schon einige Jahre alt, schien aber ganz solid und
war groß genug für uns alle. Ich hing meine Hängematte in
der Mitte, die Indianer die ihrigen um mich herum auf, und
so schliefen wir ganz ruhig und fest, bis gegen Mitternacht die
morschen von den Termiten zerfressenen Stützen durch die
Last so vieler Menschen brachen, und die ganze Hütte über
uns zusammenbrach. Glücklicherweise entsteht beim Zusam-
mensturz solcher Häuser nicht leicht ein Unglück und die
darunter Begrabenen konnten sich ohne Hilfe anderer her-
vorarbeiten. Aber während dies geschah, hatten die trockenen
Blätter an den noch klimmenden Kohlen Feuer gefangen, und
rasch stand die ganze Geschichte in Brand. Kaum konnten wir
unsere Hängematten retten. Mein Slibbigroßi (Schlaftuch)
wurde ein Raub der Flammen. Beim Schein der brennenden
Hütte knüpften wir unsere Hängematten an den Bäumen auf

und lachten über das Abenteuer, denn wir hatten keinen Regen zu fürchten, weil der herrlichste Sternhimmel sich über uns wölbte.

Mehrfach hatte ich auf meinen Reisen dasselbe Abenteuer, das nur dann unangenehm wird, wenn es regnet und man in der Nacht kein anderes Obdach finden kann. Da man wegen der Menge umgefallener Bäume bei Nacht nicht in dem Wanekreek fahren kann, so sucht man sich gegen fünf Uhr abends eine Stelle aus, wo man die Nacht zubringen will. Steht nun eine Hütte aus früheren Zeiten, so wird diese benützt. An den Bau einer neuen, die immerhin eine Stunde Arbeit erfordert, machen sich die Indianer nicht gerne, weil sie nach der Tagesarbeit sich ebenfalls nach Ruhe sehnen und überhaupt gerne im Freien schlafen. Ich mußte oft halbe Nächte lang im Regen ohne Dach und Schutz zubringen, und zwar an Stellen, wo auch nicht ein Span trockenes Holz zu finden war, um Kaffee zu kochen. Mit gar leichter Mühe hätte ich dieses Labsal mir in einer kleinen Kaffeemaschine mit Alkohol bereiten können, aber ich versäumte stets, mir eine solche zu kaufen, die doch so wenig gekostet hätte. Erst in späteren Jahren sorgte ich etwas mehr für meine Bequemlichkeit, schaffte mir ein wollenes Hemd fürs Regenwetter an und nahm ein fünf Meter langes, vier Meter breites geöltes Tuch mit, das ich bei Regenwetter im Walde aufspannte und unter welchem ich meine Hängematte aufhing. Regnete es, so kamen die Indianer, Schutz unter meinem Dach zu suchen, bis der Regen nachgelassen hatte und sie sich wieder in ihre durchnäßten Hängematten legen konnten. Brach der Tag an, so mußte einer der Bevorzugten Wasser im kupfernen Kesselchen für mich ans Feuer stellen, worein ich meinen Kaffee schüttete. Inzwischen wurde das Boot geladen und wir fuhren ab. Vom Kaffee bekam jeder seinen Teil.

So war es denn auch jetzt und wir kamen gegen acht Uhr an die Wasserscheide, wo aus einem Sumpfe des südlichen Ufers des Kreek das schwarze kalte Waldwasser mit gleicher Schnelligkeit nach Ost und West, hier dem Maroni, dort dem

Stromgebiet des Surinam zueilte. Diese Wasserscheide ist im höchsten Falle ungefähr vier Stunden in gerader Linie vom Maroni und fünf von der Meeresküste entfernt, während der gerade Abstand vom Surinamfluß etwa 24 Stunden betragen mag. Die Höhe des Kreeks mag an dieser Stelle, wenn man den teilweise raschen Lauf des Wassers nach dem Maroni berücksichtigt, bei Flutzeit 30 bis 40 Fuß über dem Meeresspiegel betragen.

Ganz in der Nähe von Capassi Masango, wie man die Wasserscheide nennt, wollte ich das Boot, das man noch immer über den Sand ziehen mußte, an einem kleinen Baum, der über dieselbe hing, vorbeischieben. Ich faßte mit der rechten Hand einen kaum armdicken Zweig, um ihn in die Höhe zu drücken, erhielt aber von einer Spinne, die ich dabei erfaßte, einen so furchtbaren Biß, daß ich laut aufschrie und wohl drei Stunden lang in den heftigsten Schmerzen lag. Hand und Arm blieben bis an den Abend geschwollen.

Wenige hundert Schritte von der Wasserscheide floß der Kreek wieder durch eine schöne Savanne von Mauritienpalmen. Auf einer derselben in deren Stamm ein großes Loch war, saß ein großer gelb und blauer Ara, während ein anderer aus dem Loch kroch. Als wir aber näher kamen, flogen sie schreiend auf eine andere Palme. Da meine Indianer Junge im Nest vermuteten, so eilten sie mit den Äxten dahin und fällten den Baum, fanden aber nichts als die Reste von zwei weißen Eiern die durch den Fall zerbrochen waren. Aras und andere Papageien halten sich in Menge in diesen Savannen auf und verführen ein mörderisches Geschrei, so lange man an ihnen vorbeifährt. So ging es teils durch Savannen, teils durch Gebüsch und mit hohem nahrhaftem Grase bewachsene Strecken, bis wir gegen drei Uhr an eine Reihe von kleinen Teichen kamen, die zwischen Mauritiensavannen und Mocco Mocco an der einen Seite und prächtigem Hochwalde an der andern bei einer Breite von 100 bis 150 Fußen sich in den wunderlichsten Krümmungen zwei Stunden lang fortziehen. Das Wasser ist beinahe ohne Strömung, 25 bis 30 Fuß tief, schwarz und ruhig und spiegelt seine Ufer wunderschön zurück. Am Saum der Teiche sieht man große Strecken von Wasserpflanzen mit gelb, weiß und violett blühenden Blümchen und stellenweise sind die Gesträuche überwuchert mit einer Art Orchideen, von denen man Bootsladungen hätte sammeln können. Sie standen in schönster Blüte und verbreiteten den lieblichsten Geruch, während diese Art am obern Surinam, wo sie nicht am Wasser, sondern in den Sandsavannen massenhaft stehen, erst im August blühen. Man kommt durch sieben solcher Teiche, die durch Dickichte von Mocco Mocco von einander getrennt sind, bis man durch ein breites, schönes Wasser, wieder durch Gebüsch in einen Hochwald einbiegt, worin man bis zum Maroni fortfährt.

Es war schon über fünf Uhr als wir an diesem Walde ankamen. Etliche eingefallene Hütten standen am Ufer. Man nennt diesen Platz Mocco-Mocco-Kamp. Es ist ein schmaler aber langer Strich hohen Landes und die Indianer des Maroni kommen oft hierher, um die Rinde des Kweepibaumes zu holen, aus der sie Kohlen brennen, die zerstoßen, gesiebt und mit dem Ton vermischt werden, aus dem sie ihre porösen Wasserkrüge verfertigen.

Wir hatten nach der Versicherung Curielis noch beinahe zwei Stunden nach dem Maroni und einzelne Fledermäuse schwirrten schon einher, aber Curieli hatte sich in den Kopf gesetzt, noch heut in den Maroni zu kommen und so wagten wir denn die in der Nacht gefährliche Fahrt.

Das Land an beiden Seiten war niedrig und meist überschwemmter Wald, der Kreek selbst bloß fünf bis sechs Fuß breit und wiewohl das Wasser vorher, so lange es noch Tag war, keine allzu bedeutende Strömung hatte, so war dieselbe um so stärker, je mehr man sich der Mündung näherte. Auch erweiterte sich der Kreek und als es nun vollends dunkel wurde, war die Strömung so stark, daß zwei Indianer mit den Pagaien zu steuern hatten, während zwei andere an der Spitze des Bootes verhüten mußten, daß das Boot nicht an einen der vielen Baumstämme stieß, die in dem Kreek lagen oder über dieselbe gefallen waren, wodurch es unfehlbar zerschellt oder gesunken wäre. Die zwei Mulattenjungen, die in der kleinen Korjal allein fuhren, heulten um die Wette, und man mußte mehrere Male auf sie warten. So ging es wohl drei Viertel Stunden lang mit rasender Geschwindigkeit und in stockfinsterer Nacht den Kreek hinab, bis wir auf einmal in weniger rasches Wasser kamen, verursacht durch den Einfluß der Flut in dem Maroni. Wir fühlten einen frischen Luftzug und fuhren durch die kaum bemerkbare Mündung in den Maroni ein. Da es Flut war, so ankerten wir in der Bucht einer Sandbank, zündeten ein lustiges Feuer an und badeten uns in den frischen Wellen des schönen Stromes. Das herrlichste Wetter begünstigte uns. Wir breiteten unsere Hängematten auf der Sandbank aus und betteten uns weich ums Feuer herum.

Nach einer Abwesenheit von vier Jahren sah ich am folgenden Morgen den Fluß, von der aufgehenden Sonne prächtig beleuchtet vor mir: Scharen von Aras und Papageien flogen je zwei und zwei vom holländischen nach dem französischen Ufer, denn diese Vögel lieben ihre Mahlzeiten erst dann einzunehmen, wenn sie ihren Appetit durch einen langen Flug gesteigert haben. Viele Hunderte dieser Vögel fliegen jeden Morgen fröhlich plaudernd über den Strom, um am Abend wieder heimzukehren. Aber so viele es auch sein mögen, stets fliegen sie paarweise; selten sieht man drei, und wenn je, so muß der einzelne Vogel ein Witwer oder eine Witwe sein, die sich ihrer Familie anschließen.

Von allen Vögeln ist gewiß keine Gattung glücklicher, als die der Papageien. Scharfe Krallen und ein gewaltiger Schnabel halten selbst größere Raubvögel von ihm ab; Palmen oder die andern Früchte, von denen er lebt, reifen das ganze Jahr; mit Nesterbau gibt er sich nicht ab – der Specht ist sein Zimmermann. Da das Weibchen stets zwei Eier legt, woraus ein Männchen und Weibchen kommt, so ist die Ehe schon bei der Geburt abgeschlossen. Dabei ist der Papagei stets munter und aufgeräumt, trauliches Gespräch und Gesang geht ihm über alles.

Hinter meinem Wohnhause auf Albina am Saume des Waldes stand ein hoher Seidenwollebaum (Bombyx ceiba), Jahre lang der abendliche Versammlungsplatz für Hunderte von Papageien der Gattung menstruus und aestivus, die, wenn es am Abend geregnet hatte, auf dem Baum eine höllisches Spektakel verführten. Ich richtete manchmal, da der Baum über alle anderen hervorragte, um das eigentümliche Treiben dieser Vögel zu sehen, mein Fernrohr auf sie, und sah sie alsdann so nahe, als könnte ich sie mit der Hand ergreifen. Keiner von den Hunderten, die auf den Baum niedergeflogen waren, saß still; einige kletterten, sich stets mit den Klauen und dem Schnabel festhaltend, auf die äußersten Zweige, schüttelten ihre Flügel und erhoben ein Freudengeschrei; andere liefen auf den Ästen umher, breiteten den Schwanz aus, machten rote Augen und zeigten auf jede Weise ihre gute Stimmung, oder hatten sie den linken Fuß erhoben, um sich den Kopf zu kratzen, welche bei den Papageien so sehr beliebte Funktion zuweilen auch ein Freund aus Gefälligkeit übernahm – kurz alles war Frieden und Lust, kein Zank wie bei den Hühnern oder Tauben.

Ihre Anhänglichkeit an den Menschen ist bekannt, ebenso ihre Abneigung gegen gewisse Personen. Wir hatten in späteren Jahren auf Albina einen äußerst zahmen Papagei (Psittacus menstruus), den wir selbst aufgezogen hatten und der frei umhergehen und -fliegen konnte. Er war gegen jedermann zutraulich, kam aber ein kleines Mädchen von zwei Jahren, das Kind eines meiner Württemberger ans Haus, so war der Vogel ganz ausgelassen vor Freude, er lief um das Kind herum, sang, sprach und pfiff, was er konnte und suchte auf alle Art seine Freude auszudrücken und dem Kinde zu schmeicheln, das aber den närrischen Vogel fürchtete und manchmal weinend weglief.

Als gegen neun Uhr die Ebbe eintrat und mein Boot von der schmutzigen Fahrt gereinigt war, fuhren wir den Fluß hinab nach dem Dorfe des Oberhauptes der Karaiben am Maroni, Christian. Auf halbem Wege dahin begegnete uns eine große

Korjal voll Karaiben, die mit einem mächtigen Segel aus Mauritienbast mit gutem Winde nach dem Wanekreek fuhren, um Kwepirinde zu holen. Man strich augenblicklich das Segel, ich teilte einen Schnaps aus, während meine Indianer mit Tapana und Casiri bewirtet wurden, und nach freundlichem Gruß und dem Versprechen, in drei Tagen wieder zurückzukommen, fuhren die Karaiben, die alle auf dem Dorfe Christians zu Hause waren, weiter.

Gegen elf Uhr kamen wir am Dorfe an. Als ich noch Korporal war, lag dasselbe auf einer sandigen Anhöhe im Walde, wohl fünfhundert Schritte vom Ufer ab. Über einen großen Kreek, der sich bei jeder Flut füllte und mit jeder Ebbe entleerte, lagen zwei mächtige Bäume, die eine ziemlich gute Brücke gaben.

Hinter dem Dorf selbst, das von Wald umgeben war, setzte sich die sandige Anhöhe mehrere Stunden lang in westlicher Richtung fort und faßte so die Süßwassersümpfe ein, die sich beinahe fünf Stunden weit längs der See nach Westen zogen. Jetzt war dieses Dorf unmittelbar am Fluß selbst aufgebaut, und ein wohl 80 Fuß langes und 25 Fuß breites Haus war zum Tanzlokal bestimmt. Dieses Haus war ein Prachtstück indianischer Baukunst. Im Giebel war es etwa zwanzig Fuß hoch, an den Seiten sieben, während das Dach sich bis auf fünf Fuß zum Boden herabzog. Pfosten und Stangen waren alle schön glatt und ohne Rinde, die Enden mit Schnitzereien versehen und mit Rocou bemalt; das Dach war mit zusammengeflochtenen Pinablättern gedeckt. Die Lianen, welche das Gebälk und die Pfosten zusammenhielten, waren alle bemalt und große schwere aus Zedernblöcken verfertigte Bänke, deren Spitzen Käfer- oder Kaimannsköpfe darstellten, waren das einzige Mobiliar dieses Tanzhauses, das keine Bühne hatte und zu dem außer Lianen keinerlei Bindemittel verwandt war, so daß an dem ganzen Hause auch nicht ein Nagel oder Stiftchen sich befand.

Ich habe im Eingang dieser Schrift mich über das Leben und die Verhältnisse der freien Bevölkerung und der Negersklaven ausgesprochen, auch eine zweite Menschenklasse, die sozusagen einen Staat im Staate bildet, mit kurzen Worten beschrieben, und gehe nun zu einem Volke über, unter dem ich später viele Jahre lebte und mit dem ich täglich in Berührung kam. Ich meine die Ureinwohner Guyanas, die Indianer. Im Andenken an die vielen Dienste, welche sie mir leisteten, bin ich trotz der vielen Fehler, welche sie meist im Umgang mit den Europäern angenommen haben, ihnen herzlich zugetan, ja ich fühle zuweilen ein wahres Heimweh nach ihnen.

Zahllose Stämme, die noch zum Teil und zu ihrem Glück nie mit Europäern in Berührung gekommen sind, bewohnen die ungeheuren Wildnisse Guyanas und es wird schwierig sein, ihre Anzahl auch nur annähernd zu bestimmen. Obgleich sie feste Wohnplätze haben und Ackerbau treiben, so verlassen sie dieselben oft aus Aberglauben oder Laune und siedeln sich anderswo an. Gewöhnlich sind ihre Dörfer nicht groß und übersteigen selten zwanzig Familien. Ja oft wohnt eine oder zwei Familien ganz allein an einem von andern weit entfernten Ort. Sie erwählen sich ein Oberhaupt im Dorf, das nach Umständen auch eine Frau sein kann, lieben aber kein gemeinsames Wirken, und es handelt jeder für sich selbst. Sie sind beinahe alle Heiden. Bloß spanische und portugiesische Priester besuchen zuweilen die Dörfer, welche an den Zuflüssen des Rio Negro und Orinoko liegen.

Vor hundert Jahren beschäftigten auch die moravischen Brüder auf den Missionsorten Oreala und Semira am Correntin und Saron am Saramacca sich mit ihrer Bekehrung. Auch Missionare des Jesuitenordens bereisten vor 200 Jahren das Innere, und ihrem Eifer verdankt man die erste Kunde von den Indianerstammen des französischen Guyana, sowie eine für jene Zeit vortreffliche Karte des Landes, welches sie durchzogen hatten.

In Surinam befinden sich nur drei Stämme, die im Ganzen auf 1 000 Individuen geschätzt werden, doch ist diese Angabe sehr unsicher, wahrscheinlich sind es mehr. Der bedeutendste dieser Stämme, der in früherer Zeit sich auch auf den Antillen ausgebreitet hatte, ist der Stamm der Karaiben; er ist jedenfalls der ansehnlichste in Guyana. Sie bewohnen hauptsächlich den Maroni, die Coppename und den Correntin, während die Arowaken kleine Dörfer am oberen Surinam, dem Commowini, der Saramacca und mit einem befreundeten Stamm den Warauns den obern Nikerie und die Maratakka innehaben. Doch wechseln sie, wie oben gesagt, oft ihre Wohnsitze.

Die Karaibische Sprache ist von der der Arowaken gänzlich verschieden. Während jene harte Gurgellaute hat, ist diese mehr weich und klagend, beinahe wie der Charakter, der beim Karaiben mehr kühn und herzhaft, beim Arowaken mehr sanft und feig ist. Diejenigen, welche ich nun besuchte, gehören wie die meisten den Maroni bewohnenden Indianer zum Stamm der Karaiben. Das Dorf des alten Christian mochte im ganzen beinahe 100 Seelen zählen und war bei weitem das größte Dorf, das ich je besucht habe. Er selbst war über 70 Jahre alt, denn er sagte mir, daß zur Zeit, als die Kolonie an die Engländer übergeben wurde, er schon Kinder von zehn bis zwölf Jahren gehabt habe; auch hatte er von verschiedenen Weibern wohl zwölf Kinder, seine jetzige Frau aber konnte kaum 22 Jahre alt sein. Er stand bei den Indianern als Piai oder Zauberer in großem Ansehen und wurde, wenn jemand gefährlich krank war, nach den entferntesten Dörfern geholt.

Ich hatte mehrere Male die Gelegenheit, seine Beschwörungen in bester Form zu sehen.

Da Unabhängigkeit ein Hauptzug im Charakter der Karaiben ist, so ziehen sie es vor, ihre Dörfer in Gegenden anzulegen, die nicht zu nahe bei den Niederlassungen der Europäer liegen. Sie wählen für ihre Wohnungen meist hochgelegene sandige Stellen, entweder an Flüssen selbst oder in der Nähe derselben. Wie die Hütten der Buschneger, so stehen auch die ihrigen ohne alle Symmetrie in die Kreuz und Quer, und es ist bei der Anlage ihrer Dörfer, wenn sie auch die vorteilhafteste Lage haben, nicht der mindeste Sinn für Schönheit oder Ordnung zu bemerken. Obgleich sie zu ihren Häusern dasselbe Material, nämlich junge Bäume, Palmblätter und Lianen gebrauchen, so sind sie doch viel größer und weniger fest als die der Buschneger und ist die Errichtung derselben eine einfache und bald beendigte Arbeit.

Zwei oder auch drei bis vier etwa acht Zoll dicke Pfosten von geradem hartem Holze werden so weit in die Erde eingegraben, als die Hütte lang werden soll. Sie sind zwölf bis 15 Fuß hoch und tragen eine Querstange, die so lang ist als das Haus und zum Tragen des Firstes bestimmt ist. Drei bis vier andere Pfosten, mit den mittleren parallel laufend und sechs bis acht Fuß von denselben entfernt, werden nun auf beiden Seiten eingegraben, so daß sie etwa vier Fuß hoch sind. Auch auf sie kommt eine Querstange; von ihr aus werden nun leichte gleich lange Sparren auf der mittleren oder der Firststange befestigt. Damit ist das Gerippe des Hauses fertig. Von allen Pfosten, Stangen und Latten ist die Rinde sauber abgeschält, so daß sich so wenig als möglich Ungeziefer dahinter einnisten kann, und alle sind aufs genaueste mit Lianen befestigt und unter sich verbunden. Zum Dach werden entweder die Blätter der Pinapalme (Euterpe) oder der Parulu, einer großen Heliconie, verwendet.

Diese letzteren sind wie die Bananenblätter etwa sieben Fuß lang und zwei Fuß breit, aber etwas stärker und steifer und schlitzen nicht so leicht wie diese. Das Dach oder die Decke dazu wird nun auf folgende Weise verfertigt. Eine Fläche von der Größe des Daches wird vollständig von Wurzeln, Gras oder Gesträuch gereinigt, und auf sie werden jene Heliconienblätter nebeneinander gelegt, nachdem sie zuvor in der Mitte zusammengelegt sind oder die Mittelrippe aus einander getrennt ist. Wird so Rippe an Rippe gelegt, so entsteht ein Stück von der Breite der Blatteslänge und der Höhe, die das Dach haben soll, das nun mit Stangen beschwert wird, so daß die Blätter möglichst stark auf den Boden gedrückt werden. Innerhalb einiger Tage welken die Blätter, werden weniger steif und ihre schöne grüne Farbe geht allmählich in eine gelbliche über. Jetzt werden die einzelnen Blätter mittelst anderer Lianen an einander gereiht und zwar auf beiden Enden und in der Mitte. Das ganze Stück wird nun zusammengerollt und das eine Ende am First befestigt; so entrollt bedeckt das Stück die eine Seite des Daches bis auf zwei bis drei Fuß vom Boden. Es werden nun so viele dieser Stücke verfertigt als die Länge des Hauses erfordert. An das erste wird das zweite, und zwar etwas über jenes gelegt, damit der Regen nicht durchdringen kann. Sind beide Seiten des Daches fertig, so wird mit künstlich zusammengeflochtenen Palmblättern der Giebel bedeckt und das Haus ist zum Bewohnen fertig. So leicht diese Dächer sind, so undurchdringlich sind sie für den Regen Eine solche Hütte ist zwei bis drei Jahre in gutem Zustand und wenn sie dem Winde nicht zu sehr ausgesetzt ist noch länger.

Fleißige Indianer pflegen, besonders an Plätzen, wo Muskiten sind, auch noch ein Schlafgemach zu bauen. Die Seitenpfosten sind dann etwa sieben Fuß hoch vom Boden, die Stangen werden dicker genommen und mehrere Querstangen der Breite nach über jene gelegt. Auf diese kommt nun ein Fußboden von sogenannten Palisaden oder Palmlatten. Die Giebelseiten werden sorgfältig mit einem Flechtwerk aus Palmblättern verschlossen und nur auf einer Seite wird eine Öffnung, welche zur Türe dient, gelassen. Diese wird des Nachts mit einer ebenfalls aus Palmblättern geflochtenen Decke verschlossen. Zu diesem Schlafzimmer führt eine Treppe, welche aus einem Baumstamme roh gearbeitet ist.

Der Indianer hat jederzeit, wo er auch sein mag, ein Feuerchen unter der Hängematte, und das darf denn auch auf dieser Bühne nicht fehlen. Der Palmlattenboden wird zu diesem Zweck mit alten Scherben bedeckt, auf diese wird etwas Erde geschüttet und darauf das Feuer angemacht. Es ist in der Tat unbegreiflich, daß nicht mehr Brandfälle entstehen. Am frühen Morgen, dann mit Tagesanbruch, verläßt der Indianer seine Hängematte, um sich im Fluß zu baden, reinigen die Weiber die Hütte, backen Brot und kochen das Mahl. Die Männer gehen hierauf auf die Jagd, den Fischfang oder machen Körbe, und bekümmern sich nicht im mindesten um die Haushaltung. Auch die Kinder sind sich immer selbst überlassen: die Knaben lernen spielend von den Vätern, Fische und anderes kleines Wild zu schießen, Körbe und Pagals[1] zu flechten; kleine Mädchen aber helfen der Mutter in der Haushaltung, holen Holz, bereiten Brot oder machen Wasserkrüge, so daß sie sich zeitig an die Dienstbarkeit gewöhnen, die bei den meisten wilden Völkern hauptsächlich die Frauen trifft. Die Bebauung der Felder oder Kostäcker ist ebenfalls wie bei den Buschnegern den Weibern überlassen. Die Männer fällen zwar beim Anfang der Trockenzeit die Bäume mit der Axt, die Weiber aber müssen mit dem Hauer das kleinere Gesträuch abhauen. Nachdem nun alles in vier bis sechs Wochen gut ausgetrocknet ist, steckt man das gefallene an der Windseite in Brand. Was nicht verbrennt, wird in kleinere Stücke gehauen, auf Haufen gelegt und wieder in Brand gesteckt, und auf diese Weise so lange fortgefahren, bis man einen hinlänglichen Platz zur Anpflanzung der Cassavestöcke hat. Auf einem solchen Acker sind bei weitem nicht alle Bäume verbrannt, sehr viele liegen noch Kreuz und Quer, gerade wie sie gefallen sind, und es ist deshalb eine Promenade in einem indianischen Acker etwas sehr ermüdendes, weil man bald über Bäume klettern, bald unter denselben durchkriechen muß. Beim Anfang der Regenzeit im November wird der Acker mit Cassave oder Maniok bepflanzt. Die knotigen Zweige dieses Strauches werden in vier bis fünf Zoll lange Stücke zerbrochen und zwei bis drei derselben in einem Dreieck und auf etwa sechs Zoll Abstand in die zu diesem Zweck aufgegrabene Erde gesteckt. Je drei Fuß von einander werden wieder andere gesteckt, und so fort bis der Acker bepflanzt ist. Wenn ich in späteren Jahren Maniok pflanzte, so wurden die Stecklinge nach der Schnur gesteckt, so daß auf einen Acker von 43 560 Quadratfuß 4 840 Pflanzen à drei Stecklinge kamen, von denen eine mittelmäßige Ernte 14 520 Pfund Wurzeln, oder ca. 4 500 Pfund Cassavemehl ergab, d. h. die vegetabilische jährliche Nahrung für acht Personen à 1 ½ Pfund per Tag.

---

[1] Größere, viereckige (Vorrats-)Körbe (Red.).

Der Indianer pflanzt aber nicht auf diese Weise, sondern zieht zugleich Yams, Pataten, Bananen, Ananas und Pfeffer – alles durcheinander und ohne die mindeste Ordnung. Wird ein solcher Acker nicht fleißig gejätet, so wird das Wachstum der Nutzpflanzen sehr beeinträchtigt. Das Unterhalten dieser Felder so wie die Ernte der Wurzeln, die nach neun Monaten reif sind, ist keine geringe Arbeit, und ich habe manchmal gesehen, daß eine Frau allein ein Gewicht von achtzig Pfund Wurzeln auf manchmal recht schlechten Wegen nach Hause schleppte. Zum Tragen haben die Weiber einen aus der Rinde einer Arundinacee verfertigten zwei Fuß hohen und anderthalb Fuß weiten Korb, der an einem starken Band aus dem Bast des Barklak Baumes, einer Lecythisart gedreht ist.

Während nun der Korb auf dem Rücken hängt, ist das Band an der Stirne befestigt, die dann auch das meiste Gewicht zu tragen hat. Außer dem Unterhalt des Kostackers und der Haushaltung sind die Karaibinnen sehr geschickt in der Verfertigung von Wasserkrügen und Hängematten. Zu ersteren findet man den bläulichen oder rötlichen fetten Ton an verschiedenen Stellen am Maroni. Diesen Ton, gut durchgeknetet und von allen Unreinlichkeiten gesäubert, wird mit dem Pulver der zu Kohlen verbrannten Rinde des Kwepibaumes vermischt und dann mit den Händen so lange durchgearbeitet, bis sich die Kohle gleichmäßig mit dem Ton vermischt hat. Die Werkzeuge zu dieser Töpferarbeit sind sehr einfach und bestehen bloß aus einem Brettchen, worauf das zu Verfertigende gestellt wird, und einigen Stücken Kalebassen, zu Löffel oder Spaten geschnitten, zum Glätten der Töpfe oder Schüsseln. Der Ton wird zu feinen, langen Würstchen ausgerollt, und damit auf dem Brettchen ein runder Boden geformt, an dem diese Würstchen angeklebt und so in der Runde mit dem Spatel bearbeitet werden, bis der Krug allmählig enger und mit einem Henkel oder Rand geschlossen wird. Geübte Frauen verstehen diese Krüge ohne alle Form so hübsch rund und gleichmässig zu machen, daß ein Töpfer auf der Drehscheibe sie kaum besser machen würde. Ist die Arbeit so weit fertig, so stellt man sie an einen luftigen Ort, um sie austrocknen zu lassen. Sind die Gefäße trocken genug, so werden sie mit einem roten jaspisartigen Stein, der im Roraimagebirge gefunden wird, gerieben und poliert, dann wird ein Feuer mit Baumrinde in einem Kreise um eine gewisse Anzahl dieser Krüge und Schüsseln angemacht und sie auf diese Weise gebrannt. Sollen sie zierlich sein und ins Auge fallen, so werden sie mit dem Saft eines Käfers bemalt, der eine dauernde braune Farbe abgibt. Diese Krüge sind in der ganzen Kolonie im Gebrauch; sie sind etwas porös und schwitzen beständig. Das Wasser erhält sich in ihnen sehr kühl.

Eine andere wichtige Beschäftigung der Frauen ist die Verfertigung von Hängematten aus Baumwolle, die sie teils selbst ziehen, teils von Plantagennegern einhandeln und aus der Hand recht hübsch zu Garn zu spinnen wissen. Oft sah ich Indianerfrauen mitten in der Nacht, wenn sie nicht schlafen konnten, ihre Spindel nehmen und in der Hängematte sitzend aus einem Ballen Baumwolle, den sie unter dem Arme hatten, Fäden ziehen und spinnen. Die Spindel ist nichts als ein einen Fuß langes, dünnes, rundes, aus Palmholz geschnitztes Stöckchen, dem eine zwei Zoll im Diameter haltende runde Scheibe, aus einer alten Kalebasse verfertigt, als Wirtel dient. Der Webstuhl, auf dem die Hängematte gemacht wird, wenn die Frau genug Baumwolle gesponnen hat, ist äußerst einfach. An zwei aufrecht stehenden Pfosten sind zwei andere runde so weit auseinander befestigt, als die halbe Länge der Hängematte, die etwa fünf Fuß lang und beinahe ebenso breit ist, beträgt. Um diese zwei Querhölzer wird der Zettel gewunden, die Fäden so dicht als möglich nebeneinander, und so breit als die Hängematte werden soll. Je um den andern Faden sind Fäden befestigt, die beim Weben den Zettel in die Höhe ziehen. Der Eintrag ist auf einen Knäuel gewunden und wird, während der Zettel in die Höhe gehoben oder hinunter gedrückt wird, der Länge nach durchgeschoben und dann vermittelst eines aus starkem Holze verfertigten Lineales, das die Stelle des Weberblattes vertritt, festgeschlagen. Dass diese so

174

primitive Art zu weben die Arbeit nicht sehr fördert, ist leicht begreiflich, und es gibt wenige Frauen, die sechs Zoll täglich abarbeiteten.

Gewöhnlich ist das Weben einer Hängematte die Arbeit mehrerer Monate und wird eine solche durch die Buschneger gerne mit 25 bis 30 Gulden bezahlt, da sie sehr fest und warm sind. Nur wenige Weiber sind so fleißig, ihre Männer mit einer solchen zu versehen; deshalb haben die meisten Indianer Hängematten aus den Blättern der Mauritienpalme.

Die Arbeit der Männer besteht außer der Jagd und Fischerei im Verfertigen von viereckigen Körben, Pagals oder Pagaras genannt. Sie werden aus der Rinde einer Arundinacee Warimbo, gemacht und dienen zur Aufbewahrung der Kleider und besseren Habseligkeiten. Die Rinde dieser Pflanze wird in sechs Fuß lange drei Millimeter breite Streifen geschlitzt, abgeschabt und teilweise gelb und schwarz gefärbt. Diese Streifen werden fest in einander geschlungen und so entstehen viereckige Körbe, die, da sie doppelt geflochten sind, beim stärksten Regen kein Wasser durchlassen. Solche Körbe, Pagara, sind in der ganzen Kolonie in Gebrauch, und dienen zum Transport des Leibweißzeuges und der Hängematten. Sie sind deshalb mit den Wasserkrügen der Hauptandelsartikel der Indianer nach der Stadt und den Pflanzungen. Ausser Körben (Kurikuri) zum Aufbewahren von Krabben, Maniokwurzeln etc. verfertigen die Männer noch ihre Bogen, Pfeile, Pagais und Korjalen, und man ist erstaunt, wie sie trotz ihrer unvollkommenen Werkzeuge diese Arbeiten nett und behend verrichten.

Die Bogen werden aus sechs Fuß langen Stücken eines sehr harten elastischen Holzes, Letter (brosimum) oder Konadeppi geschnitzt. Sie haben in der Mitte etwa 1 ½ Zoll Durchmesser, sind halbrund und laufen allmählich spitz zu. Die meist etwas schlaffe Bogensehne ist aus Bromelienflachs gedreht. Die etwa vier Fuß langen Pfeile werden aus einer Art Schilfrohr gemacht, das auf hohem Lande in verschiedenen Teilen der Kolonie wächst. Man nennt es Camarva. An dem einen

Ende sind zwei durchgeschlitzte Federfahnen von Papagaien-Schwanzfedern, um den Flug zu regeln, vier Zoll hoch an den Seiten angebracht. Das Ende des Pfeiles, das auf der Bogensehne aufgesetzt wird, ist mit Bromelienflachs stark zugedreht, um das schwache Rohr stärker gegen die Eindrücke der Bogensehne zu machen; am andern Ende steckt die etwa ein und einen halben Fuß lange, aus hartem Holz gemachte Spitze. Pfeilspitzen für größere Fische sind von Eisen und werden von den Indianern meist aus alten Reifen mittelst einer Feile gemacht. Sie haben zwei Widerhaken und werden Tokosi genannt (ebenso heisst auch der Kolibri in der Karaibensprache.) Diese Tokosis bindet man an der hölzernen Verlängerung der Spitze mit Bromelienflachs fest und bestreicht sie mit einer Pechart, Mani, dem Harze des Mani-Baumes (Symfonia coccinea). Pfeile für größeres Wild, Tiger, Tapirs, Hirsche und wilde Schweine, sind ebenfalls von Eisen, aber stärker, während die Pfeile für Vögel und kleinere Fische verschiedene auseinanderlaufende Spitzen von Palmholz haben.

Die Pfeile, welche mit den Spitzen beinahe so lang als der Bogen sind; werden mit demselben in einer Hand getragen, während das Jagdmesser im Gürtel steckt. Auf der Jagd gehen die Indianer so geräuschlos, daß man sie kaum hört; ihr Gehör und Geruch sind so fein, daß sie beim geringsten Geräusch im Gesträuch oder auf den Bäumen augenblicklich wissen, welches Tier dasselbe verursachte. Ich habe dieses manchmal mit Verwunderung beobachtet. Nie, wie sehr ich auch meine Augen anstrengte, konnte ich die Fische bemerken, auf welche sie schossen, und die sie, wenn auch nicht immer, so doch meistens trafen. Sehr selten kommt ein Indianer ohne Beute von der Jagd nach Hause. Findet er auch kein Wild, so bringt er doch Eidechsen, Anamu-Eier (vom Pesus serratus) oder Kabbiswürmer in seinem Jagdsack mit, so daß er doch nicht genötigt ist, ohne Wild die unentbehrliche Pfeffersauce zu essen. Aber sehr oft sind sie zum Jagen zu faul und bleiben tagelang zu Hause, liegen meist in der Hängematte oder beschäftigen sich mit kindischen Spielereien.

Wie bei den Weibern die Verfertigung einer Hängematte der Glanzpunkt ihrer industriellen Tätigkeit ist, so ist bei den Mannern der Bau einer Korjal das wichtigste Geschäft, das bloß in ganz dringenden Fällen unternommen wird. Der Indianer, welcher sich entschlossen hat, eine Korjal zu bauen, sucht einen schönen, geraden, so dicht als möglich am Wasser stehenden Wanebaum. In der Nähe desselben wird eine temporäre Hütte errichtet und der Baum gefällt. Ist derselbe gesund und ohne Risse und Höhlungen, so wird das tauglichste Stück in der Länge abgehauen, die die Korjal erhalten soll. Der Block wird nun auf der äußeren Seite abgerundet.

Die Werkzeuge, derer sie sich dabei bedienen, sind ein Beil und eine Hohlaxt. Ist man mit der äußeren oder UnterSeite fertig, so wird der ganzen Länge nach Holz herausgehauen und, wenn eine genügende Höhlung entstanden ist, Feuer darin angemacht. Um die richtige Dicke für das Boot zu erhalten, werden von aussen in gewissen Abständen Löcher mit dem Bohrer gebohrt und dann von innen so lange Holz mit der Hohlaxt abgehauen, bis man auf jene Löcher kommt. Hat nun die Korjal die gehörige Dicke, so wird sie, die bis jetzt einer zugespitzten Walze gleicht, durch Stöcke, welche man querüber hinein zwängt, allmählig auseinander getrieben. Damit nun durch das gewaltsame Auseinandertreiben der Seiten keine großen Risse entstehen, wird in und unter der Korjal fortwährend Feuer unterhalten. Es werden nach und nach immer längere Stöcke hineingetrieben, so lange bis sie ihre gehörige Breite hat.

Dieses letzte Geschäft erfordert große Aufmerksamkeit und Sorgfalt, denn obgleich alle Korjalen dabei Risse erhalten, so kann ein Sachkundiger es doch so einrichten, daß sie an Stellen fallen, wo sie weniger nachteilig sind. Ist das letzte Geschäft getan und das Boot nach monatelanger Arbeit so weit vollendet, daß es ins Wasser gebracht werden kann, so wird ein Weg bis zum Fluß oder der Kreek geebnet, runde Stöcke oder Rollen, wozu man meist die Stämme der Pinapalme wählt, werden auf ihn gelegt, und dann wird die Korjal von einer gehörigen

Anzahl Indianer ins Wasser geschafft und so nach dem Dorfe gebracht, wo sie noch ihre eigentliche Vollendung erhält.

Die Karaiben sind ein schöner kräftiger Menschenschlag; die Männer sind zwar selten über fünf ½ Fuß hoch, doch wohl proportioniert und breitschulterig. Ihre Hautfarbe ist bräunlichrot, ihre Haare glatt und schwarz, manchmal auch etwas gelockt. Sie tätowieren sich nicht, beschmieren sich aber zur Zeit ihrer Feste und besonders wenn sie von Reisen zurückkommen, die Beine und Schenkel mit einer aus Orlean und Krapatöl gemachten Salbe, so daß sie ganz zinnoberrot aussehen. Mit dieser Salbe wird besonders bei festlichen Gelegenheiten auch das Haupthaar eingerieben, so daß die Salbe oft einen halben Zoll hoch darauf liegt. Dann werden die weißen Flaumfedern von großen Raubvögeln darauf geklebt. Auf das Gesicht und die Backen werden mit einer roten Farbe (Craweru), die aus einer Bignonie gewonnen wird und mit dem wohlriechenden Harze Arakasiri vermischt ist, Striche und andere Zeichnungen gemacht. Der Bauch und der Rücken, auch wohl die Schenkel werden mit dem Safte der Tapuriba (genipa) gewaschen oder bespritzt. Dieser Saft hat die eigentümliche Beschaffenheit, daß er schwarz färbt und daß sich diese Farbe durch nichts abwaschen oder ausbeizen lässt, jeden Tag aber an Stärke verliert und am achten Tage ganz verschwunden ist. Junge hübsche Burschen, die bei einem Feste sich besonders auszeichnen wollen, lassen sich von ihren Müttern oder Schwestern Bauch, Rücken und Schenkel mit dieser Farbe mittelst eines Pinsels bemalen. Je schöner und feiner die Zeichnung ist, desto länger dauert die Arbeit, und ich habe gesehen, daß drei volle Stunden dazu gebraucht wurden. Männer und Frauen gehen nackt, haben aber eine baumwollene Schnur um den Leib, um welche ein dunkelblaues Tuch befestigt und zwischen den Füssen durchgezogen ist; auch sind beide Geschlechter so züchtig, daß sie nie im Stande vollstandiger Nacktheit zu sehen sind.

Während die Gesichtszüge der Arowaken, denen der Karaiben so ziemlich gleichen und die Männer von diesen nur durch die Sprache und die Art, wie sie ihre Leibbinde (Kamis) tragen, zu unterscheiden sind, tragen die Karaibinnen statt des niedlichen Perlenschürzchens, das die einzige Bedeckung der Arowakenfrauen ist, bloß das blaue Tuch, das an einem baumwollenen oder aus Brüllaffenhaaren verfertigten Gürtel um den Leib geschlungen ist. Ihre schönen schwarzen Haare sind auf der Stirne glatt abgeschnitten, meist lose, aber auch in Zöpfen gebunden. Zum Einölen derselben bedienen sie sich des Krapatöls oder auch des Öls, das sie aus den Früchten der Awarapalme bereiten. Die Unterlippe ist von einer großen Stecknadel durchbohrt, die ihre Spitze drohend nach außen zeigt und als Waffe gegen unerlaubte Freiheit dienen kann.

Manche karaibische Schöne trägt in ihren Ohrläppchen Pfröpfe oder Knochen, welche zuweilen daumensdick sind. Das Auffallendste aber sind ihre Waden, welche gleich kleinen Fäßchen hervortreten. Starke baumwollene drei Zoll breite Bänder, mit welchen das kleine Mädchen, schon wenn es zu gehen anfängt, oberhalb der Knöchel und unterhalb des Knies gebunden wird und die man nur selten abnimmt, um sie sogleich mit andern zu verwechseln, hindern das natürliche Wachstum und machen, daß die Waden unförmig heraustreten. Die jungen Mädchen sind, diesen Übelstand abgerechnet, manchmal niedliche Geschöpfe, werden aber, wenn sie älter werden übermässig breit, platt wie eine Bratpfanne und ihre Brüste, an denen manchmal Kinder, Affen und junge Hunde saugen, werden besonders in späteren Jahren welk und unförmlig wie die der Negerinnen. Wie ganz anders ist dagegen eine junge Buschnegerin gestaltet, welches Ebenmass, welche Fülle der Form! Die schwarze atlasfeine Haut und die üppigen Verhältnisse der Glieder würden einem Bildhauer das reinste Modell eines schönen Weibes liefern. Aber ist das Gesicht und das Gefühl durch diesen Anblick bezaubert, die Nase wird dafür nicht schwärmen, denn die Ausdünstung der Neger, sie mögen alt oder jung, schön oder häßlich sein, ist eine so eigentümlich stinkende, daß jede andere wohltuende Empfindung dadurch paralysiert wird.

In ihren häuslichen Verhältnissen findet zwischen Karaiben und Arowaken wenig Unterschied statt. Die meisten
begnügen sich mit einem Weibe. Man findet aber auch solche, welche zwei, selten aber drei Weiber haben, von welchen
dann jede eine besondere Hütte mit ihren Kindern bewohnt.
Kommt nun ein Mann, der einen solchen Harem besitzt, nach
Hause, so wird ihm von seinen Weibern sein Essen vorgesetzt,
das immer aus Cassavebrot und einer aus zahllosen spanischen
Pfeffern gekochten Sauce, nebst Wild und Fischen besteht,
wenn er solche selbst fing. Jedes Weib bringt ihr Essen geson-
dert und entfernt sich sogleich wieder, ohne nur ein Wort zu
sprechen. Man sieht deshalb aus der Anzahl der Teller, worauf
das Cassavebrot liegt, wie viele Weiber ein Mann hat. Nach
dem Essen nimmt jedes Weib wieder ihre Schüssel weg und
verzehrt den Überrest in ihrer Hütte.

In solchen polygamischen Ehen gibt es manchmal heftigen
Streit, und die Autorität des Mannes wird, wenn die Damen
einmal in Wut sind, wenig mehr beachtet. Eheliche Treue ist
unter ihnen nur sehr selten zu finden, und es geschah häufig,
daß ein Weib sich Monate lang bei einem andern Indianer
aufhielt und nachher wieder zu ihrem Mann zurückkehrte.
Ebenso wenig ist es selten, daß Männer ihre Weiber und Kinder verlassen und sich in andern Dörfern ansiedeln.

Es gibt gewiss kein unbeständigeres Volk als die Indianer.
Der kleinste Umstand kann ihre Laune ändern und die Ursache sein, daß sie Äcker und Wohnungen, selbst wenn diese
eben erst angelegt sind, sowie ihre Familien verlassen und sich
mit unsäglicher Mühe an andern Plätzen wieder anbauen, die
ihnen bei weitem die Vorteile ihrer verlassenen Heimat nicht
gewähren. Und wie die Alten so die Jungen.

Es ist gar nichts ungewöhnliches, daß Kinder von zehn bis
zwölf Jahren von ihren Eltern weglaufen und nach andern oft
weit entfernten Dörfern, wo sie Bekannte haben, sich begeben. Eine Hängematte, Pfeil und Bogen und vielleicht noch
ein altes Messer sind der ganze Reichtum eines solchen kleinen Vagabunden, der aus jeder Eidechse, jedem Vogel oder

Fisch, den sein Pfeil erreicht, seine Mahlzeit zu bereiten weiß. Eltern- und Kinderliebe sind nicht überall zu treffen und für Alte und Kranke hat man nur wenig Mitgefühl. Selbst Mütter, deren Kinder aus ihren Hängematten ins Feuer fielen und sich schauderhaft verbrannten, ließen diese armen Würmer ohne Hilfe wimmern und tanzten ungerührt beim Tapanafeste in den Reihen der übrigen. Solche Brandwunden kommen sehr häufig vor, weil die Indianer immer Feuer unter ihren Hängematten haben, so daß manches Kind, das von der trunkenen Mutter wegkriecht, ins Feuer fällt.

In den Lebensmitteln animalischer Art sind die Karaiben nicht wählerisch, da sie beinahe alles, Seeschildkröten und Schlangen ausgenommen, mit Appetit verzehren. Ebenso wenig sind sie Feinschmecker, und wenn sie auch gewisse Gerichte vorziehen, so ist es ihnen ziemlich gleichgültig, ob das Fleisch ganz oder halb gar, versalzen oder zu wenig gesalzen ist – wenn es nur den Magen füllt und mit den Zähnen zerrissen werden kann.

Zu ihren vorzüglichsten Delikatessen gehört besonders der Leguan. Ich habe mich oft darüber gewundert, daß sie dieses Tier auf den belaubtesten Bäumen entdecken und mich häufig geärgert, wenn sie meinen Bitten und Drohungen ungeachtet Jagd auf diese harmlose Eidechse machten und dadurch die Reise verzögerten, obwohl Fleisch und Fisch im Überfluß im Boote waren. Ein anderer Leckerbissen sind Haifische, die an seichten Stellen der See geschossen werden und kleine Kaimanns, welche entweder am Ufer der Flüsse oder Kreeke liegen oder die Schnauze aus dem Wasser stecken.

Die Indianer bedienen sich beim Fischfang nie der Netze, sondern angeln die Fische, schießen sie mit Pfeilen oder betäuben sie mit dem Saft einiger narkotisch wirkender Pflanzen. Kleinere Fische werden auf gewöhnliche Weise mit Angelschnüren gefangen, indem man mit den Korjalen sich an die Stellen im Fluß begibt, von denen man vermutet, daß gewisse Fische hier ihren Zug haben, und dort auf gewöhnliche Weise angelt. Große Welse, wie der Geelbacker, fängt man mit Wurfangeln. Hierbei werden große starke Angeln an Bromelienschnüren befestigt, an denen, um sie niederzuhalten, ein Bleigewicht ist; diese wirft man entweder vom Lande aus ins Wasser, oder man fährt mit den Korjalen in die Mitte des Flusses, legt diese vor Anker, und wirft dann die Angeln, an denen Fleisch oder Fisch befestigt ist, aus; man wählt dazu meist die Nacht.

Eine andere Art des Angelns ist die mit Springangeln, wobei ein harter elastischer Stab im Wasser befestigt wird, an welchem eine Schnur mit der Angel hängt. Der Stock wird nach unten gespannt und durch ein klammerförmiges Hölzchen, das am Stocke angebunden ist und bei einem starken Zug an der Angel losschnellt, in Spannung gehalten. Schnappt der Fisch nach der Angel, so springt die Klammer los, und der Stock schnellt in seine natürliche Lage zurück, zugleich zieht er den Fisch halb aus dem Wasser. Bleibt der Fisch nun lange so hängen, so kommen auf sein Gezappel die gefrässigen Pirahas herbei, die ihm Stück für Stück den Leib auffressen, oder macht auch der Kaiman sein Recht auf ihn geltend. Die Indianer, die auf diese Weise Fische fangen (meist den Haimura), fahren mehrmals in der Nacht von einem Stock zum andern, um nicht den Lohn ihrer Arbeit anderen Unbefugten überlassen zu müssen.

In Sümpfen und Waldbächen, die eine Strömung haben, werden lange Dämme von Palmblättern angelegt, so daß wohl das Wasser, aber kein Fisch durchdringen kann. In gewissen Abständen werden durch diese Dämme Maschoas gesteckt, d. h. fünf Fuß lange, an der Öffnung neun Zoll breite, nach Art der Zuckerhüte eng zulaufende Körbe aus Palmblattstielen, worin die Fische sich fangen, wenn sie dem Zug des Wassers folgen.

Die gewöhnliche und meist ergiebigste Art des Fischfangs ist aber das sogenannte Absetzen einer Kreek oder Bucht. Weil die Flut täglich zweimal die Kreeken und Baien acht bis zehn Fuß boch anfüllt, so wählt man hierzu solche, die bei niedrigem Wasser beinahe trocken werden, aber sich doch

182

ziemlich weit ins Land hinein erstrecken. Es ziehen sich nun mit dem Wasser der Flut auch die Fische in die Kreeken hinein, wo sie ihrer Nahrung nachgehen und so lange bleiben bis die Ebbe eintritt. Sobald das Wasser seine größte Höhe erreicht hat und zu fallen anfängt, wird die Mündung der Kreek mit einem Gitterwerk aus Palmstiellatten, das so eng geflochten ist, daß wohl das Wasser aber kein Fisch hindurch kann, abgeschlossen. Fällt nun das Wasser, so suchen die Fische in den Fluß zu kommen, finden aber den Weg dahin abgeschlossen, und werden entweder mit Pfeilen geschossen, oder, falls das Wasser ganz abläuft, mit der Hand gefangen. Auf diese Weise fängt man manchmal Hunderte von Fischen. – Sind die Kreeken tiefer, so daß die Fische nicht so leicht zu bekommen sind, so werden dieselben durch gewisse Pflanzensäfte, die man mit dem Wasser vermengt, betäubt, und dann geschossen.

Ich kenne dreierlei Arten solcher Pflanzen. Die gebräuchlichste, das sogenannte Stinkholz (Lonchocarpus), bei den Indianern Nekko genannt, ist eine manchmal schenkeldicke Liane, welche im Hochwald wächst und zum Geschlecht der Papilionacaceen gehört, die zweite ist eine Synanthere der Konamistrauch, der um die Häuser gepflanzt wird, und dessen Blätter und Blüten zu einem Brei gestampft werden. Die dritte ist das Bäumchen Gunapalu, eine Euphorbiacee mit eiförmig zugespitzten Blättern, wahrscheinlich mit den Jatrophas verwandt, auch sie wird um die Häuser gepflanzt und zu Brei gestampft, verwendet; ich bin nicht gewiß, ob sie wie die beiden andern einheimisch ist.

Ist nun eine Kreek so verschlossen, wie ich soeben angegeben habe, so wartet man, bis das Wasser über die Hälfte gefallen ist und klopft dann am obern Teil der Kreek die Stücke der erstgenannten Liane mit einem starken Stück Holz solange, bis sie ganz zerschlagen und faserig sind und wäscht sie von Zeit zu Zeit im Wasser aus, das dadurch eine milchige Farbe erhält; man fährt damit solange fort, als man zum Vergiften für nötig erachtet. Bald sieht man die Wirkung des Giftes.

Kleine Fischchen werden unruhig, kommen an die Oberfläche und schwimmen mit dem Bauche oben, Krabben und Krebse suchen ans Land zu kommen und wackeln wie betrunken herum, hier und da schnellt ein Fisch aus dem Wasser empor oder streckt die Schnauze heraus.

Die ganze Mannschaft ist längs der Kreek verteilt und schießt mit Pfeilen auf die Auftauchenden: Weiber und Kinder waten im Schlamme umher, um die berauschten Fische herauszuziehen. Alles, was Leben hat, stirbt in dem vergifteten Wasser und wird eine Beute der Indianer. Diese sagen, daß in einem solchen Kreek lange nicht mehr gefischt werden könne, weil sich der giftige Geruch den im Wasser liegenden Baumstämmen und selbst dem Schlamm mitteile, und sich nur langsam verliere.

Beim Fischen mit den beiden andern Pflanzen Conami und Gunapalu, die, zu einem Brei gestampft, mit dem Wasser vermischt werden, entsteht derselbe Effekt. Wenn auch die Fische eßbar sind und, besonders wenn man ihnen die Kiemen ausschneidet, die Gesundheit nicht im Mindesten gefährden, so ist diese Art des Fischens dafür eine der Vermehrung der Fische höchst nachteilige; Tausende von kleinen Tieren, ja selbst die Eier gehen zu Grunde.

An einem großen Kreek, im Curmotibo, trieben, als ich eines Tags vorbeifuhr, eine solche Masse toter Fische, die in Folge des Ponsens (so nennt man das Vergiften der Fische) durch Buschneger gestorben waren, daß die Luft auf mehrere hundert Schritte verpestet war.

Beim Anfang der Regenzeit, wenn die Buschfische aus den Strömen und Kreeken in kleinere Kreeke und Sümpfe ziehen, dämmt man diese gewöhnlich mit Pinablättern oder jenen Gittern, Parels genannt, die man zum Abschließen größerer Kreeken gebraucht, ab. Die dadurch in ihrem Laufe aufgehaltenen Fische suchen über das Hindernis wegzuspringen, und fallen dabei in eine zu diesem Zwecke dahinter gelegte Korjal. Wenn die Fische recht im Zug sind, kann man Hunderte derselben in der Korjal finden.

Ist der Fischfang ergiebig, so daß man für mehrere Tage Vorrat hat, so werden die Fische gebarbacot, d. h. geräuchert; man nimmt dabei bloß die Eingeweide heraus und legt sie ungesalzen auf eine Art Rost, der aus Stecken gemacht ist. Unter demselben wird nun ein Feuer unterhalten, durch dessen Wärme die Fische nach und nach gebraten und getrocknet werden und sich so mehrere Tage aufbewahren lassen. Da sie aber weder gesalzen noch geräuchert sind, so legen Fliegen ihre Eier darauf, Speckkäfer zerfressen sie, und alle Arten Ungeziefer nisten in ihnen, was aber den Indianern den Appetit nicht verdirbt. Die Arowaken, die mehr Savannen und kleinere Kreeken bewohnen, sind als bessere Jäger bekannt, während die Karaiben sich mehr aufs Fischen legen.

Obgleich diese zum Schießen der Fische nur Pfeil und Bogen gebrauchen, so ziehen sie doch zur Jagd unsere Schießwaffen vor; oft haben sie Hunde, die auf Hirsche, wilde Schweine, oder Hasen (pacas) jagen, aber sie verstehen es nicht so gut, ihre Hunde zur Jagd abzurichten, wie die Indianer im Innern des Landes. Hunde werden schlecht gehalten, sitzen manchmal voll Zecken und Sandflöhen und sind meist klepperdürr.

Bei der unordentlichen Lebensart beider Stämme wäre es nicht zu verwundern, wenn gefährliche Krankheiten entständen, es ist dies aber nicht der Fall, und nur selten findet man kränkliche Personen. Gicht und Rheumatismus, an denen Farbige und Europäer der Kolonie so häufig leiden, sind unter den Indianern ganz unbekannt. Während Neger, Farbige und Europäer von der entsetzlichen Lepra heimgesucht werden, ist kein Beispiel davon bekannt, daß ein Indianer je daran gelitten hätte. An Hautkrankheiten leidet überhaupt der Indianer beinahe nie, und wenn man an ihren nackten Leibern Wunden oder Narben wahrnimmt, so sind es immer die Zeichen eines ehrenvollen Kampfes oder eines in der Trunkenheit geschehenen Falles; die Hauptkrankheiten sind Wechselfieber, und hauptsächlich Dysenterie, die denn auch fast immer einen tötlichen Ausgang hat. Die Indianer kennen übrigens eine Menge von vegetabilischer Arzneien, die meist von guter Wirkung sind.

Ist die Krankheit ernsterer Natur, so wird ein geschickter Arzt oder Piaimann zu Rate gezogen. Dem Kranken wird in seiner Hütte eine Art kegelförmiges Zelt aus Kamisen und anderen Tüchern zurecht gemacht und derselbe mit seiner Hängematte dahin gebracht. In einem anderen ähnlichen Zelt sitzt der Piaimann, versehen mit der unentbehrlichen Marakka, einer runden hohlen Kalebasse, durch deren Mitte ein Stock geht, dessen oberes Ende mit Arasfedern geziert ist und in der runde Quarkkörner oder Maronisteine sind. Er bespricht sich nun in seiner Zelle mit dem bösen Geiste, der die Krankheit verursacht hat, und bei jeder Pause ertönt die Marakka. Sein Gespräch mit dem bösen Geiste ist bald flehend, bald drohend, jetzt brüllend, dann wieder mit Schluchzen und Weinen vermischt. Je schwerer die Krankheit ist, je kräftiger wird die Beschwörung betrieben, und auch der Geist gibt seine Antwort durch den Mund des Arztes. Man muß beinahe bezweifeln, daß eine einzelne Person im Stande ist, so verschiedene Stimmen nachzuahmen, denn auf alles, was er bei dem bösen Geiste zu Gunsten des Kranken anbringt, antwortet derselbe wieder mit veränderter Stimme; dabei ertönt unaufhörlich die Marakka, deren Laut dem Gerassel von Erbsen in einer trockenen Blase gleichkommt. Das Piaien dauert Nächte lang ununterbrochen fort, nur daß von Zeit zu Zeit der Doktor dem Kranken Tabakrauch ins Gesicht bläst oder seine Beschwörungen an der Hängematte selbst vornimmt.

Als Hauptgenesungsmittel in äußerst schwierigen Fällen wird der Saft des Dakini-Baumes gebraucht, welch letzterer sehr selten zu sein scheint, denn am Maroni soll nur ein einziger vorkommen, den mir aber Niemand zeigen wollte. Um diesen Saft holen zu dürfen, hat der Piaimann aber erst die Erlaubnis des bösen Geistes nötig, und nach mancher Unterredung mit ihm und den Geistern des Baumes haut er in diesen die Öffnung, aus der der Saft messen soll. Der Patient trinkt nun diesen Saft als letztes Mittel, und es versteht sich von selbst, daß bei einer so wichtigen Kur der Piaimann die ganze Nacht bei dem Kranken zubringt und die Geister beschwört: Diese schweigen aber nicht still, sondern lassen sich in verschiedenen Stimmen, als Bowisen, Agamis, Affen oder Tiger hören. Letzterer Kur habe ich nie beigewohnt, aber manche Nacht auf Dörfern zugebracht, wo mich das Piaien am Schlafe hinderte.

Auf jedem größeren Dorfe findet sich ein Piaimann, der dann manchmal die Jugend in dieser Kunst unterrichtet. So fand, als ich schon lange am Maroni lebte, ein solcher Kursus statt, an dem etwa 20 junge Burschen sich beteiligten. Diese durften weder Wild noch Fische essen, bloß kleine Krabben und Eidechsen, dabei mußten sie jeden Tag Tabakwasser trinken, das ihnen sterbensübel machte; die armen Kerls waren nach Beendigung ihres Kurses so herabgekommen und mager, daß man Mitleid mit ihnen haben mußte. Was sie eigentlich lernten, habe ich nicht erfahren können. Auf Arzneien der Europäer haben die Indianer wenig Vertrauen, wenn nicht sofort ein günstiger Erfolg eintritt, greifen sie sogleich wieder nach ihren eigenen Hausmitteln. Chinin, das bei Fieber so schnell hilft, hat ihnen übrigens große Achtung eingeflößt.

Im Charakter der Indianer sind nicht viele Laster, aber auch wenig Tugenden vereinigt. Der Hauptzug, den der Karaibe mit dem Arowaken gemein hat, ist Gleichgültigkeit; der Augenblick regiert ihn und sein Interesse berücksichtigt er nur dann, wenn seine Laune ihn dazu bestimmt. Wie ein Kind wünscht er bald dieses bald jenes zu besitzen und scheut keine Mühe, um in den Besitz desselben zu gelangen. Vom Worthalten hat er keinen Begriff, und man kann sich desswegen nie auf ihn verlassen. Ebensowenig weiß er, was Wahrheit ist, die abenteuerlichsten Lügen, woran auch nicht ein Wörtchen Wahrheit, ist, werden von den Indianern erzählt.

Bei den wenigen Bedürfnissen, welche die Indianer haben, achten sie ihr Eigentum nicht; wenn sie sich wochenlang abgemüht haben, ein recht langes Stück Salemporis, blauen Baumwollenzeugs, zu verdienen, so wird dieses sogleich als Segel gebraucht, wenn kein anderes bei der Hand ist. Mißtrauen hegen sie nicht, sie verlassen tagelang ihre Hütten, ohne ihr Eigentum zu verbergen; Diebstähle kommen beinahe nie vor, doch sind Getränke und Eßwaren vor ihnen nicht sicher. Als im Laufe der Zeit der Maroni mehr von Europäern bevölkert wurde, nahmen seine Bewohner auch die Laster dieser an, und ihre Nationalität verbastarte.

Ihre Wanderlust ist sehr groß und wegen der unbedeutendsten Vorfälle machen sie große Reisen. Früher pflegten sie aus dem Lande der Makusis am Rupunoni und Maho, im Innern Guyanas, Sklaven zu holen, doch schon seit vielen Jahren haben die Karaiben von diesem Handel abgesehen. Ihre Leidenschaften sind, die Liebe zum Trunke abgerechnet, viel kühler als die der Indianer Nord-Amerikas und schwerlich werden sie, wie diese, zu zivilisieren sein. Von uns wurde freilich nie etwas getan, sie auf eine höhere Stufe sittlicher Bildung zu bringen, aber auch bei unsern Nachbarn, den Franzosen, die sich mehr der Indianer annahmen, und am Amanabofluß sie längere Zeit durch Nonnen, die auf dem Indianerdorfe Courbär wohnten, unterrichten ließen, hat man unter ihnen keinen Fortschritt bemerkt, weshalb jene Mission wieder eingezogen wurde.

Der einzige Magnet der sie anzieht, ist leider der Branntwein, und die Schnapsflasche darf nie leer werden, wenn man von ihnen Dienste erwarten will. Wer ihnen einschenkt, ist ihr Freund. Für andere Dienste und Wohlthaten sind sie gefühllos, Dankbarkeit ist ihnen fremd. Auch Beleidigungen werden vergessen und nie habe ich bemerkt, daß Händel oder Tätlichkeiten vorkamen, wenn der allgemeine Friedensstörer, der Branntwein die Gemüter nicht erhitzte.

Obgleich ihre Sinneswerkzeuge so ausgebildet und scharf sein mögen, wie die der Nordamerikaner, so scheinen sie diesen doch an Energie, Mut und Ausdauer nachzustehen, wozu freilich auch das milde Klima viel beiträgt, das bei so leichter Mühe alle Bedürfnisse befriedigt, während der Indianer des nördlichen Amerikas unter einem ungleich rauheren Himmelsstrich sich alle Bedürfnisse erst bei schwerer Arbeit und Entbehrung erringen muß.

Das Hauptnahrungsmittel der Indianer ist, wie bereits gesagt, die Maniokwurzel, von der beinahe alle Indianer Südamerikas leben. Sie liefert ihnen das tägliche Brot und den Stoff zu ihrem Hauptgetränke, dem Tapana oder Paiwari und es kann, wenn der Maniok zur rechten Zeit gepflanzt und die Felder unterhalten werden, nie ein Mangel eintreten. Hat nun eine Familie Überfluß an dieser so ergiebigen und so außerordentlich mehlreichen Wurzel, so benützt sie den Überschuß, um davon das Lieblingsgetränk, Tapana oder Paiwari zu bereiten, um die andern Bewohner des Dorfes und oft noch Fremde damit zu bewirten.

An einem solchen Tage der Bewirtung kann man zugleich das Völkchen in seiner ganzen Nationalität sehen. Ist der Tag, an welchem das Tapanafest stattfinden soll, bestimmt, so wird durch die Weiber eine hinlängliche Menge Maniokwurzeln vom Acker geholt; diese werden, nachdem die rötliche Haut abgeschabt ist, auf einer Raspel, nämlich einem mit spitzen Steinchen besetzten Brettchen, das man Simari heisst, gerieben und die dadurch entstandene breiartige Masse in einem Madappi (elastischer, aus der Rinde einer arundinacae verfertigter sechs Fuß langer vier Zoll breiter Schlauch) ausgepresst. Ist der Saft ganz ausgepresst, so kommt die Masse in langen runden Brocken aus dem Schlauche hervor, wird zerbröckelt und durch ein ebenfalls aus der Rinde jener arundinace verfertigtes Sieb, Menari, gesiebt. Man hat nun ein feuchtes, grobes Mehl, das auf einer runden eisernen Platte, die über einem Feuer steht, wie ein großer Kuchen zollhoch ausgebreitet wird.

Durch die Hitze klebt dieses Mehl zusammen und wenn die Unterseite genug gebacken ist, so wird der Kuchen umgedreht, so daß die obere Seite auf die Platte zu liegen kommt. Ist das Brot zum Essen bestimmt, so wird das Mehl weniger dick aufgestreut und bleibt auf der Platte, bis es sich etwas gebräunt hat. Soll es aber zum Tapana verwendet werden, so bleiben die Kuchen so lange liegen, bis sie stark braun, ja beinahe verbrannt sind.

Der Saft der Wurzel, der wie bekannt, ein tödliches Gift ist, wird ebenfalls über die Hälfte eingekocht und hat dann seine giftigen Eigenschaften verloren. Man vermischt diese Brühe mit einem Teile der schwarzgebrannten Brote, die in großen Töpfen in Wasser eingeweicht sind und lässt das Ganze ein bis zwei Tage gähren. Inzwischen haben die Männer in die beste und größte Hütte des Dorfes eine sauber gewaschene Korjal gebracht und sie mit Wasser angefüllt, damit in ihr das köstliche Getränk gebraut werden kann.

Es wird nun eine Menge Cassavebrot an Groß und Klein im Dorfe ausgeteilt, wobei jedes sich sogleich daran macht, dieses Brot zu kauen und das Zerkaute in eine Kaiebass auszuspucken, die, wenn sie voll ist, in die Korjal ausgeleert wird. Dieses ekelhafte Geschäft dauert so lange, bis alles ausgeteilte Brot zweimal die Kinnladen der Indianer passiert hat, um sie als Getränke noch zweimal zu passieren. Ist nun genug Brot in der Korjal, so wird das, was in den Töpfen eingeweicht steht, ebenfalls hinzugegossen, die Korjal mit Pinablättern zugedeckt und bleibt so etwa zwei Tage stehen, bis die Flüssigkeit genug gegoren hat und zum Trank fertig ist.

So ekelhaft die Zubereitung, die bei allen südamerikanischen Indianern dieselbe ist, auch sein mag, der Trank selbst ist erfrischend und angenehm und im Geschmack beinahe saurer Kuhmilch gleich. Er lässt sich übrigens nicht lange aufbewahren und macht in Menge genossen eben so betrunken als Bier.

Am Morgen des Tanztags sind die Männer meist mit Ausbesserung der Wege, die nach dem Dorf führen, oder mit andern gemeinnützigen Arbeiten beschäftigt. Erst gegen Mittag fängt das Fest an. Jedes hat sich dazu nach seinem Geschmack und Vermögen herausgeputzt. Die Männer sind, wie ich oben bemerkte, mit Orleans und Tapuriba bemalt und haben ihren längsten und besten Kamise, manchmal von 20 Ellen Länge umgehängt. Bogen und Pfeile, sowie eine aus hartem Holze geschnitzte und zierlich bemalte Kriegskeule „Abadu" genannt, werden in der linken Hand getragen. Die jüngeren Burschen sind besonders hübsch geschmückt, sie haben Colliers von Pakir, Affen- oder Kaimannszähnen oder von roten Glasperlen; manche tragen Kopfputz von Papageien- und Tukanfedern.

Die Weiber und besonders die jungen Mädchen haben sich ebenfalls auf stattlichste herausgeputzt. Die Haare, schön gekämmt und mit Awaraöl gesalbt, sind auf der Stirne auch mit einer dicken Salbe von Orlean bedeckt, wie auch Füsse und Schenkel damit eingeschmiert sind. Alles, was sie an Perlen besitzen, haben sie an den Armen und um den Hals hängen, oft auch Colliers von roten Perlen, mit französischem Silbergeld garniert. So zählte ich einmal an einem Collier über hundert Franken.

Ist die Hütte groß genug, um Raum für einige Bänke, die roh aus Zedernholz geschnitzt sind, zu bieten, so setzen sich auf diese die älteren Familienväter oder die angesehensten Geladenen. Diesen wird dann durch Weiber oder junge Mädchen der köstliche Trank in Kalebassen oder neuen Schüsseln kredenzt. Inzwischen umfassen sich Mädchen und Weiber, indem sie ihren linken Arm um den Hals der Nebenstehenden legen und bilden einen Halbkreis und während sie in äußerst klagendem Ton einige Dutzend mal eine und dieselbe Strophe singen, reichen sie den Männern die Schale. Hat der eine getrunken, so kommt die Reihe an den anderen. Große Trommeln, mit Hirsch- und Pakirfellen überzogen, hängen an langen Schnüren von der Decke herab und werden von jungen Männern nach dem Takte ihrer Lieder, die ganz dieselbe Melodie wie die der Weiber haben, geschlagen. Auch sie bewegen sich auf dieselbe Weise, indem sie die Knie und den Oberleib beugen, ohne jedoch vom Platze zu kommen.

Es ist unglaublich, welche Menge dieses Trankes bei einer solchen Tanzparthie getrunken wird. Sowohl das damit angefüllte Boot, als auch große Reservetöpfe sind am Abend gewöhnlich ausgetrunken. Sind bei einem solchen Fest

100 Personen, Kinder nicht mitgerechnet, anwesend, so werden wenigstens 3 000 Liter Tapana getrunken.

Hat der Indianer nun soviel getrunken, daß er die von den Weibern dargebotene Schüssel nicht mehr leeren kann, so erbricht er sich, um aufs neue forttrinken zu können. Es geschieht dies jedoch nicht heimlich, sondern gehört zum Feste selbst, denn der Betreffende erhebt sich nicht einmal von seinem Platze und der Boden des Tanzhauses gleicht einer Pfütze, in der man manchmal bis um die Knöchel im Tapanakot watet.

Außer dem angeführten Tanze, der mit wenig Abwechslung in großen und kleinen Reigen durch Männer oder Weiber oder beide zugleich ausgeführt wird, sah ich später einen andern, an dem bloß zwei Männer beteiligt waren. Jeder hatte ein aus Ton verfertigtes, rotbemaltes Blasinstrument, das zwei aufeinander gesetzten Trichtern glich und auf beiden Seiten eine kleine Öffnung hatte, in welche hineingeblasen wurde. Unter den sonderbarsten Drehungen und Wendungen des Körpers und indem sie sich bald von einander entfernten, bald gegenseitig näherten, bald auf dem Boden saßen oder auf demselben in verschiedenen Stellungen herumkrochen, dabei aber unaufhörlich in ihre Hörner bliesen, endigte nach einer starken Viertelstunde unter allgemeinem Gelächter der Tanz. Diese Tapanafeste dauern manchmal die ganze Nacht hindurch und ist am Morgen noch etwas übrig, so geht man nicht eher heim, als bis alles ausgetrunken ist.

Einen andern Tanz sah ich mehrere Jahre nachher. Der Piaiman Thomas war auf einer Reise nach den Pflanzungen plötzlich gestorben und seine Witwe gab ein Jahr später zur Erinnerung an seinen Tod eine Tanzpartie. Ich sah wohl in ihrem Hause Cassave backen, Tapane und Casiri (Getränke aus zerriebenen Yams, Ananassen und Cassavebrot) zubereiten, aber sonst wurde auch nicht das mindeste zu einem Feste hergerichtet. Als es Nacht wurde, legte sich einer nach dem anderen in seine Hängematte, und schon fing ich an einzuschlummern, als auf einmal aus der Hütte der Witwe ein jäm-

merliches Wehklagen erscholl. Ich lief schnell hin und fand
die Witwe unbeweglich wie eine Schildwache in einem Eck
der Hütte stehend. In der einen hatte sie Pfeile und Bogen,
in der andern Hand einen alten Strohhut ihres Mannes. Mit
einem Feuerbrand beleuchtete ich sie von allen Seiten, was
sie aber keineswegs irre machte, ihre Litanei herzuheulen und
reichliche Tränen zu vergießen. Vier oder fünf Hängematten
hingen in der Hütte, und die darin liegenden schliefen und
schnarchten, während der klagende Gesang ohne Unterbre-
chung wohl eine halbe Stunde fortdauerte. Indianer, die ich
um die Bedeutung der Worte fragte, sagten mir, daß der einige hundertmal sich wiederholende Refrain bloß sage: „Es ist
nicht gut, daß du uns verlassen hast, dein Knabe ist noch zu
klein, um für mich zu jagen und zu fischen" usw.

Endlich faßte sich die Wittwe, ihr Gesang hörte auf und es
trat eine kleine Pause ein, bei der sie ihre Stelle ebenso wenig
verließ, als sie den Bogen und Hut aus der Hand legte. Kaum
zwei Minuten war ihr Gesang verstummt, als aus einer andern
Ecke ein ebenso jammervolles Geheul aus dem Munde eines
alten Weibes, der Schwester des Verstorbenen erscholl. Ebenso
unbeweglich stand auch sie da und ihre Klagen klangen womöglich noch herzzerreißender. Ich hatte mich inzwischen zu
Meku, dem Sohn der Witwe, einem munteren zehnjährigen
Jungen, in die Hängematte gesetzt und ihn gefragt, ob er nicht
auch eine Rolle zu spielen habe; warte nur, du wirst es schon
sehen, war seine Antwort. Nachdem die Klagen der Schwester
ebenso lange gedauert hatten wie die der Witwe, kam wieder
eine zwei Minuten lange Pause, dann aber heulten beide Weiber ein Duo, so daß es mir angst und bange wurde. Da aber
jedes Ding sein Ende hat, so war denn endlich der Tränenquell
der beiden alten Weiber gänzlich versiegt. Meku sagte mir ins
Ohr, jetzt gehe der Tanz an, stand auf, nahm seines Vaters
Waffen und Hut und verließ die Hütte. Allmählich regte es
sich in den Häusern, Weiber, Mädchen, junge Burschen ent-
stiegen ihren Hängematten, und man schritt zu einem neuen,
ganz besonderen Tanz, wozu sich alles außerhalb der Hütte

beim Schein eines Feuers und des Mondes versammelte. Alle bildeten einen Kreis, wobei sie sich gegenseitig den Hals umschlangen, ein Lied wurde wieder auf ihre eigentümliche, melancholische Weise angestimmt, die Knie und der Oberleib hin und hergebogen, und endlich gingen sie rasch hintereinander im Kreise herum. Es herrschte nun eine tolle Fröhlichkeit, auch die Worte schienen nichts Trauriges zu enthalten und meiner ward mehrere Male gedacht. Ich tanzte nun auch ein wenig mit, hatte aber bald genug und da mir Meku sagte, daß keine neueren Tänze mehr vorkämen, legte ich mich in meine Hängematte und gab mich, ungeachtet des Lärmens, der bis an den Morgen dauerte, dem Schlae hin. Außer den zwei alten Weibern wohnten dem Tanze keine Erwachsene bei, obgleich die zwei Brüder des verstorbenen Thomas sich auf dem Dorfe befanden.

Bei Begräbnissen bleibt der Tote wenigstens vier Tage über der Erde und erhält gewöhnlich sein Grab in der Hütte, die er selbst bewohnt hat. Auch hierbei finden Tänze und Trinkgelage statt, und es wird immerwährend geschossen, welche Gewohnheit die Indianer, wie es scheint, von den Buschnegern übernommen haben. Ich selbst habe nie einer Beerdigung beigewohnt, weil ich wusste, daß sie den Toten nie früher begraben, als bis er bereits in Verwesung ühergeht. Bei allen derartigen Gelegenheiten geht es ohne Räusche nicht ab und ich zog mich immer zurück, wenn ich sah, daß dergleichen Exzesse in Aussicht standen.

Da die Indianer des Maroni, die ich jetzt besuchte, keine Gelegenheit haben, ihre Industrieerzeugnisse, als Wasserkrüge und Pagaras, anders wohin zu verkaufen als nach den Pflanzungen und der Stadt, so machen sie in den Trockenzeiten, wenn die See ruhig ist, Reisen dahin, woran sich dann, wenn jemand eine recht große Korjal hat, mehrere Familien beteiligen. Um solche Boote, die meist niedrig sind, etwas zu erhöhen, werden an den Rand derselben und ihrer ganzen Länge nach dünne, acht bis zehn Zoll hohe Brettchen, die man aus dem weichen Holze der Cecrophia peltata mit der Axt aushaut, an über die Korjalen gelegte Querhölzer festgebunden und die Fugen mit abgeschabter Baumrinde, die einen zähen harzigen Saft hat, ausgefüllt. Segel zu diesem Fahrzeug werden verfertigt, indem man die Blattstiele der Mauritia flecsuosa abschält, die markige Substanz trocknen lässt, sie dann in der Breite, die das Segel bekommen soll, abschneidet und diese etwa zwei Zoll dicke runde Stücke in halbzolldicke Brettchen zersägt. Diese vier bis sechs Fuß langen federleichten Latten werden mit Hilfe eines Bromelientaues so dicht als möglich an einander gereiht und geben ein gutes und leichtes Segel von beliebiger Länge, das man zusammenrollt, wenn man es nicht braucht.

So lange die Männer, welche die Reise machen wollen, für die Ausrüstung des Fahrzeugs sorgen, beschäftigen sich die Weiber mit Zubereitung von Kost und Getränken. Cassavekuchen werden in Menge gebacken, an der Sonne möglichst hart getrocknet und dann in Körben aus geflochtenen Palmblättern verpackt. Ausgepreßter Maniok wird mitgenommen, um auch unterwegs Kuchen zu backen, ebenso wie mehrere Krüge mit Tapana und Casiri.

Eine Hauptsache darf aber auf keiner Seereise fehlen, nämlich einige Körbe mit Sakura, einer Art Muß, das aus gekautem Cassavebrot, gekochten Yams und dergleichen besteht; man mengt hiervon eine Handvoll unter eine Kalebasse voll Wasser, das der Indianer beinahe nie ohne Beimischung trinkt und bereitet auf diese Weise eine Suppe, welche zu kosten ich nie übers Herz bringen konnte. Ist nun endlich die ganze Ladung, Wasserkrüge, Pagale, Papageien, Affen, Schildkröten, Lebensmittel und Menschen im Boot, so setzt sich der Eigentümer desselben gravitätisch ans Steuer, die jungen Burschen blasen auf ihren Bambusflöten und man fährt ab.

Da man die Zeit sehr wenig schätzt, so gehen solche Reisen manchmal sehr langsam von Statten. Ist es stilles Wetter, so schießen die Männer auf jeden auftauchenden Fisch und an der ersten besten günstigen Stelle wird angehalten und gekocht. Da aber die Küste sehr niedrig ist und bei jeder hohen Flut überschwemmt wird, so ist man häufig genötigt, die Mahlzeiten im Boot zu kochen. Dann holt man große Stücke des schlammigen Lehmbodens aus dem Wasser, breitet dieselben in der Korjal aus und macht darauf das Feuer an. Manchmal wird auch an den höheren Stellen des Ufers Feuer gemacht. Kommt dann die Flut, so geschieht es oft, daß eine Welle Feuer und Topf mit sich fortspült und man ohne warmes Essen weiterziehen muß Daraus macht sich aber der Indianer durchaus nichts, Hunger und Durst können ihn nicht aus seiner guten Laune bringen.

Ich reiste manchmal mit Indianern, die zwölf Stunden hintereinander kräftig pagaiten, während dieser Zeit nicht das mindeste genossen und doch immer lustig und aufgeräumt waren. Bei den stärksten Drohungen würde ein Neger das nicht tun: Man findet selten Neger, welche eine Flut (sechs Stunden) anhaltend rudern, ohne etwas zu essen.

Hat man nun die Pflanzungen oder die Stadt erreicht, so wird beinahe alles um Branntwein vertauscht, und selten bringen die Leute nützliche Dinge, als Zeuge, Beile, Messer usw. in ihre Heimat zurück. In Paramaribo verweilen sie bloß einige Tage, begaffen das ihnen Ungewohnte ohne besondere Teilnahme und laufen meist betrunken in der Stadt herum.

Mit Drain, Melasse und Salz versehen, treten sie dann den Rückweg an, der, weil ihnen nun Wind und Strömung entgegen sind, viel schwieriger ist, als die Herreise. Hier hilft nun kein Segel mehr, man muß pagaien und fährt deshalb meist nach Mitternacht, wenn der Wind sich gelegt hat und die See stiller ist. Den Tag über liegt man an einer ruhigen Stelle vor Anker, das heißt man bindet das Boot an einen in den Schlamm gesteckten Stock, wozu meist der Mast verwendet wird; das Ankertau ist gedreht aus dem Bast des zum Geschlecht der Malven gehörigen Mahostrauches, der an sandigen Stellen der Flußmündungen wächst und seinem Zweck vollkommen entspricht. Ist man des Pagaiens müde, so waten die Männer halbe Tage lang im Wasser und ziehen die Korjal fort. Ist endlich die sandige Mündung erreicht, so wird an die Korjal ein langes Tau befestigt, und während damit zwei Männer am Ufer hingehen und das Boot fortziehen, bleibt einer am Steuer, um dafür zu sorgen, daß das Fahrzeug sich nicht zu sehr dem Lande nähere. Bei der Ankunft im Dorf werden alle Freunde freigebig mit Schnaps regaliert, so daß am Abend regelmäßig beinahe alles betrunken ist, doch finden sich immer einige im Dorfe, die noch nüchtern sind, aber an den folgenden Tagen keine Ausnahme von der Regel machen.

Da jedes männliche Individuum, das die Reise mitmacht, seine Waren selbst vertauscht, und nichts gemeinschaftlich ist, so traktiert ein jeder seine Freunde besonders, so daß der Vorrat von Dram, sei er auch noch so groß, in wenigen Tagen getrunken ist. Bei diesen Saufereien sieht man häufig in derselben Hütte die Weiber sich an den Haaren herumzerren und sich mit Feuerbränden das Fell gerben, während die Männer mit Hauern sich oft gefährliche Wunden beibringen, total Betrunkene bewußtlos auf dem Boden liegen und halb Betrunkene in den Hängematten liegend ein Lied auf der Flöte herheulen. Zu dem entsprechenden Lärmen und Geschrei kommt noch das Geheul der Kinder und das Gekreisch der Papageien und Hunde, die von einem Winkel in den andern flüchten, so daß der Aufenthalt auf einem Indianerdorf, dessen Bewohner betrunken sind, für den nüchternen Europäer eine Höllenplage sein muß, denn so still und wenigsprechend der Indianer sonst ist, so krakeelend und lärmend ist er in trunkenem Zustand. Im Rausch vorgekommene Injurien und Schlägereien werden, wenn sie auch noch so arger Art waren, nachher nicht mehr geachtet und bleiben vergessen, auf die einfache Entschuldigung hin „Ich war betrunken" ist allem Prozessieren ein Ende gemacht.

Fünftes Kapitel

Als wir auf dem Karaibendorf ans Land traten, war die ganze Bevölkerung am Ufer versammelt, und ich fand meine alten Freunde wieder, die mir mein Boot ausluden und es in eine Bucht zogen, wo es auch bei stürmischem Wasser ruhig liegen konnte. Man räumte mir eine neue Hütte ein, in der ich nun meine Habseligkeiten unterbrachte, Pflanzen umlegte, Gewehre putzte, und alles Eingesammelte nachsah und einpackte. Dann wurden Hemden und Hosen gewaschen und am Abend ein Spaziergang nach dem alten Posten Prinz Willem Frederik gemacht.

Dieser war schon seit drei Jahren verlassen und der kleine freie Platz so mit Gesträuch bewachsen, daß man kaum bis dahin kommen konnte, wo die armseligen Häuser gestanden hatten. Der Brunnen war eingestürzt, nur an den zwei Tamarinden-Bäumen und der Zitronenstaude sah man noch, daß Blanke ehemals hier hausten. Lebhaft erinnerte ich mich an die Zeit, wo ich an diesem Platze gelebt und Pläne für die Zukunft gemacht hatte, wo ich so leicht Gelegenheit gehabt hätte, nicht eben ein bedeutendes Vermögen, aber doch soviel zu erübrigen, um sogleich nach dem Verlassen des Militärdienstes mich am Maroni ansiedeln und mir einige Sklaven kaufen zu können. Aber ich war zu ehrlich oder vielmehr zu unerfahren, faßte die Fortuna nicht beim Schopfe und hatte ideale Ideen, die in das prosaische reale Leben Surinams durchaus nicht passen wollten.

Als ich von meinem Spaziergang zurückkam, waren sämtliche erwachsene Indianer des Dorfes am Ufer, und hatten sich auf der Sandbank gelagert. Ein frischer Nordost-Wind brachte eine angenehme Kühlung und verscheuchte die Muskiten. Jetzt hielt ich mein Versprechen und teilte so viel Dram unter sie aus, daß gar bald seine Wirkung sich fühlbar machte; erst lebhaftes Gespräch, das in toller Fröhlichkeit und zuletzt in Streit und Händel ausartete, doch glücklicher Weise ohne Schlägerei ablief. Als es anfing dunkel zu werden, ließ ich mein

Boot laden, und brachte es wieder in die Bucht, welche fünf Minuten oberhalb des Dorfes gelegen, durch eine davorliegende Sandbank vor der Brandung geschützt war.

Auf dieser Bank kochte ich mein Abendessen, eine Schildkröte und einen halben Leguan. Ich war mit meinen beiden Jungen ganz allein, denn meine Indianer waren im Dorf geblieben, nur ein Sohn des Oberhauptes Christian, der junge Iridigura, war mir gefolgt, und schlief seinen Rausch auf der Sandbank aus. Auch ich legte mich im Boote schlafen, und es mochte schon Mitternacht sein, als ich plötzlich schaudernd erwachte, denn eine kalte nasse Hand fuhr mir über's Gesicht; es war der junge Prinz, den die aufkommende Flut von seinem Lager auf der Bank verjagt hatte, und der mich bat, ihm noch einen Schnaps zur Stärkung auf den Heimweg zu reichen. Ich lud ihn ein, im Boote zu schlafen, denn bei Nacht durch den Wald zu kommen, war keine Möglichkeit, und durch die Brandung sich durchzuarbeiten fast eben so schwierig. Er wählte aber den letzteren Weg und schwamm, von den Wellen getragen, seinem Dorf zu.

Meine Indianer machten viele Schwierigkeiten mich nach Maua und L'Accarouany, wohin ich zuerst wollte, zu begleiten, denn sie hätten gar zu gern noch einige Tage im seligen far niente bei ihren Freunden zugebracht, aber da ich sie versicherte, daß wir noch lange genug am Maroni bleiben würden, gingen sie mit. In den ersten Monaten des Jahres herrscht meistens viel Wind, weil, wie die Indianer in ihren Wetter- und Bauernregeln sich ausdrücken, da die Awarafrüchte reif sind. Es wehte auch schon am Morgen ein starker Ostwind, und wir mußten einige Stunden an der Mündung warten, bis die Flut ihre Kraft verloren hatte, und wir nach dem französischen Ufer fahren konnten; der Häuptling des Dorfes, das gegenüber dem Dorfe Christians auf französischer Seite lag, von den Franzosen Jean Pierre genannt, hatte nur wenige Indianer um sich, denn sein ganzes Dorf bestand nur aus vier oder fünf Hütten. Seine beiden Söhne Kaitana und Daa, die ich als Knaben gekannt hatte, waren zu schönen stattlichen

Jünglingen herangewachsen, und wenn ich jetzt nach 35 Jahren die schönen kräftigen Gestalten jener Zeit mit dem kleinen, kraftlosen Geschlechte der Gegenwart vergleiche, so kann ich die armen Indianer nur beklagen und bedauern, daß sie bei Ankunft der Europäer sich nicht in die undurchdringlichsten Wälder zurückgezogen haben, um sich dem verderblichen Einfluß unserer Rasse zu entziehen.

Auch hier wurde wieder Tapana und Casiri geschenkt und das letztere bestand beinahe ganz aus dem öhligen Safte der Awaranüsse, die süßlich sauer und sehr angenehm schmecken Auch hier mußten wir warten, bis der Wind sich vermindert hatte und die Ebbe beinahe abgelaufen war. Ich vertrieb mir die Zeit mit dem Suchen von Maronidiamanten, die auf der Ecke des Flußes bei niederem Wasser im Sande gefunden werden. Es sind dies weiße Topase, die der Strom aus dem Innern anführt und die, durch den langen Lauf meist rundlich abgeschliffen, von der Brandung ans Ufer geworfen werden.

Die Hütten standen am Saume eines kleinen Wäldchens, in dem Awara-Bäume, wilde Anonen, Amyris, Locus und Bolletre vorkamen. Hinter diesem strecken sich Süßwassersümpfe hin, bedeckt mit Schilf und Nymphäen, der Aufenthaltsort einer Menge Buschtische. Hier nistet auch das sonderbare Straußhuhn Palamedea cornuta, das die Karaiben Kamicki, die Arowaken aber Amucku nennen, in seiner Form eine kolossale Wiederholung des Parra jacanna; mehrere Male erhielt ich lebende und geschossene Exemplare dieses eigentümlichen Vogels, wovon durch mich eines in den zoologischen Garten von Amsterdam kam, das mehrere Jahre dort lebte. Er ist beinahe so groß wie ein Truthahn, hat einen weißen Bauch, Brust-, Hals- und Deckfedern sind denen des Truthahns ähnlich, auch haben sie einen metallischen Schimmer. Die Füße sind grauschwarz und wie mit kleinen Schuppen bedeckt, die Zehen ungeheuer lang und der Tritt über einen Fuß breit, so daß der Vogel leicht über die mit Wasserpflanzen bedeckten Sümpfe schreiten kann. Auf dem mit samtartigen Federn bedeckten Kopfe steht ein drei bis vier Zoll langes, hartes bewegliches dünnes Horn, dessen Nutzen man nicht weiß, da es zur Verteidigung nicht dienen kann. Am Flügelbug hat dieser Vogel zwei starke, dreieckige, knöcherne Stacheln, wovon der obere 1 1/2 der untere 3/4 Zoll lang ist. Mit diesen verteidigt sich derselbe, indem er die Flügel ausbreitet und damit auf seinen Feind schlägt. Er hat einen schwerfälligen Flug, ein kollerndes dem des Truthahn oder dem Gurren der Tauben ähnliches Geschrei. Sein Auge ist rotgelb. Er frißt bloß Sämereien, gewöhnte sich aber bei mir an süße Pataten. Obgleich ich einen mehrere Monate lang auf meinem Hühnerhof herumlaufen Hess, ehe er nach Holland abgeschickt werden konnte, so wurde er doch nie zahm. Er kommt nie im Innern des Landes vor, sondern nur in den Süßwassersümpfen der See, hauptsächlich am Maroni, wie schon Buffon wußte. Nach Aussage der Indianer legt er zwei große weiße Eier in ein aus Reisig gemachtes Nest in niederen Bäumen und Sträuchern; man brachte mir auch eines seiner Eier, da es aber wie das des Crax elector aussah, so konnte ich seine Echtheit nicht verbürgen. Die Indianer essen sein schwarzaussehendes Fleisch nicht.

Gegen zwei Uhr konnten wir unsere Reise fortsetzen und umfuhren die Sandbank, um von nun an bis zu der drei Stunden entfernten Mündung des Amanabo über eine große Schlammbank hinzufahren. Obgleich kaum zwei Fuß tief Wasser darauf stand, und deshalb die Strömung nicht hinderlich sein konnte, so hinderte doch der Wind am Fortgang, auch schossen die Indianer auf jeden Haifisch, dessen Flosse über das Wasser hervorsah, und so kamen wir dann erst gegen acht Uhr Abends in die Mündung, wo uns Schwärme von Muskiten peinigten, und die armen nackten Paraindianer, die an solches Ungeziefer nicht gewohnt waren, aus Leibeskräften pagaiten, um nach dem Dorfe Maua zu kommen. Es war schon zehn Uhr, als wir den Landungsplatz erreichten.

Alles lag in tiefem Schlafe, denn obgleich das Dorf über 700 Einwohner hat, ließ keine menschliche Seele sich sehen noch ein Hund sich hören. Alles hatte sich vor den höllischen Insekten in die Häuser zurückgezogen. Bloß im Hause des Friedensrichters sah ich noch durch die Gazefenster den Schimmer eines Lichtes. Ich klopfte, und Madame J. kam mit dem Licht und öffnete die Türe ein klein wenig, um zu hören, wer zu so später Zeit noch etwas wolle. Nachdem man mich erkannt, wurde die Türe geöffnet, um mich schnell herein zu lassen, und ebenso schnell wieder geschlossen, um die Muskiten abzuhalten. Ich wurde freundlich empfangen und mir im luftigen Zimmer ein Bett angewiesen. Das Boot hatte ich der Obhut meiner Jungen und der Indianer überlassen und strenge befohlen, es bei der Ebbe weiter in den Fluß zurückzubringen, daß es nicht festsitze, weil bei Aufkommen der Flut das Boot leicht hätte sinken können.

Am Morgen machte ich meine Besuche und fand außer einigen neuen Häusern wenig Veränderungen ; die Kirche, wozu die Backsteine der Jakoba Catharina, die ich der Superieure generale verkauft hatte, verwendet worden waren, war jetzt vollendet, ein unschönes großes Gebäude, eher einem großen Schuppen ähnlich. Eben so einfach war sein Inneres, dem man mit wenigen Fäßchen Bleiweiß ein freundlicheres Ansehen hätte geben können; aber man hatte vorgezogen, dem Zedernholz seine Naturfarbe zu lassen, und die daran hängenden Lithographien von Heiligen und der buntscheckige Chemin de la Croix machten einen armseligen Eindruck. Mehr Sorgfalt schien die Kongregation der Sœurs de St. Joseph de Cluny, der Maua noch immer angehörte, auf den Bau eines neuen Magazins und Ladens verwendet zu haben, wo die Bevölkerung, die beinahe ganz aus Negern bestand, ihre Bedürfnisse befriedigen und ihre Produkte abliefern konnte. Das Dorf Mana wurde erst im Jahre 1824 errichtet, denn da in diesem Jahre sich Frankreich gegenüber England verpflichtet hatte, keine afrikanischen Neger mehr als Sklaven einzuführen, so wurden die nach dem Traktat noch in Cavenne angekommenen Neger freigelassen. Um sie aber mit der andern Sklavenbevölkerung nicht zu vermengen und sie zu isolieren, wurden sie nach dem weit abgelegenen Amanabo gebracht, und die Leitung darüber der mère Javouhey, Stifterin des Ordens der Sœurs de St. Joseph de Cluny, anvertraut. Wie ich auf diesem Dorfe im Laufe meiner militärischen Dienstzeit bekannt wurde, habe ich in meinem früheren Schriftchen erzählt.

Mein Freund Aug. J. war jetzt Chef des Magazins; zwei Schwestern kauften die Erzeugnisse der Neger, als Couac, Reis, Bretter und drgl. und verkauften wieder alles, was die Schwarzen gebrauchten. Außer dem Magazin hatten sie noch Zucker- und Kaffeefelder, während die Fabrikation des Orleans aufgegeben war. Meine gute Sœur Alexis war eben beschäftigt, einen enormen Jaguar abzuziehen, den man am Abend zuvor geschossen hatte. Sie war noch eben so rüstig, als wie vor vier Jahren, wo ich mit ihr auf der Leproserie zu Nacht speiste.

Ich wurde überall mit Herzlichkeit empfangen, aber meines Bleibens war auf Mana nicht, denn ich wollte bei Freund Massé auf der Leproserie die an Insekten und Pflanzen so reiche Umgebung ausbeuten und schon am Mittag mit der Flut dahin abgehen. Von meinen Indianern blieben drei auf Mana, nur Curiecli bot sich mir an, mich zur Leproserie zu begleiten. Als ich nun ins Boot stieg und meine Kisten öffnete, gewahrte ich zu meinem Entsetzen, daß die Mehrzahl meiner Lebensmittel, Kleider, Pulver etc. durch und durch naß waren. Die Schlingel hatten ungeachtet meiner Warnung das Boot am steilen Ufer liegen lassen, so daß es bei der Ebbe nicht allein fest saß, sondern sein Vorderteil ganz unten am Wasserspiegel, der Hinterteil aber oben am Ufer lag. So mußte sich das Boot bei aufkommender Flut füllen, ehe es flott wurde.

Zum Glück war alles auf der Reise Eingesammelte wohl eingepackt bei den Indianern am Maroni zurückgelassen, so daß ich außer an Pulver und Lebensmitteln, die ich auf Mana kaufen konnte, keine Verluste hatte. Alles wurde nun, wahrend wir in den einen Büchsenschuß oberhalb des Dorfes Mana in den Amanabo sich mündenden L'Accarouany-Kreek einfuhren, auf dem Zeltdach des Bootes ausgebreitet und getrocknet. Gegen vier Uhr Abends kamen wir an dem nach der Leproserie führenden Wege an, der eine große Krümmung des Kreek abkürzt, so daß man in einer halben Stunde leicht dahin kommen kann, während man mit dem Boote noch 1 ½ Stunden weit zu fahren hat. Dieser Weg hieß großartig Chemin du roi, und ein an demselben stehender mit Pinablättern bedeckter Schuppen, in dem zuweilen Lebensmittel bewahrt wurden, ebenso pompös „magazin du roi". Hier stieg ich aus, um auf dem kürzeren Weg bald bei meinem Freunde Massé zu sein.

Kaum war ich einige hundert Schritte in dem wohl unterhaltenen Wege fortgegangen, als einige Marais (penelope marai), fasanenartige Vogel vor mir aufflogen. Sie fliegen selten weit und auch diese setzten sich sogleich nieder. Wenn ich, wie gewöhnlich, einen Indianer oder andern Burschen bei mir hatte, so überließ ich diesem das Geschäft, auf Wild zu schießen, denn ein Jagdliebhaber war ich nie. Jetzt aber war ich allein, und in der Eile, dem guten Massé einen Küchengruß zu bringen, vergaß ich wahrscheinlich, die Ladung recht anzusetzen, denn das Gewehr zersprang mir in der Hand und die Vögel flogen davon.

Ich fand meinen Freund am Rasieren, er hatte meine Ankunft auf Mana schon durch einige Neger vernommen, die Mana am frühen Morgen verlassen hatten. um nach der Leproserie zurückzukehren. Seine Frau war beschäftigt, das Diner für uns zu bereiten, und ein delikates Essen, aus Wild, Fisch und Huhn bestehend, prangte bald auf dem Tische. Der köstliche Palmkohlsalat, den ich so gerne esse, durfte fortan nicht mehr fehlen, denn die Maripapalme, Maximiliana regia, ist hier im Überfluß, und für zwei Sous kann man von den Negern den größten Kohl bekommen.

Die Bereitung des Salates, wie er bei den Franzosen gegessen wird, erfordert viel Zeit. Während die Stiele zum Gemüse gebraucht werden und gekocht und geschmort eine sehr gute Speise geben, wird der Salat bloß aus den noch nicht ausgebildeten und noch in der Scheide steckenden Blättern bereitet. Diese Blättchen oder Fiedern sind, wie der Stiel, weich, weiß, von einem mandelartigen Geschmack, und werden mit einem Messerchen vom Stiel, an dem sie fest anliegen, abgetrennt.

Sie gleichen dann langen weißen Bändern. Zum Anmachen des Salates nimmt man Salz, das mit dem Essig vermengt über die Blätter ausgegossen wird; kleine Stückchen Brotrinde, an denen Knoblauch abgerieben ist, werden mit Öl getränkt, einige Chalotten und Schnittlauch, fein geschnitten, dazu getan, schwarzer Pfeffer darauf gestreut und dann auf jeden Löffel Essig 1 ½ Löffel Öl genommen. Der Salat darf höchstens eine Viertelstunde vor dem Gebrauche angemacht werden und übertrifft alle anderen Salatarten an Wohlgeschmack.

Wie bei uns in Surinam der soweit abgelegene Coppenamtfluß, an dem sich keine andere Pflanzungen befinden, dazu ausersehen wurde, auf dem Etablissement Batavia alle Leprosen der Kolonie zu vereinen, um zu verhüten, daß diese so ansteckende und entsetzliche Krankheit sich nicht weiter verbreite, so war auch vom französischen Gouvernement das kleine L'Accarouany-Flüßchen bestimmt, die Leprösen des französischen Guyanas von der gesunden Bevölkerung dieser Kolonie ferne zu halten.

Der Ort selbst wurde nach dem Flüßchen benannt, war bloß vier Stunden von Mana entfernt und hatte eine hübsche Lage auf einem etwa 70 – 80 Fuß hohen Hügel, um welchen das kaum 25 Meter breite Flüßchen hufeisenförmig sich hinzog. Die Hütten der Unglücklichen bildeten zwei Straßen, deren eine die andere durchkreuzte und die auf beiden Seiten mit Mango-Bäumen bepflanzt waren.

In früherer Zeit war das Haus des Kommandanten oder Kegisseurs unten am Fluß und diente auch den beiden Nonnen, welche die Kranken zu verpflegen hatten zum Aufenthalt; jetzt aber war für denselben oben ein Haus gebaut, und kaum vierzig Schritte davon befand sich für die zwei Nonnen ein kleines hübsches Pfarrhaus mit einem aparten Zimmer für den Priester, der alle vierzehn Tage kam, um eine Messe zu lesen. Ganz in der Nähe desselben stand die kleine Kapelle.

Die Familie Massé's hatte sich um zwei Töchter vermehrt und lebte in dem nicht sehr großen Hause in den drei kleinen Zimmern des oberen Stockwerkes, während Parterre wieder ein „magazin du roi" war nebst einem Laden, in dem Massé Schnaps, Wein, Speck, Schmalz etc. an die Unglücklichen verkaufte.

Die Verwaltung der Leproserie war in den Händen der Regierung und Massé, der früher im Dienste der Kongregation gewesen, stand jetzt als Beamter in dem des Gouvernements. Außer ihm und seiner Familie befanden sich noch die zwei Nonnen, die jeden Morgen ein Gebet lesen und die Kranken verpflegen mußten, auf der Leproserie; Massé sowohl als die Nonnen hatten je einen weiblichen Bedienten, sonst waren bloß Leprosen auf l'Accarouany.

Massé stand mit seinen Nachbarinnen, den Nonnen, auf keinem guten Fuße, klagte sehr über Intrigen, die er von jeher von der Kongregation zu erleiden gehabt habe und sah es nicht gerne, wenn ich von Zeit zu Zeit die Nonnen besuchte.

Die französische Regierung versah die unglücklichen Krüppel mit den nötigen Lebensmitteln und Kleidungsstücken, um ihnen aber die Gelegenheit zu geben, sich mit Gegenständen zu versehen, die die Regierung nicht lieferte, Hess sie die noch Arbeitsfähigen Cassave bauen und daraus Couac bereiten, den sie ihnen abkaufte und wieder an sie austeilte, weil der durch die Leprosen zubereitete Couac durch niemand als durch sie selbst konsumiert werden durfte.

Massé mußte nun diesen Couac kaufen und die Leute bezahlen, die dann für das erlöste Geld wieder ihre Einkäufe in seinem Laden machten, wobei begreiflicherweise Tatin den Hauptartikel bildete; dadurch kamen oft Trunkenheit und Exzesse vor, wodurch Masse viel Ärger hatte, ohne aber deshalb den vorteilhaften Schnapshandel aufgeben zu wollen. Einige der Kokubé's, so nannte man die Leprosen, wurden ein- oder zweimal wöchentlich nach Mana gesandt, um Briefe hinzubringen oder zu holen. Dort durften sie nicht ans Land kommen, sondern mußten in ihren Korjalen bleiben, bis man sie abfertigte, fanden aber doch immer den einen oder andern Bekannten, der ihnen im Laden der Kongregation Tafin kaufte, der billiger war, als ihn Massé ausschenkte. Kam nun Massé dahinter, daß solcher Tafin, der in Mana gekauft war, auf die Leproserie gebracht wurde, so Hess er an der Kongregation kein gutes Haar und pries mich glücklich, daß ich als Protestant dem Klerus keine Ehrerbietung schuldig sei.

Ich richtete mich nun in einem der kleinen Stübchen ein, wo ich eine Wirtschaft trieb, an der, wer nicht gerade ein großer Naturfreund war, wenig Geschmack finden konnte. Curieli und die Jungen logierten im Hofe und hingen des Nachts ihre Hängematten in der Küche auf.

Kaum hatten die Kokubé's die Art meiner Beschäftigung erfahren, als sie mir Tiere, die sie in Fallen fingen, Reptilien und Insekten zum Verkaufe brachten, die ich dann gegen Geld, Spiegel, Messer, Scheren u. drgl. eintauschte. Auch Curieli schoß beinahe jeden Tag etwas, so daß die Arbeit nie ausging. Das Land umher ist hügelig, hat aber große Sümpfe, die mit dem Maroni in Verbindung stehen sollen. An Insekten kommen manche Arten vor, die bei uns in Surinam ganz unbekannt sind. Besonders häufig brachte man mir einen prachtvollen Käfer (Scarabaeus) von 1 ½ Zoll Länge, schöner dunkelblauer Farbe mit gefurchten Flügeln und einem beinahe zollangen Horn. Er findet sich bloß am Aase, und trägt man Eingeweide eines Tieres in den Wald, so findet man am Morgen schon mehrere dieser schönen Käfer beschäftigt, Teile der Eingeweide in die Erde zu vergraben. Die Franzosen nennen ihn mouche l'accarouany (Phanaeus ensifer).

Ich habe diesen Käfer nie in Surinam gefunden, obgleich das Genus Skarabäus in mehreren Specien vorkommt. Ein goldgrüner, ziemlich großer (Phanaeus mimas) fand sich häufig unter den Kuhfladen auf den Savannen von Viktoria, ein anderer prächtig roter (Phaneus festivus) fliegt nach dem Menschenkot und größere schwarze (Deltochilum gibbosus) finden sich in stinkendem Aase. Besonders reich ist die Käferfauna an Cerambyxarten, deren schönste und größte der Prionis cervicornis ist. Er wird mit den anderthalb Zoll langen Kiefern bis sechs Zoll lang und anderthalb Zoll breit, ist hellbraun mit schwärzlichen Streifen und Flecken. Er ist ziemlich selten und zeichnet sich durch eine höchst originelle Art, sich seine Nahrung zu verschaffen, aus. Obgleich ich ihn nie an seiner Arbeit geschehen habe, so beschreibt es doch Schomburckg, und alle Indianer bestätigen es; auch fand ich selbst den Käfer an einem frisch abgesägten Zweige. Um sich den Saft gewisser Bäume, besonders der Mango zu verschaffen, nimmt nämlich der Käfer den manchmal mehr als zolldicken Zweig zwischen seine zwei mit scharfen Zähnen versehenen Kiefer, fliegt dann schnell im Kreise herum und sägt auf diese Weise den Zweig so glatt ab, als ob er mit einer Säge abgeschnitten worden wäre. Oft fällt der Käfer mit dem Zweige auf den Boden und befriedigt da seine Naschbegierde. Häufig fand ich an meinen Mango-Bäumen Zweige so abgesägt.

Viel häufiger als dieser ist Lamia longimana, die Mouche harlequin der Franzosen. Zeitweise kann man an den Erybhrinen-Bäumen bei Paramaribo Hunderte dieser Käfer finden. Unter seinen Flügeldecken hält sich, wie beim Vorigen, ein Schmarotzer, eine Art Skorpion (Chelifer), auf. Von Landen sind noch zu erwähnen callichroma velutina, schwarz mit langen grün- oder rotgoldenen Streifen auf den Flügeldecken, sie halten sich in den Trockenzeiten auf den Bolletree-Bäumen, Achras balata auf, geben einen sehr starken, äußerst angenehmen Geruch von sich, so daß man sie leicht findet. Jedoch kann man sie nur schwierig fangen, da sie, sobald man sich ihnen nähert, wegfliegen. Eine andere Art Ctenocelis Dyrhachus ist schwarzbraun und vier bis fünf Zoll lang.

Die Prachtkäfer Buprestis sind ebenfalls in mehreren Gattungen vertreten. Der bekannteste von ihnen ist Buprestis gigantea, bei den Indianern Brebederé genannt. Er ist über zwei Zoll lang und einen Zoll breit, goldgrün mit purpurfarbenem Schimmer. Er kommt sowohl im Küstenlande, als im Innern vor, und man kann manchmal Hunderte von ihnen in den Maho-Gebüschen an der Mündung des Maroni finden. Die Karaiben und auch die Indianer des Innern machen aus den Flügeldecken dieses Käfers Zierden für ihre Federschürzen und Halsbänder. Die kleinen Buprestisarten sind schwierig zu fangen, dieser große aber bleibt besonders bei trübem Wetter ruhig sitzen, daß man ihn leicht wegnehmen oder von den Bäumen schütteln kann; er hat einen eigentümlich unangenehmen Geruch. Unendlich reicher als dieses Geschlecht ist das der Curculios oder Rüsselkäfer, wovon wie in Europa beinahe jede Frucht ihre eigene Spezies hat. Der größte dieser Gattung ist der Curculio palmarum, dessen Larve den bekannten Leckerbissen liefert. Das Geruchsorgan dieser anderthalb Zoll langen schwarzen Käfer ist sehr scharf ausgebildet, denn wenn vorher weit und breit nichts von ihm zu sehen war, so fliegt er herbei, sobald eine Palme umgehauen wird, um sogleich in das weiche Mark sich einzubohren und dort seine Eier zu legen. Etwa sechs Wochen später haben die Larven die gewünschte Größe erreicht, und müssen nun, wenn man sie essen will, aus dem Palmenmarke herausgenommen werden, sonst verpuppen sie sich.

Trotzdem wir uns in der kleinen Trockenzeit befanden, regnete es doch jeden Tag; so daß ich meine Rückreise nach dem Maroni auf die ersten Tage im März festgesetzt hatte. Massé und seine Frau litten oft am Fieber und mußten sich wegen meiner in ihrem kleinen Stübchen sehr einschränken. Mit den beiden Nonnen kam er nie zusammen und wenn sie sich je im Hospitale oder auf der Straße begegneten, so wichen sie einander aus oder behandelten sich mit kalter Höflichkeit.

Auf mein Zureden begleitete mich Massé noch am letzten Sonntag in die Kapelle. Nach dem Gebete, das die Nonnen vorlasen, sangen sie mit den Kokube's Lieder, deren Opernmelodien im schärfsten Gegensatz zu dem Zustande der armen Krüppel standen, die, einmal auf L'Accarouany eingebürgert, wohl Dantes Vers „Laßt alle Hoffnung, die Ihr hier eingeht" auf sich anwenden konnten, und deren einziger Trost die Segnungen der Religion sein mußten. Aber auch hier herrschte bei der Versammlung dasselbe gedankenlose Hinstarren; das ich bei allen Negern, welchem Gottesdienste sie auch angehören mochten, gefunden habe.

Da ich am Montag Morgen abreisen wollte, so hatte ich schon am Abend zuvor mit meinen beiden Jungen, denn Curieli hatte mich ebenfalls verlassen, mein Boot geladen und war von Massé mit Lebensmitteln, Wein und verschiedenen Früchten reichlich versehen worden. Unter den letzteren waren denn auch zwei enorme Jacks von einem Baume, der in größter Vollkommenheit in Massé's Garten stand. Die Früchte dieses Brotfruchtbaumes, (Artocarpus integrifolia), haben die Größe eines großen Kürbis, sind rund, mit weichen Stacheln bedeckt und werden manchmal bei 25 Pfund schwer; das Innere der Frucht, die von gelblichgrüner Farbe ist, besteht aus vielen, aneinander gewachsenen Zellen eines etwas weichen, goldgelben Fleisches, das sehr süß und angenehm schmeckt, etwa wie reife Bananen und Orangen. In jeder dieser Zellen ist ein kastanienähnlicher Kern, der geröstet oder gekocht, wie Kastanien gebraucht wird. Die Frucht wächst am Stamme, und manchmal so niedrig, daß sie ganz auf der Erde liegt.

Am Samstag hatten wie gewöhnlich die Kokubés dem Regisseur den Couac, den sie die Woche über bereitet hatten, zum Verkaufe gebracht, und es wurde am Sonntag nach dem Gottesdienst das Magazin geöffnet, wo Massé und seine Frau den Leuten verkauften was sie nötig hatten. Den Hauptbedarf bildete aber immer Tafin, und am Sonntag abend war regelmäßig die Mehrzahl der Unglücklichen betrunken. Nun waren Sonntag nachmittags Arowaken vom Maroni angekommen, um einige Dutzende Madappis (aus einer Art Rohr gemachte Schläuche zum Auspressen des Manioksaftes) an die Neger zu verkaufen. Massé nahm sie freundlich auf und ließ sie auf meine Bitte in seiner Küche schlafen, wo sie sogleich ihre Hängematten aufhingen, und ihre Töpfe ans Feuer stellten. Seit einigen Tagen hatte Massé zwei junge Karaiben, die für ihn jagten und tischten, in seinen Dienst genommen, deren Eltern in der Nähe wohnten. Diese waren nun ebenfalls angekommen, um ihre Söhne zu besuchen. Der Vater Krouwajali durch die Franzosen Bonaparte genannt, und die Mutter Marie Louise, waren bei den Kokubés wohl bekannt und schon ziemlich angetrunken, als wir uns abends sechs Uhr zu Tisch setzten. Madame Massé hatte eine köstliche Mahlzeit zubereitet. Eine Pimentade (starke, mit spanischem Pfeffer gewürzte Fischsuppe), Frikadellen vom Kapuzineraffen, eine gebratene Powis (crax alector) nebst einem herrlichen Palmkehlsalat, prangten auf der Tafel. Der Wein, dem Massé gerne zusprach, war in weißer und roter Sorte aufgestellt, und so saßen wir in bester Eintracht beim Abschiedsmahle, nicht ahnend, was die nächste Stunde schwarz verschleiert bringen werde.

Da riefen von unten einige Neger nach dem Regisseur. Als er auf die Galerie trat, um zu hören, was sie verlangten, schrieen sie, daß sie gehört hätten, er beherberge Arowaken, und diese seien ja überall als Zauberer (Piais) bekannt, er solle also dieselben augenblicklich entfernen.

Einer der Sprecher war der Bastian, oder wie die Franzosen ihn heißen, „le Commandeur", so viel wie schwarzer Aufseher und aus ihren Reden merkte man sogleich, daß sie nicht nüchtern waren. Trotzdem alle Neger des französischen Guyana getauft und Katholiken sind, so haben sie doch noch ihren alten heidnischen Aberglauben beibehalten, ja, was beklagenswert ist, die Priester fügen gelegentlich noch neuen Unsinn bei.

So erzählte mir Massé, daß wenige Monate zuvor, wie sonst nie geschehen war, die armen Kokubé's so häufig von Fledermäusen gebissen worden seien, daß sie keinen Rath wußten, wie sie sich gegen diese Plage schützen sollten. Zu arm, um sich Gazevorhänge über ihre elenden Betten anzuschaffen, oder immer Licht in ihren Hütten zu brennen, hatten sie sich an den Priester gewendet, der denn auch gegen Bezahlung von einigen Sous per Mann versprochen habe, eine Messe zu lesen und die Tiere zu exorzieren, darauf seien nach und nach die Fledermäuse weggeblieben. Ich weiß nicht was ich an dieser, mir von Massé für wahr verbürgten Geschichte, mehr bewundern soll, das schwache Zartgefühl des Priesters, den armen Teufeln ihre Sous marquees (Zwei-Sous-Stücke) abzunehmen, oder das der Fledermäuse in so faules Fleisch zu beißen und so verdorbenes Blut zu saugen. Massé war unschlüssig, was er tun sollte, denn er kannte den Aberglauben seiner Neger und ihre Unverschämtheit, besonders wenn sie betrunken waren.

Ich stellte ihm vor, daß die Indianer ja gar nicht bei den Negern, sondern bei ihm sich aufhielten; und er doch als Herr über sein Haus darin beherbergen könne wen er wolle, deshalb auch die Forderung der Kokubé's eine unverschämte sei. Stundenweit war keine andere Hütte wo die Arowaken hätten schlafen können und überdies ein schweres Gewitter im Anzug. So erhielten also die Neger eine abschlägige Antwort, zogen schimpfend ab und wir kehrten zum Bessert und Kaffee zurück. Aber nicht lange sollten wir in Ruhe sitzen; eine Menge Kokubé's, Männer und Weiber, versammelten sich vor dem Hause und begehrten schreiend, Massé solle die Indianer entfernen. Das ganze Gesindel war mehr oder weniger betrunken. Auch unter der Galerie des Hauses brach der Spektakel los, Bonaparte wurde von Marie Louise bei den Haaren herumgezogen, während die beiden Söhne, die ganz nüchtern waren, vergeblich ihre Eltern zu beschwichtigen suchten. Herr und Frau Massé traten aus dem Hause, um Guillaume, den Kommandeur zur Besinnung zu bringen; er sollte zur Strafe für seine Unverschämtheit in den Fußblock geschlossen werden. Aber Niemand wollte dem Regisseur helfen, er wurde im Gegenteil bedroht und gescholten.

Inzwischen beschäftigte ich mich mit Marie Louise, die wie eine Furie mit einem Stock auf ihren Mann losschlug. Ich nahm sie beim Genick und stieß sie ins Haus hinein, indem ich die Türe zumachen wollte. Marie Louise schrie fürchterlich und ich bemerkte jetzt erst, daß ich ihre Zehen zwischen die Türe geklemmt hatte. Schnell ließ ich die Türe los, und rasend vor Schmerzen hüpfte das arme Weib im Zimmer herum. Ihre beiden Söhne sprangen ihr zu Hilfe, drehten die beschädigten Zehen nach allen Seiten und als sie sahen, daß nichts gebrochen war, hingen sie die Hängematte auf, in welche sie ihre Mutter legten, die noch ein wenig heulte und dann (einschlief. Daun wurde Bonaparte ins Haus gezogen; man ließ ihn auf dem Boden liegen und schloß die Türe. Der Aufruhr und Lärm vor demselben waren immer größer geworden, denn der größte Teil der Kokubé's hatte sich dabei beteiligt.

Die Nacht war dunkel und das Gewitter im Anzug. Mehrere Weiber hatten Feuerbrände in den Händen, beim Scheine dieser und der Blitze sah ich einen Knäuel von Leuten auf einen am Boden Liegenden losschlagen. Rasch riß ich den Feuerbrand einem der Weiber aus der Hand, um zu sehen, ob der Geschlagene nicht einer der Arowaken sei, als „le Commandeur", der in seinem Rausche die Absicht mißdeutete und wohl wußte, daß ich Massé bestimmt hatte, die Arowaken zu beherbergen, auf mich zukam, mich mit seinen fingerlosen Fäusten bei den Hosenträgern packte und mich zu Boden zu werfen suchte. Andere Kokubé's umringten mich, ich wurde hin und her gezerrt, und als Massé die Gefahr sah, in der ich schwebte, drängte er sich, exaltiert wie immer und noch mehr durch den genossenen Wein, zu mir durch, entblößte seine Brust und schrie „Laissez moi mourir, épargnez mon ami!" Aber es geschah ihm nichts, die armen Krüppel hatten keine Waffen in ihren fingerlosen Fäusten. Trotzdem war es eine erhabene Szene, des Pinsels eines Höllen-Breughels würdig. Die dunkle Nacht, manchmal erleuchtet durch Blitze und durch Feuerbrände, die einige Weiber umher schwangen; der dicke Massé im blauen Hemde, ich umgeben von scheußlichen Krüppeln, deren Gesicht, durch Beulen und Geschwüre entstellt, manchmal gar nichts Menschliches mehr hatte, denen entweder die Finger an der Hand, oder Zehen oder beide, sowie Nase und Ohren abgefault waren, bekleidet, so wie sie der Zufall aus ihren Hütten gerufen hatte, der eine ohne Hemd, der andere ohne Hosen, ein dritter ganz nackt, und bloß mit seinem Lendentuch umgürtet. Dabei die der Negerrasse eigentümliche Ausdünstung, vermischt mit dem Parfüm verschiedener Salben, mit welchen die guten Nonnen die kranken Stellen der Leidenden beschmiert hatten; ich immer hin- und hergestoßen und dann hie und da bei den Hosenträgern gehalten. Fürwahr ich fühlte mich in meiner Lage nicht à mon aise. Es traf mich zwar kein Schlag, ebenso wenig gelang es den Krüppeln, mich auf den Boden zu werfen, wie es ihre Absicht schien.

Aber je größer die Gefahr, je näher die Hilfe. Frau Massé war, sobald sie den leidenschaftlichen Ausdruck ihres Mannes gehört hatte, ins Pfarrhaus geeilt, das kaum 30 Schritte vom Schauplatze des Krawalls entfernt war. Da saßen ruhig beim Diner die zwei Nonnen und der Priester von Mana, der erst vor einer Stunde angekommen war. Sie hatten wohl den Tumult und das Geschrei gehört, aber eben gedacht: was dich nicht brennt, das blase nicht. Als aber Frau Massé kam und die Nonnen und den Priester bat, die Neger zu besänftigen, zündete Sœur Martha die Laterne an und Nonnen und Priester erschienen auf dem Kampfplatz.

Obgleich das Geschrei keineswegs nachließ, so machte man doch dem Pfarrer Platz, der bis zu mir, der ich in höchster Aufregung und im Schweiße gebadet war, durchdrang. Er reichte mir die Hand und sagte, daß er très enchanté sei, jetzt meine Bekanntschaft zu machen, und bedauert habe, gerade nicht zu Hause gewesen zu sein, als ich ihn auf Mana besuchen wollte. Nachdem er diese Pflicht der Höflichkeit vollbracht hatte, wandte er sich mit saftigen Worten an die Bebellen, die zwar wenig auf ihn hörten, aber mir doch Zeit Hessen, mich zu entfernen und ins Haus zu treten. Hier stolperte ich nun zuerst über Bonaparte, der auf dem Boden lag, dann über die Hängematte der Marie Louise, die aber beide so fest wie Dachse schliefen, bis ich endlich in der Dunkelheit die Treppe fand.

Auch Massé kam sogleich hinter mir drein, denn ein Treffen mit dem Pfarrer war ihm widerlicher, als eine Wasserkur. Beide waren einander spinnefeind. Dem Priester und den Nonnen gelang es bald, die betrunkenen Krüppel zu besänftigen, es dauerte keine Viertelstunde, so waren alle Kokubé's nach ihren Hütten zurück gekehrt. Der gute Massé nahm einen tüchtigen Schluck auf diesen Schrecken, ich hatte aber nichts Eiligeres zu tun, als frische Hosen und ein Hemd nebst einem großen Stück Seife zu nehmen, die 200 Stufen an den

Fluß hinabzueilen und mich gründlich zu waschen, um alle Eindrücke dieser zu weit getriebenen Familiarität mit den Kokubé's zu verwischen.

Es war kaum acht Uhr, als alles abgelaufen war; ich hatte also noch Zeit genug, ins Pfarrhaus zu gehen und dem Priester und den Nonnen für ihren Beistand zu danken. Ich brachte da noch ein Stündchen zu bis Frau Massé mich auf Ordre ihres Mannes holen mußte, worüber wir alle herzlich lachten. Gar oft fand ich, daß, wenn auf so abgelegenen Plätzen einige Europäer wohnen, diese, statt sich an einander anzuschließen, meist mit einander im Unfrieden leben. So ist es auch auf den Pflanzungen in Surinam, wo häufig die Direktoren auf die entfernteren Freunde angewiesen sind, weil sie mit ihren nächsten Nachbarn im Zwist leben. Am Montag Morgen verließ ich den gutherzigen Massé und salutierte mit zwölf Schüssen, die er erwiderte, auch waren viele Kokubé's gekommen, um sich von mir zu verabschieden, und des gestrigen Streites ward mit keiner Silbe gedacht.

Weil ich bloß zwei Jungen hatte, so ging die Reise langsam vonstatten und kamen wir erst am Abend in Mana an. Ich erzählte der Superiorin mein Abenteuer mit den Kokubé's, das sie sehr belustigte. Sie tröstete mich mit der Versicherung, daß dergleichen Szenen auf der Leproserie häufig vorfielen und immer vorfallen werden, so lange man dem Regisseur den Schnapshandel nicht verbiete.

Ich trat nach dem Frühstück die Rückreise nach dem Maroni an. Es regnete fortwährend und da wir wegen des Windes das Zeltdach hatten abnehmen müssen und ich steuern mußte, so wurde ich so kalt, als reiste ich dem Nordpol zu. Glücklich kamen wir im Maroni an, ich brachte mein Boot in eine sichere Bucht und eilte zu Jean Pierre, wo eben eine Schüssel mit Pakirfleisch vom Feuer genommen wurde, dessen Brühe mich erwärmte. In der Hütte Jean Pierres brachte ich, während es draußen stürmte und regnete, eine sehr ruhige Nacht zu.

Am anderen Morgen fuhr ich mit günstigem Winde nach dem holländischen Ufer hinüber, wo ich in Christians neuer

Hütte mein Atelier aufschlug ; des Nachts aber, wo sich gar oft in dieser Jahreszeit Muskiten einfinden, schlief ich auf der Bühne, eines Hauses, das dem Schwiegersohn Christians, Georg gehörte. Er selbst mit Frau und Kind schliefen ebenfalls da.

Der Boden dieser Bühne war etwa sechs Fuß über der Erde und bestand aus aneinander gebundenen Palisaden oder Palmlatten, über die Pinablätter ausgebreitet waren. Unter jeder Hängematte waren große Scherben von indianischen Wasserkrügen mit Sand darauf, auf denen Feuerchen unterhalten wurden. Ein großer Baumstamm, in dem Stufen eingehauen waren, diente zur Treppe nach dem Schlaflokal, dessen beide Giebelseiten dicht mit Palmblättern verflochten waren. Über der Treppe war ein vier Fuß hohes Loch, das zum Eingang diente und mit einer aus Palmblättern geflochtenen Tür verschlossen wurde. So war denn das Schlafgemach solange die Feuerchen brannten, gegen Muskiten gut verwahrt. Obwohl zu derartigen Häusern kein Nagel verwendet wird, da alle Sparren, Pfosten und Blätter mit Lianen zusammengebunden werden, so trotzen sie doch jedem Sturm und sind die angenehmsten Schlafstätten, die man sich denken kann. Die Hütte, welche mir bei Tag zum Aufenthalt diente, verhing ich an der Windseite mit meinem Segel und stellte das Zelt meines Bootes dagegen auf, die übrigen Öffnungen wurden mit Pinablättern verstopft, denn bei dem immerwährenden Seewinde war es keine geringe Aufgabe, die jeden Tag gesammelten Pflanzen umzulegen.

Meine Lebensweise war beinahe die der Indianer, nur viel tätiger. Ich stand um halb sechs Uhr auf, badete mich im Fluß während meine Jungen das Wasser zum Kaffee kochten; dieser zum Frühstück, denn es war jetzt die Legezeit der Schildkröten, machte ich selbst und buk aus Schildkröteneiern Pfannenkuchen. War das Frühstück vorbei, so wurden Bälge nachgesehen, Pflanzen umgelegt und gegen neun Uhr ging es längs der See oder dem Flußufer nach Pflanzen und Insekten, bis ich um drei oder vier Uhr nach Hause kam und mein Mittagessen, das zugleich das Abendbrot war, bereitete. Es bestand meist aus Fischen oder Wild, und wenn die Indianer gar nichts geschossen hatten, aus Salzfleisch, Reis oder Bakkeljau. Inzwischen wurde präpariert und mit der Maschine die Pflanzen getrocknet, was meist um acht Uhr geschehen war.

Ein großes Netz, das ich von Holland hatte kommen lassen, wurde oft gebraucht und stets fing man damit eine Menge Fische, es war aber so schwer, daß man wohl zwanzig Männer nötig hatte, um damit zu manövrieren, so daß ich nicht alle Tage die nötige Mannschaft dazu finden konnte.

Oft brachten mir die Indianer Kabbis-Würmer, Karaibisch Adokoma, Arowakisch Kulisiri, die Larven des Curculio palmarem, denn sie wußten, daß das für mich der größte Leckerbissen war. Ich habe diese Larven bereits beschrieben. Sie gleichen so ziemlich den Engerlingen oder Larven der Maikäfer, haben aber keine Füße und fühlen sich fettig an.

Um sie zuzubereiten, werden sie abgewaschen, gut abgetrocknet und dann in eine Pfanne mit heißer Butter geworfen, in der sie sich ausdehnen und wie ein Würstchen anschwellen. Sind sie schön braungelb, so werden sie herausgenommen und mit Salz und spanischem Pfeffer bestreut. Die Indianer machen weniger Umstände, sie klemmen den Kopf der Larve in ein Klammerchen von Holz und rösten sie langsam über dem Kohlenfeuer. Sie schmecken auch so sehr gut.

Mein Vorrat Dram hatte bedeutend abgenommen und in gleichem Niveau standen auch die Dienstleistungen der Indianer die überdies, wenn sie keine Lust zum Fischen und Jagen haben, nur durch Schnaps aus ihrer Apathie zu bringen sind und wochenlang allein von Cassave und Pfefferbrühe leben können. Obgleich wir uns in der Trockenzeit befanden, so regnete und stürmte es doch jeden Tag, so daß ich mit einiger Furcht, an die Heimreise dachte, auf welcher mich die Para-Indianer nur dann begleiten wollten, wenn ich die Heise über See machen wolle, denn durch den Wanekreek zurückzugehen hatten sie keine Lust.

Da man gleich um sechs Uhr Abends und sobald die Nacht einbrach weder lesen noch sonst eine Arbeit bei Licht verrichten konnte, ohne von den Muskiten furchtbar zerstochen zu werden, auch es nur unmöglich war, elf lange Stunden in der Hängematte zuzubringen, so ging ich jeden Abend, wenn die Flut oder das Wetter es zuließen, zwei bis drei Stunden lang längs dem Seestrande hin, in der Hoffnung, jene große Seeschildkröte zu finden, die die Indianer mir als ein Ungetüm beschrieben hatten und die sie Cauana nennen. Erst viele Jahre später war ich so glücklich, sie kennen zu lernen, aber nicht am Strande, sondern sie wurde mir von Indianern gebracht. Inzwischen fand ich beinahe jeden Abend die gewöhnliche große, und die kleinere Warana bei dem friedlichen Geschäfte des Eierlegens. wozu ihr das hohe sandige Seeufer längs der Mündung besonders geschickt ist.

Beide Gattungen kommen in der Kolonie beinahe nur am Maroni vor. weil, ganz kurze Strecken ausgenommen, die Meeresküste des ganzen Landes aus Schlamm besteht. Die Begattungszeit der großen Chelonia viridis, bei den Karaiben Kalaru, bei den Arowaken Portoka genannt, fällt in den Januar und Februar, und dann sieht man oft diese kolossalen Tiere aneinanderhängend tagelang im Meere herumtreiben. Schon im Februar kommen die Weibchen an den Strand um zu legen und zwar immer bei Nacht, bei toter Ebbe und Flut, das heißt im ersten und letzten Viertel, wenn die Flut viel weniger hochkommt, als beim Neu- und Vollmond. Sie klimmen dann, wenn die Nacht anbricht, mühsam den steilen Strand hinauf und lassen eine vier Fuß breite Spur hinter sich, die man viele Tage lang noch finden kann, wenn das Wasser nicht zu hoch steigt. Diese Schildkröten untersuchen, indem sie manchmal einige hundert Schritte weit kriechen, das Ufer, auf dem bloß hartes rauhes Gras, kleines Gesträuch, durchflochten mit der Passiflora fötida und Cactus (Cereus) wachsen, scharren, wenn sie eine passende Stelle gefunden haben, mit den Hinterfüßen ein 1 ½ bis 2 Fuß tiefes Loch und legen darein ihre weißen, runden, nur mit einer pergamentartigen Schale umgebenen Eier, die die Größe einer Billard-Kugel haben. Die Zahl derselben kann bei jedem Legen von 60 bis über 200 betragen.

Das Eierlegen dauert einige Stunden lang, und sie legen drei- bis viermal in einer Saison, so daß jedes Weibchen wohl vier bis 600 Eier jährlich legt und die Vermehrung der Schildkröten, die sich von Seetange nähren, eine ungemein große sein müßte, wenn nicht viele der Eier von Menschen oder Tieren weggenommen und auch die ausgekrochenen Jungen teilweise ein Raub der Fische würden. Das Weiße im Ei ist wie eine kristallhelle Gallerte, wird beim Kochen weißlich, aber nicht hart und deshalb auch nicht gegessen. Der Dotter ist gelb, hart und eine gute Speise. Zerschlägt man die Eier und läßt sie in flachen Geschirren an der Sonne stehen, so sondert sich ein sehr feines Öl ab, von dem man aber in der Kolonie keinen Gebrauch macht.

Die Nester, wo die Eier liegen, sind gar nicht schwierig zu finden, weil die Spuren im Sande dazu hinführen, auch findet man immer ausgerissene Wurzeln und einen Platz von oft bei 30 Quadratmeter umwühlt. Auf dieser Fläche ist nun das 1 ½ bis 2 Fuß tief liegende Nest zu suchen. Man sticht mit einem indianischen Pfeil oder einem glatten Stocke so lange und an verschiedenen Orten in den Boden, bis man durch den härteren Sand in die weicheren Stellen eindringt, wo die Eier liegen. Von diesen werden einige zerstoßen, die man, wenn man das Nest ausgräbt, wegwirft. Schon lauern darauf die kleinen schwarzen Geier, Vultur aura, in der Kolonie als Stinkvögel bekannt, die diese beschädigten Eier sogleich auffressen, worauf sie weiterfliegen und sich auf ein anderes Nest setzen, das sie sodann dem Suchenden zeigen, wofür sie auch die schadhaften Eier als Tribut empfangen. Die jungen Schildkröten kommen im Juli oder August aus dem Ei und graben sich nicht nach der Höhe, sondern horizontal heraus. Sie sind schwärzlich von Farbe und der Schild noch ziemlich weich. Sie laufen sogleich dem Meere zu und müssen, wenn sie sich wie die Alten von Tangen nähren, wohl zwei Stunden weit schwimmen, ehe sie dahin kommen, wo auf dem tieferen Meeresgrund Pflanzen wachsen. Das Fleisch der Chelonia viridis ist rauh und faserig, das Fett grün, und man kann von einer einzigen Schildkröte drei bis vier Gallons Fett auskochen. Obgleich das Schildkrötenfleisch in Europa so hoch geschätzt wird, so wird es in Surinam wenig geachtet. Die Schildplatten sind dünn, etwa 1 ½ Fuß lang und neun Zoll breit, gelblich und braun gefleckt und haben keinen Wert. In der Kolonie heißt diese Schildkröte Calpé. Sie hat ein Gewicht von 250 bis 300 Pfund, und da keine Männchen an das Land kommen, so werden bloß Weibchen gefangen. Der Jaguar stellt ihnen nach, und ich habe schon manche Schale gefunden, die von diesem Raubtier total ausgefressen war. Gegen April und Mai kann man am Maroni in jeder Nacht bei niederer Flut vier bis sechs derselben fangen; man dreht sie auf den Rücken, und es ist ihnen unmöglich, sich umzuwenden, wenn sie sich nicht an den Füssen mit einer Wurzel oder sonst wo anstemmen können. Sie schlagen auf dem Rücken liegend mit ihren Vorder- und Hinterfüßen wütend um sich.

Gegen Mai und Juni kommt eine kleinere, nur etwa 60 bis 70 Pfund schwere Schildkröte bisweilen in so großer Anzahl an das Land, daß man in mancher Nacht wohl 30 Stück fangen kann. Die Indianer nennen sie Warana (Chelonia corticata). Diese Schildkröten kommen auch ans Ufer ohne gerade ihre Eier legen zu wollen, obgleich ich unter den herumspazierenden nie Männchen gesehen habe. Ihre Eier sind kleiner als die der vorigen, besser und der Dotter gelber, das Fleisch ist aber schlechter und wird nicht genossen.

Viel seltener und meist nicht vor Juni kommt die Carette-Schildkröte (Chelonia imbricata) ans Land. Sie ist etwa 100 Pfund schwer, hat einen gebogenen Oberkiefer wie ein Papagei, ihr Fleisch wird nicht gegessen und gilt sogar für giftig. Sie liefert das echte Schildkrot und kann 1 ½ bis 2 ½ kg geben. Obgleich es sehr schön ist, so wird es viel weniger geschätzt als das aus Ostindien kommende. Die Carette wird bei den Indianern Craroa genannt. Eine andere Chelonia onechochelys Kraussi (Gray) ist dieser in Form und Farbe ganz gleich, aber so dünnschalig, daß sie durchaus keinen Wert hat.

Bloß dreimal in der langen Zeit meines Aufenthaltes am Maroni brachte man mir, und stets in großen ausgewachsenen Exemplaren, die sonderbare Lederschildkröte, Sphargis corriacea, bei den Karaiben Cauana genannt. Die erste, welche mir im Jahre 1866 gebracht wurde, hatte von der Spitze des Schwanzes bis zu der des Oberkiefers eine Länge von 2,18 m mit ausgebreiteten Vorderfüßen geklaftert von 2,12 m; Länge des Rückenschildes 1,45 m, Breite 1,10 m; Länge des Vorderfußes 1,11 m, Breite 0,33 m; Länge der Hinterfüße 0,55 m, Breite 0,29 m, Länge des Unterschildes 1,15 m, Breite 0,86 m; Schwanzlänge 0,31 m. Die Farbe ist blauschwarz, mit langen gelblichen Flecken, längs den Seiten laufen erhabene Ränder mit Buckeln. Der Oberkiefer ist ausgezackt, vielleicht um die Pflanzen leichter vom Felsen losreißen zu können. Beim Ablösen des Brustschildes, das jederzeit eine entsetzliche Metzelei war, schrie das Tier beinahe wie ein Ochse, und war die Präparation des Oberschildes ein äußerst schwieriges Geschäft, da eine fette knorpelige Substanz zwei Finger dick darauf saß, die man ablösen mußte, so daß zuletzt, als auch die Rippen herausgeschnitten waren, der ganze Schild kaum sechs Millimeter dick war und sich wie ein Pappdeckel zusammenrollen ließ. Die letzte dieser Art, die ich im Mai 1879 erhielt, hatte etwa 100 große vollkommene und über 500 kleine gelbe Eier im Leibe. Wir schmolzen über sechs Gallon Öl aus, obgleich nicht alles Fett benützt wurde. Das Tier kommt sehr selten an unsere Küste, ist in Französisch Guyana aber häufiger, vermutlich weil da schon Felsen im Meere vorkommen.

Von Landschildkröten sind mir vier Artenbekannt, wovon die Testudo tabulata oder Waiamu der Indianer am häufigsten vorkommt. Sie findet sich überall, am meisten aber im Hügel- und Savannenland. Die Indianer haben oft kleine Hunde, die auf ihre Jagd abgerichtet sind. Sie wird bis anderthalb Fuß lang, doch findet man auch, wiewohl höchst selten, einzelne Exemplare, die über zwei Fuß Länge erreichen, was, wenn sie ein Buschneger findet, für ihn ein böses Omen ist. Sie nähren sich bloß von Vegetabilien. Blättern und Früchten, hauptsächlich von den Spondias-Pflaumen, die besonders im Januar und Februar reifen und wovon sie sehr fett werden. Ich hatte immer einige Dutzende in einem Stalle und gab ihnen gekochte süße Pataten, reife Bananen und jene Pflaumen. Wenn sie fett sind, und sie werden es bei guter Nahrung bald, so ist die Leber ein Leckerbissen, überhaupt das Tier selbst eine gute und gesuchte Speise Ein langweiligeres Tier ist nicht leicht zu sehen; ist es gesättigt, so sitzt es in eine Ecke und bleibt mit eingezogenem Halse und Füssen tagelang auf derselben Stelle. Sie begatten sich im Stalle, welches Geschäft tagelang dauert und wobei sie so erbärmlich klagende Töne von sich geben, daß man meint, ein Mensch liege im Sterben. Sie werden so zahm, daß sie einem aus der Hand fressen und haben außer dem Menschen keinen Feind als den Jaguar, der mit seinen Klauen das Fleisch aus der Schale ziehen soll. Sie legen fünf bis sechs große runde harte Eier, die sie nicht verscharren. Ich kenne zwei Abarten, die eine mehr rund mit gelben Flecken am Kopfe und den Füssen, die andere, mehr eckig mit roten Flecken. In den Eingeweiden beider Abarten sind immer massenhaft Würmer.

Die zweite Art von Landschildkröten, Testudo carbonaria, hat einen mehr gewölbten grauen Oberschild, ist viel kleiner und selten.

Noch seltener ist die Klappenschildkröte, Xinosternum scorpioides, von kaum acht Zoll Länge. Unter den Sumpfschildkröten ist die Arakaka, rundlich und nicht über handgroß, die häufigste, sie ist platter als die anderen und wird nicht genossen.

Die sonderbare Matamatta (Chelys imtibriata) erhielt ich manchmal lebend aus Cayenne. Sie lebt im Aprouack und Oyapock, wird etwa anderthalb Fuß lang und dient als Nahrung. Obgleich sie sich von Salat und Vegetabilien nähren sollen, so fraßen sie bei mir nie das mindeste und blieben stets wild. Von Wasserschildkröten kenne ich zwei bis drei Arten. Die eine, welche die Karaiben Waiurubeta nennen, (hydraspus ranieeps Gray), wird über einen Fuß lang, ist oval, oben schwärzlich blau, unten gelblich. Sie hat einen langen Hals, den sie auf die Seite des Schildes biegt, Schwimmfüße und ist sehr wild und bissig. Sie lebt bloß von Fischen, denen sie den Bauch aufreißt, während der Piranha ihr manchmal die Füße abfrißt.

Hitze und Feuchtigkeit ist die Lebensbedingung, unter der sich das bedeutende Geschlecht der Amphibien entwickelt und gedeiht, deshalb ist auch jede einzelne Gattung dieser dem Menschen mehr als andere fernstehender Tiere reichlich vertreten. Während die eben angeführte Gattung der Schildkröten die einzige ist, die Nutzen für den Menschen haben, sind die Schlangen wegen der tödlichen Waffen, die einige führen, gefürchtet, und auch die Eidechsen und Frösche trotz ihres schmucken und lebhaften Wesens den meisten Menschen unheimliche Gäste.

Unter den Schlangen zeichnet sich das Geschlecht der Boas durch ihre Größe aus. Die größte von ihnen ist boa constrictor oder murina, in der Kolonie Aboma, bei den Karaiben Ogoiu genannt. Sie kommt im ganzen Lande, aber stets nur in der Nähe des Wassers vor und erklimmt keine Bäume. Sie soll auf Victoria im obern Surinam in einer Länge von 44 Fuß geschossen worden sein was ich aber nicht verbürgen will. Ich selbst habe aber im Jahre 1838 in dem Nickerifluß eine solche Schlange geschossen, die ohne Kopf und Schwanz, denn diese hatte ich abhauen müssen, ehe die Neger sie ins Boot hereinzogen, 23 Fuß lang war, also mit Schwanz und Kopf, die weggeworfen werden mußten, etwa 29 Fuß. Das Tier war über mannsdick und sechs Mann konnten das Ungeheuer kaum tragen. Sie war sehr mager, hatte nichts im Magen, aber 78 Junge im Leibe, deren jedes in einem eiförmigen Sack oder Blase lag und anderthalb Fuß Länge hatte. Ich aß ein Stück des Fleisches, das gar nicht schlecht schmeckte; von jüngeren hatte ich schon oft gegessen.

Sie sind im ganzen Lande häufig, erreichen aber selten eine bedeutende Länge. Die Indianer verabscheuen die Boa wie jede Art Schlangen In der Kolonie aber wird das ausgelassene

Fett derselben gegen Gicht sehr gepriesen. In späterer Zeit, im Jahr 1874, befand ich mich in meinem Boote im Wanekreek, als wir ganz in der Nähe und in einem Dickicht von Mocco Mocco eine starke Bewegung und lautes Schnauben hörten. Sogleich versicherten mich die Indianer, dieses Geräusch rühre davon her, daß ein Kaiman sich mit einer Boa begatte. Meine Einwendung, daß dieses unmöglich sei, galt nicht, jeder Indianer wisse das. Ich war nur neugierig, diese wunderlichen Liebkosungen selbst zu sehen, und wir fuhren so leise als möglich der Stelle zu, von der das Geräusch kam. Da sah ich dann das wirklich eigentümliche Schauspiel, daß eine etwa zehn Fuß lange armsdicke Boa einen vier bis fünf Fuß langen Kaiman fest umschlungen hatte. Den Kopf der Schlange sahen wir nicht, wohl aber den des Kaimans, der mit dem Schwanz das Wasser schlug. Wir schossen auf den Abstand von kaum sechs Schritten, worauf blitzschnell die Schlange sich abhaspelte und davon eilte, der Kaiman aber untertauchte; die leichten Schrote konnten die Tiere nicht bedeutend verletzt haben. Was nun die beiden, da getrieben haben, kann ich nicht vermuten, eine Begattung war es freilich nicht.

Vermutlich war es ein Kampf, denn um den Kaiman fressen zu können, war die Schlange viel zu klein. Dergleichen Kämpfe oder monströse Umarmungen scheinen aber häufig vorzukommen, weil alle Indianer damit bekannt sind.

Die Boa murina hält sich oft in den Wassergräben der Pflanzungen auf und frißt da gerne Enten und andere Wasservögel, sonst nährt sie sich von Wild, das über die Flüsse schwimmt, als Capybaras, Pakirs, Hirschen und dergleichen. Sie verrät sich wie die giftigen Schlangen durch einen unangenehmen knoblauchartigen Geruch, der gerade bei ihr besonders bemerkbar ist. Die Hochlands-Aboma, Abgottschlange, Boa canina, wird nicht über 16 bis 18 Fuß lang, schenkelsdick und man trifft sie meist auf Bäumen, in deren Ästen sie dicht verschlungen tagelange liegt, so lange sie nicht der Hunger auf die Jagd treibt, wo sie kleineres Wild, als Cavias. Pacas, Pakirs und hühnerartige Vogel frißt.

Es ist ein wunderschönes Tier, gefleckt und in allen Farben des Regenbogens schillernd. Sie wird leicht zahm und jetzt häufig in Menagerien und zoologischen Gärten gezeigt. Man muß diese Schlange lange reizen, ehe sie in Zorn gerät, aber dann dauert auch derselbe einige Stunden lang und offenbart sich durch ein Zischen, das im Tone ganz dem Ausströmen des Dampfes aus einem Kessel gleicht. Die meisten Buschneger verehren das Tier, ich habe aber nie gesehen, daß man es auf einem Dorfe zahm gehalten hätte.

Eine dritte, boa cenchris, ist viel seltener und wird nicht über acht Fuß lang. Kleinere Arten dieses Geschlechtes halten sich immer auf Bäumen auf und liegen zu Klumpen verschlungen in den Ästen. Ich fand eine dieser kleinen Boas mehreranale auf Bananenbäumen und jedesmal in ihrem Bauche dieselbe Art von Fledermäusen. Eine sehr schöne Art, welche etwa sechs Fuß lang wird, ist prächtig hellgrün, mit gelblichem Bauche und regelmäßigen weißen Flecken an der Seite. Die Indianer nennen sie Kulewagaimo oder Papageienschlange.

Die giftigen Schlangen, die kaum fünf Prozent sämtlicher Schlangen betragen, sind ebenso faul und phlegmatisch wie die Boas, greifen den Menschen nie an, ja lassen sich unter Umständen in die Hand nehmen und wegtragen. Ich sah wie ein Indianer beim Klettern über einen Baum auf die gefährlichste aller Schlangen, auf eine zusammengerollte Capassischlange (trigonocephalus rhombeatus) trat ohne daß sie den Platz verlassen hätte, bis der Indianer ihr mit dem Hauer den Kopf abschlug. Dieses Phlegma ist zum Glück des Menschen allen giftigen Schlangen eigen. Ich selbst schoß einmal und nur auf den Abstand von drei Schritten, mit einem Pfeile eine armsdicke Klapperschlange, Crotalus horridus, deren Klapper sieben Ringe hatte, ohne daß das furchtbare Tier, das mich ganz ruhig näher kommen ließ, mich angegriffen hätte. Nur eine kaum fußlange Schlange, bräunlich, mit blauen Bändern, macht davon eine Ausnahme: begegnet sie dem Menschen, so macht sie sich breit wie ein Band und springt oder hüpft auf ihn, um zu beißen. Ganz das Gegenteil der giftigen, die meist dunkle Farben und oft Kielschuppen haben, sind die Baumschlangen.

Kaum erblicken sie den Menschen, so schlüpfen sie durchs Gebüsch und kriechen mit einer Geschwindigkeit und so geräuschlos auf die höchsten Bäume, daß das Auge kaum folgen kann. Sie sind fast immer schön gefärbt, oft vom lebhaftesten Grün, gelb oder blau und gefleckt, haben schöne große Augen und sind mit wenigen Ausnahmen nicht über sechs Fuß lang. Sie nähren sich von Fröschen, Vögeln, Eiern und kleinen Säugetieren, verschmähen aber auch Insekten nicht. Zwei Drittel der sämtlichen Schlangen der Kolonie gehören zu dieser Gattung, die in Deutschland durch die Ringelnatter vertreten wird, welche letztere bei weitem nicht diese Lebhaftigkeit besitzt, wie ihre Schwestern im Süden.

Unter den Eidechsenarten nimmt der Kaiman die erste Stelle ein. Es bestehen davon zwei Arten. Er kommt in allen Sümpfen und Flüssen vor, frißt hauptsächlich Fische und Wasservögel, liegt stets am Ufer, mit der Schnauze und manchmal mit dem Rücken über in Wasser und wird höchstens sechs Fuß lang. Doch besteht bei den Indianern eine Sage, daß in der Gegend von Armina ein großer Kaiman gelebt habe, nach dem noch eine Insel Agale ibao den Namen führt Der große Kaiman, der oft zwanzig Fuß lang wird und schon in dem von dem westlichen Grenzposten Nickerie bloß acht Stunden entfernten Berbicefluß zu Hause ist, ist hier ganz unbekannt. Es ist dieses abermals ein Beweis dafür, daß Surinam keinen Wasserweg nach dem Amazonenfluß hat, wie britisch Guyana, wodurch dieses Land mit solchen liebenswürdigen Bestien bevölkert worden ist.

Der Kaiman legt gegen 20 längliche, drei Zoll lange, mit einer porösen Schale überzogene Eier, die er in ein Nest, das er aus verfaultem Holz und Blättern zusammenscharrt, legt und dann, wie die Indianer mich versicherten, in der Nähe bleibt, um es von Zeit zu Zeit zu besuchen. Die Indianer essen das Fleisch des Kaimans, das nach Moschus schmeckt, sehr gern; in der Kolonie macht niemand Gebrauch davon.

Ungleich beliebter als der Kaiman ist der Leguan, Iguana delicatissima. Diese harmlose Eidechse, die mit dem langen geißelartigen Schwanz manchmal über sechs Fuß lang wird, lebt bloß auf Bäumen, deren Laub und Blüten sie frißt. Sie ist grünlich von Farbe, der Bauch heller, hat graue Augen, einen häutigen, zwei Zoll langen Sack am Halse und auf dem Rücken einen Kamm von aufrechtstehenden zackenförmigen Schuppen, die etwa zollang sind. Die Weibchen legen am Anfang der Trockenzeit, im August, ihre Eier in den Sand, indem sie sich lange Höhlen graben und darin bleiben, bis die Eier, 25 bis 40 an der Zahl, gelegt sind.

Diese Eier sind etwas größer als Taubeneier, länglich und wie die Eier der Seeschildkröten mit einer pergamentartigen Schale umgeben. Sie enthalten kein Weißes und übertreffen an Wohlgeschmack alle Vogel- und Amphibieneier, die ich kenne. Der Leguan hat ein sehr feines, dem der Hühner ähnliches Fleisch. Ein Leguanweibchen mit seinen Eiern ist ein Gericht, das dem Besten Europas nicht nachsteht.

Die Jungen schlüpfen im Oktober und November aus. Die jungen Leguans sind etwa vier Zoll lang, vom lebhaftesten Grün, mit gelblichem Bauche und der Sack unter dem Halse hat rote und blaue Streifen. Es sind die niedlichsten Eidechsen, die man sehen kann. Sie nähren sich von jungen kaum entsprossenen Pflanzen, und ich hatte jedes Frühjahr meine liebe Not mit ihnen. Pflanzte ich Bohnen, so kamen sie jeden Tag, wenn die Sonne am heißesten brannte, in den Garten und fraßen die jungen Schößlinge auf; ebenso im Blumengarten die jungen Blättchen der Campanulas und Ipomäen, von denen ich Lauben hatte. Ich stellte daher Indianerknaben auf. ließ sie mit Pfeilen schießen und bezahlte für jeden Geschossenen einen Sous. Dabei waren diese Tiere schlau und ließen sich nicht sehen wenn sie Unrat merkten. In einem Vormittag schoß mir einmal ein Indianerknabe siebzehn kleine Leguans.

Eine andere große Eidechse, die sich um die Wohnungen aufhält, von Insekten, Vögeln, jungen Hühnern und Enten lebt, ist der Sabacarra (Tajus monitor). Sie wird über drei Fuß lang, hat eine gespaltene Zunge, die sie wie die Schlangen häufig herausstreckt, ist sehr glattglänzend, dunkelbraun und gelb geneckt, läuft immer umher und schnüffelt mit der Nase im Boden nach Insekten und Würmern. Wird sie gejagt, so streckt sie den Schwanz etwas in die Höhe, sonst zieht sie ihn auf der Erde nach sich. Ihre Eier gleichen denen des Leguan, sind aber bei weitem nicht so schmackhaft. Sie legt dieselben gerne in Termitennester und besteigt zu diesem Zweck kleine Bäume, sonst hält sie sich immer auf dem Boden auf.

Gewöhnliche Eidechsen gibt es gar verschiedene Arten, am meisten findet man um die Häuser und in Gärten die Lacerta ameiva, die bis anderthalb Fuß lang wird. Sie ist oben schon grün, gegen den Schwanz und die Unterseite bläulich, mit braunen Flecken. Man sieht sie den ganzen Tag und bei der größten Hitze herumlaufen, die Erde, aufwühlen und nach Insekten suchen; ihre Eier vergräbt sie in den Sand.

Sechstes Kapitel

Ehe ich auf einige Tage den obern Maroni besuchte, fand ich noch Gelegenheit, einem Jagd- und Fischzug beizuwohnen, den Indianer in den nächsten Tagen vorhatten und wo sie sich meines Netzes bedienen wollten, um eine große Bucht oder Kreek abzuschließen. Die Abwesenheit vom Dorfe sollte vier Tage dauern und die Weiber waren beschäftigt, das nötige Brot zu backen und Tapana und Sacura zu bereiten.

Wir traten mit zwei Booten die Reise an und es waren außer mir und meinen Indianern noch sieben Männer, drei Frauen und zwei Kinder dabei. Eigentlich war der Hauptzweck der Reise junge Flamingos oder vielmehr ibis rubra, (den man in Surinam Flamingo nennt) und Reiher zu erhalten, die in den Gebüschen nahe bei einer vom Dorf etwa acht Stunden entfernten Schlammbank nisteten, wohin man zu Fuße nicht kommen konnte.

Obgleich der echte Flamingo, phoenicopterus, auch an der Seeküste vorkommt, so kennt man ihn doch kaum in der Kolonie, da er nur an dem unzugänglichen Seeufer zwischen dem Maroni und Oranje in größeren Flügen gesehen wird und in der Kolonie nicht zu nisten scheint. Die roten Ibisse und Reiher, die gerade Eier und Junge hatten, wollte man holen, dann an dem Wia Wiakreek Krabben fangen und auf dem Rückwege mit meinem Netze die bewußte Bucht absperren.

Das Programm zu dieser Jagdpartie hatte Kapitän Georg, dessen Indianername Mosagai war, aufgestellt, er leitete den Zug; ich bummelte als Volontär mit und hatte meine Jungen zu Hause gelassen. Wir fuhren gegen neun Uhr morgens ab und hatten bald mit pagaien die Gewerimansecke erreicht, als der Wind sich erhob und wir rasch längs dem sandigen Seestrand fuhren, an dessen Ende eine Hütte stand, die von früheren Ausflügen herrührte und in der wir die Nacht zubringen wollten.

Einige große Schildkröten trieben an uns vorbei, auch zwei in der Paarung begriffene, die ganz willenlos von den

Wellen dem Ufer zugeschaukelt wurden. Die Hütte war im elendesten Zustande, was die Indianer übrigens vorausgesehen hatten, denn sie brachten große Bündel Heliconienblätter mit und in wenig Minuten war das Dach so ausgebessert, daß es gegen Regen schützen konnte. Darunter zu schlafen war für so viele Menschen keine Möglichkeit. Die Coralen wurden in eine Bucht gezogen und während die Weiber trockenes Holz zusammensuchten, um Feuer zu machen, wateten die Männer durch die Mangrovegesträuche in einem zähen Schlamm, indem sie bei jedem Schritte bis an die Knie einsanken, längs der Küste hin und kamen nach einer halben Stunde so beladen mit den schönsten und größten Krabben, (uca una) zurück, daß sie dieselben kaum schleppen konnten.

Inzwischen war ich auch mit der Flinte längs des an der Ostseite sandigen Ufers gegangen und sah keine zwanzig Schritte von mir entfernt sechs bis acht große Moschusenten in einem Tümpel friedlich bei einander. Ich schoß, traf aber keine, dagegen zwei große Schnepfen, die ich gar nicht bemerkt hatte. In einiger Entfernung spazierten mehrere große Flamingos (Phoenicopterus) im Sumpfe herum, sie sahen auffordernd zu mir herüber, aber die Entfernung wäre auch für einen guten Schützen zu groß gewesen.

Ich kehrte also mit meinen zwei Schnepfen zurück und fand bereits vier große Töpfe auf dem Feuer, worin die Krabben gekocht wurden, nachdem man sie zuvor im Sumpfe abgewaschen hatte. Das Wasser in demselben schmeckte brackig, zum Trink- und Kochwasser gruben daher die Indianer am Seestrande, der von der hohen Flut nicht überschwemmt wird, ein drei bis vier Fuß tiefes Loch in den Sand, daß sich sogleich mit hellem trinkbarem Wasser füllte, während das Seewasser salzig und das des Sumpfes, wie gesagt, brackig ist. Wenn mir auf meinen späteren Reisen das Wasser ausging, habe ich mir immer auf eben diese Weise trinkbares Wasser verschafft.

Als die Krabben gekocht waren, ging es an ein Essen, dem zuzusehen eine Lust war; die Scheren und Füße wurden zerklopft, um das süße Fleisch zu bekommen; in die Schale voll von grünem Fett und einem schwarzen bittern Unrat drückten die Indianer in Pfefferbrühe geweichtes Cassavebrot und fuhren so mit Essen fort, bis auch der letzte Krabbe zerklopft war. Das Krabbenessen ist, wenn man bloß Scheren und Füße nimmt, eine langweilige Arbeit, womit man wohl ein paar Stunden zubringen kann, ehe man recht satt wird.

In Paramaribo gehört eine Krabbenpastete unter die ersten Leckerbissen des Landes. Das weiße Fleisch der Scheren und Füße wird mit Chalotten, Petersilien, Weckmehl, Butter und Gewürze zu einem Teige gewiegt, die sorgfältig gewaschenen Schalen damit gefüllt und diese im Ofen oder unter einem Aufzugdeckel gar gebacken. Zur Sauce wird das Fett, das sich an den Seiten der Schale befindet, mit etwas Butter gequirlt, zerriebene Zitronenschalen, Gewürznelken, Muskatblüte und spanischer Pfeffer hinzugetan und das ganze kochend heiß mit einem Wasserglas voll Cognac oder Rum verdünnt; die Sauce sieht dunkelgrün aus und wird mit den Pastetchen gegessen.

Es ist unglaublich, welche Massen von Krabben den Seestrand bewohnen. Soweit die Schlammküste sich erstreckt, also etwa acht Stunden lang, ist sozusagen Loch an Loch, und zwar sind dieselben gewöhnlich keine zwei Fuß auseinander und immer mehr als einen Fuß tief. Die Krabben sitzen da vor ihren Löchern und nähren sich von Tier- und Pflanzenresten. Ihre Schale ist beinahe vier, das ganze Tier aber wohl zwölf Zoll breit und drei Zoll lang. Die Füße sind dicht behaart und rotbraun, die Schale bläulich oder gelblich.

Eine andere, viel seltenere Art (uca laevis) kommt an einigen Plätzen am Ufer des Flusses vor. Die Krabben dieser Art sind viel größer als die besprochenen, ihre Schale mehr gewölbt und hellblau gefärbt; die eine Schere ist bei ihnen immer ziemlich größer als die andere; die Karaiben heißen sie Waiamu Krabben, während die gemeinen Krabben von ihnen Kusa, von den Arowaken aber Kwa genannt werden. Bei niederem Wasserstand sitzen die Krabben immer vor ihren Löchern, wittern sie aber Gefahr, so schließen sie die Scheren fest an die Brust, und fliehen schnell zurück. Da sie in dem engen Loch die Schere nicht ausbreiten können, so kann sie der Indianer, indem er in das Loch greift und beide Scheren dem Tiere fest an den Leib drückt, herausnehmen, ohne daß sie diese Waffen gebrauchen können.

Im Monat August ist der Krabbentanz oder ihr Karneval, wo verschiedene Arten dieser sonderbaren Geschöpfe wie närrisch auf dem Ufer umherlaufen, sich verfolgen und einander die Scheren abzukneifen suchen. Vermutlich ist dies ihre Begattungszeit. Auf diesen Karneval folgt die Fastenzeit, denn sie ziehen sich gleich nachher in ihre Löcher zurück, wo sie ihre Schalen abwerfen, und erst, wenn die neuen erhärtet sind, wieder ans Tageslicht kommen.

Eine andere viel seltenere Art, in der Kolonie unter dem Namen Sirca, bei den Arowaken als haralubata bekannt (lupa diacantha) hält sich nur in See- und Brackwasser auf, lebt von tierischen Substanzen und wird in den Gräben von Paramaribo und in Salzwassersümpfen gefangen. Ihre Schale ist viel platter als die des gewöhnlichen Krabben, an der Seite gezähnt und stachelig, ebenso wie die beiden gleich großen Scheren. Sie sind gelblich von Farbe, durch das Kochen aber werden sie krebsrot und gleichen im Geschmack europäischen Krebsen.

In den Flüssen findet man in Felsenlöchern und hohlen Bäumen einen sehr wohlschmeckenden Krebs. Er ist größer als der Edelkrebs, manchmal über einen Fuß lang, mit langen dünnen walzenförmigen Scheren; schwärzlich von Farbe wird er durch das Kochen hochrot. Garnelen, in Surinam Sarre Sarre genannt, kommen in Menge im Brackwasser vor und werden in Netzen gefangen. Nachdem nun meine Indianer sich an Krabben vollgegessen hatten, pflegten sie der Ruhe und schoben den Besuch der Vogelnester bis auf den andern Tag auf, obschon es dahin kaum eine halbe Stunde zu fahren war.

Weil die Flut das Ufer überschwemmte, mit Ausnahme des etwas höher gelegenen bei 30 Schritte langen Sandhügelchens, auf dem wir unser Lager aufgeschlagen hatten, so hingen wir unsere Hängematten an Pfählen auf, die noch von früherer

Zeit her zu gleichem Zweck in den Sand eingerammt waren. Bloß die Weiber und Kinder blieben in der Hütte. In der Mitte des Lagerplatzes brannte ein mächtiges Feuer, und da die Indianer dem mitgebrachten Tapana tapfer zusprachen, so war alles munter und froher Dinge, denn eine solche Jagdpartie ist für sie auch zugleich ein Vergnügen, besonders wenn die Ausbeute so lohnend ist. Es ist zu verwundern, daß, während ich in Hosen, Hemd und Schlaftuch eingehüllt, in einer aus starker Leinwand verfertigten Hängematte lag und bei dem starken Seewind, der uns bestrich, mich mit einer wollenen Decke zugedeckt hätte, wenn ich eine solche bei mir gehabt haben würde, die Indianer ganz nackt in ihren Hängematten lagen und ruhig schliefen, ich sah später oft, wenn wir im Walde unter freiem Himmel übernachten mußten, wie wenig sich die Indianer daraus machen in vom Regen durchnetzten Hängematten zu schlafen, und obschon sie oft an Dyssenterie leiden, so habe ich doch nie einen gesehen, der von Gicht oder Rheumatismen geplagt gewesen wäre. Ein Beweis, daß je mehr man sich abhärtet, man um so weniger von jenen Krankheiten heimgesucht wird.

Als die Nacht eingebrochen war, sahen wir beim Scheine des Mondes eine Eule von der Größe des Uhus auf einen Baumstamm fliegen, um uns durch ihren Gesang zu ergötzen. Sie heißt bei den Indianern Abirigigi – bubo virginianus, ihr Geschrei ist wie ihr Name. Sie soll bloß von Krabben leben, was auch die ausschließliche Nahrung eines kleinen Falken ist, den die Indianer ebenfalls nach seinem Geschrei kwabibi nennen, dieser Falke ist bloß da zu finden, wo Krabben sind, und ich habe ihn oft bei seiner Mahlzeit überrascht. Er ist aber nicht groß und stark genug, um sich an große Arten machen zu können, und begnügt sich mit den kleinen roten und blauen, die bei niedrigem Wasser in Unzahl unter den Mangrove-Bäumen herumspazieren.

Am andern Morgen war wieder Ebbe und erst mit der Mittagsflut wollten die Indianer an die Stelle fahren, wo die Vögel nisteten, denn weit und breit war nach Westen zu dem

Seestrand ein bodenloser Schlamm. – Die Männer schossen nun in den ablaufenden trüben Wellen Sägefische, kleine Haie, und eine Menge Welse, und als das Wasser mehr sich zurückgezogen hatte, suchten sie in den überall herumliegenden alten Baumstämmen nach einem bei anderthalb Fuß langen Schuppenfisch, den man in Surinam *lomp* heißt (Batrachus surinamensis). Er ist von widerlichem Aussehen, mit großem breitem Krötenkopf, aber wegen seines feinen Fleisches sehr geschätzt. So hatten wir, ehe es auf den Vogelfang ging, wieder eine flotte Mahlzeit und so viel Fische, daß ein großer Barbacot errichtet und der Fang geräuchert wurde, ein Geschäft, das die Weiber, die den Vogelfang nicht mitmachten, zu versehen hatten.

Endlich gegen die Mittagsstunde kam die Flut auf und wir fuhren der Ecke zu, wo die Vögel nisteten. Schon von weitem sah man das grelle Roth der Ibisse und das blendende Weiss der Reiher oder, wie wir sie nennen, Sabakus aus dem grünen Gebüsche hervorleuchten. Als wir näher kamen und die armen Vögel sahen, daß wir auf ihre Brutplätze zufuhren, umkreisten sie uns bei Hunderten und setzten sich auf die benachbarten Bäume, um uns zu beobachten. Die Flut brachte uns bis unter die Nester, die sechs bis acht Fuß über dem höchsten Wasserstand, aus Reisern gar kunstlos gemacht, in den Astgabeln der Bäumchen angebracht waren, und hätte man mit leichter Mühe, denn keines der Bäumchen war über armsdick, Eier und junge Vögel ins Boot schütteln können. Es waren im Umkreis Hunderte von Nestern, viele aber bereits verlassen. In jedem befanden sich je zwei Eier oder Vögel, Ibisse oder Reiher. Die Ibisse waren oben schwarz mit weißem Bauch; sie erhalten in der ersten Mause ein graues, dann ein fleischrotes und dann erst ihr prachtvolles scharlachrotes Gefieder; die Reiher aber sind und bleiben weiß.

Wir bekamen etwa dreißig Paare junge Vögel beider Arten. Bei weitem größer war die Ausbeute an Eiern, wovon aber die meisten angebrütet waren, was die Indianer jedoch keineswegs verhinderte, sie mit dem größten Appetit zu verspeisen, denn am selben Abend sah ich noch einen großen Topf mit Eiern, die, hart gekocht oder aufgeschlagen, junge Vögel in allen Brutstadien enthielten, dabei Dotter und Weises in allen Farben und mit gelben und roten Adern durchlaufen. Ein Gericht, daß dem Hungrigsten der Appetit hätte vergehen sollen. Die armen spindeldürren Vögel wurden nun mit den Fasern des Mahobastes je zwei und zwei an einander gebunden, saßen oder lagen im Boot, und niemand dachte daran, sie zu füttern, als sie vor Hunger ihre großen Schnäbel aufsperrten. Eine Herzlosigkeit ohnegleichen charakterisiert Indianer und Buschneger. Ihre Hunde, die sie doch zur Jagd so nötig haben, sind schattendürr, und niemanden fällt es ein, die oft vor Schmerzen wimmernden Tiere von ihren Sandflöhen, Muskitenwürmern oder Zecken zu befreien. Mancher junger Affe oder Papagei geht zu Grunde, weil er nicht genug zu fressen bekommt.

So war es eben auch bei diesen Wasservögeln, denen Weiber und Kinder Fischchen fangen sollten, und die eben nach und nach Hungers starben, wenn nicht ein mitleidiges Nachtraubtier sie vorher aus den Hütten holte und auffraß. Nie konnte ich mich an die rohe mitleidlose Weise gewöhnen, mit der die Indianer die Tiere behandeln und immer suchte ich sie daran zu verhindern.

Auf meinen vielen späteren Fahrten mit Indianern fuhr ich stets, um Schmetterlinge oder Blumen zu suchen, längs der Flußufer hin. Oft findet man da Bäume, welche ins Wasser gefallen sind mit ganz entlaubten Zweigen, die wie Besenreiser aus dem Wasser hervorragen. In die Gabeln dieser Reiser bauen gar gerne mehrere Arten Kolibris ihr Nestchen, denn sie hoffen vor den Nachstellungen von Äffchen und Schlangen sicher zu sein.

Diese Nestchen sind von einer gelblichen zunderartigen Substanz, die von großen schwarzen Ameisen verfertigt wird; das Vögelchen befestigt das Nestchen mittels Flechten und füttert es innen mit der Seide des Seidenwollen-Baumes oder einigen Asklepias-Arten aus.

Zwei kleine, kaum bohnengroße Eier liegen darin, die der Kolibri bloß bebrütet, wenn es regnet oder die Sonne dazu nicht stark genug scheint. Schlüpfen die jungen Vögel aus, so sitzen sie mit ihren nackten Körperchen, die kaum die Größe eines Maikäfers haben, in der brennenden Sonnenhitze, so daß man nicht begreifen kann, daß die armen Tierchen nicht verdorren. Sahen nun die Indianer ein solches Nestchen, so machte es ihnen ein wahres Vergnügen, die Vögelchen ins Wasser zu werfen und das Nest in ihre Feuerbüchse zu stecken. Merkte ich aber ihre Absicht auf solch ein Nest, und glücklicherweise sind diese fliegenden Juwelen in unsern Waldungen und Savannen noch sehr häufig und niemand macht auf sie Jagd, um sie zu albernem eitlen Frauenputz zu verwenden, so ergriff ich schnell den Steuerpagai und gab dem Boote eine andere Richtung, so daß das Nest nicht mehr zu erreichen war, worüber dann herzlich gelacht wurde.

Nachdem nun alles, was man von Eiern und Vögeln hatte erreichen können im Boote war, kehrten wir zum Lagerplatz zurück, wo wir erst um fünf Uhr Abends ankamen, worauf wieder aufs Neue der Schmaus anging. Die Kreek am Lagerplatz, die man mit dem Netze hatte absperren wollen, war nicht tief genug, man wählte also eine andere in der Nähe der Geweriman-Ecke. Wir traten am dritten Tage die Heimfahrt an, nachdem die Indianer noch über 20 Körbe Krabben in weniger als zwei Stunden geholt hatten.

Die See war ruhig und die Reise ging rasch von Statten, so daß wir schon am Mittag an dem Kreek waren, den die Indianer abschließen wollten und uns auf der Sandbank sogleich häuslich einrichteten. Während nun die Weiber einen Barbakot aufschlugen und Holz suchten, um die Räucherung der Fische fortzusetzen, schoss ein Teil der Indianer Fische und suchte Lumpen und andere rammten Pfähle in die Mündung des Kreek, woran das Netz befestigt wurde. Es hing nun zusammengewickelt auf den Pfählen und sollte, sobald die Flut gegen Morgen am höchsten war, herabgelassen werden, um den Eingang des Kreek zu versperren.

236

So geschah es denn auch und noch vor Tagesanbruch sagten mir die Indianer, daß ein ungeheurer Fisch in dem Kreek eingesperrt sei und beinahe das Netz zerrissen habe. Als es zu tagen anfing, ging ich auch hin. Das Wasser war schon etwa zwei Fuß gefallen und hinter dem Netze herrschte ein tolles Leben; es war als ob das Wasser kochte. Aber da es noch zu dunkel war, konnten die Indianer ihre Pfeile nicht gebrauchen.

Inzwischen hüpfte ein Geweriman um den andern übers Netz und entfloh, was jedesmal den Indianern einen Schrei des Unwillens entlockte und mit Recht, denn der Geweriman, mugil brasiliensis, ist der beste Seefisch des Landes und wird in der Kolonie Salm genannt, obwohl er zum Geschlecht der Barsche gehört; er hüpft aber wie der Salm manchmal sechs Fuß hoch aus dem Wasser und über die meisten Netze weg.

Ein ungeheurer Fisch machte in dem jetzt kaum noch vier Fuß tiefen, noch immer abnehmenden Wasser einen gewaltigen Rumor, endlich, nachdem er schon mehrere Pfeile im Leibe stecken hatte, legte er sich auf die Seite und man sah, daß es ein sogenannter Granmorgo, bei den Franzosen Vieille genannt war. Derselbe hat die Form eines Karpfen, ist von schwarzgrauer Farbe, seine Schuppen sind talergroß und der Gefangene war wohl sechs Fuß lang, drei Fuß hoch und beinahe 2 Fuß breit, so daß er bei vier Zentner schwer gewesen sein konnte. Übrigens ist sein Fleisch grob, schwammig und nicht geachtet.

Als das Wasser abgelaufen war, hatten wir eine Menge Fische, meist Welse, aber nur einen einzigen Geweriman, alle anderen waren über das Netz hinausgehüpft. Diesen einen behielt ich für mich. Als das Netz gewaschen war, wurden die Boote beladen und wir machten uns auf den Heimweg. Der Jagdzug war ergiebig gewesen; frische und geräucherte Fische aller Arten, Krabben, Vogeleier und junge Vögel waren im Boote der Indianer, während in dem Meinigen bloß der Granmorgo und zwei Körbe mit Schildkröteneiern waren. Als wir die Gewerimanecke, wo Tausende von angeschwemmten Baumstämmen umherlagen, umfahren hatten, wurde das Boot vom Land aus an den zusammengeknüpften Tauen gezogen. So kamen wir denn gegen drei Uhr Nachmittags im Dorf an. Vom Granmorgo behielt ich bloß den Kopf, der so schwer war, daß meine beiden Jungen ihn kaum tragen konnten; aus der Schnauze machte ich für mich einen trefflichen Ochsenmaulsalat, das andere ließ ich räuchern.

Nur wenige Tage noch sollte mein Aufenthalt am Maroni dauern, denn obgleich ich gerne den verlassenen Posten Armina besucht hätte, so wollte mich doch niemand dahin begleiten. Nur mit Mühe fand ich zwei Burschem, die mich nach dem Dorf der Indianerin Anna oder nach ihrem indianischen Namen Melkiawa bringen wollten. Dieses Dorf lag oberhalb der ersten Inselgruppe auf französischer Seite und war fünf Stunden von der Mündung entfernt. Zwölf Jahre später wurde hier das Strafetablissement St. Laurent angelegt.

Ich wurde von meiner alten Freundin freundlich empfangen, denn ich kannte sie aus meiner Korporalszeit, und sie war schon damals ein geachtetes Oberhaupt. Auf ihrem Dorfe mochten etwa zwanzig Indianer wohnen, und da mein Dram schon längst zu Ende war, so blieb in den drei Tagen, die ich bei ihr zubrachte, unser Verhältnis auch ein sehr nüchternes. Ich sammelte Pflanzen, die in der Nähe der See nicht vorkommen, besonders zwei Arten großblumiger Aristolochias, deren eine ganz die Form eines Reptils hatte, braungefleckt und wohl sechs Zoll lang war. Ich erstaunte über die Menge des prachtvollen grünen Schwalbenschwanzes Leilus, den ich zeitenweise über den Fluß fliegen sah.

Er kommt im ganzen Lande vor und ich habe manchen in der Kaserne von Paramaribo gefangen, wohin er sich vor den Verfolgungen von Seiten der Vögel geflüchtet hatte. Es ist einer der schönsten Schmetterlinge Südamerikas; das dunkle und helle samtartige Grün, das an den gefiederten Schwänzen ins Bläuliche und Weise übergeht, ist von schwarzen Streifen durchzogen und hat einen herrlichen Goldglanz. Jahre lang sann ich darüber nach, was wohl die Raupe dieses Schmetterlings, der manchmal wochenlang in Millionen Individuen

238

über den Maroni fliegt, aber wegen seines schnellen Zickzack-
fluges nicht leicht zu fangen ist, wohl fressen möge, bis ich
den Schmetterling endlich am Eierlegen traf und bald darauf
die einzelnen lebenden Raupen sammeln konnte. Die Raupe
nährt sich von den harschen, hellgrünen, glänzenden Blättern
einer rankenden Staude, die faustgroße runde Früchte trägt,
jede mit drei öligen Kernen, die aber nicht gegessen werden.
Sie heisst Omphalea Diandra. Die kleinen Räupchen sind
schwarz und weiß gefleckt, mit einzelnen langen fadenför-
migen Haaren, fressen sehr schnell, häuten sich einige Male
und sind schon nach zehn Tagen ausgewachsen. Sie sind dann
olivenbraun mit schwarzen Streifen und Punkten, etwa zwei
bis zwei und einen halben Zoll lang und einen Viertelzoll dick
und machen auf den Blättern ein Gespinnst von hellbrauner
Seide, in dem die braun und schwarz gefleckte Puppe liegt.
Der Schmetterling schlüpft nach 16 Tagen und stets um Mitternacht aus, so daß er am frühen Morgen schon genugsam erstarkt ist, um ausfliegen zu können. Ich erzog später auf Albina
Hunderte dieser Leilus, aber wenn ich am Morgen nicht mit
der größten Vorsicht den Raupenkasten öffnete, entschlüpften
mir manche. Obwohl der Leilus ein Nachtschmetterling ist,
so fliegt er bloß bei Tage und setzt sich oft auf blühende Sträucher, doch auch da ist ihm schwer beizukommen.

In der Nähe dieses Dorfes dachte ich später meinen Wohnplatz zu wählen und machte auch am zweiten Tage einen
Ausflug nach dem gegenüberliegenden holländischen Ufer
des Flußes, um vorläufig die Stelle dazu auszusuchen, denn
mehr als je stand mein Entschluss fest, in dieser Einsamkeit
mir meine Heimat zu gründen. Meine Wahl fiel auf ein verlassenes Indianerdorf, auf dem noch im Jahr 1840 ein alter
Karaibe Kwaku gelebt hatte. Dort war er noch im gleichen
Jahre gestorben und die paar Indianer, die bei ihm gewesen
waren, hatten sich andere Dörfer gewählt. Hohes Gesträuch
bedeckte den Platz und drei große Bäume ragten über den
niedern Uferwald empor; ein ungeheurer Baumwollenbaum,
Bombax ceiba, ein Pflaumenbaum, (Spondias lutea) und ein

239

ficus oder Feigenbaum. Der Platz gefiel mir besonders: Er lag auf einer Erhöhung etwa zehn Fuß über dem höchsten Wasserspiegel und der breite Strom bildete nach Nordosten ein weites Bassin.

Bei den Arowaken, die nicht weit davon auf holländischem Ufer und hinter einem kleinen Inselchen wohnten, erhielt ich ein eben geschossenes Stachelschwein (hystrix prehensilis), bei den Karaiben Muruiu genannt, das ich sogleich abzog und präparierte. Ich bekam ein solches Tier später mehrere Male lebend, es nährt sich bloß von Früchten, die es wie ein Eichhörnchen zum Mund bringt, ist traurig und wird nicht zutraulich, doch sucht es nicht zu beissen. Es frißt den ganzen Tag, aber doch nicht viel und ist ein dummes langweiliges Tier. Obgleich es nicht eben selten ist, so wird es doch wenig gefunden, da es als Nachttier sich den Tag über verborgen hält.

Seine großen Nasenflügel sind immer in Bewegung und der Geruch scheint bei ihm sehr entwickelt zu sein.

Eines Abends im Jahr 1870 wurde mir von einem Indianer ein großes weibliches Stachelschwein gebracht, das, obwohl mit einem Pfeile angeschossen, noch lebte. Ich ließ das arme Tier sogleich tönten und legte es unter die Galerie meines Hauses, um es am andern Morgen zu präparieren.

Gegen neun Uhr Abends bei schönem Mondschein sah ich ein Tier um das Haus herumlaufen, das ich für eine Beutelratte hielt und das mein Neffe mit einem Stocke totschlug. Es war ein Stachelschwein und wir glaubten einen Augenblick, es sei das am Abend getötete vielleicht bloß scheintot gewesen, aber jenes lag noch tot unter der Galerie und das eben erlegte war ein Männchen, das jenes Weibchen, obwohl der nächste Wald wenigstens 300 Meter vom Wohnhause entfernt war, gerochen haben mußte.

Die Arowaken hatten den Tag zuvor einen Kreek abgesetzt und eine Menge Gumaros und Kwassimama's lagen auf dem Barbacot. Ich handelte mehrere davon ein. Die herrlichen Fische des oberen Maronis sollte ich erst später kennen lernen, denn bei den Indianern an der Mündung kommen bloß See-

und Buschfische vor, während vier Stunden stromaufwärts, wo den größten Teil des Jahres reines helles Flußwasser vorwaltet, ganz andere Arten gefangen werden.

Hier im reinen Flußwasser nehmen die oberste Stelle sowohl an Zahl als auch an Wohlgeschmack die Serrosalmen ein. Der größte und beste dieser, der in den meisten Flüssen des tropischen Amerika, ja selbst an der Westküste vorkommt und den auch Humboldt so besonders rühmt, ist der Pacu (Myletes pacu, Schomb.), der bei 15 Pfund schwer, beinahe zwei Fuß lang und fünfviertel Fuß hoch wird. Er ist gräulich schwarz gefärbt mit weißlichem Bauch und kleinen sehr festsitzenden Schuppen, die erst wenn der Fisch mit heißem Wasser begossen wird, abgekratzt werden können. Sein Gebiß gleicht beinahe dem eines Menschen, auch zermalmt er damit, wie überhaupt mehrere Fische dieser Gattung, die Früchte, von denen er sich nährt und worunter eine Art Muskatnuß, myristica sebifera, die Hauptnahrung bildet. Auch frißt er die Blätter der Lacis, die an den Wasserfällen wachsen, in deren Nähe er sich gerne aufhält. Den Tag über bleibt er im Fluß, des Nachts aber besucht er die Kreeken und Buchten und wird dann, wenn die Indianer eine solche Kreek mit einem Netz oder ihren aus Palmstäben geflochtenen Parels absperren, manchmal in großer Menge gefangen; auch wird er mit Pfeilen geschossen, selten geangelt und zwar mit der erwähnten Muskatnuß. Das Fleisch ist etwas gelblich, sehr hart und fest, hat wenig Gräten und einen eigentümlichen, den Kuttelflecken ähnlichen Geschmack.

Der Gumaro, myletes obligacanthus, gleicht dem vorigen in der Form, wird aber nur einen Fuß lang und höchstens drei Pfund schwer, er ist schön silberfarben, der Rücken grünlich, der Kiemendeckel rot; er kommt in großer Menge vor, nährt sich von denselben Früchten, wie der Pacu, zieht aber bei Tag in die Kreeken und wird auf dieselbe Art gefangen. Sein Fleisch ist weiß, fest und sehr fein. Es gibt verschiedene Arten, die im Innern des Landes vorkommen, mir aber nicht näher bekannt sind.

Der Pirai bzw. Piranha, Serrosalmo piraya Cuv., etwas kleiner als der Gumaro, aber beinahe von derselben Form, silberglänzend, mit schwärzlichen Tupfen, rotem Augendeckel und Augen, mit sägeähnlichen Zähnen, ist der gefährlichste Raubfisch, lebt bloß von Fischen, beißt Schildkröten, Enten und andern Wasservögeln die Füße ab, oder Stücke aus dem Leib und wird selbst den badenden Menschen gefährlich, wenn sie nicht immer in Bewegung bleiben. Sein Fleisch ist schlecht. Es scheint übrigens verschiedene Arten zu geben, denn ich fand gefleckte und ungefleckte, auch kommt in den Teichen des Wanekreek eine kleinere schwärzliche Art vor, deren Fleisch sehr gut sein soll.

Der Moroko ist 1 bis 1 ¼ Fuß lang, sechs Zoll breit, ein dem Karpfen ähnlicher Fisch, Silber- und goldglänzend, der Rücken grünlich, die Schwanzflossen rötlich. Er wird bis zwei Pfund schwer, hat große leicht abgehende Schuppen, lebt von Früchten und hat ein rotes, vortreffliches Fleisch mit vielen Gräten; er streicht des Nachts in die Kreeken, hüpft aber über die Hindernisse weg und wird meist mit der Angel, an der die oben genannten Myristicafrüchte befestigt sind, gefangen, oder mit Pfeilen geschossen.

Der Waracu, Anastomus fasciatus, Barben ähnlich, silberfarben mit schwarzen Flecken an der Seite, weißem, sehr gutem Fleische, mit wenig Gräten, ist etwas kleiner als der vorige. Der Kwassimamman ein fünfviertel Fuß langer, 2 ½ Zoll hoher barbenähnlicher Fisch, hellbraun, mit schwarzen Querbändern und roten Flossen, streicht den Tag über und wird, wenn die Indianer einen Kreek absperren, stets bei Tag gefangen. Sein Fleisch ist schlecht und voll von Gräten, ungeachtet seiner schönen Farbe und seiner Verwandtschaft mit den Salmen. Der Curimatta, Curmata spilurus, ein schöner barbenähnlicher, ebenso wie der folgende zum Salmengeschlecht gehörige Fisch, ist silberglänzend an den Seiten, auf dem Rücken grünlich, hat gelb- und schwarzgestreifte Flossen, lebt wie die zwei vorhergehenden und der Folgende vom Schlamm, den er auf der Oberfläche des Sandes einschlürft. Er ist, wie der Macca, ein schlechter magerer Fisch, voller Gräten und streicht hauptsächlich des Nachts. Das Maccafischchen, curimata schomburghii, in Form und Farbe ganz wie der vorige, doch viel kleiner und nicht über ein viertel Pfund schwer, streicht des Nachts; ich habe mit einem Netzzug über tausend gefangen.

Der Sonnenfisch Tucanale, (cichla ocellaris, ist ein prächtiger 1 ½ Fuß langer, sieben Zoll hoher Fisch, grünlichschwarz mit Goldglanz, gelblichem Bauch, roten Flossen und Kiemendeckeln und einem mit Gelb eingefaßten Flecke an der Schwanzwurzel. Er ist meist in der Nähe von Sandbänken, wird mit Pfeilen geschossen und fünf bis sechs Pfund schwer. Er hat ein weißes, weiches, ganz grätenloses Fleisch und lebt vereinzelt, von Früchten. Ein barschähnlicher, silberglänzender Fisch ist der Kubi, sciaena amazonica, von den Franzosen Akuba genannt, der auch im Salzwasser lebt und nur zeitenweise in großen Zügen die obern Flüsse besucht, wo er Würmer und Insekten frißt. Er hat einen großen Kopf, in dem sich zwei sehr harte, wie Quarz aussehende rundliche weiße Absonderungen, wie Krebsaugen, befinden und wird fünf bis sechs Pfund schwer. Er wird bloß an der Angel mit Würmern oder Wespenlarven gefangen, an langen Schnüren, die beständig auf- und niedergezogen werden. Ein Indianer fängt zuweilen 20 dieser Fische in einer Stunde. Er sitzt dabei in seiner Korjal, die mitten im Strome vor Anker liegt. Das Fleisch des Kubi ist weiß, blätterig und sehr gut, am besten mit dem des europäischen Schellfisches zu vergleichen.

Der Snuk, centropomus undecimalis, gehört zu den Barschen und ist ein länglicher, in der Form dem Hechte etwas ähnlicher Fisch; er hält sich meist im Brack- und Salzwasser auf, wo er ziemlich häufig ist, steigt auch die Flüsse herauf, aber nur einzeln. Er ist gelblichweiß, silberglänzend, mit einem längs der Seite laufenden schwarzen Streifen und wird über drei Fuß lang, bis 20 Pfund schwer, hat ein gutes derbes Fleisch und wenig Gräten.

Der Haimura, macrodon aimara, der in allen größeren Flüssen und Kreeken vorkommt, ist auch hier häufig, wird oft bei drei Fuß lang und über 20 Pfund schwer. Er ist der in der Kolonie geschätzteste Fisch, obgleich ich den Pacu des süßen und den Geweriman des Salzwassers ihm vorziehe. Er ist lang von rundlicher Form und blauschwarzer Farbe und hat einen weißlichen Bauch und große Schuppen. Der Kopf ist rundlich, der Unterkiefer steht etwas hervor und hat ein sehr scharfes, dem des Kaiman ähnliches Gebiß. Er hält sich gerne im tiefen schwarzen Waldwasser auf und ist ein arger Räuber, der pfundschwere Fische verschluckt. Ein ihm ganz ähnlicher Fisch, der Batakai, macrodon trahira Spix, wurde fälschlich für einen jungen haimura gehalten, sie sind aber im Kopfbau verschieden, auch hat der haimura nur wenige Gräten, wogegen der Batakai voll von Gräten und deshalb wenig geschätzt ist. Der Biß des Haimuras ist gefährlich und schwer zu heilen, wie überhaupt jeder Biß, Stich oder sonstige Verletzung eines Fisches viel schmerzlicher ist und langsamer heilt als Verletzungen von anderen Tieren. Mit dem Fang dieses Fisches beschäftigen sich hauptsächlich die Buschneger, und zwar fangen sie ihn in Springkörben. Es sind dies zuckerhutförmige, über drei Fuß lange Körbe aus Palmlatten, durch welche ein elastischer Stab führt, der vermittelst einer Liane an dem an der Breiten- oder Vorderseite befindlichen Deckel befestigt ist. Unten im Korb steckt ein Frosch oder Fisch an einer den elastischen Stab angespannten Liane. Diese Falle wird in der Nähe unter Wasser an Stellen befestigt, wo starke Strömung ist. Will der Fisch das Lockaas fressen, so schnappt der Deckel zu, und da er sich nicht drehen kann, so ist er gefangen. Die andere Art des Fischens mit der Springangel habe ich bereits beschrieben.

Die Zahl der Welse ist auch im süßen Wasser sehr beträchtlich. Sie kommen in Surinam nicht auf die Tafel der Europäer, weil sie keine Schuppen haben, und werden Negerfische genannt; in Cayenne kennt man dieses lächerliche Vorurteil nicht. Unter den Süßwasser-Welsen ist der Pasisi der Karaiben oder Lau Lau der Arowaken einer der vorzüglichsten. Er wird etwa 2 ½ Fuß lang, ist oben stahlgrau mit weißem Bauch und kann bei zwölf Pfund schwer werden. Er hat wenig Gräten, ein weiches, weißes Fleisch und ist ungemein fett. Er wird meist in der Trockenzeit gefangen und scheint in der Regenzeit in das Meer zurückzukehren.

Ebenso häufig wie dieser ist der bloß im Süßwasser lebende Tigerfisch, mit ganz glattem breitem Kopfe und weißem Bauche, von grauer Farbe, geziert mit breiten schwärzlichen Bändern. Er hat ein gelbes trockenes Fleisch und wird manchmal vier Fuß lang und bei 30 Pfund schwer. – Es gibt noch einige diesem ähnliche Arten, die aber seltener sind und weniger groß werden. Panzer- und Stachelwelse sind ebenfalls häufig und in vielen verschiedenen Arten im süßen Wasser, besonders an Wasserfällen zu finden. Sie sind aber klein und mager, und werden bloß von Negern und Indianern gegessen.

An Busch- oder Waldfischen ist der Maroni weniger reich als die vielen Kreeken und Sümpfe des obern Commewini oder der Saramacca. Nur eine Art will ich erwähnen, weil sie an Wohlgeschmack den herrlichsten Fischen der Kolonie gleichkommt; es ist dies ein kleiner unbeschuppter Wels. Dieses Fischchen ist nicht über acht Zoll lang, bräunlichschwarz gefleckt, mit weißlichem Bauche, und ist unter dem Namen Noja (auchenipterus maculosus) bekannt. Es lebt bloß im reinsten Waldwasser, das über Sandboden fließt. Sonderbareweise befassen sich die Karaiben nicht mit dem Fang desselben, obgleich sie es sehr gerne essen, nur die Arowaken beschäftigen sich damit. Am Maroni kommt der Noja bloß an gewissen Stellen in dem Wane-Kreek vor. Um ihn zu angeln, werden je 50 bis 60 Fuß auseinander, zehn Fuß lange elastische Stecken, meist Blattstiele von Palmen, in den Kreek gesteckt, an diese sind oben die aus Bromeliaflachs gedrehten Angelschnüre angebunden, woran eine sehr kleine Angel mit einem Wurm, oder einer Wespenlarve hängt. Die Schnüre sind unter dem Wasser so befestigt, daß durch jeden Zug der elastische Stecken zurückspringt und so der Fisch, wenn er angebissen hat, sich nicht mehr losmachen kann. Hunderte solcher Stecken werden gesteckt, und der Indianer fährt zwei oder dreimal des

Nachts hinaus, um nachzusehen, die gefangenen abzunehmen und neues Lockaas an die Angeln zu stecken. Die Fische werden geräuchert und schmecken wie der beste Aal, im frischem Zustand noch besser.

Die Buschfische halten sich meist in den Sümpfen auf, die in den Trockenzeiten austrocknen, wo dann einige Arten dieser Fische im Schlamm einen Winterschlaf halten, bis der Hegen die Sümpfe wieder anfüllt; andere dagegen ziehen sich in die Flüsse und Kreeke zurück. In der Trockenzeit ist der Fang dieser Fische ein Erwerbszweig der faulen, jeder geregelten Arbeit abholden Farbigen und Neger, die den Markt zu Paramaribo damit versehen. Die Buschfische werden nicht groß, und sind außer dem Batakai (macrodon trahira Spir), selten ein Pfund schwer.

In späterer Zeit erhielt ich öfters den Zitteraal, den die Indianer Prake nennen, Gymnotus electricus. Diese Aale sind am Maroni und besonders im obern Lande sehr häufig, sie erreichen oft eine Länge von sechs bis sieben Fuß und die Dicke eines starken Mannesarmes. Der ungeheure Schwanz, der vier Fünftel der ganzen Länge einnimmt, hat ein weiches schwammiges Fleisch, gekocht in seiner Konsistenz mit gewässertem Stockfische zu vergleichen, ohne Gräten, aber mit einem faden Geschmack; der kurze Leib aber ist voll von Gräten und kaum genießbar. Nur wenige Indianer essen diesen Aal. Seine elektrische Eigenschaft ist zu oft beschrieben, als daß ich mich dabei länger aufhalten wollte. Ich selbst wurde auf eine Weise damit bekannt, die mir leicht hätte gefährlich werden können.

In der Nähe von Albina und kaum eine Viertelstunde davon entfernt hielt sich in zwei Hütten eine Familie Arowaken auf und konnte man bei niedrigem Wasser leicht zu Fuß dahin kommen, obgleich man einige Stellen passieren mußte, wo das Wasser bis um den Leib reichte. Bei solchen Promenaden zog ich die Hosen und wohl auch das Hemd aus. An einer dieser Stellen erhielt ich von einem Zitteraale, der mir zwischen den Beinen durchschwamm und seine volle Kraft an mir entlud, einen solchen Schlag, daß ich wie vom Blitz gerührt ins Wasser sank und kaum noch im Stande war, mich an einer Baumwurzel zu halten. Wohl zwei Minuten lang vermochte ich nicht weiter zu gehen, denn ich war wie gelähmt, aber nach und nach verlor sich das sonderbare Gefühl. Von einem andern kaum fußlangen und kleinfingerdicken Älchen, das ich im Wasser fangen wollte, bekam ich einen Schlag, dessen Wirkung über eine Stunde lang anhielt. Ein anderer Aal, in der Kolonie Schlangenfisch genannt, kommt an Wohlgeschmack dem europäischen nicht gleich.

Nachdem ich allen Indianern, denen ich begegnete, mitgeteilt hatte, daß es mein fester Entschluß sei, mich am Maroni anzusiedeln, und dazu das verlassene Dorf des alten Kwakku zu wählen, und mir alle ihre Hilfe zugesagt hatten, verließ ich meine Freundin Melkiawa und kehrte nach Georgdorf zurück.

Jetzt rüstete ich mich zur Abreise: Gren und Iradawe blieben am Maroni, nur Aliabali mit seinem Weibchen wollte in seine Heimat zurückkehren, dagegen begleitete mich Curicli und der junge Maniofo, die genau die Plätze kannten, wohin man bei stürmischem Wasser sich flüchten konnte. Zu dieser Reise über See mußte das Bord des Bootes erhöht werden, um höher über dem Wasserspiegel zu liegen und um das Hereinschlagen der Wellen so viel wie möglich zu verhüten.

Die Indianer spalteten nun mit der Axt aus dem leichten Holze der Cecrophia peltata zwei dünne, neun Zoll hohe Brettchen, die der ganzen Länge des Bootes nach an beiden Seiten angenagelt wurden und so dasselbe um sieben Zoll höher machten; zur Verstärkung waren Querstangen angebracht, so daß das ganze, obwohl eine rohe Arbeit, doch ziemlich solid war.

Ich hatte eine hinlängliche Menge Cassavebrot backen lassen, geräucherte Fische und Fleisch, mehr als wir auf der nur zwei Tage dauernden Reise bis Paramaribo nötig hatten im Boote, nebst einer Menge Wassermelonen, Landschildkröten und Schildkröteneier, so daß dasselbe vollgeladen war. Wir

hatten das schönste Wetter, da aber die Meeresküste besonders in der Nacht schwierig zu erkennen ist, so blieben wir
am Abend an dem Wiawia-Kreek, wo Curieli sogleich einige
Gewerimans schoß, die nebst Krabben ein splendides Abendessen gaben und noch für den andern Tag ausreichten. Mit
anbrechendem Morgen fuhren wir ab; eine große Schlammbank läuft mehrere Stunden weit längs der Küste bis zu dem
kleinen Posten Oranje, und da es Flut, Springzeit und ziemlich starker Wind war, so brausten ungeheure Wogen, Rollers
genannt, unübersehbar lang und fünf bis sechs Fuß hoch aus
der See dem Lande zu. Noch nie hatte ich ein solches Schauspiel gesehen und fühlte mich nicht eben behaglich dabei.
Curieli und Maniofo aber lachten mich aus und meinten, daß
gar nichts zu befürchten sei. Und so war es auch. Jede Woge,
die mit Brausen heranrollte, schien über uns sechs Fuß hoch
hineinstürzen zu wollen, hob aber das Boot in die Höhe, ließ
es einen Augenblick auf ihrem Scheitel schweben, wieder sinken und hinfahren, bis es aufs neue aufgehoben wurde, um
wieder zwischen zwei Wogenbergen fortzufahren. So dauerte
es zwei Stunden lang, bis man über der Bank war und in tieferes Wasser kam. Wir fuhren nun bei starkem Winde ziemlich
nahe am Strande, der, ganz unzugänglich, keinen reizenden
Anblick bot.

Zwischen einer Menge entwurzelter Bäume wuchsen Sträucher und niedriges Buschwerk, zahllose abgestorbene Bäume
sahen über dasselbe hervor. Hunderte hochbeiniger Flamingos
– Phoenicopterus – standen oder marschierten am Strande,
der ihr unbestrittenes Eigentum war, denn wohl nie wird an
diesem unzugänglichen Gestade ihnen jemand nachstellen.
Gegen Mittag zeigte sich ein sandiger Strand, der Uferwald
verschwand und machte niederem Strauchwerke Platz, denn
wir befanden uns wieder in dem kultivierten Teile der Kolonie,
und statt des Waldes lagen hinter diesem sandigen Ufer die
Baumwollenfelder der Pflanzungen Zeezigt und Dageraad.

Durch ein Labyrinth von Parvabüschen fuhren wir dem
Lande zu und in die Mündung des Motkreek, in den man

bloß bei Springflut kommen kann. So war also die Seefahrt, die ich mit bangem Herzen unternommen hatte, auf die angenehmste Weise beendigt. Wohl fünfzigmal bin ich im Laufe von 33 Jahren denselben Weg gekommen, und obschon diese Fahrten bei ungünstigem Wetter sehr ermüdend waren, so hatte ich doch nie einen Unfall zu beklagen. Bei dem freundlichen May, dem Kommandanten des Postens Brandwacht, brachte ich den Nachmittag zu und kam nach einer zweimonatlichen Abwesenheit am dritten Tage nach meiner Abfahrt aus dem Maroni wieder in Paramaribo an. Zwei weitere Monate brachte ich in Para zu.

Ich will diesen Teil meiner Schrift nicht schließen, ohne noch einige Bemerkungen über die Tierwelt, die diese ungeheuren Waldungen belebt, beizufügen. Schon oft hörte ich die irrige Meinung, daß in einem Lande, wo Hitze und Feuchtigkeit eine kolossale Vegetation begünstigen, auch eine Fauna herrschen müsse, die an Verschiedenheit der Formen und Zahl der Individuen jene der gemäßigten Länder bedeutend übertreffen sollte.

In der Verschiedenheit der Arten ist dieses wohl der Fall, aber nicht in der Menge der Individuen. So ist die Zahl der Vierfüßler eine beschränkte, und es treten dieselben bei weitem nicht so massenhaft auf, als z. B. im nördlichen Europa einige Gattungen Nager, in Afrika Antilopen-Arten, in Nord- und Süd-Amerika die Büffel und in Asien wilde Pferde.

Massenhaftes Zusammenleben einzelner Gattungen wird bloß durch Prärien und Savannen begünstigt, wo gewisse Grasarten ein gemeinschaftliches Futter bieten. In Waldungen ist beinahe jedes Individuum von dem andern unabhängig und auf sich selbst angewiesen. Die gesellig lebenden sind außer den Affen, von denen ich schon früher gesprochen habe, zunächst das Nabelschwein, wovon zwei Arten dicoteles labiatus und torquatus hier vorkommen. Das erstere, bei den Karaiben Puingo, bei den Arowaken Dodele und den Franzosen Cochon marron genannt, lebt meist in Rudeln von 20 bis 200 Stück und durchstreicht die Waldungen, indem es mit seinem Rüssel die Erde durchwühlt und nach Insekten und Larven sucht. Es ist etwa drei Fuß lang, kaum zwei Fuß hoch, hat einen ein Zoll langen Schwanz, ganz kurze Ohren, dünne zierlich geformte Füße, und ist mit dunkelbraunen hellen gefleckten Borsten, die auf dem Rücken länger sind, bedeckt. Es hat zwei dicke Schneidezähne, mit denen es sich gut zu verteidigen weiß. An der Spitze der Herde ist ein alter Eber, der den Zug leitet. Finden sie auf ihren Wanderungen eine Pfütze, so wälzen sie sich nach Herzenslust darin, wahrscheinlich um sich der Zecken zu entledigen, von denen sie geplagt werden, denn gefangen und zahm herumlaufend tun sie dies nicht. Wird auf die Vordersten im Zuge geschossen, so entsteht ein entsetzlicher Wirrwarr und alle stürzen sich auf den Jäger, der dann nichts eiligeres zu tun hat, als sich auf einen Baum zu flüchten, wo er Stunden lang belagert wird. Wird aber einer von dem Nachtrab getötet, so ergreifen sie die Flucht, ebenso wenn sie jemanden erblicken. Das Weibchen wirft zwei Junge, die im Zuge stets unter der Mutter laufen. Jung gefangen werden sie bald äußerst zahm, schreien wie ein kleines Kind, grunzen auch zuweilen, wollen stets bei ihrem Herrn und von ihm geschmeichelt und am Halse gekratzt sein. Sie setzen immer, ihr Anführer voran, über breite Ströme, und werden da durch Säbelhiebe leicht getötet; sie haben eine stinkende Drüse auf dem Rücken, die man fälschlich für den Nabel ausgab, und die man, wenn man ein solches Tier geschossen hat, sogleich herausschneiden muß, weil sich sonst der Geruch dem Fleische mitteilt. Dieses ist sehr gut, besonders im September und Oktober, wo viele Früchte reifen und die Tiere fett sind. Ein großer Puingo gibt etwa 25 kg Fleisch.

Die zweite Art, dicoteles torquatus, ist etwas kleiner, zierlicher und hat ein hellgeflecktes Band um den Hals. Er lebt in Rudeln von vier bis acht und flüchtet sich, wenn verfolgt, auch in hohle Bäume. In der Kolonie ist er unter seinem indianischen Namen Pakira bekannt. Seine Lebensart ist die des Vorigen. In gezähmtem Zustand frißt er alles, spielt mit den Schweinen, aber begattet sich nicht mit ihnen, ist überhaupt nicht so schmutzig wie dieselben. Der einzige Feind dieser Nabelschweine ist der Jaguar, und wenn sie über die Flüsse setzen die Boa murina.

In Rudeln von zehn bis 20 Stücken lebt auch das Wasserschwein, hydrochoerus capibara, das da, wo Süßwasser vorwaltet und im höheren Lande häufig vorkommt, und meist nur bei Nacht seiner Nahrung aus saftigem Grase, das an den Ufern oder im Wasser wächst nachgeht. Es ist der größte Nager und wird über 100 Pfund schwer. Sein Fleisch gleicht dem Kalbsfleisch, hat aber, wie sein Fett einen unangenehmen Geruch. Es wird zahm, frißt Früchte, Wassermelonen und dergleichen, ist aber in der Gefangenschaft wie in der Freiheit, wo ich einige Male des Nachts welche auf Strominseln herumlaufen sah, ein langweiliges Tier, das nie spielt. Bei der geringsten Gefahr, die es vermutet, springt es ins Wasser und taucht unter.

Ein großes ausgewachsenes Wasserschwein wird bei vier Fuß lang, etwa 1 ½ Fuß hoch, hat kurze dicke Füße mit kleinen Schwimmhäuten, eine breite abgerundete Schnauze, ganz kurze Ohren und ein bräunlich graues, borstenartiges Haar. Die vier beinahe 3/4 Zoll breiten Schneidezähne sind stahlhart, das Tier kann Knochen damit durchbeißen und wird angeschossen den Hunden gefährlich. Es stößt einen scharfen durchdringenden Schrei aus, den man weit hören kann.

Gesellig leben in Flüssen zwei Arten der Fischotter, lutra brasiliensis und pterenura Sandbachii, in Rudeln von oft einem Dutzend. Sie sind äußerst neugierig, umschwimmen die Boote und strecken manchmal in lotrechter Richtung die Köpfe aus dem Wasser hervor, tauchen aber sogleich unter, sobald sie Unrat wittern. Sie sind sehr schnell, schlau und schwer zu schießen; die Indianer nennen sie Awalebuia, essen sie aber nicht.

Auch das Coati, nasua socialis, hier Kwassikwassi genannt, lebt gesellig, ich habe mehrere Male Rudel von 20 oder mehr Stücken begegnet, ohne daß sie mich bemerkten. Sie durchstöbern mit ihrer langen Nase den Boden und das verfaulte

Holz nach Insekten, klettern auch auf Bäume, bleiben aber nicht lange oben, sondern beeilen sich, dem andern Haufen nachzukommen. Während ihres Marsches knurren und winseln sie beständig und man hört sie schon von weitem kommen. Jung gefangen werden sie sehr zahm und bald durch ihre Zutraulichkeit lästig. Sie haben einen eigentümlichen Geruch an sich, werden aber von Indianern gerne gegessen und sind oft sehr fett. In der Gefangenschaft fressen sie alles, stellen aber, wenn man sie frei herumlaufen läßt, dem Federvieh nach. Gelehrig sind sie nicht und scheinen wenig Intelligenz zu haben. Auch ein wilder Hund, Icticyon, soll in Rudeln jagen, ich bin ihm aber nie begegnet, obgleich ich einen solchen lebend erhalten habe.

Was aber durch seine ungeheure Anzahl jedem in die Augen fällt und an Arten und Individuen die Gattungen der gemäßigten Zone vielleicht ums Zehnfache übertrifft und auch wohl in keinem Tropenland in größerer Anzahl gefunden werden kann, sind die Fledermäuse. Obgleich sie gesellig leben, das heißt Löcher oder Orte bewohnen, wo sie in großer Anzahl beisammen sind, ihre Jungen haben und wohin sie stets wieder zurückkehren, so kann man sie nicht in dem Sinne zu den gesellig lebenden Tieren rechnen, wie die wilden Schweine, Rinder, Nager, die meist einem Führer gehorchen und im Einverständnis mit den Übrigen der Herde ihre Wanderungen anstellen.

Die Fledermaus, ein Raubtier, fliegt ihrer Nahrung nach, wo sie dieselbe zu finden denkt und wählt daher ihre eigenen Wege, ohne sich um ihresgleichen zu bekümmern; man findet diese unheimlichen Tiere beinahe in jedem Hause, unter Heliconien- und Bananenblättern, in Felsenlöchern und in hohlen Bäumen, ja manche sitzen sogar an Baumstämme, wo sie der Sonne ausgesetzt sind. In den Zuckermühlen hängen in den Dachsparren Klumpen von Fledermäusen, die ihren Unrat in die offenen Zuckerfässer fallen lassen oder in den Zuckersaft, der in den Kesseln kocht. Es gibt kein Wohnhaus, keine Hütte in Paramaribo und den Pflanzungen, die nicht einige Fledermäuse beherbergte; in meinem Wohnhaus auf Albina hatten sich stets einige Hunderte im Dache einquartiert, die ich dann, wenn der Schmutz zu sehr überhand nahm, vermittelst einer Handspritze mit kochendem Wasser verbrühte oder teilweise vertrieb. Doch stellten sie sich baldigst wieder ein. Die übrigen Gebäude, also Stallungen und Magazine, die nicht bewohnt wurden, hatten sie in ruhigem Besitz und ich glaube nicht zu übertreiben, wenn ich die Zahl der Fledermäuse, die in sämtlichen 22 Gebäuden von Albina sich einquartiert hatten, auf wenigstens 2 000 veranschlage. Kaum war die Sonne untergegangen, als man aus allen Ritzen und Spalten der hölzernen Dächer Fledermäuse hervorkriechen sah, die auf den Savannen und den Wegen, auf dem Fluß und überall den Wanderer umschwirrten und ihren unangenehmen Geruch verbreiteten. Alle kehrten gesättigt wieder in ihre Behausung zurück, denn sie vertilgen täglich Millionen von Fliegen, Schnaken und anderen Insekten, die sonst das Land unbewohnbar machen würden. Sie sind deshalb von größtem Nutzen und der Schaden, den sie durch Auffressen einiger Früchte und durchs Blutsaugen verursachen, kommt dagegen kaum in Betracht.

Die Früchte, denen sie nachstellen, sind in den Waldungen hauptsächlich die Fruchthülle der Tongabohne, dipterix odorata, auf den Pflanzungen die Fruchthülle der Mandelbäume, terminialia catappa, die man zur Zierde pflanzt, ohne auf die Früchte Wert zu legen und besonders die köstlichen Sapadillen, achras sapota, und die reifen Bananen.

Über das Blutsaugen einiger Arten ist schon viel geschrieben und gestritten worden; so las ich in der Gartenlaube, daß man diese Eigenschaft gerade nicht in Abrede stellte, aber viele Berichte darüber für gröblich übertrieben halte. Man führt das Urteil Humboldts an, der auf seinen Reisen nie von blutsaugenden Fledermäusen zu leiden hatte. Vermutlich hatte der berühmte und reiche Reisende alle Bequemlichkeiten und Vorsorgen gegen Insekten etc., das heißt vor allem Gazevorhänge über die Hängematten, die sich eben der ärmere Reisende nicht verschaffen kann. Ich habe nun darin hinlänglich Erfahrung und kann sagen, daß diese Tiere zu manchen Zeiten und an manchen Orten eine wahre Plage sind, zwar weniger für den Menschen, als für das Vieh. In meiner militärischen Laufbahn waren die drei Posten des Inneren, Armina am Maroni, Victoria am Surinam und Saron am Saramacca in dieser Beziehung sehr verrufen und auf ersterem Posten mußten die Soldaten, um nicht gebissen zu werden, in der Kaserne die ganze Nacht hindurch Licht brennen; unterließ man dieses aus Sparsamkeit, denn der Soldat mußte das Licht von seinem Sold bezahlen, so fand man unter mancher Hängematte am Morgen Bluttlachen, entstanden durch die kleinen, kaum bemerkbaren Bisse in die Zehen der Schlafenden.

Die erste Bekanntschaft mit den Fledermäusen, von denen mir schon früher meine Kameraden erzählt hatten, machte ich im Jahr 1837 als Soldat auf dem einsamen Posten Nepheusburg. Ich schlief in einem kleinen Häuschen in meiner Hängematte und fühlte, als ich eines nachts erwachte, meinen Hals und Brust durchnäßt. Nachdem ich Licht gemacht hatte, sah ich, daß ich in einer Blutlache lag. Ich fühlte nicht den mindesten Schmerz, begriff aber natürlich die Ursache dieses Blutes sogleich und fand, daß es aus der Nasenspitze rann, wo ein kleines, kaum 2 Millimeter langes und halb so breites Fleckchen Haut abgerissen war. An dem benachbarten Kreek wusch ich mich rein, schnitt eine Zitrone entzwei, steckte meine Nase hinein und stillte so das Blut. Später wurde ich nie mehr in die Nase gebissen, sondern bloß in die Zehen, wie es denn auch höchst selten vorkommt, daß die Fledermäuse den Menschen irgendwo anders beißen, als in die Zehen. Unter ärmeren Leuten, die meist barfuß gehen, sind Strümpfe nicht im Gebrauch, die Nächte sind überdies so warm, daß man oft ganz ohne Bedeckung in den Hängematten liegt. Ich gebrauchte später die Vorsicht, wenn ich auf meinen Reisen im Freien schlief, stets Strümpfe anzuziehen und wurde dann nie wieder gebissen. Als ich im Jahr 1840 als Korporal auf dem Seeposten Prins Willem Frederik am Maroni ein kleines

Detachement von fünf Mann zu kommandieren hatte, hatten sich da ebenfalls diese Vampire eingestellt und besonders wurde ein junger Bursche jede Nacht gebissen, so daß er zuletzt durch diese beständigen Aderlässe ganz leichenblaß aussah und kaum mehr gehen konnte. Ich hatte ihm schon längst angeraten, aus alten Lumpen Strümpfe zu machen, aber aus Nachlässigkeit hatte er es versäumt; als ich ihm aber drohte, wenn er nochmals gebissen würde, ihn in den Block zu schließen, so machte er sich die nötigen Futterale und blieb von den Fledermäusen verschont.

Als ich im Juni 1853 mit meinen Württembergischen Landsleuten auf Albina ankam, wo früher nie ein Fall vorgekommen war, daß Fledermäuse Menschen gebissen hatten, stellte sich plötzlich diese Plage ein. Mehrere dieser Leute ließ ich auf der Bühne meines gutverschlossenen Wohnhauses schlafen, aber doch wurde ein junger Mann so gebissen, daß sein Blut durch die Spalte des Bühnenbodens mir auf den Tisch lief. Vermutlich wurden die Tiere durch die Ausdünstung der Neuangekommenen angezogen, wie denn auch diese viel mehr von Sandflöhen und Muskiten zu leiden haben als akklimatisierte Personen. Etwa zwei Monate lang dauerte diese Plage, dann verlor sie sich nach und nach; die Fledermäuse stellten sich aber wieder ein, als ich mir Vieh anschaffte, das bis auf die letzte Zeit viel von ihnen zu leiden hatte.

Vieh, Schweine, Esel und Pferde werden besonders in die Ohren und den Rücken gebissen, und diese Wunden sind viel größer als die beim Menschen, und das Tier leidet sowohl durch den Blutverlust, als dadurch, daß Fliegen in die Wunden Eier legen und dann schmerzliche Geschwüre entstehen, wodurch das Tier abmagert und zu Grunde geht. Auch Hühner werden in die Füße oder in den Kamm gebissen, magern ab und sterben. Wird Vieh von den Fledermäusen gebissen, so soll ein recht stinkender Bock in demselben Stalle dieselben verjagen. Auch eine Liane, die stark nach Knoblauch riecht, soll den Vampiren zuwider sein, doch habe ich beide Mittel ohne Erfolg angewendet.

Die verstorbene Königin der Niederlande ließ mich ersuchen, einige dieser Vampire zu senden, von denen ich bestimmt wisse, daß sie Blut saugen. Ich habe, wenn ich an Plätzen übernachtete, die dafür bekannt sind, daß man da gebissen wild, mir alle Mühe gegeben, die Fledermaus zu erhaschen. Ich dämpfte das Feuer, das mau immer unter der Hängematte unterhält, hielt mich todstille in derselben, lag, wie immer, ganz unbekleidet und unbedeckt, trug keine Strümpfe und legte mich so hin, daß ich ohne Bewegung des Körpers mit meinen Händen an die Zehen greifen konnte, hörte die Fledermäuse um mich herum fliegen, ja an den Schnüren der Hängematten herabklettern, machte ich aber die leichteste Bewegung, so flogen sie weg, und nie konnte ich mich einer bemächtigen, um mit Bestimmtheit sagen zu können, daß es ein Vampir sei. Ja einmal schlief ich bei meinen Beobachtungen ein, und da ich die Strümpfe nicht angezogen hatte, so war ich auch gut gebissen, ohne des Täters habhaft geworden zu sein.

Wie auch Spallanzani vermutet, scheinen die Fledermäuse einen eigenen Tastsinn zu haben, der bei keinem andern Tier vorkommt. Flogen Fledermäuse, die mir besondere Arten zu sein schienen, des Nachts ins Zimmer, so ließ ich schnell die Läden und Türen schließen und jagte sie mit dem Schmetterlingsnetz; sie wichen aber stets so geschickt aus, daß ich sie nur bekam, wenn sie ganz ermattet waren und nicht mehr fliegen konnten. Die Anzahl verschiedener Arten ist sehr groß, dennoch leben manche gesellig beieinander; so hatte ich auf meiner Bühne sechs verschiedene Arten. Auch Fledermäuse, welche sonst bloß in Baumlöchern wohnen, kommen manchmal in die Häuser; so wurde die weiße Fledermaus, Diclidurus albus, die sonst bloß in hohlen Bäumen lebt, in einem Hause auf St. Laurent gefangen. Fledermäuse scheinen wenig Feinde zu haben, außer einer kleinen Boa kenne ich nur einen kleinen Falken, der ihnen auflauert und sich von ihnen nährt. Er fliegt nur bei Sonnenuntergang, und sein Flug gleicht genau dem einer großen Fledermaus, wenn er die kleineren im Fluge fängt.

Über andere Tiere will ich mich kurz fassen; es bestehen so viele Beschreibungen derselben und in Brehms Tierleben ist ihre Lebensweise so gut angegeben, daß ich nichts Neues zu erzählen wüßte. Bloß über Raubtiere will ich einiges beifügen. Der Jaguar (felis onza) kommt überall häufig vor, aber so groß auch seine Kraft ist, so hat man in Surinam nie ein Beispiel erlebt, daß er einen Menschen getötet hätte. Er findet auch in den „Wäldern eine reichliche Nahrung an Nabelschweinen, Hirschen, Cabypibaras, Cavias usw. Er schlägt Vieh und Schweine, und wie ich mich selbst überzeugt habe, das Stachelschwein (hystrix prehensilis). Er wird zuweilen sehr groß, und ich habe im Jahre 1838 auf dem Posten Nickerie ein Fell gekauft, das von der Schnauze bis zur Schwanzspitze neun Fuß lang war. Die Jaguare sind nieder und selten im Widerist über zwei Fuß hoch. Die Indianer versichern mich, es gäbe ganz schwarze mit noch schwärzeren Flecken, ich habe aber noch keinen solchen gesehen. Sie lieben sehr, ihre Klauen zu schärfen, und ziehen zu diesem Zweck die Bolletrie-Bäume vor, deren Rinde auf einer Höhe von sechs Fuß oft ganz zerkratzt ist. Wird der Jaguar verfolgt, so steigt er auf Bäume, sonst hält er sich meistens im Dickicht auf und scheint bloß am Abend oder im Mondschein auf Raub auszugehen. In früheren Jahren wurde ein Schußgeld von acht Gulden pro Stück bezahlt, aber die wenigsten eingebrachten Schnauzen waren vom Jaguar, sondern von Tigerkatzen, felis pardalis, ja man lieferte Hasenschnauzen (vom Paca) für Jaguarsköpfe ab, was allerdings ein großer Irrtum von Seite der mit der Bezahlung der Prämie beauftragten Behörde war. Später wurde das Schußgeld auf vier Gulden vermindert und jetzt ist es ganz abgeschafft. Bei meinen häufigen Reisen in den ganz unbewohnten Gegenden der Kolonie habe ich in der langen Zeit meines Aufenthalts bloß fünf große Jaguare gesehen, aber gar oft die Fußtapfen derselben im Sande. Der Jaguar heißt bei den Karaiben Kaikusi, bei den Arrowakken Aroa.

Der Kuguar, felis concolor, oder rote Tiger ist weniger häufig, kleiner und schlanker. Die Indianer heißen ihn Kusaliwara, weil er die Farbe eines Hirsches, Kusali, hat. Zwar brachten mir die Indianer manchmal getötete, aber einen lebenden habe ich nie gesehen. Die Tigerkatze, felis pardalis, ist sehr häufig, wird etwa drei Fuß lang und einen Fuß hoch, lebt meist auf Bäumen und macht für ihre zwei Jungen ein Nest in hohlen Bäumen oder in Löchern an Baumstämmen. Sie lebt von kleinerem Wild, Vögeln und vielleicht auch Amphibien. Den Hühnerstätten ist sie sehr gefährlich. Ganz jung gefangen wird sie sehr zahm; ich hatte längere Zeit eine, die ich mit Milch und Fleisch aufzog. Sie lief frei im Hause herum, hielt sich aber meist über Tag an dunkeln Plätzen auf und wartete jeden Morgen bis die Türe geöffnet wurde, um zu meiner Frau ins Bett zu kommen. Sie war dann ausgelassen vor Freude und viel zutraulicher als die Hauskatze. Mit dieser lebte sie im besten Einverständnis und manchmal lag sie mit dieser, einem kleinen Brüll-Affen und einem Titi (hapale midas), die ebenfalls frei herumliefen, in der Sonne und spielten diese vier Tiere mit einander, daß es eine Lust war, zuzusehen. Leider war es nicht möglich, ihr abzugewöhnen, bei jeder Gelegenheit ein fettes Huhn wegzunehmen und in irgend einem Schlupfwinkel zu verzehren, so daß ich, da ich mich nicht entschließen konnte, das sonst so zutrauliche Tier an eine Kette zu legen, sie dem Gouverneur zum Geschenke machte. Sie fraß nie etwas anderes, als rohes Fleisch.

Von der Tigerkatze wesentlich verschieden ist die felis macroura, von den Indianern Maracaia genannt. Einfarbige kenne ich zwei Arten, eine beinahe schwarze mit noch dunkleren Flecken, die aber sehr selten ist und eine graue, hochbeinige mit kleinem Kopfe felis jaguarundi.

Mit einer reichen Sammlung an Pflanzen, Bälgen und Insekten trat ich im Juni 1845 mit dem Schiffe Paramaribo meine zweite Reise nach Holland an. Wir waren nur drei Passagiere; der Kapitän, ein bejahrter und erfahrener Mann, wußte uns durch Schnurren und Erzählungen seiner Abenteuer die langweilige Reise angenehm zu machen. Unter den Passagieren war ein Herr C., ein Norddeutscher von Geburt, der nun

wieder nach seiner Heimat zurückkehrte; er mochte wohl jetzt
ein Fünfziger sein und war vor neun Jahren nach Surinam
gekommen, wo er sich in der Nähe der Stadt ein nur eine
halbe Stunde davon abgelegenes Landgut kaufte. Dieser Platz
war ganz verwahrlost, aber der eifrige und verständige Mann
wußte ihn schnell einträglich zu machen. Mit einem Kapital
von 12 000 Gulden war er nach Surinam gekommen, und mit
einem bedeutenden Vermögen kehrte er wieder nach Europa
zurück. Er betrieb auf seinem Gute die Viehzucht, auf die
er sich in den ersten Jahren besonders legte, nicht nach dem
surinamischen Schlendrian, sondern auf europäische Weise,
pflanzte nahrhaftes Gras, womit man das Vieh, ehe man es
am Morgen losließ, und am Abend, wenn es von den Weiden,
die meist nur ein schlechtes hartes Gras geben, heimkam, gut
fütterte, und so an die Stallung gewöhnte; deshalb gaben seine
Kühe bessere Milch, die guten Absatz fand; er machte Butter
und Käse, düngte seinen Garten und zog allerlei Arten Gemüse; er konnte alles teurer verkaufen als andere, denn was
er hatte war gut. Er mästete Schweine, räucherte Schinken,
führte europäische Bienen ein, und wußte aus Sachen Geld
zu machen, woran sonst niemand gedacht hätte. In seinen
Ländereien waren eine Menge Sümpfe und Wasserlöcher, die
viele Buschfische enthielten. Niemand durfte aber da angeln,
der nicht vorher 50 Cents bezahlt hatte; mit einem Netz zu
fischen kostete fünf Gulden. Solche Neuerungen waren in der
Kolonie unerhört, deshalb schimpfte auch jedermann darüber,
aber weil Heremitage so nahe bei der Stadt gelegen war und
die Stadtbewohner besonders in der Trockenzeit gerne angel-
ten und mit ihren Familien einen Tag im Freien zubrachten,
so ließ man sich diese Neuerung gefallen. Freilich trieb es der
gute Mann in seinem Eifer, bald reich zu werden, ein wenig
schmutzig, man sagte, daß er lieber einen Trunk Milch verkaufe, als dem Durstigen ein Glas Wasser gebe. Negermädchen, welche im Umkreise der Stadt Holz holten und in kleinen Büscheln zum Verkauf nach dem Markt brachten, hatten
erst das Recht auf seinen Ländereien Sträucher und Bäume

abzuhauen, wenn sie monatlich eine Abgabe entrichteten. „Jeder für sich und Gott für uns Alle" war sein Wahlspruch. Obgleich er auch nach europäischen Begriffen ein Knicker war, so hatte er sehr verständige Ansichten, und niemand wußte besser auseinanderzusetzen, was in der Kolonie der Landbau, wenn rationell betrieben, dem fleißigen Europäer einbringen würde.

Ende Juli kamen wir in Amsterdam an, und am 15. März 1846 war ich nach einer 81 tägigen Reise wieder in der Kolonie. Ich bezog sogleich mein altes Haus wieder und legte mich mit neuem Eifer auf das Einsammeln von Naturalien, bis es mir im November glückte, meinen sehnsüchtigen Wunsch, mich am Maroni ansiedeln zu können, auszuführen.

Verzeichnis der an das Naturalien-Kabinett in Stuttgart gesandten zoologischen Gegenstände

Mamalia.

Simiae. Ateles paniscus. Mycetes seniculus. Cebus capucinus. – fatuellus. Pithecia leucocephala. – Satanas. Chrisobryx sciurea. Hapale midas.

Cheiroptera. Furiens horreus. Vampyrus spectrum. Desmodus rufus Wied. Desmanura quadrifitatum Peters. Phyllostoma hastatum. Geoff. – lilium Geoff. – brevicaudata Wied. Rhynophylla cumilis Peters. Dysopes abrasus Temm. Artibeus quadrifitatus Peters. – fallax Peters. – perspicillatus. Geoff. Noctilis dorsatus Geoff. Thylorhinna fumilis Geoff. Vesperus furinalis Daub. Vespertilio arsinoe Temm. Schizostoma megalotis Gray. Choeronicteris minor Peters. Thyroptera tricolor Spix. Emballonura sacatilis Spix. Urocryptus bilineata Temm. Emballonura Septura Schom. Ametrida centurio Gray. Chiroderma villosum Peters. Glossophaga amplexicaudata Geoff. – soricina Pall. Caroilia brevicaudata Wied. Molossus rufus Geoff. – abrasus Temm. – obscurus Peters.

Carnivora. Procyon cancrivorus III. Cercoleptes caudivolvulus Poll. Nasua socialis. Gallictys barbata – vittata. Ictycion venaticus. Lutra brasiliensis. Pteronura Sandbachii Gray. Felis concolor Lin. Felis onca Lin. – pardalis Liné – jaguarundi.

Didelphis. Didelphis philanter L. – cancrivora L. – dorsigera L. – quica Nat. – murina L. – brachiura Schr. – cinerea Temm.

Edentata. Myrmecophaga jubata L. – tetradactyla L. – didactyla L. Dasypus gigas Cuv. – Kappleri Kr. – Urocerus Kr. – longicaudus Wied. – unicinctus – Bradypus cuculiger – didactylus.

Cervus. Cervus rufus. – savannorum – simplici cornis.

Glires. Sciureus aestuans. Collogenis paca. Hydrochoerus capypara.

Cercolabes prehensilis. Dasyprocta aguti. – aguschi. Loncheres armata. – cristata. Hesperomys? Pachydermata. Trichechus manatus. Delphinus guianensis. Dicoteles labiatus. – torquatus. – Tapir americanus.

A v e s.

Accipitres. Sarcoramphus papa Lin. – foetens III. Ibicter aquilinus Gm. – ater Virili. Milvago chimachima Virili. Ichtioborus nigricollis Lath. – meridionalis Lath. Leucopternis melanops Lath. – albicollis Lath. Spizaetus ornatus Dand. – braccata Spie. Morphnus uribitinga Gm. – guianensis Dand. – nigricollis Lath. – meridionalis Lath. Thrasactus harpya Lin. Pandion italiactus Lin. Falco peregrinus Lin. – albigularis Dand. Harpagus bidentatus Lath. – diodon Temm. Rostramus hamatus III. – leucopygus Spix. Cymindis cayenensis Gm. – uncinatus Temm. Elanus leucurus Virili. Geranospiza gracilis Tem. Micrastur semitorquatus Vicilli. – xanthotrax Temm. Accipiter cooperi Gray. – tinus Lath. Ciccaba lineata Schaw. – hulula Dand. Athene dominicensis Gm. – torquata Dand. Bubo crassirostris Wied. Ephialtes brasiliensis Gm. – nudipes Vicill, Lephostrix cristata Dand Otus crassirostrix Vicill. Rhinostrix mexicanus Gm. Strix flammea Lin.

Macrochires. Nyctidromus albicollis Gm. Chordeiles acutipennis Bod. Podager semitorquatus Gm. Pygmornis amaura Bud. – pigmaeus Spix. Campylopterus latipennis Lath. Thaluriana furcata Gm. – columbica Br. Florisuga mellivora L. Lophornis ornatus Gm. Chrysolampis moschitus L. Heliothrix auritus Gm. Polytmus viridissimus Vicill. Eucephala coerulea Vicill. Hylocharis cyanea Vicill.

Passerinae. Querula purpurata Mull. Gymnoderus fötidus L. – nudus Gm. Casmarhynchus carunculata Spix. Lipangus plumbea Liott. – Cotinga cayana L. Pipra atronitens Lath. – manacus L. Phoenicircus carnifex L. Rupicula crocea Vicill. Tylira cinerea Bodd. – surinamus L. Pitangus sulfuratus L. Elainia albicollis Vicill. Triccus maculatum Deom. Fluvico-

la picca Bodd. Arundinicola leucocephala L. Copurus po-
ecilonatus Cab. Dendrocaliptes giganteus Mull. Anabates
guianeneis Gm. Thamnophilus doliatus L. Taraba major
Vicill. Hylolophus canadensis L. Myrmotherula surinamensis Gm. Percnostola rufa Bodd. Myrmeciza ferrugineas Mull.
Hypocnemis cantator Bodd. – peccilonatus Cab. – leuco-
phrys Tschud. – erythrophris Sclat. Formicarius nigri frons
Cab. Emberizoides sphenura Vicill. Tiaris jacarina L. Ory-
zoborus torrida Gm. – maximiliana Cab. Gyrinorbynchus
minutus L. – plumbeus Mac. Nemosia guira L. Thraupis
coelestis Spix. Tachyphonus melaleucus Spar. – penicilatus
Spix. Saltator olivascens Cab. Pitylus großus L. Euphonia
violacea L. – cayana L. Polioptila buffoni Sclat. Turdus ar-
topesus Vicill. Dacnis cayana L. – spiza L. Hirundo por-
veorum – albiventer Bod. – cyanoleuca Vicill. Atticora
fasciata Gm. Cotyle flavigastrum Vicill. Cyphorhinus mu-
sicus Bodd. Donacobius atricapillus L. Parus atrocapillus
L. Cacicus viridis Mull. – oriolus L. Icterus xanthornus Gr.
Pendulinus crysocephalus L. – cayanensis L. Agelaius niger-
rimus Ort. Leistes militaris L. Xanthosomus icterocephalus
L. Molothrus ater Bodd. Quiscalus minor Cab. Cassidix
ater Vicill. Cyanurus cayanus L.

Coccygomorphae. Ramphastos toco Mull. – erithrorlyn-
chus Gm. – vittelinus III. Pteroglossus atrocollis Mull. –
viridis L. – piperivorus L. Capito mythrocephalus Bodd.
Galbula viridis Lath. – albirostris Laths. – leucogaster
Vicill. – paradisea L. Jacamerops grandis Gm. Trogon
curucui L. – albiventer Cuo. – atricollis Vicill. Bucco colla-
ris Lath. = tamatia Gm. – tectus Bodd. Monasa nigra Mull.
Diplopterus mexicanus Vicill. – punctatus Gm. Crotopha-
ga ani L. – major L. Coccyzus rutilus III. Cuculus flavus
L. Opistocomus cristatus Gm. Ceryla torquata L. – inda
L. – superciliosa L. Nyctibius grandis Gm. – leucopterus
Wied. Momotus cynocephalus Vicill.

Pici. Picumnus minutus L. Compephilus melanoleucus G.
– rubricollis Bodd. Dryocopus lineatus L. Celeus elegans

Mull. – flavus Mull. – torquatus Bodd. – undatus Gm. Chloronerpes flavigula Bodd. – sanguineus Bodd. Melanerpes rubifrons Spix.

Psittacidae. Sittace aracanga Gm. – ararauna L. – macaverana Gm. – severa L. – nobilis L. Conurus pertinax L. – cyanopterus Bodd. Brotogerys tuipara Gm, Pionias histrio Bodd. – melancocephalus L. – menstruus L. violaceus Gm. – accipitrinus L. Chrysotis farinosa Bodd.–amazonicaL. Psittacula purpurata Gm.

Columbae. Columba cayanensis Bonn. – nigrirostris Scl. Turtus passerina L.–TolpacatiZw. Peristera montana L.– rufaxilla Biche.

Gallinae. Bonasa umbellus L. Odontophorus guianensis Gm. – stellatus Gld., Ortyx sonninii Tem. Crax alector L. Penelope marail Gm. – cumanensis Jacq. Ortalida parraka Gm. Tinamus major Vicill. – cinereus Gm. – pileatus Bodd. – variegatus Gm.

Grallae, Psophia crepitans L. Charadrius americanus Schleg. Philohela minor Gm. Galinago gigantea Nett. – frenata III. Calidris arenarius L. Actitis macularius Bonap. Limosa leucophaea Vicill. Numenius hudsonicus Lath. Parra jacana Gm. Palamedea cornuta L. Aramus carua Vicill. Rallus maculatus Bodd. Aramides maximus Puch. – ruficollis Gm. Rallina castanea Cuo. Porzana albicollis Vicill. – exilis Temm. – melanophaia Vicill. Gallinula porphir. minor Bris. – paron. Bodd. – galeata Licht. Eurypiga helios Pall. Mycteria americana L. Tantalus coculator L. Ibis rubra Vicill. Geronticus cayennensis Gm. Ardea leucogaster Gm. – agami Gm. – candisissimus Gm. – cyanopus Gm. – pilleata Lathr. – ludo viciana Gm. Tigrisoma brasiliensis L. – lineata Gm. Cancroma cochlearia L.

Anseres. Dendrocygna autumnalis L. Cairina moschata L. Erismatura dominica Lath. Plotus melanogaster Gm. Sterconarius crepidata Temm. Larus atricilla L. Sterna thalassus Boje. – magnirostris Licht. – guttata For.

Amphibiae.

Cheloniae. Testudo tabulata Wol. – carbonari Spix. Rhino-clemys scabra. F. Gr. Swanka scorpioides Wglr. Chelyis fimbriata Schw. Hydraspis raniceps Gray. – gibba Schweig. Platemys planiceps Schn. Podocnemis expansa Wglr. Caouana corticata Rand. Caretta imbricata L. – Kraussii Gray. Chelonia viridis Schw. Sphargis coriacea Rond.

Crocodilinae. Jacare punctatus Spix Caiman palpreposus Cuv.

Sauriae. Amphisbaena alba L. – fuliginosa L. Neusticurus bicarinatus D. B. Tejus nigropunctatus Spix. Ameiva suri-namensis Laur. Chalcides flavescens Bonet. Mabouya agilis Gray. Polychrus marmoratus Cuv. Anolis reticulatus Gray. – lucius Gr. – bullaris L. Iguana tuberculata Laur. Ophy-cessa superciliosa Boie. Hypselopus plica Mar. – umbra L. Doryphorus azureus L. Thecadactylus rapicaudatus Cuv.

Ophidiae Typhlops reticulatus D. B. Tortrix scytale Lopp. Rhabdosoma badium Boje. – varium Jan. Homalocranum melancocephalum L. Liophis cobella D. B. – reginae D. B. Erythrolambrus venustissimus Schleg. Spilotes corais Cuv. – variabilis Wied. – poecilostomae Wied. Dromicus lineatus L. – melanotus Schaw. Herpetodryas carinatus L. – cuprea L. – dendrophis Schleg. – Boddaerti, Seez. Philo-dryas viridissimus L. Xenodon Severus L. – rhabdocepha-lus Wied. Calopisma Martii Wgler. – plicatile L. Helicops angulatus L. Ahaetulla liocerus Wied. Dryophis fulgidus Dand. – acuminatus Wied. – argenteus Dand. Leptogna-thus nebulatus L. – Catesbyi Wagl. Dipsas leucocephala Mikav. Leptodeira annulata Lin. Scytale coronatum Schn. Brachyrutum plumbeum Wied. – var. nigra. Boa constric-tor L. – murinus Wied. – cenchris L. Xiphosoma hortu-lanum Wagl. – caninum L. Elaps surinamensis Cuv. – Hemprichii Jan. – lemniscatus L. – collaris Schl. Crotalus horridus Schleg. Lachesis mutus L. Bothrops bilineatus Wied. – atrox L.

Pipidae. Pipa americana L. Pseudis paradoxa L. Ceratophris megastoma Spix. Cystignathus occellatus L. – pentadactylus. Peters. – typhonius Dand. Engystoma ovale Schm. Bufo marinus L. – granulosus Spix. Otilophus margaritifer Laur. Hyla crepitans Wied. – maxima Laur. – calcarata Tros – punctata Sch. – boans Dand. – coriacea Peters. – venulosa Laur. – marmorata Laur. – aurantiaca Dand. – rubra Dand. – leucophyllata Beir. Philomedusa bicolor Bodd. – scleroderma? Dendrobates tinctoria Schn. Coecilia gracilis Shaw.

Pisces. Teleostei Mull.

Acantropteri Mull. Polycentrus Schomburgkii Tr. Ephippus faber Bl. Otolithus cayennensis Lath. Polynemus Plumieri Lac. Trichiurus Lepturus L. Caranx sexfasciatus Gm. – rostratus Mich. Chorin emus palometa C. V. Gobius Kraussii Steind. Amblyopus Broussonetii Lac. Batrachus surinamensis Bl. Antennarius marmoratus Ghtr. Acanthurus chirurgus Bl. – coeruleus Bl. Mugil brasiliensis Ag.

Acanthopterigii Mull. Acara tetramerus Heck. Geophagus surinamensis Bl. Cichla occellaris Bl. Crenicichla brasiliensis Bl. – saxatilis L.

Anacanthini Mull. – Solea gronovii Günth. – lineatus L. Apionichtys Dumerilii Blkr. Physostomi Müll. Platystoma fasciatum Bl. – platyrhynchus C. V. Piramutana Blochii. Pimelodus ornatus K. – lateristriga Mull – Mulleri Troch, Arius emphysetus M. Tr. – Iuniscutis C. V. – Dieperinkii Bl. Aelurichtys gronovii C. V. Ageniosus militaris Bl. – axillaris Gunth. Euanemus nuchalis Spix. – nodosus Bf. – maculosus C. V. Doras dentatus Kn. Oxydoras carinatus L. Callichtys asper Ou. u. Guim. – longifilis C. V. Plecostomus bicirrhosus Gron. – commersonii Val. – barbatus C. V. Chaetostomus serratus C. V. – medians K. N. Loricaria cataphracta L. Aspredo batrachus L. – tibicen C. V. Macrodon trahira Spix. – aimara Spix. Erythrinus unitaeniatus Spix. – filamentosa C. V. Curimatus spilurus

Gthr. – schomburghii. Gthr. Prochilodus oliogolepis Gthr. Hemiodus notatus C. V. Anostomus fasciatus Spix. Leporinusfrederici Bl. – fasciatus Bl. Tetragonopterus chalceus Sp. – maculatus L. – grandisquamis M. Tr. – melanurus Bl. Chalceus macrolepidatus Cuv. Brycon falcatus M. Tr. Chalcinusbrachypomus C. V. Gastropelecus sternicola L. Piabuca argentina L. Anacyrtus gibbosus L. Xiphorhamphus falcatus Bl. – microlepis Schl. Serrasalmo piraya Cuv. – rhombeus L. Myletes rhomboidalis Cuv. – oligacanthus M. Pr. Belone microps Gthr. Hemirhamphus unifasciatus Bog. Engraulis surinamensis Bth. Pellona flavipinnis V. C. Sternarchus rostratus L. Sternopygus caropus L. – virescens Vell. Carapus fasciatus Pall Gymnotus electricus L. Symbranchus marmoratus Bl. Myrophispunctatus Lath. Ophichtys acuminatus Gr.

Lophobranchii. Cuv. Syngnathus pelagicus Osb. Doryichthys lineatus Bf.

Plectognathi Cuv. Tetrodon heraldi Gthr. – psittacus Bl.

Palaeichthyes. Gunth.

Pristis perrosteti Mull. – pectinatus Lath. – antiquorum Lath. Trygon tuberculata Lath. Taeniura motoro Mull.

II. Abteilung

Meine Ansiedlung am Maroni

(Niederlassung).

1846 bis 1879.

Erstes Kapitel

So war endlich die Zeit gekommen, wo ich mir am Maroni meinen neuen Wohnsitz gründen konnte. Vier Jahre lang hatte ich im Interesse der Wissenschaft als Sammler das Land in allen Richtungen durchreist, die reiche Vegetation und Fauna ausgebeutet und durch Eifer und Tätigkeit ein reichliches Auskommen gefunden. Aber obwohl im jugendlichen Alter solch ein schwärmendes Leben manchen Reiz hat, so erinnerte ich mich doch, als ich mein 31stes Lebensjahr antrat, des deutschen Sprichwortes: Wer in seinem zwanzigsten nichts kann, im dreißigsten nichts ist und im vierzigsten nichts hat, der lernt nichts, wird nichts und kriegt nichts. Das war das Menetekel, das ich nie vergaß.

So sehr ich auch das Leben von seiner idealen Seite aufzufassen gewohnt war und dafür bis in mein späteres Alter oft Lehrgeld zu bezahlen hatte, so befand ich mich doch in keinen Illusionen, als ich den Maroni zu meinem Wohnplatze wählte. Unterstützt durch die Karaiben, mit denen ich so gut bekannt war, wollte ich meine Wohnung bauen, meinen Kostacker anlegen und sie zum Sammeln von Naturalien gebrauchen; durch Handel mit ihnen und den Buschnegern konnte ich später, wenn es meine Mittel erlauben würden, auch den Reichtum der Wälder ausbeuten, in denen die edelsten Holzarten wuchsen und nutzlos verfaulten.

An den andern Flüssen der Kolonie, besonders am Nickeri, hatte schon mancher unternehmende Mann durch den Holzhandel sich ein Vermögen erworben. Die Waldungen an den meisten Flüssen des Landes lieferten bereits seit zweihundert Jahren alles Bau- und Möbelholz zum Gebrauche innerhalb der Kolonie, und Schiffsladungen davon wurden nach den Antillen, die so arm an Nutzhölzern sind, ausgeführt. Nur die Waldungen am Maroni waren noch nie ausgebeutet und eine Unternehmung an diesem Fluß war deshalb vor anderen derartigen in der bewohnten Kolonie entschieden im Vorteil.

Aber in jedem andern Teile des Landes wäre mein Plan, eine Niederlassung zu gründen, leichter gewesen, als an dem so außer aller Verbindung mit dem bewohnten Lande stehenden Maroni; denn über See, mit kleinen Korjalen wie die Indianer dahin zu fahren, ist bei stürmischen Jahreszeiten eine gefährliche Sache, und obwohl bei der Hinfahrt der Wind stets günstig ist, so ist die Rückkehr wegen

Gegenwind und Strömung desto schwieriger und langsamer. Ein passendes Segelfahrzeug mir anzuschaffen erlaubten meine Mittel nicht. Im Inneren des Landes aber, wo in den Regenzeiten man durch den Wanekreek und Sümpfe nach der bebauten Kolonie kommen kann, ist die Fahrt zwar nicht gefährlich, aber zeitraubend und ermüdend und in den Trockenzeiten, wo Kreeken und Sümpfe austrocknen, ganz unmöglich. Hindernisse wie diese stachelten jedoch meinen Ehrgeiz eher an, als daß sie meine Vorliebe für den Maroni hätten schwächen können und trotz aller Warnungen meiner Freunde stand mein Entschluß fest.

Ohne alle Schwierigkeit erhielt ich vom Gouverneur der Kolonie die Erlaubnis, mich auf dem holländischen Ufer ansiedeln zu dürfen und überdies wurde mir, da ich, so allein lebend, viel von dem insolenten und aufdringlichen Betragen der die obern Ufer des Maroni bewohnenden Buschneger zu leiden gehabt haben würde, das tituläre Amt eines Assistent-Posthalters übertragen, als welcher ich, wenn die Buschneger nach der bewohnten Kolonie sich begeben wollten, ihnen Pässe auszustellen hatte und so quasi ihr Vorgesetzter war.

Die beiden Militärposten Armina und Prins Willem Frederik Hendrik, welche die Regierung 70 Jahre lang am Maroni unterhalten hatte, waren seit 1842 verlassen, und auch der Beamte, der früher unter den Aucaner-Buschnegern wohnte, befand sich nun auf dem von Paramaribo bloß 20 Stunden abgelegenen Piket am obern Cotticafluß.

So waren also weder auf dem holländischen noch auf dem französischen Ufer des Stromes europäische Niederlassungen, bloß Karaiben hielten sich daran auf und ihre Dörfer, die vielleicht alle zusammen 400 Seelen enthielten, erstreckten sich acht Stunden landeinwärts von der Mündung, während man von da bis zu den Aucanerbuschnegern die an den Ufern des Tapanahoni, eines Seitenflusses des Maroni wohnten, je nach dem Wasserstande des Flusses vier bis zehn Tage zu fahren hatte und die lange Strecke bis dahin gänzlich unbewohnt war.

Im November 1846 machte ich meine Anstalten zur Abreise. Ich besaß ein starkes vierruderiges Boot, das auf Osembo in Para gebaut, bei einer Länge von 30 Fuß eben groß genug war, um die Reise sowohl durch den Wanekreek als über See zu machen.

Außer Gerätschaften als Hauer, Äxte, Spaten, Sägen, Schleifsteine usw., die ich zum Ausroden der Waldungen, Anlegen der Felder und Bau des Hauses nötig hatte, war ich mit den nötigen Waren versehen, mit denen ich den Indianern ihre Hilfeleistungen bezahlen wollte, als Messer, Glasperlen, Gewehre, Pulver, Salemporis (Indigoblauer Baumwollen-Zeug). Um aber auch nicht ganz von ihnen abhängig zu sein (denn der Indianer ist gewiß der unzuverlässigste Mensch auf der Welt, da alles was er für andere tut, nur das Werk seiner Laune ist), hatte ich für vierhundert Gulden einen jungen Neger Namens Primo gekauft. Primo war ein kräftiger Kerl von ungefähr achtzehn Jahren, der orangutangartige Unterkiefer gab ihm etwas Affenähnliches und ein ungeheures Gebiß entsprach seinem grenzenlosen Appetit.

Wie nun der Charakter sich meistens im Gesichte des Europäers abspiegelt und dasselbe als Empfehlung dienen kann, so gibt das Hintergesicht des Negers fast immer ein untrügliches Zeugnis seiner moralischen Qualität. Nun hatte diese Hinterseite Primos so viele Zeichen von Peitschenhieben seiner früheren Besitzer, daß man wenigstens wußte, keine Katze im Sack zu bekommen. Aber der geringe Preis für solch einen starken Burschen und die Versicherung des Verkäufers, daß, wenn Primo nur erst von Paramaribo wegkäme, ich ihn zu jedem Geschäft gebrauchen könne, bestimmten mich zum Kaufe. Einzelne, besonders junge Neger wurden selten feilgeboten und dann immer teuer, denn wenn die Mutter lebt, so muß sie und alle Kinder zusammen gekauft werden.

So verließ ich anfangs Dezember mit vier Indianern, die ich in Para geholt hatte und meinem Primo die Stadt, um, da die Regenzeit noch nicht angefangen hatte und deshalb der Wanekreek nicht befahrbar war, über See nach dem Maroni zu kommen, obwohl ich wußte, daß bei immerwährendem Gegenwinde und Strömung diese Reise langsam und sehr ermüdend sei.

Auf dem sechsundzwanzig Stunden langen Landstrich der Küste von der Mündung des Surinamflusses bis zum Maroni münden drei Kanäle in die See. Sie wurden gegraben, um die an ihnen und der Küste liegenden Baumwollenpflanzungen zu entwässern. Diese Kanäle Warappa, Mattapica und Motcreek genannt, haben seichte Mündungen, die bei der Ebbe manchmal ganz trocken liegen und in die bloß bei hoher Flut Boote, welche nicht über ein- bis zwei Fuß Tiefgang haben, ein- oder auslaufen können. Diese Kanäle stehen mit dem Cottica oder Commowinifluß in Verbindung, so daß man bloß zwei Drittel oder die Hälfte längs der Meeresküste zu rudern hat und die Hälfte der Reise innerhalb des Landes auf dem Fluß zurücklegen kann. Noch weiter gegen den Maroni hin steht ein kaum bemerkbarer, unter Mangrove- und Parvagesträuch der Küste sich durchwindender Kreek, der sich aber nur bei Springfluten mit Wasser füllt, mit dem Vreedenburgerkreek in Verbindung, so daß, wenn man bei hohen Springfluten durch diesen in See geht, man bloß noch von der Mündung des Maroni elf Stunden entfernt ist, wozu man übrigens bei starkem Winde drei bis vier Tage nötig haben kann.

Bloß Indianer kennen diesen Weg und außer ihnen kommt auch nie jemand denselben. Da das Meeresgestade nur aus Schlammbänken besteht, die dicht mit Mangrovebäumen und Parvagesträuchen bewachsen sind, so bieten sie bei stürmischem Wetter keinen Schutz und ebenso wenig kann man ans Land kommen, da man bis um die Mitte des Leibes im Schlamme einsinkt. Man ist deshalb gezwungen, im Boote zu bleiben und rudert längs der Küste, nahe derselben bei der Flut und manchmal eine Stunde weit vom Lande entfernt, wenn bei der Ebbe das Meer sich zurückzieht.

Oft hilft aber bei den heftigen, immer aus Osten wehenden Winden das Rudern nichts. Ist dann der Meeresboden nicht zu schlammig, so ziehen die Indianer tagelang das Boot im Wasser, wenn dieses nicht über drei Fuß tief ist, was sie, obgleich es sehr ermüdet, dem fast nutzlosen Rudern vorziehen.

Vier Stunden östlich vom Seeposten Oranje ragt eine Sandritze in die See, bei der vor vielen Jahren der Wia Wiakreek mündete, an welchem in uralten Zeiten Indianer gewohnt haben sollen. Jetzt ist er ganz zugeschwemmt und eine große Schlammbank liegt vor derselben. An dieser Sandritze, auf der sich viele Hirsche aufhalten, die einen dort wachsenden Portulak abweiden, kann ein Boot bei stürmischem Wetter sicher liegen und da der Boden selbst von der höchsten Meeresflut nicht überschwemmt wird und aus Muschelsand besteht, so kann man auch hier ans Land kommen und Essen kochen. Krabben, Fische, Wasservögel liefern hierzu reichliche Mittel und obgleich man vor Muskiten beinahe nicht atmen kann, so ist dieses doch der einzige kaum 100 Schritte lange Ort an der Seeküste, den zuweilen Indianer besuchen, um da zu jagen und zu fischen.

Auch wir hielten uns hier einige Stunden auf und verschanzten uns gegen das höllische Ungeziefer durch Feuer, dessen Rauch uns beinahe blind machte. Da es niedriges Wasser war, so wurden die Sandbänke von Schnepfen besucht, die in Schwärmen von Tausenden hier ihre Nahrung fanden. Sie sind von der Größe einer Lerche und heißen bei den Franzosen „alouettes". Schnell waren mit feinem Vogeldunst einige Hunderte geschossen, und während die Indianer die ihrigen am Feuer rösteten, hatte ich die meinigen gerupft, ausgenommen und ein gutes Dutzend in der Backpfanne gebraten; doch um von Muskiten nicht geplagt oder im erstickenden Rauch meine Mahlzeit halten zu müssen, ging ich damit zum Boot, das etwa hundert Schritte weit vom Lande im Meere vor

Anker lag, um sie dort in Ruhe essen zu können. Aber die Flut war aufgekommen und das Wasser reichte mir bis unter die Arme, als ich am Boote ankam, und wie ich die Backpfanne ins Boot setzen wollte, rollte eine Welle über mich hin, so daß ich meine Vögel wieder aus dem schlammigen Seewasser herausfischen mußte.

Zwei Stunden östlich von Wia Wia geht das schlammige Ufer in Sand über, auf welchem man bei Ebbe bis an die Mündung des Maroni und bis an das erste Karaibendorf zu Fuße kommen kann. Hat man dieses sandige Ufer erreicht und ist die See nicht zu ungestüm, so machen die Indianer aus den Stricken ihrer Hängematte ein langes Seil, mit dem sie, während einer das Boot steuert, dasselbe vom Lande aus ziehen. So kann man von da in sechs Stunden in die Mündung des Stromes kommen.

Wir kamen am fünften Tage, nachdem wir Paramaribo verlassen hatten, auf dem in der Nähe des früheren Postens Prins Willem Frederik gelegenen Karaibendorf an.

Kein Sterblicher zeigte sich, und nach dem Gesträuche und den Schlingpflanzen, die um die Hütten wucherten und von denen die Dächer schon halb bedeckt waren, mußte das Dorf schon lange verlassen sein.

Indem ich mich mit den Indianern beriet, was zu machen sei, und wir schon beschlossen hatten, mit der Nachmittagsflut den Fluß hinauf zu andern Indianern zu fahren, sahen wir ein indianisches Segel über den Fluß daher kommen. Es waren Weiber, die uns erzählten, daß sämtliche Indianer schon seit sechs Monaten den Maroni verlassen hätten, und sich vorläufig am Amanabo aufhielten, in Folge mehrerer schnell auf einander folgenden Todesfälle, die man nichts anderem zuschreiben konnte, als dem Einfluß des bösen Geistes. So in Furcht gesetzt hatten nun Karaiben und Arowaken einstimmig beschlossen, sich an anderen Flüssen des französischen Guyanas anzusiedeln. Nur von Zeit zu Zeit kämen die Weiber um den Cassave ihrer Kostäcker abzuholen. Das waren fatale Neuigkeiten, an denen mein ganzer Plan Schiffbruch leiden konnte, denn ohne Hilfe der Indianer konnte ich gar nichts anfangen. Ich entschloß mich deshalb auch rasch, und kaum trat am Abend die Ebbe ein, als wir uns schon auf dem Wege nach Mana befanden, wo wir am frühen Morgen ankamen.

In dem Dorfe (Bourg) waren nur wenige Indianer, die für das Kloster und einige Bürger sich zum Jagen und Fischen vermietet hatten; aber die sämtliche Bevölkerung des Maroni befand sich auf Courbai, der sechs Stunden vom Dorfe Mana, am Amanabo liegende Niederlassung des Häuptlings Ereroua.

Ich teilte der Superieurin des Klosters, der Schwester Isabella die Verlegenheit mit, in der ich mich befand, und sie erlaubte mir, so viele Indianer zu engagieren, als ich wolle. Ich machte mich deshalb sogleich auf den Weg, und kam bei Sonnenuntergang in Courbai an.

Eine Menge temporärer Hütten waren im Walde aufgerichtet, abgesondert von den Wohnungen Ererouas, denn Courbai zählte nicht über zwanzig Bewohner und bloß vier Hütten machten das Dorf aus. Ich wurde überall freundlich bewillkommnt und fand bald meinen Liebling Maniofo, der inzwischen zum schönen Jüngling herangewachsen war, und mir jetzt zum Mundschenken dienen mußte, um zuerst die Älteren durch einen Schnaps günstig für mich zu stimmen.

Nachdem alle getrunken hatten versammelte ich meine Bekannten in der Hütte Ererouas, der zur Beleuchtung derselben einige Amyris oder Haiawafackeln angebracht hatte, und sagte ihnen, ich sei nun gekommen, mich unter ihnen anzusiedeln, und hoffe, daß sie, wie sie mir ja vor einem Jahre schon versprochen hätten, behilflich sein werden, eine Wohnung und einen Kostacker für mich anzulegen, daß mich aber alles nichts helfe, wenn sie im Amanabo bleiben und nicht mehr nach dem Maroni Rückkehren würden.

Ich versprach ihnen ihre Arbeit zu bezahlen, und zwar mit 50 Cents per Tag, in Tauschartikeln die ich mitgebracht hatte. Nochmals mußte Maniofo einen Schnaps austeilen, und dann wurde mein Vorschlag in Beratung genommen.

Eine indianische Ratsversammlung ist aber etwas ganz anderes als ein Neger-Palawer, oder, wie man sagt, Gruttu.

Der Indianer, still und bedächtig, wenn er nicht betrunken ist, macht wenig Worte, sagt entweder zu, oder verweigert, wie er gerade bei Laune ist, bricht übrigens gerne sein Wort, wie er von Worthalten oder Wahrheit keinen Begriff hat. Wie es aber bei einem Neger-Gruttu zugeht, werde ich später zu sagen Gelegenheit haben.

Nach einer Zusammensprache, die noch kaum zehn Minuten gedauert hatte, waren bereits vierzehn starke Männer bereit, mit mir am andern Morgen nach dem Maroni zurückzukehren, mir einen Kostacker anzulegen und eine Hütte zu bauen, und alle anderen versprachen mir, wieder auf ihre alten Dörfer am Maroni zurückzukehren.

Ich verließ also Courbai am andern Morgen in Begleitung der gemieteten Indianer, die ich unter das Kommando des Kapitän Georg, dem das erste Karaibendorf an der Mündung gehörte, gestellt hatte. – Nachdem ich im Laden des Klosters zwei Fässer Couac oder Cassave-Mehl eingekauft hatte, kehrten wir nach dem Maroni zurück.

Dort hatte ich mir fünf Stunden vom früheren Posten Prins Willem Frederik entfernt, auf holländischer Seite einen Platz auserlesen, auf dem in früheren Jahren einige Karaiben unter ihrem Oberhaupt Kwakku gewohnt hatten. Schon längst war dieser Kwakku gestorben und das Dorf verlassen worden. Hohes Busch- und Strauchwerk bedeckte das Land, auf dem früher die Hütten standen. Eine Kokos-Palme, die in ihrem Wachstum durch die Menge Unkraut, welches sie umwucherte und ganz überzogen hatte, gestört war, stand nahe am Ufer, das ein beinahe undurchdringliches Gesträuch von Bambus und Awara-Palmen bedeckte.

Das Land war etwa acht bis zehn Fuß über der höchsten Wasserstands-Marke des Flusses gelegen, und hatte durch die Breite desselben der nach Nord-Osten hin eine weite bei anderthalb Stunden lange Bucht bildete, den freien Zugang des Seewindes. Die Breite des Flusses nach dem zunächst liegenden französischen Ufer hinüber betrug 2 200 Meter, oder über eine halbe Stunde.

Das hohe Land, auf dem ich mich anbauen wollte, hatte übrigens nur eine Breite nach Westen von kaum 200 Meter, zog sich, durch einige kleine Sümpfe unterbrochen, dreiviertel Stunden lang nach Norden, und endete südlich und kaum 100 Meter von meinem Hause entfernt, in einem Sumpf von Pina-Palmen und Mani-Bäumen (Sinphonia coccinea), so daß das hohe Land, auf dem ich mich anbauen wollte, bloß etwa zehn Hektaren Flächeninhalt haben mochte, und außer der Ostseite, wo der Fluß es bespülte, und der Nordseite im Westen und Süden von Sümpfen umgeben war. Westlich dehnte sich ein 1 500 Meter breites niedriges, in den Regenzeiten stets über-schwemmtes Land aus, das dicht bewaldet war, und in dem stellenweise Mauritienpalmen wuchsen, und weite Striche von langem schneidendem Grase ein undurchdringliches Dickicht bildeten.

Hinter diesem Sumpfe, der aber höher lag als der Spiegel der gewöhnlichen Flut und deshalb leicht entwässert werden konnte, erhob sich ein Berg-Plateau, und eine Hügelreihe, die auf zwei Stunden Länge und einer Höhe von 80 bis 100 Fuß von Nord nach Süd sich ausstreckte. Manche dieser Hü-gel waren sehr steil und durch tiefe Schluchten von einan-der getrennt und befanden sich an ihrem westlichen Abhang zwei Quellen, die auch in den trockensten Jahreszeiten nie ganz versiegten, und welche zwei Kreeken, die Haimura und Woka bildeten, die unter und oberhalb meines neuen Wohn-platzes sich in den Maroni ergossen. Diese Hügel bestanden aus Granit, Grünstein, Quarz und einem rötlichen eisenhal-tigen Konglomerat, das man für ein Produkt des Feuers hät-te halten können, wenn nicht der Kern dieser Hügel Granit gewesen wäre, der stellenweise massenhaft zu Tage trat. Alle diese Höhen und Schluchten waren dicht bewaldet und reich an den besten Nutzhölzern. Hinter diesen Hügeln zog sich in westlicher Richtung ein Hochland hin, dessen Boden aus weißem Sande bestand, mit einer bezüglich dürftigen Vegetation, auf dem Bäume so dünn und sparsam und mit so wenig Unterholz standen, daß man zu Pferde hätte durchkommen können. Solch bewaldetes Hochland, das auch am obern Surinam, Para und Saramacka vorkommt, macht dort den Übergang in die Savannen, die an diesen drei Flüssen eher häufig sind, am Maroni aber ganz fehlen. Dieses Land, wellenförmig und manchmal kleine Hügel bildend, streckt sich bis an das Courmotiboflüßchen aus, das vom obern Maroni nicht über sieben Stunden entfernt sein kann. Die Sümpfe, aus denen der Wanekreek entsteht und die zwischen dem Maroni und der Courmotibo liegen, erstrecken sich deshalb nicht weit südlich und haben keine große Ausdehnung, was man schon aus dem raschen Fallen und Steigen des Wanekreek entnehmen kann.

Die furchtbare Plage des niederen Landes, die Muskiten, kommen nicht vor, und obgleich bloß fünf Stunden von der See entfernt, ist das Flußwasser doch immer süß und klar, während in den andern Strömen der Kolonie das Seewasser viel weiter landeinwärts dringt, und bei gleichem Abstand vom Meere nie klar und trinkbar ist.

Es erklärt sich dieses durch die vielen Sandbänke, die in der Mündung des Maroni liegen und durch die große Inselgruppe in derselben, welche die Gewalt der Meeresflut brechen, wie durch die bedeutenden Gewässer, die in den Regenzeiten der Fluß der See zuführt. Diese vielen Sandbänke sind aber der Schiffahrt ein großes Hindernis, da bei schmalem Fahrwasser Schiffe, welche über elf Fuß Tiefgang haben, den Maroni nicht befahren können, auch ist eine halbe Stunde südlich meines Wohnplatzes der Fluß so mit Sandbänken eingeengt, daß kein größeres Schiff mehr passieren kann.

Wir hielten nun unsern Einzug in die seit mehreren Monaten leer stehenden Hütten einer dem verlassenen Dorfe von Kwakku auf französischer Seite gegenüber wohnenden Arowakenfamilie, deren Bewohner sich schon am Irakubo niedergelassen hatten aber auch später wieder in ihre alte Heimat Rückkehrten, und fuhren am Morgen des 13. Dezembers

1846 zum ersten Male auf das holländische Ufer, um unsere Arbeit anzufangen.

Von den vierzehn Indianern mußte immer einer auf die Jagd, und des Nachts fischten wir mit einem großen Netze, das ich von Holland hatte kommen lassen, so daß wir Wild und Fische im Überfluß hatten, und das was wir selbst nicht gebrauchten geräuchert den Weibern nach Mana schicken konnten. Alle übrigen aber arbeiteten so gut wie ich und mein vortrefflicher Primo mit dem Hauer, um Gras, Wurzeln und Gesträuche abzuhauen, dann ging es an Bäume fällen, so daß in fünf bis sechs Tagen schon ein schönes Stück Land offen dalag. Ungewohnt so schwerer Arbeit hatte ich am ersten Tage so hart zugehauen, daß meine weichen Hände mit Blasen bedeckt waren, und ich nichts mehr verrichten konnte, als Wild und Fische herrichten und das Essen für uns alle bereiten.

Primo war die beständige Zielscheibe des Witzes der Indianer, denn kaum ließ ich ihn aus den Augen, so schlief er bei der Arbeit ein, obgleich ich ihn manchmal unsanft aus seinem Schlummer erweckte. Einmal war er so fest eingeschlafen, daß er es nicht fühlte, wie die Indianer ihn mit den abgehauenen Blättern der Heliconien und Palmen bedeckten. – Bereits war der Haufen vier Fuß hoch, als er erwachte und mühsam sich hervorarbeitete. – Schlaf war seine erste, Fressen seine zweite Leidenschaft, und da am Essen kein Mangel war, so daß er oft in einer Mahlzeit mehr Fleisch und Fisch, als wovon ein Plantageneger eine ganze Woche lang leben muß; war er gesättigt, so fiel er in Schlaf. – Arbeit konnte man nur von ihm erhalten, wenn man mit dem Stocke hinter ihm stand.

Schon in den ersten Tagen unserer Arbeit stellte sich die kleine Regenzeit ein, und wir beeilten uns eine Hütte oder ein Haus zu bauen, um nicht jeden Morgen und Abend genötigt zu sein, die Fahrt über den Fluß zu machen.

Zu dieser Fahrt, die, da alles pagaite (paddelte), je bloß eine halbe Stunde dauerte, hatten die Karaiben um so weniger Lust, als die Arowaken, deren Hütten wir nun bewohnten, als Zauberer (Piaima) verschrieen sind. Obgleich diese Hütten verlassen und mit stachligen Solaneen über- und umwuchert waren, so hatten meine Indianer doch Furcht und Widerwillen, nur die Nacht darin zuzubringen und beeilten sich, mein Haus aufzurichten, wozu ich ohne Reißbrett und Zirkel schon den Plan in meinem Kopfe gemacht hatte.

Es war dieses Haus ganz einfach eine indianische Hütte von 25 Fuß Länge bei 18 Fuß Breite, von unten, außer einem kleinen Kämmerchen, das ich mit acht Fuß langen Palmlatten vertäfelte, ganz offen; das Dach wurde mit geflochtenen Palmblättern (pina) gedeckt, stark und solide ließ es keinen Tropfen Wasser durch. Statt daß man wie auf den Pflanzungen zu den Dächern der Negerhäuser die Palmblätter der Länge nach schlitzt und je drei oder vier solcher Blätter horizontal von unten nach oben anfangend an die Dachsparren vermittelst Lianen befestigt, nahmen meine Indianer je zwei ganze Blätter, flochten sie zusammen und banden sie vertikal an die Latten, die der Länge nach an die Sparren angebunden waren. Dadurch wurde das Dach leichter, dichter und von innen zierlicher. Obendrauf wurde als First ein Hut, von starken Cumu-Blättern (Oenocarpus patawa) geflochten, befestigt. Die Arbeit war am dritten Tage beendigt, und schon am achten Tage nach unserer Ankunft konnten wir das neue Haus beziehen. Ich nannte nun den Platz meiner zukünftigen Frau zu Ehren Albina.

Bei allen diesen Arbeiten half mein alter Freund Curieli am besten; er kannte alle Holzarten, alle schädlichen und nützlichen Kräuter, und verstand Bäume so schön viereckig zu beschlagen, daß sie ein Zimmermann sogleich hätte verwenden können. Ebenso guter Jäger als Fischer, war er für mich unschätzbar, aber sein Hauptfehler war eben wie bei den meisten Indianern sein Hang zum Branntwein. Einen Schnaps zu erhalten war die Triebfeder zu allem, und war er einmal betrunken, so war es nicht möglich, im gutem mit ihm auszukommen.

Nachdem wir nun so viel Holz und Gesträuch verbrannt hatten, als die häufig fallenden Regen zuließen, beschäftigte ich Curieli und einige andere Indianer damit, das Holz zum Bau eines späteren besseren Hauses zu behauen und herbeizuschaffen. Wir versuchten auch Bretter zu sägen, aber außer Curieli verstand niemand die Säge zu führen. Deshalb blieb auch dieses Geschäft für die Zukunft aufbewahrt.

Überhaupt fand ich bald, daß wenn ich meinen eigenen Kräften vertraut hätte, ich wohl wenig ausgerichtet haben würde, denn es gehört zu anhaltender Feldarbeit nicht allein Kraft, sondern man muß auch an sie gewöhnt sein und die Werkzeuge zweckmäßig zu führen verstehen. Was Indianerknaben tun konnten, wäre ich nicht im Stande gewesen nachzumachen. Wenn ich im Schweiße meines Angesichtes mich abmühte einen Baum zu fällen, wurde ich oft ausgelacht, in der halben Zeit tat es ein Knabe besser, und doch war ich gesund und kräftig. Während ich beim Einsammeln von Naturalien und beim Insektenfang von morgens acht bis Abends fünf Uhr in den Wäldern oder auf den Savannen durch Sümpfe oder über Hügel schweifte, auch oft in den heftigsten Regengüssen oder verbrannt von der Sonne umherwanderte, war ich doch nie so müde geworden als jetzt am Abende, obgleich ich stets meine geregelte und gute Nahrung hatte und während der Regengüsse mich in der Hütte aufhalten konnte.

Ich hatte zur Anlage des Kostackers eine schlechte Zeit gewählt, denn bloß ein kleiner Teil der abgehauenen Bäume war verbrannt, während der andere Teil liegen blieb und Strauchwerk und Äste auf Haufen gebracht wurden, um Raum zum Pflanzen von süßen Pataten und Taiers zu gewinnen. Auch ein Gärtchen legte ich an und pflanzte Bohnen, die schon am dritten Tage ihre Blätter entwickelt hatten, aber wie unangenehm war ich überrascht, als ich eines morgens alles von den Cassaveameisen (formica cephalotes) abgefressen fand. Jetzt, nachdem wir etwa einen Acker, d. h. 43 560 Quadratfuß umgehauen, gereinigt und teilweise bepflanzt hatten, bemerkte ich erst, wie viel ich von diesen so schädlichen Insekten zu leiden haben würde. Sowohl im Walde als auch auf dem gereinigten Lande befanden sich ihre Haufen, deren jeder zwei

bis drei Fuß Höhe bei 15 bis 20 Schritte Umkreis hatte. Die
Nester selbst von der Größe einer Faust bis zu der eines Kopfes
befinden sich in einer Tiefe von sechs Zoll bis fünf Fuß unter
dem Boden und stehen alle durch Gänge mit einander in Verbindung, die wieder ein gemeinschaftliches Luftloch haben,
das man leicht an frischaufgeworfener Erde erkennt, und das
die unermüdlichen Insekten beständig ausbessern. Unter diesen Luftlöchern liegen die Nester, manchmal über fünfzig an
der Zahl, deren jedes ein für sich bestehendes Ganze ist, in
Gemeinschaft aber arbeitet und sich verteidigt. Stößt man mit
einem Stock in die Luftlöcher, so kommen sogleich zur Verteidigung ihrer Wohnung große, dickköpfige Ameisen hervor,
laufen wütend umher, beißen mit ihren scharfen Zangen in
alles was sie auf ihrem Wege finden, und lassen sich eher den
Kopf abreißen, ehe sie das, was sie angefaßt haben loslassen.
Diese so wohl verteidigten Löcher sind aber nicht die Gänge,
durch welche sie ihre verderblichen Raubzüge anstellen, denn
diese laufen von den Nestern unter der Erde fort und münden
manchmal fünfzig bis hundert Schritte vom Hauptnest entfernt durch ein Loch an der Oberfläche.

Bei diesen Löchern fangen dann erst über der Erde die Wege
an, welche die Ameisen nach dem Baume oder den Pflanzen,
die sie abfressen wollen, anlegen; auch sind diese Wege, auf
denen bei einer Breite von zwei bis drei Zoll jedes Gräschen
aus dem Wege geräumt ist, manchmal bei vierhundert Schritte
lang.

So verderblich, ja eine so große Pest für den Landbau diese
Insekten auch sind, so bewunderungswürdig ist ihr Fleiß und
ihr Zusammenwirken, ja man könnte sagen: ihre Überlegung
bei der Arbeit. Obgleich man sie in Surinam Cassave-Ameise
und in Cayenne *fourmi manioc* nennt, so ist es nicht bloß
diese Pflanze, die sie zur Nahrung und zum Bau ihrer Nester
nötig haben, sie nehmen beinahe mit allem vorlieb, und ich
sah außer wildwachsenden Pflanzen, Mangos, Orangen, Rosen, Bohnen, Mais, Okero (hibiscus esculentus) so abgefressen, daß die Bäume oder Pflanzen am Morgen wie Besenreisig

dastanden, verkümmerten und bei wiederholten Anfällen abstarben. Bei solchen Raubzügen klettern die obenerwähnten großen Ameisen, die auch immer zuerst hervorkommen um das Nest zu verteidigen. und die man Soldaten nennen kann, auf die Bäume, beißen das Blatt in kleine Cent große Stücke, die dann auf den Boden fallen, wo die kleineren Ameisen diese Stückchen aufnehmen und sie so in den Zangen halten, daß sie zur Hälfte auf dem Rücken liegen. – Mit diesen Blattstückchen, die manchmal doppelt so schwer sind als das Insekt, das sie trägt, tritt das Tierchen den Rückweg an. Der ganze Weg bei einem solchen Zuge ist oft so dicht mit Ameisen begangen, daß man zwei bis drei auf einem Quadratzoll zählen kann, die teils mit ihren Blättchen beladen, teils ohne dasselbe wieder zum Baume Rückkehren, um aufs Neue eine Last zu holen. So ziehen sie bei trübem Wetter und am liebsten bei Mondschein Tage und Nächte lang in Zügen, die aus Millionen bestehen können, auf ihren Raub aus, und sind besonders im hohen oder gebirgigen Lande, wo sie sich tief unter der Erde verbergen können, für den Landbau die größte Plage. Die Nester selbst, wohin sie die Blätter bringen, sind von einer grauen, feuchten, schwammartigen, leicht zerreibbaren Masse, löchrig und anscheinend ohne Ordnung, und es stecken in ihnen Eier, Larven und ausgebildete Ameisen in allen Größen.

Ob nun jedes einzelne dieser manchmal kopfgroßen Nester eine auf sich selbst stehende Gesellschaft, Republik oder Föderativ-Staat ist, oder ob in einem Haufen ein König oder Königin das Kommando führt, könnte vielleicht durch jahrelanges tägliches Beobachten ermittelt werden. – Sie halten sich manchmal Monate lang in ihren Löchern auf und bloß am Luftloch sieht man immerwährend welche arbeiten, um die von Wind und Regen eingeflößte Erde wieder aus dem Loche herauszuschaffen, unerwartet aber brechen die Züge hervor, und weder Ausgraben noch kochendes Wasser, wodurch sie massenhaft verbrüht werden, kann die hartnäckigen Insekten bestimmen, ihre Verheerungszüge einzustellen.

Es gibt kein anderes Mittel, diese schädlichen Insekten zu vertilgen, als die Nester auszugraben und die Brut mit kochendem Wasser zu verbrühen.

Aber kein Indianer oder Neger ist zu einem solchen Geschäfte willig; denn um sich vor den sehr empfindlichen Bissen der Ameisen einigermaßen zu schützen, müßte man beim Ausgraben hohe Stiefel anhaben. Wochenlang habe ich später mit vier Chinesen eines dieser Nester ausgraben lassen, und doch konnten wir nicht alle vertilgen. Der Indianer gibt sich keine Mühe, das Insekt auf diese Weise auszurotten. Nehmen die Ameisen in seinen Kostäckern zu sehr überhand, so räumt er ihnen das Feld und sucht sich einen andern Wohnplatz.

Diese Ameisen sind über ganz Südamerika verbreitet, und wie groß der Schaden ist, den sie anrichten, geht daraus hervor, daß erst neuerdings in Brasilien eine Prämie von ich glaube Fr. 200 000 dem gesichert wird, der ein gründliches Mittel zu ihrer Vertilgung anweisen kann.

Ein einziges Mittel könnte vielleicht helfen, wenn man nämlich durch einen der Gänge, die alle mit einander und den Nestern in Verbindung stehen, ein recht giftiges Gas so lange streichen lassen könnte, bis die poröse, lose zusammenhängende Masse, woraus die Nester bestehen, ganz davon durchdrungen wäre. Alle anderen Löcher müßten verstopft sein, um das Gas möglichst lange in den Gängen zu halten.

Der Erfinder eines probaten Vertilgungsmittels wäre ein Wohltäter für ganz Südamerika.

In den Nestern findet man beim Ausgraben manchmal eine zwei Fuß lange Blindschleiche „Amphisbaena", die vermutlich von den Ameisen sich nährt und, wie die Neger glauben, ihr Oberhaupt ist.

Wenn im Dezember die ersten starken Regen fallen, so kommen aus diesen Ameisenhaufen die geflügelten Weibchen, die fünfviertel Zoll lang einer großen braunen Hornisse gleichen. Sie haben starke Freßzangen und einen von Eiern strotzenden Hinterleib. Im Haufen ist alsdann ein allgemeiner Aufruhr, große und kleine Ameisen jagen diese Weibchen weg, beißen und zerren sie hin und her bis sie fliegen. Ihr Flug ist schwerfällig, und sie lassen sich mehr vom Winde treiben. Sobald ihr Flug beginnt, sieht man über den Nestern weiße Milane herumkreisen, denen das beinahe hilflose Insekt zur willkommenen Beute wird. Auch die Buschneger und Indianer fangen die Weibchen und rösten den Hinterleib, der im Geschmack einer gerösteten Mandel gleicht.

So kommt von der Menge, welche ausfliegt, glücklicher Weise der größte Teil ums Leben, und die davon kommen, graben sich sechs bis zwölf Zoll tief in die Erde ein, legen da ihre Eier und sterben. Die Larven nähren sich vermutlich vom Leibe der Mutter, zeigen sich zuerst im Monat März, sind aber ganz klein, tragen jedoch schon Blüten und kleine Blättchen ein. Erst im Laufe mehrerer Jahre kann der Haufen groß und ansehnlich werden.

Wie die Klemmerameisen der Tannenwälder, haben auch sie einen angenehmen, jedoch nicht geistig starken Geruch, wie ein Gemisch von Zitronen und Rosmarin. Diese Tierchen waren nun meine Hauptplage, denn kaum war etwas gepflanzt und in der dem Wachstum so günstigen Zeit aufgekommen, so fand man alles am Morgen abgefressen und nach den Löchern geschleppt.

Den Tag über blieben die Ameisen in ihren Nestern, aber kaum brach die Nacht an, so setzten sich Züge von Millionen von allen Seiten (denn vierzehn große Haufen waren teils auf dem angepflanzten Kostacker, teils ganz in der Nähe desselben, außer einer größeren Menge, die auf eine Viertelstunde im Umkreise sich aufhielt) in Bewegung. Ich hatte alle meine Kochtöpfe über dem Feuer und begoß mehrere Male des nachts ihre Wege mit kochendem Wasser, aber obwohl ich viele Abende lang diese Arbeit fortsetzte und Millionen auf diese Weise tötete, wurde ich doch keine bedeutende Verminderung gewahr. Erst nach mehreren Jahren, als mehr Wald ausgerodet war und ich Vieh gekauft hatte, verminderte sich diese Plage, denn das Vieh zertrat die von den Ameisen aufgeworfenen

Haufen, und immer wieder ihre Nester auszubessern verdroß wahrscheinlich die Tierchen, so emsig sie auch waren.

Da uns die vielen Regen am Ende des alten und Anfang des neuen Jahres 1847 bei der Arbeit sehr hinderlich gewesen, so waren auch nach zwei Monaten erst zwei Äcker (à 43 560 Fuß) Wald gefällt, notdürftig gesäubert und gebrannt und mit verschiedenen Arten Bananen, die ich von Mana bekommen hatte, bepflanzt.

Für diese Arbeiten waren nun aber auch alle meine Waren an die Indianer ausgegeben, ich mußte also wieder darauf sinnen, durch Einsammeln von Naturalien und Pflanzen so viel zu verdienen, daß ich meine kleine Pflanzung im Stande erhalten und ausbreiten konnte, um sie auch später für den Handel zweckmäßig zu machen. So beliebt ich auch bei den Indianern war, so argwöhnisch waren dagegen die Buschneger gegen mich. Sie konnten nicht begreifen, was ein Europäer an dem Fluß treiben wolle, den sie von jeher als ihr Eigentum zu betrachten gewöhnt waren.

Ich hatte von diesen rohen Negern viel zu leiden; besonders unangenehm war es ihnen, daß ich mit den Indianern auf so vertrautem Fuße stand, denn diese waren sozusagen ihre Sklaven. Um seinen Hang zum Branntwein zu befriedigen, verkauft der Indianer alles, was er einigermaßen entbehren kann, und macht sich dadurch abhängig von dem, der ihm den verderblichen Trank liefert. Diese Leidenschaft wissen die Buschneger gut zu benützen.

Auf ihren Reisen von Aucka, ihrem Wohnplatze am Tapanahoni, bringen sie Hunde, Reis, geräucherte Fische, Tongabohnen etc. zum Verkaufe nach den Pflanzungen oder der Stadt und tauschen für einen großen Teil des Bauholzes, das sie am obern Cottica fällen und auf den Pflanzungen verwerten, Zuckerbranntwein, Dram genannt, ein, den sie bei ihrer Zurückkunft am Maroni wieder an die Indianer gegen Cassave verkaufen.

Diese kennen nun im Saufen kein Maß noch Ziel, und verkaufen von der ihnen zum Lebensunterhalt so nötigen Wurzel so viel, daß sie mit ihren Familien oft bittern Mangel leiden müssen. Ich suchte immer diesem Unfug zu steuern, war aber dadurch den

Buschnegern ein Dorn im Auge: Erst nach und nach kamen wir zu einander in nähere Beziehungen, aber beliebt wurde ich nie bei ihnen.

Während ich nun auf meiner neuen Pflanzung beschäftigt war, ging mit dem benachbarten Mana eine große Veränderung vor. Das Dorf, das außer den wenigen Europäern etwa 600 Neger zählte, war schon seit seinem Entstehen 1824 oder 25 unter die Leitung der Kongregation der Sœurs de St. Joseph de Cluny gestellt und war vom französischen Gouvernement in Cayenne beinahe unabhängig. Die Schwarzen verkauften ihre Produkte, meist Maniok und Reis, an das Magazin der Kongregation, auch bearbeiteten sie für Rechnung derselben in den Waldungen Holz und sägten Bretter. Eine kleine Kaffee- und Zuckerpflanzung, die den Schwestern gehörte, wurde ebenfalls durch die Neger betrieben, und ist der Rum von Mana der unter Leitung der Schwestern destilliert wird, in ganz Guyana berühmt und steht dem von Jamaika nicht nach.

Für das Geld, das die Neger für ihre Produkte und Arbeit empfingen, konnten sie in dem Laden der Kongregation alle ihre Bedürfnisse kaufen, und war besonders dieser Laden, wodurch die ganze schwarze Bevölkerung Manas abhängig von den Nonnen wurde, den Kaufleuten in Cayenne ein Ärgernis, und die vielfältigen Klagen dieser bestimmten endlich das Ministerium, die Leitung Manas den Nonnen wieder abzunehmen.

Nach dem Tode der Superieure générale, Sœur Javouhey, die Stifterin des Ordens der Sœurs de St. Joseph de Cluny war und Mana errichtet hatte, nahm mit Januar 1847 das französische Gouvernement das so weit abgelegene Dorf unter seine Verwaltung und setzte daselbst einen Commissaire-Commandant nebst einem Juge de paix (Friedensrichter) ein. Einige Gendarmen bildeten die exekutive Macht. Der Handel der

Nonnen wurde aufgehoben, und mein Freund Aug. J., der Neffe der Superieure générale, übernahm für eigene Rechnung das Magazin. Den Nonnen verblieben außer den Gebäuden bedeutende Ländereien, ihre Zucker- und Kaffeepflanzung, auch hatten sie die Schule und das Hospital unter sich. Für die Beamten und die Gendarmen mietete das Gouvernement die nötigen Häuser von der Kongregation.

In diese Neuerungen konnten sich in der ersten Zeit die Nonnen nicht recht finden, ebenso wenig waren die Neger damit zufrieden, weil ihnen nichts mehr verhaßt ist als Neuerungen, besonders wenn dabei Gendarmen im Hintergrunde stehen.

Ich kehrte nun Ende Februar 1847 nach Paramaribo zurück, um im Paradistrikt wieder Schmetterlinge, Pflanzen und andere Naturalien zu sammeln. Außer einigen leeren Kisten, einem selbst gemachten Stuhle und Tische ließ ich nichts in meiner neuen Behausung zurück. Die wenigen Gerätschaften versteckte ich in hohle Bäume.

Obgleich ich, so kurz auch die Reise über See dauert, doch meistens von der Seekrankheit geplagt bin, so folgte ich dennoch dem Rat der Indianer, unter denen Curieli und Maniofo waren, und trat mit ihnen, obwohl die Wanekreek befahrbar war, die Reise über See an.

Es war der Anfang der Schildkrötenzeit und wir hatten das Glück, als wir am sandigen Ufer der Flußmündung unser Nachtlager aufschlugen, drei dieser kolossalen Tiere zu fangen. Sie kommen immer in der Nacht mit aufkommender Flut an das Ufer, um ihre Eier im Sande zu verscharren. Da ich gar keine Ladung bei mir hatte, so luden wir sie in das Boot, legten sie auf den Rücken und befestigten die Füße mit Stricken an den inneren Seitenlatten; diese Stricke werden aus der Rinde einer am sandigen Seestrande wachsenden strauchartigen Malvacee, welche die Indianer Maho nennen, gedreht. Die Tiere, wovon jedes bei vierhundert Pfund schwer sein konnte, füllten von vorne bis hinten das ganze Boot aus. Bei gutem Winde erreichten wir am Abend die Matappica.

Hier, wo wir nun in stillem Wasser waren und den Rest der Reise auf dem Fluß zu machen hatten, setzte ich das Zelt oder Dach zum Schutze gegen Regen und Sonne auf das Boot und hing als die Nacht anbrach, meine Hängematte darunter auf, so daß ich bloß wenige Zoll entfernt über einer der Schildkröten hing.

Meine Indianer ruderten wacker darauf los, und ich, ermüdet von des Tages Hitze und der Seekrankheit, lag bald in tiefem Schlaf, als ich plötzlich einen solchen Schlag von unten herauf an mein Hinterteil bekam, daß ich beinahe zur Hängematte heraus und über Bord gefallen wäre. Ganz schlaftrunken schrie ich um Hilfe, und unter dem Gelächter der Indianer fanden wir, daß das Tier, über dem meine Hängematte hing, seinen Fuß aus der Schlinge gezogen und mir den Schlag versetzt hatte. Zwei Stunden später mit anbrechendem Tage waren wir in Paramaribo.

Ich verkaufte nun sogleich eine der Schildkröten für 20 Gulden an einen Schiffskapitän, der ein ungeheures Faß machen ließ, um sie lebend nach Holland zu bringen. Ich hatte noch immer mein altes Haus an der Gravenstraat in Miete, und hoffte von den zwei Schildkröten mehr Vorteil zu ziehen, wenn ich sie schlachtete und das Fleisch im Kleinen verkaufte. Diese Tiere sind ganz dieselben, die von den westindischen Inseln nach England gebracht, dort so teuer verkauft werden, wiewohl auch eine kleinere Art in England eingeführt und in Guadeloupe auf dem Markte verkauft wird. Diese, obgleich in der Form ganz wie Chelonia viridis, kommt aber in unserer Kolonie nicht vor. In Surinam wird Seeschildkrötenfleisch wenig gegessen, doch werden sie auch zuweilen auf dem Markte feilgeboten und gekauft, besonders wenn die Butter, die man zur Zubereitung nötig hat, nicht zu teuer ist.

Ich kaufte nun vor allem drei Dutzend Teller und mietete drei Negermädchen, um die zu machenden Portionen zum Verkaufe in der Stadt herum zu tragen. Solch eine Portion Seeschildkrötenfleisch kostet gewohnlich 32 Cents und muß aus einem Stück Fleisch, Fett, das ganz grün aussieht, und einem

Dutzend ungelegten Eiern, deren das Tier manchmal über fünfhundert im Leibe bat, bestehen.

Als nun alle Zurüstungen getroffen waren, schlachtete ich die eine, was ein schrecklich blutiges und für mich peinliches Gemetzel war. Wie alle Amphibien, haben auch die Schildkröten ein sehr zähes Leben. Wenn schon Kopf und der Bauchschild abgeschnitten, ja Herz und Eingeweide herausgenommen sind, schlagen die Füße noch kräftig um sich und bespritzen alles über und über mit Blut.

Nun wollte gerade mein Unstern, daß wenig Butter im Lande und diese deshalb sehr teuer war; die Sauce ist aber bei der Schildkröte bekanntlich die Hauptsache. Meine Mädchen, jede mit zwölf Tellern in einer großen hölzernen Platte auf dem Kopfe, liefen den ganzen Tag damit durch die Straßen, und am Abend war die erste ganz verkauft und hatte nach Abzug der Unkosten 36 Gulden eingebracht. Den zweiten Tag ging es an die zweite, aber leider fanden sich dazu nur wenige Liebhaber, und mehr als die Hälfte blieb unverkauft liegen.

Das Metzeln und Zerhauen des Fleisches wurde vor dem Hause im Freien vorgenommen, und hatte eine Menge Aasgeier (vultur aura) angezogen, die von den Dächern der Häuser und den Sabadil und Tamarindenbäumen lauerten, ob nicht auch etwas für sie abfiele. Ich liebe diese Vögel ungeachtet ihres widerlichen Geruchs, und da sie Aas fressen und dadurch die Straßen und Wassergräben von allem möglichen Unrat säubern, sind sie von großem Nutzen und laufen zahm wie Hühner herum. Haben sie sich vollgefressen oder wird es ihnen zu schwül, so erheben sie sich in die Luft und kreisen wohl über 2 000 Fuß hoch stundenlang über der Stadt umher und ohne kaum sichtbaren Flügelschlag, bis der Hunger sie wieder auf die Erde zurückführt.

Auf diese Vögel verteilte ich freigebig den übriggebliebenen Rest der Schildkröte und warf das Fleisch, in kleine Stücke zerschnitten, auf die Straße. Nun kamen sie von allen Enden der Stadt herangeflogen, bei Hunderten zerrten und bissen sie einander um den vorgeworfenen Fraß, zum großen Spaß der

Vorübergehenden, aber auch zum Ärger der Nachbarn, die den üblen Geruch der Vögel den ganzen Tag in der Nase hatten.

Meinen lieben Primo hatte ich nun wieder bei mir in Paramaribo. Aber weder zu Feld noch zu Hausarbeit war er zu gebrauchen, trieb sich auch ohne meine Erlaubnis in der Umgegend mit andern Burschen seines Wesens herum, so daß die Polizei ihn mir mehrere Male heimbrachte. Ein gefräßigerer, diebischerer, faulerer Kerl war gewiß nicht zu finden.

Ob ich bat, schlug oder schimpfte, war ihm ganz gleichgültig, und obgleich ich nicht leicht vor etwas zurückschrecke, so sah ich doch ein, daß ich über diesen Kerl nie Meister werden könne. So war ich denn auch eines Tages auf der Zuckerpflanzung l'Espérance am oberen Surinam, deren Eigentümer James Tyndall ich schon seit vielen Jahren kannte, und der wie auch seine Familie auf der Pflanzung Nursery am Nickerie, schon in meiner militärischen Laufbahn sehr wohlwollend gegen mich gewesen war.

Ich klagte ihm meine Noch mit Primo; Herr Tyndall hatte ein dito Subjekt auf l'Espérance, das zwar nicht faul wie Primo war, aber durch schlechte Streiche, Aufhetzereien der andern Sklaven und Diebereien ihm viel Ärger und Verdruß machte. John, so hieß der Kerl, durfte als Mulatte nicht zur Feldarbeit gebraucht werden, und hatte ein Geschwür am Fuße, wodurch er häufig arbeitsunfähig war; er war etwa 25 Jahre alt und verstand das Zimmerhandwerk. Herr Tyndall und ich kamen nun überein, beide Bursche gegen einander auszutauschen. John sollte mit mir nach dem Maroni, wozu er sogleich bereit war, Primo aber blieb auf L'Espérance, ebenfalls ohne große Anhänglichkeit an mich blicken zu lassen, obwohl er voraus wußte, daß der Bastian (schwarzer Aufseher) der Pflanzung ihn gründlicher zurechtweisen konnte als ich. Herren sowohl als Sklaven waren mit dem Tausche zufrieden, aber keiner fand seine Rechnung dabei.

So blieb ich denn wieder zwei Monate im Para-Distrikt und auf den Pflanzungen am Obersurinam, wohin mich Curieli und Maniofo begleiteten. Diese Reisen, obwohl mit manchen

Beschwerden gepaart, waren immer reich an angenehmen Erfahrungen, Erlebnissen und Beobachtungen in der Tier- und Pflanzenwelt und gehören noch jetzt zu meinen liebsten Erinnerungen. In diese Zeit und hierher gehört denn auch, was ich jetzt erzähle.

Es war in den ersten Monaten von 1847, als mir ein alter Kamerad sechs schöne lebende Warappa (Erythrinus unitaeniatus) zum Geschenke brachte; diese Fische werden in Sümpfen und Waldbächen gefangen und sind ihres guten Fleisches und weniger Gräten wegen sehr beliebt. Die größten sind etwa einen Fuß lang, haben einen rundlichen Kopf, kleine spitzige Zähne, sind oben schwärzlich, am Bauch und den Seiten aber hellbraun von Farbe und sehr schlüpfrig, weshalb die Franzosen sie auch Coulant nennen.

Unter dem Hause, das ich in Paramaribo bewohnte, befand sich sechs Fuß tief unter dem Erdboden ein aus Backsteinen gemauerter Keller, genau so groß, wie das Haus. Dieser Keller, dessen Decke der bretterne Fußboden des Hauses war, hatte längs zwei Seiten zwei Fuß hohe, ebenfalls gemauerte Behälter, welche wahrscheinlich in früheren Jahren zur Aufbewahrung von Fischen gedient hatten; drei dieser Behälter waren geborsten, der vierte aber in gutem Stande und wasserdicht.

Da das Haus ziemlich niedrig lag, das Mauerwerk an manchen Stellen Risse hatte, so drang in der Regenzeit das Wasser in den Keller und stand oft drei Fuß hoch in demselben. Dieser Umstand war denn auch die Ursache, daß niemand in dem Hause wohnen wollte, da man es für ungesund hielt. Ich benützte aber diese zeitweilige natürliche Zisterne, um mich jeden Tag darin zu baden, und hatte das verrufene Haus auch über vier Jahre lang in Miete.

Stellte sich die Trockenzeit ein, so nahm das Wasser im Keller ab, und trocknete allmählich ein, ebenso wie das in den drei geborstenen Seitenbehältern, während allein der vierte das Wasser behielt, das in der Regenzeit in ihn übergelaufen war. In jenen guten Behälter setzte ich die sechs Warappa, um sie später wieder herauszunehmen und zu essen.

294

Einige Tage später wollte ich die Fische fangen, bekam aber nur fünf, denn der sechste war aus dem Behälter in den größeren Wasserraum des Kellers hinübergesprungen.

Als ich mich wieder im Keller badete, bemerkte ich den Fisch, der lustig im großen Raume umherschwamm und eine ihm vorgeworfene Kakerlake auffraß. Jetzt hatte der Fisch gewonnenes Spiel, und ich dachte nicht mehr daran, ihn zu fangen. Jeden Tag brachte ich ihm Insekten oder Speck, und er wurde in kurzer Zeit so zahm, daß er nicht nur das Fressen mir aus der Hand nahm, sondern auch immer um mich herumschwamm und sich in die Hand nehmen und herumtragen ließ. Keinem meiner Bekannten, denen ich das interessante Tierchen zeigte, nahm er Fressen aus der Hand, noch ließ er sich berühren und wußte also mich sehr gut von andern zu unterscheiden.

Das Sonderbarste aber war, daß wenn, wie es mehrere Male geschah, in meiner Abwesenheit das Wasser austrocknete, ich den Fisch stets in dem wasserhaltenden Behälter wieder fand, wohin er, wenn er merkte, daß der Keller austrocknete, vermutlich sich hineinschnellte. So lebte der Fisch zwei Jahre lang bis ich das Haus verließ. Es scheint, daß auch bei Tieren der niederen Gattungen einzelne Individuen mit weit mehr Intelligenz oder mehr Instinkt begabt sind als andere derselben Art. Häufig findet man in großen Trockenzeiten in ausgetrockneten Lachen viele Fische derselben Art tot, obwohl sie bei Zeiten sich in tieferes Wasser hätten begeben können, ein Beweis, daß der Instinkt sie nicht immer richtig leitet.

Zweites Kapitel

Wie bereits gesagt, hatte ich bei meiner Ansiedlung am Maroni den Plan, wenn einmal meine Mittel es erlauben würden, die ungeheuren Waldungen, die den Fluß besäumten, auszubeuten und die tauglichen Holzarten entweder nach Europa oder nach anderen Plätzen auszuführen. Daß dieses am Maroni noch nicht geschehen war, konnte man bloß dem Umstand zuschreiben, daß man diesen Strom sowohl in Surinam als in Cayenne beinahe nicht kannte, und seine Mündung wegen der Menge von Sandbänken für gefährlich galt.

Bloß zwei Militärposten befanden sich in früheren Jahren auf dem holländischen Ufer, auch auf dem französischen wurde, aber nur kurze Zeit, ein kleines Piket von nur wenigen Soldaten unterhalten, deshalb beruhte auch alles, was man in den beiden Kolonien über den Maroni wußte, nur auf den Aussagen von meistens sehr ungebildeten Militärs und der Schonerkapitäne, die den Fluß bis in die Mündung befahren hatten.

Der Wanekreek, welcher in den Regenzeiten den Maroni mit dem Cotticafluß verbindet, ist zu klein und hat zu viel Krümmungen, um durch ihn Holz nach dem bewohnten Teile der Kolonie bringen zu können, überdies ist er einen großen Teil des Jahres über nicht befahrbar. Es kann deshalb das Holz bloß über See transportiert werden, und dies erfordert Schiffe, zu deren Erwerbung der Unternehmer schon ein bedeutendes Kapital haben muß.

Ich sah auf meinen Ausflügen in Para und Obersurinam, wo ich auf den Holzfällereien manchmal Monate lang mich aufhielt, wie weit man auf diesen schon seit so vielen Jahren in Betrieb stehenden Plätzen in die Waldungen einzudringen hat, um gute Holzarten zu Brettern oder Bauholz zu finden, denn auf verständige Weise wurde der Holzhau nie betrieben. Niemandem fiel es ein, die gefällten Bäume durch Setzlinge derselben Art fortzupflanzen oder gar Baumschulen anzulegen, und so kam es, daß auf den meisten Holzfällereien die

Neger die gesägten Bretter oft drei bis vier Stunden weit tragen mußten, um einen schiffbaren Kreek oder Fluß zu finden, von wo sie nach dem Ort ihrer Bestimmung gebracht werden konnten, während am Maroni das Holz vor der Hand und sozusagen am Ufer des Flusses stand.

Je weiter das brauchbare Holz im Innern der Waldungen gesucht werden mußte, desto beträchtlicher waren die Unkosten des Transportes, und so konnte selbst unser Holz, zu Brettern gesägt, nicht konkurrieren mit den Brettern, welche von den Vereinigten Staaten und Canada hier eingeführt wurden, und die, obwohl sie über tausend Meilen weit herkamen, doch kaum die Hälfte des Preises kosteten, um die man die Surinamischen verkaufen konnte.

Aber unsere Holzarten waren großenteils viel besser als die Amerikanischen, und besonders war das Bauholz verschiedener Arten auf den englischen und französischen Antillen sehr gesucht.

Schon seit dem Jahre 1838 betrieb die Kolonial-Regierung am Coppenamefluß mit Sklaven eine Holzfällerei, auch wurde später dort eine kolossale Dampfsägemühle errichtet. Jahre lang wurde von dort Holz für die holländische Marine abgeholt oder nach den Antillen ausgeführt, aber, ungeachtet des Reichtums dieser ebenfalls noch nie ausgebeuteten Wälder an Holz fand man bei der Sache seine Rechnung nicht. Regierungsunternehmungen sind in Surinam nie glücklich gewesen, in den Händen eines Privatmannes aber hätte die Holzfällerei am Coppename gewiß großen Gewinn abgeworfen. So wurde nun hier die Sache aufgegeben, als ich zu selbigem Zwecke den Maroni ins Auge faßte.

Jene Holzfällereien, oder wie man sie heißt „Holzgründe" am oberen Surinam, Saramacca und dem Paraflüßchen, wo die Zuckerkultur wegen weniger fruchtbarem Boden nicht mit Vorteil hätte betrieben werden können, machten wegen des mühsamen und kostspieligen Transportes schlechte Geschäfte, und sie wären wohl längst verlassen worden, wenn man nicht den Aufstand der Neger gefürchtet hätte, die diese

Holzgründe, auf denen sie geboren waren, nicht verlassen wollten, um auf den tiefer gelegenen Zuckerpflanzungen zu einer mühsameren und ungewohnten Arbeit sich verwenden zu lassen. Bretter und Schindeln waren beinahe das einzige, was auf den Holzgründen bearbeitet wurde, und der Eigentümer konnte von den Renten, die ihm sein Holzgrund einbrachte, kaum leben. Eine viel bedeutendere Anfuhr von Bau- und Bretterholz bringen die Buschneger.

Diese, deren Voreltern meist von Holzgründen weggelaufene Sklaven waren, verstehen das Holz ziemlich gut viereckig zu behauen und können es aus dem Inneren des Landes, das sie bewohnen, leichter und billiger liefern als der Eigentümer eines Holzgrundes, der außer den Steuern, die er an die Regierung zahlen muß, auch noch Unterhaltskosten für seine Neger hat.

Überdies hat der Buschneger keine Abgaben zu bezahlen und eine entschiedene Abneigung gegen alle Art Landbau und Feldarbeit, daß, gewänne er auch mehr dabei, er doch den Holzhau vorzöge.

Da nun der Hauptstamm der Buschneger, die Aukaner, den oberen Maroni bewohnt, so war ich versichert, von ihnen Holz billig und in Menge zu bekommen, wenn ich erst die Mittel zum Ankaufe mir verschafft haben würde. So war ich nach mehreren Hin- und Herreisen, während welcher Zeit ich meinen Zimmermann John als Aufseher und Haushüter auf Albina zurückgelassen hatte, im August 1847 wieder in Paramaribo, als ein gewisser Herr Bukh, ein rechtlicher und allgemein geachteter Pflanzer, mich besuchte und um meine Pläne befragte.

Dieser Herr hatte das Vermögen einer farbigen Frau zu verwalten, der das kleine Häuschen gehörte, in welchem ich schon lange zur Miete wohnte. Vielleicht eben so unbemittelt als ich war er, ein Sachse von Geburt, in den zwanziger Jahren nach Surinam gekommen; und in eine Buchhalterstelle bei einem Kaufmann eingetreten; dadurch bekannt mit mehreren Pflanzern erwarb er sich das Vertrauen eines derselben,

Lambertus Thym, der vor seinem Tode den Herrn Bukh zum Exekutor seiner Nachlassenschaft, ernannte. An dieser, die über 800 000 Gulden betrug, verdiente Bukh gesetzmäßig den zehnten Teil, und da dieser Prokuration noch andere folgten, so hatte der noch nicht 36 Jahre alte Mann in wenigen Jahren ein Vermögen von über 150 000 Gulden.

Von schwachem Körperbau und kränklich, beschloß er nach Europa zurückzukehren und als wohlhabender Mann dort alle Freuden der Zivilisation zu genießen, die man leider in Surinam sich nicht verschaffen kann. Er nahm Abschied von seinen Freunden und reiste ab.

Aber gewöhnt an das tropische Klima und an eine koloniale Lebensweise, um deren willen, wer sich derselben einmal ergeben hat trotz aller Annehmlichkeiten, die in Europa um Geld erlangt werden können, man sich doch fremd und unbehaglich fühlt und von einer Art Heimweh ergriffen wird, fühlte auch er sich nicht glücklich. Ganz untätig seinem Vergnügen zu leben ekelte den im besten Mannesalter Stehenden an; sich an europäischen Handels-Unternehmungen zu beteiligen, dazu hatte er zu wenig Kenntnis, da sie komplizierter sind und man mehr Erfahrung nötig hat als in den einfachen surinamischen Verhältnissen.

Er beschloß also wieder nach der schönen Kolonie zurückzukehren und sein Kapital an ein Unternehmen zu setzen, von dem er sich ungeheuren Gewinn versprach. Es sollte dieses eine Rumfabrikation in größtem Maßstabe sein. Die Melasse, welche als nicht kristallisierbar vom rohen Zucker abfließt und ein Nebenprodukt jeder Zuckerpflanzung ist, wird durch nordamerikanische Schiffe aufgekauft und in den Vereinigten Staaten zu Rum destilliert. Diese Ausfuhr betrug jährlich mehr als 600 000 Gallons und geht also in ein fremdes Land, dessen Industrie es bereichert, während es in der Kolonie verarbeitet, für diese und das Mutterland von ungleich größerem Nutzen sein würde. Diese Melasse nun hier selbst aufzukaufen und in einer zu errichtenden großartigen Brennerei zu Rum zu destillieren, das war seine Absicht.

Mit Hilfe holländischer Kapitalisten, denn sein eigenes Vermögen reichte bei weitem nicht dazu hin, hatte er in England eine solche Brennerei nach dem neuesten und zweckmäßigsten System verfertigen lassen, und um ganz unabhängig von andern Pflanzungen zu sein, die vielleicht ihre Melasse ihm nicht liefern wollten, hatte er zwei große Zuckerpflanzungen am Commovinifluß angekauft. Die Brennerei aber, sowie die Ateliers und Magazine wurden in Paramaribo am Surinamfluß errichtet.

Bald war die Sache im Gange und, wie begreiflich, die Aufmerksamkeit der Kolonie auf dieses großartige Unternehmen gerichtet. Aber was man auch tat, welche Verbesserungen man auch anbrachte, trotz der kundigsten Destillateurs, die man aus Jamaika und andern Ländern, die durch guten Rum berühmt sind, hatte kommen lassen, ein Rum, der nach dem Auslande verkauft werden konnte, war nicht zu erzielen.

Nach allen Teilen Europas wurden Proben gesandt, aber nirgends fand man Abnehmer, denn das Produkt war eben ein besserer Zuckerbranntwein, aber an Geruch und Geschmack dem Rum nicht zu vergleichen. So mußte nach kaum zwei Jahren Bestehens die Sache wieder aufgegeben werden. Die Gebäude wurden auf den Abbruch verkauft. Kessel und Maschinen aber wanderten als altes Kupfer nach Holland oder den Vereinigten Staaten.

So hatte der gute Mann nicht allein sein ganzes Vermögen bei dieser verfehlten Spekulation verloren, sondern auch noch eine Schuldenmasse von über 700 000 Gulden am Hals, und bloß seiner anerkannten Rechtlichkeit hatte er es zu danken, daß man ihm die Leitung seiner zwei Pflanzungen überließ, deren Produkte er aber seinen Gläubigern zu senden hatte.

Obgleich Herr Bukh nie am Maroni gewesen war, so wußte er doch, daß es ein großer holzreicher Strom sei, von dem man mit Gewißheit annehmen konnte, daß man bei genauer Sondierung der Mündung auch für größere Schiffe eine Einfahrt finden werde. Da er gründlicher mit den merkantilen Verhältnissen der Kolonie bekannt war als ich, sah er auch die Vorteile eines Holzhandels am Maroni besser ein, und bot sich mir als Teilhaber an für den Fall, daß die Einrichtung und die Einkäufe zum Tauschhandel die Summe von 5 000 Gulden nicht überstiegen, welche Summe er zur Verfügung hatte.

Nun hatte ich wohl die Erlaubnis am Maroni zu wohnen und einen Tauschhandel mit den Buschnegern zu treiben, aber nicht die, mein Holz auszuführen oder fremde Schiffe zur Abholung desselben nach dem Maroni kommen zu lassen.

Um nun diese Erlaubnis zu erhalten, mußte erst eine Bittschrift (rekest) an den Gouverneur gerichtet werden, welcher, weil die Schiffahrts-Gesetze in diesem Grenzfluß berücksichtigt werden mußten, sich mit dem kolonialen Rate darüber zu verständigen hatte. Den Vorschlag Bukhs hatte ich mit Freuden angenommen, und schien mir eine viel kleinere Summe zureichend, das Unternehmen damit zu beginnen. Der Gouverneur, dem wir auch noch mündlich unsere Bitte vortrugen, gab uns die beste Hoffnung, unsern Wunsch erfüllen zu können, aber da Wochen vergehen konnten, ehe in einer Sitzung des kolonialen Rates (wovon Herr Bukh selbst Mitglied war) die Sache zur Sprache kommen und entschieden werden konnte, kehrte ich nach dem Maroni zurück, um Anfang Dezember wieder nach Paramaribo zu kommen.

Der Gouverneur der Kolonie, Baron van Raders, der stets ein freundlicher und gütiger Herr gegen mich war, und dessen Andenken manchem in der Kolonie noch teuer ist, gab einem in Paramaribo in Garnison stehenden Soldaten Namens Schwab, Württemberger von Geburt, einen dreimonatlichen Urlaub, um mit mir nach dem Maroni zu gehen, und so war ich vorerst nicht so ganz einsam. Die guten Aussichten, welche ich hatte, spornten mich an mein Wohnhaus so gut und nett als möglich einzurichten. Mein John hatte endlich das Gebälk zu meinem neuen Häuschen fertig, und der Tag, an dem dieses höchst einfache Machwerk aufgesetzt wurde, war natürlich ein Festtag. Alle Indianer der Umgegend waren dazu gekommen und mit einem mit Blumen geschmückten Hammer, den mir

John mit zierlicher Ansprache überreichte, schlug ich den ersten Nagel und auch den letzten in den First.

Schon vor zwölf Uhr war alles ineinandergesetzt, und den
ganzen Mittag bis spät in die Nacht dauerte der Tanz meiner
Indianer, die ich freigebig mit Dram regalierte.

Nun war wohl das Haus aufgerichtet, aber lange noch
nicht fertig, denn es fehlten die Bretter zu Türen, Fenstern,
Fuß- und Bühnenböden, ebenso wie die *Singeis* (Schindeln)
für's Dach, denn obwohl ich das Letztere recht gut mit Palmblättern hätte decken können, so wollte ich doch das Ganze
ebenso hübsch als wohnlich haben. Zum Sägen von Brettern
oder zum Spalten von Schindeln waren weder John noch die
Indianer zu gebrauchen.

Der frühere Posten Armina, zehn Stunden von Albina und
oberhalb des ersten Wasserfalles liegend, war schon seit fünf
Jahren verlassen, die Gebäude waren eingefallen und teilweise
abgebrannt, auch hatten die Buschneger vieles für sie brauchbare weggeholt. Hier dachte ich nun Nachlese zu halten und
alte Bretter und Singeis zu finden.

Ich mietete also fünf Indianer und fuhr in meinem großen
Boote und mit einer kleinen Korjal ab. – Auf dem großen
Boote hatte ich drei Karaiben, auf dem kleinen Korjal aber
zwei Arowaken, die geschickte Jäger waren und unterwegs
jagen sollten. Wir waren auch so gewiss, unterwegs Fische
oder Wild zu bekommen, daß wir außer Cassave-Mehl
(Couac) und spanischem Pfeffer nichts Eßbares mitgenommen hatten.

Mit gutem Winde fuhren wir eines mittags von Albina ab,
während die zwei Arowaken sich schon am Vormittage auf den
Weg gemacht hatten, und auf einer kleinen Insel am Siparawini uns treffen sollten. Die Sonne war längst untergegangen, als
wir auf dem Inselchen ankamen, das nur etwa 50 Schritte lang
ist, und auf welchem eine von Buschnegern gemachte, von
einem großen Copaivabaun überschattete Hütte steht. Wir
trafen beinahe gleichzeitig mit den Arowaken ein, aber leider
hatten sie weder Fisch noch Wild geschossen; die armen Kerls

hatten zwölf Stunden lang nichts gegessen und mußten nun wie wir mit trockenem Couac Vorlieb nehmen.

Man zündete ein großes Feuer an, dessen Rauch oder Helle einigen Papageien, die in den Inga-Bäumen über uns ihr Nachtlager aufgeschlagen hatten, lästig sein mochte, denn ihr leises Gekrächz und Schütteln verriet sie uns. Jurimara, einer der Arowaken, schoss aufs Geratewohl in den Baum, und es fiel ein uralter Amazonenpapagei hierab, der trotz seiner Härte eine willkommene Zugabe zur mageren Abendmahlzeit war.

Am frühen Morgen gingen die Jagd-Indianer wieder voraus, um gegen Mittag uns auf der süßen Cassave-Insel unterhalb des Arminafalles zu finden. Auch wir machten uns bald nachher auf den Weg und kamen gegen zehn Uhr an den Stromschnellen an, wo wir die Arowaken zu erwarten hatten, die uns zum Heraufziehen des Bootes über den, etwa sechs Fuß hohen Fall behilflich sein mußten. In Erwartung des Wildes oder der Fische zu unserem Mittagsmahle wurde Feuer gemacht und kochte bereits das Wasser, als die Indianer ankamen und abermals nichts mitbrachten. So sollte eben die Mahlzeit wieder aus Couac und spanischem Pfeffer bestehen.

Der Indianer, von Natur aus sehr genügsam, macht sich aus solch magerer Kost viel weniger als der Europäer. Wenn jener aus Faulheit oder sonst einer Ursache, denn die Jagdtage sind viel zahlreicher als die Fangtage, kein Wild oder keine Fische hat, so behilft er sich mit einer Sauce aus Salz und spanischem Pfeffer, in die er sein Cassavebrot tunkt. Der Europäer aber muß zu dem trockenen Cassave oder Couac auch Wild, Fisch oder sonst eine kräftige Zuspeise haben und kann oder will sich nicht wie die Indianer behelfen. Aber doch hatten diese schnell etwas gefunden, um ihre Mahlzeit zu verbessern. An den Felsen und im Sande waren eine Menge wendeltreppenartiger Wasserschnecken, die sie sammelten und mit Salz kochten. Wenn sie gar sind, wird das Tier vermittelst einer Stecknadel aus dem Häuschen gezogen und mit der Pfeffersauce gegessen. So saßen nun die Indianer gar bald an ihrem Mahl, das mir aber zu langweilig war, um daran teilzunehmen; auch hatte ich nicht die Geschicklichkeit, die Schnecke aus dem Häuschen herauszuwinden, ohne sie abzubrechen. Ich lief auf den Felsen am Fuße des Falles umher, als ich einen enorm großen, wohl vier Fuß langen Tigerfisch, einen sehr schön geflekten Wels vor mir liegen sah.

Der Fisch lag ohne alle Bewegung und in so seichtem Wasser, daß sein Rückenstachel herausragte. So leise als möglich, um von dem Fische nicht bemerkt zu werden, schlich ich zurück und holte Jurimara, der ihm denn auch einen Pfeil durch den Leib jagte. Der Fisch schlug nur matt um sich, als wir ihn ans Land zogen, und erst jetzt sahen wir, warum er so schwach war und sich ins seichte Wasser geflüchtet hatte, denn in seinem Rachen steckte ein großer Stachelwels (acanthicus hystrix), ein überall mit Stacheln bedeckter, ein Fuß langer und wohl ein und ein halb Pfund schwerer Fisch, der, als der Tigerfisch ihn verschlingen wollte, seine drei Zoll langen Rücken und Seitenstacheln zur Verteidigung aufgerichtet hatte. So drangen dem Tigerfische die Stacheln seiner Beute durch die Kiemen, und er konnte weder schlucken noch sich des Fisches entledigen, der seinerseits ebenso wenig seine Stacheln einziehen konnte. Beide Fische waren dem Verhungern nahe, was uns aber keineswegs hinderte, den großen zu verspeisen. Den kleinen, als eine sehr gesuchte Art, tat ich in Weingeist und schickte ihn später nach Stuttgart.

Als die Mahlzeit beendet war, zogen wir ohne viele Mühe das leere Boot über den Fall und kamen noch vor Mittag am verlassenen Posten an. Kaum konnte ich den Platz wieder erkennen, wo ich im Jahre 1840 zum letzten Male gewesen war. Alles war mit dichtem Gebüsche und wilden Papaiabäumen (Cecrophia peltata) dicht bewachsen. Die Zitronenhecken, die im Viereck die Häuser umzogen hatten, waren zu Bäumen aufgewachsen und tausende ihrer Früchte bedeckten den Boden.

Mit Mühe wurde vom Ufer aus ein Weg durch stachlige Solanums und ein schneidendes, alles überwucherndes Gras, Babunefi (Affenmester) genannt, gehauen, um zu dem Platze zu kommen, auf dem die Gebäude gestanden hatten. Alles war eingestürzt, zum Teil verbrannt, und so mit jenem schneidenden Grase bewachsen, daß die nackten Indianer wenig Lust bezeigten, die Bretter und Singeis aus dem Haufen hervorzuziehen.

Man mußte, abgesehen davon, daß man vom Gras und Gesträuch Stich- und Schnittwunden davontrug, auch mit großer Vorsicht zu Werke gehen, denn sehr häufig hält sich in alten verfallenen Gebäuden die ebenso große als gefährliche Capassieschlange auf, deren Biß augenblicklich tötet. Aber glücklich ging alles ohne Unfall vonstatten; es wurden vier Stunden lang und in glühender Sonnenhitze Bretter und *Singeis* an den Fluß geschleppt, und ich bemerkte im Eifer des Geschäftes nicht eher als kurz vor sechs Uhr, daß ein schweres Gewitter heraufzog, welches uns zur schnellen Abreise mahnte. Rasch wurde das Boot geladen mit so vielem, als nur hineinzubringen war, und als eben die Sonne unterging, befanden wir uns bereits wieder am Scheitel des Falles. Aber jetzt erst sah ich ein, wie schwierig es sein würde, das schwer beladene Fahrzeug über den Fall hinunterzubringen, ohne an den Felsen anzustoßen, wodurch es augenblicklich zertrümmert worden wäre; denn es an Seilen herunterzulassen, daran war bei seiner Ladung nicht mehr zu denken.

Aber das Gewitter, das alle Augenblicke sich in den heftigsten Regengüssen zu entladen drohte, und die hereinbrechende Nacht zwangen mich zu raschem Entschluß.

Zwei der Indianer setzte ich an das Steuer und zwei an die Spitze des Bootes, das glücklich, während ich voll Angst in der Mitte saß, den Fall hinabfuhr. Ebenso glücklich kamen wir durch die Stromschnellen nach dem Inselchen, wo wir bei fürchterlichem Regen, unter dem Rollen des Donners und dem Getöse des Wasserfalles eine sehr ruhige Nacht in einer großen und bequemen Hütte, die die Buschneger kurz zuvor errichtet hatten, zubrachten, denn der Gefahr waren wir entgangen. Gegen Abend des andern Tages waren wir wieder auf Albina.

Die alten Bretter reichten kaum zum Fußboden meines Schlafzimmers und die *Singeis* zur Hälfte des Daches aus, aber in meinem und einem großen indianischen Boote holte ich bei einer zweiten Reise so viele Singeis, daß mein ganzes Haus bedeckt werden konnte.

Bei diesem Häuserbau hatte ich es nicht zu bereuen, Primo gegen John vertauscht zu haben, denn dieser verstand doch wenigstens ein Handwerk, wodurch er mir, so wenig er mir bei seinen wirklichen oder vorgeschützten Krankheiten auch arbeitete, doch von einigem Nutzen war. Moralisch betrachtet war aber John womöglich noch schlechter als Primo. Kein Schloß war so fest, das er nicht mit zugespitztem Eisendraht aufzumachen wußte, und als ich einst bei einer Reise nach Surinam drei Pullen Dram (steinerne Krüge, je zwölf Liter haltend) in einer großen Kiste eingeschlossen und den Deckel über dies versiegelt hatte, wußte der Spitzbube, wobei ihm mein Freund Maniofo half, das Beschläge und die Nägel so geschickt abzunehmen, und, nachdem er den Dram mit drei Viertel Wasser vermischt hatte, wieder so zuzumachen, daß, als ich später den Diebstahl entdeckte, nicht begreifen konnte, wie es möglich war, mich so zu hintergehen. Dabei war er kein Trinker, sondern verteilte das Gestohlene unter die Indianer, bei denen er dadurch in großer Gunst stand. Daß John für seine Diebstähle von mir tüchtig Prügel bekam, versteht sich, aber sie fruchteten ebenso wenig als bei Primo.

Mit Hilfe der Indianer ward von mir das Dach gedeckt und die Bretter reichten gerade zum Fußboden der Schlafkammer. Zu Türen und Fenstern kaufte ich die Bretter und das Beschläge in Mana. Aber zum Legen des Fußbodens und der Bühne mußte ich warten, bis ich Dielen aus Paramaribo bekommen konnte, wozu erst Aussicht war, wenn mein Plan mit Bukh ins Reine kam.

Die Wände des Hauses wurden auf die im französischen Guyana gebräuchliche Weise gemacht, und zwar durch eine Art Flechtwerk aus dem Golettenholz (hiertella racemosa), das zwischen den Riegelwänden befestigt und dann von

innen und außen mit Lehm beworfen wurde. Man strich es
glatt und bekalkte es von beiden Seiten. Dadurch entstanden feste und kühle Wände, sie sind aber weniger dauerhaft,
reinlich und luftig als unsere mit Brettern beschlagenen Wohnungen.

Durch meinen Landsmann Schwab war nun mein Le-
ben weit geselliger und treulich half er mir bei allem. Meist
besorgte er die Küche; an Wild und Fisch hatten wir stets
Überfluß. Für eine Flasche Dram, die mich 15 bis 20 Cents
gekostet hatte, tauschte ich von den Indianern ein wildes
Schwein (Dicotyles torquatus oder labiatus) ein, das 40 bis 50
Pfunde vorzügliches Fleisch gab.

Für einige Hände voll Salz oder einige Schüsse Pulver
bekam ich einen großen Haimura, einen der besten Süßwasserfische, der in Paramaribo oft mit vier bis sechs Gulden
bezahlt wird. Meistens hatte ich noch einen Indianer zur Jagd
und zum Fischfang, der für ein Gewehr, das mich in Holland
acht bis neun Gulden kostete, zwei Monate lang jagen oder
fischen mußte. Selten verging ein Tag, an dem der Jäger gar
nichts nach Hause brachte. Außer dem Fleisch, das frisch gegessen oder eingesalzen wurde, benützte ich von den meisten
Tieren auch das Fell zum Ausstopfen oder ich machte Skelette
von ihnen. Die Fische, welche man nicht aufessen konnte,
wurden auf dem Rücken aufgeschnitten, mit Salz eingerieben
und an der Luft getrocknet. Diese verkaufte ich, wenn ich
einige Fässer voll bei einander hatte, in Mana, meistens im
Tausche gegen Wein, der dann wieder auf den Pflanzungen
gegen Dram ausgetauscht wurde.

Außer süßen Pataten und Mais brachte mein Acker nicht
viel Eßbares hervor, aber mit dem letzteren fütterte ich eine
Menge von Hühnern und Moschus-Enten (anas moschata),
die beinahe so groß wie Gänse sind, und sich eben so fett mäs-
ten lassen. Im Laufe der Zeit brachte ich es bis zu 22 dieser
nützlichen Enten, während ich wohl zweihundert Hühner
hatte. Doch war ich mit den Enten später weniger glücklich,
da sich im Fluß der gefräßige Pirai (serrosalmo pirai) einstellte,

der, wenn die Tiere im Fluß schwammen, ihnen die Füße ab-
biß, oder den Bauch aufriß, so daß ich sie nach und nach alle
verlor. Da die Moschus-Ente, deren wilde Art in der Kolonie
einheimisch ist, die Gewohnheit hat, weit vom Hause weg zu
gehen und zu fliegen, so mag auch wohl manche durch Indianer und Buschneger gestohlen worden sein.

In diesem Jahre hatten wir eine merkwürdige Plage, die ich
weder vor noch nachher je wieder zu beobachten die Gelegenheit hatte. Wahrscheinlich in Folge der Menge von Fleisch
und Fisch, die mir gebracht wurde, oder aus andern mir unbekannten Ursachen stellte sich in der Trockenzeit des Jahres
1847 eine solch unglaubliche Menge von Schmeißfliegen ein,
daß alles Eßbare so von ihnen bedeckt wurde, daß man bloß
eine schwarzgrüne wimmelnde Masse vor sich sah. Wolken
dieser Fliegen folgten, wenn man die Speisen von der Küche
ins Haus trug.

Um von dem unappetitlichen Geziefer beim Essen nicht
belästigt zu werden, schlossen wir am Mittage Fenster und
Läden, zündeten Licht an, holten die Schüsseln dicht mit
Tüchern bedeckt aus der Küche und scheuchten mit einem
großen Tuche an der Türe den Fliegenschwarm zurück. Nur
auf diese Weise war es möglich, in Ruhe zu essen. Jeden Morgen hingen die Bananenbäume, die um das Haus und die
Küche gepflanzt waren, schwarz voll Fliegen und obwohl auf
den Indianerdörfern weniger Überfluß an Wild und Fischen
war, so hatte sich doch auch auf ihnen dieselbe Plage eingenistet. Über sechs Wochen lang belästigten uns diese Fliegen-
schwärme und verloren sich erst nach und nach, als die ersten
Regen fielen. Diese Fleischfliege, vermutlich identisch mit
der europäischen, findet sich zwar immer häufig vor, aber,
wie auch die Stubenfliege, stets in geringerer Anzahl als in
Europa.

Unter mancherlei Beschäftigungen, deren hauptsächlichste
das Anlegen eines neuen Kostackers gewesen war, kam das Ende
der Trockenzeit heran und mit ihr endigte Schwabs Urlaub,
der dann wieder in seine Garnison nach Paramaribo zurück-

kehren mußte. Ich hatte bereits angefangen von Buschnegern Zedern und anderes Holz zu kaufen, und wünschte nun herzlich etwas Bestimmtes über die mit Herrn Bukh beabsichtigte Unternehmung zu hören. Davon hing ja meine ganze Zukunft ab, denn meine Einkünfte als Naturaliensammler waren unsicher und von meinem jetzigen Wohnplatz, aus manchen Zufällen unterworfen.

Die weite Entfernung von Paramaribo und die schwierige Verbindung waren ein großes Hindernis, besonders bei dem Versand von lebenden Pflanzen, die so schnell als möglich verschickt werden müssen. Es mußten z. B. die damit gefüllten mit Glasdeckeln und Eisendrahtgittern versehenen Kisten ebenso gegen die Sonnenhitze als gegen das Überschlagen der Wellen beim Transport in meinen Booten über See geschützt werden. Kamen sie auch wohlbehalten in Paramaribo an, so fand sich nicht immer ein Schiff, das dieselben mitnehmen wollte oder konnte, oder blieben sie noch vor der Abreise wochenlange an Bord, so daß, was ich mit so großer Mühe gesammelt, mit noch größerer verpackt und auf einem gefahrvollen Wege nach Paramaribo gebracht hatte, manchmal ganz oder großenteils verdorben in Europa ankam, und zuweilen nicht die Kosten der Fracht und Verpackung aufbrachte. – Es gehört viel dazu, um unter solchen Umständen nicht mutlos zu werden.

Herr Bukh hatte mich gebeten, ihm Proben von Zedernholz zu besorgen, um es mit dem in andern Flüssen vorkommenden vergleichen zu können. Es kommt nämlich dieses Holz, das keineswegs ein Nadelholz ist, wie die Zeder des Libanon, sondern ein Laubholz (Cedrela odorata) sowohl in niederem als hohem Lande vor, oft in sehr großen Dimensionen. Ich sah Bäume, welche Blöcke von drei bis drei ½ Fuß Diameter lieferten.

In der Kolonie wird dieses Holz meistens zu Möbel und zu Särgen verwendet, in Europa aber beinahe ausschließlich zu Zigarrenkisten. Zweige und Wurzelausläufer haben Masern und Flecken, aus denen sich Möbel machen lassen, die, weil sie heller sind als das Mahagoni, dieses an Glanz und Schönheit weit übertreffen.

Es gibt verschiedene Arten von Zedernholz, Blatt und Rinde sind aber bei allen gleich. Die Verschiedenheit von Härte und Farbe scheint mehr von ihrem Standort herzurühren. Hell, sehr leicht und weich, wovon der rheinländische Kubikfuß dreizehn bis vierzehn Kilogramm wiegt, heißt es Papaier-Zeder, das härtere rötere wiegt siebenzehn bis achtzehn Kilogramm und heißt rote Zeder. Wurzel und maserige Stücke sind noch schwerer. Die in niederem Lande stehenden haben meist große Wurzelausläufer, holländisch Sporen, französisch Arcabat genannt, sie werden nicht selten sieben Fuß hoch und zehn Fuß lang, so daß man Tischplatten, an denen zwölf Personen Platz finden, aus einem Stücke machen kann.

Zur verlangten Probe wählte ich einen schönen Block gut viereckig behauenes Zedernholz von zwanzig Fuß Länge und zwei Fuß Dicke. Nachdem ich mein Haus bestellt und vier Indianer zur Reise gemietet hatte, trat ich Ende November die Reise nach Paramaribo an.

Der Zedernblock war mittelst dreifach geflochtener, sechzig Fuß langer Lianen hinten an meinem Boote befestigt.

Wir hatten guten und beständigen Wind, so daß wir, obgleich das hinten drein schwimmende Holz das Boot in seinem Laufe hemmte, schon am zweiten Tag in die Matappica einlaufen konnten. In späteren Jahren setzte sich eine ziemlich hohe Sandbank gerade vor die Mündung dieser Kreek oder vielmehr Kanals, so daß man wenigstens eine Viertelstunde westlicher zu fahren hatte, ehe man den Ausfluß, der nicht über zwanzig Fuß breit ist, gewahr wurde.

Die Seeküste verändert sich beinahe mit jedem Jahre, ja es versetzen sich mit jeder Springflut die Bänke, sie spülen an der einen Seite ab oder setzen an der andern an, aus Ursachen, die, wie bei den Schneelawinen, höchst unbedeutend sein können.

So kann ein entwurzelter vom Wasser zugetragener Baum, wenn er auf eine seichte Stelle kommt sich festsetzen; Sand und Schlamm sammelt sich um ihn an und es entsteht eine kleine Bank, die dem Laufe des Wassers eine andere Richtung gibt und so die An- oder Abspülung auf einer andern Seite befördert, was sich weiter entfernt in größerem Maßstab fortsetzt, wodurch an der Küste bedeutende Veränderungen entstehen. Springfluten, besonders bei starkem Winde, wirken verheerend auf das schlammige Ufer, reißen oft große Stücke mit darauf stehenden Bäumen und Gesträuchen ab und setzen dann diese schwimmenden Inselchen wieder an andern Stellen ab. In den dreißiger und vierziger Jahren befand sich an der Küste zwischen dem Maroni und dem Surinamfluß und etwa gleichweit von beiden entfernt, der unbedeutende Posten Oranje, dessen kleine Besatzung keinen andern Dienst hatte, als die holländische Flagge aufzuziehen, wenn man ein Schiff vorüberfahren sah. Mehrere Male war man genötigt gewesen, das kleine Häuschen das man Kaserne nannte, abzubrechen, weil die Küste rasch abspülte, und bei jeder Springflut große sonst trockene Ländereien überflutet wurden, so daß dem Posten zuletzt Überschwemmung und Einsturz drohte.

Kaserne und Flaggenstock wurden dann jedesmal wieder weiter ins Land hineingesetzt und mit einem neuen Damm gegen den Andrang der Wellen versehen, bis im Jahre 1848 das Gouvernement, der immer sich wiederholenden Unkosten müde, das kleine Detachement einzog und die Baulichkeiten, die freilich nicht viel wert waren, ihrem Schicksale überließ.

Plötzlich aber hörte das Abspülen auf, es entstand nach und nach eine Schlammbank, auf der ein steifes spitziges Gras und eine kleine saftige Pflanze Portulak üppig gedieh, Parvagesträuche und der Mangrove schlugen Wurzel, und kaum zehn Jahre später war vor dem verlassenen Posten eine Bank oder vielmehr ein Landstrich entstanden, der über drei Stunden lang und eine Stunde breit, nur bei der höchsten Flut zeitenweise überströmt wurde, und der mit Dämmert versehen, Tausende von Hektaren des für die Baumwollenkultur besten Landes geben würde.

In Paramaribo hörte ich nun zu meinem Verdrusse, daß, obwohl seit Eingabe unserer Bittschrift mehr als drei Monate verstrichen waren, doch noch keine Antwort (resolutie) vom Gouverneur gegeben sei. Doch zweifelte Herr Bukh keineswegs an einem günstigen Bescheid und drang in mich, verschiedene Waren in Paramaribo einzukaufen, weil ich besser als er wisse, was sich zum Handel mit den Buschnegern eigne. Auch riet er mir, einen Neger zu kaufen, den man gerade feilbot, und der mir, von einem Holzgrund im obern Surinam abstammend, beim Einkauf von Holz wie auch durch Feldarbeit von Nutzen sein konnte.

Dieser Neger Adam war ein Afrikaner und gehörte einem portugiesischen Juden, der einen kleinen Holzgrund im obern Surinam besaß. – Adam, ein Mann von 50 bis 60 Jahren, mußte nach der Aussage seines Herrn ein treffliches Subjekt sein, denn jener vergoß Tränen der Rührung, als er mir die Tugenden Adams herzählte, den er aber verkaufen müsse, weil er dem Lande schon seit drei Jahren die Steuern schulde und nicht gepfändet werden wolle. Seine übrigen Sklaven, sagte er, haben alle Familien, die er bekanntlich nicht trennen dürfe, weil sie auf den Namen, seines Holzgrundes eingeschrieben wären, Adam aber sei ein Privésklave. Seufzend strich er die fl. 350 ein und versicherte mich nochmals, welch vortrefflichen Kauf ich gemacht habe.

Herr Bukh versprach mir, so bald der so sehnlich erwartete Gouvernementsbeschluß ihm zukommen würde, einen kleinen Schoner zu chartern, ihn mit allem Nötigen zu beladen und selbst nach Albina zu kommen. So reiste ich am 7. Dezember wieder ab, und da ich in kurzer Zeit alles was ich nötig hatte durch den Schoner zu erhalten hoffte, nahm ich nur das höchst nötige in meinem Boote mit, denn ich mußte, da die Wanekreek noch nicht befahrbar war, über See nach Hause Rückkehren.

Außer meinen Indianern hatte ich noch den neugekauften Neger bei mir, aber schon auf der Pflanzung La Paix, bei welcher die Vreedenburger Kreek in die Cottica mündet, ver-

nahm ich von mehreren Negern der Pflanzung, welche meinen
Adam kannten, daß er einmal elf Jahre lang von seinem Herrn
weggelaufen gewesen sei und solchen Hang zum Buschleben
habe, daß er wohl schwerlich bei mir bleiben werde. Das waren fatale Aussichten, doch wo sollte er hinlaufen?

Von La Paix fuhr ich in die Vreedenburger Kreek, um
durch sie in die See zu kommen. Es ist diese Kreek ein zum
größten Teil gegrabener Kanal, an dem eine halbe Stunde von
La Paix der Militärposten Vreedenburg lag, wo ein Detachement Soldaten unter dem Kommando eines Leutnants stand.
Weiter hinein fand man zwei kleine Baumwollenpflanzungen,
Harmonie und Zwarigheid und am Ende des Kanals und vom
Posten kaum eine Stunde entfernt, das schon erwähnte Piket
Oranje.

Kaum fünf Schritte von diesem Kanal, der dort sein Ende
hatte, fingen die Sumpf- und Biribiri-Länder spärlich mit
Seepflanzen bewachsene Striche an, die sich später bedeutend
erhöhten im Jahr 1847 aber bei Springflut noch stets unter
Wasser standen. Eine Art Graben oder Vertiefung, der sich bis
an den Damm der Vreedenburger Kreek erstreckte, füllte sich
bei hohem Wasser und gab Gelegenheit durch ihn bis über die
Biribiri-Länder hinaus in die See zu kommen.

Da die Meeresflut, wenn sie in die Mündung des Surinamflusses eintrat, erst die vielen Krümmungen des Commowini
und Cottica, das heißt eine Länge von fünfzehn Stunden zu
durchlaufen hatte, ehe sie in die Vreedenburger Kreek kam, so
hatte sie bei Oranje erst ihren höchsten Stand erreicht, wenn
außerhalb im Meere die Ebbe am niedrigsten stand. Man zog
deshalb mit leichter Mühe aus der nun vollen Vreedenburger Kreek das Boot über den Damm in den nun ganz leeren
Graben, welchen fünf Stunden später, wenn das Wasser der
inneren Kreek beinahe abgelaufen war, die aufkommende Flut
der See füllte, dann hatte man leichte Mühe durch denselben
in die See zu kommen.

Nun sind aber meistens im Dezember die niedrigsten
Springfluten, die, wenn sie sonst neun bis zehn Fuß höher

sind als die niedrigste Ebbe, jetzt bloß sechs oder sieben Fuß hoch steigen.

So ließ sich auch jetzt kein Wasser im Graben sehen und ich war in bitterer Verlegenheit, denn mit meinen vier Indianern konnte ich das Boot nicht eine halbe Stunde lang in der wasserlosen Kreek über den Schlamm ziehen. Aber mein guter Leutnant V. befahl seinen acht schwarzen Soldaten, mir beizustehen, und so kamen wir dann bis zu einer sandigen Stelle, wo das Wasser schon tief genug war, um mit der andern Flut, die des Nachts eintrat, weiter zu fahren.

Ich ließ das Boot unter Obhut der Indianer und kehrte zu Fuß über die trockene Schlammbank nach Oranje zurück. Die Fahrt durch diesen Graben ist eine der mühevollsten, die ich je gemacht labe. Nicht allein, daß man beständig in einer Atmosphäre von Muskiten sich bewegt, wird man durch zahllose, kaum sichtbare Mompiris gepeinigt, und, obgleich die Fahrt kaum eine halbe Stunde dauert, so glaube ich nicht, daß sie ein Mensch noch länger aushalten könnte, ohne halb närrisch zu werden.

Erst abends acht Uhr kehrte ich über die trockene Schlammbank nach dem Boote zurück. Es war trübes Wetter, doch konnte ich mich nach den Bäumen richten, unter denen der Graben hinlief, und mußte also zum Boote kommen. Auf der Bank, über die mein Weg führte, hatte eben diesen Abend ein Schwarm Schnepfen ihr Nachtquartier aufgeschlagen, und diese, in ihrem Schlafe gestört, flogen nun zu Tausenden in allen Richtungen umher, so daß ich wohl Hunderte mit den Händen niedergeschlagen oder mit den Füssen zertreten haben mag. Ich war froh, als ich mich wieder außerhalb der erstickenden Hitze dieser Schnepfen-Wolke befand. Diese Vögel waren von der kleinsten Sorte, nicht größer als ein Sperling, und obgleich sie in ungeheuren Schwärmen am Meeresufer vorkommen, weiß doch niemand wo sie nisten.

Nach fünftägiger Reise kam ich wieder auf Albina an, wo mein neuer Neger vorerst den Kostacker vom Unkraut zu säubern hatte, eine leichte Arbeit, die er auch vollkommen gut ausführte. Kaum war ich aber wieder eine Woche auf Albina zurück, als ich eines morgens Adam vermißte. Da an Lebensmitteln kein Mangel war und ich mit ihm nicht das mindeste Unangenehme gehabt hatte, so fand ich seine Flucht unbegreiflich, um so mehr, als er zu Fuß weggelaufen war und mir kein Boot fehlte. Ich machte mir daher wenig Sorge, weil ich wohl wußte, daß er aus den umliegenden Waldungen, wohin er sich vermutlich geflüchtet hatte, bald Rückkehren werde.

So geschah es denn auch, denn am fünften Tage nach seiner Flucht war Adam wieder zurück und bat mich um Verzeihung. Nicht üble Behandlung sagte er, noch schwere Arbeit habe ihn verleitet, wegzulaufen; er habe stets nur Bananen und Yams gegessen und könne sich in seinem Alter nicht mehr an Cassave und insbesondere nicht an Couac gewöhnen. Ich gab ihm nun Pataten und Yams, und da an Wild und Fischen stets Überfluß war, so hatte er jedenfalls bei mir eine viel bessere Nahrung als bei seinen früheren Herren. Doch dieser Hang zum Weglaufen und noch dazu wegen einer so unbedeutenden Ursache eröffnete mir eine trübe Aussicht in Beziehung auf meinen zweiten Sklaven.

Seit Schwabs Abreise war es wieder recht einsam auf Albina, denn ich hatte vorläufig außer John und Adam niemanden bei mir, und diese zwei durften nie mein Haus betreten. Meine Haushaltung versah ich selbst ganz allein. Ich kochte, säuberte das Haus, wusch meine Kleider, machte neue Hosen und Hemden, wenn die alten zerrissen waren, und führte ein wahres Robinsonleben, nur mit etwas mehr Komfort und Geselligkeit, denn selten verging ein Tag, an dem nicht der eine oder andere Indianer bei mir einsprach. Denn nach und nach waren sowohl die Karaiben von Mana als die Arowaken vom Iracoubo zurückgekommen und hatten wieder ihre alten Dörfer bezogen, so daß die indianische Bevölkerung sich auf über 350 Köpfe belaufen mochte.

Außer zwei Tischen und einigen Stühlen hatte ich in meinem neuen Häuschen keinen Hausrat als eine alte friesische Uhr, die mir ein Freund schenkte, weil sie nicht mehr gehen wollte, es gelang mir aber mit wenig Mühe, sie so gut in Ordnung zu bringen, daß sie noch nach 33 Jahren gut geht und schlägt. Mein bescheidenes Mobiliar aus meinem Hause in Paramaribo sollte, so war es abgesprochen, Herr Bukh mit dem Schoner bringen.

Endlich am 31. Dezember kam ein betrunkener Indianer mit einem Briefe, den ihm der Kommandant des Postens Vreedenburg für mich gegeben hatte, um ihn so schnell als möglich zu besorgen. Er kam von Herrn Bukh, der mir schrieb, daß er wenige Stunden nach meiner Abreise von Paramaribo den Gouvernementsbeschluß, von dem er mir Abschrift beilegte, erhalten habe, und daß er sogleich vier Neger abschicke, damit mich der Brief, ehe ich die Seereise antrete, noch auf Vreedenburg treffe.

Er werde, so schrieb er, wenn ein Schoner zu bekommen sei, wahrscheinlich noch in diesem Monat kommen. Der Brief war vom achten Dezember und als er auf Vreedenburg ankam, war ich schon seit einem Tage in See, und benützte der Leutnant die Gelegenheit mit dem Indianer, mir den so wichtigen Brief zu senden. Wer war froher als ich! Ich wusch und putzte mein kleines Häuschen, und machte alle Zubereitungen zum Empfange Bukhs, den ich also mit jeder Flut erwarten konnte, und mit zufriedenen und glücklichen Träumen schlief ich in das neue Jahr 1848 hinüber.

DRITTES KAPITEL

Alle Vorbereitungen waren getroffen, eine Hütte gebaut, um einen Teil der Waren, die der Schoner bringen mußte und zu deren Bergung mein Häuschen zu klein war, darin unterzubringen. Und diese Waren brauchte ich höchst nötig, denn das Wenige, was ich gehabt hatte, war durch den Ankauf von Holz vergriffen. Am nötigsten litt ich Mangel. Seife und Dram fehlten gänzlich, auch das so nötige Salz mußte ich von Mana beziehen, wo es vier Mal so teuer als in Surinam war.

Obwohl Regen eingefallen waren, so war doch der Wanekreek für ein größeres Fahrzeug noch nicht befahrbar, und um mich nach der Ursache des langen Ausbleibens, denn unter Harren und Hoffen war der ganze Monat Januar vergangen, zu erkundigen, hätte ich eine kleine Korjal nach Paramaribo senden müssen, was für mich immer eine Auslage von zwanzig Gulden gewesen wäre. Als ich dann endlich weder Geld noch Waren zum Eintausch von Holz mehr hatte und ich mir das lange Ausbleiben des Schoners nicht erklären konnte, nahm ich mir Anfangs Februar vor, selbst nach Paramaribo zu gehen. Bereits war ich fertig, alles wohl verschlossen und der Obhut Johns anvertraut, und wartete ich nur noch auf die Indianer, mit denen ich die Reise machen wollte, als mir ein Arowak Walekuleh einen ausgewachsenen Tapir brachte, den er im Fluß geschossen hatte.

Das war nun ein sehr willkommenes Tier; ich verschob also meine Reise einige Tage, präparierte die Haut, machte ein Skelett und gebrauchte das wenige Salz, das mir übrig geblieben war, um das Fleisch, das so gut wie Rindfleisch ist, einzusalzen. Kaum war ich damit fertig, als Sansabaru, ein anderer Arowak, mit einem großen Ameisenfresser (Myrmecophaga jubata) ankam, dessen Zubereitung weitere zwei Tage erforderte.

Endlich am 20. Februar konnte ich abreisen. Ich hatte drei ältere Indianer und Maniofo bei mir.

Es war ein trüber, regnerischer Tag. Um ja den Schoner, wenn er unterwegs sein sollte, nicht zu verfehlen, hatte ich mir vorgenommen, ganz längs der Küste und bei Braamspunt den Surinamstrom hinan zu fahren.

Wir hatten die erste Nacht auf dem Dorfe von Georg zugebracht, wo gerade mehrere Krüge Tapana gebraut worden waren, denen meine Indianer wacker zusprachen. Bei der Menge Muskiten und dem Lärm, den die Betrunkenen machten, war an keinen Schlaf zu denken.

Am frühen Morgen traten wir die Weiterreise an, fuhren ohne den Schoner zu sehen längs der Küste und kamen gegen Mitternacht an die Mündung der Matappica. Hier bestürmten mich die Indianer mit Bitten, in diese Kreek einzulaufen, weil sie vor Schlaf sich nicht mehr aufrecht halten könnten. Es war eben Flut und wir fuhren in die Kreek ein. War schon auf der See wenig Wind, hier in dem engen Kanal war es totenstill und die Muskiten brachten uns beinahe zur Verzweiflung. Wir hatten deshalb nichts Eiligeres zu tun, als unser Boot an der Pflanzung Adrichem anzulegen und Obdach in einem Viehstalle zu suchen, wo im Rauch eines kleinen Feuerchens, das neben seiner Lagerstätte brannte, der wachhabende Neger schnarchte. Mit Mühe konnten wir in der Dunkelheit einige Stückchen Holz finden, um das Feuer oder vielmehr den Rauch zu vergrößern. Aber auch hier war an keinen Schlaf zu denken, und der Neger, dem man sagte, daß ein Blanker (bakera) hier wäre, tat keinen Zug, sondern sagte nur: Meka go na bakrahoso (er soll ins Haus des Direktors gehen) und schlief, in seinen dicken Wachtrock gewickelt, ruhig weiter. Ich kannte den Direktor der Pflanzung nicht, und weiß, wie unwillkommen ein Fremder mitten in der Nacht ist; ich blieb deshalb am Wachtfeuer sitzen und erwartete sehnsüchtig den Morgen, wo mir dann, als die Hähne krähten, der Vater Maniofos. Awarugalli mein Kaffeekesselchen aus dem Boote holte und ich durch meinen Lieblingstrank mich wieder etwas beleben konnte.

Der Morgen war wieder trübe und regnerisch und wir verließen den unwirtlichen Platz, um bei der Pflanzung Landlust die Ebbe zu erwarten. Gegen elf Uhr kamen wir an die

Herrn Bukh gehörende Zuckerpflanzung Singularité, deren Wohn- und Fabrikgebäude etwa zehn Minuten weit vom Fluß abliegen, während dicht an demselben ein nettes Lusthäuschen, umgeben von Kokos und anderen Palmen, sich befindet, über das ein alter Neger, der sonst zu keinem andern Geschäfte mehr zu brauchen ist, die Aufsicht hat. Um keine Zeit zu verlieren, erkundigte ich mich bei diesem Neger, ob sein Herr sich noch in der Stadt befinde und auf seine bejahende Antwort fuhr ich ruhig weiter,

Wohl sah ich, als ich bei dem Fort Amsterdam ankam, ein kleines, elendes Küstenfahrzeug bei der Redoute Leiden vor Anker liegen, aber ich hatte keine Ahnung davon, daß dieses eben das durch Bukh gemietete sein könnte. Abends vier Uhr kam ich in Paramaribo an, doch mit Schrecken hörte ich, daß Herr Bukh am selben Morgen die Stadt mit der Schaluppe van Speyk verlassen hatte, und daß das bei Fort Leiden gesehene Fahrzeug eben dieses gewesen sei, das vermutlich nur den Anfang der Ebbe erwarte, um in See zu kommen. An ein Rückkehren nach der Schaluppe war nicht zu denken, Wind und Strom waren gegen uns, auch die Indianer zu müde. Ich blieb also zwei Tage in Paramaribo, um dann mit aller Eile durch den Wanekreek nach Albina zurückzukehren, und so, wie ich hoffte, noch gleichzeitig mit Herrn Bukh zu Hause anzukommen. Alle nötigen Waren befanden sich an Bord. Eine trächtige Kuh, ein Stier, Schweine, welsche Hühner, Bananen und Bananen-Pflanzen; ich hatte also nicht nötig, das mindeste mitzunehmen, außer den für mich und meine Indianer zur Rückreise nötigen Lebensmitteln. Auch Schwab, dem der Gouverneur einen weiteren Urlaub gegeben hatte, war bei Herrn Bukh an Bord.

Zugleich vernahm ich, daß ein gewisser Monte-Cattini, früher Direktor auf einer Zuckerpflanzung, vom Gouvernement ebenfalls die Erlaubnis erhalten habe, zum gleichen Zweck wie wir sich am Maroni anzusiedeln. So hatten wir bereits Konkurrenz, ohne noch das Unternehmen angefangen zu haben. Monte-Cattini, dem ein verlassenes Indianerdorf drei viertel Stunden unterhalb Albina zum Wohnort angewiesen war, dachte die Reise nach dem Maroni, wo er zuvor nie gewesen war, vierzehn Tage später anzutreten, und war gerade beschäftigt, die nötigen Tauschartikel einzukaufen.

Ich reiste also den 26. Februar wieder von Paramaribo ab, nahm von der Pflanzung Singularité zwei junge Neger zum Rudern mit, um so schnell als möglich nach Hause zu kommen. Auf der Pflanzung Ephrata, auf der ich mit Ende der Flut und bei heftigem Regen ankam, hatte ich abends einen leichten Fieberanfall und befand mich in einer unerklärbaren Unruhe und Aufregung, so daß ich noch vor Aufkommen der Flut und vor Mitternacht aufbrach. Nirgends wurde angehalten, bis wir am späten Abend die neue Wohnung des Posthalters erreicht hatten, die eine halbe Stunde unterhalb der Mündung des Courmotibo in die Cottica liegt.

Hier fand ich, wie immer, gastliche Aufnahme, und wir setzten am frühen Morgen die Reise fort, so daß wir noch eine gute Strecke in den Wanekreek einfuhren und in elenden Hütten im Walde unser Nachtlager aufschlugen. Der Morgen brach wieder mit Regen an und da ich nie gewohnt war, einen Regenmantel oder wollene Hemden zu tragen und erst in späteren Jahren mich deren bediente, so saß ich auch dieses Mal durch und durch naß im leichten Callico-Hemde im Boote.

Schon bei der Einfahrt in den Wanekreek mußte das Zeltdach abgenommen werden, weil man oft stundenlang unter umgefallenen Bäumen und Gesträuch sich durchzwängen mußte. Nur bei Nacht wurde das Zeltdach wieder auf das Boot gesetzt, um darunter zu schlafen, wenn man im Walde keine passende Hütte zum Nachtlager fand oder durch den Regen verhindert war, Feuer anzumachen.

Gegen elf Uhr Mittags hatten wir die Savannen erreicht, in welchen der Kreek an manchen Stellen kaum so breit ist, daß zwei Boote neben einander passieren können. Am Saume dieser Savannen sind Sträucher, meist Melastomen und Myrthen, in denen Wespen aller Art ihre Nester bauen. An solchen Stellen sind die Indianer sehr vorsichtig und suchen womöglich zu vermeiden, daß das Boot an die Bäume oder Sträucher stoße, deren Zweige bis ins Wasser hängen. Haben sie aber dennoch das Unglück, an einen Strauch zu stoßen, woran ein Wespennest ist, und fliegt der Schwarm der aufgescheuchten Insekten auf, so stürzen sich die Indianer sogleich ins Wasser und ziehen das Boot an der gefährlichen Stelle vorbei; der im Boote Sitzende aber ist dann den Stichen der Insekten ausgesetzt.

So hatte denn auch der immer anhaltende Regen den Indianern die Aussicht benommen. Das Boot stieß an einen Strauch, an dem ein Nest voll großer blauer hornissenartiger Wespen hing, die, weil die Indianer sich sogleich ins Wasser stürzten, nun an mir ihre ganze Wut ausließen und mir Schultern, Hals und Kopf jämmerlich zerstachen. Ich litt mehrere Stunden lang die heftigsten Schmerzen, aber so sehr ich litt, sagte ich mir doch in diesem Augenblicke, daß ich zufrieden sein könne, wenn ich in meinem Leben nie größere Leiden auszustehen hätte. Es war mir, als hätte ich ein Vorgefühl des Unglücks, das ich am andern Tag vernehmen sollte. Doch der Gedanke tröstete mich, am anderen Abend zu Hause zu sein. Am Abend fanden wir eine bequeme Hütte, und nun im trockenen ließ ich mir Hals, Schultern und Kopf tüchtig mit Dram einreiben und am andern Morgen war alle Geschwulst und Schmerz verschwunden.

Der Morgen brach schön und heiter an und die Gegend, welche wir jetzt befuhren, war die prachtvollste des meist so langweiligen und schwer zu befahrenden Wanekreek. Lange seeartige Bassins mit schwarzem ruhigem Wasser, von 25 bis 30 Fuß Tiefe und manchmal 100 Fuß Breite, ziehen sich zwischen dicht bewaldetem Hochlande und zwischen großen Feldern des baumartigen Arons Moko Moko hin (Caladium arborescens). Über diesen dehnen sich Stunden lange mit steifem Grase bedeckte Savannen aus, die in der Ferne, besäumt von Mauritien-Waldungen, durch einzelne Gruppen dieser (wie alle Palmen, wenn sie in Masse vorkommen, so monotonen) Palmengattung der Gegend einen eigenen Reiz verleihen. Am Saume des Wassers blühten schöne gelbe, weiße und violette Nymphäen und herrlich spiegelte sich die Landschaft in dem ruhigen klaren Wasser ab. So schön die Vegetation von der aufgehenden Sonne beleuchtet war, so belebt und farbenreich war auch die Tierwelt durch die Scharen von Papageien und blauen Aras, die in den Mauritien-Palmen nisten und am Morgen paarweise nach den oft weit entfernten Plätzen ziehen, wo sie ihre Nahrung finden, und zwar stets mit fröhlichem Gekrächz hoch oben in der warmen blauen Luft.

Stets empfänglich für die Schönheiten der Natur, war ich in der heitersten Laune. Aller Schmerz war vergessen, denn bis drei Uhr Nachmittags dachte ich zu Hause zu sein, dort Herrn Bukh zu finden und mit ihm über meine unnötige Reise zu scherzen. Ich dankte in meinem Herzen dem guten Gott, daß ein so geachteter Mann Vertrauen in mich gesetzt hatte, und blickte mit Hoffnung und Freude in die Zukunft, denn meine Lieblingspläne konnte ich ausführen und meine Existenz war gesichert. Während ich mich diesen Träumen und Hoffnungen überließ kam uns eine große Korjal mit zwei Buschnegern entgegen, die ein halbes Dutzend Jagdhunde zum Verkaufe nach der Kolonie bringen wollten.

Diese Neger mußten notwendig den Schoner, wenn er vor Albina angekommen war, gesehen haben; aber wie ein Blitzstrahl aus heiterer Luft traf mich die Antwort, daß ein Schoner an der Mündung des Maroni zu Grunde gegangen und der Eigentümer (granmasera) von Singularité dabei ertrunken sei. Keiner Antwort fähig, starrte ich den Mann an, der noch weiter erzählte, daß er auf dem Indianerdorfe an der Mündung Cassave-Brot gekauft und dort den Kapitän und zwei Matrosen des verunglückten Fahrzeuges gesehen habe.

So viel verfehlte Hoffnungen ich auch in meinem abenteuerlichen Leben später hatte, nie traf mich eine böse Nachricht so schnell und schwer wie diese, weil keine so unerwartet kam. Ich kann nicht beschreiben was in mir vorging; mein einziger Trost und der einzige Schimmer von Hoffnung an den ich mich jetzt anklammerte, war die mir so wohl bekannte Lügenhaftigkeit der Neger. Aber zu welchem Zwecke sollten diese gelogen haben? Wie konnten sie wissen, daß der Eigentümer der Plantage Singularité ertrunken sei, wenn sie nicht den Schoner gesehen oder von ihm gehört hätten? Nun wurde aus Leibeskräften gerudert, und als die Sonne im Mittag stand, waren wir im Maroni. Ein frischer Wind blies in das Segel, das wir aufgesetzt hatten, und gegen zwei Uhr näherten wir uns der Ecke von wo man in der Entfernung von einer halben Stunde mein kleines Häuschen sehen konnte. Mit welcher Bangigkeit näherte ich mich dieser Ecke, wie inbrünstig bat ich Gott die Aussagen der Buschneger in Lügen zu verwandeln, als ich aber um die fatale Ecke herumgesegelt war, keinen Schoner erblickte und mir beim Landen Schwab die Worte zurief, Bukh ist ertrunken und alles verloren, da wars kein Traum, sondern traurige, trostlose Wirklichkeit.

Ich vernahm nun, daß am Nachmittag des 29. Februar der Schoner van Speck in die Mündung des Flusses gekommen und da auf der Tigerbank festgefahren sei; Bukh habe nun vom Kapitän Mac Gregor, einem Schotten der als Trunkenbold bekannt war und auch da etwas benebelt gewesen sei, verlangt nach dem bloß eine halbe Stunde entfernten Lande gebracht zu werden, aber dieser habe ihn versichert, daß gar keine Gefahr bestehe, und daß mit Aufkommen der Flut, also gegen acht Uhr Abends, das Fahrzeug wieder flott sein würde. Bukh sei also an Bord geblieben.

Als aber nach Sonnenuntergang die Flut mit starkem Winde große Wellen über die Bank und gegen den ganz auf der Seite liegenden Schoner trieb, sei das morsche Fahrzeug in Stücke gegangen. Man habe Herrn Bukh in das einzige kleine Boot, das einen flachen Boden hatte, gesetzt; zwei seiner Neger, Curieli und Schwab hätten sich an demselben gehalten um halb schwimmend, halb durch die Wellen fortgetrieben, das Land zu erreichen. Aber manchmal hätten die überstürzenden Wellen das elende Bootchen gefüllt, und da der arme Bukh nicht Kraft genug gehabt habe, sich an demselben fest zu halten, sei er von den Wellen fortgerissen worden und untergesunken.

Vier Stunden lang kämpften, wie ich weiter hörte, die Leute angeklammert ans Boot in finsterer stürmischer Nacht mit den Wellen, bis gegen Mitternacht der Mond aufging, und bei Ebbe die See ruhiger wurde. Bald darauf wurden sie ans Land gespült und fielen todmüde auf dem sandigen Ufer in Schlaf. Am Morgen fanden sie den Kapitän und die zwei Matrosen, die sich an dem Mast fest gehalten hatten und nicht weit davon ebenfalls ans Land gekommen waren.

Von dem mitgenommenen Vieh kam bloß die Kuh lebend ans Land, wo sie sich in schwer zugängliche Sümpfe flüchtete, in denen sie ein Kuhkalb gebar, und wo sie wenigstens zwölf Jahre später noch mit ihrem Jungen gesehen wurde. Beide Tiere waren aber so scheu, daß es nicht möglich war sie zu fangen. Alles andere kam im Wasser um. Auch der eine Neger, obwohl er das Land erreicht hatte, starb in Folge des zu viel eingeschluckten Seewassers. Er lief wie rasend umher, und zwei Tage später fand man ihn tot am Seestrand.

Aus allzu großer Sparsamkeit hatte Herr Bukh dieses kleine morsche Fahrzeug gemietet und sein Leben und Gut einem Mann anvertraut, der überall als ein Trunkenbold bekannt war. So waren alle meine schönen Aussichten wie Seifenblasen verflogen, und ich war ärmer als je, Kleider, Bücher, Möbel und das meiste was ich in Paramaribo zurück gelassen hatte, freilich von keinem großen Werte, aber mir doch unentbehrlich, waren auf dem Schoner gewesen und jetzt verloren. Von der ganzcn Ladung waren bloß 20 Stück tannene Bretter und drei Fässer Dram ans Land gespült. Eines dieser Fässer war von den Indianern in Beschlag genommen, und sie befanden sich daher in immerwährender Betrunkenheit.

In der zuversichtlichen Hoffnung, alles was ich an Lebensmitteln nötig hatte, mit dem Schoner zu erhalten, hatte ich von Paramaribo nur so viel mitgenommen, als ich und meine Indianer während der kurzen Reise von fünf Tagen nötig hatten, ich mußte deshalb Couac, Pulver und das so nötige Salz mir von Mana holen, doch wollte ich zuvor den Schauplatz des Schiffbruches sehen und untersuchen, ob nichts mehr gerettet werden könne. Auch den zwei Bedienten des Herrn Bukh mußte ich die Gelegenheit verschaffen nach Surinam zurückzukehren.

Ich fuhr also am frühen Morgen des anderen Tages mit Schwab nach dem an der Mündung gelegenen Dorfe Georgs, wo wir gegen elf Uhr ankamen und wo mich der Kapitän Mac Gregor mit den Worten empfing: „Well M. Bukh is gone". Mit Abscheu betrachtete ich den Mann, durch dessen Schuld ein braver Mann das Leben verloren hatte und alle meine Hoffnungen vereitelt worden waren. Er hatte das wohlverschlossene Schreibkistchen des Herrn Bukh bei sich, das ebenfalls ans Land getrieben worden war, und in welchem sich außer wichtigen Papieren noch einige 100 Gulden Gold- und Silbergeld befanden, bestimmt zu Einkäufen in Mana. Ich bat ihn das Kistchen zu öffnen, den Inhalt zu trocknen und zu inventarisieren, was er aber verweigerte. Erst später gestand er der Behörde in Paramaribo, dasselbe erbrochen zu, nachdem er das Geld für sich behalten hatte.

Auf dem Dorf traf ich nur Kinder und einige Weiber, denn alle Indianer, ebenso wie die zwei Matrosen und die Bedienten Bukhs befanden sich fünf Stunden entfernt am Seestrand und gegenüber der Sandbank, auf welcher der Schoner gestrandet war. Da ich nun beinahe neun Tage lang im Boote gesessen hatte, so zog ich vor mit Schwab längs des Seestrandes zu gehen, das Boot aber fuhr, da es noch Ebbe war, weit in den Fluß hinaus und spannte dann das Segel um, auf weniger anstrengende Weise nach der Seeküste zu kommen.

Durch den raschen Marsch, die Hitze und den Wind stellte sich bei uns bald der Durst ein, denn der Wasserkrug war im Boot geblieben, doch fanden wir glücklicherweise ein Nest frisch gelegter Schildkröteneier, die uns einen freilich nicht völlig genügenden Ersatz für Wasser gewährten.

Todmüde kamen wir bei einbrechender Dunkelheit am Lagerplatze an, von wo wir schon aus der Ferne Lachen und Geschrei hörten und daraus schließen konnten, in welcher Stimmung sich das Völkchen befand. Um ein großes Feuer, in dessen Nähe ein offenes Dramfaß lag, hatten sich etwa 20 Indianer und die vier Schiffbrüchigen gelagert unter dem Vorsitze von Curieli, der in der heitersten Laune seine Genossen unterhielt und ebenso wie alle dem Faß fleißig zusprach, bis er dann, so wie die übrigen, in einen sanften Schlaf fiel. Glücklicherweise war auch das Wasserfaß des Schoners ans Land gekommen und lag ganz in der Nähe, so daß wir an Wasser keinen Mangel mehr hatten. Im weichen Sand des Ufers machten wir uns wie die Indianer unser Bett, und zugedeckt mit dem Segel meines Bootes schliefen wir bis der Morgen anbrach, denn ein frischer Nordostwind verhinderte die Muskiten uns zu quälen.

Mein erster Gang war nun längs des Seestrandes, um zu sehen, ob die See noch brauchbares angespült habe. Eine Kiste Pulver, das in blechernen Büchsen verschlossen war, war nur noch eine teigige Masse, und so nötig ich es auch hatte, dennoch gänzlich unbrauchbar. Um das Wrack, das ich zwei Monate später besuchte, fand man die leichteren Eisenwaren, als Hauer, Messer, Gewehre so verrostet und von der Kraft des Wassers verbogen, daß sie zu nichts zu gebrauchen waren, schwerere aber wie Cassaveplatten, eiserne Töpfe, und Schießhagel waren bereits fußtief mit Sand überdeckt.

Nur die Dramfässer die leichter als das Wasser sind, waren ans Land getrieben worden, und ich fand außer dem Faß, das die Indianer bereits in Beschlag genommen hatten, noch zwei andere, von denen ich das eine in meinem Boote mitzunehmen gedachte, während ich das andere mit der größten Anstrengung ohne jegliche Hilfe und ohne daß es jemand sah, den hohen Seestrand hinauf rollte und in einem Gebüsche von Awarapalmen und Kaktus versteckte. Ich bedeckte es dicht mit Gesträuch und Awarablättern und hoffte, daß es von den Indianern nicht bemerkt werden würde.

Glücklich fand ich es auch vier Monate später wieder, als ich die angespülten Bretter mit einer großen indianischen Korjal abholte. Ich wundere mich jetzt noch, wie es mir möglich war nach zwei so ermüdenden Tagen das wenigstens 800 Pfund schwere Faß allein den steilen Strand hinauf und dann noch etwa 20 Schritte weit ins Gebüsch zu rollen. Auch die zerstreut liegenden Bretter, so nötig zum Ausbau meines Hauses, zog ich so hoch den Strand hinauf, daß sie auch bei Springflut nicht mehr hinweg gespült werden konnten. Alles dieses tat ich allein, denn Schwab war in derselben Absicht wie ich den Seestrand hinaufgegangen, und erst am Mittag trafen wir uns am Lagerplatz, wo wir unser bescheidenes Mahl, bestehend aus gekochten Schildkröteneiern mit Cassavebrot, gewürzt durch die indianische Pfeffersauce, verzehrten.

Da wir beinahe keine Lebensmittel bei uns hatten, so lud ich die zwei Matrosen des Schoners und die Bedienten des Herrn Bukh ein, nach dem Indianerdorf oder nach Albina zu kommen, wo ich dann für Erdfrüchte und eingesalzenes Fleisch sowie für ihre Rückkehr nach Surinam gesorgt hätte; denn ihr Bleiben auf der Sandbank war ja ohne Zweck. Sie kehrten denn auch am anderen Tag nach Georgsdorf zurück, und fuhren mit dem Kapitän des Schoners durch den Wane-kreek nach Paramaribo.

Gegen Abend verließ ich den traurigen Platz, nachdem ich mit meinen halbtrunkenen Indianern das eine Faß Dram ins Boot geladen hatte. Aber weil die Kerls nicht recht steuern konnten, geriet nahe bei der Gewerimansecke das Boot in die Brandung; durch die Schwere des Fasses, das im Boote hin und wieder rollte, brachen einige Rippen und ein Brett, alle Nähte wurden los und das Boot fing an zu sinken. Jetzt war nicht mehr daran zu denken, selbst mit dem leeren Boot nach Hause zurückzukehren, ich mußte also dieses und den Dram zurücklassen, doch versprachen mir die Indianer aufs Bestimmteste, das Boot am andern Tage in der Frühe, wo es meistens windstill und ruhiges Wasser ist, nach Georgsdorf, also etwa drei Stunden weit zu bringen.

Es war bereits dunkel, als ich mich wiederum mit Schwab auf den Weg machte, um nach Georgsdorf zurückzukehren. Jeder von uns hatte ein brennendes Stück Holz in der Hand, und suchten wir so den Weg um die Gewerimansecke. An

dieser, da wo die Küste plötzlich ihre westliche Richtung verläßt und sich mehr südlich wendet, ist bei einer Länge von
etwa 500 Fuß am Seestrande ein natürliches Bollwerk von
durch den Strom im Laufe so vieler Jahre angeschwemmten
entwurzelten Baumstämmen, die bei einer Höhe von manchmal zehn und mehr Fuß so chaotisch durch die Macht der
Brandung in einander verschlungen waren, daß es schien,
eine gigantische Gewalt oder antediluvianische[1], kolossale
Biber hätten dieses Bollwerk errichtet. – Um den Weg an
diesem Labyrinth vorbei zu finden, wo man stellenweise bis
um die Mitte des Leibes im Wasser gehen mußte, hatten wir
unsere brennenden Stücke Holz hoch überm Kopf zu halten,
daß der Schaum der Brandung sie nicht auslöschen konnte.
Doch kamen wir glücklich um diese massenhaft angehäuften
Baumstämme und hatten nun beinahe ein drei Stunden langes
hohes Sandufer, das Innen meist mit Hochwald bewachsen
ist, vor uns, ohne wieder durchs Wasser gehen zu müssen.
Die Nacht war dunkel und es wehte ein heftiger Wind mit
Regenschauern. Wenn unsere Leuchten so weit abgebrannt
waren, daß wir sie nicht mehr in den Händen halten konnten, steckten wir damit die Menge kleiner Reiser in Brand,
welche die See angespült hatte, und die fußhoch oben am Ufer
lagen und brannten dann andere Holzstücke zu neuen Fackeln
an. Durstig bis zur Verzweiflung, war ich in Folge des in so
kurzer Zeit Erlebten und des Verlustes meines Bootes in der
traurigsten und exaltiertesten Stimmung, und immer war es
mir, als ob die Brandung mir die Leiche des unglücklichen
Bukh vor die Füsse werfen müsse. Ehe wir den verlassenen
Posten Prins Willem Frederik erreichten, stießen wir auf eine
Schildkröte, die, unbekümmert um Wind und Wetter, mit
ihren Hinterfüßen ein Loch in den Sand scharrte, um ihre
Eier hinein zu legen. Ihre Arbeit klang gerade wie wenn man
ein Grab schaufelte, während sie doch für die Fortpflanzung
ihrer Rasse sorgte.

---

[1] D. h. vorzeitlich (Red.).

Es mochte Mitternacht sein, als wir beim Scheine unserer Fackeln die zwei Tamarindenbäume sahen, die auf dem verlassenen Posten Prins Willem Frederik standen, und die Flut hatte beinahe ihre Höhe erreicht. Wir mußten, um zum Indianerdorfe zu kommen, wohl eine kleine Viertelstunde lang bis um die Mitte des Leibes, ja oft bis um den Hals, über ein überschwemmtes Parvafeld uns durcharbeiten, bis wir dann endlich wieder auf dem trockenen Ufer und im Dorfe ankamen. In der Hütte Awarugallis, der mit seinem Sohn Maniofo bei meinem Boot geblieben war, wollte ich übernachten. Nur die Weiber und der jüngere Sohn Urakane waren zu Hause und schliefen auf der gegen Muskiten mit geflochtenen Palmblättern wohlverwahrten Bühne.

Meine erste Bitte war um Wasser, denn seit wir das Boot verlassen hatten, war kein Tropfen über meine Lippen gekommen. Ohne ihre Hängematte zu verlassen, zeigte das alte Weib, indem sie das Feuerchen unter ihrer Hängematte anblies, nach der Ecke, wo ich denn auch einen vollen Krug fand. Rasch setzte ich ihn an die Lippen, tat einen vollen Zug, aber wie toll warf ich ihn weg, denn statt Wasser hatte ich Dram getrunken.

Auf mein Geschrei und Fluchen bequemte sich die Alte aufzustehen und brachte mir Wasser, und nun konnte ich, nachdem ich mich erst entgurgelt hatte, meinen Durst stillen. Zum Essen fand ich gar nichts im Haus, desto mehr aber zu Trinken, denn alle Krüge waren mit Dram gefüllt, den die Indianer aus dem gestrandeten Fasse nach Hause gebracht hatten. Durch und durch nass, hatte ich keine Kleider anzuziehen, auch keine Hängematte zum Schlafen. Aber für beides wusste ich Rat, denn ich erinnerte mich, vor einiger Zeit an Maniofo ein paar alte Hosen geschenkt zu haben, und fand diese denn auch in seinem Pagal (viereckiger Korb). Urakane mußte mir seine Hängematte räumen, und Schwab bettete sich auf dem Fußboden der Bühne.

Mit Sehnsucht erwartete ich am anderen Morgen die Indianer mit meinem Boot; doch erst um zehn Uhr kamen sie, aber ohne dasselbe und wieder stark benebelt. Es sei so leck gewesen, daß man es nur mit der größten Mühe bis zur Gewerimansecke habe bringen können, wo es auf einem kleinen Sandhügel, wohin auch die höchste Flut nicht reiche, in Sicherheit gebracht sei.

Es blieb mir nun nichts übrig, als so schnell wie möglich nach Albina zurückzukehren, dort meinen Zimmermann John zu holen um das mir so nötige Boot wieder herzustellen; dann mußte ich nach Mana um das höchst Nötige, als Seife, Salz. Pulver etc. einzukaufen. Ich entlehnte also bei den Indianern eine Korjal und fuhr nach Hause. Schwab blieb auf Albina, obgleich er bloß einen Urlaub von 14 Tagen hatte, und fand später Gelegenheit in seine Garnison zurückzukehren.

Ich fuhr nun am andern Tage mit John, dem nötigen Handwerkzeug, Pech, Werg und einigen roh zugehauenen Knien in meiner kleinen Korjal nach Georgsdorf, und von da nach der Gewerimausecke, wo ich denn auch mein Boot im erbärmlichsten Zustande wieder fand. Drei Knien (Courbes) waren gebrochen, und durch das heftige Stoßen auf dem Sandboden und in der Brandung alles Werg aus den Nähten gesprungen.

In drei Tagen meinte John, wäre es so weit herzurichten, daß man wenigstens damit nach Albina kommen könne, wo es dann erst gründlich zu reparieren sei. Wir drehten es um, damit John es über Tag kalfatern und des Nachts darunter schlafen könne. Ein junger Karaibe des obern Maroni blieb als Gehilfe bei ihm. Ohne mir einige Ruhe zu gönnen, fuhr ich in meiner kleinen Korjal sogleich nach Maua, wo ich am andern Abend ankam. Verschimmelte Cassave- und Awarafrüchte waren unsere Nahrung, denn keiner der Indianer dachte in Folge der immerwährenden Betrunkenheit an Fischen oder Jagen, ebenso wenig wie die Weiber sich mit Brotbacken abgaben. Am schlimmsten befinden sich bei solchen Trinkgelagen die armen Kinder, Hunde, Affen und Papageien, um die sich niemand bekümmert; gar häufig lassen betrunkene Mütter des Nachts ihre Kinder aus der Hängematte ins Feuer fallen, so daß man auf jedem Dorfe Leute mit Brandnarben am Leibe findet, die aus ihrer Kindheit herrühren.

Mein Freund J. der bereits durch Indianer mein Unglück vernommen hatte, bezeugte mir die herzlichste Teilnahme.

Da seit kurzer Zeit ein Detachement Soldaten unter dem Kommando eines Leutnants sich auf Mana befand, so herrschte auf dem sonst so stillen Dörfchen etwas mehr Leben, und gerade am Abend meiner Ankunft wurde ein Kränzchen (Cercle) im großen geräumigen Laden J. gehalten, wo fünf bis sechs Herren und die wenigen Damen, welche, außer Nonnen und Negerinnen sich auf Mana aufhielten, versammelt waren.

Verschiedene Arten französischer Leckereien, feine Weine und Liqueure waren für die Gäste aufgetischt. Nachdem getanzt und gesungen war, schloß ein gutes Souper die Soiree. An diesem nahm ich um so lieber Teil, als ich in den letzten Tagen mich bloß von schlechtem Cassavebrot, Schildkröteneiern und Awarafrüchten hatte nähren müssen. So hoffnungslos und unglücklich der Mensch sich auch fühlen kann, so ist es stets ein gutes Zeichen und eine Aussicht wieder in die normale geistige Stimmung zu kommen, wenn der Appetit sich einstellt. Dem Kauenden und Verdauenden zeigt sich alles in weniger düsterem Lichte.

Am frühen Morgen verließ ich Mana. Mit Reis, Couac, Salz, Seife und Pulver war meine kleine Korjal geladen. Alles war auf Kredit gekauft, denn Geld hatte ich keines, auch wußte ich nicht, wo ich es in der ersten Zeit hätte hernehmen sollen. Bei Georg lud ich meine Korjal aus, brachte das Gekaufte in die Hütte Awarugallis zur Aufbewahrung und eilte dann sogleich mit meinen zwei Indianern Gurenaliwa und Apeawalli, die auf einem Dorfe des obern Maroni zu Hause waren, zu Fuß nach der Gewerimansecke, um das Boot abzuholen.

John hatte es notdürftig hergeflickt, so daß man es wagen konnte, bei stillem Wasser den Fluß zu befahren. Es lag umgekehrt auf dem Sande und diente bei der Unzahl von Muskiten als ziemlich bequemes Nachtlager, in das man durch ein Loch im Sand wie durch eine Dachshöhle schlüpfen mußte.

Der Letzte, der in diese Höhle kroch, häufte dann von innen den Sand wieder auf, um den Muskiten den Zugang zu verwehren. Man begreift, daß die Hitze und der Gestank in dem so gegen allen Zutritt der frischen Luft abgeschlossenen Raum, in welchem fünf Menschen die lange Nacht durchbringen mußten, beinahe unerträglich war. Dazu von Außen her das zeitweise Schlagen des Regens und das Gebrause der Brandung über die Bänke, so daß ich froh war, als die flötenartigen Töne der über uns hinziehenden Flamingos und Enten das Anbrechen des Tages verkündigten und wir unsern Backofen verlassen konnten.

Das Boot wurde nun umgedreht und mit vieler Mühe von uns allen ins Wasser gezogen. Da aber Februar und März die stürmischsten Monate im Jahre sind, so kostete es unendliche Mühe, das Faß Dram in das Boot zu laden, ohne daß dasselbe auf dem Boden aufstieß, und aus der Brandung herauszukommen. Eine Naht war dabei wieder aufgesprungen, und John mußte fort und fort das eindringende Wasser ausschöpfen. Es wurde aber ein Segel aufgespannt und mit schwachem Winde fuhr das Boot längs des Ufers in den Maroni. Ich war zu Fuße schon lange bei Georg angekommen, hatte meine kleine Korjal in den Fluß gezogen, meine in Mana gekauften Sachen eingeladen und wollte nur noch auf mein Boot warten, um mit ihm nach Hause zu fahren.

Endlich segelte es gegenüber dem Dorfe, und ich verlangte von Georg, der schon seit vielen Tagen nicht nüchtern geworden war, ein Tau das ich in seiner Hütte gelassen hatte, und womit ich ein Segel auf meine Korjal festbinden wollte, aber Georg, der erbittert war, daß ich ein Faß Dram mit fortführte, schlug mich ohne Veranlassung (denn ich vermeide so viel wie möglich allen Umgang mit Betrunkenen, sie mögen weiß, schwarz oder rot sein) mit dem Tau über den Kopf, er erhielt dafür aber eben so schnell von mir eine Ohrfeige, daß er umtaumelte. Ich hielt nun die Sache für abgemacht und ergriff den Pagai um zu steuern, denn meine Indianer saßen schon in der Korjal, aber eben im Begriffe einzusteigen, packte mich Georg von hinten, warf mich ins Wasser und drückte meinen Kopf mit aller Gewalt in den Seeschlamm, daß ich beinahe erstickt wäre. Kaum war es mir gelungen mich von dem Rasenden loszumachen, wobei mir andere Indianer behilflich waren, als ich ihn mit einem großen Prügel auf mich losstürzen sah. Noch immer hatte ich den Pagai in der Linken, während ich mit der Rechten mir den Schlamm aus dem Gesichte wischte, ich parierte also den Schlag, den er mir versetzen wollte, indem ich ihn so auf die Hand schlug, daß der Prügel ihm entfiel, und er mit einem Wutgebrüll in seine Hütte stürzte, um wie es mir schien, ein Gewehr zu holen.

Über und über mit Schlamm bedeckt, sah ich nicht, daß ich ihm die Knochen des linken Armes abgeschlagen hatte und tollkühn wäre es gewesen, ohne jegliche Waffe einer Schar betrunkener Indianer sich entgegen zu stellen. Daher blieb mir, da schon beim ersten Streit meine zwei Indianer mit der kleinen Korjal abgefahren waren, nichts übrig als, ehe Georg aus seiner Hütte zurück war, das Hasenpanier zu ergreifen und fortzulaufen.

Es war, als unser Streit vorfiel, die Sonne bereits untergegangen, den Pagai, den ich an Georgs Arm abgeschlagen hatte in der Hand, hatte ich wohl einen Vorsprung von etwa zweihundert Schritten, als ich sämtliche Indianer mit Georg an der Spitze mir nacheilen sah. An der linken Seite hatte ich den Fluß, dessen sandiges Ufer ich bei niedrigem Wasser, denn die Flut hatte kaum angefangen, wohl zwei Stunden lang aufwärts begehen konnte, während zur Rechten ein undurchdringliches Gesträuch aus kleinen stachligen Palmen bestehend, den Saum des Uferwaldes bildete, in den einzudringen nicht möglich war, ohne jeden Schritt vorwärts mit dem Hauer zu bahnen. Nur die Schnelligkeit meiner Füße konnte mich retten.

Wie ein gehetztes Wild lief ich den Strand hinauf. Nun aber hatte ich einen Waldbach zu überschreiten, dessen Bett zwar bloß 20 Schritte breit, aber mit einem zähen Schlamm ausgefüllt war, in welchem ich beim ersten Schritte bis über die Knie einsank. Immer näher kam der Haufen und ich hatte keine Hoffnung über den Kreek zu kommen, ehe er mich erreichte. Ich beschloß daher mein Leben so teuer als möglich zu verkaufen, und Rückkehrend flog ich rasch auf den mich verfolgenden Georg zu, der mit der rechten Hand eine Axt emporzuschwingen suchte, während die Linke blutend und zerschlagen herabhing.

Der Schmerz seines gebrochenen Arms hatte ihn etwas ernüchtert, und während ich ihm die Rechte hielt, überhäufte er mich mit Vorwürfen und Drohungen. Inzwischen waren die übrigen Indianer herbeigekommen, und zwar wie ich sah, ohne alle Waffen. Sie hatten alle gesehen, daß ich der Angegriffene gewesen war. Niemand beleidigte mich, und alle versprachen meinem Rat zu folgen und Georg zu dem französischen Doktor nach Mana zu bringen.

Ruhig kehrten sie nach ihrem Dorfe zurück, und ungehindert verfolgte ich meinen Weg, bis ich eine halbe Stunde später meine Indianer fand. Jetzt erst nahm ich mir Zeit, den reichlichen Schlamm von Leib und Kleidern zu waschen. Zugleich vernahm ich das Rufen Johns, der weit im Fluß mit dem größeren Boote fuhr. Wir spannten nun ein indianisches Kamis (Lendentuch) als Segel auf und rasch ging es der Heimat zu.

So schnell mich aber der rasche Lauf und die Angst in Schweiß versetzt hatten, so rasch wurde ich in den nassen Kleidern stillsitzend durch den frischen Wind abgekühlt, ja, je näher ich meinem Hause kam, desto mehr schüttelte mich der Frost. Gegen zehn Uhr kamen wir an; weder Feuer noch Licht waren zu finden, denn zwei Tage schon hatte Schwab ohne warmes Essen zugebracht, weil durch die Nachlässigkeit Adams das Feuer ausgegangen war. Schwefelhölzer und Pulver hatten wir schon lange nicht mehr gehabt, Indianer waren keine vorbeigekommen, und die Sonne war bei den häufigen Regen meistens zu schwach, um mit dem Glas des Fernrohres Feuer machen zu können. Da ich nun Zündhölzchen in Mana gekauft hatte, so loderte bald ein lustiges Feuer im Hause.

Aber die lange Fahrt in nassen Kleidern, die Aufregung und Angst in der ich mich befunden hatte, riefen bei mir ein so heftiges Fieber hervor, daß weder Feuer noch alle Decken und Mäntel, in welche mich Schwab einhüllte, mich erwärmen konnten; zitternd und zähneklappernd lag ich bis an den Morgen.

Nachdem ich mich am anderen Tage wieder erholt hatte, war es meine erste Sorge, mein Boot wieder dauerhaft herrichten zu lassen, denn ich mußte nun wieder nach Paramaribo, um auf Kredit einzukaufen, was ich vorerst für meinen Handel am nötigsten brauchte.

Die gebrochenen Knien wurden durch neue ersetzt, und das Boot durchaus kalfatert. John brauchte zehn Tage dazu, dann machte ich mich zur Abreise fertig. Obgleich wir uns in der kleinen Trockenzeit befanden, regnete und stürmte es doch beinahe unaufhörlich, und nur wenige Indianer besuchten uns, keiner aber konnte mir sagen, wie es Georg gehe, und ob ich von seiner Rache etwas zu fürchten habe. So reiste ich denn am 21. März mit drei Indianern des obern Maroni ab, um den kürzeren Weg über See einzuschlagen.

Eine kleine Strecke oberhalb des Dorfs von Georg ließ ich halten, um mich von der Stimmung der Indianer zu unterrichten, ehe ich es selbst betreten würde. Ich schickte daher einen meiner Indianer in das Haus Awarugallis, um diesen oder seinen Sohn Maniofo zu mir zu entbieten. Bald kam auch der letztere und ich hörte nun, daß Georg sich nicht nach Mana habe bringen lassen, sondern in seiner Hütte sei und große Schmerzen leide, daß übrigens niemand mir einige Schuld an dem Geschehenen zumesse, weil man ja gesehen habe, daß er mich geschlagen und im Schlamme zu ersticken gesucht habe.

Beruhigt fuhr ich nun am Dorf an und wurde auch sogleich von Weibern und Kindern umringt. Alles war nüchtern, denn das Faß Dram, das sie beim Schiffbruch erbeutet hatten, war bis auf den letzten Tropfen ausgetrunken; das zweite hatte ich mitgenommen, und daß ich das dritte versteckt hatte, ahnte niemand.

Von allen wurde ich wie ein alter lieber Freund empfangen, und mein erster Gang war in Georgs Hütte. Ich fand ihn in der Hängematte bleich und mager, der kranke Arm war stark aufgeschwollen, aber denn doch mit Palmstäbchen ziemlich kunstgerecht geschindelt. Seine beiden Weiber waren damit beschäftigt, mit einem Decoctum aus Baumblättern den Arm feucht zu halten und die Geschwulst zu vermindern.

Ich hatte herzliches Mitleid mit dem armen Kerl, und da ich ihm selbst nicht zu helfen verstand, so schlug ich ihm vor, mit mir nach Paramaribo zu gehen, wo ich ihn dann im Hospital auf meine Kosten behandeln lassen werde. Nach langer Unterredung mit seinen Weibern war er bereit, mitzugehen, wenn ich bis zum folgenden Morgen warten wolle, weil man erst das zur Reise nötige Brot backen müsse. Das war in der Tat ein triftiger Grund, um mich zum Bleiben zu bewegen, denn ich hatte kaum für mich und die drei Indianer genug, geschweige denn für Georg, den seine jüngere Frau und sein Stiefsohn Situale begleiten sollte. Da ich nur zu gut wußte, daß es beinahe unmöglich ist, irgendeine Dienstleistung von Indianern zu erhalten, wenn man nicht von Zeit zu Zeit einen Schnaps gibt, besonders wenn sie wissen, daß man solchen hat, so hatte ich deshalb auch einen Krug von circa sechs Liter Dram mitgenommen und teilte am Abend meinen Freunden davon aus. Vor Schlafengehen hatte ich meine Hängematte auf der Bühne einer neuen Hütte aufgehängt, und zur Vorsicht den Schnapskrug an den Tauen derselben befestigt, so daß es nicht möglich gewesen wäre, etwas daraus zu nehmen ohne mich zu wecken.

Diese Vorsicht erwies sich nicht als überflüssig, denn kaum wurde es stille im Dorf, so kam ganz leise ein Besuch um den andern. Zuerst die Weiber des kranken Oberhauptes, die vornehme Tabali, die als die ältere, mit erwachsenen Söhnen gesegnete, das Hauswesen leitete, schöne Hängematten und gute Wasserkrüge zu verfertigen verstand, nie an Cassavebrot Mangel hatte und manches Tapanafest aus dem Überfluß ihres Kostackers veranstaltete, der echte Typus einer fleißigen

Karaibin. Dann die jüngere fette Damomok, etwas faul, sehr liebeskrank und gefällig. Beide versicherten mich, natürlich jede einzeln, wie lieb und wert ich ihnen sei und wie empört jedermann gewesen wäre, daß Georg mich geschlagen habe usw., aber das Ende vom Liede war stets die Bitte um einen Schnaps. Dann kamen Situale und Proli, die Söhne des Oberhauptes, dann Maniofo mit Vater und Mutter, alle mit Liebkosungen und Versicherungen wie teuer ich ihnen sei, begreiflich um einen Schnaps.

Bei jedem Besuche drang durch die Öffnung der Palmblättertüre eine Wolke von Muskiten in die Schlafkammer, so daß trotz des Rauches an Schlaf nicht zu denken war. Am Morgen wurde das Boot geladen. Georg mit seiner jüngeren Frau bestieg dasselbe, meine drei Indianer, Situale und Maniofo machten die Equipage aus.

Es war ein trüber Tag, Regenschauer und ein starker Wind machten die Reise nicht angenehm. Alle Augenblicke schlugen Wellen ins Boot, so daß ich mich, durch und durch naß als die Nacht heran nahte, recht danach sehnte, in ruhiges Wasser zu kommen, um einige Stunden schlafen zu können. Solche ruhigen Plätze finden sich einige längs der Küste; sie wechseln aber je nachdem die Bänke sich versetzen, und sind durch Strömungen zusammen getriebene, manchmal eine Stunde lange Striche schlammigen Wassers, das beinahe wie Rührmilch so dick, bei dem stärksten Winde ruhig bleibt, obgleich es nahe am Lande selbst für kleine Schoner tief genug ist. Es wurde endlich stockfinster, so daß wir weder Sterne noch Land sahen, und nur an der Tiefe merken konnten, daß wir in der Richtung des Landes segelten. Plötzlich, wie durch einen Zauberschlag, kamen wir aus den bewegten Wellen in einen dieser stillen Plätze, von den Franzosen „vase molle" genannt. Hier waren wir in Sicherheit. Das Tent wurde aufs Boot gesetzt, ich zog frische Kleider an, hing meine Hängematte auf, und bald lag ich warm und angenehm in den Armen des Schlafes.

Als der Morgen anbrach, sahen wir, daß wir ganz in der Nähe der Motkreek waren, und erreichten gegen neun Uhr

mit aufkommender Flut die Baumwollenpflanzung Anna
Catharina. Ich erzählte dem Direktor Brakke meinen Streit
mit Georg, und bat durch den Dressneger (der die Kranken
besorgt) den gebrochenen Arm untersuchen zu lassen. Man
fand die Geschwulst sehr bedeutend, und der Neger meinte,
daß der Arm amputiert werden müsse. Georg wurde nun verbunden, sein Arm geschindelt, und wir setzten unsere Reise
über See fort. Abends um sieben Uhr waren wir in Paramaribo.

Am andern Tage war es mein erstes Geschäft, dem Proku-
reur général Lisman das Nähere über den Schiffbruch und
meinen Streit mit dem Häuptling Georg zu erzählen. Dieser
wurde sogleich im Hospital aufgenommen. Sein Weib, Maniofo und die andern Indianer logierten sich in der Küche des
kleinen Häuschens ein, das ich noch immer in Miete hatte
und worin noch einige Möbel standen, die die Chaluppe nicht
hatte mitnehmen können.

Der Tod Bukhs wurde in der ganzen Kolonie aufrichtig
bedauert. Es hatte selten ein Mann die allgemeine Achtung
in so hohem Grade genossen wie er. Da er wegen seines mißglückten Unternehmens tief in Schulden steckte, so wurde
ihm kurz vor seinem Tode die Verwaltung mehrerer Plantagen
angetragen, wodurch er seine Lage bedeutend verbessert haben würde.

Jetzt war gerade die Waisenverwaltung mit der Ordnung
seines Schuldenwesens beschäftigt: Ich wurde vor diese berufen, um die Ausgaben, welche Bukh behufs der Unternehmung
gemacht hatte, anzuerkennen, und betrug mein Schuldanteil
576 Gulden. Wohlwollende Personen gaben mir den Rat, gegen diese Schuld zu protestieren, da bei einem Passivstand,
von weit über 700 000 Gulden die kleine Summe, welche ich
schuldete, kaum bemerkbar wäre, auch überdies kein schrift-
licher Beweis von mir vorgefunden sei.

Aber ich hatte mit dem Geld, das er mir vorschoß, den alten
Adam gekauft, der wie Primo im Sklavenregister auf meinen
Namen eingeschrieben war, und andere Ankäufe gemacht, die

jedoch mitdem Schoner verloren waren. Ich erkannte daher die Schuld mit dem offenherzigen Bekenntnis an, daß ich nicht wisse, wenn ich sie bezahlen könne, was denn auch die Herren Kuratores sehr gut begriffen, und meinten, daß wohl Nnemand es riskieren werde, eine Hypothek auf mein Häuschen am Maroni zu geben. Man ließ mich deshalb auch in Frieden ziehen.

Ich blieb nun wieder 14 Tage in Paramaribo, während welcher Zeit ich wie gewöhnlich im Umkreis der Stadt Insekten und Pflanzen sammelte, und Maniofo in der Umgegend jagte und Vögel schoß oder mit den andern Indianern Krabben fing, die er verkaufte. Mit der fetten Damokmok lebte er in intimen Verhältnissen, und schliefen sie in einer Hängematte miteinander. Wunderbar schnelle ging esmit Georg, der schon am zehnten Tage das Bett verlassen und seinen Arm in der Schlinge tragen konnte. Häufig besuchte ihn sein Stiefsohn Situale und die andern Indianer; sie hatten ihm wahrscheinlich von dem zärtlichen Verhältnis seines Weibes zu Maniofo erzählt, denn eines nachts schlich er sich aus dem Hospital, indem er den Somelsdyker Kreek durchwatete, und überraschte die Liebenden in der Hängematte. Maniofo machte sich blitzschnelle aus dem Staub, aber während das Weib die Vorwürfe ihres Mannes anhören mußte, wurde dem entwichenen Kranken eine Militär-Patrouille nachgesandt, die ihn bei seinem Weibe fand und wieder ins Hospital zurückbrachte. Maniofo ließ nichts von sich hören und brachte vermutlich die Nacht im Gesträuch hinter dem Hause zu.

Erst am Morgen vernahm ich die Geschichte, denn die Küche war von meinem Hause etwa 15 Schritte entfernt, und alles war ruhig und stille zugegangen; denn wenn der Indianer nicht betrunken ist, so sind seine Handlungen und Reden so geräuschlos und bedächtig, als die eines Quäckers. Zu meinem Leidwesen hörte ich, daß noch vor Tagesanbruch die reizende Damokmok mit meinem Liebling Maniofo weggelaufen sei, wohin wisse man nicht. Sie hätten ihre Hängematten mitgenommen und geäußert, daß sie nach dem Correntin gehen wollen, wo bekanntlich mehrere und große Karaibendörfer sind.

Ich wusste nun wohl, daß dahin nicht alle Tage Gelegenheit sich findet, aber ich wollte Maniofo nicht verlieren, auch war es nicht leicht, mit bloß drei Indianern nach dem Maroni zurückzukehren, denn Georg erwartete täglich seine Korjal und hätte dann seinen Stiefsohn mitgenommen.

Maniofo war, wenn sein Liebeshandel ihm nicht den Kopf verrückte, mir sehr ergeben; zu allen Diensten willig, überhaupt viel lebhafter und intelligenter, als alle Indianer mit denen ich bekannt geworden war. Ich wollte ihn daher nicht entwischen lassen. Sogleich machte ich mich ans Suchen: Während Situale und die drei andern Indianer die Vorstädte Combé und die Freikolonien zu durchspüren hatten, durchkreuzte ich die Stadt in allen Richtungen. Bald entdeckte ich ihn mit seiner Schönen, die in einem Korb auf dem Kopf ihre Siebensachen trug. Wie auf einem Diebstahl ertappt, ergriff der Bursche die Flucht.

Ich aber packte die schöne Damokmok beim Arme, und obgleich sie sich sträubte und ein wenig zu heulen begann, brachte ich sie unter dem Zulaufe einer Menge von Negern und anderem müßigen Gesindel nach meinem weit davon entlegenen Haus. Um ihren Liebhaber bekümmerte ich mich nicht, denn die Angel, womit ich ihn fangen konnte, war ja in meiner Hand. Damokmok wurde nun im Keller eingesperrt, und auf die ziemlich morsche Falltüre mein Kanapee gerückt, das seiner Größe halber, ebenso wie mehrere andere, nicht mit der Chaluppe hatte abgesandt werden können.

Nachdem das Haus abgeschlossen und Situale als Schildwache davorgestellt war, eilte ich nach dem nicht weit entfernten Hospital und bat den Chef desselben, den Häuptling Georg, dessen Armbruch beinahe geheilt war, aus dem Hospital zu entlassen, um sein Weibchen selbst bewachen zu können. Man gewährte gern meine Bitte, gab noch einige Binden und ein Töpfchen Salbe zum Einreiben mit und bald war Georg wieder im Besitze seines Weibchens, die ihm denn auch willig nach einem andern Teil der Stadt folgte, wo Indianer sich aufhielten, die am selbigen Morgen angekommen waren ihn abzuholen.

Georg reiste noch denselben Abend ab, nachdem er mir seinen Sohn Proli überlassen hatte, um für den Fall, daß Maniofo nicht mehr zurück käme, mich wieder nach Hause zu bringen.

Ich hatte meine Abreise ebenfalls auf den andern Tag bestimmt, aber den ganzen Tag von Maniofo nichts gehört und gesehen; als ich aber Abends bei offener Türe las, stürzte ganz unerwartet mein lieber Junge ins Zimmer und wütend auf mich los, als wollte er mich ermorden. Aber ebenso schnelle war ich aufgestanden und versetzte ihm einen solchen Stoß, daß er durch das Zimmer, die Veranda und die Stufen hinab in den Hof taumelte. Schnell kam er aber wieder, weinend und schluchzend fiel er mir um den Hals und warf mir vor, daß ich, den er doch so sehr liebe, ihn um sein Lebensglück bringe, denn ohne Damokmok könne er keine Freude mehr haben.

Da half kein Spott, noch Verweis oder Zürnen. In seinen Augen war Damokmok, die, wenigstens zehn Jahre älter als er, ein wahrer Fettklumpen war, eine Schönheit. Übrigens schämte er sich, in der Küche bei den andern Indianern, deren Spott er fürchtete, zu schlafen, und band daher seine Hängematte auf meiner Bühne auf, von wo ich die ganze Nacht sein Weinen und Schluchzen hörte.

Den Verlust Damokmoks hatte aber Maniofo bereits verschmerzt, als wir am dritten Tage, nachdem wir Paramaribo wieder verlassen hatten, auf dem Wohnplatz des Posthouder am obern Cottica angekommen waren. Nur eine Viertelstunde weiter oben auf demselben Ufer liegt ein Buschnegerdorf, aus dem wir, nachdem wir kaum beim Posthouder gelandet waren, eine kleine Korjal mit zwei Indianerinnen auf uns zukommen sahen. Die eine war ein Mädchen von zehn bis elf Jahren, die andere aber die reizende Gumanadalli, die den viel älteren Guleisi zum Manne hatte. Dieser sei, so erzählte die

Schöne, total betrunken bei den Buschnegern, bei welchen er Dram gegen Schildkröteneiern eingetauscht habe. Sie habe nun mein Boot gesehen und uns besuchen wollen.

Beim Anblick Gumanadallis, die, wiewohl ebenfalls viel älter als Maniofo, doch noch ein recht hübsches Weib war, vergaß der feurige Jüngling die fette Schönheit, um die er so viele Tränen vergossen hatte, und ehe die Nacht einbrach, war er in die vollen Rechte ihres Mannes eingetreten, der noch immer betrunken im Buschnegerdorfe lag.

Gumanadalli blieb nun bei uns, ebenso wie das kleine Mädchen, das eine Tochter Guleisis von einer andern Frau, sich wenig darum bekümmerte, mit wem ihre Stiefmutter liebelte. Als wir nun am andern Morgen die Reise fortsetzten, war Guleisi, wie es schien, entweder noch benebelt oder über, den Verlust seiner Frau gleichgültig; denn als wir am Buschnegerdorfe vorbeifuhren, war nichts von ihm zu hören und zu sehen. Als aber wieder zwei Tage und zwei Nächte vergangen waren und wir eben in den Savannen des Wanekreek fuhren, zeigte sich unerwartet und dem Liebespaar höchst unwillkommen Guleisi, der ganz allein in seiner Korjal und nüchtern, obgleich er zwei große Krüge Dram bei sich hatte, hinter uns herkam. Er grüßte mich freundlich und wechselte dann bloß einige Worte mit seiner Frau, die wahrscheinlich eine Einladung enthielten, in seine Korjal herüber zu steigen, denn als sie zögerte, drohte er ihr mit dem Pagai. Maniofo saß mäuschenstille und ruderte, als ob ihn die Sache nicht im mindesten etwas anginge, so daß die arme Gumana wohl oder übel zu ihrem Manne einsteigen und ebenso wie das kleine Mädchen den Pagai in die Hand nehmen mußte. Bald war er in seiner leichten Korjal uns weit voraus.

Daß wir nun Maniofo tüchtig auslachten, versteht sich von selbst; aber noch hatte die Liebesgeschichte ihr Ende nicht erreicht, denn als wir bei dunkler Nacht eben aus dem Wanekreek in den Maroni fahren wollten, sahen wir Gumana mit einem Feuerbrand am Ufer stehen. Ihr Mann hatte, um ruhigeres Wasser im Maroni abzuwarten, seine Hängematte dort an einigen Bäumen aufgehängt, hatte aber eben wieder einen guten Nachttrunk genommen, so daß er unsere An- und Abfahrt nicht bemerkte. So fuhr nun Gumana wieder mit uns nach Albina und ließ ihren Mann mit seiner Tochter im Walde zurück.

Aber Guleisi hatte keineswegs seine Ansprüche auf sein Weib aufgegeben, denn drei Tage später überfiel er auf Albina des Nachts das verliebte Paar, das sorglos in der Hängematte lag. Maniofo nahm schnell Reißaus, und Gumana wurde von ihrem Manne und seinem Bruder, der ihn begleitet hatte, mit den Stricken ihrer Hängematte gebunden und nach ihrem Dorfe gebracht, wo sie ihm nach wie vor dasselbe treue Weib blieb und erst im Jahre 1877 als Mutter mehrerer Mädchen starb, die eben so hübsch und eben so gefällig wie sie waren. Wie so viele Indianer starb auch sie an der Ruhr. Als sie sich krank fühlte, ließ sie sich zu mir bringen, aber da Ipecachuana und Opium, das ich ihr eingab, ihr Übelkeiten erregten, so hatte sie kein Vertrauen mehr in meine Heilkunde und ließ sich nach ihrem Dorfe zurückbringen. Beim Abschiede bat sie mich bloß ihrem Manne Bretter zum Sarge für sie zu geben, weil sie mich doch schon seit so vielen Jahren kenne. Diesen Wunsch erfüllte ich auch.

Die Abenteuer Maniofos endeten nun bei mir, denn er kehrte wenige Tage nachher nach seinem Dorfe zurück.

Bei meinem langjährigen Umgang mit Indianern habe ich nie einen verliebteren Burschen als ihn kennen gelernt. Er war der Schrecken aller Männer und der Liebling aller Weiber. Ein schlanker Körper im schönsten Ebenmaße, eine einnehmende Physiognomie, kohlschwarze lockige Haare und ein leichter stolzer Gang zeichneten ihn vorteilhaft vor allen andern Karaiben aus. Dabei war er eben so geübt im Jagen als beim Fischen, verfertigte die schönsten Pagale, war sehr wißbegierig, und seine Gespräche hatten nicht das Gleichgültige, Stupide der meisten jungen Karaiben. Kurz nachher nahm er ein junges Mädchen Tjania Aroigama zur Frau und zeugte mehrere Kinder mit ihr, ohne jedoch seine Liebeleien mit andern Weibern aufzugeben; sechs Jahre später sandte ich ihn mit dem Schiffe Albina als Matrose nach Holland, wo er einige Monate blieb und dann mit demselben Schiffe zurückkam. Wenige Tage nach seiner Wiederkehr zog er seine europäischen Kleider aus und hatte bald in seinem Dorfe seine alten Gewohnheiten wieder angenommen.

So sehr ich ihn auch warnte, so ergab er sich doch dem Hauptlaster seines Stammes, der Trunksucht, und wurde im Jahr 1858 im Rausche von seinem Schwager ermordet. Am Anfange des Mai und einige Wochen nach meiner Rückkehr aus Paramaribo, kam Herr Monte-Cattini, der, wie ich bereits erwähnte, ebenfalls die Erlaubnis erhalten hatte sich auf dem linken Ufer des Flusses anzusiedeln und mit den Buschnegern Handel zu treiben, am Maroni an. Obgleich ihm ein Stück Landes unterhalb Albina angewiesen war, so suchte er doch eine bessere Stelle oberhalb meines Wohnplatzes aus und schnitt mich deshalb von den höher liegenden Buschnegern ab. So bekam ich nur das Holz, das er nicht kaufen wollte, oder das einige mir ergebene Buschneger mir zuführten.

Monte-Cattini, ein Korse von Geburt, war viele Jahre lang Direktor auf verschiedenen bedeutenden Zuckerpflanzungen gewesen, und kannte den Holzhandel und die Gewohnheiten der Buschneger ganz genau, während ich mit diesen gar nicht bekannt war und von jenem so viel wie nichts verstand. Was ihm aber eine viel größere Überlegenheit über mich gab, war der Ruf den er verdiente, der Aufspürer und Schrecken der weggelaufenen Sklaven zu sein. Er hatte nämlich in früheren Zeiten, als das Gouvernement es sich noch angelegen sein ließ, von Zeit zu Zeit die von den Pflanzungen weggelaufenen Sklaven in den Wäldern aufspüren und ihre dort angelegten Dörfer und Kostäcker vernichten zu lassen, solche Expeditionen, die hier Buschpatrouillen genannt werden, mit großem Erfolge befehligt, ja zur Anerkennung seiner Verdienste hierin von den Pflanzern der Kolonie einen Ehrensäbel bekommen, er war deshalb von der schwarzen Rasse gefürchtet und geehrt. Da er überdies eine alte Negerin zur Frau hatte und stundenlang das ärmliche Geschwätz der Neger anhören, ja sich ganz in ihre Eigenheiten schicken konnte, war er auch ebenso beliebt.

Dabei hatte er, obwohl nicht reichliche, doch die nötigen Mittel, um sein Unternehmen zu fördern, und den vorteilhafteren Wohnort, während ich, arm und unbekannt, beinahe alles verloren hatte und in Schulden steckte, von denen ich nicht wußte, ob und wann ich sie bezahlen konnte. Ein bitteres Gefühl beschlich mich, als ich den Schoner Monte-Cattinis an meinem einsamen Häuschen vorbeifahren sah, ich dachte an meinen Verlust, meine trüben Aussichten und weinte.

Aber bald erinnerte ich mich der schönen Worte Zschokkes: „Man soll nur nie auch unter den schmerzlichsten Lebensverhältnissen an die Unmöglichkeit glauben, daß sie sich jemals wieder heiter gestalten können. Glaube doch niemand, daß die ewigen Sterne selbst erloschen seien, sie leuchten noch über den Wolken, und alles Leiden ist nur Gewölk, es entspinnt sich und zerrinnt." Sie kamen mir immer ins Gedächtnis, wenn ich mich in einer traurigen Lage befand, und ich ließ den Mut nie sinken.

Über die Schwierigkeiten, meine Naturalien, besonders Pflanzen, nach Paramaribo zu bringen, habe ich schon früher gesprochen, und da dieses nun wieder mein Haupterwerbszweig sein mußte, so überlegte ich oft, ob es nicht besser wäre, den mit so vielen Mühseligkeiten angelegten Wohnplatz aufzugeben und mir wieder in Paramaribo ein Häuschen zu mieten, um mich in der bewohnten Kolonie, so wie früher, mit dem Einsammeln von Naturalien zu beschäftigen, statt mich am Maroni in einen Handel einzulassen, zu dem ich keine Mittel hatte, und der mir durch einen Konkurrenten beinahe unmöglich gemacht wurde. Aber den mir so lieben Maroni und meine Indianer zu verlassen, dazu konnte ich mich doch nicht entschließen.

Monte-Cattini hatte sich eine starke halbe Stunde oberhalb Albina angesiedelt. Er war 15 Jahre älter als ich, und außer ihm und seiner schwarzen Haushälterin waren noch ein Geschäftsführer und mehrere Zimmerleute mitgekommen, deren Unterhalt und Lohn schon viel kostete, ehe nur der Geschäftsbetrieb eingeleitet war, und die in Paramaribo, wo er sie gemietet hatte, schon faul, hier unter viel größeren Schwierigkeiten ihrem Herrn manche Verdrießlichkeiten machen konnten.

Da beide Ufer des Flusses so ungemein reich an den edelsten Holzarten waren, so bekam mein Nachbar in der ersten Zeit eine Menge schönes Bau- und Möbelholz. Eine Hauptschwierigkeit aber war die Verschiffung desselben, denn der Strom war voller Sandbänke und von Schiffen früher nie befahren worden, die über sechs Fuß Tiefgang hatten, und die auch bei Hochwasser nötigenfalls über die Bänke wegfahren konnten. Kein größeres Schiff wollte es wagen, in dem unbekannten Fluß seine Ladung einzunehmen, denn keine Assekuranz-Gesellschaft würde Schiff und Ladung versichert haben, so lange nicht durch ein Kriegsschiff das Fahrwasser genau bestimmt und eine Karte davon aufgenommen war.

Was nun auch der eifrige Mann tat, und welche Mühe er sich gab, so konnte er doch nur in der ersten Zeit kleinere Schoner bekommen, die nur wenige und bloß kleinere Stücke Holz laden konnten, so daß der Nutzen sehr gering und weit unter der Erwartung war, die er sich von seinem Unternehmen gemacht hatte.

Erst im dritten Jahre nach seiner Ankunft wagten es größere bis elf Fuß tief gehende Schiffe, den Fluß zu befahren, nachdem Monte-Cattini durch den frühern Schonerkapitän Gregory, der Jahre lang die Lebensmittel nach dem früheren Posten Prins Willem Frederik gebracht hatte, das Fahrwasser notdürftig hatte untersuchen lassen, und dieser die Schiffe herein- und hinauslotste. Ich habe bereits erwähnt, daß der Beamte oder Posthalter, dem ich sozusagen amtlich untergeordnet war, am obern Cotticafluß wohnte, wo ihm etwa acht Stunden von der letzten Pflanzung La Paix entfernt, ein kleines Häuschen gebaut worden war.

Die Geschäfte dieses Beamten, der früher bei den Buschnegern im Inneren des Landes gewohnt hatte, waren sehr einfach
und bestanden hauptsächlich darin, die Vorüberfahrenden zu
kontrollieren und ihnen Pässe nach der Stadt auszustellen,
nach welcher sie bis zu 40 Köpfen kommen durften.

In diesem Passe war Name, Geschlecht, Dorf und Zweck
der Reise angegeben. Andere, welche bloß die Pflanzungen
besuchen wollten, erhielten schriftliche Erlaubnisscheine,
um Bananen, Zucker, Melasse oder Dram gegen Holz, Fische, Schildkröten oder Hunde eintauschen zu dürfen, denn
der Buschneger hat den größten Widerwillen gegen jegliche
Art Feldarbeit und zieht andere Arten von Industrie und vor
allem den Handel jener vor. Durch diese Erlaubnis beförderte
das Gouvernement den Müßiggang und die Dieberei der
Buschneger und demoralisierte die Sklaven der Pflanzungen,
die heimlich die Produkte an jene verkauften, und gab auf
diese Weise zu, daß über 700 Menschen, die zügellos, frei,
kräftig und stark in Cottica und Courmotibo einen äußerst
fruchtbaren Boden bewohnten und deshalb recht wohl im
Stande gewesen wären selbst das zu ihrem Lebensunterhalt
Nötige anzubauen, gewissermaßen auf Kosten der Pflanzungen lebten.

Wohl war dieser Mißbrauch und dessen nachteiliger Einfluß auf die Sklavenbevölkerung dem Gouvernement sowohl
aus eigener Erfahrung als durch die zahlreichen Bittschriften
der Pflanzer um Abschaffung dieses Mißbrauchs und Abwei-
sung der Kostsucherpässe bekannt geworden, aber energisch
einschreiten wollte dasselbe nicht. Von einer Trockenzeit zur
andern war den Buschnegern anbefohlen, Kostäcker für sich
anzulegen, weil man durchaus keine Erlaubnis mehr erteilen
werde, auf den Pflanzungen Bananen etc. zu kaufen; aber
immer gab man wieder nach, und so leben heutzutage noch
Buschneger von den Bananen der Pflanzungen, die sie freilich
jetzt nach der Emanzipation für bar Geld einzukaufen genötigt sind. Solche Pässe auszustellen, war das einzige Geschäft
des Beamten, der in dieser einsamen Behausung, die rings von

Sümpfen umgeben war, sein Leben in der größten Langeweile zubrachte.

Dieser Posthalter D. H., schon bejahrt und kränklich, beschloß seine Pension zu nehmen; da er aber seinen vollen Gehalt so lange als möglich behalten wollte und doch im Lande zu bleiben beabsichtigte, so bat er vorläufig um einen Urlaub von sechs Monaten, der ihm denn auch gesetzlich zugestanden werden mußte.

Das Gouvernement mußte also einen Substituten für denselben ernennen, der während der Urlaubszeit die Stelle versah und den Gehalt bezog und dann später das Amt bekommen sollte. Obgleich ich nun schon seit beinahe zwei Jahren die Stelle dieses Substituten honorär bekleidete und also ein Recht hatte, bei einer Vakanz in dieselbe einzurücken, so trug man sie doch nicht mir an, sondern belehnte meinen Nachbar damit, der nun seinen Gehilfen das Holzgeschäft am Maroni fortsetzen ließ und seinen Wohnsitz am obern Cottica nahm. Ich fühlte mich durch diese Zurücksetzung bitter gekränkt, obgleich ich die Stelle, hätte man sie mir auch angetragen, wohl schwerlich angenommen haben würde.

Entfernt von allen gebildeten Menschen, auf ein Plätzchen beschränkt, das noch keinen halben Aeker groß von Sümpfen umgeben war und bei einer Besoldung von 1 200 bis 1 500 Gulden, denn sie sollte bedeutend vermindert werden, als Einsiedler und ohne Beschäftigung zu leben, bloß um in meinem 32. Lebensjahr der Sorge fürs tägliche Brot enthoben zu sein, hätte ich doch meine freie, wenn auch sorgenvolle Existenz nicht aufopfern wollen. Ich beklagte mich aber doch schriftlich und mündlich bei meinem Chef, dem Procureur général Lisman, der, in einem höheren Grade der Freimaurerei stehend, dem Bruder Monte-Cattini das Amt um das er bat, nicht verweigern wollte.

Daß die Freimaurerei große und erhabene Zwecke verfolgt, wird niemand bezweifeln, denn große und rechtschaffene Männer, die von jeher dazu gehörten, bürgen dafür; aber der

Unfug der damit in Surinam und wohl auch anderswo getrieben wird, wo so viel geistig Unbedeutende und moralisch
Defekte sich bloß deshalb in den Orden aufnehmen lassen,
um sich ein Ansehen zu geben oder durch Andere und vor
Anderen die keine Freimaurer sind, in Ämtern oder auf irgend
eine Weise begünstigt zu werden, ist trotz aller Geheimniskrä-
merei am meisten in die Augen fallend.

Als Unteroffizier schon sah ich in Paramaribo an meinem
Sergeantmajor, wie wenig man bei der Aufnahme die Vergangenheit und den Charakter der Neophyten prüfte, und als
ich später die sozialen Verhältnisse der Kolonie besser kennen
lernte, kam in mir nie der Wunsch auf, dieser Verbindung an-
zugehören. Als mein Nachbar die Stelle angenommen hatte,
konnte er noch überdies sein Holzgeschäft dabei befördern,
indem er die am Cottica sich aufhaltenden Buschneger, unter denen er fortan wohnte, bestimmte, am Maroni für seine
Rechnung zu arbeiten.

Das für Europa so verhängnisvolle Jahr 1848 hatte wohl
auch meine Hoffnungen zerstört, aber mein alter Frohsinn
kehrte doch bald wieder, und obschon Monte-Cattini wegen
seines besser gelegenen Wohnplatzes und seiner Beliebtheit
bei den Buschnegern große Massen Holz bekam, so ging ich
doch auch nicht leer aus, und mancher große Zedernblock
wurde zu mir gebracht, denn bald hatte ich von dem Erlös
meiner Naturalien meinen Laden wieder notdürftig mit dem
zum Eintausch Nötigen versehen.

Meine Lebensweise war nicht kostspielig. John mußte an
einem Magazin und Adam im Kostacker arbeiten. Dabei hatte
ich meistens den einen oder andern entlassenen Soldaten in
meinem Dienste, der, wenn ich Pflanzen oder Naturalien zur
Verschiffung nach der Stadt brachte, die Aufsicht über mein
kleines Anwesen führte. Meistens waren diese Leute Trunken-
bolde, die hier, wo nichts berauschendes zu bekommen war,
denn was ich für Indianer nötig hatte, war gut verschlossen,
eine massige Lebensweise führen mußten. Dabei blieben sie gesund und waren mir sowohl beim Präparieren von Bälgen und

Skeletten als in der Bestellung meines Kostackers von Nutzen.
Kamen sie aber in die Lage, von Indianern oder Buschnegern
Dram einzutauschen, so hatte ich denn auch meine liebe Not
und oft einen Höllenspektakel im Hause.

Obgleich ich ohne feste Einkünfte bloß mit zwei Negern
und einem alten Soldaten lebte, war doch mein Wohnplatz
viel hübscher und zweckmäßiger angelegt und unterhalten als
der meines Nachbars, der außer einem Aufseher noch Zimmerleute und Bediente in seinem Dienste hatte. Nie, er mochte zu Hause oder abwesend sein, herrschte auf seinem Wohnplatze einige Ordnung.

An eine geregelte Arbeit war bei seinen Leuten gar nicht
zu denken, denn jeder tat was er wollte. Kamen später Schiffe
um Holz zu laden, so nahm von den Lebensmitteln und Getränken, welche sie mitbrachten, jeder so viel ihm beliebte, so
daß dem Wohlleben bald wieder ein verhältnismäßiger Mangel folgte und ich oft mit Erdfrüchten und andern Lebensmitteln aushelfen mußte.

Die Frau, mit welcher Monte-Cattini schon seit vielen Jahren in wilder Ehe lebte, war eine alte freigegebene Negerin, die
man „Tante" hieß, sie sprach nur Negerenglisch und war auf
Negerweise gekleidet. Die Haushälterin des Aufsehers, eines
Holländers, war aber Mulattin, „Miss Kosi," die sich städtisch,
das heißt nach der Mode kleidete, Holländisch sprach, lesen
und schreiben konnte und schon ihrer Erziehung nach auf einer höheren Stufe stand als die alte Tante, die früher bloß eine
Plantagensklavin gewesen war. Miss Kosi mußte nun die alte
Tante als die Herrin des Hauses betrachten, was für sie keine
kleine Kränkung war, da alle Farbigen sich hoch erhaben über
dem Neger dünken, wenn sie auch in sozialer Stellung und an
moralischem Gehalte einander gleich sind.

Solch ein Verhältnis konnte auf die Dauer nicht bestehen,
weil es im Widerspruche mit den Begriffen der Kolonie stand.
Es entstanden denn auch später, als Monte-Cattini aus Cottica zurückkehrte, gar heftige Auftritte zwischen beiden Weibern, bei denen sich natürlich die Männer beteiligten, was

350

schließlich die Entlassung und Abreise des Gehilfen und seiner „Frau" zur Folge hatte.

Ich hatte im Laufe des Jahres 1848 etwa 100 Blöcke schönes Zedernholz von den Buschnegern gekauft, und mit einem auf Mana wohnenden Franzosen Sicard die Absprache getroffen, ihm dieses Holz in Partien von 20 bis 30 Blöcken über See zu bringen, und zwar gegen einen Preis von 1,50 Gulden den Pariser Kubikfuß. Ich machte also im Oktober einen Floß von 25 Stücken zurecht, band mit Hilfe der Indianer alles mit Lianen fest zusammen, und so verließen wir mit meinem Boote und dem Floß, auf dem sich sechs Indianer befanden, Albina.

Es war Springzeit und das Floß wurde durch das Boot mit Leichtigkeit in einer Ebbe bis in die Mündung der Waragamma oder Seekuhkreek bugsiert, wo wir die Flut über blieben, um am frühen Morgen mit anbrechender Ebbe längs des französischen Ufers nach der zwischen den Mündungen des Maroni und des Amanobo liegenden Schlammbank zu fahren.

Zu allem was man unternimmt, gehört nicht allein Mut und Eifer, sondern auch, wenn man keine Erfahrung hat, reifliche Überlegung. Leider hatte ich weder die eine, noch gebrauchte ich die andere; denn kaum waren wir abgefahren, als das Floß von der Gewalt der Ebbe gepackt, sich nicht steuern noch nach dem Lande zurückbringen ließ. Unaufhaltsam und ohne die Möglichkeit entweder nach dem französischen oder dem holländischen Ufer zu kommen, trieben wir mit dem Flosse wohl zwei Stunden weit in die See hinaus und verließen ihn nicht früher, als bis mit anbrechender Flut die Wellen die Lianen zerrissen, mit denen die Blöcke aneinander gebunden waren, die dann in allen Richtungen umhertrieben. Fünf Stunden gebrauchten wir um wieder ans Land zu kommen und kehrten, nachdem ich auf diese Weise durch meine eigene Unvorsichtigkeit den vierten Teil meines Holzvorrats verloren hatte, nach Hause zurück. Nie sah ich wieder ein Stück von diesem Holz, das wahrscheinlich an weit entfernten Ufern ans Land gespült worden ist. Dennoch gab ich meinen

Plan nicht auf und brachte acht Tage später fünfzehn Blöcke nach Mana.

Als mir nun dieses geglückt war, wollte ich versuchen, Flöße über See nach Paramaribo zu bringen, da ich gelesen hatte, daß längs der brasilianischen Küste Bau- und Möbelholz von einem Distrikt nach dem andern auf diese Weise verschifft würde.

Ich hatte mir die Abbildung eines solchen Floßes mit seinem dreieckigen Segel gut ins Gedächtnis geprägt. Eine solches Floß von Zedernholz zusammen zu stellen und nach Paramaribo zu bringen, schien mir ebenso leicht, ja selbst noch leichter, als der Transport an der brasilianischen Küste, da ja Strom und Wind mit der Küste parallel laufen, was in Brasilien nicht der Fall ist.

Vor kaum einem Jahr hatte ich einen Block Zedernholz, bloß mit einer starken Liane an meinem Boot befestigt, glücklich nach Paramaribo gebracht, um Herrn Bukh die Qualität unseres Holzes zu zeigen, jetzt war es mir aber darum zu tun, dieses Holz, das in Hamburg massenhaft zu Zigarrenkisten verwendet wird, selbst nach Holland zu senden. Ich wollte es also vorerst nur mit drei Blöcken versuchen, wählte aus meinem Vorrat die größten und verband dieselben mit drei und vierfach geflochtenen Lianen, doch so, daß zwischen jedem Block ein Zwischenraum sich befand, und befestigte auf dem mittelsten einen Mast mit einem aus alten Reissäcken verfertigten Segel.

Als ich wieder einige Kisten lebender Pflanzen gesammelt hatte, lud ich sie in mein Boot und trat damit nebst dem Floß, auf den ich drei Indianer gesetzt hatte, die Reise über See an. Aber auch da hatte ich Unglück, denn da zwischen den Sandbänken gar verschiedene Strömungen laufen, so kann ein Segel bei schwachem Wind nur wenig helfen, der Floß wurde durch die Brandung ans Ufer geworfen und bald von Flugsand überschüttet. Erst einige Monate später konnte ich meine Blöcke, jeden an ein Boot gebunden, nach Paramaribo bringen. Diese Reisen waren manchmal mit viel Mühe und nicht geringer Gefahr verbunden. Weder Europäer noch Neger würden je das geleistet haben, was meine guten Karaiben mir für so wenig Geld taten.

Bei diesen Reisen kommt es hauptsächlich aufs Wetter und den Wind an. So brachte ich einst einen prachtvollen Zedernblock von wenigstens 80 Kubikfuß Inhalt, mit geflochtener Liane an mein Boot befestigt, nach der Stadt. In einer stürmischen Nacht, bei wenig Mondschein, brach in zwei Stunden fünfmal die Liane entzwei. Jedesmal füllte sich durch den Stoß das Boot halb mit Wasser, das ich mit einem Eimer wieder ausschöpfen mußte, und obgleich das Segel augenblicklich herabgelassen wurde, trieb der Block doch schon einige hundert Fuß weit hinter uns.

Jedesmal mußte dann ein Indianer sich in die See werfen um dem Blocke nachzuschwimmen, während man wieder zurückruderte und die schadhafte Liane aufs neue zusammenknüpfte. Beim letzten Mal weigerten sich die armen Kerls den Block wieder aufzufangen, aber auf mein inständiges Bitten halfen sie nochmals. Meine Hosenträger mußten dazu dienen, die Liane zusammen zu halten, und glücklich brachten wir den Block in stilles Wasser und ohne weiteren Unfall nach der Stadt. Obwohl ich immer etwas von der Seekrankheit zu leiden hatte, so zog ich, wenn das Wetter heiter und günstig war, stets die kürzere Seefahrt der Reise durch, den Wanekreek vor, aber immer sorgte ich, daß die Indianer im Essen und Trinken von mir abhängig waren, besonders ließ ich nie den Dram in ihren Händen. Ich hatte deshalb auch auf meinen so häufigen Reisen nie unterwegs ein Unglück oder Unannehmlichkeiten.

Um die gestrandeten drei Blöcke nach der Stadt zu bringen, wartete ich, bis ich wieder mehrere Kisten lebender Pflanzen gesammelt hatte, und fuhr mit drei Booten von Hause ab. Jedes dieser mußte einen Block ins Schlepptau nehmen, und diese Taue waren jedes sechzig Fuß lang und aus den stärksten Lianen geflochten. Die Blöcke waren in den zwei Monaten, die sie am Strande gelegen hatten, so im Sande begraben, daß wir sie kaum mehr fanden, und nur mit großer Mühe und Anwendung von starken Stangen, die ich im Walde hauen ließ, gelang es, sie aus dem Sand hervorzuheben und nach dem Wasser zu bringen. Auch mein alter Freund Curieli befand sich unter meinen Ruderern, und ihm Übergab ich die Leitung des größeren Bootes, an dem auch der größte Block angebunden war.

Am Steuer des zweiten saß ein anderer vertrauter Indianer, während ich auf dem kleinsten Boote das größte Segel hatte und deshalb den zwei anderen immer voraus war. Wir hatten nur wenig Wind, so daß mein Boot bis zum Motkreek volle 20 Stunden unterwegs war. Obgleich ich immer trachtete, in der Nähe der zwei Boote zu bleiben, so segelte das eine so schlecht, daß ich es bereits an der Wia Wia-Ecke kaum mehr sah. Nun hatten aber beide Boote weder Essen noch Trinkwasser bei sich, wohl aber Wassermelonen, welche die Indianer zum Verkaufe nach der Stadt mitnahmen. Am Morgen des andern Tages hatten wir beide Boote aus dem Gesicht verloren.

Bei wenig Wind und aufkommender Flut kamen wir am Mittag an den Motkreek. Dort fand ich zu meinem Verdruß zwei Korjalen mit etwa zwölf Indianern, die in Amanabo zu Hause waren, Wasserkrüge, Pagale etc. nach den Pflanzungen gebracht und dafür Melasse und hauptsächlich Dram eingetauscht hatten. Sie warteten nun die Ebbe des Abends ab, um nach dem Amanabo zurückzukehren. Diese Indianer waren Verwandte und Freunde der meinigen, und ich konnte nicht verhindern, daß diese mit Dram freigebig traktiert wurden.

Inzwischen erhob sich der Wind und auch die beiden andern Korjalen kamen an; die armen Kerls hatten 24 Stunden lang nichts zu Essen und zu Trinken gehabt und nahmen, nachdem sie erst bei mir Hunger und Durst gestillt hatten, die Einladung ihrer Freunde unverweilt an. – Ehe ich aber diese Zusammenkunft gestattete, sorgte ich, daß Boote und Blöcke in dem Kreek beim Posten so festgebunden waren, daß sie weder durch die Ebbe noch bei Flut losgerissen werden konnten.

354

Im luftigen Zimmer des gastfreundlichen May hing ich meine Hängematte auf, nachdem mich seine Haushälterin mit einer Tasse warmen Getränkes erquickt hatte, über die ich nie ins Reine kam, ob es Tee, Kaffe oder Chocolade gewesen war. Sehr müde und von der Sonne verbrannt schlief ich bald ein, aber ein fürchterliches Geheul erweckte mich aus meinem Schlaf. Ich hörte in den kläglichsten Tönen meinen Namen rufen und fand einen meiner Indianer Araiumanalli, einen 18jährigen Burschen, mit einer tiefen Kopfwunde, die bis auf den Hirnschädel ging, besinnungslos in seinem Blute liegen. Sein Vater, ein Mana-Indianer, hatte mich gerufen, heulte und schrie, war aber ebenso betrunken wie alle übrigen. Wie gewöhnlich hatten die Betrunkenen Streit bekommen, und Araiumanalli war von einem Mana-Indianer, den er vorher geschlagen hatte, so verwundet worden. Große Lachen Blut standen auf dem Boden. Ich entfernte zuerst das geronnene Blut aus der Wunde, schor das Haar ab, wusch alles mit warmem Wasser und Essig, befestigte beide Hautlappen durch ein Pflaster aus warmen Maniharz und verband den Kopf, so daß das Pflaster sich nicht verrücken konnte. Bei allem dem half mir die Haushälterin treulich, wie überhaupt Mitleiden ein schöner Zug im Charakter der Farbigen ist.

Wir legten nun den armen Burschen in seine Hängematte, aber bei der Menge Blutes, das er verloren, hatte ich wenig Hoffnung auf seine Rettung. Unter diesen Beschäftigungen war es Abend geworden; ich sah noch einmal nach meinen Indianern, die ich, den Patienten ausgenommen, sämtlich um ein großes Feuer am Seestrande gelagert fand. Sie waren betrunken und schliefen bei den Mana-Indianern am hohen sandigen Ufer.

Gegen sieben Uhr ging ich mit May nach der Baumwollen-Pflanzung Zeezicht, die kaum zehn Minuten entfernt war, um bei dem Direkteur derselben, einem gastfreien und sehr gebildeten holländischen Juden, den Abend zuzubringen und eine Quadrille oder L'hombreparthie zu machen. Es war schon über Mitternacht, als wir beim prachtvollsten Mondschein nach dem Posten Rückkehrten, wo ich alle meine Indianer schlafend in ihren Hängematten fand. Bloß der einzige Curieli schlief in einem Boote seinen Rausch aus.

Beruhigt legte auch ich mich in meine Hängematte und schlief, bis die Tageshelle durch die Ritzen der Bretter drang. Kaum war ich aufgestanden und hatte die Fensterläden geöffnet, als Aleifo, ein Karaibenknabe, mir mit betrübter Miene meldete, daß einer meiner Wogrlis (Männer) in der Nacht gestorben wäre. Ich dachte nun sogleich an Araiumanalli, aber diesen fand ich, wiewohl schwach, doch ziemlich munter in seiner Hängematte sitzen, wo er mit großem Appetite reife Bananen verspeiste. Ich hörte nun, daß, wie ich selbst gesehen hatte, Curieli im Boote geschlafen habe, nun aber nirgends zu finden sei, woraus die Indianer schlossen, daß er ins Wasser gefallen und ertrunken sein müsse.

Nun war jedoch der Kreek oder vielmehr Kanal bei hohem Wasserstand kaum vier Fuß tief und fünfzehn breit, Curieli aber, wie alle Indianer, ein vortrefflicher Schwimmer. Ich konnte also nicht an seinen Tod glauben, sondern meinte, er werde in seinem Rausch das Boot verlassen und sich irgendwo in den Savannen zum Schlafen niedergelegt haben.

Aber Stunde auf Stunde verstrich, ohne daß der Vermißte gefunden wurde. Da nun das Wasser schon stark gefallen war, und ich bei längerem Zuwarten fürchten mußte, mit den Blöcken nicht mehr über die Bänke in See zu kommen, so bat ich den alten May, im Falle Curieli noch zurückkäme, mir ihn nach der Pflanzung Anna Catharina zu senden, wohin durch Gesträuch und Baumwollenfelder ein kleiner Weg führte. Wir verließen um zehn Uhr Brandwacht; kaum waren wir aber aus der Kreek, als wir die Leiche Curieiis in den Parvagesträuchen treiben sahen. Man legte ihn in eines der Boote, und auf der Pflanzung Anna Catharina, wo wir am Nachmittag ankamen, wurde er beerdigt.

Auf diesen Reisen über See wurde ich stets am besten und gastfreundlichsten auf dem kleinen Posten Brandwacht aufgenommen. Durchaus ohne alle Bedeutung war dieser Posten manchmal mit einigen weißen, meistens aber mit schwarzen Soldaten besetzt, die bloß die Flagge aufzuziehen hatten, wenn ein Schiff vorübersegelte.

Der Kommandant des Postens war ein alter Adjutant-Unteroffizier May, ein Elsässer von Geburt, und bei seinem geringen Einkommen so gastfrei und gefällig, wie nur wenige Pflanzer der Kolonie es waren. Von den 36 Jahren seiner Dienstzeit hatte er 28 auf Brandwacht zugebracht und war zu einer Zeit dagewesen, als noch zu beiden Seiten des Kreek sich Pflanzung an Pflanzung reihte, und in der trockenen Zeit, wenn die Bewohner der Stadt ihre „Sommerfrische" auf den ihnen bekannten Pflanzungen zubrachten, ein lustiges frivoles Leben herrschte, während man jetzt nur noch an verfallenen Schleusen und von Unkraut überwucherten Fruchtbäumen mühsam die Stelle der früheren Pflanzungen erkennt.

Im Laufe der Jahre wurde eine nach der anderen verlassen, bis auf Dageraad und Zeezicht, die, zunächst der See gelegen, mit ihren prächtigen Wohnhäusern und schönen Palmenalleen allein übrig blieben, um auch später ihre Bestimmung als Pflanzungen zu verlieren, und als Viehfokkereien zu endigen.

Auf einer der verlassenen Pflanzungen befand sich ganz allein und stundenweit von andern menschlichen Wohnungen die Hütte eines alten Negers, der das Marmor-Grabmal seines vor vielen Jahren gestorbenen Herrn zu bewachen hatte; aber auch der Wächter starb, und das prächtige Denkmal des Herrn ist jetzt ebenso mit Unkraut überwachsen, als das Grab des Sklaven.

Der alte 70jährige May führte im luftigen Häuschen, dessen unterer Raum als Kaserne und Magazin diente, ein sorgenfreies und gemütliches Leben mit einer Haushälterin und drei braunen, schon erwachsenen Kindern, die ihn Vater nannten. Mit Fischen und Wasservögeln versahen ihn meist die Direkteure der beiden Pflanzungen, die bei ihm oder bei denen er die Abende zubrachte. Seine Haushälterin hielt Hühner und Enten in Menge.

Bei ihm war nun jederzeit mein Ruheplatz. Kam ich aus dem Maroni, so war oft alles von Seewasser durchnetzt und mußte in Süßwasser ausgewaschen werden; kam ich aber aus der Stadt, um nach dem Maroni zurückzukehren, so wurde das für die Seereise nötige Essen gekocht, Trinkwasser für die oft drei bis vier Tage dauernde Heimreise mitgenommen, um unterwegs, wo kein Süßwasser zu bekommen ist, keinen Mangel zu leiden. Stets hatte ich mich gefreut, den guten alten Mann zu sehen, da man sich den Posten Brandwacht ohne ihn gar nicht denken konnte. Als er endlich erblindete, gab man ihm seine Pension und ein Ruheplätzchen im Hospital zu Paramaribo, wo er, beinahe neunzig Jahre alt, starb.

Durch die französische Revolution im Jahr 1848 wurde auch die Sklaverei im französischen Guyana abgeschafft, so daß also Surinam von beiden Seiten an Kolonien grenzte, in denen keine Sklaven mehr gehalten wurden. Obwohl das linke Ufer des Maroni über zwölf Stunden weit von dem Teile der Kolonie abgelegen ist, in dem sich Pflanzungen befinden, der Maroni nie von unsern Sklaven besucht worden war, und auch das rechte, den Franzosen gehörende Ufer, außer Indianern keine Bewohner hatte, so war doch die Möglichkeit vorhanden, daß unsere Sklaven ebenso gut als sie nach dem englischen Guyana entflohen, jetzt den weniger langen Weg nach dem französischen wählen konnten, um frei zu werden, da weder in Cottica noch am Maroni ein Militär-Posten war, der sie abgehalten hätte.

Der mir stets günstige Gouverneur, der gerne überall half, wo er helfen konnte und bei jedem Kolonisten in dankbarer Erinnerung fortleben wird, ein echter Edelmann nicht bloß dem Namen nach, wie so mancher andere, kannte meine Lage und wußte, wie schwierig es für mich sei, mich an dem mir so lieben Maroni behaupten zu können. Er fand daher in der Emanzipation der französischen Sklaven einen Anlaß, mir ein bescheidenes aber festes Einkommen zu sichern, indem er mein tituläres Amt zu einem wirklichen erhob und mir einen Gehalt von 56 Gulden per Monat verschaffte.

VIERTES KAPITEL

Ich hatte von dem für mich so freudigen Ereignis keine Ahnung, denn die Verbindung mit der Kolonie war so selten und schwierig, daß besonders in den Trockenzeiten, oder wenn der Wanekreek nicht befahrbar war, Monate vergehen konnten, ehe man Gelegenheit gehabt hätte, Nachricht aus Surinam zu erhalten.

Es war in den letzten Tagen des Januar 1849, als ich von Mana, wo ich gegen getrocknete Fische andere Lebensmittel eingetauscht hatte, zurückkam, und meine Indianer, zwei Arowaken, welche ganz in meiner Nähe wohnten, mit dem Versprechen entließ, sie am andern Morgen zu bezahlen, weil ich zu müde war, um die Waren, die sie als Bezahlung für die Reise nach Mana verlangten, von der Bühne herabzuholen, wo sie in verschiedenen Kisten eingeschlossen waren.

Kurz vor Sonnenuntergang und kaum nachdem die Indianer weggegangen waren, kamen meine Hühner und Moschusenten zur Fütterung. Erstere wurden eingeschlossen, die Enten aber blieben stets im Freien und hatten ihr Nachtlager vor dem Haus, während sie über Tag den Fluß weit hinauf und hinabflogen, wo sie am Ufer in Krebsen und andern Wassertieren ein reichliches Futter fanden. Nun kam am selbigen Abend ein Trupp junger Enten ohne ihre Mutter nach Hause, und alles Nachsuchen nach der Alten blieb fruchtlos.

Gegen Mittag des anderen Tages kam ein alter Arowake vom Dorfe der Burschen, die mich nach Mana gebracht hatten, um bei mir Angeln zu kaufen. Mir war der Gedanke gekommen, daß wohl einer der beiden Indianer die Ente gestohlen haben könne. Um nun sogleich hinter die Sache zu kommen, beschuldigte ich den alten Arowaken des Diebstahls meiner Ente.

Mit tausend Eiden beteuerte der Mann seine Unschuld, an der ich selbst nicht zweifelte, erzählte mir aber doch zuletzt, als ich ihm durchaus nicht glauben wollte, daß Hadali (Sonne), der Jüngere der beiden, aus Zorn, weil ich ihn nicht sogleich habe bezahlen wollen, meine Ente mit dem Pfeil geschossen und den Tag darauf verspeist habe. Natürlich durfte so etwas nicht ungestraft hingehen.

Ehe der Tag anbrach fuhr ich mit Prometheus, einem alten französischen Neger, den ich, um mit meinem Adam Bretter zu sägen, auf Mana engagiert hatte, nach dem Dorfe der Arowaken, das eine kleine Stunde von Albina abgelegen, auf einer Sandhöhe im Walde lag. Ein schmaler Pfad von fünf Minuten Länge führte dahin. Ich wollte den Missetäter erwischen, ehe er seine Hütte verließ.

Lautlos landeten wir und schlichen durch den düsteren betauten Wald bis zur Hütte Hadalis, der gerade aus seiner Hängematte steigen wollte. Unrat witternd, griff er schnell zum Hauer, aber beim Anblick eines alten Pistols ohne Hahn und Feder, das ich ihm unter die Nase hielt, wich er entsetzt zurück und ließ sich mit den Tauen seiner Hängematte die Hände binden. Die übrigen Indianer nahmen sich um die Sache durchaus nichts an, und so wurde Hadali ohne allen Widerstand in die Korjal gebracht.

Ich hatte nun keineswegs die Absicht, den Delinquenten für seinen Frevel totzuschießen oder aufzuhängen, aber doch wollte ich ihm zu Hause mit seinem eigenen Hängemattetau einige Hiebe über sein nacktes Hinterteil versetzen, um ihm einigen Respekt gegen meine Enten und übriges Eigentum einzuflössen. Als ich aber den strammen zwanzigjährigen Burschen mit dem pompösen Namen in meiner Gewalt hatte und ihn so demütig in der Korjal sitzen sah, schmolz mein Zorn wie Butter an der Sonne.

Zu Hause angekommen fand ich zwei Buschneger, die mir die Briefe mit der Nachricht von meiner Anstellung gebracht hatten, worin mir zugleich befohlen war, sogleich nach Paramaribo zu kommen, weil der Procureur général als Chef des Departements der Indianer und Buschneger sich mit mir beraten wolle, wie und wenn man die Geschenke, welche kontraktmäßig alle vier Jahre den Buschnegern gegeben werden müssen, nach dem Maroni bringen und da dem Stamme der

Aukaner austeilen könne. Bei Lesung der für mich so angenehmen Nachricht meiner Anstellung war es mir nun vollends ganz unmöglich, Hadali ein Leid zu tun. Ich löste ihm daher seine Bande und diktierte ihm als Strafe an, sich sogleich bereit zu halten, mich nach Paramaribo zu bringen, wozu er sich denn auch augenblicklich willig zeigte.

Mit ihm und einem älteren Indianer seines Stammes fuhr ich am andern Tage in einer kleinen Korjal, die ich selbst steuerte von Albina ab, und kamen wir durch den Wanekreek den fünften Tag in Paramaribo an. Das Gouvernement hatte neulich beschlossen, den drei Buschnegerstämmen, deren Hauptstamm, die Aukaner, den obern Maroni, den obern Cottica und das Courmotiboflüßchen bewohnte, die Geschenke auszuteilen, die nach dem Frieden, den man vor 80 Jahren mit sämtlichen weggelaufenen Negern geschlossen hatte, vertragsmäßig alle vier Jahre an sie verabfolgt werden mußten. Seit etwa acht Jahren war diese Austeilung nicht mehr geschehen, und die drei Stämme hatten sich darüber längst unzufrieden gezeigt.

In früheren Jahren waren diese Geschenke regelmäßig nach den jenen Stämmen zunächst gelegenen Militärposten gebracht, und auf dem Posten Armina an die Aukaner, auf dem Posten Victoria an die Saramaccaner und auf dem Posten Saron an die Becu Musinga- und Matuari-Neger ausgeteilt worden. Diese Verteilung geschah dann unter lächerlichen, die Weißen erniedrigenden Zeremonien, denen ein Oberbeamter der Kolonie, das Großoberhaupt und seine Kapitäns beizuwohnen hatten. Man schloß damals nach jeder vierjährigen Verteilung neue Freundschaft. Es mußten nämlich der Oberbeamte und die kolonialen Räte, die im Namen des Gouverneurs der Feierlichkeit beiwohnten, sich dazu bequemen, in eine neue Kalebas (Fruchtschale der Cresentia cujete) aus dem rechten Arm sich etwas Blut abzapfen zu lassen, dazu kam nun etwas weiße Pfeifenerde, Pimba genannt, die am Zusammenfluß der Lava und des Tapanahoni gefunden wird. Hierauf wiederum Blut aus dem Arme des Großoberhaupts und seiner

Kapitäne, dann wurde dieses Gebräu mit Wasser gemengt und von Räten, Granman und Kapitäns unter der Versicherung, getrunken, daß man gut Freund bleiben und den bestehenden Kontrakt auch weiter halten wolle. Die Soldaten präsentierten das Gewehr, mit der Flagge wurde salutiert und da man auf Armina zwei Kanonen hatte, so wurde auch damit geschossen, und war somit die Zeremonie auf weitere vier Jahre erledigt. Diese lächerlichen, ekelhaften und entwürdigenden Gebräuche dauerten bis Anfangs des Jahres 1842, wo die Geschenke zum letzten Mal gegeben und die beiden Posten am Maroni unmittelbar darauf abgebrochen und verlassen wurden.

Die Waren, welche unter die verschiedenen Stämme verteilt werden sollten, waren von Holland angekommen, und das Gouvernement wollte dieselben durch den Oberbeamten der inländischen Bevölkerung, den Procureur général Lisman austeilen lassen, und zwar bei dem Hauptstamme der Aukaner anfangen, und war zu diesem Akt mein Wohnort Albina bestimmt. Herr Lisman, der von seinen Untergebenen augenblickliche Befolgung seiner Befehle gewöhnt war, meinte, daß das Großoberhaupt, oder wie man ihn gewöhnlich hieß, der Granman, da er so oft und dringend die Auslieferung der Geschenke verlangt hatte, sich auch beeilen würde, diese auf Albina in Empfang zu nehmen, wiewohl der mehr erfahrene Sekretär und ich unserem Chef offenherzig erklärten, daß an ein augenblickliches Kommen des Granmans nicht zu denken sei.

Herr Lisman, der die Buschneger bloß kannte, wie sie auf sein Büro kamen und mit Hunderten von Kratzfüßen und Komplimenten ihre Bitten vorbrachten, fand unsere Vermutungen zu ängstlich und zu übertrieben, fragte mich, wieviel Zeit man zum Senden einer Botschaft an das Großoberhaupt brauche und wie viel Zeit die Buschneger zur Bereitung ihrer zur Herreise und zur Reise nach Albina nötigen Lebensmittel brauchten, was Summa Summarum sechs Wochen ausmachte. Nach Ablauf dieser sechs Wochen wollte also Herr Lisman mit dem Sekretär und einigen andern Herren auf Albina eintreffen, da er aber die Reise über See scheute, so sollte der Schoner mit den Geschenken sich um diese Zeit auf Albina befinden, ich aber Herrn Lisman in meinem kleinen Boote am obern Courmotibo abholen, und ihn durch den Wanekreek nach dem Maroni bringen.

Ich kehrte also nach Albina zurück, nachdem ich einen jungen Zimmermann gemietet hatte, um mein Haus besser in Ordnung zu bringen. Mein vortrefflicher Primo war auf L'Espérance vergiftet worden, und John wurde deshalb von seinem Herrn wieder zurückgefordert. Die Nachricht von der Austeilung der Geschenke war bei allen Buschnegerstämmen, von denen sich immer eine große Anzahl in der Stadt und auf den Pflanzungen aufhält, bekannt geworden, und so kam ich denn auch auf einer Pflanzung am obern Cottica ins Gespräch mit dem Buschneger Kapitän Kwassi Doi, dem ich anbefahl, sich ja auf die bestimmte Zeit auf Albina einzufinden.

Aber, oh weh, dieser Herr behauptete, daß unserem Gouvernement gar nicht das Recht zustehe, die Zeit anzugeben, wenn, das Großoberhaupt kommen müsse, sondern daß allein dieses im Verein mit seinem Kapitän darüber zu bestimmen habe. Alle diese Bemerkungen, denen die andern umstehenden Buschneger beipflichteten, waren so insolent, daß ich mich verpflichtet fühlte, dem Chef augenblicklich darüber zu schreiben und ihn von der Stimmung dieses Negerstammes zu unterrichten.

Von Albina sandte ich sogleich zwei Aukaner Buschneger, die Herr Lisman hierzu in Paramaribo gemietet hatte, zum Granman nach Auka, der eine trug außer der mündlichen Botschaft eine Schnur, woran sich so viele Knöpfe befanden, als Tage übrig waren, bis zur Zeit, wo der Granman sich auf Albina befinden mußte; jeden Morgen mußte der Träger an dieser Schnur einen Knopf aufmachen, so daß bei Übergabe der Schnur an den Granman die übrigbleibenden Knöpfe eben so viele Tage bezeichneten bis zu der Zeit, wo er auf Albina sich einzufinden hatte. Dem zweiten Neger hatte ich ein Säckchen Bohnen übergeben, genau so viel als Knöpfe in der Schnur waren; jeden Morgen mußte davon eine Bohne weggeworfen werden, und bestimmten die Überbleibenden wie die Knöpfe den Rest der Tage. So war alles getan, um jede Irrung zu vermeiden.

Mein Wohnplatz und Haus war in bester Ordnung, und fünf Tage vor der Zeit, in welcher ich den Chef in der Courmotibo abzuholen hatte, machte ich mich mit acht Indianern dahin auf den Weg. Gute Äxte und Hauers waren mitgenommen, denn es galt die über die Wanekreek gefallenen Bäume und das Strauchwerk so weit wegzuräumen, daß mein Boot mit dem Zelt darauf überall passieren konnte. Der richtige Abstand des Maroni vom Courmotiboflüßchen kann kaum sieben Stunden betragen, aber die vielen Krümmungen der Kreeken und des Sumpfes oder vielmehr der Seen bringen den Abstand auf mehr als das Doppelte. Es war das Abhauen, Aufräumen, auf Seitebringen der unzähligen Bäume und des Gesträuchs, die das Fahrwasser beengten, darüber her lagen, oder über dasselbe hereinhingen, keine geringe Arbeit, und hatte man am Abende des fünften Tages noch eine Strecke von zwei Stunden zu säubern, als die Nacht anbrach, und ich eilen mußte am bestimmten Platze nicht zu fehlen.

Bei stockfinsterer Nacht erreichten wir endlich um neun Uhr die Courmotibo, wo ich beim ersten Buschnegerdorf Mungo (Berg) bereits zwei Tentboote fand, mit denen der Procureur général und ein Doktor erst angekommen waren.

Der Buschnegerkapitän Kwassi Doi, der sich gegen mich so unverschämt benommen hatte, war durch Herrn Lismann auf ein Jahr lang seiner Stelle entsetzt, und dies mit um so mehr Recht, als er, trotzdem er wußte, daß der Chef sich zur Austeilung der Geschenke nach dem Maroni begeben würde, sich nicht auf seinem Dorfe befand und auch keine Anstalten gemacht hatte, nach dem Maroni zu kommen. Wir machten uns also am frühen Morgen auf den Weg. Herr Lisman und sein Begleiter, ein surinamischer Doktor, ein dicker, gemächlicher, aufgeblasener Mulatte, nahmen in meinem Boote Platz, wo unter der Zeltdecke eine Matratze und Kissen ein ziemlich bequemes Lager boten.

Sechs kräftige Indianer waren auf meinem Boote, zwei andere hatte ich dem Sekretär, der im Bagageboot folgte, überlassen, und rasch ging es durch die noch ungeputzte Strecke des Kreek, obgleich von beiden Seiten überhängende Zweige vom Regen benetzt ins Boot schlugen. Herr Lisman, ein Mann von der feinsten Erziehung und vielseitig gebildet, ertrug, obgleich manche nasse Zweige ihm übers Gesicht fegten, dieses kleine Ungemach mit Lachen. Der Doktor aber, der als Sklave geboren, durch die Mildtätigkeit seines Herrn freigegeben und zu seinem Fache herangebildet worden war, betrug sich wie ein unartiges Kind, brummte und jammerte in einem fort.

Dazu kam noch, daß Herr Lisman, dem ich gesagt hatte, daß die Hütten, in denen wir die Nacht zuzubringen hatten, nicht vor Abends fünf Uhr zu erreichen wären, nicht früher als im Nachtquartier essen wollte. Es aß also, als es Mittag wurde, niemand; bloß die Indianer wurden von Zeit zu Zeit durch einen Schnaps erquickt, und aßen, ohne ihre Pagaien aus der Hand zu legen, im Wasser eingeweichten Couac mit Melasse.

Der Doktor aber, dem die Pflege seines Leichnams über Alles ging, und der doch seinen Unwillen wegen Hunger nicht laut werden lassen wollte, betrug sich immer ungebärdiger, und als wir endlich die Savannen erreicht hatten, und ich den Herren anriet, sich in bereit gehaltene wollene Decken zu hüllen, im Falle wir von ungefähr an ein Wespennest stoßen würden, brach er in lauten Jammer aus und rief: „Ein Vater- und Muttermörder wäre noch zu gut, solch eine entsetzliche Reise zu machen."

Obgleich die Indianer ihr möglichstes taten, so ging es doch nicht so rasch vorwärts als wir gedacht hatten, denn das Boot war bedeutend schwerer geladen als auf dem Hinweg; auch war in der kurzen Zeit von vier Tagen das Wasser, weil es wenig geregnet hatte, um einige Zoll gefallen; so kam es, daß, als wir uns der Wasserscheide näherten, das Boot manchmal im Sande festsaß und wir aussteigen mußten, um es flott zu machen.

Bei dem schnellen Strom der an dieser Stelle läuft, machen Indianer und Buschneger, wenn sie hei niederem Wasserstand die kaum sieben bis acht Fuß breite Kreek passieren, hinter oder vor dem Boote, je nachdem es kommt oder geht, Dämme von Erde und Palmblättern, welche das Wasser aufhalten, so daß es schnell um einige Zoll steigt und das Boot um eine gute Strecke weiter gebracht werden kann, bis es wieder festsitzt und ein neuer Damm errichtet werden muß; dieses Dammachen geschieht so lange, bis man endlich in tieferes Wasser kommt.

Solche Dämme zu machen, ist selbst bei Tage ein mühsames, zeitraubendes Geschäft, jetzt aber, denn die Nacht war schon stark angebrochen, gar nicht mehr auszuführen. Wir waren von der Wasserscheide, in deren Nähe ich einige Tage zuvor die Hütten hatte errichten lassen, in denen wir die Nacht zubringen mußten, noch über eine halbe Stunde entfernt, als ich auf den glücklichen Einfall kam, mit meinem Segel, das bei neun Fuß lang und fünf Fuß breit war, die Kreek zu überspannen.

Auf jeder Seite waren zwei Indianer, die hinter dem Boote das Segeltuch so fest als möglich in die Erde des Ufers eindrückten, während ich und zwei andere dasselbe mit Händen und Füssen auf den Boden drückten, um so viel wie möglich den Durchfluß des Wassers zu verhindern. Diese Art, die ich bei späteren Gelegenheiten häufig anwandte, bewies sich als probat, denn in weniger als einer Minute wuchs das Wasser so an, daß das Boot 150 bis 200 Fuß weiter gebracht werden konnte. Ohne besondere Mühe wurde das Abdämmen so oft als nötig wiederholt, bis wir abends acht Uhr den so ersehnten Kamp erreicht hatten.

Er lag auf einer Anhöhe im Hochwald etwas unterhalb der Stelle, wo aus den im Süden gelegenen Sümpfen das Wasser östlich in den Maroni und westlich nach dem Surinam fließt. In wenigen Minuten brannten lustige Feuer, und da

366

die Bedienten, junge Mulatten, zu keiner Hilfeleistung zu gebrauchen waren, so ließ ich durch meine Indianer die Hängematten der beiden Herren in der besten Hütte aufhängen und
trug meinen Chef, der so leicht wie ein Schneider war, durch
den kleinen Sumpf in seine Hängematte, dann gab ich meinen Indianern ihr Essen und kochte für uns eine gute warme
Suppe.

Herr Lisman war sehr aufgeräumt und ich beklagte mich
wegen der vielen Mühe, die ich bei dieser Reise gehabt hatte.
Der Doktor aber sprach kein Wort, denn er fand sich beleidigt, daß ich ihn nicht auch ans Land getragen, sondern dieses
Geschäft den Indianern überlassen hatte. Die vielen Feuer,
die in und außerhalb der Hütten brannten, machten erst die
Finsternis recht sichtbar, und jedermann fand sich nach been-
digter Mahlzeit recht behaglich in seiner Hängematte.

Die vielen großen Feuerfliegen die durch den Wald
schnurrten und rotes und gelbes Licht ausstrahlten, die sil-
berglockenähnlichen Töne des tintins, eines, wie die Indianer sagen, eidechsenartigen Tierchens, das besonders in den
Sümpfen des Wanekreek sich aufhält, gaben unserm Nachtlager einen wundersamen Reiz. Ich erzählte nun Herrn Lisman,
daß wir vor vier Tagen dieses Biwak errichtet und auch darin
geschlafen hätten, ferner daß, wie es denn auch Wahrheit war,
ein Jaguar ganz in der Nähe gebrüllt habe, ja, daß die Indianer
versichert hätten, seine Augen wie die einer Katze leuchten
gesehen zu haben.

Kaum hatte ich meine Erzählung, natürlich in holländischer Sprache beendigt, als der Doktor, der obgleich jetzt
gesättigt, den ganzen Abend kein Wort gesprochen hatte, mit
einem Ausruf des Entsetzens aus seiner Hängematte fuhr und
seinem Bedienten, der bei den Indianern schlief, zurief: „Adrian, mi booi, you no jeri, o gado san hedde mi libi fotto en go
na so wan sakka sakka plesi; Tai tjosno you hanmaka klosi beh
na mi, O, Adrian mi booi, no libi mi“, das heißt: „Adrian,
mein Junge, hörst du nicht? Oh Gott, was soll ich machen!
Warum bin ich doch so dumm gewesen, die Stadt verlassen

zu haben und nach einem so elenden Platz gegangen zu sein! Komm geschwinde und hänge deine Hängematte ganz nahe bei der meinigen auf. Oh Adrian, mein Junge, verlasse mich nicht." Da dieses in negerenglischer Sprache gesagt wurde, so brachen die Indianer in ein schallendes Gelächter aus, das den armen Doktor um so mehr ärgerte, als auch Herr Lisman über seine Furcht spöttelte.

Ohne ein Abenteuer erlebt zu haben brach der Tag an, und nach eingenommenem Kaffee waren wir schon um halb sechs Uhr auf dem Weg, und da die Strömung jetzt nach dem Maroni ging, so waren wir bereits Abends vier Uhr auf Albina, wo schon der Schoner Curacaonaar vor Anker lag.

Eine Stunde später kam auch das Bagageboot an, in dem sich der Sekretär und Herr Monte-Cattini befanden. Von Buschnegern aber war nichts zu hören noch zu sehen.

Herr Lisman wollte nun vier Tage warten und in der Zwischenzeit den französischen Flecken Mana besuchen, wohin ich ihn in meinem kleinen Boote brachte, und wo wir alle durch den Kommandanten sehr freundlich empfangen und bewirtet wurden. Der gute Doktor, eingedenk der Strapazen in der Wanekreek, schauderte vor jeder neuen Reise unter meiner Leitung, auch hatte sich bei ihm ein Anfall von Gicht eingestellt; er blieb deshalb auf Albina, um sich wieder zu erholen.

Die ganze Gesellschaft reiste, ohne einen Buschneger gesehen zu haben, nach fünftägigem Aufenthalt auf Albina nach Paramaribo zurück, nachdem der in seiner Würde verletzte Procureur général mir aufgetragen hatte, dem Granman und seinen Kapitäns, im Falle sie später kommen sollten, die Unzufriedenheit über ihr ungeziemendes Betragen zu erkennen zu geben.

Wenige Tage nach der Abreise des Schoners kam denn auch ein Kapitän der Buschneger, den der Granman sandte, um dem Herrn Lisman, den man immer noch auf Albina, die Ankunft des Granmans geduldig abwartend vermutete, zu melden, daß dieser in wenigen Tagen ankommen werde. Krankheit allein hätte ihn verhindert, die Reise früher zu unternehmen.

368

Ich kannte diese Ausflüchte und wußte, daß in früherer Zeit, wo alle vier Jahre, dem Kontrakt gemäß, mit großer Mühe und vielen Unkosten die Geschenke nach dem so weit abgelegenen Posten Armina gebracht worden waren, die damit beauftragten Kommissäre der Regierung oft wochenlang dort warten mußten, bis es dem schwarzen Chef und seinen Kapitäns behagte, die Geschenke, die sie als einen Tribut betrachteten, und im Grunde genommen waren sie auch nichts anderes, in Empfang zu nehmen.

Während dieser Zeit waren die Kommissäre und ihre Diener auf dem zeitweise so ungesunden Posten Krankheiten und Entbehrungen aller Art ausgesetzt, und der Schoner, der die Herren wieder nach der Stadt zurückbringen mußte, blieb, bis alles abgelaufen war, auf Rechnung des Gouvernements vor dem Posten an der Mündung liegen, so daß die Kosten der Sendung sich wegen der Laune der Neger meist viel höher beliefen als der Wert der Geschenke, beziehungsweise des Tributs. Leider hatte das Gouvernement nie Kraft und Konsequenz genug, dieser Frechheit ein Ziel zu setzen.

Ich gab nun den Abgeordneten den kurzen Bescheid, daß der Schoner wieder abgefahren und an eine Austeilung vor der Hand nicht zu denken sei. Zwei Monate verliefen nun ohne weitere Nachrichten, bis ich Ende April von dem Besuche der schwarzen Exzellenz überrascht wurde. Tausend Ausflüchte und Entschuldigungen kamen nun aufs Tapet, die die Ursache gewesen sein sollten, warum er nicht habe kommen können, er ersuchte mich nun dringend, das Gouvernement in seinem Namen zu bitten, eine neue Zeit zur Übergabe der Geschenke auf Albina zu bestimmen, wo er dann unfehlbar bei mir eintreffen würde. Ich schrieb sogleich, und zwei Buschneger brachten den Brief in der möglichst kurzen Zeit durch den Wanekreek nach Paramaribo.

Zehn Tage später empfing ich vom Chef die Versicherung, daß man, den Entschuldigungen des Granman Glauben schenkend, den Schoner im Juli wieder schicken werde, und daß, um allem Irrtum vorzubeugen, der Tag des Vollmonds

zur Austeilung bestimmt sei. Nachdem ich nun dem Granman
selbst wiederum eine Schnur mit Knöpfen und seinem Sohne
ein Säckchen mit Bohnen zu bekannter Verwendung, und aus
besonderem Wohlwollen und Handelsinteresse einige Pfund
Speck und Bakkeljau zur Zehrung auf den Weg mitgegeben
hatte, reiste er mit dem Versprechen ab, sich am bestimmten
Tage wieder bei mir einzufinden.

Er hatte nun volle drei Monate Zeit, sich auf diese Reise,
die von seinem Wohnplatz am Tapanohoni bis nach Albina
bloß vier bis fünf Tage dauert, vorzubereiten, und ich zweifelte nicht im mindesten, daß er dieses Mal zur rechten Zeit
erscheinen würde.

Der Monat Juli kam heran, und abermals mußte ich nach
Paramaribo, um mündlich meinem Chef die Versicherung zu
geben, daß ich nicht zweifle, daß der Granman und seine Kapitäns sich zur rechten Zeit einfinden würden. Der Gouverne-
mentsschoner war den Tag vor dem Vollmond pünktlich auf
Albina eingetroffen, aber zur Austeilung war bloß der Sekretär
des Procureur général mitgekommen, denn dieser hatte sich
geärgert über die Unverschämtheit der Buschneger und die
mühsame Reise nicht zum zweiten Male machen wollen.

Der Sekretär hatte die strengste Ordre, nicht länger als einen
Tag auf Albina zu bleiben, und wenn der Granman nicht angekommen sein sollte, unverrichteter Sache nach Paramaribo
zurückzukehren. Aber außer einem einzigen Buschnegerkapitän (außer dem Granman mußten vierzehn dabei sein), fand
sich niemand auf Albina ein, doch dieser versicherte heilig
und teuer, der Granman sei unterwegs und könne stündlich
eintreffen.

Da die Frist und ein weiterer Tag, den der Schonerkapitän
(auf unseren Rat) zu einer kleinen Reparatur an seinem Fahrzeug nötig hatte, verstrich, und da keine anderen Buschneger
sich gezeigt hatten, kehrte der Schoner zum zweiten Mal unverrichteter Sache nach der Stadt zurück.

Ich muß gestehen, daß obgleich ich sehr bekannt mit dem
Charakter der Neger und dem der Buschneger insbesondere

bin, ich nie geglaubt hätte, daß das Großoberhaupt die Frechheit so weit treiben würde, das ihm so wohlwollende Gouvernement zum zweiten Mal zum Narren zu halten. Von Stunde zu Stunde hoffte ich, ihn und seine Kapitäns zu sehen. Aber wieder verstrich Tag um Tag, und erst eine Woche später kam er mit einigen seiner Kapitäns, um mir in groben Ausdrücken seine Entrüstung darüber zu erkennen zu geben, daß er den Schoner nicht mehr auf Albina träfe.

Als ich ihm nun sein Versprechen vorhielt, auf die bestimmte Zeit sich auf Albina einfinden zu wollen, erklärte er und die Seinigen einstimmig, daß es von jeher Sitte gewesen sei, daß sie, die Buschneger, die Zeit der Austeilung der Geschenke zu bestimmen hätten und nicht das Gouvernement in Paramaribo, daß man aber am folgenden Tagebei mir einen gruttu (palaver) oder Ratsversammlung halten wolle, deren Ausspruch ich dem Gouvernement gekocht oder gebraten senden könne (Losi effi stofu).

Es wurde demnach diese wichtige Versammlung auf Albina gehalten. Es ist unmöglich für den, der Neger nie in ihrem Volksleben oder freier Nationalität gesehen hat, sich einen Begriff zu machen von dem Geschrei, Gebrüll, Geschnatter und Gelächter einer solchen Versammlung; es gehören gute Ohren dazu, um nicht taub, und eine stählerne Nase um von dem eigentümlichen Negergeruch nicht ohnmächtig zu werden. Die Würde eines Granmans ist eine rein imaginäre. Jeder Buschneger, ist er auch noch so unbedeutend, ja Weiber und Kinder, sagen oder vielmehr schreien ihre Meinung, widerlegen den Granman und seine Kapitäns, und die absurdesten Vermutungen finden Glauben oder werden wenigstens in Beratung genommen. Man muß starke Nerven und einen gewissen Stumpfsinn haben, das Resultat abzuwarten.

Sehr treffend sagt Lander[1] in seinen Reisen am Niger: Würde Hiob bei seinen Prüfungen noch dem Schrecken eines

---

[1] Richard Lemon Lander (1804–1834), englischer Afrikareisender (Red.).

nie endenden afrikanischen Palawers ausgesetzt gewesen sein, er würde gewiss die Geduld verloren haben.

Große Zubereitungen machte ich eben zu diesem Gruttu nicht: Die vier bis fünf Stühle, welche ich besaß, waren durch mich, den Granman und einige Kapitäns eingenommen; die übrigen daran Teilnehmenden saßen auf dem Fußboden, in den Fenstergesimsen, oder vor dem Hause, so daß groß und klein etwa 120 Menschen dabei gewesen sein konnten. Bloß ich als Berichterstatter hatte ein Tischchen zum Schreiben vor mir.

Die Hauptsubstanz des Gruttu war die Unzufriedenheit der Neger, daß man nicht auf sie habe warten wollen, und daß man die Geschenke auf eine andere Weise und auf einem andern Platze verabreichen wolle als dieses früher gebräuchlich gewesen war, und daß sie darauf bestanden, daß der Posthalter, wie früher, wieder in Auka unter ihnen wohnen müsse.

Nach beinahe zwei Stunden langem Geschwätz wurde nun der Beschluß gefaßt, dem Gouvernement erklären zu lassen, daß das Großoberhaupt und seine Kapitäns, tief beleidigt davon, daß der Schoner nicht auf sie gewartet habe, peremtorisch verlangen, daß derselbe wieder auf den Vollmond des Monats September nach Albina gesandt werde, widrigenfalls sie durch das Verbrennen von Plantagen in Cottica und Wegführen der Neger sich rächen werden. Als ich dieses Ultimatum zu Papier gebracht und in der Landessprache den Anwesenden vorgelesen hatte, warnte ich den Granman vor den Folgen dieser brutalen Botschaft, aber es war der Wille aller, und der Gruttu war somit beendigt.

Während ich nun wieder allein war und den Brief, den zwei Buschneger und ein Kapitän nach der Stadt bringen sollten, ins Reine schrieb, kam der Granman mit zwei seiner Kapitäns und sagte mir im Vertrauen, wie leid es ihm gewesen sei, so auftreten zu müssen, aber gegenüber den andern habe er nicht anders handeln können. Man sieht schon hieraus, wie wenig das Großoberhaupt bedeutet, und wie uneinig sie unter sich selbst sind; daß ich auch davon Meldung machte, ist begreiflich.

Bis zur Zurückkunft des Kapitäns, der die Antwort auf das Ultimatum in Paramaribo zu erwarten hatte, richtete der Granman sein Biwak auf holländischer Seite auf; ich und Monte-Cattini, oder vielmehr dessen Leute, denn er selbst war nicht im Lande, wurden in Belagerungszustand versetzt. Kein Buschneger durfte, so lange die Antwort des Gouvernements noch nicht angekommen war, weder zu mir noch zu meinem Nachbar kommen.

Sowohl auf dem französischen Ufer als in der Nähe meines Wohnplatzes waren in verschiedenen Biwaks etwa achtzig Buschneger verteilt, vermutlich um mich an dem Entfliehen zu verhindern oder um mir die Meinung beizubringen, daß es mit ihrer Drohung Ernst sei. Ich lachte über das eine und andere, denn wer wäre, wie ich ihnen so oft schon gesagt hatte, unglücklicher als sie, wenn die Blanken das Land verlassen und die Neger sich selbst überlassen würden. Das sahen die Buschneger selbst sehr gut ein, ebenso daß die Emanzipation der Sklaven, von der man viele Jahre vorher sprach, ehe sie proklamiert wurde, allen ihren Einfluß auf dieselben vernichten und ihnen selbst zum größten Nachteil gereichen würde.

Nach einer Abwesenheit von wieder zehn Tagen kam der Bote, der als Kapitän mit Stock und Ringkragen versehen war, von Paramaribo zurück. Noch ehe ich den Brief öffnete, sah ich bereits am Gesichte des Überbringers, daß was er in der Stadt vernommen, nicht nach seinem Geschmack gewesen war.

Und so war es denn auch, ich bekam den Befehl, dem Großoberhaupt und seinen Kapitäns mitzuteilen, daß auf eine solche unverschämte Äußerung das Gouvernement beschlossen habe, dem Stamme der Aukaner gar keine Geschenke auszuteilen, es sei denn, daß das Großoberhaupt selbst nach Paramaribo komme und den Gouverneur um Verzeihung bitte.

Denselben Abend noch kam der Granman mit einigen Kapitäns und seinem Fiskal oder Justizminister, um die Antwort auf sein Ultimatum, die er aus dem mündlichen Berichte seines Boten zum Teil schon wusste, abzuholen. Es machte mir ein wahres Vergnügen, sie ihm auf die kräftigste Weise zum Verständnis zu bringen.

Er und die Seinen schienen niedergeschlagen zu sein, um so mehr da sie vernommen hatten, daß die andern Buschnegerstämme am Surinam- und Saramaccafluß ihren Teil schon, empfangen und neue Freundschaftsbündnisse eingegangen hatten, ohne daß dieses Mal die ekelhaften Zeremonien, in die man sich früher fügte, vorgenommen worden wären.

Ohne neuen Gruttu halten zu wollen, teilte er mir am andern Morgen mit, daß er bereue, das Gouvernement durch eine so grobe Botschaft beleidigt zu haben, er sei eben ein Neger und wisse es nicht besser, wünsche aber, daß man ihm die Geschenke nicht vorenthalte; aber selbst nach Paramaribo zu gehen und dort den Gouverneur um Verzeihung zu bitten, dazu könne er sich nicht entschließen.

Ich wusste indessen, daß es dem Gouvernement angelegen war, die unangenehme Sache zu beendigen, um nicht das Ministerium von diesen Vorfällen unterrichten zu müssen; ebenso gut war mir bekannt, daß dem Gouverneur wenig daran liege, den Granman mit seinen Kapitäns in Paramaribo zu empfangen, wo man Wohnung für sie mieten und ein tägliches Kostgeld bezahlen mußte, also nicht unansehnliche Unkosten hatte, die bei einer schriftlichen Entschuldigung wegfielen.

Ich meinte daher die Sache kurz abmachen zu können, und sagte dem Granman, daß ich es auf mich nehme, ihn von der Reise nach Paramaribo zu absolvieren, wenn er in Gegenwart seiner Kapitäns und der fünf europäischen Bewohner von Albina und Monte-Cattinis mir als Beamten auf solenne Weise sein Bedauern über das Vorgefallene zu erkennen gebe und um Verzeihung bitten wolle, worein er denn auch mit Freuden willigte.

Zu diesem feierlichen Akt war der andere Morgen bestimmt, ich bat nun die drei in Monte-Cattinis Dienst stehenden Europäer, wovon zwei Korsen und einer ein Holländer war, nach Albina zu kommen und der Feierlichkeit beizuwohnen. Dem Granman hatte ich anbefohlen in seiner Generaluniform zu kommen, den Kapitäns ihre Stöcke und Ringkrägen mit-zubringen, auch hatte ich dem einen von Monte-Cattinis Abgeordneten, Herrn Benecia, der unter Napoleon Kapitän gewesen war und den Orden der Ehrenlegion im Knopfloch trug, ein paar meiner Schuhe gelehnt, weil ich nicht gerne sah, daß der alte Mann der Zeremonie barfuß beiwohnte.

Am Morgen hatte ich die holländische Flagge aufgezo-gen, mich tadellos in Schwarz gekleidet und erwartete nun den Granman und die Zeugen, die denn auch um acht Uhr ankamen. Die Abbitte hatte ich in negerenglischer Sprache zu Papier gebracht, und unter der Flagge, deren Mast wir umstanden, las ich sie ihm vor und ließ ihn jede einzelne Phrase nachsprechen. Hierauf setzte er ein Kreuz unter seinen Namen, den ich durch den meinen legalisierte; sodann ließ ich das ganze Dokument durch die andern Unterschriften be-kräftigen.

Nach dem Ende dieser Posse tranken wir zusammen einen vaterländischen Genever; auch versprach ich dem Granman, sogleich an den Chef in Paramaribo zu schreiben und ihn die Antwort wissen zu lassen. Hierauf besprachen wir unsere Privatinteressen, und nachdem ich ihm wieder Speck, Fleisch und Bakkeljau auf die Reise mitgegeben hatte, schieden wir als gute Freunde.

Der Gouverneur und mein Chef waren mit der Weise, wie ich die Sache behandelt hatte, ganz zufrieden, und ließen mich wissen, daß man, um die verdrießliche Geschichte zum Abschluss zu bringen, im Dezember nochmals den Schoner senden werde, aber bloß dann, wenn das Großoberhaupt mit seinen Kapitäns sich auf Albina befände, wovon ich den Gou-verneur persönlich zu unterrichten habe.

Es kam also Anfangs Dezember die schwarze Exzellenz wie-der nach Albina, während ich über See nach der Stadt reiste, um den Gouverneur davon zu benachrichtigen. Ich hatte dies-mal bei Sturm und Regen die gefährlichste Rückreise längs der Küste. Da nun auch der Schoner zu gleicher Zeit wie ich ankam, so wurden am Christtage die Geschenke ausgeteilt.

In der langen Zeit von einem Jahr, in welchem die Waren dreimal hin und her geschleppt wurden und verwahrlost in den Magazinen lagen, waren Leinwand und Zeuge arg von den Termiten beschädigt, alle Eisenwaaren verrostet und manches abhanden gekommen, so daß bei der Verteilung bitter wenig auf den einzelnen Mann kam. So hatte also der Trotz und die Unverschämtheit der Aukaner durch die Festigkeit des Gouvernements einen gewaltigen Stoß erlitten, und sie begriffen wohl, daß die Geschenke die letzten sein würden, die das Gouvernement ihnen austeile.

In der langen Zeit meines Aufenthaltes am Maroni, sowohl früher in amtlichen als später bloß in Handelsbeziehungen habe ich gefunden, daß Inkonsequenz und Nachgiebigkeit bei Behandlung der Neger schlechte Früchte tragen. So verlassen ich auch auf meinem einsamen Wohnort war, nie gab ich ihnen nach und wußte stets meinen Willen durchzusetzen. Bei ihren Diebereien und Unverschämtheiten, worunter ich so manchmal zu leiden hatte, schob ich manchen Kapitän oder sonstige Standesperson zur Tür hinaus, wenn er nicht freiwillig gehen wollte. Obgleich keineswegs beliebt bei ihnen, hatten sie doch großes Vertrauen zu mir, weil ich nie schmeichelte und stets nur die Wahrheit sagte; daß meine Handelsweise die richtige war, beweist die Menge Holz, die ich von ihnen kaufte und nach Holland verschiffte. Durch das Wohlwollen des Gouverneurs hatte ich nun, wenn auch keine glänzende, doch eine sorgenfreie Existenz, und das schönste bei der Sache war, daß meine Sammlungen nicht beeinträchtigt wurden, und ich in jedem andern Unternehmen freies Spiel hatte.

Ich hatte bis jetzt so eingeschränkt als möglich gelebt, meine Haushaltung selbst besorgt, jetzt aber konnte ich schon die Auslage bestreiten, eine Negerin zum Versehen meines Hauswesens zu mieten. Schwer fiel es, eine solche zu finden, deren Meister sie an einen Platz vermieten wollte, in dessen Nähe die Sklaverei abgeschafft war; doch verstand sich endlich einer meiner Freunde dazu, mir eine junge Negerin, die er wegen zahlloser Liebeshändel gerne aus der Stadt entfernt haben wollte, für die Summe von hundert Gulden jährlich zu vermieten.

Polly, so hieß diese Sklavin, hatte nur Feldarbeit verrichtet, und mußte nun erst kochen und waschen lernen, was sie unter meiner Leitung auch bald begriff, doch machte ich keine großen Ansprüche an ihre Geschicklichkeit, denn wenn ich einen gut zubereiteten Fisch, Braten oder sonst ein leckeres Gericht haben wollte, so machte ich selbst den Koch.

Obgleich Polly außer der Haushaltung noch Feldgeschäfte verrichten mußte, denn unbeschäftigt durfte bei mir niemand bleiben, so gefiel es ihr nicht schlecht in meinem Dienst, denn sie fand stets in den alten Soldaten die ich bei mir hatte, einen Galan, ohne den sie schlechterdings nicht leben konnte. Verließ mich der eine, so fand sich bald wieder ein anderer, der dann auch bei Polly in die Stelle des Abgezogenen einrückte. So große Lumpen auch meistens diese alten Soldaten waren, so konnte ich mich doch besser mit ihnen zu Recht finden als mit Negern oder Mulatten, wie Monte-Cattini sie in seinem Dienste hatte. Die Mühe und der Verdruß, welche man an einem so ganz außer der bebauten Kolonie liegenden Orte, wie der Maroni, mit solchen Leuten hat, wenn man Arbeit und Ordnung verlangt, ist unbeschreiblich. Selten vergeht eine Woche ohne die eine oder andere Krankheit, bei der man nicht arbeiten kann, und wo sie dann in alte Fetzen gehüllt, als Jammergestalten einherschleichen, um die Größe ihrer Leiden anzudeuten, wobei ein europäischer Arbeiter sich kaum beklagt haben würde.

Kommen Indianer oder Buschneger, so wird mit diesen gescherzt und geplaudert, anstatt gearbeitet, und ist der Herr darüber ungehalten, so bekommt man Heimweh nach der Stadt und läuft, wenn der Herr eine Gelegenheit nicht herbeiführt, mit dem ersten besten Indianer oder Buschneger weg. Dabei muß die Familie in Paramaribo wenigstens dreimal im Jahre besucht werden, welche Hin- und Herreisen selten in weniger als drei Wochen abzumachen sind und meistens auf Rechnung des Herrn gehen.

So war denn auch mein Nachbar, der, da der alte Posthalter in Cottica statt sich pensionieren zu lassen, wieder in sein
Amt eingetreten war, sich schon längst wieder am Maroni befand, mit seinen acht bis zehn Arbeitern noch nicht so weit
gekommen, für sich ein wohnliches Haus aufrichten zu lassen,
und nie konnte er so viel Erdfrüchte pflanzen als er zu seinem
eigenen Unterhalt nötig hatte. Wegen seiner großen Nachgiebigkeit war er denn auch bei seinen Leuten viel beliebter
als ich bei den meinigen, und wenn, was gar oft geschah, ich
meine alten Soldaten wegschickte, oder sie selbst wegliefen,
so posaunten sie mein Lob auf eine Weise aus und machten
mir in Paramaribo ein solches Renommé, daß die Konkurrenz
um eine Stelle bei mir, obgleich in der Stadt viele solcher alten
Lumpen herumliefen, eben nicht sehr groß war.

So wenig Eifer und Fleiß man auch bei Negern und Farbigen findet, so ist doch das Gute an ihnen, daß, nachdem sie
ihre Herrschaft verlassen haben, sie derselben nichts Schlechtes
nachsagen, oder wie manche Europäer ihr zu schaden suchen,
und daß sie überhaupt mehr Gemütlichkeit und ein besseres
Herz als manche blanke Dienstboten besitzen, auch selten genossene Wohltaten vergessen.

Kurze Zeit nach dem Austeilen der Geschenke kam zu
meinem Nachbar ein Schiff, um eine Ladung Holz abzuholen,
und der mir aus meiner Korporalzeit so bekannte Gregory,
dem allein die Bänke des Maroni bekannt waren, hatte es
hereingelotst. Gregory, ein Schotte, war schon ein Siebziger
und liebte das geräuschvolle Leben bei Monte-Cattini nicht.
Er kam also, um, während das Schiff beladen wurde, bei mir
zu wohnen. Ich hatte nun eine angenehme Unterhaltung und
konnte mich recht im Englischen üben, denn trotzdem daß
Gregory schon viele Jahre in Surinam lebte, sprach er doch
kein Wort Holländisch. Da ich während seines Aufenthaltes
bei mir Geschäfte auf Mana hatte, so begleitete er mich dahin. Auf Mana befand sich gerade der Gouverneur des französischen Guyana, Mr. Maisin, der zwei Tage vor uns mit dem
Dampfboote Voyageur zum Besuche dieses Grenzdistriktes

378

angekommen war. Ich machte ihm noch denselben Morgen meine Aufwartung, und da er den Wunsch äußerte, auch den Maroni zu sehen, so empfahl ich ihm den alten Gregory als Lotsen. Der Gouverneur, ein Capitain de Vaisseau, war ein sehr liebenswürdiger Mann in den besten Jahren, wußte besonders von den Südseeinseln, auf denen er mehrere Jahre gewesen war, viel zu sprechen, und erwartete in kurzem seine Anstellung als Contre-Admiral.

Ich war zum Déjeuner in seiner Wohnung und zum Diner an Bord des Voyageur eingeladen. Dabei fiel mir besonders auf, als der Gouverneur mit mir ans Land zurückkehrte, und die Matrosen im Boote mit in die Höhe gehaltenen Rudern salutierten, daß er das Boot mit den Worten verließ: „Bon soir, mes enfants", und sie „bon soir, Gouverneur" antworteten. Welch ein anderes Verhältnis zwischen den Matrosen und den Offizieren in der holländischen Marine, wie ich es im Jahr 1835 kennen lernte, und welch ein Unterschied in der Behandlung des französischen Militärs durch Napoleon und des Preußischen durch Friedrich den Großen, der seine Soldaten mit den Worten: „Hunde, wollt ihr denn ewig leben?", zur Tapferkeit anspornte.

Es wurde nun Absprache genommen, daß am dritten Tage der Voyageur in den Maroni kommen solle um vor Albina zu ankern. Ich verließ Mana am frühen Morgen, nachdem ich meine Fische und Eier an Freund J. verkauft und das Nötige dafür genommen hatte. Große Gedanken beschäftigten mich, denn ich hatte im Sinn, den Gouverneur und seine Gesellschaft, die aus den ersten Beamten des französischen Guyana bestand, zum Souper einzuladen.

Nachdem ich kaum zu Hause angekommen war, wurden die Zubereitungen dazu gemacht, und ich strengte mich die ganze Nacht an, zwölf Servietten zu säumen, wozu ich das Baumwollzeug von Mana mitgebracht hatte. Zu dieser Zeit hatte ich gerade einen gewesenen Militär, Bont, in meinem Dienst. Er war ein Holländer und wegen Subordinationsvergehen und anderer schlechten Streiche zu Festungsstrafe verurteilt gewesen, und hatte nach Ablauf seiner Strafzeit sich mir angeboten.

Er war etwas jünger als ich, gar nicht dumm und zu allem anstellig. Dieser half mir nun bei allen Arbeiten, so daß wir lange nach Mitternacht uns erst schlafen legten. Ich hatte, damit ja im Haus alles fein säuberlich aussehe, die beiden Zimmerböden aufgewaschen, und die Zimmer schon am Abend in Ordnung gebracht, um mich am andern Tage den kulinarischen Arbeiten ganz widmen zu können. So setzte ich die zwei Damejeannen (Korbflaschen, je 15 Liter enthaltend) Bordeauxwein, den ich für meine Gäste gekauft hatte, in die Seitenkammer des Magazins, wo Bont schlief.

Als ich am andern Morgen denselben so lustig und aufgeräumt sah, schrieb ich diese Fröhlichkeit auf Rechnung des zu erwartenden Divertissements, kam aber bald hinter die wahre Ursache, als ich den Wein in Flaschen füllen wollte; denn der Spitzbube hatte in der Nacht über vier Flaschen davon getrunken. Er war mir nun auch den ganzen Tag über von keinem Nutzen mehr, ich und Polly mußten die Mahlzeit allein besorgen. Ich hatte bei 200 Hühner, Moschusenten, Eier und fette Landschildkröten. Auch brachten die Indianer, denn ich hatte beinahe alle im Umkreise liegenden Dörfer zum Tanz eingeladen, einen Hasen (paca), zwei fette Pingoschlegel und mehrere sehr feine Fische, so daß ein geschickter Koch wohl ein fürstliches Mahl daraus hätte bereiten können. Aber für Feinschmecker, wie Franzosen, war meine Kochkunst nicht berechnet, das wußte ich wohl, doch wollte ich mein möglichstes tun, um auch in diesem Fach zu glänzen.

Leider fehlte es am nötigen Geschirr und überhaupt an manchen Utensilien, so mußte ich z. B. den Teig zu Nudeln und zu einer Ananastorte mit meinem Fernrohre auswellen. Es war denn außer den Fischen alles bereit und im Nebenzimmer säuberlich aufgestellt, um am Abend wieder aufgewärmt auf der Tafel zu erscheinen. Aus zwei fetten Hennen war eine Nudelsuppe bereitet, so dick, daß man darauf hätte tanzen können, gebratene Hühnchen, Hasen- und Pingoschlegel nebst einer geschmorten Schildkröte, an der Gewürz und spanischer Pfeffer nicht gespart war, bildeten die ersten Gänge, auf welche geschmorte und gebackene Fische nebst einem guten Palmkohlsalat folgten. Die Krone des Desserts war die Ananastorte, umgeben von Ananas au naturel, die in höchster Vollkommenheit in meinem Kostacker zu finden waren, mehrere Arten reifer Bananen, mit dem köstlichen Parfum der tropischen Früchte, der kleinen, taubeneiergroßen Frucht einer Passiflora, bei uns Marcusa, bei den Franzosen Maritambour genannt.

Nach und nach kamen die Indianer, Männer, Weiber und Kinder mit ihren Trommeln und Pfeifen versehen, denn ich wollte diese Eingeborenen Guyanas dem Gouverneur, dem ersten der je den so einsamen Maroni besuchte, in ihrer ganzen Nationalität zeigen und ihre Tänze vor ihm aufführen lassen. Wohl 100 waren versammelt, als abends vier Uhr der Voyageur um die Ecke dampfte und eine Stunde später vor Albina vor Anker ging.

Kaum war dieser gefallen, als ich mit der Flagge salutierte und 13 Gewehrschüsse in regelmäßigen Tempos abfeuern ließ; dieses Salut wurde von den Kanonen des Dampfers und der Flagge zurückgegeben; überdies kam der Adjutant ans Land, um sich im Namen des Gouverneurs zu bedanken. Ich fuhr nun an Bord, um den Gouverneur und seine Begleitung zum Abendessen einzuladen, und wurde mir sein Besuch auf sieben Uhr zugesagt.

In meinem Hause sah es nett und wohnlich aus: Zwei Tische welche ich zusammengerückt hatte, waren gerade groß genug, daß zwölf Personen, denn so viel waren wir in allem, Platz fanden. Kanapee und Stühle die mir der letzte Schoner mitgebracht hatte, reichten ebenfalls aus. Auch an Gläsern, Tellern und Schüsseln war kein Mangel, denn mein Laden lieferte irdene Geschirre verschiedener Art an Buschneger und Indianer. Aber die nötigen Messer, Löffel und Gabeln zusammenzubringen ging nicht so leicht, denn außer zwei silbernen Löffeln besaß ich nichts für eine solche Gesellschaft

Passendes. Doch brachte ich am Ende alles zusammen, freilich in ziemlich abgeschliffenen Blechlöffeln, Gabeln und Sackmessern verschiedenen Kalibers, aber aufs beste geputzt. So war alles bereit, als der Gouverneur mit seiner Suite ankam.

Polly war zu ihrem Dienste eingeschult wie ein Kunstreiterpferd und hatte sich, denn sie mußte die Speisen auftragen, aufs beste aufgeputzt, ein schönes farbiges Tuch war um ihre Lenden gebunden, ein seidenes um den Kopf, Goldperlen und unechte Korallen waren ihr Halsschmuck, und Hand- und Fußknöchel waren mit weißen Perlen umschlungen. So sah sie trotz ihrem platten Gesicht gar nicht übel aus. Zum Mundschenken hatte ich einen hübschen Karaibenburschen ausgesucht, der sein Amt mit vielem Anstand wahrnahm. Ich hatte dem Gouverneur den Ehrenplatz oben an der Tafel angewiesen, wo für ihn das bessere Besteck lag, aber er verwechselte seinen Platz mit einem Sitze neben mir, wodurch er den schlechtesten Löffel bekam; er nahm jedoch keinen Anstand, sich desselben zu bedienen. Unter Scherz und Lachen erhob man sich nach neun Uhr von der Tafel.

Meine Gäste waren erstaunt über die Maßen der verschiedenartigen Gerichte die ich ihnen anbot, und konnten nicht begreifen, wie man in so kurzer Zeit alles habe zubereiten können; doch so viel Mühe ich mir auch gegeben hatte, so fragte mich doch niemand um das Rezept zu meiner Nudelsuppe oder der Ananastorte, um sie in der französischen Küche einzuführen.

Der herrlichste Mondschein begünstigte meine Soiree, und während man im Hause lachte und scherzte, tanzten vor demselben die Indianer ihre langweiligen Tänze, und machten die Matrosen des Voyageur ihre Späße mit den Indianerinnen, denen ich ebenfalls reichlich einschenken ließ.

Nach dem Essen, und so lange die Gesellschaft dem Indianertanz zusah, spazierte ich mit dem Gouverneur und Ordonnateur in einer Allee von Bananen, die nach meinem Kostacker führte und ergötzten sich beide Herrn an den Sprüngen meiner Katze, die mir überall hin folgte. Nach zehn Uhr begaben sich die Gäste an Bord, und frühe am Morgen verließ

der Voyageur den Fluß um nach Cayenne zurückzukehren.
Einen Monat später erhielten wir über Mana die Nachricht,
daß der Gouverneur und vier seiner Begleiter am gelben Fieber gestorben seien, und als ich achtzehn Jahre später zum
ersten Male nach Cayenne kam, fand ich sein Grabmal am
Eingang des Kirchhofs, eine aufrecht stehende abgebrochene
Säule, schon arg von der Zeit mitgenommen. Nur ältere Leute
erinnerten sich seiner kurzen Regierung, aber alle mit Achtung und Dankbarkeit.

So waren denn 1849 und 1850 für mich an Ergebnissen
reiche Jahre gewesen, und ich dachte jetzt mit Ernst daran,
mich auf den Holzhandel zu legen, um so mehr, da auch
Monte-Cattini große Tätigkeit darin entfaltete und Schiff auf
Schiff mit Bauholz nach den Antillen sandte. Aber während
er dieses selbst auf den Markt brachte und oft Monate lang
abwesend blieb, wurde, trotzdem Sohn und Neffe in seinem
Geschäft waren, dasselbe saumselig und nachlässig betrieben,
so daß, wenn er von seinen Reisen zurückkam, auf denen er
ebenfalls nicht sparsam lebte, er bloß Streit zu schlichten hatte
oder Löhne bezahlen mußte für Arbeit die nicht getan war.

Mein Nachbar wäre bei seinem Holzhandel gewiss ein reicher Mann geworden, wenn er Ordnung, Sparsamkeit und
Einsicht gehabt und bei seinen Holzeinkäufen nicht alles seinem Sohn, einem dummen und faulen Mulattenjungen überlassen hätte, denn beim Handel mit Buschnegern ist große
Vorsicht nötig, da sie keinen Anstand nehmen, auch ihren
besten Freund zu betrügen. Unter allen Bäumen, die die uner-
messlichen Waldungen liefern, ist gewiss die Hälfte jeder Gattung wo nicht ganz unbrauchbar, so doch teilweise fehlerhaft
und zwar in einer Weise, daß man den Baum so lange er steht,
für kerngesund hält, und erst wenn er gefallen, und manchmal
nicht eher als bis er viereckig behauen ist, die Risse, faulen
Stellen, Löcher oder dergleicheu bemerkt.

Der Buschneger will nun in diesem Falle die schwere Arbeit
nicht umsonst getan haben, richtet den behauenen Block her
so gut er kann, treibt in jedes Loch oder Riss einen Speitel

von demselben Holze und macht alles so dicht und glatt, daß selbst ein geübtes Auge die Fehler nicht leicht entdeckt, oder er legt die schadhaften Stellen auf die Unterseite, in der Hoffnung, daß man die Mühe scheue den schweren Block umzudrehen. Bemerkt der Käufer den Fehler nicht und bezahlt das Holz gleichwie tadelloses, so lacht sich der Buschneger in die Fäuste, wenn ihm der Betrug gelungen ist.

Glücklich ist der Käufer, wenn er den Schaden noch vor der Verschiffung bemerkt, denn dann verliert er bloß den Ankaufspreis. Ist aber das defekte Stück verschifft, so wird der Fehler auf den Antillen oder da, wo das Holz hinkommt, beim Wiegen oder Messen entdeckt, wo es dann ausgeschossen oder als Brennholz verkauft wird, und Abzüge gemacht werden, daß man schaudert. Die Tausende von Blöcken, welche ich in der langen Zeit meines Aufenthaltes am Maroni von den Buschnegern kaufte, habe ich stets zum großen Ärger der Verkäufer auf allen Seiten nachgesehen, und bin deshalb auch nur selten betrogen worden.

Ein anderes Übel ist das Springen des Holzes, das, weil es sogleich nachdem es gefällt ist, viereckig behauen und eben so schnell abgeliefert wird, durch zu schnelles Austrocknen Risse bekommt, so daß das gesprungene abgesägt werden muß und für den Verkäufer verloren ist. Man meint, daß dieses Reißen vermieden werden könne, wenn man die Bäume bei neu- oder starkabnehmendem Monde fällen läßt, weil da der Saftandrang viel geringer sei als bei Volloder wachsendem Monde. Aber daran hält sich kein Neger. An eine rationelle Behandlung des Holzes und Schonung der Waldungen oder gar Anpflanzung von Nutzbäumen ist überhaupt gar nicht zu denken, und doch wachsen die Bäume viel schneller als in Europa. In der Wagenstraße in Paramaribo ist vor höchstens 25 Jahren eine Allee von Mahagonibäumen angepflanzt worden, die jezt schon fußbreite Bretter geben könnten. Je weicher das Holz, desto rascher wächst der Baum.

Ein zweiter Übelstand bei dem Holzgeschäfte meines Nachbars war, daß er auf die Arbeit der Buschneger sich nicht verlassen konnte, denn obschon ihre Bedürfnisse viel mannigfaltiger sind als die der Indianer, so ist ihre Arbeit nicht geregelt, und hängt der Käufer ganz von ihren Launen ab.

So kam es denn, daß mein Nachbar, der auf so gutem Fuß mit den Buschnegern stand, manchmal in bittere Verlegenheit geriet, wenn er die auf den Antillen verlangten Holzarten und Dimensionen nicht liefern konnte. Auch war der Buschneger mit dem Preis, den wir ihm bezahlen konnten, nie zufrieden, weil man auf den Pflanzungen oder in Paramaribo für dieselben Sorten und Dimensionen mehr bezahlte. Die Neger ließen es sich nicht begreiflich machen, daß während sie am Surinam- oder am Cotticafluß in den schon seit vielen Jahren ausgehauenen Waldungen manchmal stundenweit landeinwärts die tauglichen Sorten aufsuchen, dieselben mit größter Mühe ans Wasser ziehen mußten und dann noch viele Tage lang mit ihren Flössen zu reisen hatten, ehe sie die Pflanzungen oder die Stadt erreichten, sie am Maroni, wo sie am Ufer oder auf nur kurzem Abstand vom Flusse die Bäume zu fällen hatten, bei weniger hohen Preisen doch bedeutend höheren Nutzen hätten.

Viele zogen deshalb doch vor, in den andern Flüssen Holz zu bearbeiten und nach der Stadt zu bringen, auch wohl deshalb, um für das erlöste Geld so wohlfeil als möglich einzukaufen, da weder Monte-Cattini noch ich unsere Waren so billig geben oder eine solche Auswahl bieten konnten, als die Kaufleute in Paramaribo, daher hatte auch mein Nachbar manche Schwierigkeit, an die er nicht gedacht hatte, und der Wohlstand kam nicht so rasch, als er hoffte. So waren unter Beschäftigungen aller Art zwei Jahre verflossen, in welchen ich an gutem, fehlerfreiem Bauholz und an großen Zedernblöcken etwa eine Schiffsladung zusammen gekauft hatte.

Hierzu suchte ich nun einen Käufer. Aber anstatt, wie Monte-Cattini, auf den Antillen mich umzusehen, hatte ich große Hoffnung in Europa Absatz zu finden. Die Blöcke Zedernholz, welche ich zu verschiedenen Malen über See nach

Paramaribo gebracht hatte, waren zugleich mit Mustern anderer surinamschen Holzarten an ein Handelshaus in Amsterdam gegangen, und die Nachrichten die ich darüber erhielt, machten mir große Hoffnung, diese Hölzer mit Vorteil in Europa einzuführen. Herr K., der Chef dieses Hauses, kannte mich persönlich und interessierte sich für das Unternehmen, das ich beabsichtigte. In manchen Briefen hatte ich ihn von meinen Hoffnungen und Widerwärtigkeiten unterrichtet, auch besorgte er mir die Spedition meiner Naturalien und die Einkäufe der mir nötigen Tauschwaren, obgleich sein Geschäft mit dergleichen sich sonst nicht befaßte.

Bei dem großen Reichtum an Holz, den die Kolonie besitzt, schien es auch ihm, daß wenn die besseren Arten erst einmal in den europäischen Handel eingeführt sein würden, und ihre große Dauerhaftigkeit bekannt wäre, der Verbrauch in Europa von höchster Bedeutung werden könne. Versuche waren damit schon bei der Marine gemacht worden, aber man hatte die Hölzer zu schwer und ihrer Härte wegen zu mühsam für die Bearbeitung gefunden. Es schien überhaupt bei den Proben, die man in Holland damit angestellt hatte, kein Eifer, vielmehr ein gewisser Widerwillen gegen die Einfuhr des surinamschen Holzes geherrscht zu haben.

Holland selbst hat kein Holz, die Marine und das Kriegsministerium haben ihre Lieferanten oder Zwischenhändler, die den Ankauf im Ausland besorgen und wohl nebenbei als Usantie einen guten Schnitt machen mögen. Es ist also sehr natürlich, daß wenn das Eigenbelang leidet, die andern Interessen, hier aber die der Kolonie, nicht berücksichtigt werden.

So war der Gebrauch an surinamschem Holz bloß in einer Sorte, dem Zedernholz von einiger Bedeutung. Dieses wurde aber meistens von der Insel Cuba angeführt und ausschließlich zu Zigarrenkistchen gebraucht, während andere feine Holzarten, zu Möbel- oder Drechslerarbeiten geeignet, beinahe gar keine Verwendung fanden. Auch die Ausfuhr von Bauholz nach den Antillen war verhältnismäßig nicht beträchtlich und

außer den Brettern, die in Paramaribo auf einer Dampfsägemühle oder sonst von Hand gesägt und in der Kolonie selbst
gebraucht wurden, war die Einfuhr von nordamerikanischen
Dielen, die billiger aber auch weniger dauerhaft waren, von
viel größerer Bedeutung als die Ausfuhr, so daß also der einzige und unermeßliche Reichtum des unkultivierten Landes
beinahe gar nicht ausgebeutet wurde.

In jeder der drei Kolonien von Guyana, dem französischen,
holländischen und englischen, waren wieder andere spezielle
Arten im Gebrauch und obwohl in Surinam nur etwa zehn
Arten zu Gebäuden und Brettern verwendet wurden, so waren wohl zehnmal mehr ebenso gute, welche beinahe gänzlich
unbekannt waren und unbenutzt blieben.

Herr K., der als Chef eines bedeutenden Handelshauses
in Amsterdam und Rotterdam in manchen Spekulationen
glücklich gewesen war, hatte große Lust sich in ein derartiges
Geschäft einzulassen, nur wollte er die Sicherheit haben, daß
der Absatz verbürgt sei und ebenso die, immer die verlangten
Arten in tadelloser Ware erhalten zu können. Dieses letztere
konnte jedoch nur geschehen mit Arbeitern, die regelmäßig
das Geschäft, das man verlangte, besorgten. Da man aber wegen der Nähe des französischen Guyana nicht wagen konnte,
Sklaven zu dieser Arbeit nach dem Maroni zu bringen, da ferner auf eine bestimmte Arbeit der Buschneger nicht zu zählen
war, diese überdies die Blöcke schlecht und unzweckmäßig
bearbeiteten, so kamen wir vorläufig brieflich überein, daß,
wenn das Unternehmen zu Stande käme, erfahrene europäische Holzhauer engagiert werden müßten, um die verlangten
Holzwaren besser und zweckmäßiger zu liefern.

Herr K., der nach allen Ländern Europas Muster unserer
Holzarten gesandt und meinen Vorrat zum Verkauf angeboten
hatte, versprach sogleich ein Schiff zu senden, sobald er einen
Käufer hätte, aber leider wollte sich dieser nicht finden. Es
gibt zwar im Leben vielerlei Sorgen und Kummer, aber über
alle konnte ich mich eher beruhigen als über Schulden, und
nie bin ich leichteren Herzens gewesen, als wenn ich mich

dieser entledigt hatte. So war ich denn an Herrn K. nach und nach bei tausend Gulden und beinahe ebenso viel an Kaufleute in Paramaribo schuldig geworden.

Wohl hatte ich den doppelten Wert dafür in meinem Holzvorrat, aber leider keinen Käufer dafür, so daß ich bei jedem Brief aus Amsterdam trostloser wurde. Ich hatte nun meinen Gehalt schon über zwei Jahre lang bezogen, aber von diesem waren die der Verlassenschaftsmasse des Herrn Bukh schuldigen 576 Gulden vom Waisengericht in Beschlag genommen worden, so daß ich von meiner kleinen Besoldung wenig abzahlen konnte; aber doch war ich stets darauf bedacht, mich meiner Schulden zu entledigen.

Mein Nachbar hatte schon seit einiger Zeit sich ein Schiff gekauft, das zwar alt war, aber doch noch leicht manche Ladung Holz nach den Antillen bringen konnte; er nannte es Maroni, und hatte einen Franzosen zum Kapitän und Farbige von Martinique zu Matrosen engagiert. Monte-Cattini und sein Neffe, ebenfalls ein Korse, brachten abwechslungsweise die Holzladungen nach Guadeloupe, Martinique oder Barbados, während der eine oder andere nebst dem Sohn den Ankauf am Maroni besorgte. So kam, gerade als ich eben wieder Briefe aus Amsterdam erhalten hatte, welche die Hoffnung, mein Holz dort zu verkaufen, wieder in weite Ferne rückten, mein Nachbar, der eben damit beschäftigt war, seinen ganzen Holzvorrat in ein holländisches Schiff, das er gechartert hatte, zu laden, und das in einigen Tagen mit ihm nach Martinique abgehen sollte, zu mir, und machte mir den Vorschlag, meinen Vorrat hartes Holz, das etwa 4 000 Kubikfuß betrug, zu übernehmen, da er jeden Tag seinen Neffen mit seinem Schiff Maroni zurück erwarte und bis dahin von den Buschnegern, von denen sich schon seit zwei Monaten keiner sehen ließ, wahrscheinlich nicht so viel Holz angebracht werde, um eine Ladung für sein Schiff auszumachen. Ich sagte es ihm zu, wenn er es mir nach der Ablieferung sogleich bezahlen werde, und überließ ihm den sämtlichen Vorrat beinahe um den Ankaufpreis.

Während er nun mit dem gecharterten Schiffe die Reise antrat, begab auch ich mich nach Paramaribo, wo ich Briefe von Herrn K. fand, der weil ihm annehmbare Anerbietungen gemacht worden waren, sich denn doch endlich entschlossen hatte mir ein Schiff zu senden, um den sämtlichen Holzvorrat, hartes Holz sowohl als Zeder, abzuholen.

Obgleich die Absprache mit Monte-Cattini bloß mündlich gewesen war, so wollte ich doch mein Wort nicht brechen und schrieb deshalb Herrn K. mit der Absendung eines Schiffes noch so lange zu warten, bis ich das nötige harte Holz wieder eingekauft haben würde. Als ich vierzehn Tage später nach Albina zurückkam, fand ich ein großes Dreimasterschiff mit amerikanischer Flagge, „Cuba" schon seit drei Tagen beschäftigt, mein hartes Holz einzuladen; der Neffe Martino, der bei der so seltenen Verbindung mit Surinam von seinem Onkel, der sich überdies mit Schreiben nicht gerne abgab, gar keine Nachrichten bekommen hatte, glaubte, daß dieser Holz in Hülle und Fülle habe und hatte außer dem eigenen Schiffe Maroni, das später kommen sollte, auch noch den Amerikaner gechartert, der allein zweimal so viel laden konnte als mein Vorrat war, während bei Monte-Cattini auch nicht ein Stück übrig geblieben war.

Nun war aber in der Charterpartie ausgemacht, daß das Schiff eine volle Ladung einnehmen müsse, und diese nach dem Kubikfuß zu bezahlen sei, der Kapitän bestand also darauf und drohte mit dem Gericht. Um nun meinen Nachbar aus der Verlegenheit zu retten, gab ich den Vorstellungen des Kapitäns und den Bitten des Neffen nach und verkaufte letzterem noch 3 000 Kubikfuß Zeder, wovon der Kapitän die Hälfte für eigene Rechnung übernahm, und wofür der Betrag ihm an der bedungenen Fracht abgezogen werden sollte.

Als nun die Cuba geladen war, schrieb ich die Wechsel in englischer Sprache, ausgestellt auf den in St. Pierre auf Martinique weilenden Monte-Cattini, und ließ sie vom Neffen und Kapitän unterschreiben, im vollen Vertrauen auf die Solidität und Probität meines Nachbars. Noch hatte die Cuba nicht die Hälfte ihrer Ladung eingenommen, als das Schiff „Maroni" ankam; da aber keine Ladung für dasselbe vorhanden war, und Martino auch kein Geld hatte, die Matrosen zu bezahlen, so verließen sie und der Kapitän das Schiff und fuhren mit dem Boot nach Paramaribo, das Schiff aber, ohne alle Aufsicht und bloß vor einem Anker liegend, riß bei hohem Wasserstand los und stieß, nachdem es mit Ebbe und Flut ganz herrenlos einige Male den Fluß auf- und abgetrieben war, in der Nähe von Monte-Cattinis Wohnplatz auf einen im Fluß liegenden Felsen und brach mitten entzwei. Ich hatte nun den größten Teil meines Holzvorrates verkauft und für mehr als 3 500 Gulden Wechsel in Händen. So war ich also meiner Meinung nach schuldenfrei und hatte die größte Sorge vom Halse. Wie unvorsichtig ich aber bei diesem Verkauf zu Werke gegangen war, erfuhr ich erst später.

Bezahlen war nun mein Erstes. Ich belud also mein großes Boot mit gehauenen Zedernbrettern und sandte einen freien Mulatten, der mir meine Pflanzenkisten verfertigt hatte, nach Paramaribo. Er mußte die Wechsel meinem Korrespondenten überbringen, daß dieser sie zu Geld mache und meine Schulden bezahle. Das Boot, worauf sich noch drei Indianer befanden, fuhr am Abend ab und mußte nach meiner Meinung schon längst in See sein, als ich den Mulatten und die Indianer in einer fremden Korjal zurückkommen sah und zu meinem Entsetzen vernahm, daß das Boot mit allem was darin war, also auch meinen Wechseln, als er mit den Indianern auf einem Arowakendorf geschlafen habe, weggetrieben und durch die Ebbe, Gott allein wisse wohin, vermutlich in See geführt worden sei. Nun war ich wirklich ratlos. Der Neffe Martino war mit der Cuba nach Martinique und Sekundawechsel hatte ich in meiner Sorglosigkeit zu nehmen nicht für nötig erachtet.

Während ich nun über meine Wechsel jammerte und der Mulatte um seine verlorene Kleiderkiste heulte, die er im Boot gelassen hatte, sahen wir in der Ferne ein großes Boot mit drei Indianern den Fluß herauffahren und Gott lob, es war das meinige, das Indianer vom Georgsdorf treiben sahen, als das meinige erkannten und mir zurück brachten. Nicht das Mindeste fehlte darin.

Das Boot sandte ich nun sicherheitshalber durch den Wanekreek, und kam solches auch wohlbehalten in Paramaribo an. Aber die Nachricht meines Korrespondenten war nichts weniger als beruhigend; Niemand wollte die Wechsel kaufen, denn der Kredit meines Nachbars sei trotz seines anscheinend vorteilhaften Geschäftes nicht groß, überdies hätte ich die Wechsel in einer Form ausgestellt, daß Monte-Cattini, wenn er kein ehrlicher Mann sein wolle, gar nicht nötig habe sie in Surinam zu bezahlen. Das Beste sei, selbst zu kommen, und zwar mit Geld.

Da war guter Rat teuer; das Holz war verkauft, die Wechsel nicht zu verwerten, Geld hatte ich nicht, beide Monte-Cattini waren nach den Antillen, und niemand wußte zu sagen wenn sie zurück kämen. Einige Wochen später war ich eben beschäftigt, mich zu einer abermaligen Reise nach Paramaribo zu rüsten, denn ich hatte berechnet, daß jetzt Monte-Cattini wohl in der Kolonie zurück sein könne, als im ärgsten Regenwetter und pudelnaß die alte Tante, die schwarze Haushälterin meines Nachbars zu mir ins Zimmer trat und unter einer Flut von Tränen und Seufzern mich bat, ihr doch sogleich die Gelegenheit zu verschaffen nach der Stadt zu kommen, weil sie unter dem tollen Haufen der Arbeiter ihres „Mannes" des Lebens nicht mehr sicher sei; es habe sogar Monte-Cattinis eigener Sohn gedroht, ihr die Leber herauszuschneiden, weil er in Folge des Genusses eines Pakirschleges, den sie gebraten hatte, unpäßlich geworden sei und sich durch sie vergiftet glaubte. Sie sei in einer kleinen Korjal heimlich entflohen und flehe mich nun um meinen Schutz an.

Ich besorgte ihr drei Indianer mit einer größeren Korjal, und so reiste die alte Frau, versehen mit den nötigen Lebensmitteln, noch am selben Abend ab, in der Hoffnung ihren Mann in Paramaribo zu finden. Auch ich, von derselben Hoffnung beseelt, reiste ab und mußte in Paramaribo die wohlverdienten Vorwürfe meiner Freunde über meine Unvorsichtigkeit hören, bis dann glücklicher Weise wenige Tage später mein Nachbar mit dem Dampfboot von Demerara ankam. Ich besuchte ihn gleich am andern Morgen.

Er hatte, als ich ihn sah, eben erst durch die alte Tante den Schiffbruch des „Maroni" und den Skandal mit seinen Leuten vernommen, und war deshalb in keiner angenehmen Stimmung, um so mehr, als er aus meinem Besuch wohl merken konnte, um was es mir zu tun sei. Unter vielen Bitten und Drohungen erhielt ich denn auch endlich das Geld für mein ihm verkauftes hartes Holz und für das dem amerikanischen Kapitän der Cuba gelieferte Zedernholz, während er sich durchaus weigerte, das an seinen Neffen abgegebene Holz zu bezahlen, da derselbe keine Vollmacht gehabt habe, für Rechnung seines Onkels Schiffe zu mieten. So erhielt ich statt drei 500 Gulden nicht viel über 2 000 – und habe für meine Dienstfertigkeit meinem Nachbar gefällig zu sein und ihn vor Schaden zu bewahren nie mehr einen Cent weiter erhalten.

Aber meine Schulden waren bezahlt, und blieb mir noch so viel übrig, die nötigen Waren für meinen Handel einzukaufen, und es dauerte auch nicht lange, bis ich an hartem Holz und Zeder wieder eine Ladung bei einander hatte.

Herr K., der jetzt bessere Aussichten für Holz hatte, lud mich ein selbst nach Europa zu kommen, damit wir uns mündlich über die Sache beraten könnten. Es war vorläufig brieflich bestimmt einige geschickte Zimmerleute und Holzhauer aus dem Schwarzwald zu engagieren, mit denen der Holzhau besser und zweckmäßiger betrieben werden könnte, als mit Buschnegern. Dabei wurde mir von Herrn K. in Aussicht gestellt, daß er ein Schiff kaufen wolle, das einzig für das Unternehmen bestimmt sei, und mit dem ich zugleich mit den neu anzuwerbenden Arbeitern nach Surinam Rückkehren könne.

Das erste Unternehmen mit Bukh hatte, ehe so zu sagen nur der Anfang gemacht war, schon einen traurigen Ausgang genommen. Jetzt stand mir ein ungleich großartigeres in Aussicht. Zum zweiten Mal wurde mir die Gelegenheit geboten, nicht allein zu Wohlstand zu kommen, sondern auch eine Kolonisation zu begründen, die für die Kolonie selbst von großer Wichtigkeit werden konnte. Kein Wunder also, daß ich mit dem größten Eifer auf die Pläne des Herrn K. einging, in dem Glauben, daß sich mit redlichem Willen und Beharrlichkeit alle Schwierigkeiten aus dem Weg räumen ließen. Aber ich übersah meinen gänzlichen Mangel an Menschenkenntnis. In den eigentümlichen Verhältnissen, in denen ich so viele Jahre gelebt hatte, schuf ich mir Ideen, die bei der Menschenklasse, mit der ich von nun an umzugehen und die ich zu leiten hatte, nicht anzuwenden waren; dabei verdarb mein heftiger Charakter vieles, was bei Gleichmut und Geduld vielleicht eine andere Wendung genommen hätte, und als ich am Ende sah, daß ich bei aller Sorge für das Wohl der Leute bloß Mißtrauen und Undank erntete und dabei aufs schamloseste verleumdet wurde, so nahm auch mein Wohlwollen ab, Gleichgültigkeit und Widerwillen traten an dessen Stelle, die, wenn den großen Mängeln, unter denen das Unternehmen schon von Anfang an litt, nicht abgeholfen werden konnte, seinen Untergang herbeigeführt haben würden, wenn nicht andere Ursachen materieller Art denselben früher beschleunigt hätten.

Um die Reise nach Europa machen zu können, hatte ich die Erlaubnis des neuen Gouverneurs nötig, denn der alte, mir gewogene Baron van Raders war in Ruhestand versetzt. Ich erhielt denn auch, nachdem ich dem jetzigen Baron von Schmid auf Altenstadt unsere Pläne mitgeteilt hatte, ohne Schwierigkeit einen Urlaub mit der Bedingung jemanden zu engagieren, der während meiner Abwesenheit meine Stelle als Beamter versehen könne. Ich fand diesen Stellvertreter in der Person eines früheren Plantagen-Direktors, der ein verständiger und mäßiger Mann war. So verließ ich also Albina, auf dem ich in den letzten zwei Jahren ein besseres Wohnhaus und Magazin hatte errichten lassen, und das mit seinen weißen Gebäuden, jungen Kokosalleen und gut unterhaltenem Garten einen freundlicheren Anblick bot, als der Wohnort Monte-Cattinis mit seinem schlecht unterhaltenen Hause, umgeben von Buschnegerhütten, Bambusdickicht und wildem Gesträuch.

Es war Anfangs September 1852, als ich mit meinem kleinen Boote auf Brandwacht ankam, um durch die Motkreek nach Paramaribo zu gehen. Der freundliche May war nicht zu Hause, wurde aber denselben Abend erwartet. Wenige Monate bevor ich meine Reise antrat, waren die ersten politischen Deportierten von Frankreich in Cayenne angekommen, und in den englischen, wie in den holländischen Kolonien beklagte man das Loos der armen Verbannten, die in ihren Briefen und Erzählungen nicht unterließen, das französische Guyana so schrecklich als möglich zu schildern.

Kaum eine Stunde nach meiner Ankunft auf Brandwacht sahen wir mit aufkommender Flut ein sonderbares Fahrzeug sich dem Lande nähern, das, weder Schoner noch Chalouppe, zwei große lateinische Segel führte und worauf sich eine Menge Leute befanden, von denen, da das Fahrzeug in der Schlammbank festsitzen blieb, zwei über Bord sprangen und mit unsäglicher Mühe sich über die Schlammbank bis ans feste Land durcharbeiteten.

Über und über mit Schlamm bedeckt, kamen sie auf dem Posten an, und ihr erstes Wort war: „De l'eau, Messieurs, de l'eau". Man gab ihnen zu trinken, und nun hörte ich, denn der Korporal und die schwarzen Soldaten verstanden kein Französisch, daß sie zum ersten Transport der vom französischen Präsidenten nach Cayenne verbannten Déportés politiques gehört hätten, und daß es ihnen gelungen wäre, sich eines Lotsenbootes zu bemächtigen, mit dem sie von Iles du salut geflüchtet wären. Außer einigen Flaschen Wein und etwas Brot hätten sie, zwölf Männer, in den zwei Tagen der Reise keine Lebensmittel gehabt, weniger vom Hunger, aber bei der großen Hitze um so mehr vom Durste gelitten; und bäten nun inständig, ihren Kameraden Wasser zu senden; sie flehen nun die holländische Regierung um Schutz an. Ich schickte sogleich mein Boot, das bloß einen Fuß tief ging, an Bord, und die Leute kamen ans Land. Keiner hatte außer dem, was sie eben am Leibe trugen, als sie das Lotsenboot überrumpelten, etwas anderes bei sich; auch waren sie arg von der Sonne verbrannt. Ich teilte das wenige, was ich bei mir hatte, mit ihnen, und als bald darauf der brave May ankam, erquickte er die armen Flüchtlinge so gut er konnte.

Es waren sowohl Handwerker, als Künstler, auch ein Professor der Mathematik darunter. Mit einem Plantagenfahrzeug wurden sie noch in derselben Nacht nach Paramaribo gesandt, wo der Gouverneur, den ich, weil ich in meinem leichten Boot viel früher als sie die Stadt erreichte, sogleich davon benachrichtigte, ihnen volle Freiheit ließ, in der Stadt zu bleiben oder zu gehen wohin sie wollten.

Der Gouverneur war von meinen Plänen sehr eingenommen, um so mehr, als sich ein bedeutendes Handelshaus dabei beteiligte, und das Ministerium neuerdings wieder daran dachte, ob sich wohl die Kolonie mit europäischen Landleuten kolonisieren ließe. Er versprach mir, unsere Sache beim Ministerium kräftig zu unterstützen und nach meiner Zurückkunft in die Kolonie alle Konzessionen zu verleihen, die in seiner Macht ständen.

Ich trat meine Reise nach Holland am 21. September 1852 auf der Schonerbrigg „Thetis" an. Außer einem alten Plantagendirektor T., der sich gut mit Rum verproviantiert hatte, war noch ein junger lustiger Amerikaner aus Boston an Bord, der sein Land zum ersten Male verlassen hatte, um über Surinam nach Europa zu gehen. Spekulativ, wie seine Landsleute alle, hatte er Surinam nicht besucht, um die tropische Natur kennen zu lernen, sondern bloß um das Geld, das ihm sein Vater, ein „Marble Cutter", zur europäischen Reise mitgegeben hatte, vorteilhaft umzutreiben, indem er Seife, Lichter, Achsen, Stühle, kurz solche Waren nach der Kolonie mitgebracht hatte, an denen er einen sichern und schnellen Gewinn machen konnte. Das war ihm denn auch gelungen, und er hatte mehr als sein Aufenthalt in Surinam und seine Überfahrt nach Amsterdam ihn kostete, heraus geschlagen.

Übrigens war er ein fröhlicher und wohlunterrichteter junger Mann, und da auch der Kapitän gebildet und gefällig war, so hatten wir ungeachtet der kleinen Kajüte eine angenehme Überfahrt. Viel Spaß machte uns unser Reisegefährte T., der in seinem Tagebuch pünktlich aufzeichnete, wo sich jeden Mittag das Schiff befand. Wir ließen ihn nun die wunderbarste Reise in seinem Tagebuch notieren; bald waren wir in der Nähe der Bahamas, die wir vor den Wolken nicht sehen konnten, dann hatten wir in der Nacht die Bermuden passiert, endlich mußten wir gar an Madeira vorbeikommen, wo der Kapitän versprach, wenn die See nicht zu unruhig sei, ein Boot ans Land zu senden, um neuen Wein, Trauben und Kartoffeln zu kaufen, wozu jeder von uns seinen Teil an Geld beitrug.

So trieben wir unsere Possen bis wir an den Kanal kamen, wo uns ein Sturm aus Nordost am Einlaufen verhinderte, wodurch unsere gute Laune auch etwas abnahm. Haushohe Wellen warfen das kleine Schiff umher, das das Schicksal von wenigstens fünfzig andern größeren und kleineren Schiffen teilen und kreuzen mußte, bis endlich am vierten Tage der Sturm nachließ und der Wind günstig wurde. So kamen wir denn am 46. Tag der Reise wohlbehalten in Amsterdam an.

Ich übergehe den Aufenthalt in dieser Stadt, wo ich mit Herrn K. die nötige Absprache nahm, und beim Minister im Haag die Erlaubnis und Zusagen weiterer Begünstigungen erhielt. Dieses rein partikuläre Unternehmen erweckte dadurch hauptsächlich Interesse, als es in eine Zeit fiel, wo gerade die Regierung daran dachte, durch europäische, beziehungsweise deutsche Einwanderung der Kolonie deren schwarze Bevölkerung doch über kurz oder lang frei gegeben werden mußte, Arbeitskräfte, und wo möglich europäische Elemente zuzuführen. Zu diesem Zweck war von der holländischen Regierung eine Kommission ernannt, wozu Württemberg den Arzt,

Hessen den Geologen, Hannover den Agronomen und Preußen den Berichterstatter stellte.

Diese vier Herren waren bereits in Holland angekommen und wurden auf Kosten der holländischen Regierung nach Surinam gesandt. Es war vorerst die Aufgabe dieser Kommission, das der Seeküste näher gelegene Land zu bereisen, von den klimatischen, landwirtschaftlichen und sozialen Verhältnissen sich genau zu unterrichten und ein Gutachten abzugeben, in wie ferne die Kolonie für europäische Ansiedler, die den Landbau betreiben würden, geeignet sei.

Alle Unternehmungen mit Europäern, die man seit hundert Jahren in größerem oder kleinerem Maßstabe betrieben hatte, waren, obgleich sie große Summen gekostet hatten, total mißglückt. Aber die allgemeine Stimme in Holland war dafür, daß dieser für den Handel und die Schiffahrt so vorteilhaft gelegenen Kolonie, die bei ihrer so großen Fruchtbarkeit durch fleißige Hände zu unberechenbarem Nutzen des Mutterlandes gebracht werden könnte, der möglichste Vorschub geleistet werde.

Wie dieses Bestreben des Mutterlandes, der Kolonie durch eine europäische Ansiedlung aufzuhelfen, von dieser anerkannt wurde, und welches das Resultat der Kommission gewesen ist, werde ich im Laufe der Erzählung berühren. Nachdem wir vom Kolonial-Ministerium die Zusage bedeutender Ländereien, auch Befreiung von Abgaben auf eine Reihe von Jahren erhalten und die Punkte des Unternehmens festgestellt hatten, verließ ich Amsterdam und brachte den Winter im Kreise meiner Familie und meiner Freunde in Stuttgart zu. Auch verehelichte ich mich mit einer Jugendgenossin gleichen Alters, deren Namen Albina ich schon früher meinem Wohnplatz am Maroni gegeben hatte.

Sie teilte mit mir alle Sorgen und die namenlosen Widerwärtigkeiten, die später das neue Unternehmen in so reichem Maße mit sich bringen sollte, ohne je Teil zu nehmen an den Genüssen, die mir meine Geschäftsreisen nach Europa und nach den Antillen boten. Um mich vom Holzhandel selbst zu unterrichten, besuchte ich anfangs 1853 Hamburg, wo der Verbrauch südamerikanischer Holzarten, zumeist aber der bei uns in Surinam so häufig vorkommenden Zeder zu Zigarrenkisten und der Palmlatte zu Regenschirmstöcken sehr bedeutend ist. Beides konnten wir in Menge liefern.

Auch andere feine Hölzer unserer Waldungen wurden da zu Stöcken, Furnieren oder Möbeln verwendet, und so schien auch mir der Absatz gesichert. Herr K. hatte inzwischen ein Schiff von 200 Tonnen gekauft. Es war eine Koff[1], und wiewohl alt, doch sehr stark und vorzüglich zum Transport von Holz geeignet. Es wurde meinem Wohnorte zu Ehren ebenfalls Albina genannt und in Stand gesetzt Anfangs Mai segelfertig zu sein. Mit einem Agenten auf dem Schwarzwald hatte ich inzwischen abgesprochen, die nötigen Holzhauer zu engagieren.

Ich wählte dazu Schwarzwälder, weil diese, inmitten großer Forste lebend, schon von Jugend auf mit Fällen, Beschlagen und Sägen des Holzes bekannt, sich bälder in unseren Waldungen heimisch fühlen würden, als Zimmerleute, die an Arbeit in den Städten gewöhnt sind.

Ich wollte bloß ledige Männer mitnehmen, weil Frauen und Kinder nicht allein die Kosten unverhältnismäßig erhöhten, sondern auch Einrichtungen nötig machten, die der Sache mehr das Ansehen einer bleibenden Kolonisation gaben, die vorerst noch nicht in unserem Zweck lag; doch Herr K. glaubte, daß bei häuslichem Familienleben größere Eintracht und Zufriedenheit unter den Leuten herrschen würde.

Beim ärgsten Schneegestöber und Glatteis kam ich nach dem Dobel, um die Leute, die der Agent zusammen gebracht hatte, persönlich kennen zu lernen. Ich fand hier die meisten im Wirtshaus versammelt; ich setzte ihnen nun die Arbeit, wozu ich sie gebrauchte, so gut als möglich auseinander und übergab jedem in Gegenwart des Schultheißen eine durch mich aufgestellte genaue Beschreibung des Landes und

---

[1] Ein besonderes holländisches Lastenschiff (Red.).

besonders des Maroni, worin ich sowohl die mannigfaltigen Beschwerden der Arbeit, den Mangel an Geselligkeit gewissenhaft, selbst in grellen Farben, auseinandersetzte, als sie auch auf den Umstand aufmerksam machte, daß hier eine ganz andere Lebensweise als in Nordamerika sei, sie also auf vieles verzichten müßten, woran sie von Jugend an gewöhnt seien." Diese Beschreibung las ich erst langsam vor, erklärte jeden einzelnen Punkt und gab jedem eine Abschrift davon.

Es waren im Ganzen acht Männer, wovon sechs Holzhauer und zwei Zimmerleute, zwei waren verheiratet und hatten je zwei Kinder, und zweien der Holzhauer hatte ich zugestanden, ihre Mädchen mitzunehmen, unter der Bedingung, sich in Surinam sogleich mit ihnen zu verheiraten. Da wir genau berechnet hatten, wie viel jeder Arbeiter bei mäßiger Arbeit täglich Holz fällen, behauen und an das Wasser schaffen könne, und es sich auch später durch Erfahrung zeigte, daß unsere Berechnungen nicht übertrieben waren, so konnte man die Bedingungen für die Leute ungemein vorteilhaft stellen. Natürlich war die Grundlage dieser Berechnungen der Preis, den das Holz derzeit auf dem europäischen Markte erzielte, und daß dieser bei Anfuhr besserer Ware sich noch bedeutend erhöhen werde, bezweifelte Herr K. keineswegs.

Die Leute hatten mit ihren Familien von ihrem Geburtsort bis nach Albina freie Reise nebst Schiffskost. Am Ort der Bestimmung angekommen, hatte der Arbeiter für eine elfstündige Arbeit einen Gulden täglich nebst zwei fünftel Liter guten französischen Weines, die Nahrung, die sie ebenfalls frei hatten, bestand für den Mann täglich aus ein Pfund Fleisch, Speck oder Fisch, ¾ Pfund für die Frau und ¼ Pfund für jedes Kind. Brot oder Biskuit hatten Mann und Frau je ¾ Pfund, ein Kind aber ¼ Pfund. Erdfrüchte, Mehl oder Reis waren 1 ¼ Pfund für die Erwachsenen und ½ Pfund für die Kinder gerechnet. Dabei wurden Kaffee, Zucker, Schmalz, eingemachte Gemüse als Sauerkraut, Bohnen, Blumenkohl, Zwiebel, Zwetschgen ausgegeben, so daß sie kaum im Stande waren, alles aufzuessen.

Der Kontrakt war auf drei Jahre festgestellt; jeden ersten des Monats wurde der Lohn ausbezahlt und zwar zwei Drittel in barem Gelde, während ein Drittel bis zum Ablaufe der Kontraktzeit zurückgehalten wurde als Garantie für Einhaltung des Vertrages von Seiten des Arbeiters. Als das Schiff segelfertig war, verließ ich Stuttgart am 23. April 1853 mit meiner Frau, einer Dienstmagd und einem jungen Mann, den ich zum Einsammeln von Naturalien engagiert hatte. Schwer fiel meiner Frau der Abschied von ihren hochbejahrten Eltern und ihrer Schwester, die sie nie wieder sehen sollte.

In Mannheim fanden wir die Leute mit dem Agenten, aber einige der Arbeiter waren zurückgetreten und hatten durch andere ersetzt werden müssen; statt eines kräftigen Mannes, mit dem ich den Kontrakt abgeschlossen hatte, fand ich einen 17jährigen Burschen, der kein Handwerk konnte und doch ebenso viel Lohn haben sollte wie die älteren Arbeiter, aber es war zu spät, um noch Veränderungen vorzunehmen, und so ließ ich es gut sein. Die Leute waren alle so mittellos, daß ich selbst die kleinen Unkosten für das Ausstellen ihrer Pässe bezahlen mußte.

Früh am andern Morgen schifften wir uns auf dem Dampfboot ein und kamen zwei Tage später beim abscheulichsten Wetter in Amsterdam an, wo die Leute sich sogleich an Bord der Albina begaben und bei gutem warmen Essen sich bald behaglich fühlten.

Das Schiff war aufs Beste eingerichtet. Auf der Ladung, die außer Backsteinen, Brettern und Ziegeln zum Häuserbau meistens aus Lebensmitteln aller Art und Waren zum Tauschhandel mit den Indianern und Buschnegern bestand, lag aus rohen Brettern ein Fußboden, und waren längs den Seiten zwölf zweischläfrige Kojen angebracht, die mit guten Seetang-Matratzen, Decken und Kissen versehen waren.

Zum Kapitän des Schiffes hatte Herr K. einen in seinem Fach wohl erfahrenen Seemann angestellt, der früher große Reisen gemacht hatte, aber, weil er sich häufig betrank, seiner Stelle als Kapitän entsetzt worden war. Verheiratet und in kümmerlichen Umständen, schien er jetzt von diesem Laster gänzlich geheilt, und auf die heiligste Versicherung, niemals mehr Branntwein zu trinken, hatte ihm Herr K. das Schiff übergeben. Auch der Steuermann und die Matrosen mußten auf die übliche Geneverration verzichten, an deren statt sie mehr Kaffee erhalten sollten. So war also in facto die ganze Equipage der temperance society einverleibt.

Ich war ganz gegen diese extreme Maßregel; denn obgleich ich kein Laster mehr verabscheue als Trunksucht, durch die ich schon so manche herbe Erfahrung gemacht und große Verluste erlitten habe, so mißbilligte ich doch, jemand zur Mäßigkeit zwingen zu wollen, denn den an einen Schnaps gewöhnten Matrosen genügt der Kaffee bei rauhem und kaltem Wetter nicht. Erhält aber der Seemann seine Ration Branntwein regelmäßig und auf eine Weise, daß auch der Trunkenbold keinen Mißbrauch davon machen kann, so wird unter einem verständigen Kapitän alles ebenso gut oder besser an Bord getan, als auf Schiffen, die der temperance society einverleibt sind. Bietet sich aber einmal die Gelegenheit dar, so werden Matrose und Soldat sich um so gieriger betrinken, je länger sie ihren Lieblingstrank entbehren mußten.

Schon den 27. April war die Albina auf dem nordholländischen Kanale, und bei günstigem Wind traten wir bereits am 2. Mai die Seereise an. Obgleich ein Koffschiff, segelte die Albina sehr gut, und von Wind und Wetter begünstigt, sahen wir schon am 6. Juni die Hügel am Iracoubo und kamen am folgenden Tag an die Mündung des Maroni. Außer mir kannte niemand die Küste, aber auch ich traute nicht, das Schiff durch die vielen Bänke der Einfahrt zu bringen. Im Süden sah man an der Ecke des französischen Ufers die Hütten des Karaibendorfes von Jean Pierre, die etwa auf einen Abstand von zwei Stunden klar und deutlich vor uns lagen.

Wir ankerten in der Mündung, und um Indianer zu holen, die uns vielleicht das Fahrwasser zeigen konnten, fuhr ich am andern Morgen mit dem Steuermann und zwei Matrosen ab, als die Ebbe schon begonnen hatte. Erst nach sechs Stunden anhaltenden Ruderns kamen wir ans Dorf, in dem sich aber niemand befand als der alte Jean Pierre und ein jüngerer Indianer Kabalwiawa. Beide waren bereit mit mir an Bord zu gehen. Es war aber unterdessen die Flut eingetreten, und wir konnten deshalb nicht vor acht Uhr abends die Zurückfahrt antreten.

Bei dunkler Nacht fuhren wir ab. Vom Schiff konnte man bei der großen Entfernung vom Land nichts sehen, und nur mit Mühe fanden wir, die Richtung auf dem Kompaß durch den Schein der Zigarren, die die Indianer in Brand erhielten. Wir waren schon über drei Stunden lang gefahren und verzweifelten das Schiff aufzufinden, als wir plötzlich ganz nahe bei uns ein helles Licht sahen, das aus den Kajütfenstern uns zustrahlte. Zu unserer freudigen Überraschung befanden wir uns ganz nahe am Schiffe. Ich ließ sogleich die Indianer auf ihren Flöten, die sie mitgenommen hatten, blasen, und bald hörten wir ein Schreien, Rumoren und Hin- und Herlaufen an Bord. Als wir anlegten, sahen wir Matrosen und Passagiere mit Beilen, Handspaken und Gewehren bewaffnet, bereit uns den Eintritt ins Schiff zu verwehren.

Der Kapitän hatte sich nämlich in den Kopf gesetzt, daß die freilich nicht sehr harmonischen Töne der Flöten das Kriegsgeheul von Wilden wären, die das Schiff überfallen wollten. Als man aber meine Stimme erkannte, beeilte man sich die Treppe herauszulassen, um mir das Aufsteigen zu erleichtern. Es war etwa ein Uhr morgens, ich ließ nun die nackten roten Indianer ans Bett meiner Frau treten, um ihr die ersten Früchte des Landes, Ananasse und Wassermelonen, zu überreichen.

Aber auch die Indianer waren uns von wenig Nutzen, denn da sie nie so weit in See und stets in Korjalen fahren, die nicht über 1 bis ½ Fuß tief gehen, so bekümmern sie sich wenig um Bänke und Untiefen, sondern fahren darüber hin. Leider war die sogenannte tote Zeit eingetreten, und da wir uns in der großen Regenzeit befanden, wo manchmal tagelang kein Wind weht, so kamen wir von einer Bank auf die andere. Ich beschloß daher nach Albina zu fahren und Herrn Monte-

Cattini, der das Fahrwasser besser als ich kannte, zu bitten, das Schiff hereinzulotsen. Mit meiner Frau und Magd verließ ich in meinem Boote das Schiff. Ich hatte zwei Zimmerleute als Ruderer mitgenommen und mietete bei Georg noch eine Korjal für mein Bettzeug und meine Lebensmittel, und unter furchtbaren Regengüssen kamen wir um zehn Uhr Nachts auf Albina an.

Fünftes Kapitel

Am andern Tag, als ich mit Monte-Cattini mich an Bord begeben wollte, fanden wir das Schiff bereits gegenüber dem Dorfe von Georg und innerhalb der gefährlichen Bänke; aber bei gänzlicher Windstille und sehr wenig Flut hatte es noch volle acht Tage nötig, um die kurze Strecke von fünf Stunden bis Albina zurückzulegen. Die beiden Zimmerleute gingen nun sogleich an die Arbeit zunächst bis bessere Häuser gebaut werden könnten, einige Hütten aufzustellen, wozu ihnen Indianer die Dächer aus Pinablättern flechten mußten.

Außer meinem Wohnhaus, in dem außer mir, meiner Frau und Magd auch mein Stellvertreter mit seiner Haushälterin und Sohn logierte, stand bloß noch ein Schuppen, dessen Bühne ich zur Wohnung der ledigen Männer bestimmt hatte, während der untere Raum zur Aufbewahrung der Waren und Lebensmittel dienen mußte. Noch ehe das Schiff auf Albina angekommen war, standen bereits zwei Hütten mit je zwei Kammern für die Verheirateten fertig, und die nötigste Arbeit für ein besseres Magazin wurde sogleich in Angriff genommen.

Ich hätte die Leute schon längst vom Schiffe abgeholt, wenn ich ein Obdach für sie gehabt hätte, bei den schweren Regengüssen aber, die besonders im Juni fallen, hatten sie an Bord eine bessere Wohnung als ich ihnen bieten konnte. Den 14. Tag, nachdem wir die Küste zuerst gesehen hatten, kam denn endlich das Schiff, von ein wenig Wind begünstigt, um die Ecke des französischen Ufers. Es war gerade ein Sonntag; der Kapitän, der nun keine Gefahr mehr sah, hatte die weitere Leitung dem Steuermann anvertraut und war mit zwei Matrosen in seinem kleinen Boote gekommen, um bei mir den Sonntag zuzubringen. Ich hätte zwar lieber gesehen, wenn er an Bord geblieben wäre, bis das Schiff vor Albina geankert hätte.

Wir saßen eben beim Essen, als beim besten Wind und Flut das Schiff auf einmal stille lag.

Rasch nahm ich das Fernrohr und sah, daß die Raa des Vordermastes mit dem Segel und der daran hängenden Tauen in den Zweigen eines überhängenden Baumes sich verwickelt hatte. Ich witterte Unrat, und jetzt erst machte ich dem Kapitän Vorwürfe und befahl ihm an Bord zurückzukehren; auch fuhr ich selbst sogleich mit meiner kleinen Korjal dahin ab.

Wir hatten Wind und Strom gegen uns und brauchten eine gute Stunde, ehe wir am Bord waren. Da sah ich nun mein Wunder; Steuermann, Koch und einer der Matrosen waren total betrunken und kaum fähig, mir eine Auskunft zu geben, auch einige meiner Leute taumelten auf dem Verdeck umher. Da der Kapitän noch nicht angekommen war, so sandte ich sogleich einen Indianer mit der Axt in die Raa, um den überhängenden Baum herauszuhauen, was keine leichte Arbeit war, denn man mußte zuerst verhüten, daß er nicht aufs Verdeck fallen und durch seine Schwere die Kombüse oder Küche, die gerade darunter lag, beschädigen konnte.

Da durchaus kein berauschendes Getränk sich an Bord befand außer 24 Kisten Genever, die für meinen Handel bestimmt waren, so ließ ich diese sogleich aufs Verdeck bringen; da fand ich nun daß nicht weniger als 54 Flaschen oder der Inhalt von vier ½ Kisten fehlten. Jetzt konnte ich mir leicht den schweren Schlaf des Kapitäns erklären, der, wenn er in der Nacht vom Steuermann die Wache zu übernehmen hatte, erst eine Viertelstunde lang gerüttelt werden mußte, ehe er erwachte.

Als der Kapitän wieder am Bord war, erklärte ich ihm, daß ich den Vorfall dem Herrn K. mitteilen werde; unser Verhältnis war deshalb fortan kein angenehmes, denn er konnte begreifen, daß er sogleich seine Entlassung bekommen werde. Das Schiff war, nachdem die Zweige abgehauen waren, wieder frei und kam mit Ende der Flut auf Albina an.

Gleich am andern Morgen hielten die Leute ihren Einzug in die fertigen Hütten; ein großer, von allen Seiten offener Schuppen, an dessen Ende das Essen zubereitet wurde, war das Refectoir, wo täglich Frühstück, Mittag- und Abendessen von sämtlichen Arbeitern und ihren Angehörigen genossen wurde.

Ich hatte die Einrichtung so getroffen, daß von den vier Frauen jede eine Woche lang für sämtliche Leute kochen mußte, wozu sie jeden Morgen die nötigen Lebensmittel nach einem Tarif erhielt, welcher der Kochfrau übergeben war. Zu den Gemüsen die aus Holland mitgebracht waren, kamen nun die inländischen, süße Bataten, Taiers und süße Cassave, die während meiner Abwesenheit in ziemlicher Menge ange-pflanzt worden waren, und auf deren weitere Anpflanzung ich, sobald die trockene Zeit anfing, hauptsächlich bedacht sein wollte. Zum großen Vorteil meiner Provisionsrechnung war ich im Stande, von den Indianern Wild und Fische ein-zutauschen, wodurch, da diese beträchtlich wohlfeiler waren als Salzfleisch und Speck, die Unterhaltkosten nicht so hoch kamen, als wir berechnet hatten. So kam, da ich den Indianern den Pakir oder Pingo, (kleines Wildschwein von ca. 20 bis 25 Kilo Fleisch) mit 2,50 Gulden bezahlte, das Pfd. auf sechs Cents oder etwa vier Kreuzer zu stehen, während gesalzenes Fleisch von Hamburg 26 Cents und der Speck gar 40 Cents das Pfund kostete. Meine erste Sorge war, das Schiff zu laden, wobei mir vier meiner Arbeiter helfen mußten, während die andern Bretter sägen oder Holz zum Bau der nötigen Häuser zu behauen hatten.

Die Arbeit ging von beiden Seiten überraschend gut; die Leute die das Schiff laden mußten, griffen alles besser und zweckmäßiger an als Neger, und obgleich den Zimmerleuten die verschiedenen Holzarten fremd waren, so wußten sie doch beim behauen und Sägen manchen Kunstgriff anzuwenden, der die Arbeit ungemein förderte.

Vier Wochen nach unserer Ankunft hatte die Albina mit ei-ner vollen Ladung den Maroni verlassen, und ich befand mich nun mit meinen Landsleuten allein. Da fand ich nun gar bald, daß weder sie noch ich für ein patriarchalisches Leben paßten, wie ich mir es früher vorgestellt hatte. Obgleich ich mit der Arbeit, da wo ich sie beaufsichtigen konnte, oder wo sie im

Akkord vergeben war, Ursache hatte zufrieden zu sein, und deshalb alles tat, ihr Wohlsein zu befördern, so war doch ihrerseits weder Anhänglichkeit noch Vertrauen zu mir sichtbar. Tausend Verdruß und Sorgen machten mir die ewigen Klagen über das Essen; dieselben Leute, welche in ihrem Vaterlande froh gewesen sein würden, wenn sie nur jeden Sonntag ein Stückchen Fleisch bekommen hätten, wollten jetzt Fleisch, das sie zweimal täglich bekamen, nur gebraten essen.

Meiner Frau lag das peinliche Geschäft ob das gesalzene oder frische Fleisch jeden Abend auszuteilen. Nie konnte sie es recht machen: stets wollte man es knochenlos oder fetter, und jeden Abend war dasselbe Gezänke. Zum Brot, das man am Morgen zum Kaffee aß, sollte Butter gegeben werden, weil das am Schiff der Brauch gewesen war, wo die Grütze mit Butter geschmalzt wurde, auch der gewöhnliche braune Zucker, wie ich ihn selbst in meiner Haushaltung gebrauchte, war nicht gut genug, es sollte weißer sein.

Mit Fischen, die der Maroni in so verschiedenen und wohlschmeckenden Arten liefert, durften wir gar nicht kommen, oder höchstens einmal in der Woche gebacken. Wohl ist es wahr, daß in Württemberg der gemeine Mann kaum weiß wie ein Fisch schmeckt, aber es ist eine Tatsache: je gebildeter der Mensch ist, desto leichter schickt er sich in die Verhältnisse, und um so weniger Vorurteile beherrschen ihn. Obgleich ich in meiner Jugend in keinen glänzenden Verhältnissen lebte, hatte ich doch nie Gelegenheit, den Charakter der Menschenklasse kennen zu lernen, mit der ich jetzt umgehen mußte. Nie hätte ich gedacht, daß in einem Staat wie Württemberg, das wegen seiner guten Schulen so allgemein gerühmt wird, so viel Unwissenheit, solcher Aberglauben und Mißtrauen unter sich selbst und gegen alles das auf einer höheren Bildungsstufe steht, herrschen könne. Oft machte ich bei mir selbst die Bemerkung, was würde ich erst mit Preußen oder anderen Norddeutschen auszustehen haben, wenn meine eigenen Landsleute, die gutherzigen Schwaben, mir es so machen können.

Kaum waren die Arbeiter notdürftig unter Dach, als sich eine bis jetzt auf Albina unbekannte Plage einstellte nämlich blutsaugende Fledermäuse oder Vampire. Es verging keine Nacht, wo nicht ein oder der andere der Leute, und meistens die ledigen, welche die Bühne des Schuppens bewohnten, gebissen wurden, jeden Morgen waren Lachen Blutes auf den Matratzen oder in den Hängematten, worin sie schliefen. Ich ließ sie von nun an auf der Bühne meines Wohnhauses schlafen, aber auch da wurden sie von dem unheimlichen Geziefer verfolgt, und einmal so sehr, daß durch den Bühnenboden das Blut in die Wohnstube träufelte. Alles was ich und meine Frau an überflüssigen Strümpfen hatte, teilten wir aus, aber dann machten sich die Tiere an Nacken, Finger und Nase ihres Opfers, so daß ich diejenigen, welche am häufigsten gebissen wurden, in meiner eigenen Wohnstube schlafen ließ. Als die Trockenzeit eintrat, verließen uns glücklicher Weise die bösen Gäste.

Vermutlich waren sie durch die Ausdünstung der eben erst ins Land gekommenen Europäer angezogen, wie ich denn auch häufig bemerkte, das die Muskiten den Ankömmling mehr plagen, als den schon akklimatisierten. Dasselbe gilt auch von den Sandflöhen, die sich mehr in den Zehen der Neuangekommenen einnisten, bei denen vermutlich die weiche Haut, des Barfußgehens noch ungewöhnt, mehr ausdünstet. Auch von dieser Plage hatten die Leute, mehr aber noch die Kinder zu leiden, und scheute ich keine Mühe, ihnen dieselben herauszuziehen, ihre Wunden zu untersuchen und zu heilen.

Da Bauholz und Bretter in Menge vorhanden waren, so standen in kurzer Zeit die nötigen Gebäude so weit fertig, daß sie bezogen werden, und die Leute sich in denselben bequem einrichten konnten. Häuser und Magazine waren mit Brettern beschlagen, hatten Fuß- und Bühnenböden und Dächer mit Schindeln bedeckt. Von außen wurden sie mit Bleiweiß angestrichen und hatten ein nettes, freundliches Aussehen. Unter diesen Arbeiten war die Trockenzeit herangekommen, in der ein großer Kostacker angelegt werden mußte, um mit den ersten Regen, die gewöhnlich im November fallen, die nötigen Erdfrüchte für den Gebrauch des Etablissements anzupflanzen. Auch bei dieser neuen Arbeit taten die Leute viel mehr als die surinamschen Sklaven, und auch die Weiber halfen gegen eine geringe Bezahlung.

Kurz nach meiner Ankunft auf Albina ernannte mich der Gouverneur zum Beamten des bürgerlichen Standes in der neuen Ansiedlung. Ich übernahm damit die Verpflichtung, Geburt- und Sterbefälle amtlich einzuschreiben, Verheiratungen und Scheidungen vorzunehmen, kurz alle Funktionen eines Bürgermeisters zu verrichten, wozu eine kurze Anweisung und die nötigen Formulare gesandt wurden.

Ich reiste nun Ende August über See nach Paramaribo; um mich nach den Verpflichtungen meiner neuen amtlichen Stellung zu erkundigen und erhielt vom Gouverneur die Zusage, daß er baldigst nach dem Maroni kommen und die neue Niederlassung, auf welche die Aufmerksamkeit des Ministeriums gerichtet war, besuchen wolle.

In Paramaribo fand ich die Mitglieder der deutschen Kommission, die schon vor sieben Monaten in der Kolonie angekommen waren und bereits verschiedene Teile derselben bereist hatten. Der Empfang, der ihnen vom Gouvernement und den Pflanzern zu Teil geworden war, bewies ihnen genugsam, daß man weder von der Kolonie aus deutsche Einwanderung wünsche, noch, wenn je eine solche zu Stande käme, schon der wenigen Teilnahme wegen, viel gutes davon zu erwarten sei.

Der früheren im Jahr 1845 unternommenen, total mißglückten Kolonisation am Saramacca war ebenfalls keine Sympathie entgegengebracht worden, obgleich sie an Vorgesetzten und Untergebenen nur aus Holländern bestand und auch später aus solchen bestehen sollte. Das Wohl der Kolonie in ihrer Beziehung zum Mutterland liegt dem Pflanzer ebenso wenig am Herzen als das Interesse, das dieses dabei hat, durch neue, vom alten System abweichende Mittel der so herabgekommenen Kolonie neue Lebenskraft zu geben. Obwohl die freie

Bevölkerung zum guten Teil holländischen Ursprunges ist, so ist sie doch im Laufe der Jahre so vermischt mit andern Rassen, vorab der Negerrasse, überdies wohl der Hälfte nach dem semitischen Stamme angehörend, daß man sie dem urkräftigen, sein Vaterland und die Freiheit liebenden, auf seine Abkunft stolzen Holländer Südafrikas nicht vergleichen kann.

Kann der surinamsche Pflanzer für seine Kultur wohlfeile Arbeiter bekommen, die in gesellschaftlicher und geistiger Beziehung weit unter ihm stehen müssen, mit denselben viel Produkte erzielen und diese gut verkaufen, so ist dies für ihn die Hauptsache, und ist es ihm vermutlich ziemlich gleichgültig, ob die holländische, amerikanische oder englische Flagge im Lande weht. Dieser Pflanzer weiß recht gut, daß er zu seiner Kultur keine Europäer brauchen kann, denn würden sie auch, woran nicht zu zweifeln ist, dieselbe Arbeit wie der Neger verrichten, so kommt, wenn jene gesund und arbeitsfähig bleiben sollen, ihr Unterhalt viel höher zu stehen, als die einfache Nahrung etc. mit der sich der an ein tropisches Klima gewöhnte Chinese, Kuli oder Neger begnügt. Wir sehen ja in Kalifornien, daß beim Landbau kein Europäer mit den Chinesen konkurrieren kann. Es war wohl nicht der Zweck der niederländischen Regierung, den besitzlosen deutschen Landmann nach Surinam zu bringen, um die Arbeitskräfte auf den Pflanzungen zu ersetzen und ihn, gleichstellenden freien Negern, Kulis und Chinesen, mit welchen er zu arbeiten verpflichtet wäre, einem sichern Untergang zu weihen. Mehrere Jahre nach der Emanzipation der Sklaven 1872 und 73 wurde durch einige Pflanzer der Versuch gemacht (das Gouvernement war dabei nicht beteiligt, ja selbst dagegen) Europäer, nämlich in Amsterdam ohne Beschäftigung herumlaufendes Gesindel für Plantagearbeit mit der gebräuchlichen Lohntaxe zu engagieren. Die meisten gingen zu Grunde.

Der Pflanzer hat also bei einer europäischen Kolonisation mit für sich selbst arbeitenden Landleuten (und eine solche war sowohl bei der im Jahr 1845 mit Holländern mißglückten der Zweck, als die Aufgabe der deutschen Kommission eine derartige mit Deutschen einzuleiten) kein Interesse, höchstens der Kaufmann durch vermehrten Absatz und Umtrieb.

Aber für Holland wäre sie von unberechenbarem Nutzen, denn die Zeit war nicht mehr ferne, wo man durch die Freigebung der Sklaven, deren Arbeit dann von ihrem guten Willen abhing, und auf den man wenig Vertrauen haben konnte, genötigt sein wird, durch Einfuhr anderer Arbeiter, als Bengalesen, Chinesen und Madeiraner die Arbeiten der Freigegebenen fortsetzen zu lassen. Deshalb würde das europäische Element mehr und mehr verschwinden und eine Bevölkerung sich bilden, welcher das Mutterland ganz fremd wäre, weil sie kein Band an dasselbe fesselte. Wäre aber in irgend einem gesunden und fruchtbaren Teile der Kolonie eine für sich selbst arbeitende mehr oder weniger von der inländischen Bevölkerung abgeschiedene, bloß administrativ unter dem Gouvernement stehende, den holländischen Gesetzen untertane europäische Bevölkerung, so würde, wenn dieselbe gelänge (und warum sollte man bei verständiger Leitung und der nötigen Vorsorge an einem guten Erfolge zweifeln), durch Übersiedelung anderer Holländer oder Stammesverwandten sich nach und nach eine Bevölkerung bilden, die an Eifer und Intelligenz die schwarzen und farbigen Bewohner des Landes überragen und die so vielen noch unbenützten Hilfsquellen der Kolonie zum Vorteil des Mutterlandes und eigener Wohlfahrt ausbeuten würde.

Dieses sah nun auch das Ministerium ein, als es die nicht unbedeutenden Summen daran rückte, die deutsche Kommission nach der Kolonie zu senden. Aber was die Regierung in den Niederlanden für gut und zweckmäßig hält und wünscht, hat nicht immer den Beifall der Kolonien, und wenn nicht beide Hand in Hand gehen und zum gleichen Zwecke mit demselben Eifer vereint sind, kommt selten etwas Gescheites heraus.

Die deutsche Kommission bestand, wie bereits erwähnt, aus vier Mitgliedern; eine genaue Instruktion ihrer Verpflichtungen, ihrer Arbeiten, ihrer Beziehungen zu einander, ebenso wie ein bestimmter Plan und Zusammenwirkung scheint entweder nicht bestanden zu haben oder nicht genau befolgt worden zu sein. Keiner war dem andern untergeordnet, und auch das Gouvernement schien in Verlegenheit zu sein, zu bestimmen, was die Kommission eigentlich ausführen solle. So handelten also die Mitglieder meist jedes für sich.

Es waren zu ihrem Unterhalt und zu ihren Untersuchungen keine Kosten gespart, dennoch verlangten sie manchmal außer Instrumenten zu dem die Sache fördernden wissenschaftlichen Zweck auch solche (z. B. Waffeleisen), aus denen man schließen konnte, daß außer dem Zweckdienlichen, Nützlichen, auch das Angenehme, Kulinarische nicht vernachlässigt werden solle, wodurch sie sich lächerlich machten. In Folge von Uneinigkeiten unter sich selbst, die durch mangelhafte Instruktion entstehen mußten, der geringen Teilnahme, die sie bei den Bewohnern der Stadt und der Pflanzungen fanden, der Gleichgültigkeit des Gouvernements und der höheren Beamten reisten drei der Mitglieder schon im zweiten Jahre nach Europa zurück; ihr Vorschlag oder Rapport war ein für Kolonisation mit Europäern in jeder Beziehung ermutigender. Der Geologe aber, der eifrige, in seinem Fache so wohl erfahrene Doktor Volz, wurde in Paramaribo, wenige Tage vor seiner vorgehabten Abreise, vom gelben Fieber hinweggerafft. Welches Interesse das Gouvernement an der deutschen Kommission bezüglich ihrer Mitglieder nahm, und welche Achtung es ihr bewies, geht daraus hervor, daß dieser Mann, dessen sittlicher Charakter eben so viel Achtung verdiente, als seine Kenntnisse, auf dem Kirchhof begraben wurde, der für die ärmere Klasse der Bevölkerung bestimmt ist, während jedem Unterleutnant die Ehre des Nieuwen Oranje tuins zu Teil wird.

Nach Albina brachte ich einen Maurer mit, der die Grundmauern der Häuser, Backöfen etc. zu machen hatte, denn keiner unter den Leuten verstand das Maurerhandwerk, und ein Backofen war uns höchst nötig. Die Papiere der zwei heiratslustigen Paare hatte ich nach Surinam mitgenommen, dort alles in Ordnung gebracht und waren die Ankündigungen auf dem Rathhaus in Paramaribo angeschlagen, begreiflicherweise ohne alle Einsprache abgelaufen, so daß die Heiraten sogleich nach meiner Zurückkunft vollzogen werden konnten. Mit Schreibereien und Weitläufigkeiten waren aber mehrere Monate verflossen, und beide Bräute in die Wochen gekommen, ehe der Brautkranz sie schmückte. Es kam den Leuten ebenso sonderbar vor wie mir, als sie und ihre Zeugen in meiner einfachen Wohnstube, ohne jegliche Feierlichkeit, die Heiratsakten zu unterschreiben hatten, und ich die Trauungsformel, die ich vorher ins Deutsche übersetzte, den Brautleuten vorlas, und sie ihr Ja aussprechen mußten. Ich bekenne gerne, daß es nicht nur mir an Würde fehlte, sondern auch der ganze Akt so einfach war, daß er nicht imponieren konnte.

Bürgerliche Heiraten können überhaupt nie den Eindruck machen, den eine Einsegnung im Hause Gottes und durch Priesters Hand hervorbringt, aber die Eheschließung mußte denn doch ganz ins Triviale herabsinken, wenn der sie vollziehende Beamte, wiewohl bei dem Akt feierlich in Schwarz gekleidet und mit einer dem Ernst der Sache entsprechenden Miene auftretend, doch eine halbe Stunde vor der Trauung noch Geschäfte verrichtete, die gar nicht im Einklang standen zu dem wichtigen Amt, in dem er jetzt fungieren mußte.

Mit Arbeit und Gesundheit war es bis jetzt nach Wunsch gegangen. Da wir noch mit Häuserbau und Anlagen von Kostäckern beschäftigt waren und Holz von den Buschnegern kaufen konnten, so verschob ich den Holzhau bis auf spätere Zeiten.

Inzwischen war die Ladung der Albina in Amsterdam ziemlich vorteilhaft verkauft, und schien also das Unternehmen in dieser Beziehung gesichert. Leider litt es aber an andern Gebrechen, denen nicht so leicht abzuhelfen war, und die ich in meiner Sorglosigkeit und meinem Mangel an Menschenkenntnis ganz übersehen hatte; nämlich an einer mit Macht bekleideten Autorität, einem Arzt, der bei Krankheiten an dem so weit abgelegenen Platz helfen und raten konnte, und besonders an einem Assistenten für mich, der im Falle von Krankheit oder

Tod meine Stelle einnehmen und das Unternehmen fortsetzen konnte. Ich hatte diesen wichtigen Punkt mit Herrn K. schon mündlich besprochen, und die Wahl dieses Assistenten war mir durch Herrn K. freigestellt.

Auf dem Schwarzwald hatte ich einen jungen Mann kennengelernt, der, Forstmann von Beruf, sowohl mit dem wissenschaftlichen als praktischen Teile des Forstwesens bekannt war. Mit diesem trat Herr K. in Unterhandlung; er sollte noch einige Zimmerleute und Landbauern zum beständigen Betrieb der Kostäcker engagieren und mit denselben im Monat März 1854 auf der Albina zur Reise nach Surinam sich einschiffen. Das Gouvernement bezeigte, durch den Minister der Kolonien dazu beauftragt, dem Unternehmen ein lebhaftes Interesse, denn vom Resultate der Unternehmung hing mehr ab als vom Urteil der deutschen Kommission, das jedenfalls nur theoretisch sein konnte. So war denn für Oktober der Besuch des Gouverneurs mir zugesagt.

Der einzige Umgang meiner Leute, die jetzt schon ziemlich ordentlich logiert waren, beschränkte sich entweder auf Indianer und Buschneger, oder, was ich sehr ungern sah und leider nicht verhüten konnte, auf die Arbeiter meines Nachbars Monte-Cattini, die, wie ich bereits anführte, ein zügellos freies Leben führten, im grellen Gegensatz zu der Ordnung und Arbeit, die ich von den meinigen verlangte.

Ein kleiner Waldweg von anderthalb Stunden Länge führte von Albina zum Wohnplatz meines Nachbarn, und jeden Sonntag kamen so die Arbeiter zusammen. Die armen Europäer, die kontraktmäßig viel mehr zu arbeiten verpflichtet waren als ein Negersklave, wurden bemitleidet, ihnen das laszive Leben Paramaribos und der schöne Verdienst, den solche fleißige Blanke dort haben könnten, angepriesen, und so durch Lügen und Aufhetzereien eine Unzufriedenheit erregt, die ich durch alle Vernunftgründe nicht zu tilgen vermochte.

Was ich auch sagte, wie getreu und wahr ich das Leben der arbeitenden Klasse in Paramaribo auch schilderte, ich fand keinen Glauben und Vertrauen. Doch hatte ich auf Liebe und

414

Dankbarkeit gerechnet und gewiß sie auch verdient. Denn wenn ich auch manchmal meine Unzufriedenheit derb ausdrückte, so war ich doch nur auf ihr Wohl bedacht. Bei jedem noch so kleinen Unfall sprang ich bei, machte, trotz meines Ekels, den Wundarzt bei Geschwüren und Verwundungen und befreite Kinder und Alte von Sandflöhen, die durch Nachlässigkeit und Unreinlichkeit sich in ihren Zehen eingenistet hatten. Tief schmerzte mich das Betragen von vielen meiner Leute, und von jeher unfähig meine Gefühle zu verbergen, wurde mein Benehmen auch kälter, und das verbesserte die Sache nicht. Meine Frau hatte bei der Behandlung unserer Arbeiter viel mehr Takt als ich. Sie hatte mehrere Jahre auf einem Dorf in der Nähe Stuttgarts zugebracht und kannte den Charakter unserer niederen Volksklasse besser.

Aber auch sie hatte einen guten Teil der Unannehmlichkeit zu tragen, denn selten verging, als man später die Lebensmittel wöchentlich den Familien austeilte, der Samstag ohne Streit und Reklamen, weil die Weiber das, was sie in der Woche an frischem Fleisch empfangen hatten, nicht gerne sich abziehen lassen wollten. Dabei waren die Weiber heimtückischer als die Männer, deren Grobheiten ich zu kosten hatte, und suchten auf alle Weise uns zu schaden. So fand man eines Morgens, daß über unsere weiße Leibwäsche, die in einem Waschzuber eingeweicht stand, ein großer Hafen mit Kaffeesatz ausgegossen war. Hühner und Enten wurden weggestohlen und zwei zahme Agamis, die ich schon über drei Jahre lang hatte, totgeschlagen. Natürlich erfuhren wir nicht von wem.

Ende Oktober kam denn der Gouverneur der Kolonie, Baron von Schmid auf Altenstad, bei uns an. Er war der erste holländische Gouverneur, der je diesen so abgelegenen Grenzfluß besuchte. In seiner Gesellschaft befanden sich außer seinem Adjutanten, Herr Wullschlägel, der Vorstand der Moravischen Brüdergemeinde, und Herr N., Mitglied der deutschen Kommission, so daß wir kaum Platz hatten die Gäste zu logieren, und meine Frau und ich im Dachkämmerchen uns betten mußten.

Kaum war der Gouverneur ans Land gekommen, als er auch schon von den Leuten mit Klagen über zu viel Arbeit, zu wenig Ruhezeit und zu geringe Kost angegangen wurde, und dies von einigen derselben auf so freche und unverschämte Weise, daß er sie wegjagen ließ. Er sowohl als alle Mitglieder der Gesellschaft fanden, daß alle Lebensmittel in bester Güte und die Austeilung, die die Weiber selbst bezeugen mußten, mehr als zureichend war. Meine Verwaltung und Ordnung wurde allgemein gepriesen. Nur bei der Arbeit meinte man, daß eine Ruhestunde des Mittags nicht hinreichend wäre, und daß beim Sägen die Aufgabe von 100 laufenden Fußen viel zu viel sei.

Umsonst bewies ich, daß unsere Berechnungen keine Arbeitsverminderung zuließen, daß ich aber gerne geneigt sei den beantragten Arbeitsabschlag zu gestatten, wenn dieser am Lohne abgezogen werden dürfe. Damit waren aber die Leute nicht einverstanden, der Gulden Taglohn müsse bleiben, die Arbeit aber vermindert werden. Da denn auch der Doktor, der mit dem Gouverneur gekommen war, sehr gelehrt bewies, welche Muskeln beim Sägen in Bewegung kämen, und wie ungerecht es sei, eine Arbeit zu verlangen, die die Gesundheit beeinträchtige, so war ich schwach genug mich überreden zu lassen, die Arbeit beim Sägen auf 80 Fuß täglich herabzusetzen, bereute aber später meine Nachgiebigkeit, da statt 80 Fuß jetzt täglich bis 130 gesägt wurden, und ich den Überschuß den Leuten zu vergüten hatte.

In späteren Jahren, als die französischen Strafanstalten auf dem linken Ufer des Maroni errichtet wurden, hatte ich häufig Franzosen in meinem Dienste, die nie unter zehn Brettern à vier Meter Länge und 0,32 Breite sägten, und zwar dieselbe Arbeit Monate lang verrichteten, während ich stets Sorge trug, daß meine Leute nie länger als zwei Wochen sägten, ohne von andern darin abgelöst und zu einer andern Arbeit angewiesen zu werden. Freilich sind dem Neger nur 60 Fuß täglich vorgeschrieben, und wird diese Arbeit mit dem Prädikat „Sklavenarbeit" belegt.

Nun läßt sich aber Arbeit des Europäers nie mit Negerarbeit vergleichen, dieser gebraucht seine physische Kraft ohne alle Überlegung, wie ein Stück Vieh, und oft noch mit weniger gutem Willen als dieses, ist gleichgültig gegen jeden kleinen Vorteil, der ihm die Arbeit erleichtern oder verkürzen würde und meistens zu faul, seine Säge in gutem Zustand zu halten oder sie zur nötigen Zeit zu schärfen. Überall bei allen Arbeiten, die ich durch meine Leute ausführen ließ, vollbrachten sie mit Leichtigkeit das ihnen aufgegebene Tagewerk, das in Holzarbeit größer, im Anlegen von Kostäckern aber dasselbe war, das das Gouvernement den Sklaven vorgeschrieben hatte. Als ich später eine Fläche von achr Hektar Wald fällen ließ, auf welcher große Bäume der härtesten Holzarten sich befanden, und dieses Geschäft an sechs der Arbeiter im Akkord vergab, lieferte jeder mehr als die bestimmte Taxe, ja einer selbst 2 ⅓ derselben täglich, wodurch sein Lohn mehr als das Doppelte betrug.

Bei den Untersuchungen über die Unzufriedenheit der Leute, die der Gouverneur dem Vorstand der Herrnhuter aufgetragen hatte, fand man bald den nachteiligen Einfluß der Untergebenen Monte-Cattinis und eines gewissen Z. eines meiner Arbeiter, der, ein roher brutaler Kerl, erst aus einem württembergischen Gefängnisse entlassen worden und mit nichts zufrieden war. Ich wollte diesen Mann aus meinem Dienst entlassen, aber der Gouverneur machte die größten Schwierigkeiten, indem er mir auseinandersetzte, von wie großer Wichtigkeit dieses Unternehmen sei und wie notwendig es wäre, daß alles bei einander bliebe, und so ließ ich mich bereden, den brutalen Burschen zu behalten. Daran schon sahen meine Leute, welchen Wert der Gouverneur darauf legte, daß sie zusammenblieben, ihr Hochmut und ihre Insolenz wurde dadurch um so mehr gesteigert.

Obgleich Herr Wullschlägel, der die zwei neugeborenen Kinder taufte, alles tat, die Leute über die Zustände in Paramaribo zu belehren, fand er doch so wenig Glauben als ich, und die Unzufriedenheit blieb dieselbe. Nach einigen Tagen

Aufenthalt reiste der Gouverneur wieder ab, nachdem er vollkommen eingesehen hatte, wie schwierig es sei, an einem so abgelegenen Platze, ohne mit Macht bekleideter Autorität, ohne Seelsorger, Arzt, Hebamme etc. ein Häuflein Europäer zufrieden zu stellen und zum Vorteil einer Unternehmung zu verwenden, die jenen Mängeln, obgleich sie fürs materielle Wohl nach Kräften gesorgt hatte, abzuhelfen nicht im Stande sei.

Gegen Ende des Jahres waren Wohnhäuser und ein Kostacker angelegt, aber die Lebensmittel, die wir mitgebracht hatten, gingen zur Neige, und es war äußerst schwierig, das Nötige in meinen kleinen Booten über See herbeizuschaffen. Manchen Streit und Zank gab es, wenn nicht zur Stunde alles da war, worauf man Anspruch zu machen glaubte. So fehlte einmal drei Tage lang das Brot, weil das Boot, das ich zur Abholung von Mehl nach Paramaribo geschickt hatte, nicht zur Zeit zurückkam. Vier der Arbeiter nahmen ohne zu fragen mein Boot weg und fuhren nach Mana, wo aber zufälligerweise ebenfalls weder Brot noch Mehl zu haben war. Freundlich ließ der Kommandant, der sich durch einen Elsässer Soldaten mit ihnen verständigte, ihnen einen Sack Reis anbieten, den sie aber nicht annahmen, weil sie keinen Reis essen könnten. Sie wurden hierauf weggejagt und kamen nach Albina zurück, wo inzwischen das Mehl angekommen war. So gab es immerwährend kleine Intermezzos von Verdruß und Händeln, unter denen ich und meine Frau am meisten litten.

Herr K. hatte für die Sache mehr Mut als ich, und da, wie es schien, das Kriegs- und Marine-Departement Bestellungen machen wollte, so sollte das Geschäft ausgedehnt werden. Von den großen Gebrechen, an denen es litt, war der Minister bereits durch den Gouverneur unterrichtet und hatte dem Herrn B. die schriftliche Versicherung gegeben, daß das Ministerium gerne dazu beitragen wolle, demselben abzuhelfen, wie aber? Das war eben die Frage.

Um wegen eines partikulären Unternehmens das, wenn es nicht reüssierte oder wegen anderer Ursachen aufgegeben

werden konnte, einen eigenen Beamten, Arzt und Pfarrer anzustellen, und diese waren doch nötig, wenn die Leute nicht
verwildern (und ein Zutrauen in die Sache haben sollten), das
mußte der Minister wohl in Überlegung nehmen. Es wurde
auch darüber solange beraten, versprochen, geschrieben, daß,
wie es meistens geht, nie etwas davon geschah.

Endlich war der Winter vorüber, und die Albina konnte
ihre zweite Reise nach dem Maroni antreten. An Bord dieses
Schiffes befand sich als Kapitän ein alter tüchtiger Seemann,
der wie alle seine Matrosen und der Steuermann, auf dem
Fischerdorf Katwyk zu Hause war. Von dem Abgang der Albina
mit dem neuen Transport unter der Leitung des Assistenten
B. der die Leute engagiert hatte, war ich sogleich durch die
Mailpost unterrichtet, und konnte sie also besser empfangen
und logieren, als dieses beim ersten Transport der Fall gewesen
war.

Den 23. April 1854 kam das Schiff ohne alle Schwierigkeit in den Fluß. Als ich von Indianern vernahm, daß es am
Georgsdorf läge, um die Flut abzuwarten, fuhr ich ihm entgegen und fand es bereits bei der ersten Inselgruppe und bloß
zwei Stunden von Albina entfernt.

Kaum war ich an Bord, als ich sogleich einen heftigen
Zwist zwischen dem Kapitän und Herrn B., dem Assistenten,
zu schlichten hatte. Dieser beschuldigte den Kapitän und den
Steuermann, schlechte und unzureichende Nahrung gegeben zu haben, und der Streit deshalb hatte die ganze Reise
über gedauert. Auf einer selbstgemachten Wage hatte B. die
Lebensmittel nachgewogen und war mit den Leuten, die er
dazu aufreizte, so unverschämt gegen den alten erfahrenen
Seemann gewesen, daß dieser entschlossen war, wenn er ein
holländisches Kriegsschiff unterwegs getroffen hätte, den
Herrn B. als Aufruhrstifter an dasselbe zu übergeben. Das
waren nun wieder traurige Aussichten.

Ohne mich weiter in die Sache einzulassen, schickte ich
Herrn B. mit meinem Boote voraus, um die Briefe meiner
Familie an meine Frau zu überbringen, hauptsächlich aber

darum, um ohne ihn der Ursache des Zwistes auf die Spur zu kommen. Die neuen Arbeiter waren ein anderer Schlag Leute, als die, welche ich selbst mitgebracht hatte; sie gehörten sämtlich dem Handwerkerstand an, und hatten alle in Stuttgart als Gesellen gearbeitet; die drei Mädchen aber, die ich später verheiraten mußte, waren Dienstmägde gewesen. Es waren im Ganzen elf Männer, vier Frauen, vier Knaben und ein Mädchen, so daß mit den früheren die Bevölkerung von Albina sich jetzt auf 42 Seelen belief.

Während mit aufkommender Flut das Schiff langsam nach Albina segelte, sah ich in Gegenwart der Leute die Lebensmittel nach und fand, was ich denn auch zum Voraus vermutet hatte, daß alles in bester Beschaffenheit und genau nach Vorschrift ausgegeben war. Alles bewies, daß B. die Anleitung zur Unzufriedenheit gegeben und sich selbst in Sachen gemischt hatte, die bloß den Kapitän und das Schiff betrafen. Ich hatte dadurch schon ein Vorgefühl der Unannehmlichkeiten, die ich später in so reichem Maße mit ihm hatte. Am Nachmittag kamen wir auf Albina an. Die Leute des ersten Transportes, die ich mitgebracht hatte, waren, zwei ausgenommen, alles Schwarzwälder, von denen die Männer Wämser, die Weiber aber Kittel und Hauben trugen. Der zweite aber, durch B. engagiert, war städtisch gekleidet, die Herren in leichten Paletots, die Damen in wohlfeilen Mantillen und dito Federhüten. Aber trotz der verschiedenen Tracht waren die Neuen mit den Alten bald verbrüdert.

Herr B. der, seiner Ansicht nach bei seinem Zwist mit dem Kapitän meine Zustimmung nicht fand, forderte alle Männer auf, ihm behilflich zu sein, den wackeren 65jährigen Kapitän und seinen Steuermann recht durchzuklopfen, was ich aber doch durch ernstliche Vermahnungen zu verhindern wußte. Das Schiff wurde so schnell als möglich beladen und hatte nach 14tägigem Aufenthalt Albina wieder verlassen.

Der neue Transport bestand aus sechs Zimmerleuten und drei für den Landbau bestimmten Handwerkern, als Schneider, Schuhmacher und Maurer, die, wenn sie keine genügende

Beschäftigung auf ihrem Handwerk hatten, zum Landbau und auch wohl zum Holztransport verwendet wurden. Während nun die Zimmerleute täglich einen Gulden verdienten, waren die Handwerker bloß mit etwa 50 Cents per Tag bezahlt, und obgleich sie diesen Kontrakt in Holland eingegangen und unterschrieben hatten, so waren diese ungleichmäßigen Kontrakte doch wieder eine neue Quelle von Verdruß für mich, denn jeden Sonntag an dem nicht gearbeitet wurde, kam dieses Thema aufs Tapet, und hatte ich Grobheiten einzunehmen oder Streit und Händel, worin sich dann stets die Weiber mischten, zu schlichten.

Nachdem die nötigen Gebäude hergerichtet waren, wurde nun das Hauptgeschäft, der Holzhau, begonnen. In den Waldungen hinter meinem Hause waren eine Menge Nutzhölzer, die ich teils zu Brettern sägen, teils zu Blöcken behauen ließ. Am Abhang eines Hügels, eine kleine Stunde von Albina entfernt, wurde eine große Hütte aufgeschlagen, wo Zimmerleute und Holzhauer die Nacht über in Hängematten zubrachten, während sie bei Tag in der Nähe ihre Arbeit verrichteten. Eine der Frauen besorgte abwechslungsweise die Küche und wurde je nach einer Woche durch eine andere abgelöst.

Der Holzhau in den tropischen Waldungen ist von dem in Europa durchaus verschieden; während hier das Nutzholz familienweise wächst, man also Eichen-, Tannen- und Buchenwaldungen hat, wachsen in den Tropen alle Holzarten, die im Gebrauch sind, bloß vereinzelt, so daß man diese erst aufsuchen und, wenn sie gefällt sind, für jedes einzelne Stück einen Weg ans Wasser anlegen muß, auf dem die Blöcke, die der Baum liefert, fortgeschafft werden können. Während man in europäischen Ländern auf gutgebahnten Wegen Ochsen, Pferde und Wägen zum Transport verwenden kann, muß hier, wo solche Wege erst mit schweren Kosten in meistens sumpfigem Boden angelegt werden müßten, der Mensch die Blöcke ans Wasser ziehen, so daß ein Block von 100 Kubikfuß schwerem Holz, der eine Stunde weit ans Wasser zu transportieren ist, wohl einen Tag lang die Kraft von zwanzig Männern erfordert.

Da das meiste Holz viel schwerer als Wasser ist und deshalb sinkt, so mußten die Blöcke zum Transport im Wasser auf sogenannte Kokrokos verladen werden, dieses sind große Korjalen, an denen auf starken unter denselben laufenden Stangen die Blöcke liegen, die dann wieder an über die Korjalen liegenden Querstangen befestigt werden. So tragen die Korjalen die Gewichtsdifferenz des Holzes mit dem Wasser. Statt der Korjalen gebrauchte ich meistens leere Weinfässer, wovon acht etwa 800 Kubikfuß schweres Holz schwimmend erhalten konnten. Es ist deshalb der Transport aus dem Walde nach dem Bewahrplatze oder dem Schiffe schwieriger und kostspieliger, als das Fällen und Behauen, und verteuert das Holz um mehr als das Doppelte.

Zwischen mir und meinem Assistenten B. bestand schon seit seiner Ankunft auf Albina kein angenehmes Verhältnis. Er gehörte seiner Gesinnung nach zu den Rotradikalen, aller gesellschaftlichen Ordnung feindlichen jungen Leuten, die in den Jahren 1848 und 1849 die sozialen Verhältnisse Deutschlands bedrohten. Mir an Kenntnissen im Holzfach, wie es in Europa betrieben wird, weit überlegen war ihm nichts mehr zuwider, als mein Untergeordneter sein zu müssen, und so zeigte er schon in den ersten Tagen eine Unzufriedenheit, die mich das Ärgste fürchten ließ.

Statt seine Abende bei mir zuzubringen, suchte er sich jetzt den älteren Arbeitern anzuschließen, Leuten, die er in der ersten Zeit mit souveräner Verachtung behandelt hatte. Es wunderte mich denn auch nicht, daß er nach kaum drei Monaten seines Hierseins mit der Meinung herausrückte, daß in einem so einsamen Land, wo man alle geselligen Genüsse entbehren müsse, die Arbeiter viel zu wenig Lohn bekämen, daß die Nahrung besser sein müsse und es nicht mehr als billig sei, jedem Arbeiter statt einem täglich zwei Schoppen Wein zu geben. Diese Ansichten fanden bei den Leuten ein geneigtes Ohr, wiewohl manche unter ihnen daran zweifelten, daß Herr K. in Amsterdam die Vorstellung des Herrn B. günstig aufnehmen werde. Auch die Frauen, denen das herrische Wesen

B.'s schon von Anfang an nicht gefallen hatte, gehörten nicht zu seiner Partie, wenngleich höherer Lohn, mehr Wein und weniger Arbeit auch ihren behagt hätte.

So gab es nun alle Tage Händel und Zank, die meisten der Arbeiter waren in ihren Forderungen, trotz deutlich ausgesprochener Kontraktbedingungen, unverschämt, und wenn andere ihre Pflicht tun wollten, so hatten sie die Partie B. gegen sich. Auf meine Klagen bei Herrn K. erhielt ich den Vorwurf, daß ich ja selbst den Assistenten vorgeschlagen und gewählt habe und eben mit ihm auskommen müsse, während mich dieser sowohl bei den Arbeitern als in Briefen an Herrn K. zu verdächtigen suchte, als beute ich das Unternehmen in meinem Vorteil aus. So standen die Sachen, als mich dringende Angelegenheiten im September nach Paramaribo riefen. Ich reiste mit bangem Herzen ab. Inständig bat ich den Assistenten, doch das Interesse des Unternehmens zu beherzigen, und zunächst der Unzufriedenheit der Arbeiter durch verständige Ermahnungen zu steuern.

Nach vierzehntägiger Abwesenheit kam ich zurück und hörte sogleich, daß B. meiner Frau, die beim Austeilen der Lebensmittel meiner Vorschrift folgen wollte, Schläge angetragen und vor den zusammengerufenen Arbeitern erklärt habe, nicht mir habe man Gehorsam zu leisten, sondern ihm, da er von Herrn K. zum Verwalter des Unternehmens angestellt sei. Ich hatte nun genug und kündete vom ersten Monatstag an Herrn B. den Vertrag, mit dem Anerbieten, ihn nach Paramaribo zu senden, um da seine etwaigen Klagen bei dem Gerichte anzubringen. Er aber lachte mir ins Gesicht, indem ich nicht befugt sei, ihn aus dem Dienste des Herrn K. zu entlassen.

Von nun an waren unsere Beziehungen zu einander nicht mehr gespannt, sondern so deutlich als möglich ausgesprochen. Er verließ mein Haus und trieb sich im Walde bei den Arbeitern oder bei meinem Nachbar Monte-Cattini herum. Nur des Abends konnte ich seine Anwesenheit spüren, denn er dirigierte, ohne sich dabei zu zeigen, Katzenmusiken, die mir meine Arbeiter brachten.

Bei den alle Tage vorkommenden Händeln litten ich und meine Frau unaussprechlich. Wenige der Leute grüßten uns, und ihre Forderungen wurden mit der größten Unverschämtheit gestellt. Ich hätte vielleicht bei ruhigerem Betragen manche Widerwärtigkeiten vermeiden können, wiewohl ich überzeugt bin, daß selbst ein Quäker oder ein Herrnhuter über meine rohen Landsleute nichts vermocht hätte; aber mein Temperament ist nicht derart, daß ich nach der Vorschrift der Heiligen Schrift den linken Backen hinhalte, wenn ich auf den rechten einen Streich erhalte, und wenn ich Recht habe, so verfolge ich es aufs äußerste.

Ein Zustand wie dieser konnte jedoch nicht lange dauern, und da der Ruhestörer nicht freiwillig gehen wollte, so war ich genötigt die Hilfe des Gouvernements anzurufen. Selbst nach Paramaribo zu gehen, fand ich nicht ratsam, denn ich konnte meine Frau und mein Eigentum nicht in den Händen des tollen Haufen lassen. Jeder noch so dringende Brief aber hätte nicht die Wirkung gehabt als eine mündliche Schilderung des Skandals; so beschloß ich denn, meine Frau über See nach der Stadt zu senden, um dem Gouverneur selbst meine mißliche Lage begreiflich zu machen. So reiste also meine Frau, die nie in Paramaribo gewesen und der holländischen wie der Landessprache noch unkundig war, in einem kleinen Boot über See. Am dritten Tage kam sie an und erhielt von dem Gouverneur die Versicherung, daß er in 14 Tagen sie mit dem Dampfboote zurückbringen und wo möglich Frieden stiften werde.

Während der Zeit, daß meine Frau in Paramaribo war, ging es auf Albina wo möglich noch toller her; manche wollten nicht arbeiten ohne mehr Lohn oder Wein, aber dann erhielten sie auch kein Essen und mußten eben doch wieder an die Arbeit, denn trotz ihrer Drohungen brach doch keiner in das Magazin ein. B. hatte stets zwei scharfgeschliffene Messer im Gürtel stecken, tat mir aber doch nichts zu leide, obgleich ich nach Gewohnheit nie eine Waffe bei mir führte. Daß ihm aber der Zustand, dessen Urheber er war, selbst nicht wohl bekam, merkte man an der Abnahme seiner Leibesfülle und seiner erkünstelten Lustigkeit.

Endlich nach 16 Tagen dampfte das ersehnte Dampfboot Paramaribo den Fluß herauf. Ich fuhr sogleich an Bord, um den Gouverneur zu begrüßen und meine Frau abzuholen. Außer einem Herrnhuter Missionar, der die neugeborenen Kinder zu taufen hatte, fand ich noch den Herrn N., einen Deutschen, den der Gouverneur gewählt hatte, um die Streitigkeiten zu hören und zu untersuchen, denn amtlich konnte dies nicht geschehen, und der trachten sollte, die Gemüter wieder zu beruhigen. Ich hatte dringend gebeten, daß der Gouverneur jemanden beauftrage, meine Bücher zu untersuchen, weil B. mich beschuldigt hatte, daß ich das Unternehmen in meinem Vorteil ausbeute. Auch diese Bitte mußte mir der Gouverneur abschlagen, weil er keine Befugnis dazu besitze.

Kaum hatte das Dampfboot Anker geworfen, als auch schon mehrere der Arbeiter, ohne mich zu fragen, ein Boot wegnahmen um an Bord zu gehen. Ohne eine schriftliche Erlaubnis von mir wurden sie aber nicht zugelassen und ihnen bedeutet, daß der Gouverneur, wenn er sie sprechen wolle, sie schon rufen lassen werde. Herr B. wurde auf eine Audienz am Abend des andern Tages verwiesen. Diese Anordnungen stimmten den Ton der Leute bedeutend herunter.

Am andern Morgen gab der Gouverneur an Bord der Paramaribo den Arbeitern die Gelegenheit, ihre Klagen vorzubringen, indem jeder einzelne in die Kajüte gerufen wurde, wo sich außer dem Gouverneur noch Herr N. und ich befanden. Wie nichtig und albern waren die Klagen, die sie vorbrachten, wie ganz unberechtigt ihre Unzufriedenheit über nicht zureichende Nahrung und zu viel Arbeit! In allem sah man die Aufhetzereien des Assistenten, die sie auch gar nicht in Abrede stellten. Außerdem, daß ich mich einiger Scheltworte bedient hatte, die, wenn auch noch so wahr und bezeichnend, das feine Gefühl meiner Schwarzwälder verletzt hatten, war mir auch nicht das mindeste vorzuwerfen, besonders nicht in sofern, daß ich dem zwischen uns bestehenden Kontrakt nicht nachgekommen wäre. Aber noch mehr als früher trat jetzt die Wahrnehmung zu Tage, daß an einem so einsamen und von dem bewohnten Teile der Kolonie so weit abgelegenen Orte unmöglich ein Unternehmen fortdauern könne, bei dem weder Autorität noch ärztliche Hilfe, Seelsorge und Unterricht bestand. Je mehr sich ihr Wohlstand mehrte, und manche meiner Arbeiter hatten, da sie keine Gelegenheit hatten es auszugeben, in den 16 Monaten ihres Hierseins schon 200 bis 300 Gulden bares Geld sich erspart, desto mehr fühlten sie, daß auf die Dauer das Unternehmen so wie jetzt keinen Bestand haben könne; das sah ebenso gut auch der Gouverneur ein. Er gab nun wiederum die Versicherung den Übelständen abzuhelfen, aber ich wußte, daß er auch mit dem besten Willen sein Versprechen nicht erfüllen konnte.

Nachdem die Arbeiter sich entfernt hatten, stieg auch der Gouverneur ans Land, und nicht wie bei seinem ersten Besuch, in leichter ostindischer Kleidung, wodurch er meinen Schwarzwäldern nicht imponieren konnte, sondern dieses Mal im goldgestickten Frack. Herr B. hatte nun seine Audienz, und was der Gouverneur den Arbeitern bereits gesagt hatte, wiederholte er auch jetzt, nämlich daß das Gouvernement den Herrn K. in Amsterdam gar nicht kenne, bloß mit mir zu tun habe und mich allein als Chef des Unternehmens betrachte, daß ich ganz in meinem Recht sei, ihn aus meinem Dienst zu entlassen, er aber bei der Firma in Amsterdam seine Einwendungen machen könne, daß er übrigens augenblicklich sich nach Paramaribo zu begeben habe, um sich bei der Behörde, bei der er durch mich verklagt sei, zu verantworten.

Besondere Aufmerksamkeit schenkte der Gouverneur wiederum den Lebensmitteln, die für jede Familie vorgewogen und für eine Woche bestimmt zur Besichtigung bereit lagen. Jede Frau wurde gefragt, ob sie jederzeit so viel bekomme, und keine konnte es in Abrede stellen. Ebenso wurden die Wohnungen untersucht, und war der Gouverneur, indem er mir anriet weniger hitzig zu sein, erstaunt, wie ich mit bezüglich wenig Mitteln und bei solchen Schwierigkeiten das Unterneh-

men so führen konnte. Noch am selbigen Abend schickte ich
Herrn B. nach Paramaribo, und er verließ Albina, ohne daß
sich die Arbeiter die Mühe gegeben hätten, ihn ans Boot zu
begleiten; das war ihr Dank für seine Ratschläge.

Die Ruhe war nun wieder hergestellt, aber die Lust und
Liebe, welche mich früher beseelt hatten, das Wohlwollen und
der Eifer für das Wohlergehen meiner Landsleute war nicht
mehr dasselbe wie im Anfang. Auch meine Frau, die so manchen ärgerlichen Szenen beiwohnen mußte, war längere Zeit
kränkelnd. Ich reiste mit dem Gouverneur nach der Stadt, wo
dann Herr B. die Weisung erhielt, die Kolonie zu verlassen,
im Falle ich für seinen weiteren Aufenthalt nicht gutsprechen
wolle. Es war gerade ein Schiff segelfertig, auf dem er Passage hätte erhalten können, da er aber die verschiedenen Pflanzungen im Umkreise der Stadt noch zu sehen wünschte, ehe er
die Kolonie verließ, so bestimmte ich die Überfahrt am Bord
des Triton für ihn, der erst in 14 Tagen abgehen sollte, und
kehrte über See nach dem Maroni zurück.

Das Schiff Albina war inzwischen dort angekommen und
hatte eine Familie holländischer Fischer mitgebracht, denen
später noch andere folgen sollten, um an der Mündung des
Flusses eine Fischerei und Viehfokkerei für die Unternehmung
anzulegen, Auch erhielt ich ein größeres Segelfahrzeug (bar-
kass) zur Verbindung mit Paramaribo über See. Der Fischer
Sloot war aus Egmont aan Zee, hatte Frau und fünf Kinder
bei sich und sollte, wenn erst die nötigen Gebäude aufgerichtet sein würden, mit den noch zu erwartenden Familien diese
bewohnen.

Zum Zweck einer Fischerei und Viehfokkerei hatten wir
vom Ministerium der Kolonie den ganzen Küstenstrich bekommen, der vom verlassenen Posten Prins Willem Frederik
Hendrik bei einer Breite von einer halben Stunde drei Stunden lang nach Westen sich erstreckt. Es besteht dieses Land
aus hochgelegenem sandigen Ufer, an dem stellenweise ein
dichter Wald von Locus, (hymenaea courb.) Amyris (Icica)
und Spondiasbäumen (Myrobalanus lutea) sich so nahe längs

der Küste zieht, daß bei Flut die Wellen der See ihn bespülen; andere Striche sind entblößt vom Hochwald, aber bewachsen mit Gruppen der Awara-Palme, des Kaschubaumes (anacardium) und der riesigen Fackeldistel (cereus sexagonus).

Hinter diesen Waldungen die bloß zwei bis dreihundert Meter breit sind, ziehen sich beinahe parallel mit der Küste Süßwassersümpfe hin, die auch in den heißesten Trockenzeiten nicht ganz austrocknen, und in denen das Vieh, wie auf Mana stets Wasser und reichliche Nahrung finden kann. Ebenso vorteilhaft ist der ganze Landstrich für die Schweinezucht, da Awarra, Spondias, wilde Anonen, Kaschus, und noch andere Früchte in Menge wachsen.

Was nun die Fischerei angeht, so sind die Schlammbänke an der Gewerimanecke und an der Wia Wia überreich an dem köstlichen Geweriman (mugil brasiliensis) einem zwei Fuß langen Schuppenfisch, der in Paramaribo meistens mit 2 ½ bis drei fl. bezahlt wird. Dieser Fisch, den die Franzosen Mulet nennen, ist so häufig, daß einer meiner französischen Freunde mit einem Zug seines großen Netzes bei 700 fing, die er, weil es ihm unmöglich war, sie alle einzusalzen, größtenteils wegwerfen mußte. Gesalzen, und im Winde getrocknet könnte der Geweriman den in der Kolonie aus Neufundland massenhaft eingeführten Bakkeljau vertreten, und wird er auch von den Franzosen in Cayenne an dessen Statt gebraucht. Ich spreche nicht von andern Seeschuppenfischen, die, wenn auch nicht so häufig, wie der Geweriman, doch ebenfalls in Menge vorkommen.

An der Mündung wird in den Trockenzeiten ein großer orange gelber Wels gefangen, den wir Geelbakker, die Franzosen aber Majoran heißen; er wird bis 80 Pfund schwer, und sein Fleisch wird gesalzen und im Wind getrocknet; er enthält eine Schwimmblase von oft einem Kilogramm Gewicht, die als Brasilianischer Fischleim in den Handel kommt. Diese Fische werden an langen starken Schnüren mit Angeln gefangen, und kann, wenn man gerade eine Stelle über dem Zug der Fische trifft, ein Boot mit zwei Personen besetzt acht bis zwölf Stücke in der Nacht fangen, die in einander das Stück zu fünf Franken gerechnet (der Leim kostet in Cayenne 6 bis sieben Fr., in Marseille acht bis zehn Fr. per kg.) schon einen hübschen Verdienst geben. Bei diesem Reichtum an Fischen, die getrocknet und gesalzen sich in Surinam und Cayenne sehr gut verwerten lassen, bei dem Vorteil, den mit wenig Pflege, wie meistens überall an den in der Nähe der See gelegenen Pflanzungen die Viehzucht, und hier noch besonders die Schweinezucht liefert, gepaart mit der gesunden Lage, war der Plan dieses Unternehmens durchaus nicht das Produkt eines Hirngespenstes, sondern wohl überlegt und auf Erfahrung gegründet. Aber ehe die Sache in Gang gebracht werden konnte, waren Vorarbeiten nötig und Vorrichtungen zu treffen, die noch nicht vollendet waren, als Herr K. starb, und das Unternehmen auf Albina in eine andere Kolonisation übergehen sollte.

Mein Nachbar Monte-Cattini hatte trotz der besseren Lage seines Wohnortes jetzt an mir eine bedeutende Konkurrenz, da ich alles was zum Handel mit den Buschnegern nötig war, direkt aus Holland beziehen konnte. Je mehr sich unser Holzhandel ausbreitete, desto mehr war das französische Gouvernement besorgt, daß die Buschneger das Holz, das sie uns verkauften, nicht allein auf dem holländischen, sondern eben so gut auf dem französischen Ufer fällten; und mehrere Male hatte sich bei mir auf amtlichen Wege der Maire von Mana, unter dessen Distrikt das ganze rechte unbewohnte Ufer des Maroni gehörte, beschwert, daß die Buschneger „sousmis à la Hollande" die französischen Waldungen ausbeuten, und das Holz an uns verkaufen. Ich konnte ihm nichts darauf antworten, als daß ich ebensowenig unser Ufer wie das französische bewachen könne, daher auch nie wisse, woher das Holz angebracht werde.

Mein Nachbar machte sein Recht als Franzose geltend und erhielt mit leichter Mühe vom französischen Gouvernement die Erlaubnis, auf dem rechten Ufer gerade gegenüber Albina mit den Buschnegern Handel zu treiben und Holz bearbeiten zu lassen. Diesen Platz bezog einer seiner Untergebenen, D., ebenfalls Korse, der dann, wenn ein Floß Holz, von dem er glaubte daß es von dem französischen Ufer herrühren könne, in Beschlag nahm und die Neger zwang, ihn an Monte-Cattini zu verkaufen. Größerer Nachteil aber bestand für mich darin, daß dieser Korse an meine Arbeiter Wein und Schnaps verkaufte, wodurch besonders an Sonntagen regelmäßig Händel entstanden. Schon lange ehe B. gekommen war, befand sich dieser Schnapsladen gegenüber Albina, und leider konnte ich dagegen nichts tun, denn einem militärischen Zwang waren die Leute nicht zu unterwerfen.

So fand ich denn eines Tages einen meiner Schwarzwälder Zimmerleute während der Arbeitszeit betrunken und ganz unfähig, sein Geschäft zu verrichten. Als ich ihm drohte den Lohn und ein Kostgeld für die versäumte Zeit abzuziehen, wurde der Mann grob und wollte sogleich mit seinem Bruder, einem faulen jungen Burschen, meinen Dienst verlassen. Sogleich erfüllte ich seinen Wunsch, und da gerade Gelegenheit war, sandte ich beide nach der Stadt.

Nachdem die Albina wieder abgegangen war, machte ich meine Pläne für das an der Mündung zu erbauende Fischerhaus. Es waren Wohnungen für vier Familien, Stallung für Vieh- und Bewahrplätze, für Netze und getrocknete Fische nötig, und sollte dazu ein 75 Fuß langes Gebäude errichtet werden, dessen Mitte zwei Stock hoch sein und vier geräumige Wohnungen enthalten mußte. Auf beiden Seiten waren einstöckige, schuppenartige Häuser für Stall und Magazin. Es kostete mehrere Monate Arbeit, bis es auf Albina fertig da lag und die nötigen Bretter und *Singeis* bearbeitet waren.

Während der Zeit, daß die Zimmerleute das Haus im Akkord bearbeiteten, traf ich auf dem verlassenen Posten mit den andern Arbeitern und Indianern Anstalten, es später aufrichten zu können; durch den Awarrawald, der die Stätte eingenommen hatte, wo früher der Militär-Posten stand, wurden strahlenförmige Alleen gehauen, Kokosnüsse wurden gepflanzt, der alte Brunnen ausgegraben und viel tiefer und größer gemacht, und zuletzt die Pfeiler errichtet, auf denen das ganze Gebäude zu stehen kam.

Während ich diese Arbeiten verrichten ließ, harrte ich jeden Tag auf die Zurückkunft meiner Barkasse, des neuen Fahrzeuges, das Herr K. geschickt hatte, um die Verbindung mit Paramaribo zu unterhalten und die schon seit beinahe einem Monat abgefahren war. Der Wanekreek war noch nicht befahrbar, und ich befand mich wirklich in nicht geringen Sorgen, denn der neue Fischer war mitgegangen und seine Familie heulte mir beständig über seine lange Abwesenheit den Kopf voll. Schon waren zwei Monate verflossen, seit ich aus der Stadt zurückgekommen und ohne alle Nachricht von da geblieben war, da gelang es endlich meinem Korrespondenten in Paramaribo einen Buschneger zu finden, der für die Summe von 32 Gulden mir durch den Wanekreek in einer winzig-kleinen Korjal einen Brief bringen sollte, dessen Inhalt war, daß die Barkasse unmöglich über See zurückfahren könne, wenn nicht ein Verdeck auf dieselbe gemacht werde. In einem andern Brief des Herrn K. aus Amsterdam vernahm ich, daß B. in Paramaribo am gelben Fieber gestorben sei. Der Fischer aber befand sich ganz wohl, hatte von meinem Korrespondenten Kost und auf meine Rechnung ein Tagegeld, wodurch sich denn die Familie beruhigen ließ.

Am andern Morgen schon reiste ich mit meinem geschicktesten Zimmermann über See nach Paramaribo, ich wußte genau die Länge und Breite der Barkasse und nahm im Boote die nötigen Bretter mit, mit denen sogleich ein Verdeck gemacht wurde, so daß am dritten Tag nach unserer Ankunft schon wieder alles bereit zur Rückreise war. In Paramaribo fand ich den Zimmermann K. mit seinem Bruder, die mich dann dringend baten, sie wieder in Dienst zu nehmen; da nun auch der Gouverneur mich dazu ermahnte, so nahm ich sie unter der Bedingung wieder mit, daß jeder von dem bei mir deponierten, ihnen gehörigen Geld der armen Mutter in Kalmbach 50 Gulden, also zusammen 100 Gulden sende, welches Geld ich ihr denn auch durch den Herrn K. zukommen ließ. Während der häufigen Abwesenheit in Folge meiner so beschwerlichen Reisen übertrug ich den Leuten, da ich sie nicht selbst überwachen konnte, Akkordarbeiten, die im Brettersägen und Singel spalten bestanden, so daß ich sicher war, durch Faullenzen nicht benachteiligt zu werden.

Jetzt, da die Barkasse um vier Zoll erhöht ein zweckmäßiges Verdeck hatte und ohne Gefahr die Reise nach Surinam machen konnte, ging es ernstlich an den Transport des Fischerhauses nach dem verlassenen Posten. Das Gebälk und die Bretter wurden auf aus leeren Fässern verfertigte Flöße geladen und so nach der Mündung gebracht. Ununterbrochen fuhren das Floß und die Barkasse zwischen Albina und dem alten Posten Prins Willem Frederik und brachten Gebälke, Singeis, Türen, Fenster und alles zur schnellen Vollendung des Gebäudes Nötige. Noch nie wird in Surinam ein so großes Gebäude in so kurzer Zeit aufgesetzt, mit Singein bedeckt und mit Brettern beschlagen worden sein, als das neue Fischerhaus, denn diese Arbeit war innerhalb eines Monats beendet. Nun konnte unsere Flagge über einem schönen stattlichen Gebäude, das sich aus der Ferne wie ein Schloß ausnahm, flattern, während sie sich früher schämen mußte über den elenden Pinahütten des alten Postens zu wehen.

Jetzt war wohl das Haus so weit fertig um bewohnt zu werden, eine andere nötige Arbeit aber verschob ich bis auf gelegenere Zeit, nämlich ein Bollwerk gegen das Abspülen des Ufers zu errichten und den Wellenschlag zu brechen. Es wäre eine Kurbe von etwa 200 Fuß Länge und ein bis zwei Meter Höhe nötig gewesen, aus schweren Holzstämmen und Zweigen, in denen sich Schlamm und Sand festgesetzt und so zuletzt das Ufer hinter derselben unmerklich erhöht haben würde. Zu dieser Arbeit kam es aber nie, auch wurde das schöne, mit so vieler Mühe hieher gebrachte Haus nie bewohnt, denn ehe ich in die Lage kam, den Wellenbrecher machen zu lassen, hörte das Unternehmen auf. Bretter und Singeis ließ ich später wieder nach Albina zurück bringen, das Haus aber wurde zuletzt von der See unterspült und ein Balken um den

andern von den Wellen weggeschwemmt. Auch dem Leuchtturm, den das französische Gouvernement im Jahr 1872 auf
dem holländischen Ufer und in der Nähe des früheren Postens
errichten ließ, droht dasselbe Schicksal, wenn nicht die nötige
Vorsorge getroffen wird; denn seit dem Jahr 1840, wo ich als
Korporal auf diesem Posten war, sind über 130 Fuß Breite
abgespült und jede Springflut macht neue Verheerungen.

Herr K. tat das Möglichste, unsere Holzarten in den Handel einzuführen. Unter diesen ist das sogenannte Wane, bei
den Franzosen Crignon, bei den Engländern Determa (Nec-
tandra) genannt, am Maroni besonders häufig. Von Farbe
wie das Zedernholz, ist es beinahe so hart wie das Eichen-
holz, sehr dauerhaft und kommt in großen Dimensionen vor.
Herr K. hatte Aussicht, eine Schiffsladung dieses Holzes an
einen Schiffsbaumeister zu verkaufen. Ebenso waren vom Ministerium der Marine Bohlen von sehr hartem Holz bestellt.
Wir hatten nun wohl auf vier Monate Arbeit, und wählte ich
dazu die Waldungen an dem Aranduinikreek, der fünf Stunden oberhalb Albina hinter der Insel Blakerebo in den Maroni
mündete.

Eine gute Stunde landeinwärts und auf einem Hochplateau
neben dem Kreek wurde eine 100 Fuß lange Hütte errichtet,
geräumig genug, daß 20 Menschen darin schlafen und essen
konnten. Für die Küche war ein eigener Schuppen bestimmt,
und auch mir ließ ich eine kleine Hütte bauen und führte
meine Haushaltung selbst. Der Platz war äußerst günstig
gelegen, denn eine Menge kleiner Kreeken durchzogen die
Hochebene, so daß man bei Springfluten wenig Mühe hatte,
die Blöcke in den Hauptkreek zu bringen. So wurde mehrere
Monate gearbeitet. Jeden Samstag kehrten mit Ausnahme
zweier Männer, die die Aufsicht über das Zurückgelassene
hatten, die Arbeiter nach Albina zurück, um am Montag
früh, wie es eben die Flut mit sich brachte, am Aranduini die
Arbeit fortzusetzen.

Obgleich es wenig Streit oder Unannehmlichkeiten gab,
weil der Hauptstörer, der Wein oder Branntwein, fehlte, so

lernte ich doch auch hier den schmutzigen Charakter der Leute kennen. An Lebensmittel wurde jeden Montag so viel von Hause mitgenommen, als nach dem Tarif gegeben werden mußte, während ich mein Essen besonders bewahrte. Nun fand ich eines Tages in der Nähe der Küche frisch aufgewühlte Erde; neugierig was dahinter stecke, grub ich nach und fand ein Loch mit Reis vollgefüllt. Die Köchin hatte ihn am Ende der Woche übrig gehabt, aber vergraben, weil ich nicht wissen sollte, daß die Lebensmittel zu reichlich seien.

Mein Nachbar Monte-Cattini hatte statt durch seinen Holzhandel reich zu werden, sein kleines Vermögen dabei eingebrockt. Er war mit einer Ladung Holz abgereist, um nie wieder zurückzukommen. Die mir schuldige Summe für Zedernholz bekam ich ebensowenig, als 3 000 Kubikfuß hartes Holz, das ich ihm später gelehnt hatte. Er ließ seine Arbeiter, die drei Jahre lang keinen Lohn erhalten, einen lahmen Bruder und seinen Schlingel von Sohn zurück. Die ersteren begaben sich nach Paramaribo, des zweiten erbarmte sich das französische Gouvernement, das ihn ins Hospital nach Martinique befördern ließ; der Sohn aber hielt sich bei den Indianern auf und starb später im Hospital von St. Laurent; der Korse D. blieb auf der französischen Seite, und ein Mulatte zog zu den Buschnegern. So fand nach siebenjährigem Bestehen das Unternehmen sein Ende. Monte-Cattini, ein tätiger und verständiger Mann, hätte am Maroni, wo nicht reich, doch wohlhabend werden können, wenn er mehr Ordnung in seinem Unternehmen gehabt und sich vom surinamschen Schlendrian ferngehalten hätte.

Mein Unternehmen auf Albina erregte sowohl in Surinam als besonders in Cayenne viel Aufsehen, und, wie es so häufig geht, wurde dasselbe in beiden Kolonien falsch beurteilt. Jedermann wußte, daß es ein Privatunternehmen war, an dem sich das Gouvernement noch nicht beteiligt hatte. Man sah viele Arbeiter, nette Häuser, Kostäcker, bedeutende Einfuhren von Lebensmitteln und Waren, Transporte von Holz, die mit eigenen Schiffen versandt wurden, und mit jedem

Schiffe neue Arbeiter ankommen. Was Wunder also, daß jedermann glaubte, die Sache prosperiere. Aber schon bei der zweiten Ladung war der Gewinn so unbedeutend und dabei der Unterhalt des Etablissements so kostspielig, daß ich mich verpflichtet fühlte, nicht an den Chef der Firma, mit dem allein ich korrespondierte, sondern an einen der Associés zu schreiben und demselben ganz unumwunden den Stand des Unternehmens, wie ich es beurteilte, mitzuteilen.

Bloß durch feste Bestellungen auf Holz zu annehmbaren Preisen war es möglich, die bedeutenden Unkosten zu decken und Gewinn zu erzielen; der Verschluß des Holzes war aber nicht meine Sache, sondern die der Firma in Amsterdam, die sich nach Absatz umsehen mußte. Mir war die Verwaltung, die Arbeit und Anschaffung des Holzes aufgetragen, also der bei weitem schwierigere Teil; denn wenn die Firma durch den geringen Wert des gesandten Holzes und den Unterhalt des Geschäftes, das für sie bloß eine Nebensache war, nur Geld verlor, so war das Unternehmen für mich eine Lebensfrage, für das ich alles, was ich besaß, aufgeopfert hätte, und bei dem ich nicht allein pekuniär zu Grunde gerichtet werden konnte, sondern wobei ich auch durch anstrengende Arbeit und den so häufigen Verdruß meine Gesundheit aufs Spiel setzte.

Die Associés der Firma K. u. Cie. hatten für das Unternehmen nie viel Vorliebe gehabt und bloß aus Rücksicht für den Chef und Gründer des Geschäfts daran Teil genommen; die vielen Unannehmlichkeiten, die schlechten Aussichten für den Holzverkauf und die immer größeren Ausgaben aber bestimmten sie, auf eine Liquidation anzutragen, da sie keineswegs die Hoffnung hatten, die Herrn K. beseelte, daß die Holzpreise sich bessern würden, und besonders daß das Ministerium sich der Sache annehme. So übernahm nun Herr K. das Unternehmen für eigene Rechnung und schrieb mir, daß er fest auf mich, der ihn von Anfang an bewogen habe, sich an dieser Sache zu beteiligen, zähle, und da er ja den Mut nicht verliere, so viele Geldopfer zu bringen, so könne er auch von mir erwarten, auszuharren und die Unannehmlichkeiten zu ertragen, bis das Ministerium sich beteilige, und dessen sei er gewiß.

Im August 1855 kam die Albina zum vierten Male mit einer zweiten Fischerfamilie, die eben so reich mit Kindern gesegnet war als die erste, so daß ich für die Arbeit von zwei Männern, die ich zu dem Fahrten der Barkasse brauchte, 14 Personen zu ernähren hatte. Zugleich brachte mir das Schiff die unangenehme Nachricht, daß der Schiffsbaumeister, der geneigt gewesen war, eine Ladung Waneholz zu bestellen, davon abgesehen habe; ich solle deshalb diese vorderhand nicht senden, sondern andere Holzarten und Zeder. So war also die Arbeit mehrere Monate vergeblich.

Bei meinem Freunde J. in Mana war ein älterer Bruder angekommen, für den man keine passendere Beschäftigung fand als eine Konzession am Maroni zu nehmen, da einen Laden einzurichten und von den Buschnegern Holz zu kaufen, das Mananeger zu Bretter sägten; das französische Gouvernement, um auch einigen Einfluß auf unsere Buschneger zu bekommen, gab gerne die Erlaubnis, und Jules J. nahm ein verlassenes Indianerdorf auf dem rechten Ufer in Besitz, das bloß über den Fluß eine halbe Stunde von Albina ab lag. Mit D., der früher in Monte-Cattinis Dienst das Arowakendorf bewohnte, hatten wir keinen Umgang, um so mehr aber mit J., der sich mit der Tochter einer auf Mana wohnenden Französin, Witwe eines Arztes V. verheiratet hatte.

Amelie J. war ein liebenswürdiges, achtzehnjähriges Frauchen, das erst wenige Wochen vor ihrer Heirat aus Paris, wo es in Pension gewesen, zurückgekommen war. Auf seinem neuen Wohnorte ließ nun Jules J. mit wenig Unkosten ein Häuschen bauen, säuberte den Platz umher vom Strauchwerk, hielt einige Hühner und Enten, kaufte Holz von den Buschnegern, oder blieb mit seinen Negern wochenlang im Walde, wo er die Bäume fällen und zu Brettern sägen ließ, während seine Frau ganz allein mit einer alten Negerin die Küche und Wäsche besorgte.

Daß dieses Leben der jungen Frau gar einsam und langweilig war, und sie es wohl oft mit ihrer Pension in Paris und auch wohl mit ihrem elterlichen Hause in Mana verglich, konnte man häufig, wenn man sie in ihrer Häuslichkeit überraschte, an ihren verweinten Augen lesen, doch beklagte sie sich nie, wenn sie auch wochenlang allein war, während ihr Mann sich auf abgelegenen Plätzen bei seinen Negern befand und auch wohl, was häufig passierte, nicht nüchtern nach Haus kam. Die meisten Sonn- und Festtage brachten beide auf Albina zu, wo uns die liebe junge Frau stets willkommen war. Auch ich kam häufig zu ihnen und fuhr oft in einer kleinen Korjal, und wenn kein Wind war, ganz allein über den Fluß. So fuhr ich denn auch eines Sonntag mittags hinüber, um zu sehen wo sie blieben, denn wir hatten vergeblich mit dem Essen auf sie gewartet.

Mitten im Fluß traf ich auf eine Herde Pingos, die vom holländischen nach dem französischen Ufer schwammen, es mochten wohl 200 oder mehr sein. Als ich sie sah, beschleunigte ich meine Fahrt, um wo möglich vor ihnen ans Land zu kommen. Noch ehe ich dieses erreichte, rief ich meinem Freund, der am Ufer stand, zu, sein größeres Boot ins Wasser zu ziehen zur Verfolgung der Pingoherde. Pfeilschnell war das Boot im Wasser, besetzt mit sechs Negern, Jules und seine Frau am Steuer, und ich mit einem starken Hauer saß vorne im Boote. Die Neger pagaiten aus allen Kräften mitten unter die Herde hinein, die etwa noch 300 Meter weit vom Lande entfernt war. Die armen sonst auf dem Lande so mutigen Tiere konnten sich nicht verteidigen, und schwammen mit den Zähnen klappernd nach allen Richtungen auseinander. Einem um dem andern schlug ich mit dem Säbel das Hirn ein und zog ihn ins Boot, wo wir in weniger als einer halben Stunde 26 dieser Tiere liegen hatten. Obgleich ich kein Freund der Jagd bin, und, mitleidig von Natur, mir jedes Blutvergießen zuwider ist, so kam ich bei dieser Metzelei, wo so gar kein persönlicher Mut nötig war, so in Eifer, daß ich erst auf das wiederholte dringende Mahnen J., daß das Boot nicht mehr fassen könne, davon abließ. Da ich das Fleisch dieser Tiere für meine vielen Leute sehr gut gebrauchen konnte, so kaufte ich meinem Freund seinen Anteil ab, lud 21 Stücke in meine Korjal und kam um vier Uhr Abends zu Hause an. Nun wurde in allen Töpfen Wasser zum Brühen der Schweine gekocht, und bis spät in die Nacht waren wir beschäftigt mit Brühen, Putzen und Zerhauen, so daß schon am andern Mittag alles gut gesalzen in den Fässern lag. Mit den Eingeweiden und den Köpfen gab man sich keine Mühe, man warf sie in den Fluß, wo sie von Pirais und andern Raubfischen aufgefressen wurden.

Seit der Abreise B. waren zwar keine bedeutenderen Zwiste vorgefallen, aber stets war jener Z., den ich schon früher und am Anfang hatte wegschicken wollen, bei jeder Gelegenheit der unverschämteste. So war einmal, als meine alte Küche ab-brannte, und jeder mir beim Löschen behilflich war, dieser Kerl so frech, das Wasser zu verweigern, das seine Frau in ihrer Küche hatte, und das sie jeden Augenblick wieder im Fluß holen konnte. Eines Tages tadelte ich ihn über seine Arbeit, als er mit anderen Bretter sägte, und wurde von ihm mit allen nur denklichen Scheltwörtern traktiert, unter der Drohung, mir doch noch mit der Axt den Schädel einzuschlagen.

Ganz gegen meine Gewohnheit war ich bei diesem Vorfall, wobei alle Arbeiter gegenwärtig waren, weil wir kaum zehn Schritte von den Sägern Holzblöcke aus dem Wasser zogen, nicht in die mindeste Aufregung geraten, erklärte aber dem Mann, als die Arbeit beendet war, daß ich ihn fortan nicht mehr im Dienst behalte und ihm bei Weigerung gutwillig zu gehen, alle Lebensmittel für ihn und seine Frau vorenthalte oder bezahlen lasse. Wohl oder übel mußte er sich zur Abreise rüsten.

Einige Tage später machte ich mit ihm und seiner Frau die Reise nach der Stadt, verklagte ihn beim Procureur géné-ral, wo er alles was 20 Personen eben so gut gehört hatten als ich, ableugnete. Der neue Gouverneur, General Schimpf, hörte meine Beschwerde an, und da der Procureur général L.

Streitigkeiten auf dem Oberdistrikt Nikerie zu schlichten hatte und das Dampfboot bereit lag, dahin abzugehen, erhielt er die Weisung erst nach Albina zu gehen, den Stand der Sachen dort zu untersuchen und dann erst sich nach Coroni zu begeben.

Z., der in der kurzen Zeit von zwei Tagen sich bereits in Paramaribo unterrichtet hatte, was ein Arbeiter seines Schlags verdienen könne, wollte wieder nach Albina zurück und erbot sich, vor sämtlichen Arbeitern mir fußfällig Abbitte zu leisten. Aber nichts konnte mich bewegen, den unverschämten Burschen wieder mit zu nehmen, und so mußte er sich eben in Paramaribo mit einem Taglohn von 80 Cents begnügen, von dem er für sich und seine Frau noch das Essen zu kaufen hatte. Außer jenem Z. hatte ich mich über keinen der andern zu beklagen gehabt, obgleich die Stimmung der meisten keine Zufriedenheit verriet, denn wenn sie auch nach und nach einsehen lernten, daß der Arbeiter in Surinam nicht halb so viel verdiene wie sie, so hatten sie doch kein Vertrauen auf das Fortbestehen der Sache und die so oft besprochene Hilfe der Regierung, woran ich selbst zweifelte.

An der äußersten Grenze der Kolonie, war ich ohne die mindeste Unterstützung oder Macht Beamter des Gouvernements, Bürgermeister und Unternehmer und mußte alle Beleidigungen, welcher Art sie auch waren, ruhig einstecken, ohne daß, wie es sich bei dieser Gelegenheit auch zeigte, die Regierung mich dagegen beschützen konnte. Bei dem Besuche des Herrn L., der in seiner roten Uniform das Land betrat, war es mir hauptsächlich darum zu tun, eine Bestätigung meiner Anklage wegen Beleidigungen des weggesandten Z. zu bekommen, um dann beim Gouverneur auf eine Bestrafung dieses Menschen dringen zu können. Wenn Z. einige Wochen ins Loch käme, meinte ich, würden die andern sich wohl hüten, mich wieder so zu behandeln.

Der Procureur général, der wie der frühere Gouverneur zuerst Lebensmittel, Wohnung, Arbeit etc. nachgesehen und sich von der richtigen Zahlung aus den Lohnbüchern der Leute und durch mündliche Bestätigung unterrichtet hatte, erkundigte nun, da ich ihn dringend darum bat, sich nach dem Vorfalle mit dem weggeschickten Z. Wie erstaunt war ich, daß auch nicht einer der Arbeiter sich dessen erinnern konnte, was zwischen mir und Z. vorgefallen war, seine Schimpfreden, die doch in Württemberg gang und gäbe sind, seine Drohungen hatte keiner gehört, die zwei Holländer aber, die ebenfalls dabei gewesen waren, hatten wohl einen Wortwechsel vernommen, aber da sie kein Deutsch verstanden, nicht gewußt was er bedeute. So stand ich zwar nicht als Lügner da, aber Beweise fehlten eben, um wie ich mir in den Kopf gesetzt hatte, zu meinem Rechte zu gelangen.

Was ich nun von den versammelten Arbeitern nicht bekommen konnte, gelang mir bei den einzelnen, und noch am Abend hatte ich die Unterschrift von sechs meiner Leute, welche die Scheltworte und Drohungen, mich totzuschlagen, gehört hatten. Ich übergab sie dem Procureur général, der besser mit den Gesetzen und deren Anwendung bekannt war, mir aber keine Hoffnung machte, für Z. eine Gefängnisstrafe auszuwirken, denn diese Sache gehöre bloß vor ein niederes Tribunal, den kleinen Hof, und bestände für dergleichen Beleidigungen keine andere Strafe, als höchsten Falles eine Abbitte.

Ja, darum war es mir nicht zu tun, denn das wäre den Köder statt des Popanzes brauchen, und gäbe jedem eine leichte Gelegenheit, die Reise nach Paramaribo auf meine Kosten zu machen und dann, durch eine Abbitte absolviert, nach Albina zurück zu kehren. Herr L. sah sehr gut das Schwierige meiner Lage ein, aber man könne die Gesetze nicht ändern; auch meine direkte Bitte an den Gouverneur werde diesen nicht bestimmen können, anders zu verfügen. Und so war es auch. Weder Bittschrift noch spätere Unterredung mit dem Gouverneur hatten einigen Erfolg, und so ergab ich mich in das was ich nicht ändern konnte; war ich doch gewiß, daß wenigstens das Gouvernement die eigentümliche Lage, in der ich mich befand, richtig zu schätzen wußte; um das Urteil der Bewohner Surinams bekümmerte ich mich keinen Pfifferling.

Es nahte die Zeit heran, wo das Schiff eine neue Zahl württembergischer Auswanderer bringen sollte. Ich unterließ deshalb die Holzarbeit und beschäftigte die Leute mit Häuserbau für die Neuzuerwartenden und mit Anlage von neuen Kostäckern. Schon früher hatte ich einige Kühe aus Cayenne erhalten und auch die nötigen Weiden angelegt. Am 31. Dezember 1855 kam dann die Albina wieder mit acht Männern, fünf Frauen und drei Kindern, so daß jetzt sich einundsiebzig Europäer auf Albina befanden, nämlich sieben und zwanzig Männer, sechzehn Weiber, acht und zwanzig Knaben und Mädchen. Die neuen Ankömmlinge waren wieder unter verschiedenen Bedingungen engagiert, die zwar sehr deutlich und bestimmt in jedem Kontrakt ausgedrückt und von den Kontraktanten unterschrieben waren, von welchen ich aber voraussah, daß sie auf Albina, wo nicht bestritten, doch abermals zu neuen Streitigkeiten Anlaß geben würden. Während der Sägemeister bei freier Überfahrt, Kost und Wein täglich 1,50 Gulden Lohn hatte, waren die andern Arbeiter zu 150 Gulden per Jahr und Verköstigung, aber ohne Wein angenommen, und sollten noch die Überfahrtskosten bezahlen, die doch alle früheren frei hatten.

Da der Sägemeister (denn die Sägemühle sollte erst später geschickt werden) in seinem Fach nichts zu arbeiten hatte, so gesellte ich ihn zu den Holzarbeitern, die wieder darüber schimpften, daß er, der doch nicht mehr arbeite wie sie, ein Drittel mehr Lohn haben solle. In der ersten Stunde schon hatten die neu Angekommenen die Verhältnisse, unter denen sie fortan leben mußten, kennengelernt, sahen die Hilflosigkeit in der ich mich befand, und, wie ich vorausgesehen hatte, fingen Zänkereien und Unzufriedenheiten schon am ersten Tage an und dauerten fort, so lange noch ein Mann dieses Transportes sich auf Albina befand. Zu meinem schwierigen Geschäfte engagierte ich einen Gehilfen. Er hieß Le F. und war auf einer Zuckerpflanzung Direktor gewesen. Holländer von Geburt, sprach er kein Wort Deutsch, war bedächig und furchtsam, doch tat er seine Pflicht und machte sich mit den Leuten nicht gemein.

Die gänzliche Wertlosigkeit des Holzes, wovon die zwei letzten Ladungen kaum den Frachtpreis aufgebracht hatten, gepaart mit dem festen Willen eine Kolonisation fortzusetzen, auf deren guten Erfolg unter den jetzigen Umständen niemand Hoffnung hatte als Herr K. allein, waren seiner Familie ein Schreckbild und seinem Vermögen ein Danaidenfaß. Es wurden mir also von dieser Seite die ernstlichsten Vorstellungen gemacht, den guten alten Herrn, dessen Steckenpferd diese Unternehmung war, das bis zum letzten Augenblick seines Lebens ihn beschäftigte, vor neuen Unternehmungen zu bewahren. Dabei gab man mir zu verstehen, daß bei seinem etwaigen Tode, denn er kränkelte schon lange, das Geschäft augenblicklich liquidiert werden solle.

Meine Bitten und Vorstellungen an ihn, schon früher fruchtlos, wurden auch dieses Mal mit bitteren Vorwürfen und Hinweisung darauf, daß ja er bloß materiell zu verlieren habe von Herrn K. beantwortet und immer mehr verlor ich die Hoffnung, aus diesem Labyrinth von Sorgen und Schwierigkeiten herauszukommen. Der Gesundheitszustand des Etablissements war während dreier Jahre vortrefflich. Außer zwei neugeborenen Kindern hatten wir bloß einen Mann durch den Tod verloren, und dieser war schon bei seiner Ankunft leberleidend gewesen. Aber Anfangs Juni 1856 stellten sich bei anhaltenden Südwinden Fieber ein, an denen beinahe die Hälfte der Bevölkerung erkrankte. Die wenigen Arzneimittel die ich hatte, Glaubersalz, Jalappe, Rhabarber und Chinin, von welch letzterem eine Drachme vorrätig war, wurden angewandt, aber es gehörten mehr Kenntnisse als ich besaß dazu, dem Übel zu steuern. So bald ich Gefahr sah, sandte ich sofort einen *Expressen* über See nach Paramaribo mit genauer Beschreibung der Symptome und der Bitte an den Gouverneur, uns in unserer Verlassenheit beizustehen.

Dieser sandte auch sogleich den Oberarzt der Kolonie mit dem Dampfboot Paramaribo, aber es waren bei seiner Ankunft bereits zwei Männer und ein Mädchen gestorben, die bei richtiger Behandlung und den nötigen Arzneien wahrscheinlich gerettet worden wären. Auch meine Frau war sehr leidend und konnte mehrere Tage das Bett nicht verlassen, aber sie befolgte meine und später des Arztes Ratschläge, während die Kranken mir keinen Glauben schenkten, vorab als ich ihnen den Wein verbot, der sie ja doch stärken müsse.

Ja, dem sterbenden, zwanzigjährigen Mädchen wurde so viel Wein eingeschüttet, den sie vor ihrem Tode noch erbrach, daß sie in einer Blutlache zu liegen schien. Auch der Arzt mußte die Klage der Kranken, daß man sie hilflos hinsterben lasse, anhören. Da ihm nun vom Gouverneur besonders anbefohlen war, sich über die Lage der Leute und übrigen Umstände zu erkundigen, so kamen denn auch die unglücklichen Kontraktverhältnisse zur Besprechung, die, obgleich sie aufs Deutlichste ausgedrückt waren, dem Arzt beinahe die Meinung beibrachten, daß man die Leute hintergangen habe. Noch einen Monat kränkelten viele der Arbeiter, wie sich denn auch zeitweise in verschiedenen Teilen des Landes Sumpf- oder andere Fieber zeigen, ohne gerade einen gefährlichen Charakter anzunehmen, und ohne daß solche Plätze für die Dauer als ungesund angesehen werden können.

Sechstes Kapitel

Die Hiobspost dieser drei Todesfälle erlebte Herr K. nicht mehr; ein Leberleiden hatte ihn Anfangs August 1856 hinweggerafft. Schon vor seinem Ende hatte ich dem neuen Gouverneur, einem ernsten, wohlwollenden Manne, das Schwierige meiner Lage auseinandergesetzt; er wiederholte mir, daß es der feste Wille der niederländischen Regierung sei, eine größere Kolonisation mit Europäern und vorerst mit Holländern am Maroni auszuführen, denn trotz aller Zwisten und Unzufriedenheiten vieler der Leute, herrührend aus der isolierten Lage von Albina und dem gänzlichen Mangel an allem, wodurch ein geselliges und geordnetes Zusammenleben denkbar sei und auf die Dauer bestehen könne, läge eine unumstößliche Tatsache auf der Hand, daß man bei verständiger Wahl des Wohnortes und zweckmäßiger materieller Behandlung der Europäer auch im Tropenlande arbeiten und gesund bleiben könne.

Obgleich nun die im Jahr 1845 am Saramaccafluß durch die Regierung projektierte Kolonisation über sieben Tonnen Goldes (700 000 Gulden) gekostet hätte (die Leiter derselben hatten jährlich bei 18 000 Gulden Gehalt) und gänzlich mißglückt sei, was man hauptsächlich dem Umstand zuzuschreiben habe, daß ein niedriges von Sümpfen umgebenes Land zur Niederlassung gewählt worden und nur wenig Vorbereitungen zum Empfange der Kolonisten gemacht worden wären, überdies kein fester Plan bestanden habe, weder in der zu befolgenden Kultur noch in der Leitung, so daß in den wenigen Monaten von den 100 Familien Holländern über die Hälfte weggestorben wäre. Trotz alle dem und trotz des schmerzlichen Eindruckes, den dieses mißglückte Unternehmen überall in Holland hervorgerufen habe, werde die Regierung, die den großen Nutzen einer prosperierenden europäischen Kolonisation in diesem so menschenleeren und doch so fruchtbaren Lande einsehe, kein Bedenken tragen, mich mit einer neuen Kolonisation zu beauftragen, wenn ich den Plan einer auf soliden Grund basierten übergeben könne.

Dieser Plan müsse aber auch die Überzeugung einflößen, daß die vorzuschießenden Summen in späteren Jahren wieder abbezahlt werden können. Es sei also meine Sache, diesen Plan genau zu erwägen und dann dem Gouvernement zur Einsicht, Prüfung und Weiterbeförderung an die Regierung vorzulegen. Zu diesem Plane hatte ich außer meinen Erfahrungen ebenso den Rat kundiger Pflanzer, als die Hilfe von Büchern nötig, welche über den tropischen Landbau handeln, und wovon wir in holländischer und englischer Sprache sehr gute besitzen.

Seit dem Tode des Herrn K. war mir alle Hilfe entzogen. Ich mußte also vorerst daran denken, die bedeutenden Ausgaben zu vermindern, und entließ deshalb beinahe alle Arbeiter des ersten Transportes, deren Kontraktzeit beendigt war, während ich die andern weniger gut bezahlten in meinem Dienste behalten wollte, um die Vorarbeiten der neuen Kolonisation damit auszuführen. Bretter und Schindeln sandte ich zum Verkaufe nach Paramaribo, um die laufenden Unkosten bestreiten zu können, und legte mich vor allem wieder auf den Ankauf von Holz, um es später, wie mein Nachbar getan hatte, nach den Antillen auszuführen, ein Handel, den ich bei den schlechten Holzpreisen in Europa längst Herrn K. angeraten hatte. Jetzt hatte ich wenigstens wieder Aussichten, konnte meine Arbeiten regeln und zweckmäßig betreiben, während in der Unsicherheit der letzten Zeit ich nie wußte, woran ich mich zu halten hatte.

Nach dem 1 ½ Kilometer entfernten Bergland ließ ich durch das niedrige, mit jeder Springflut überschwemmte Land einen Weg anlegen, längs welchem ein zehn Fuß breiter und drei Fuß tiefer Graben lief, um später die Erzeugnisse des Hochlandes auf leichte Weise nach Albina zu bringen. Auf beiden Seiten des Weges und Kanals wurde der Wald gefällt und so 40 Acker Land gewonnen, das, mit Reis angepflanzt, eine herrliche Ernte gab. Das am Fuß der Hügel liegende Hochland, das wie alles mit dichtem Walde bedeckt war, wurde ebenfalls in Angriff genommen, abgehauen, gebrannt und gereinigt.

Die Hügel, deren steiniger Boden wohl zu Weide, aber weniger zur Kultur taugt, wurden später mit Kokosbäumen bepflanzt, wovon auch eine 1 ½, Kilometer lange Allee am Fuße der Hügel sich hinzog. Alle diese Arbeiten vergab ich im Akkord, und wurden sie mit großer Fertigkeit und beinahe in der Hälfte Zeit, die ein Neger dazu gebraucht hätte, verrichtet. Dadurch verdienten die Leute bedeutend mehr und waren an keine Arbeitszeit gebunden. Hier beim Waldfällen und bei der für so schwierig gehaltenen Grabarbeit konnte ich sehen, was guter Wille und Eifer tut, denn gerade beim Graben hatte ich Schneider, Schuhmacher und die beiden Fischer beschäftigt, die nie eine solche Arbeit getan hatten, und die doch jeder mehr als sein Tagewerk lieferten.

Im Jahre 1852 waren nach Cayenne die ersten politischen Verbannten gebracht; sie bestanden aus allen Klassen der Gesellschaft, und um sie wo möglich beisammen zu halten und ihre Flucht zu verhindern, wurde ihnen die Gruppe der sogenannten Teufelsinseln zum Verbleib angewiesen. Diese liegen etwa sechs Meilen westlich der Stadt Cayenne, heißen bei den Franzosen Iles du salut und bestehen aus drei ganz nahe bei einander liegenden Inselchen, Ile royale, St. Joseph und du Diable. Obgleich sie sehr felsig sind, so scheinen sie doch früher bewaldet gewesen zu sein. Sie gewähren jetzt mit den vielen weißen Gebäuden, der auf dem Gipfel der größeren Ile royale befindlichen hübschen Kirche, den Alleen von Sandbüchsenbäumen und den kleinen wohlunterhaltenen Gärtchen den vorbeifahrenden Schiffen einen reizenden Anblick. Von der benachbarten Küste sind sie bloß 1 ½ Stunden weit entfernt.

Die Verbannten waren nun auf der kleinsten der Inseln untergebracht und zwar ohne alle Aufsicht, denn das Militär befand sich auf dem festen Lande in Kourou. Nach den Inseln kam man bloß alle acht oder 14 Tage, wenn die Deportierten mit Lebensmitteln und Wasser versehen werden mußten. Obwohl die politischen Meinungen dieser Verbannten die verschiedenartigsten Nuancen haben mochten, kamen doch darin alle überein, daß der Aufenthalt im französischen

Guyana ihnen nicht behage, und daß es ihr eifrigstes Bestreben sein müsse, ihre Freiheit wieder zu erlangen. So waren schon im Jahr 1852 zwölf solcher Verbannten in einem Lotsenkutter, dessen sie sich bemächtigt hatten, entflohen und nach Paramaribo gekommen, wo man ihnen Freiheit gab, hinzugehen wo sie wollten.

Nun wurden um eben diese Zeit die Sträflinge der französischen Bagnos ebenfalls nach Cayenne deportiert und am Oyapok, Aprouac, Kourou oder in Cayenne selbst untergebracht. Entflohen diese aber und kamen nach dem benachbarten Surinam, so wurden sie wieder an die französischen Behörden ausgeliefert, wenn bewiesen wurde, daß sie Forçats und keine politischen Verbannten wären. Im britischen Guyana waren aber Forçats ebenfalls frei.

Mit dem Plane für die neue Kolonisation hatte ich viele Arbeit und mußte deshalb manche Reise nach Surinam machen. So kam ich am 17. September 1856 von Paramaribo über See zurück, als ich auf dem Indianerdorf von Georg vernahm, daß am selbigen Morgen 20 französische Flüchtlinge angekommen wären. Sie hätten, erzählten mir die Indianer, gefragt, ob sie auf holländischem Gebiete sich befänden, und verlangt, zum ersten besten holländischen Beamten gebracht zu werden. Vor kaum zwei Stunden sei Georg mit ihnen in zwei Korjalen nach Albina abgesegelt.

Der Floß, auf dem sie die Reise über See gemacht hatten, lag in Stücken zerschlagen am Ufer; er bestand aus einem ungefähr 20 Fuß langen und acht Fuß breiten Rahmen von vier Zoll dicken Bruinhardlatten. Einige Bretter waren der Breite nach auf ihm angenagelt, und die Zwischenräume mit in Bündeln gebundenen Maisstielen ausgefüllt. Um das Ganze lief ein etwa zwei Fuß hohes Geländer, ebenfalls aus Bruinhartlatten, um zu verhüten, daß die Passagiere nicht von den überschlagenden Wellen fortgerissen werden konnten. An dieses Geländer waren auch einige Wasserfäßchen gebunden, während in der Mitte ein kleiner Mast mit einem aus 20 Hemden zusammengenähten Segel befestigt gewesen war. Da nun Wind und

Strom immer günstig sind und nach Westen, also nach Surinam führen, so konnten sie voraussehen, daß, wenn das Floß
nicht sank und sie nicht eingeholt würden, sie Holländisch
Guyana in einigen Tagen erreichen mußten.

Ich bewunderte den Mut dieser Leute, auf dem gebrechlichen Fahrzeug ihr Leben riskiert zu haben, und fuhr von
gutem Wind begünstigt nach Hause, wo ich abends acht Uhr
ankam. Ich konnte mir die Verlegenheit meiner Frau denken,
als ein solcher Haufen Flüchtlinge sie überraschte, und vernahm nun, daß die Leute im elendsten Zustand angekommen
wären und ein Elsässer unter ihnen sei, der meine Frau von
allen Drangsalen unterrichtet habe, denen sie seit ihrer Abreise
von den Iles du salut ausgesetzt gewesen waren. Sie habe ihnen
sogleich Essen, Trinken und so viel von meinen alten Kleidern
gegeben, als sie hätte entbehren können. Hängematten, Decken, alte Segel und dergleichen habe sie zum Nachtlager zu-
sammengesucht und sie wären einstweilen in dem Schuppen,
den ich zum Aufenthalt der Buschneger und Indianer, wenn
sie hier übernachten wollten, hatte bauen lassen.

Ich ließ die Leute kommen und hörte, daß sie auf Ile du
Diable, der niedrigen hintersten Insel, ganz ohne alle Aufsicht sich selbst überlassen gewesen wären; bloß alle acht Tage
habe man ihnen von Kourou aus die nötigen Lebensmittel
und Wasser gebracht, doch sonst sie nie besucht. Außer ihrem Hause, Gesträuch und einem Maisfeld, wäre nichts auf
dem Inselchen gewesen und auf eben dieses Maisfeld hätten
sie ihre Rettung gebaut. Kaum sei vor fünf Tagen das Boot das
ihnen für weitere acht Tage die Lebensmittel gebracht habe,
wieder nach Kourou zurückgekehrt, so habe man sich an die
Arbeit gemacht, das Haus abgebrochen und aus den Rahmen
und den Dachsparren den Floß zusammen gesetzt, während
andere den Mais abgeschnitten und zu Bündel zusammen gebunden hätten. Jeder habe ein Hemd, manche das einzige das
sie besaßen, hergegeben, um ein Segel zu verfertigen, und so
hätten sie dann mit anbrechender Nacht sich auf ihrem zer-
brechlichen Fahrzeug eingeschifft und wären bei schwachem

448

Winde langsam dem Westen zugetrieben. Vier Tage und drei Nächte hätten sie, stets bis um die Hüfte im Wasser, aber bei ziemlich ruhiger See gebraucht, um das linke Ufer des Maroni zu erreichen: sie flehen nun die Großmut des holländischen Gouvernements an und vertrauen, daß man ihnen gestatte in der Kolonie zu bleiben, und sie nicht ausliefere.

Ich hatte keine Instruktion in dergleichen Fällen, aber da ich wußte, daß die früheren Flüchtlinge ganz ungehindert in Paramaribo hatten bleiben dürfen und meistens auf amerikanischen Schiffen nach und nach die Kolonie verlassen hatten, so trug ich auch kein Bedenken, sie zu versichern, daß ich sie nicht ausliefern werde, aber in jedem Falle verpflichtet sei, sie ans Gouvernement nach Surinam zu senden. Da ich meine Fahrzeuge nicht entbehren konnte, so bot ich den Leuten ein altes, längst nicht mehr gebrauchtes großes Boot an, das schon seit mehr als zwei Jahren im Gesträuch am Fluß lag. Es hatte verfaulte Bretter, Knie waren gebrochen und alle Nähte losgesprungen, so daß es mir nicht der Mühe wert gewesen war, es noch reparieren zu lassen. Trotz ihrer Müdigkeit wollten sie es sehen. Ich zündete die Laterne an, das Boot wurde herausgezogen und über Holzblöcke gelegt, um gleich am Morgen es waschen und ausbessern zu können.

Kaum brach der Tag an, als auch alles schon um das kostbare Boot beschäftigt war, den Jahre alten Schmutz abzuschaben und das ganze zu waschen. Unter den Flüchtlingen waren Handwerker, Künstler, ein Notar, Literaten, aber auch zwei Marinezimmerleute. In der heitersten Laune tranken die Leute seit langer Zeit wieder einen Kaffee au lait, den ich ihnen selbst einschenkte und welchem ich einen Gloria beifügte, der ihnen ebenso willkommen war. Ich gab nun Handwerkszeug, Bretter, Nägel, Pech, Werg, kurz alles, was sie brauchten, und während die Marinezimmerleute die nötigen Knie bearbeiteten und sie hineinsetzten, mußten andere Bretter und Bänke passend sägen, einen Mast im Walde holen und sobald das Boot trocken war, dasselbe kalfatern. Die Arbeit ging so rasch, daß schon um zwei Uhr das Boot fertig war und ins

Wasser gezogen werden konnte. Dank dem Werg und Pech, das nicht gespart wurde, leckte es auch nicht im mindesten. Ich nahm nun von dem Vorfall ein Protokoll in französischer Sprache auf, ließ sämtliche Flüchtlinge unterzeichnen und bot ihnen an, die Nacht noch auf Albina zuzubringen, um sich noch einigermaßen von den erlittenen Strapazen zu erholen. Sie baten aber inständig, sie noch denselben Abend abreisen zu lassen, da sie, obwohl hier in Sicherheit, doch fürchten müßten, daß man sie, wenn ihre Flucht entdeckt wurde, eiligst verfolgen werde. Ich hatte nichts dagegen, ließ sogleich 40 Pfund Reis, süße Bataten und 40 Pfund gesalzenes Fleisch und Speck kochen, dieses als Reiseproviant in ein leeres Weinfaß einpacken und gab vier Dame-jeannen Wasser mit. Meine Frau hatte aus Überbleibseln einer alten Flagge eine zwei Fuß lange holländische zusammengenäht, diese wurde oben am Maste befestigt.

Kapitän Georg mußte die Leute unverzüglich nach Paramaribo und zugleich dem Gouverneur das Protokoll überbringen, während ich den Paß mit der Erklärung, daß diese 20 Flüchtlinge unter holländischem Schutze reisen, dem einen der Professoren übergab. Ihre leidenschaftlichen Ausdrücke des innigsten Dankes, ihre Segenswünsche, womit sie von uns Abschied nahmen, rührten uns fast zu Tränen, und obwohl ich die feurigen Ausdrücke der französischen Sprache durch lange Erfahrung nach ihrem wahren Werte zu schätzen weiß, so war doch hier ihr Dank gewiß aufrichtig. Und welches Glück für sie, daß sie die Nacht nicht geblieben waren, denn kaum war es neun Uhr Morgens des andern Tages, als wir ein kleines Dampfboot um die Ecke kommen und bei Freund J. anhalten sahen. Es war das französische Gouvernementsdampfboot „Oyapok", das nach kurzem Verweilen nach der holländischen Seite dampfte und vor Albina vor Anker ging. Ich ging den Offizieren, die ich schon von früher kannte, als sie ans Land stiegen, entgegen und konnte mich eines Lächelns nicht enthalten, als ich auf ihre Frage, wo sind sie (denn sie hatten schon bei Freund J., der sie durch sein Fernrohr betrachtet hatte, vernommen, daß zwei indianische Korjalen mit vielen Menschen bei mir gelandet wären), antwortete, daß sie bereits am Abende abgereist seien. Schnell, rief der Kommandant, indem er Miene machte wieder an Bord zu gehen, dann können wir sie noch einholen, denn die Nacht war sehr windstill. Geben Sie sich keine Mühe, erwiderte ich, das Boot hat die holländische Flagge und die Leute haben einen Paß von mir, denn ich darf nicht beurteilen, ob es Forçats oder politische Deportierte sind. Ich lud nun die Herren ein, bei mir eine Herzstärkung einzunehmen und dem französischen Gouvernement zu überlassen, sich mit dem unsrigen darüber zu verständigen. Der Oyapok kehrte also ganz ruhig nach Cayenne zurück, die 20 Flüchtlinge aber erhielten in Paramaribo wie die früheren, alle mögliche Hilfe und die Freiheit hinzugehen, wohin sie wollten.

Kaum 14 Tage später wurde mir durch Indianer ein anderer Flüchtling gebracht, den sie im erbärmlichsten Zustand auf dem französischen Ufer gefunden hatten. Er hieß Baudu, sei, wie er sagte, Déporté politique und von Sinamari weggelaufen. Nach wochenlangem Umherirren in den Waldungen wäre er endlich an das rechte Ufer des Maroni gekommen, wo er Indianer gefunden habe, die ihn zu mir gebracht hätten. Auch ihm gab ich ein Obdach und zwar in meinem eigenen Hause, hatte ihn etwa drei Wochen lang an meinem Tisch und sandte ihn endlich mit meiner Barkasse nach Paramaribo, wo es sich herausstellte, daß er ein echter Forçat und Mörder obendrein war. Er wurde deshalb im Fort Zélandia einquartiert, bis sich die Gelegenheit fand, ihn nach Cayenne auszuliefern.

Unser Gouverneur, ein eifriger fürs Wohl der Kolonie bedachter Mann, ließ sich die Sache der neuen Kolonisation sehr angelegen sein, und um die Mündung und die gefährlichen Bänke, die dieselbe verengten, auf der Karte festzustellen, wurden damit zwei Seeoffiziere beauftragt und der Schoner Curaçaonaar, ein schnellfahrendes Schiffchen von circa 40 Tonnen, nach dem Maroni gesandt. Der Schoner war auf zwei Monate ausgerüstet. An Bord befand sich auch jener Spitzbube Baudu, um an die französische Behörde in Mana ausgeliefert zu werden. Ich wußte von allem diesem nichts, denn besonders in den Trockenzeiten war die Verbindung mit dem Maroni selten und immer kostspielig; so kam es, daß wir oft Monate lang ohne alle Nachrichten von Surinam oder Europa blieben.

Ende Oktober kam ein betrunkener Karaibe nach Albina und erzählte, daß ein holländischer Schoner an der Mündung gestrandet sei, daß zwei Marineoffiziere mein Fischerhaus bewohnen und ihm aufgetragen hätten, mich zu grüssen. Das war mir eine wunderliche Nachricht. Ich zerbrach mir den Kopf darüber, warum, wenn je so etwas vorgefallen wäre, man mir nicht geschrieben habe. Der Indianer wußte aber so viele Details von diesem Schiffbruch zu erzählen, beschrieb die Kisten Genever und Branntwein, die gerettet und für ihn von besonderem Interesse waren, so genau, daß ich nicht mehr daran zweifeln konnte. Um mir aber selbst keine Blöße zu geben, sandte ich sogleich den Herrn de F. nach dem beinahe vollendeten Fischerhaus am Meer, um zu sehen, was Wahres an der Sache sei. Ich hörte nun nach seiner Zurückkunft, daß jenes Schiff der koloniale Schoner Curaçaonaar sei, den der Gouverneur zur Aufnahme der Mündung nach dem Maroni gesandt habe. Beim Einlaufen in den Fluß wäre der Schoner auf die französische Bank gekommen, wo er noch liege und allem Anscheine nach verloren sei. Seit dem Stranden seien bereits vier Tage verlaufen; man habe alles ausgeladen und in dem Fischerhause aufbewahrt, ein Faß Dram aber, das mein Korrespondent in Paramaribo für mich mitgegeben habe, hätten die Offiziere über Bord werfen lassen, weil man den Matrosen nicht trauen könne, daß sie dasselbe nicht anbohrten und sich berauschten. Was aber Genever, Wein, Bier und Branntwein betreffe, der für ihren auf zwei Monate bestimmten Aufenthalt am Bord gewesen war, so hätten sie solches in meinem Hause unter Schloß und Riegel wohlverwahrt.

Ich fuhr nun sogleich nach meinem Fischerhause, wo ich vor Ablauf der Ebbe ankam und die beiden Seeoffiziere eben beim Mittagessen traf. Gerne hätte ich alles getan, um das

Schiff, das ich hoch und trocken auf der Bank umgeschlagen liegen sah, zu retten, denn jeder Verlust, den die Regierung am Maroni erlitt, konnte ihren Eifer für die neue Kolonisation schwächen, und daß diese, jetzt mehr als früher, eine Lebensfrage war, von der meine ganze Existenz abhing, wird man bald sehen. Es war aber eine kitzlige Sache für mich gegenüber Seeoffizieren, bei einem Schiffbruch, wo allein ihr Urteil geltend war, eine Meinung zu äußern, doch eine Rettung des Schoners, wenn es eine solche gab, war ohne meine Mitwirkung nicht möglich.

Ich hörte nun, daß, weil der Kapitän des Schoners unpäßlich war[1], der Steuermann Primo, ein Neger, aber genau mit der Mündung des Maroni bekannt, mit der Leitung des Schoners beauftragt gewesen sei. Man war gegenüber der Mündung des Amanabo vor Anker gegangen, und die beiden Offiziere hätten im großen Boote den Spitzbuben Baudu mitgeführt, um ihn auf Mana der französischen Behörde auszuliefern. Von da abends an Bord zurückgekehrt, habe man den Anker gelichtet, und da Flut war, hätte Primo (so erzählte er mir) nordwest gesteuert, aber die Offiziere ihm befohlen, mehr westlich anzuhalten, wodurch sie denn gerade mit hohem Wasser auf der französischen Bank strandeten. Bei niederem Wasser sei der sehr scharf gebaute Schoner umgeschlagen. Obgleich bloß eine halbe Stunde weit vom Hause entfernt, sei man doch seit drei Tagen, wo man Segel und Sonstiges von Werte geholt habe, nicht mehr auf der Bank gewesen, und die Offiziere sowohl als Primo meinten, daß der Schoner wahrscheinlich durch den Wellenschlag entzwei gebrochen sei. Ich sagte nun den beiden Herren, daß ich durch einen *Expressen* den Gouverneur von dem Vorfalle benachrichtigen wolle, aber doch

---

[1] Die Kapitäns der kolonialen Dampfboote und Schoner stehen im Rang weit unter den Seeoffizieren der Flotte, sind meistens alte Steuermänner der Kauffahrteiflotte und nicht sehr erbaut, wenn sie einen Seeoffizier an Bord haben müssen. Obgleich sie beinahe immer kerngesund sind und ein rotes frisches Aussehen haben, so sind Krankheiten in solchen Fällen leicht möglich.

zuvor mich selbst zu überzeugen wünsche, ob ich mit meinen Arbeitern den Schoner nicht vielleicht noch retten könne, die Offiziere hatten dagegen nichts einzuwenden, und fuhren wir sogleich im Schiffsboote nach der Bank.

Diese ragte wohl zwei Fuß hoch übers Wasser hervor, und auf ihrem höchsten Teile lag der umgeschlagene Curaçaonaar, voll Wasser. Nirgends war eine Beschädigung wahrzunehmen, die zur Annahme berechtigt hätte, daß das Schiff rettungslos verloren sei. Ich machte sogleich ein Zeichen am Rand des Wassers im Raum, und nach einer vollen halben Stunde, welche wir auf der Bank blieben, hatte das Wasser im Raum um keinen halben Zoll abgenommen, ein sicherer Beweis, daß sich noch kein Bruch oder Riß im Schiffe befand, und daß demselben noch recht gut zu helfen wäre.

Mein Entschluß war deshalb bald gefaßt. Ich teilte sogleich dem Gouverneur die Sache mit und bat ihn, das Dampfboot zu senden, das ich am Montag mit der Flut erwarte; ich würde inzwischen Sorge tragen, auf jeder Seite des Schoners zehn große leere Fässer zu befestigen, und hoffe am Montag morgen mit dieser Arbeit fertig zu sein, wo dann um vier Uhr mit hoher Flut das Dampfboot den Schoner ins Fahrwasser schleppen könne. Aber es war zu spät, denn als zur bestimmten Zeit das Dampfboot kam, war der Schoner wirklich gebrochen, und der Kapitän des Dampfers hatte den Befehl des Gouverneurs, wenn der Schoner zu viel gelitten habe oder man ihn von der Bank nicht abbringen könne, das Wrack mir zum Kaufe anzubieten.

Ich übernahm das ganze für 500 Gulden.

Die Seeoffiziere und die Matrosen des Curaçaonaars kehrten mit dem Dampfboot nach Paramaribo zurück, und die Aufnahme der Flußmündung blieb für spätere Zeiten den Franzosen überlassen. Ich hatte nun wieder eine neue Arbeit, die mich und vier Zimmerleute sechs Tage lang beschäftigte. Es war der Abbruch des Wracks.

Maste, Taue und Segel verkaufte ich an französische Fahrzeuge, während die Kupferbeschläge in Holland mir mehr

454

einbrachten als der Schoner mich gekostet hatte. Das ganze Schiff, in Curaçao gebaut, war von Mahagoni, und wäre für Kunstschreiner von Wert gewesen, aber ich begnügte mich mit dem Kupfer, Anker und Ketten und ließ den Rest versanden.

Unter Arbeiten aller Art flog die Zeit schnell dahin, und noch vor Ablauf des Jahres konnte ich dem Gouverneur den Plan zur neuen Kolonisation überreichen. Die nötigen Gebäude, als Wohnungen für die Beamten Pfarrer und Arzt, nebst Kirche, waren nach meiner Erfahrung der Arbeit für Europäer und dem wohlfeilen Preise des Holzes am Maroni berechnet. Die Hauptarbeit der Immigranten, der sie sich hauptsächlich zu widmen gehabt hätten, wäre die Kultur des Kakao gewesen, der einmal gepflanzt, die wenigste Arbeit verursacht. Auf das Produkt des Kakaobaumes, der aber erst in fünf bis sechs Jahren eine bessere Ernte gibt, war das Unternehmen basiert. – Die Kolonisten hätten bei ihrer Ankunft jede Familie ein Haus, Vieh, Hühner, bepflanzten Garten und einen halben Hektar bereits urbar gemachtes Land gefunden, im ganzen aber zehn Hektar Land erhalten, das sie nach und nach anpflanzen und zur Weide anbringen mußten. Obwohl ihnen im ersten Jahre Lebensmittel verabreicht worden wären, so war doch angenommen, daß sie durch Anpflanzen von Erdfrüchten als Cassave, Pataten, Yams, Mais etc., durch Schweine-, Vieh- und Hühnerzucht im zweiten Jahre nebst dem Anpflanzen von Kakao bereits ihren Lebensunterhalt sich hätten verschaffen können. Ihre Kakaoäcker hätten sich bei zweckmäßig verteilter Arbeit jedes Jahr vergrößert und hätten im fünften Jahre soviel abgeworfen, daß am vorgeschossenen Kapital (als für Überfahrt, Häuser, Vieh, Anlage von Gärten etc.) hätte abbezahlt werden können, so daß der Vorschuß der Regierung innerhalb zehn Jahren zurück bezahlt worden wäre. Für die Übersiedlung und Einrichtung von 100 Familien hätte man etwa ein Kapital von 250 000 Gulden nötig gehabt.

Das Zentrum oder der Hauptplatz der neuen Kolonisation wäre Albina gewesen. Hier der Beamte, Pfarrer, Arzt, Magazine, Hospital und Schule, und weil es der einzige Platz auf holländischem Ufer ist, wo Schiffe hart am Lande anlegen können, der Stapelplatz für die Ein- und Ausfuhr. Diese 100 Familien, wovon jede vorerst zehn Hektar Landes bekommen sollte, hätten ihre Wohnplätze so gehabt, daß der äußerste nicht weiter als eine halbe Stunde vom Hauptplatz entfernt gewesen wäre. Der überreichte Plan wurde vom Gouverneur der Beurteilung einer Kommission überwiesen, die ihn, mit einigen Abänderungen, billigte und dem Minister empfahl.

Schon längst war die deutsche Kommission entbunden, nachdem sie in der Kolonisationsfrage ein günstiges Urteil abgegeben hatte. Eines der Mitglieder aber, ein Herr N. aus Ostpreußen, hatte dem Minister einen Plan vorgelegt, um eine Kolonisation mit Europäern am oberen Para einzuleiten, wenn ihm nämlich die Regierung den nervus rerum, das Geld, dazu vorschießen wolle. Daß durch den Tod des Herrn K. mir nun alle Mittel benommen waren, das Unternehmen auf Albina fortzusetzen, wußte Herr N. recht gut; auch begriff er, daß die Regierung lieber eine Sache unterstütze, von der bewiesen war, daß die Hauptschwierigkeit in Tropenländern, nämlich schlechter Gesundheitszustand, nicht hinderlich sei, als ein neues Unternehmen in einem ganz anderen Teile der Kolonie zu befördern, wo die Meinung von einem günstigen Gesundheitszustand bloß theoretisch vorliege.

Nun war ich in Folge des mit Herrn K. eingegangenen Kontraktes bei unserem Unternehmen wie im Gewinne, so im Verluste für die Hälfte beteiligt, und dieser solle sich, wie man mir schrieb, auf beinahe 100 000 Gulden belaufen haben. Freilich war bei Verlusten nicht mir die Schuld zuzumessen, denn der Verkauf des Holzes war meine Sache nicht, ebenso wenig, daß ich Monate lang vergeblich arbeiten ließ. Genug, ich war den Erben die Hälfte der bei dem Unternehmen verlorenen Summe schuldig, und obgleich ich ihnen die Hoffnungen, die mir der Gouverneur gemacht hatte, sogleich mitteilte, so schienen sie dieselbe zu ignorieren oder nicht an sie zu glauben. Sie ergriffen also den Vorschlag des Herrn N. mit Freuden, ihm ihren Teil an dem Etablissement Albina abzutreten, im Falle er mit der Unterstützung, die er von dem Ministerium zu erhalten hoffte, sie entschädigen könne.

Was nun meine Hälfte betraf, so wurde bestimmt, daß im Falle ich meine Schuld an die Erben nicht bezahlen könne, und das schien sicher, ich dann meinen Anteil an Albina an Herrn N. abzutreten habe gegen Lösung jeder weiteren Verpflichtung. Um mich aber nicht ganz hilflos zu lassen und mit meiner Frau vor die Türe zu setzen, erbot sich Herr N. mich auf ein Jahr als Gehilfe zu engagieren und zwar mit einem Gehalt von 1 200 Gulden. Diese Nachricht war mir wie ein Donnerschlag.

Obgleich mir das Unternehmen zahllose Sorgen und Widerwärtigkeiten gemacht hatte, und ich sehnlichst wünschte, dieser enthoben zu sein, so kam es mir doch nie in den Sinn, daß ich Albina verlassen müsse, einen Platz, den ich unter tausend Entbehrungen und Schwierigkeiten aller Art geschaffen hatte. Der Gouverneur, dem ich die Absicht der Beteiligten in Amsterdam mitteilte, beruhigte mich aber. Dieser brave und wohlwollende Mann, dem ich, wie dem edeln Baron van Raders, stets ein dankbares Herz bewahren werde, kannte genau meine Lage, meine Ausdauer und meinen redlichen Willen. Noch hatte er keinen Beschluß des Ministers über den von mir übergebenen Kolonisationsplan, aber er zweifelte keineswegs, daß wenn die Zustimmung erfolge, die Regierung nicht den Herrn N., sondern mich mit der Ausführung beauftragen werde. Ich hatte den Erben die gleiche Summe wie Herr N., nämlich 25 000 Gulden angeboten, nun mußten sie abwarten, wem die Regierung den Vorzug gäbe. Dieser Regierungsbeschluß fiel denn auch zu meinen Gunsten aus, indem ich unterm 27. August 1857 von der niederländischen Regierung mit der neuen Kolonisation beauftragt wurde, und zwar ganz nach dem von mir dem Gouvernement übergebenen und durch dieses der Regierung anempfohlenen Plan.

Das französische Gouvernement hatte, seitdem ich und später Monte-Cattini auf dem holländischen Ufer uns angesiedelt hatten, stets ein wachsames Auge auf unsere Unterneh-

mungen, und schon im Jahr 1852, als die französische Deportation nach Cayenne begonnen hatte, schlug Herr Sarda
Gariga, der damalige Gouverneur von französisch Guyana,
den Maroni zum Deportationsplatze vor, wiewohl das Entfliehen der Verbannten aus diesem Grenzfluß viel schwieriger
zu verhüten war, als in den östlicher gelegenen kleineren
Flüssen; deshalb hatte man wahrscheinlich von diesem Plan
abgesehen; doch suchte das Gouvernement die Einwohner
der Kolonie zu ermutigen, sich auf dem rechten Ufer des
Flusses niederzulassen, um auch einigen Einfluß auf die die
obern Länder des Maroni bewohnenden freien Negerstämme
zu bekommen, obwohl diese, aus Surinam stammend, bloß
dem holländischen Gouvernement unterworfen waren, wie
denn auch der Kommandant von Maroni in seinen amtlichen Briefen an mich als von den Buschnegern, „sous mis à
la Hollande" sprach.

Außer dem Korsen D. und meinem Freunde J., der aber
seine Rechnung nicht fand, hatten sich im Jahr 1855 noch
die Gebrüder Bar aus Nantes auf einer Insel dicht am französischen Ufer und sieben Stunden von der Mündung entfernt
angesiedelt. Es waren gebildete, äußerst sparsam und einsiedlerisch lebende Leute, die zuerst eine Kaffeepflanzung und da
diese nicht gedeihen wollte, eine Rokoupflanzung angelegt
hatten, wozu sie Kulis in Dienst nahmen. Obwohl ihre Erwartungen zu sanguinisch gewesen sein mögen, so finden sie
doch ein ehrenhaftes Bestehen.

Besondere Aufmerksamkeit aber schenkte das französische
Gouvernement meinem Unternehmen. Die Kolonisations-
versuche im vergangenen Jahrhundert haben Cayenne einen
traurigen Namen gemacht. Auch die neueren an dem benachbarten Mana hatten ein klägliches Ende genommen, um so
mehr war man deshalb neugierig, welchen Erfolg mein Unternehmen haben würde, bei dem ja alles fehlte, wofür bei
den französischen Versuchen aufs beste gesorgt gewesen war.
Mehrere Male besuchten mich auf ihren Reisen nach Mana
Offiziere und höhere Beamte, und von der Gesundheit, Arbeit

458

und Ordnung auf Albina wurde in französischen Zeitungen stets im Superlativ lobend gesprochen.

Auch der Gouverneur des französischen Guyana, Admiral Baudin, kam einige Male nach dem Maroni, um sich selbst von den näheren Umständen meiner Niederlassung zu unterrichten. Es kam, ohne daß jemand das Mindeste geahnt hätte, am 27. August 1857, an demselben Tage, an welchem der König der Niederlande die neue Kolonisation auf Albina befahl, das Dampfboot Oyapok und der Schoner Ile d'Eks mit 30 Forçats und 20 afrikanischen Arbeitern nebst Kommandanten, Arzt, Priester, Verwalter, Schreiber, Gendarmen und Soldaten, um auf dem Platz, den Jules J. vor wenigen Wochen verlassen hatte, und der gerade 2 200 Meter über dem Fluß von Albina entfernt liegt, eine Strafkolonie (Penitencier) aufzurichten. J. bekam eine Entschädigung für sein Häuschen, das nun dem Kommandanten, Priester und Arzt zur provisorischen Wohnung diente. Schnell wurden für die Leute Hütten errichtet, mit Palmblättern gedeckt und die Wände mit Goletten beflochten, so daß in wenigen Tagen alles unter Dach und eingerichtet war. Eine ungemeine Tätigkeit entfaltete sich nun. Bäume wurden gefällt, Wege abgesteckt und angelegt, Hütten und Magazine gebaut, die später durch bessere Gebäude ersetzt werden sollten.

Auf dem Albina gegenüberliegenden Indianerdorf, wo sich der Associé Monte-Cattinis bei den Arowakenindianern eingebürgert hatte, wurde Wald gefällt um Zuckerfelder anzulegen, und Vorbereitungen getroffen, später eine Sägemühle aufzurichten. Ich leistete der neuen Unternehmung bereitwillig alle Hilfe, stellte ihr meine Fahrzeuge zur Verfügung, bis sie die nötigen aus Cayenne erhalten haben würde, und ließ den französischen Bäcker sein Brot in meinem Ofen backen, bis ein solcher auf der neuen Niederlassung errichtet war. Von nun an fand eine ununterbrochene Verbindung mit Cayenne statt, Schoner und Dampfboote brachten neue Transporte und wurde die Niederlassung zu Ehren des Gouverneurs St. Laurent genannt.

Wenige Wochen nach der Gründung dieses ersten Penitenciers besuchte der Admiral Albina, und gab mir die Versicherung, daß ich von der gefährlichen Nachbarschaft durchaus
nichts zu leiden haben werde, indem man bloß die Elite der
Spitzbuben nach dem Maroni bringe. Er bot mir freie Fahrt
nach Surinam oder Cayenne mit allen Gouvernementsdampf-
booten oder Schonern an, ebenso ärztliche Hilfe für mich und
die Meinen, kurz Vorteile, die ich in meiner isolierten Lage
nie genossen hatte, und die mir auch unser Gouvernement nie
gewähren konnte.

Diese gefährliche Nachbarschaft, bloß eine kleine halbe Stunde von Albina entfernt und durch den Strom davon
getrennt, war für mich nicht ohne Besorgnisse, denn in der
ersten Zeit kam es manchmal vor, daß die Forçats, verführt
durch die Nähe des holländischen Ufers, auf dem sie frei zu
sein meinten, entweder auf leichten Stücken Holz sich her-
übertreiben ließen, oder auch wohl herüberschwammen. Ich
mußte diese gefährlichen Kerls bei mir dulden, da ich sie nicht
ausliefern konnte, weil allein der Behörde in Paramaribo das
Recht zustand, zu untersuchen, ob die Flüchtlinge politische
Deportierte oder Angehörige der Bagnos waren. Wegen meiner Niederlassung allein konnte der Gouverneur keinen Militärposten auf Albina anlegen, und doch war mir der Schutz
und die Hilfe der französischen Beamten gegen ihre eigenen
Spitzbuben versagt, aber weder mündliche noch schriftliche
Bitten konnten den holländischen Gouverneur bestimmen,
mir dem Beamten andere, als die früheren Instruktionen zu
geben. Doch fand man endlich einen Ausweg, denn der Gouvernements-Sekretär mein Chef schrieb mir, daß der Beamte
durchaus nicht von seinen Instruktionen abweichen dürfe, dabei aber der Eigentümer von Albina selbst wissen müsse, was
er im Interesse seiner eigenen Sicherheit für nötig erachte. Das
wußte ich denn auch, und die unlieben Besuche hörten auf.

Das einsame Leben auf Albina bekam nun durch meine
fröhlichen Nachbarn große Abwechslung. Offiziere, Beamte,
Gendarmen und Soldaten besuchten mich fast täglich und

kauften bei mir was sie nötig hatten, so daß ich es mir angelegen sein ließ, mein Geschäft immer mehr, so weit es meine Mittel zuließen, auszubreiten. Auf dem neuen Penitencier St. Laurent war auch der Gesundheitszustand in der ersten Zeit sehr befriedigend, doch kam er dem des holländischen Ufers nicht gleich, denn die Seebrise von Nord und Nordost streicht, ehe sie Albina berührt, über die große 1 ¼ Stunden lange Wasserfläche des Stromes und wird deshalb von allen Miasmen gesäubert, während eben diese Winde meist über Sümpfe und Waldungen ziehen und deren Ausdünstungen St. Laurent zuführen.

Immer ist bei großen Strömen in Guyana und im gleichmäßigen Passatwind das westliche Ufer gesünder als das östliche, und so war auch Groningen am Saramacca als sehr gesund bekannt, während bei der unglücklichen Kolonisationsprobe im Jahr 1845 das gegenüberliegende Ufer das Grab so vieler Europäer wurde. Der Plan der französischen Regierung war, sämtliche Forçats, die in verschiedenen Distrikten der Kolonie kleinere Penitenciers bildeten, nach und nach am Maroni unterzubringen, wo an gut unterhaltenen Wegen jeder Sträfling einen Grundbesitz, vorerst von zwei Hektar erhalten sollte, die er mit Zuckerrohr, Kaffee und verschiedenen Erdfrüchten zu bepflanzen gehabt hätte. Auf jeder dieser Konzessionen hatte der Eigentümer ein Haus von zehn Meter Länge zu bauen, das, die Wände mit Fachwerk ausgefüllt, das Dach mit Schindeln bedeckt, eine gute und gesunde Wohnung gab. Die Lebensmittel, welche man den Deportierten verabreichte, bestanden täglich aus 750 Gramm gutem Brote, 150 Gramm Speck oder 250 Gramm gesalzenem Fleisch, 15 Gramm Schmalz (Saindoux) 120 Gramm Erbsen, Bohnen oder dergleichen, drei bis vier mal wöchentlich frisches Ochsenfleisch – von Ochsen, welche durch eigene Schiffe vom Orinoko oder Amazonenfluß angeführt wurden – und täglich eine Ration Zuckerbranntwein (Tafia) oder nach Umständen auch Wein.

Die Verwaltung war auf St. Laurent, wo Magazine, Hospital, Kirche etc. sich befanden. Die Konzessionäre, welche wegen guten Betragens zuerst Ländereien erhielten, wurden so lange mit Lebensmitteln unterstützt, bis ihre Länder ertragsfähig waren, und sie sich selbst unterhalten konnten. Das Hospital, vorerst nur eine elende Hütte, wurde später durch gute solide Gebäude ersetzt und kam unter die Leitung eines Arztes Erster Klasse. Zur Krankenpflege wurden die guten Schwestern von St. Paul de Chartres berufen, während zwei Jesuitenväter das Seelenheil der Transportierten übernahmen.

Seit dem Austeilen der Geschenke an die Aukaner-Buschneger waren wieder beinahe acht Jahre verflossen, und obgleich ihnen seit dem Jahre 1856 zugestanden worden war, ohne jegliche Kontrolle nach den Pflanzungen und der Stadt zu kommen, so hatten sie doch wieder das Gouvernement angesprochen, ihnen die Geschenke zu verabfolgen. Man hatte sie aber darauf aufmerksam gemacht, wie leicht es ihnen jetzt sei durch Arbeit auf den Pflanzungen und Holzhandel Geld zu verdienen, was früher, da sie nur in beschränkter Zahl nach der bewohnten Kolonie kommen durften, viel schwerer als jetzt gewesen sei.

Schon lange war es der Wunsch der Regierung gewesen, diese so unabhängigen und im krassesten Götzendienste lebenden Neger zu zivilisieren und ihnen die christliche Religion beizubringen. Aber außer einigen Saramaccaner und Becu Musinga Buschnegern hatten die Moravischen Brüder noch keine dieser freien Stämme bekehren können; auch waren am Maroni wenigstens nie Versuche dazu gemacht worden. So erhielt ich denn im Oktober den Auftrag, zu den Buschnegern nach Auka zu gehen und sie im Namen des Gouverneurs zu befragen, ob sie geneigt wären, einen Missionar unter sich aufzunehmen, der sie im Christentum unterrichte. Zugleich bekam ich die Weisung, das Großoberhaupt zu veranlassen, ein jährliches Geschenk in Geld oder vielmehr Salär zu erbitten, womit man der lästigen Geschenke enthoben gewesen wäre. Es gehörte kein feiner Diplomat dazu, denn zu einem solchen hätte ich nie getaugt, um den zweiten Auftrag (ich kannte ja meine Pappenheimer) zur Zufriedenheit des Gouvernements auszuführen.

Ich nahm also meine kleine Korjal, brachte über meinem Sitzplatze an zwei leichten Stäben einen mit grüner Leinwand überzogenen Rahmen an, um mir zum Schutze gegen die senkrecht stehende Sonne zu dienen, packte meine Siebensachen als Proviant, einige Kleidungsstücke, Hängematte, Pflanzenpresse usw. zusammen, mietete drei kräftige Indianer und fuhr am 2. November 1857 dem mir unbekannten Süden zu.

Ein guter Wind brachte uns bald an den Siparawinikreek, wo ein brasilianischer Indian Rinaldo sich angesiedelt hatte. Wir brachten bei ihm die Nacht zu, die kälteste, welche ich je in Guyana erlebt habe, denn der Thermometer hatte bloß 17° Réaumur. Da die Ufer des Maroni viel höher sind als die der andern Ströme, so ist die Vegetation viel kräftiger und meistens die des Hochlandes, und sehr verschieden von den Mangroveufern oder den Pina- und Mauritienwaldungen, die die Cottica und andere Ströme des Landes viele Meilen landeinwärts besäumen. Schon bei Albina, also fünf Stunden von der See, wird das Land hügelig, während in Surinam die erste Erhöhung des Bodens, und da nur ganz vereinzelt, bei der verlassenen Pflanzung Rac à Rac, also elf Stunden vom Meere sichtbar wird. Da der Fluß eine Menge Inseln von verschiedener Form und Größe hat, so bietet er, abgesehen von einer stärkeren und prächtigeren Vegetation als in den niederen Ländern der Kolonie, eine viel größere Abwechslung, obgleich man das Pittoreske oder Wildromantische, das man in Brasilien oder in andern Tropenländern bewundert, wo Kultur den Urzustand verdrängt, oder nackte Gebirge mit reichem Pflanzenwuchse abwechseln, hier nicht findet. Es sind eben immer dieselben Ufer, bewachsen mit Bäumen, Palmen, Gesträuchen und Schlingpflanzen, die meistens unmittelbar im Wasser wurzeln, oder deren Zweige von demselben bespült werden; dieselbe Vegetation, deren verschiedene Formen von Blättern, Nuancen von Grün, Verschiedenheit und Pracht von Blumen das Auge entzücken, aber durch die Gleichförmigkeit des Totaleindruckes nach Wochen und monatelangem Reisen denn doch ermüden.

Es findet sich am Maroni nicht der von der Meeresflut überschwemmte Boden der andern Flüsse Surinams, den dort die Holländer bei Anlegung ihrer Pflanzungen so trefflich zu benutzen wußten. Der Fluß kommt aus Südsüdwest und strömt bei dem Indianerdorf Magrli, etwa acht Stunden vom Meere entfernt, zwischen mehreren großen und kleinen Inseln hindurch, die alle dichtbewaldet und unbewohnt sind. Auf der größeren dieser Inseln wohnen die Gebrüder Bar, von denen ich bereits sprach. Gegenüber dieser Insel, die bei den Franzosen Ile Portal heißt, befindet sich auf holländischer Seite, und ganz nahe am Land ein runder, etwa 20 Meter im Umkreise haltender Felsen, der bei hoher Meeresflut beinahe ganz überschwemmt ist. Als wir an diesem Felsen vorbeifuhren und ich ihn in meiner Karte verzeichnete, fragte ich meine Indianer wie er heiße; man sagte mir Timehri. Nun nennen die Karaiben ein Tuch mit gedruckter Zeichnung ebenso und auch der mit eingegrabenen Figuren bedeckte Felsen den Schomburgh am Correntin besuchte, hieß Timehri, so daß dieses Wort alles künstlich Gezeichnete oder Gedruckte zu bedeuten scheint. Als ich mich nach der Ursache des dem Felsen gegebenen Namens erkundigte, hörte ich zu meinem Erstaunen, daß auf jenem Felsen allerlei eingehauene Figuren wären.

Sofort ließ ich umkehren, und fand, da die Meeresflut erst aufkam, die Figuren sogleich, nämlich drei etwa vier Fuß hohe tanzende menschliche Gestalten, bloß durch Striche angegeben und zwei bis drei Millimeter tief in den Granit eingegraben, nebst mehreren runden, etwa dreißig Zentimeter im Durchmesser haltenden vier Zentimeter tiefen, schalenförmigen Vertiefungen, die vielleicht früher zum Zerreiben irgend einer Substanz gedient haben mögen, aber sonderbarerweise nicht horizontal, sondern meistens schief in den Felsen eingehauen sind, wodurch es schwierig ist, ihren Zweck zu erraten. Solche Vertiefungen finden sich auch an den Felsen bei St. Laurent, die die Franzosen la roche bleue nennen. Ich hielt sie immer für Wirkungen des Wassers, sie sind aber ebenso gut wie die Figuren Erzeugnisse der menschlichen Arbeit, und, wie Indianer Schomburgh versicherten, durch anhaltendes Reiben mit Quarz hervorgebracht.

Obgleich mir nicht bekannt ist, ob ähnliche Hieroglyphen in andern Teilen Surinams vorkommen, so versichern mich Franzosen, daß sie auch beim Mont d'Argent am Aprouac zu finden sind. Ohne Zweifel bestehen noch viele, ohne daß man sie beachtet, denn man muß lange hinsehen, ehe man die Zeichnungen erkennt. Oberhalb dieses Felsens ist ebenfalls auf holländischer Seite die große Insel Blakerebo, an deren südlichem Ende ein Indianerdorf liegt. Eine Reihe kleinerer Inseln sind in der Mitte des wohl 20 Minuten breiten Stromes, der besonders in den Trockenzeiten voller Sandbänke ist, so daß größere Boote nur an der französischen Seite fahren können.

Eine halbe Stunde unterhalb des Siparawini liegt eine hohe Insel Guidala, auf der sich mehrere Familien aus Para in Brasilien, entwichene Farbige und Neger angesiedelt haben. Das französische Gouvernement ernannte zu ihrem Chef einen brasilianischen Neger Bastien. Diese Leute leben in etwas besseren Hütten als unsere Indianer, pflanzen Maniok und bereiten denselben zu Couac oder Tapioca; in den Trockenzeiten beschäftigen sie sich hauptsächlich mit dem Fange des Majoran, oder Geelbakker, der an der Mündung sehr häufig vorkommt, dessen Fleisch sie in der Luft trocknen und ebenso wie die Schwimmblase in Cayenne verkaufen. Sie sind katholisch, sprechen Portugiesisch und Negerfranzösisch und haben eine eigene Hütte zur Kapelle eingerichtet, worin manchmal ein französischer Priester, wenn ihn sein Weg vorbeiführt, die Messe liest. Diesen Gottesdienst ausgenommen, der ihnen einen sehr oberflächlichen Firnis gegeben hat, sind sie ebenso unzivilisiert und wo möglich noch abergläubischer als unsere Indianer, doch halten sie viel auf Putz und Kleidung.

Am Morgen des 3. Novembers verließen wir Rinaldo, mit dem ich besonders gut bekannt war, weil er mir mehrere Manati gebracht hatte, und kamen schon um zehn Uhr zum Fall

465

von Armina und an den verlassenen Posten. Bis hierher war ich schon häufig gekommen, jetzt aber kam ich in ein mir ganz unbekanntes Land. Eine gute Stunde oberhalb Armina mündet auf holländischer Seite ein großer Kreek „Merian" in den Fluß. Mehrere Inseln und zwei Stromschnellen ziehen sich vom holländischen nach dem französischen Ufer. In der Nähe dieses Kreek wollten die Indianer in einem Sumpfe, der zur jetzigen Jahreszeit beinahe ausgetrocknet sein mußte, Fische zum Abendessen holen. Wir befestigten unsere Korjal und zogen in westlicher Richtung durch den Wald, bis wir nach zehn Minuten an einen etwa 100 Fuß langen und halb so breiten Tümpel kamen, in dem Wasser, oder vielmehr ein flüssiger Schlamm zu kochen schien, denn überall sprudelte es. Es waren aber nur Fische, und zwar eine ganz unglaubliche Menge Loko-Loko, kleine aalartige Fische, während wir auch einige Warappa erwischten. Bis um die Mitte des Leibes mußten wir in diesem Brei herum patschen, bis wir einen Korb voll hatten. Den schwarzgrauen Schleim, der an uns hing, konnten wir erst im Fluß abwaschen, und ich wie die Indianer, denn ich war ganz nackt und trug meine Kleider an einem Stock, sahen wie Neger aus. Am Südende der Insel Tschinaibao schlugen wir unser Nachtlager auf und lebten herrlich von den aalfetten Fischen.

Am andern Morgen hatten wir zur Linken die sehr lange Insel Seriatango, bei welcher der Fluß beinahe zwei Stunden lang und frei von Inseln aus Südsüdwesten kommt, um dann eine große Bucht zu bilden, die voller Inseln, Stromschnellen und Bänken unter dem Namen Bonidoro bekannt ist. Das Wasser ist meistens überall sehr seicht, so daß wir ausstiegen, und die Indianer die Korjal zogen. In dem seichten, keine sechs Zoll tiefen Wasser schwammen mehrere große Rochen, scheußliche, olivenfarbige Tiere, mit runden schwarzen Punkten, leopardenartig gefleckt. Sie waren 2 ½ Fuß breit und ebenso lang. Ihr Schwanz hat eine Länge von acht bis neun Zoll, auf dem ein vier Zoll langer und zwei kleinere mit Widerhaken versehene Stacheln sitzen, mit denen der Fisch gefährlich verwunden kann. Bamu schoß zwei enorm große, aber sie schwammen mit dem Pfeile davon und der eine gerade auf mich zu, so daß ich über Hals und Kopf der Korjal zueilte. Nur mit der größten Vorsicht bemächtigten sich ihrer die Indianer, denn jahrelange Leiden und manchmal selbst den Tod zieht eine Verwundung durch den Fisch nach sich.

Schon unterhalb Armina und jetzt auf allen Felsen im Strom zeigt sich die wohlriechende Guiava, Psidium aromaticum, die eine kleine kaum eßbare Frucht trägt und in allen oberen Flüssen Guyanas vorkommt, während ein weißes, stachliges Solanum die Ufer besäumt. Man sollte nicht glauben, daß auf den dürren Granitfelsen, die in den Trockenzeiten aus dem Flußbett hervorstehen, noch etwas wachsen könnte, ohne von den glühenden Sonnenstrahlen vertrocknet zu werden, aber kaum, daß sie vom Wasser, das nur Spuren von Schlamm zurückgelassen hat, nicht mehr überspült werden, als schon ein kleines Pflänzchen sich darin entwickelt und mit einem Teppich von weißen Blümchen denselben bedeckt. Schwärme von wilden Bienen finden darin ihre Nahrung. In den Felsenlöchern oder in Wassertümpeln, die von Felsen eingeschlossen sind, findet man die sonderbaren Panzerwelse, die hier in andern Specien, aber ebenso zahlreich als am Meeresufer vorkommen. Schwärzlich von Farbe mit Panzern oder Stacheln bedeckt, wer den sie selten über einen Fuß lang und verstecken sich blitzschnell in den Felsenlöchern, sobald sie Unrat wittern.

Auf den Klippen im Fluß nistet unter Guiavasträuchern oder Felsenblöcken ein Ziegenmelker, der hier seine zwei rotbraunen Eier ausbrütet. Im Monat November sind seine Jungen beinahe ausgewachsen, und wenn die ersten Regen fallen und die Flüsse anschwellen, so vertauschen Junge und Alte ihre Standquartiere auf den Inseln wieder mit dem Walde am Ufer. Die Felsenspalten dienen ebenso einer Menge von Fledermäusen zum Aufenthalt, die dicht gedrängt an einander sitzen, ungeachtet der Backofenhitze, welche die von der Sonne erwärmten Felsenspalten von sich geben. Auch sie werden von dem anschwellenden Gewässer verjagt und suchen dann ihre alten Schlupfwinkel in hohlen Bäumen oder unter den breiten Blättern der Heliconien auf.

In den Wasserfällen und Stromschnellen wächst die Lacis mit ihren roten ährenförmigen Blüten. Die stachligen, lederartigen Blätter wachsen in die Steine hinein und bedecken dieselben, was den Transport der Korjalen über die Felsen sehr erleichtert und die Reibung verhindert. Wo diese Pflanze in Menge wächst, findet sich der schmackhafte Paku, ein großer breiter Serrosalmo, der schwärzlich von Farbe ist und bei 15 Pfund schwer wird. Man schießt den Paku mit Pfeilen, wenn er gegen den Strom schwimmt, was meistens in großen Zügen geschieht. Von Bonidoro zieht sich der Fluß wieder in südlicher Richtung wohl zwei Stunden lang ohne Fall und Stromschnelle hin; bloß einige Inseln liegen in der Mitte, und auf holländischer Seite ist die Mündung des Paramaccakreek, an dessen Inneren schon seit vielen Jahren von Plantagen weggelaufene Sklaven sich angesiedelt haben und den in der Tempatikreek arbeitenden Buschnegern behilflich sind, Holz für die Pflanzungen zu schlagen. Im Westen dehnen sich bei einer Entfernung von 1 bis 1 ½ Stunden mehrere hohe Bergrücken aus, die 1 200 bis 1 500 Fuß hoch zu sein scheinen, an deren westlichen Abhängen die Comowini entspringt. Die Indianer nennen diese Berge Anoso.

Eine Stunde oberhalb der Paramaccakreek verengen einige Hügel das Flußbett so, daß es hier höchstens 500 bis 600 Fuß breit sein kann; es erweitert sich aber bald wieder zu einer breiten Wasserfläche, aus welcher vier schöne Inseln sich erheben Auf der zweiten schlugen wir unser drittes Nachtlager auf. Von hier aus beschreibt der Strom einen großen Bogen nach Südosten. Wir erreichten um Mittag die Weremeremuinsel, die ganz in der Nähe der untern Pedrosungufälle liegt; der Strom bildet hier eine große Bucht von vielleicht zwei Stunden Breite, und zahllose Inseln, Bänke und Felsenblöcke erfüllen sein Bett. An der holländischen Seite sind anhaltende Fälle von drei bis sieben Fuß Höhe, am französischen Ufer aber, längs welchem wir fuhren, ist eine wohl zwei Stunden lang anhaltende Stromschnelle, gegen welche hinauf zu pagaien die Indianer kaum Meister wurden. Zahllose Inseln, zwischen denen das Wasser der Stromschnellen durchbrauste, ließen wir rechts liegen, links war eine Art natürliches Wehr, das oben einen schönen Wasserspiegel zeigte, in dem teilweise Schilf und Nymphäen zu sehen waren. Dieses Wehr war sechs bis acht Fuß hoch. Die Stromschnelle, in der wir fuhren, bildete genau einen Halbkreis, der von Südost sich zuletzt ganz nach Westen hinzog, an ihrem obern Ende formten diese Stromschnellen einige kleine Fälle von zwei bis drei Fuß Höhe, über die die Korjal mit leichter Mühe hinzuziehen war, worauf wir uns plötzlich in ein stilles Bassin versetzt sahen. Ich glaube, daß die Höhe der Pedrosungufälle wohl 50 Fuß betragen kann.

Eine halbe Stunde weiter schlugen wir unser Nachtlager auf einer Insel auf, und ich meinte mich in die obere Cottica versetzt, da wo bei der Pflanzung Groot Marseille die verschiedenen Arme der Cottica die Inseln bilden, hinter welchen die Pflanzungen Peru und Montresor liegen. Hier war keine Spur von Berg, Fels noch Bänken, alles lag tief unter uns, und kaum hörte man das Brausen der Pedrosungufälle, die auf der holländischen Seite die Fahrt so gefährlich machen.

Aber die Fahrt in diesem stillen Wasser dauerte nicht lange, denn nach kaum einstündigem Fahren kamen wir am andern Morgen wieder in ein Labyrinth von Felsblöcken von sechs bis acht Fuß Höhe, die sich alle in einem Winkel von etwa 45 Grad nach Westen neigten und so einen höchst sonderbaren Anblick gewährten.

Wiederum folgten Schnellen auf Schnellen, und wir sahen bloß das holländische bergige Ufer, während das französische hinter unzähligen Inseln verborgen lag, und erst nachdem man die Fälle von Gunschuttu passiert hatte, waren wieder beide Ufer des Maroni, der hier wohl eine Stunde Breite haben konnte, zu erkennen. Sie bildeten ein großes Bassin mit wenigen Inseln aber um so mehr Sandbänken. Auf dem französischen Ufer zeigte sich ein dichtbewaldetes, wohl 2 000

Fuß hohes Gebirge, während auf holländischer Seite und beinahe gegenüber ein weniger hoher aber steiler Berg sich erhob.

Wir passierten auf dem linken Ufer die bedeutende Joka-kreek und schliefen auf einer Strominsel in der Nähe der wohl zehn Fuß hohen Manbarifälle. Wir lebten hier herrlich und in Freuden, denn außer einer großen Bowise (crax alector) die sehr fett war, hatten die Indianer einen großen Haimura und drei Zitteraale geschossen, so daß wir noch genug für den an-dern Tag übrig hatten. Das ganze Inselchen, auf dem wir in einer neuen von den Buschnegern erst vor kurzer Zeit errich-teten Hütte die Nacht zubrachten, hatte kaum 100 Fuß im Umkreis, war durchaus bewaldet, und waren alle Bäume um-schlungen und überzogen mit einer Passiflora, die erst ober-halb Armina vorkommt, hier aber äußerst üppig wuchs, und in Tausenden von Blumen herabhing. Die Blume war sehr groß, weiß, die Krone oder Pistillen aber goldgelb, und ver-breiteten einen lieblichen Geruch, der aber in der Nähe etwas ekelerregendes hatte; die Blumen waren in der Morgensonne umschwärmt von Kolibris, Bienen und Schmetterlingen und gewährten einen wunderbar herrlichen Anblick.

Jetzt näherten wir uns, am 7. November, in anhaltenden Stromschnellen, wo wir den zehn Fuß hohen Manbari und den sechs Fuß hohen Singadedefall zu passieren hatten, dem größten, dem Poligudufall. Bei den beiden vorhergehenden war ich über die Felsen geklettert, während die Indianer beim ersten kleine Kaskaden benützten und die Korjal über die schlüpfrigen Blätter der Lacis zogen, beim zweiten aber ihre Hängemattetaue auseinander banden und an denselben die Korjal über den Fall hinaufzogen.

Der Poligudufall aber stürzt etwa 18 Fuß hoch herab, und da die Indianer keinen Weg durch die Masse Klippen und klei-ner Inselchen auf den Scheitel des Falles kannten, so wurde die Ladung herausgenommen und die Felsen herauf geschafft und dann zuletzt auch die Korjal. Solange die Indianer mit dieser Arbeit beschäftigt waren, blieb ich unterhalb des Falles und sah mit Erstaunen, wie durch die Kraft des fallenden Wassers ganze kesselförmige, fußtiefe und fußbreite Löcher in dem harten Gestein ausgehöhlt waren, in kleinerem Maßstabe, aber gerade so wie die aus der Eiszeit herrührenden Löcher im *jardin des glaces* in Luzern. Eine Masse kleiner Steine lagen in jedem Loch und waren durch die immerwährende wirbelnde Bewegung des Wassers ganz rund und glatt geschliffen. Alle Felsen, so hoch sie in der Regenzeit vom Wasser bespült werden, waren mit einer schwarzglänzenden Glasur überzogen, die Schomburgh ebenfalls am obern Essequibo fand, und die er Braunstein-Oxid nennt.

Noch vor zwölf Uhr waren wir im Tapanahoni, einem schönen etwa 300 Fuß breiten Fluß, an dessen rechtem Ufer eine Viertelstunde aufwärts das Dorf Poligudou liegt. Das Dorf, hundert Schritte vom Fluß entfernt, besteht aus vielleicht 40 elenden Hütten, in denen die Nachkommen jener schwarzen Soldaten wohnen, die im Jahre 1805 ihre Offiziere und die weiße Besatzung der Posten Oranjebo und Armina ermordet hatten und hierher ihre Zuflucht nahmen. Von ihnen selbst war bloß noch einer übrig, der aber bei der Flucht noch im Knabenalter gewesen sein muß. Die Bevölkerung des Dorfes besteht aus höchstens 40 Seelen, worunter nicht mehr als sechs bis acht arbeitsfähige Männer sind.

Wohl der fünfte Teil der Einwohner leidet an der Lepra oder dem Aussatz, der entsetzlichsten aller Krankheiten, für die kein Heilmittel besteht. Die Hütten sind aus viereckig behauenen Pfosten verfertigt und mit den Blättern der Corau-Palme gedeckt, haben ein mit Palmlatten beschlagenes Kämmerchen, worin die Familie schläft, während der vordere Raum der Hütte, der von allen Seiten offen ist, den Tag über zum Aufenthalt und zur Küche dient; derselbe, ohne Fußboden oder Bretter, ist stets reinlich gefegt, Töpfe, Teller, Kalebassen sind gut gewaschen, und im Umkreis der Hütte ist alles nett und pünktlich. Eine Menge kleiner Häuser enthalten die Fetische, hölzerne Puppen mit einer weißen Erde, pimba, bestrichen,

Garnituren trockener Grashalme, Töpfe mit Wasser, in denen Algen oder sonst geheimnisvolle Kräuter bewahrt werden. Stets sieht man Wäsche zum Trocknen aufgehängt, und ist ein Kleidungsstück verschossen und unscheinbar, so wird es mit einem Absud von Indigo, der wild um die Hütten wächst, wieder gefärbt. Im Dorfe fand ich vier kleine metallene Kanonen, welche die entflohenen Negersoldaten vom Posten Armina mitgenommen hatten, und die natürlich für sie ganz nutzlos waren. Vergeblich bot ich für jede derselben ein doppelläufiges Jagdgewehr; sie wollten sich aber nicht von den Trophäen ihrer Voreltern trennen. Ich wurde von allen Seiten angebettelt und beeilte mich, nach dem zunächst liegenden Dorfe des Buschneger-Kapitäns Makosso zu kommen. Dieses Dorf, Guidappu, liegt ebenfalls auf dem rechten Ufer und eine kleine halbe Stunde weiter den Fluß hinauf, in der Nähe einer unbedeutenden Stromschnelle, die sich über den ganzen Fluß erstreckt. Es mag ungefähr 120 Bewohner haben; die Hütten sind ganz auf dieselbe Weise gebaut, wie die der Poligudou-Neger. Das Dorf stand in einem Wald von Apfelsinen-Bäumen, deren köstliche Früchte den Boden bedeckten und nutzlos verfaulten.

Da ich, während meine Indianer ihr Essen kochten, in der Nähe des Dorfes mich nach Schmetterlingen umsah, bemerkte ich in einem kleinen Häuschen ganz nahe dem Flüßchen eine Frau, die mich inständig bat, ihr nicht nahe zu kommen, denn sie sei für ein paar Tage unrein. Sie saß in ihrer Hängematte, hatte Kochgeschirre und Essen bei sich und führte also ein ganzes Einsiedlerleben. Ich hörte nachher, daß alle Buschnegerweiber sich in der Zeit ihrer Katamenien von jedermann zurückziehen müßten und als Unreine betrachtet würden.

Da das Dorf vielleicht 120 Bewohner hatte, so waren auch hier viel mehr Fetischhäuschen als bei den Poligudu-Negern, und scheint es, daß jede Familie ihren besonderen Götzen hat. Aus Holz geschnitzte Säbel, Urnen, Götzenbilder waren alle mit jener weißen Pfeifenerde beschmiert, die ganz in der Nähe des Poligoududorfes zu finden ist. Von den Hunden, welche wie alle Buschnegerhunde klapperdürr sind, hatte jeder seinen Obia um den Hals hängen, damit er bei der Jagd Glück haben möge. Diese Obias bestanden aus Käfer, Hörner, Schnecken, Knöchelchen, verziert mit einigen Vogelfedern und mit weißem Baumwollenfaden um ein ovales Stückchen Holz befestigt. Auch die Bäume trugen an den Zweigen Schildkrötenschalen, Stücke von Termitennestern oder getrocknete Eidechsen, um ihre Fruchtbarkeit zu befördern.

Ich wurde mit viel Höflichkeit empfangen; der Kapitän Makosso, den ich schon seit langer Zeit kannte, hatte eine große Narbe über den Schädel und deshalb teilweise einen Kahlkopf. Er habe die Wunde im Kampf mit einem Tiger erhalten, den er nur leicht verwundet habe; das wütende Tier habe ihn, den hilflos Daliegenden, schon halb skalpiert, als es glücklicherweise von einem andern Buschneger getötet wurde. Makosso gab mir zwei starke Jungens, um mich nach dem Dorf des Granmans zu bringen, und versprach am andern Morgen selbst dahin zu kommen, um dem Gruttu beizuwohnen.

Oberhalb Guidappu (der Strom kam fast immer aus Südwesten) kamen wir durch eine Menge Inseln und bei anbrechender Dämmerung nach dem ebenfalls auf einer Insel gelegenen Dorf Manlobi, wo mir der Kapitän Jaki eine Hütte zum Schlafen einräumte und mich mit vielem unnützen Geschwätze belästigte. Überall bekam ich Apfelsinen zum Geschenk, deren Hunderte unter den Bäumen verfaulten, aber immer verlangte man ein Gegengeschenk von Tabak, Pulver, Hagel etc. Am Morgen machte ich mich auf den Weg und wir kamen an verschiedenen Dörfern vorbei, die beinahe alle auf Inseln gelegen waren, und wovon das Dorf Sali oder Clementi das bedeutendste war und vielleicht 120 bis 150 Einwohner zählen mochte, alle übrigen bestanden bloß aus einzelnen Hütten, oder waren ganz verlassen. Wir hatten keine Fälle und nur wenig Stromschnellen zu passieren. Gegen zehn Uhr aber kamen wir durch eine Menge größerer und kleinerer Inseln in eine Art natürlichen Kanal, wo ein Teil des Flusses, dessen linkes Ufer man nicht sehen konnte, in einem sehr tiefen

Bett eingezwängt, mit rasender Schnelligkeit dahinströmte. Oberhalb dieses Kanals auf dem linken Ufer lag das Dorf Sangsumangsama, und einen Büchsenschuß weiter auf dem rechten Ufer und unmittelbar unter den Granhollofällen das Dorf Picket, die Residenz der früheren Posthalter. Obgleich man mich bat hier zu bleiben, bis man, wie es üblich war, den Granman von meiner Ankunft benachrichtigt hätte, so setzte ich es doch durch, daß zwei ältere Neger und ein Busch-Kapitän (Vice-Kapitän) mich sogleich über den Fall brachten.

Das Wasser stürzt in einem Halbkreis in drei Fällen, die durch zwei große, dichtbewaldete Inseln geteilt werden, kaskadenförmig und in einer Ausdehnung und Länge von vielleicht einer starken Viertelstunde herab; die Wassermenge war nicht sehr bedeutend, denn es war das Ende der großen Trockenzeit. In der Regenzeit aber, wo ich ihn leider nie sah, muß der Fall einen herrlichen Anblick gewähren, und alle Verbindung zu Wasser mit dem oberen Lande hört dann wohl auf.

Der auf der Seite des Dorfes Piket und etwas oberhalb desselben gelegene Fall stürzt aus der Höhe von 15 bis 20 Fuß herab, wir aber benutzten den Mittelweg, und während ich über die Felsen kletterte, zogen die Indianer meine und die Buschneger ihre Korjal, wobei sie jeden größeren Fall von manchmal zwei bis zehn Fuß zu umgehen wußten, nach oben, wozu etwa ¾ Stunde nötig gewesen sein mögen. Oben auf dem Scheitel des Falles angekommen, sah ich auf enorm großen Felsblöcken einen vielleicht sieben Fuß hohen ovalförmig abgerundeten Stein oben auf einem andern großen Felsblock liegen, wie wenn er von einer riesigen Macht da hinauf gesetzt worden wäre. Das war der Gado, der Gott, oder das Wintihedde, bei dem nun geopfert werden mußte.

Ich überließ dieses Geschäft dem Kapitän, der etwas von meinem Dram nahm, die Felsen besprengte und in einem äußerst kläglichen Ton dem Gott dankte, daß er dem Blanken (bakera), der in keiner bösen Absicht gekommen, so weit geholfen habe, über die Fälle des Buschnegerlandes zu kommen, auch demütig bat, besagten bakera wieder glücklich sei-

474

ne Heimat erreichen zu lassen; von diesem Standpunkte auf der Höhe des Falles sah man, daß wir wenigstens 80 Fuß höher standen als das Dorf Piket, denn ich sah hoch über einen großen Seidenwollenbaum hin, der unten am Ufer stand und gewiß diese Höhe haben mochte.

Mit einiger Vorsicht und bei Benützung der eigentümlichen kleinen Kanäle sind dergleichen Fälle in den Trockenzeiten viel weniger schwierig zu passieren als man denkt, und die lederartigen Blätter der Lacis die alle Felsen überziehen, verhindern daß die Korjalen sich an den Steinen reiben. Die Gegend ist hier öde und traurig; entwurzelte Bäume, die in den Regenzeiten zwischen denselben hängen geblieben, versperren oft den Weg, selbst der Wald ist auf den Felsen klein und spärlich, denn das fruchtbare Erdreich ist durch die Gewalt des Wassers hinweggespült.

Oberhalb des Falles kamen wir erst recht in ein Chaos von Inseln, die eine beinahe eine Stunde lange, von Südwesten kommende Bucht ausfüllen. Von den beiden Ufern war nichts zu sehen, bis man später wieder in den freien ruhigen Strom kommt, der dann ohne Inseln ist und 1 000 Fuß breit sein kann: durch zahllose, dichtbewaldete Inseln, Klippen, Stromschnellen und Sandbänke führte jetzt der Weg im Zickzack nach allen Himmelsgegenden, so daß ich kaum nach dem Kompaß die verschiedenen kleinen Wendungen nachzuzeichnen vermochte. Endlich gelangten wir in ein kleines, nur etwa 150 Fuß breites und eben so langes Bassin und befanden uns am Dorfe des Groß-Oberhauptes „Drie tabbetjes" drei Inseln genannt.

Es war ein unbedeutendes Dorf von kaum 50 Einwohnern, aber der schwarze Chef hatte eine nette neuerbaute Hütte, vor der an einem Pfahle die holländische Flagge schlaff herab hing; die Arme konnte auf diesem verlorenen Posten seiner Niederländischen Majestät nicht lustig wehen wie ihre Schwestern im freien Ozean, denn nie und wenn selbst ein Orkan durch die Waldungen gestürmt hätte, konnte ein Luftstrom sich in dieses Felsennest verirren. Ich fand den alten Beiman in seiner Haustenue, nämlich sein Lendentuch ausgenommen, nackt, und bat ihn auch, als er Miene machte einen Schlafrock anzuziehen, dies gefälligst zu unterlassen, da ich ebenfalls nicht gesonnen sei mich in anderer als meiner gewöhnlichen Toilette zu zeigen, nämlich in leinenen Hosen und farbigem Hemd.

Während er nun sein Essen kochte, wozu ich ihm, da er mir seine Not, weder Fisch noch Fleisch dazu zu haben klagte, aus meinem Vorrat ein Stück Speck in den Topf steckte, fand ich, denn wir waren ganz allein, die beste Gelegenheit, mit ihm über einen Punkt meiner Sendung zu sprechen, von dem ich zum Voraus wußte, daß er mir auch ohne diplomatische Schlauheit gelingen werde, nämlich die Aufmunterung an ihn das Gouvernement um eine Besoldung zu bitten. Ich bedauerte zunächst, daß ein Mann von seinem Rang und Alter nicht einmal Switti moffo, das heißt Fleisch, Fisch, Speck, oder dergleichen Zuspeise zu seinem Essen habe, und meinte, daß das Gouvernement ihm wohl etwas zulegen könne, da ja jeder Buschneger-Kapitän, wenn er nach Paramaribo käme, immer mit Salz, Reis, Speck oder dergleichen beschenkt würde, und da der Gouverneur ihm ja persönlich so wohl wolle, würde ich an seiner Statt demselben meine Not klagen, wodurch er sich vielleicht bestimmen ließe, ihm einen Jahresgehalt auszusetzen. Es käme, meinte ich, nur auf den Versuch an, und ich wolle gerne das meinige tun, dem Gouverneur die Sache im rechten Licht darzustellen; ob dieser sich bewegen lasse wisse ich freilich nicht. Das fand alsbald geneigtes Gehör, denn obgleich die Buschneger bei allen Anträgen der Blanken Mißtrauen hegen und sie in Beratung ziehen, so werden, wie überall in der Welt, Geschenke stets angenommen, und noch am selbigen Abend schrieb ich in negerenglischer Sprache die Bittschrift des schwarzen an den weißen Gouverneur, und unterzeichnete ersterer mit einem großen Kreuz, wobei ich ihm die Hand führte, seinen Namen. Er bekam denn auch sogleich ein jährliches Salär von 300 Gulden, das, als er fünf Jahre darauf starb, auf seinen Nachfolger überging. Der erste Teil mei-

ner Sendung war damit erledigt; daß der zweite zu keinem
Resultate führen würde, wußte ich zum Voraus.

Während der Granman seine Untergebenen entbieten ließ,
auf den 10. November bei ihm zusammenzukommen, wo ich
dann der Versammlung den Wunsch der Regierung wegen
der Aufnahme eines Missionars unter ihnen vortragen wollte,
besuchte ich mit meinen Indianern einige der benachbarten
Dörfer worin überall dieselbe Armut herrschte. Selten sah
man hier einen tadellos gesunden Menschen, dagegen Kinder
mit Geschwüren bedeckt, Erwachsene, denen man die Lepra
schon auf zehn Schritte weit ansehen konnte usw. Kranken,
die am Fieber oder sonst etwas litten und um Dressi (Medizin)
bettelten, begegnete man in jedem Dorfe; nur Kranke und
Schwache schienen zu Hause geblieben, die Gesunden aber
im Wald, auf der Jagd oder am Cottica zu sein. Ich besuchte
noch den Justizminister oder Fiscal, der in einer armseligen
Hütte ganz allein wohnte; der Mann dauerte mich, denn er
war steinalt, und hatte nicht einmal eine wollene Decke, die
ich ihm versprach und auch später sandte. Sein bedeutendes
Amt mußte er leider honorär bekleiden.

Auf den oberen Dörfern fand ich, daß außer den Fetischhäuschen auch noch gewissen Pflanzen eine Verehrung gezollt
wurde. So fiel mir besonders eine große, über drei Fuß hohe
tillandsia auf, welche über, und über mit Stacheln von drei
Zoll Länge bedeckt war und neben einem Götzenbilde wuchs,
dessen Augen aus den roten Bohnen der Erythrinen bestanden, und über welches ein Bogen von rotblühenden Banhi-
nien gezogen war.

Am 10. November wurde dann ohne weitere Vorbereitung
das Palawer abgehalten. Der Granman im Schlafrock, mit
silbernem Halsschild oder Ringkragen, den Generalshut mit
Federn auf dem Kopfe und neben sich den Stock mit großem
silbernem Knopf, worauf, wie auf dem Halsschild, das holländische Wappen prangte, ich im leichten Nankingröckchen,
das ich express zur Feierlichkeit mitgebracht hatte; die sechs
bis acht Kapitäne in ganz beliebiger Toilette, nur mit dem

Zeichen ihrer Würde, dem silbernen Ringkragen und dem Stocke, waren in der Hütte und außerhalb derselben gelagert, wo sie eben Platz fanden; auch andere Neger, Weiber und Kinder hatten sich eingefunden, so daß bei 50 Personen dem Gruttu beiwohnten.

Ich benachrichtigte jetzt die Versammlung, daß der Gouverneur wünsche sie aus dem Zustand des Heidentums zu ziehen und sie zu zivilisierten Menschen zu machen, wodurch sie auch für sich ein angenehmeres Leben gewinnen, und ihre Sitten denen der Weißen ähnlicher werden würden; ich sagte ihnen, daß wenn sie einen Missionar unter sich aufzunehmen geneigt seien, dieser in Auka eine Schule errichten und ihre Kinder lehren werde. Allein wie schon häufig vorher, hatten sie auch dieses Mal keine Lust dazu.

Sie meinten, der Christengott sei ganz recht für die Blanken, allein sie halten sich an das, was ihre Mütter geglaubt haben, und müßten unfehlbar der Rache ihrer Götter verfallen, wenn sie das Christentum annähmen. Überdies habe ihre Granmama (nämlich die Negerin, aus deren Stamm der Granman, gewählt werden muß) das ganze Land mit dem Fluch belegt, wenn je ihre Nachkommen sich zum Christentum bekehren würden. Allein einen Beamten wollten sie wieder haben, und der Gouverneur habe Unrecht, mir zu erlauben, daß ich am unteren Maroni wohne und nicht bei ihnen, da ich doch von ihnen besoldet sei (You njam wi monni), nämlich aus der Kasse des Departements der sogenannten inländischen Bevölkerung; auch gebe es bei ihnen ebenso schöne Schmetterlinge. Besonders jetzt, seitdem die Franzosen sich auf dem rechten Ufer des Flusses angesiedelt hätten, wollten sie einen Beamten haben, weil sie den Franzosen nicht trauten. Sie wollten aber ein für allemal keinen Missionar, weder einen protestantischen noch einen katholischen, hätten zwar nichts dagegen, wenn ein solcher sie besuche, nur dürfe er sich nicht schmeicheln, daß man auf seine Lehren hören werde.

Ich erklärte ihnen jetzt auch lachend, daß es mir für meinen Teil ganz gleichgültig sei, ob sie Heiden blieben oder Christen werden würden, denn mein persönliches Interesse bestehe nur darin, von ihnen gutes Holz zu bekommen. Aber den Blanken würde ich bewundern und bemitleiden, der in einer solchen sacca sacca contré (elenden Wohnplatze) sein Leben zubringen würde, sei es als Lehrer oder Beamter, und daß, wenn mir der Gouverneur einen Haufen Gold so groß wie unsere Hütte anböte, nur zehn Jahre lang bei ihnen zu wohnen, ich dieses Gold ablehnen würde, denn ein Platz wie das Dorf des Granman, so versteckt hinter Fällen, Felsen, Inseln und Wald, sei für einen Pingo (wildes Schwein) noch zu schlecht, geschweige für einen Blanken. Die letzte Bemerkung war gewissermaßen ein Kompliment, das ich ihnen machte, denn sie bilden sich viel darauf ein, ihre Dörfer auf unzugänglichen Plätzen errichtet zu haben. So war der Gruttu, welcher bloß eine Stunde dauerte und eigentlich nichts als eine Unterhaltung war, auf die ruhigste Weise verlaufen.

Nach meiner Meinung wäre es der nutzloseste und unsinnigste Schritt, eine Mission in Auka zu errichten, und eine wahre Geldvergeudung. Da die gesamte Bevölkerung von Auka höchstens 700 Köpfe zählt und in 30 bis 40 Dörfern oder Hütten zerstreut meist auf Strominseln wohnt, so wäre der Missionar, wenn er auch seinen Wohnsitz im größten Dorfe nähme, doch von allen andern abgeschlossen und könnte seine Filialen nur im Kahne besuchen, was für einen Europäer, und besonders für jemand der sich mit Gottes Wort abgibt, eine schwierige und ermüdende Reiseart ist, abgesehen davon, daß er nicht jederzeit die zum Rudern erforderlichen Leute bekommen kann, und wenn ihm dieses auch möglich ist, sie jedenfalls bezahlen muß. Die Kost- und Getreidefelder der Buschneger sind immer auf dem festen Lande, zuweilen stundenweit vom Wohnorte entfernt, und die Familien verweilen, namentlich zur Saat und Ernte, oft Monate lang dort, während ihre heimatlichen Hütten im Dorfe leer stehen und vom Unkraut überwuchert werden. Ein Teil der männlichen Bevölkerung ist beständig abwesend auf den Pflanzungen, wo sie sich oft Jahre lang aufhalten, am Cottica oder untern

Maroni, wo sie Holz schlagen, oder bei den Indianern des Inneren, von denen sie Hunde eintauschen und diese wieder zum Verkauf nach den Pflanzungen bringen, oder sie gehen zu den Boninegern; kurzum alle Buschneger ziehen ein unstetes Nomaden, ein vagierendes Zigeunerleben einer festen, ruhigen Existenz vor.

Der Missionar müßte daher ein Reiseprediger und beständig unterwegs sein und seine Pfarrkinder in ihren zeitweiligen Wohnsitzen aufsuchen, denn diese kämen gewiß nicht zu ihm. Vielleicht fände er einige Zöglinge, welche er im Lesen und Schreiben unterrichten, und durch welche er für die Zukunft wirken könnte, aber selbst dieses ist unsicher. Mehr Vertrauen und einen entgegenkommenderen Wirkungskreis würde ein Arzt gewinnen, welcher denselben hei ihren mannigfaltigen Gebrechen und Krankheiten helfen könnte. Allein wo würde sich hierzu jemand finden?

Würden die Buschneger einwilligen, ihre so unzugängliche Heimat am Tapanahoni mit Wohnplätzen auf dem so fruchtbaren Lande in der Nähe von Armina zu vertauschen und hier in größeren Dörfern und mehr beieinander zu leben, dann wäre es angelegt, durch Missionare für ihre geistige und leibliche Wohlfahrt zu sorgen, und sie auf diesem Wege allmählich einer Zivilisation entgegen zu führen, deren erste Grundlage in nützlicher und dauernder Beschäftigung, zuerst im Landbau bestehen muß. Haben sie auf ihren Hang zum Nomadenleben verzichtet, können sie durch Anpflanzung und vorteilhafte Verwertung irgendeines Produktes an eine behagliche, seßhafte Lebensweise gewöhnt werden, dann kann auch das Christentum unter ihnen Wurzel schlagen, aber auf eine andere Weise schwerlich. Was die mährischen Brüder unter zwei anderen, der Stadt viel näher gelegenen Stämmen seither auszurichten vermocht haben, ist von geringer Bedeutung, obwohl die Saramacca- und Becu-Musinganeger bei weitem nicht solche Vagabunden sind, als die Aukaner.

Am 11. November verließ ich den Granman, übernachtete auf Manlobi und langte am Mittag im Dorfe der Poligudu an, von wo ich am nämlichen Tage einen Abstecher nach der Lava machte.

Dieser aus Osten kommende Fluß schien auf den ersten Anblick kleiner zu sein als der Tapanahoni; eine große Insel, welche man für festes Land halten könnte, liegt im Falle und mehrere kleine am rechten Ufer. In der Nähe des Falles sind noch einige Stromschnellen, aber außerdem ist der Fluß ohne Felsen und strömt ruhig dahin, so daß wir nach einer kleinen Stunde das südliche Ende der Insel erreicht hatten und uns nun in einem schönen, breiten Fahrwasser befanden, wo der Fluß genau aus Süden kam und die doppelte Breite des Tapanahoni hatte. Trotz der paar Inseln, die in demselben lagen, hatte man doch eine Fernsicht von einigen Stunden. Der östliche Arm, welcher die Insel umfloß, war noch viel breiter als der, welchen wir befahren hatten, und floß ruhig wie ein Spiegel nach Nordwest. Da meine Indianer denselben nicht kannten, so trieb mich die Neugier, auch diesen Arm zu untersuchen, und wir fuhren eine gute halbe Stunde im spiegelglatten Fahrwasser dahin, gerieten aber plötzlich in eine Anzahl Inselchen und Stromschnellen hinein, zwischen denen Fälle von drei bis sechs Fuß Höhe tosten, welche den weit beträchtlicheren Fall der Lava bilden, deren Gewässer unterhalb des Poligudufalls in den Maroni münden, aber nicht bemerkbar sind, weil sie durch Inseln verdeckt werden. Es war bei sechs Uhr Abends, als wir dieses Felsenlabyrinth erreichten, und wären wir auch über diese Fälle hinuntergekommen, so hätten wir doch den Singadede und Poligudu bei Nacht nicht passieren können. Wir kehrten daher um und wählten unser Nachtlager auf dem Südende der Insel.

Den andern Morgen verließen wir Poligudu. Der Granman hatte zwei erfahrene Neger geschickt, um mich über die Singadede- und Manbarifälle hinweg zu bringen. Ich trug Bedenken, bei dem ersten, der über eine Höhe von ungefähr acht bis neun Fuß schief hinunterstürzt, im Boote zu bleiben und wollte lieber über die Felsen des Falles hinabklettern, allein die Neger versicherten mich, daß gar keine Gefahr dabei sei, und so blieb ich sitzen, kann aber nicht behaupten, daß mir sehr behaglich zu Mute war, als wir auf dem Scheitel des Falles trieben, und ich neben und unter mir nur tosendes Wasser und Stromschnellen sah und im brausenden Schwall pfeilschnell hinunterfuhr. Einer der Buschneger und Araiumanali saßen am Steuer, Bama und ein anderer am Bug, der eine den rechten, der andere den linken Fuß in Bereitschaft, um falls wir gegen die Felsen gedrängt würden, sogleich durch einen Stoß mit dem Fuß die Korjal ins richtige Fahrwasser bringen zu können. Wir glitten aber ohne allen Unfall hinunter und gelangten bald in ruhiges Wasser. Nun hatten wir noch den Manbari zu passieren, wo das Wasser beinahe senkrecht herabfällt. Bei diesem aber vertraute ich mich nicht dem Kahne an, sondern kletterte an den Felsen herunter und setzte mich erst unten wieder in die Korjal.

Hier verließen mich die Buschneger, Bokko der Ältere, und ein Buschneger von etwa 20 Jahren, welchen ich Biggi moffo, Großmaul, getauft hatte. Biggi moffo lachte immer und hatte einen Mund wie ein Haifischrachen voll wunderschöner Zähne. Ich beschenkte sie mit Speck und Bakkeljau, und sie kehrten auf einem Fußweg nach dem Poligudufall zurück. Jetzt war ich wieder mit meinen Indianern allein, und brachten wir die Nacht in der mit weißen Passifloren bekränzten Insel zu.

Am Morgen aber fühlte ich mich matt und unwohl, ein heftiger Kopfschmerz peinigte mich um so mehr, als das kleine Zeltdach meines Kahnes mir nur dürftigen Schutz gegen die Sonnenstrahlen gewährte. Totmüde und krank traf ich am Abend auf dem Eiland Anoso ein. Alles was ich aß, mußte ich augenblicklich erbrechen, und als wir am Morgen weiterfuhren, war ich nicht mehr im Stande mich aufrecht zu halten und mußte mich in die Korjal legen, gegen die Sonne geschützt durch das Zeltdach, das ich abgenommen und über meinen Kopf gelegt hatte, um nur nicht direkt den glühenden Sonnenstrahlen ausgesetzt zu sein. So erreichten wir schon bei Dunkelheit die kleine Switti Cassabe-Insel unterhalb des

Arminafalles, wo wir einige Stunden bis zum Mondaufgang schliefen, und von wo aus wir am 16. November mittags wieder auf Albina eintrafen.

Kaum war ich bei den meinigen, so befiel mich ein Gallenfieber, bei dem ich 36 Stunden lang bewusstlos lag. Als der erste Anfall etwas nachgelassen hatte, und ich wieder zur Besinnung kam, sah ich den Père Jardinier und den Arzt aus St. Laurent bei mir im Zimmer. Ich war so schwach, daß ich kaum zu reden vermochte. Der Doktor, ein ganz junger Mann, reichte mir ein Glas, worin wenigstens zehn Gramm Chinin sich befanden, welche ich sogleich einnehmen sollte. Da ich noch nie eine so große Dosis einem Kranken hatte reichen sehen, so weigerte ich mich sie auf einmal zu schlucken, aber der junge Arzt versicherte mich, daß nur dies mir helfen könne, weil ich, falls ein zweiter Fieberanfall sich einstelle, wahrscheinlich verloren sein würde. So schluckte ich denn die ganze Portion, mit Wasser und einigen Tropfen Zitronensaft vermengt, hinunter, und die einzige Folge war ein furchtbares Ohrensausen. Aber das Fieber kam nicht wieder, und schon am dritten Tage darnach zeichnete ich meine Karte, welche ich dem Rapport an meinen Chef beilegte. Diese Karte hatte ich von Armina aus auf der vierzehntägigen Reise bloß nach Kompaß und Taschenuhr entworfen, und sie blieb bis zum Jahre 1861, wo die Topographen im Auftrage der Regierung den Strom regelrecht aufnahmen, ohne Zweifel die beste, welche vom Maroni existiert, und in ihren Konturen eben so genau und ausführlicher wie die der Kommission, welche mit ihren größeren Booten die verschiedenen Passagen nicht so befahren konnte, wie ich in meiner kleinen Korjal getan hatte, während die geographischen Längen- und Breitengrade auf der Karte der Topographen mittels astronomischer Beobachtungen bestimmt sind, was bei meiner Kartenskizze nicht der Fall sein konnte. Nach wenigen Tagen hatte ich wieder meine volle Gesundheit erlangt.

Kaum vierzehn Tage, nachdem ich von dieser Reise zurückgekommen war, erhielt ich den Besuch des katholischen

Priesters Neu aus Mana. Er war Elsässer und sprach das Deutsche in der ganzen Reinheit des Elsässer Dialekts. Der Bischof von Cayenne hatte ihm erlaubt, das Christentum unter den Buschnegern zu verkündigen. Ein kleines Boot, worin sich außer der nötigen Wäsche, Hausaltar, Kruzifix und Gebetbüchern nichts befand, als ein großer Pagal (Korb) mit Couac und eine Kiste Bakkeljauw trug ein Zeltdach, unter welchem der glaubenseifrige Missionar nicht viel besser saß als ich in dem meinigen. Obwohl er kein Wort Negerenglisch verstand, in welcher Sprache er sich mit den Negern verständigen mußte, war er doch voll Begeisterung für sein Vorhaben, schien die Unbekanntschaft mit der Sprache nur als eine Nebensache zu betrachten und rechnete bei seinem schwierigen Unternehmen unverkennbar auf übernatürlichen Beistand. Ich suchte ihm, da er mich um Rat und Belehrung anging, sein Vornehmen auszureden, aber er ließ sich nicht entmutigen, und um ihn nicht ganz auf die allfällige höhere Eingebung anzuweisen, denn es war noch lange bis Pfingsten, erbot ich mich, ihm ein Neues Testament und ein Wörterbuch in negerenglischer Sprache zu geben, was er gerne annahm.

Nachdem ich ihm Anweisung für seine Reise nach Auka gegeben hatte, riet ich ihm nochmals ganz offen ab, da er ebensowenig ausrichten würde als ich; aber Neu nahm keinen Rat an, vertraute auf Gott und seine gute Sache und fuhr mit seinen drei Mananegern zu den Buschnegern. Dort angekommen, schickte er sogleich seine eigenen Neger zurück und blieb ganz allein auf dem Dorfe Guidappu. Er glaubte sich den Rückweg abgeschnitten zu haben, begann sogleich französisch zu predigen und las die betreffenden Bibeltexte aus dem negerenglischen Evangelium vor. Inzwischen lebte er von seinem Couac und Bakkeljau, bis der Granman, welchen dieser wunderliche Heilige in nicht geringe Unruhe versetzte, ihn nach St. Laurent zurückbringen ließ.

In seinem Rapport an Monseigneur Dossat, den apostolischen Präfekten in Cayenne, dessen Inhalt mir später ein Freund in Mana mitteilte, hat Herr Neu den Mißerfolg seiner

Reise mir dem „protestant enragé" zur Last gelegt, wogegen ich mich wieder beim Bischof schriftlich verwahrte. Diese mißlungene kirchliche Expedition lieferte reichlichen Stoff zur Erheiterung der spottlustigen Offiziere von St. Laurent, welchen an diesem so abgelegenen Orte jeder noch so unbedeutende Gegenstand oder Vorfall zur Erheiterung und Belustigung diente. Sie beweist aber auch, was für eifrige und aufopfernde Diener die katholische Kirche unter ihren Streitern zählt. Diesen Priester Neu, den ich trotz seiner einseitigen Bildung wegen seines festen Glaubens und Eifers aufrichtig bewundere, sah ich viele Jahre später, obwohl er von heftigen Fiebern geschüttelt in seiner offenen Korjal lag, nur um die Frühmesse in dem zwölf Stunden entfernten Mana halten zu können, bei heftigen Regenschauern von St. Laurent abfahren. Ebenso sah ich später, als die Jesuiten bereits das französische Guyana verlassen hatten, in der Kirche von St. Laurent den père Lestrat die Messe halten. Im höchsten Grad der Schwindsucht hatte der früher so stattliche Mann nicht einmal so viel Stimme mehr, daß man ihn in der so kleinen Kirche vernehmen konnte. Nach Beendigung der Messe sank er am Altar kraftlos zusammen und wurde ins Hospital gebracht. Wenige Wochen später starb er in Cayenne.

In späterer Zeit verbrachte père Krämer, ein anderer Elsässer, nachdem er die Busch- und Bonineger besucht hatte, zwei Monate bei den Paramaccanegern zu. Allein auch er richtete wenig aus und kehrte abgezehrt und fieberkrank nach seiner Diözese Mana zurück. Alle diese Reisen waren ebenso vergeblich wie die meinigen, bei welchen ich auch pflichtschuldigst die übernommenen Aufträge vollzog, wenn auch nicht mit dem Eifer und der Energie jener Priester, und ohne mich in asketischer Strenge nur auf den Genuß von Couac und Bakkeljau zu beschränken.

Im Gegenteil suchte ich immer das Nützliche mit dem Angenehmen zu verbinden, und wenn ich auch keine Strapazen scheute, so vernachlässigte ich auf meinen vielen Reisen keineswegs meine Küche. Nie durfte Kaffee fehlen, an dem auch

meine Indianer Teil nahmen; von Fischen oder vom Wilde das
sie schossen, erwählte ich für mich die besten Stücke, bereitete
sie mit Butter, Zwiebeln und Knoblauch aufs schmackhafteste
und vergaß meistens das Tischgebet, das bei den Katholiken
kurzweg mit dem Zeichen des Kreuzes, bei den mährischen
Brüdern durch viel Gesang und Gebet, bei den übrigen Welt-
kindern der Kolonie aber durch den Genuß eines vaterländischen Genevers ersetzt wird.

Die holländische Kolonial-Regierung verzichtete nun auch
darauf, die Buschneger zur Annahme eines Missionars zu bewegen, und bekümmerte sich nicht weiter darum, auf welche
Weise dieselben zu ihrer Seligkeit gelangen wollen.

SIEBTES KAPITEL

Kaum einen Monat, nachdem das Penitencier St. Laurent angelegt war, erhielt ich den Beschluß Seiner Königlichen Majestät der Niederlande. Aber nun mußte ich, ehe mir die nötigen Gelder zur Vorbereitung der neuen Kolonisation verabreicht werden konnten, ein in gesetzlicher Form aufgestelltes Dokument dem Gouvernement vorlegen, daß nämlich die Erben des Herrn K. mir ihren Anteil (die Hälfte) übergeben und gegen Bezahlung einer stipulierten Geldsumme von allen Ansprüchen an mich absehen.

Neue Korrespondenz darüber, und nach monatelangem Warten den traurigen Bericht, daß Herr N. sich an den mit den Erben gemachten Kontrakt halte und davon nicht abweichen wolle. Das war nun aber um so fataler, da ich eben Geld zum Weiterbetrieb und den Vorarbeiten nötig hatte, und das Gouvernement mir keines geben konnte, so lange ich das verlangte Abstandsdokument nicht in Händen hatte.

Nun war ich wohl im Besitze von zwei Ladungen Holz, hartem und Zeder, und hatte mit einem Kaufmann in Paramaribo abgesprochen, ihm letzteres zu verkaufen. Diese Ladung sollte mit einem amerikanischen Schiffe „Pacific" abgeholt und nach Boston gebracht werden. Aber der Pacific, der aus Sparsamkeit keinen Lotsen mitgenommen hatte, lief auf dieselbe Bank, auf der vor einem Jahre der Curacaonaar gestrandet war, verlor Anker und Kette und wurde so leck, daß er nur unter anhaltendem Pumpen und ohne die mindeste Ladung als dem notdürftigen Ballast wieder nach Surinam Rückkehren und da repariert werden konnte. Der Kapitän hatte seine junge Frau bei sich und gehörte, wie seine ganze Schiffsmannschaft, die alle in Boston zu Hause waren, zur temperance society und überdies einer religiösen Sekte an, dem „Star of Bethlehem"; fünf bis sechs Mal täglich wurden eigene Psalmen gesungen, wobei jedes auf die Knie fiel, stets den andern den Rücken zukehrte, und wobei in allen Tonarten gebetet und gesungen wurde. Einen närrischeren Gottesdienst hatte ich nie gesehen, aber es hatte bald damit ein Ende, als das Schiff von der Bank los und nach Albina kam, um da die lecken Stellen so viel zu verstopfen, daß man es wagen konnte, nach Surinam zu fahren; denn kaum war das Schiff bei mir in Sicherheit, als die Mannschaft in St. Laurent sich die nötige geistige Tröstung zu verschaffen wußte, womit Gebet und Gesang aufhörten. Des langen Wartens müde verließen mich mit diesem Schiffe wieder drei Familien, um in Paramaribo ihr Unterkommen zu suchen, so daß ich Anfangs 1858 noch sechs Männer, sechs Weiber und 16 Kinder auf Albina hatte, zu deren Lohn, außer den beträchtlichen Ausgaben für die Nahrung, ich monatlich 210 Gulden gebrauchte.

Gleich nach dem Tode des Herrn K. war ich mit einem englischen Hause in Bridgetown auf der Insel Barbados in Korrespondenz getreten und hatte mit demselben Absprache genommen, ihm, sobald ich ein Schiff chartern könne, eine Ladung Holz zu bringen. Kaum war der Pacific nach Paramaribo zurückgekehrt, so fand ich dort die Gelegenheit, ein anderes amerikanisches Schiff „Eagle" zu chartern. Dieses verließ Paramaribo im Februar, nahm einen Lotsen an, und da in dieser Zeit viel nördliche Winde wehen, so hatte es eine kurze Reise nach Albina.

In vierzehn Tagen war denn auch das Schiff beladen, und da mir ein Urlaub von einem Monat bewilligt worden war, so verließ ich Albina, um die Ladung, welche 6 000 Kubikfuß betrug, selbst nach Barbados zu bringen.

Wir kamen, obgleich das Schiff zwölf Fuß tief ging, an einem Samstag glücklich in See. Der Kapitän, ein äußerst sorgloser Mann, hatte versäumt, die nötigen Lebensmittel für die Reise in Paramaribo einzukaufen, indem er meinte, sich bei mir auf Albina damit versehen zu können. Ich hatte aber alles für mich und meine Leute selbst nötig, und außer etwas süßen Pataten, vier Hühnern und einem kleinen Schwein konnte ich nichts für die Reise mitnehmen. Der ganze Vorrat an Bord bestand aus 40 Pfund Mehl, einigen Krügen Melasse und Speck für drei Tage; also bei genauester Einteilung, mein

Beigebrachtes mit inbegriffen, für kaum fünf Tage Lebensmittel. Es blieb nun nichts zu tun übrig als an der Mündung des Surinamflusses beim Feuerschiff zu ankern, das Boot nach Paramaribo zu senden und das Nötige einkaufen zu lassen, ein Abstecher, der in zwölf Stunden gemacht sein konnte. Ich schrieb den Brief an meinen Korrespondenten, die Lebensmittel sogleich zu besorgen, und der Kapitän ließ ein Segel fürs Boot fertig machen, denn am andern Morgen, gegen sieben oder acht Uhr, meinte der Lotse, werden wir beim Feuerschiff sein, wo er in dem kleinen Boote, das er bei sich hatte, das Schiff verlassen werde.

Wir hatten prächtiges Wetter und befanden uns bei schwachem Winde abends sechs Uhr gegenüber der Wia Wiabank. Als ich am andern Morgen aufs Verdeck kam, sah ich die Küste in kurzer Entfernung vor mir liegen, sie schien mir aber niedriger und näher zu sein, als die Gegend in der wir sein mußten, und wo ich so bekannt war, auch war weit und breit kein Feuerschiff zu sehen. Der Lotse aber, dem ich meine Bemerkungen mitteilte, meinte, daß in weniger als einer Stunde wir an Braamspunt, der Ecke des Surinamflusses, sein und diesen Fluß offen vor uns haben würden. Und in der Tat, gegen acht Uhr öffnete sich das Land, aber es war nicht der Surinam, sondern die sechs geographische Meilen weiter westlich liegende Saramacca, so daß wir also trotz Lotse und Wacht in der Nacht das Feuerschiff und die Mündung des Surinam passiert hatten.

Jetzt gab's Streit, Kapitän und Lotse fluchten um die Wette; ersterer bemerkte, der Lotse sei verpflichtet gewesen, das Schiff bis an die Mündung des Surinam zu bringen, während dieser behauptete, daß, einmal außer den Bänken des Maroni, sein Amt aufhöre und er bloß Passagier sei; überdies beschuldigte er den Kapitän, daß weder er noch sein Bruder, der Steuermann, sich an der Wacht beteiligten, vielmehr die ganze Nacht durchgeschlafen hätten.

Der Streit drohte in Tätlichkeiten auszuarten, aber leider war der Sache dadurch nicht geholfen. Mit den wenigen

Lebensmitteln durfte es der Kapitän nicht wagen, die 500 Meilen weite Reise zu unternehmen, und mit dem Boote durch die Saramacca nach Paramaribo zu gehen, hätte fünf bis sechs Tage in Anspruch genommen, in welcher Zeit wir wahrscheinlich in Barbados gewesen wären; auf den Pflanzungen der Saramacca war wenig zu bekommen, höchstens ein Schwein und Bananen, aber auch das nicht sicher. Aufs Geratewohl mit den wenigen Lebensmitteln so weit zu fahren, würde, wenn ihn seine Matrosen beim amerikanischen Konsul verklagt hätten, den Kapitän in eine Strafe von 1 000 bis 2 000 Dollar gebracht haben.

Er bat mich nun (denn er schämte sich), mit seinen Matrosen zu sprechen und diesen den Vorschlag zu machen, mit den wenigen Lebensmitteln die Reise anzutreten, da wir ja doch in höchstens fünf bis sechs Tagen in Barbados sein würden. Bis zu dieser Zeit verpflichte sich der Kapitän, jedem Mann täglich an seiner Gage einen halben Dollar zuzulegen. Man war es zufrieden, ich setzte die Sache schriftlich auf, ließ unterzeichnen, gab dem Lotsen Anweisung auf seine Bezahlung in Paramaribo, worauf er in seinem kleinen Boote dem Lande zusegelte, während der Eagle den Bug nach Nord-Nord-West wendete, und wir bald die Küste aus dem Gesicht verloren hatten.

Schon am Dienstag waren Speck, Hühner und das Schweinchen aufgegessen, so daß nichts übrig blieb als Pataten und Brot, unter dessen Teig Melasse geknetet war, eine Kost, die nur ein Amerikaner essen kann. Als der Kapitän am Mittag die Sonnenhöhe aufnahm und nach seinem Chronometer den Abstand berechnete, meinte er, daß wir bei dem bisherigen Winde am andern Mittag die Insel zu Gesicht bekommen könnten. Eine leichtsinnigere, sorglosere Wirtschaft hatte ich noch nie an Bord eines größeren Schiffes gesehen; der Steuermann, ein Bruder des Kapitäns, war lungenleidend und nicht im Stand eine Wache zu tun; der Kapitän kam nur höchst selten des Nachts aufs Verdeck, und außer dem Mann am Steuer war bloß eine Wache im Bug. Ob diese aber da war, kann ich nicht sagen, denn niemand beaufsichtigte sie. Außer im Kompaßhäuschen brannte weder Licht noch Laterne an Bord, und so war denn auch alles in süßer Ruh, als ich am Mittwoch morgen gegen vier Uhr aufs Verdeck kam, um mich in der frischen Luft zu erholen. Ich ließ mich mit dem Mann, der am Steuer war, einem Provenzalen, ins Gespräch ein, wir waren froh, daß die Reise so glücklich abgelaufen war, und wir heute noch nach der hübschen Insel kommen würden. Als nach fünf Uhr der Tag zu grauen anfing, kam ein anderer ans Steuer, und der Provenzale ging ins Vorderteil, um sich schlafen zu legen; eilig aber kam er zurück, mit dem Ausruf: „La terre, la terre est tout près. Ich eilte nun schnell nach dem Bug, und da lag auf vielleicht anderthalb Meilen Abstand Barbados vor uns, und man sah bereits aus der dunkeln Masse die Gebäude als weiße Punkte und auf dem Rande der Hügel die Umrisse der Windmühlen und Kokosbäume.

Alsbald weckte ich den Kapitän, der, schlaftrunken das Land betrachtend, erst ausrief: „It is a cloud" – aber dann schnell, „Indeed, Barbados" folgen und sogleich mehr südlich steuern ließ, um nicht auf den Needles, spitzige Felsen der Ostküste, zu stranden. Ein großes Glück für uns, daß wir nicht in der Nacht näher ans Land gekommen waren, denn vermutlich hatte auch der Matrose, der die Aussicht im Bug halten sollte, geschlafen; da nun der Mann am Steuer vor den Segeln nichts sehen konnte, so wären wir wahrscheinlich auf diese Needles gekommen und hätten Schiff und Ladung sicher und wohl auch das Leben verloren.

Je heller es wurde, desto mehr belebte sich die Szene: eine Menge Fischerboote waren beschäftigt, die bekannten fliegenden Heringe zu fangen, die um Barbados besonders groß und schmackhaft sind. Wir fuhren längs der Südküste und in einer Entfernung von kaum einer halben Stunde vom Lande. Zuckerfelder und Windmühlen, in denen das Rohr gemahlen wird, wechselten ab mit Weiden, belebt durch Vieh und Esel; kleine, von Kokosnüssen und Mangobäumen beschattete Dörfer lagen zerstreut und in der Nähe von den Fabrikgebäuden bald am Meeresufer, bald auf den Hügeln, und zierliche, im englisch-gotischen Stil von weißem Stein gebaute Kirchen zogen wie ein Panorama an uns vorüber. Alles dieses war verbunden mit prächtigen Wegen, auf denen mit Ochsen die Produkte transportiert werden. Überall Leben und Geschäftigkeit, ja hätten die Kokos- und Königspalmen der Gegend nicht den eigenen tropischen Reiz verliehen, so hätte man meinen können, längs der englischen Küste im Kanal zu segeln. Überall bebautes Land, nirgends Wald; dieselben Felsenriffe von weißlicher Farbe, dort aus Kreide bestehend, hier aus Korallen. Aber wenn das Land sich auch der englischen Küste vergleichen läßt, unendlich schöner als im Kanal ist die See bei Barbados. Ein helles Himmelblau, ist sie von einer Klarheit, die die dunkelgrünen Gewässer des Kanals nie zeigen. Bei einer Tiefe von dreißig Fuß kann man jedes Steinchen, jeden Fisch am Boden sehen und die Tiefe belebt durch eine Fischfauna in den grellsten Farben und barocksten Gestalten.

Beim Leuchtturm, der stockweise aus rotem und weißem Stein gebaut ist und an der Südküste sich vielleicht 200 Fuß über den Meeresspiegel erhebt, nahm der Kapitän einen Lotsen an, deren schon mehrere an Bord gekommen waren um ihre Dienste anzubieten. Jetzt waren etwa zehn beieinander, und nun erklärte der Kapitän, das Einlaufen in die Carlisle-Bay dem wenigst Fordernden zu überlassen, also im Abstrich; alle diese angeblichen Lotsen waren Neger und Mulatten, die, weil durchaus keine Gefahr besteht, auch durchaus keine Verantwortlichkeit haben können. Ein Geschrei und Geschimpfe war nun an Bord, daß man sein eigenes Wort nicht hörte, und unter Schelten und Drohen verließen die Kerls das Schiff, als endlich der Kapitän sich um einige Dollars den wohlfeilsten ausgesucht hatte.

Wir fuhren nun in die Carlisle-Bay ein, an der die Stadt Bridgetown liegt. Jetzt wurde die Szene erst recht belebt, denn es lagen wohl 100 große und kleine Schiffe auf der Reede. Große amerikanische Klipperschiffe mit Guano beladen löschten in Lichtern ihre starkriechende Ware, englische von

allen Größen nahmen Zucker ein, Barken und Fischerfahr-
zeuge fuhren ab und zu, und es herrschte ein Geschrei und
Leben, das zu unserer so stillen Reede in Paramaribo den
grellsten Kontrast bildete.

Nachdem der Hafenmeister und der Doktor die Papiere
nachgesehen und in Ordnung gefunden hatten, erhielt das
Schiff die Erlaubnis zu ankern, und wir von Bord zu gehen. Es
war noch nicht zehn Uhr als ich mit dem Kapitän ans Land
fuhr, und unser erster Gang war, meinem Korrespondenten
die Ankunft der Ladung anzuzeigen, der zweite den Matrosen
ein splendides Essen einzukaufen, der dritte aber im Icehouse
unserer selbst zu pflegen. Es herrschte auf den Straßen eine
Hitze, die mir viel größer vorkam als in Paramaribo, wo durch
die kolossalen Waldungen die Temperatur wo nicht niedriger,
doch wenigstens nicht so trocken ist als in Bridgetown, wo der
feine Korallenstaub alles bedeckt und in Mund und Augen
dringt.

Den ersten Tag in Cane's Icehouse werde ich nimmer
vergessen. Hunger und Durst stritten miteinander, aber der
Durst hatte die Oberhand; nach drei Tagen höchst einfacher
Mahlzeiten kamen wir in ein durch das viele Eis, das immer
konsumiert wurde, kühles und luftiges Gemach. Ein mit allen
nur denklichen Weinen, Bieren, Liqueurs und eingemachten
Früchten reich versehenes Buffet sorgte für augenblickliche
Befriedigung. Ruhig auf seinem Lehnstuhl am marmornen
Tischchen sitzend hatte man nur die Augen im Saal herumlaufen zu lassen, um zu wissen, was Leckeres im Buffet zu haben
war, denn zwischen hübschen Kupferstichen hingen in kleinen vergoldeten Rahmen die Namen von allem was man hier
bekommen konnte, als Ale, Weine, Ananasgelee etc. Nachdem wir ein anständiges Breakfeast bestellt, löschten wir uns
den Durst in Sherry-Cobbler, das heißt großen Gläsern, in
denen unter Wasser, Zucker, Sherrywein und einer Zitronen-
scheibe einige große Stücke Eis schmelzen. Mit dem Getränk
erhält man drei Strohhalme, durch welche man die Flüssigkeit
einsaugt.

Alle Gäste hatten den Hut auf, ihre Füße entweder auf anderen Stühlen, wohl gar auch auf dem Tisch, die meisten lasen, und keiner bekümmerte sich um den Anderen. Nie hat mich ein Trunk und eine Mahlzeit so erquickt wie die am ersten Tag in Barbados, und später verging kein Tag, an dem ich mich im Icehouse nicht erfrischte; besonders brachte ich die Abende hier zu, weil ich aus Mangel an Gesellschaft im Hotel mich nicht so bald schlafen legen wollte.

Bridgetown an der Carlisle-Bay ist eine Stadt von vielleicht 20 000 Einwohnern. Sie ist sehr lebhaft, doch keineswegs hübsch, denn die Häuser von Fach- oder Mauerwerk, auch wohl mit Bretterverschlag, entbehren des Bewurfs oder der Farbe und haben nicht das Zierliche und den freundlichen Anstrich wie in Paramaribo; doch sind sie gut komfortabel eingerichtet. In den Vorstädten wie überhaupt außerhalb derselben findet man Häuschen so klein und leicht, daß ein starker Wind sie leicht wegwehen könnte. Die Straßen sind eng, gepflastert, mit schmalem Trottoir kaum groß genug für einen Mann, doch laufen unter den Straßen Wasserröhren, an die Schläuche angesetzt werden um die Straßen zu begießen, was bei dem furchtbaren Staub, eine Folge der vorherrschenden Korallenformation, eine Notwendigkeit und Wohltat ist. Außerhalb der Stadt liegen zierliche Villen in, Gärten voll der schönsten Bäume und blühenden Sträucher; hier wohnen die Beamten und Geschäftsleute, welche, nachdem sie über Tag ihre Arbeit in der Stadt verrichtet haben, des Abends in leichten Cabriolets heimfahren.

Von der Bay zieht sich ein Kanal, worin Schiffe bis zu zehn Fuß Tiefgang fahren können, durch den lebhaftesten Teil der Stadt bis in die Nähe des public buildings, eines im gotischen Stil von Sandstein aufgeführten Gebäudes, wo die Beamten der verschiedenen Verwaltungen ihren Sitz haben; in der Nähe steht auf einem niedrigen Piedestal eine unansehnliche kaum lebensgroße bronzene Statue des Admirals Nelson. Hier ist der Sammelplatz alles faulen und elenden Gesindels der Stadt, in der es von Bettlern und feilen Dirnen wimmelt, was für die

Polizeiordnung kein vorteilhaftes Zeugnis ist. Man sieht Bettler mit den ekelhaftesten Krankheiten sich herumtreiben, die besonders, wenn sie einen Fremden wittern, demselben nachlaufen und ihn nicht verlassen, bis man etwas gibt.

Am Kanal und der benachbarten Queenstreet reiht sich Laden an Laden, in denen alles nur denkliche verkauft wird. Besonders aber ins Auge fallend sind die Menge der Trinkhäuser, sowohl inner- als außerhalb der Stadt. Hübsch und sehr zweckmäßig ist der Markt, der von einer großen bedeckten Halle, in der sich Buden für Fleisch, Brot usw. befinden, umgeben wird. Hier findet man zu gewissen Zeiten des Tages sehr gutes Fleisch von Vieh aus Portoricco, Gemüse, Früchte, wie überhaupt Lebensmittel aller Art. Der Eingang zum Markt ist durch Polizeidiener bewacht, die wenigstens hier gute Ordnung halten. Besonders interessant war für mich die Verschiedenheit der Fische, von welchen auch nicht einer in Surinam vorkam. Ein karpfenähnlicher war hochrot, ein anderer halb himmelblau, halb orangenfarbig, dann waren fliegende Fische zu haben, so groß und noch größer als Heringe, von vortrefflichem Geschmack und zeitweise in großer Menge und sehr billig. Große Langusten oder Hummer, die in dem Schlammboden unserer Küste nicht vorkamen, kosteten einen Schilling das Stück, überhaupt waren alle Lebensmittel viel billiger als in Surinam. Süßwasserfische sah ich keine, auch werden sie, da die Bäche sehr klein sind, nicht vorkommen. Früchte hat man von allen Arten, doch schienen sie mir an Güte den Surinamschen nachzustehen, obwohl Wurzelgewächse als Pataten, Yams und Taiers durch sorgfältige Kultur wohlschmeckender als die unsern sind.

Ich mietete mich im ersten Gasthof der Stadt bei Miss Proach ein, wofür ich bei sehr guter Tafel anderthalb Dollar per Tag zu bezahlen hatte. Außer mir waren mehrere Engländer und Amerikaner im Hotel, und täglich kamen oder gingen neue Gäste von oder nach den Pflanzungen. Leider war man sehr zeremoniös, alles erschien im schwarzen Rocke bei Tische, ein junger Farbiger aß selbst mit Handschuhen. Die

Miss präsidierte in gewählter Toilette der Tafel und ersuchte mich gleich am zweiten Tag, einen welschen Hahn zu zerlegen, welches schwierige Geschäft ich aber höflichst ablehnte, weil ich leider bekennen müsse, dies nicht nach englischer Weise tun zu können. Bei dem beständigen Transpirieren dem ich leider unterworfen bin, und der trockenen Hitze die im Speisezimmer herrschte, mußte ich jeden Bissen im Schweiße meines Angesichtes verzehren, und wäre mit einer weniger gut besetzten Tafel zufrieden gewesen, hätte ich in meinem gewöhnlichen Anzug, leinenen Hosen und leichtem Hemde, mitspeisen dürfen.

Außer dem Kapitän des Eagle, der aber den Tag über mit dem Ausladen beschäftigt war, hatte ich mit niemand Umgang; Deutsche oder Franzosen fand ich keine und mußte mich mit Englisch behelfen, das ich aus Mangel an Übung schlecht sprach. So machte ich meistens allein in der Umgebung der Stadt meine Spaziergänge. Auf einer kleinen Anhöhe östlich von der Stadt und noch an die Vorstädte stoßend, liegen die Kasernen von St. Anne mit einem großen Exerzierplatz, woselbst abends gewöhnlich das Musikkorps der Truppen im Freien spielt. Auch steht hier das Theater, das von der Garnison unterhalten wird, und auf welchem Liebhaber aus dem Kriegerstande auftreten. Auch ich hatte das Glück, daß während meines Aufenthaltes gespielt wurde, und zwar ein rührendes Drama „Ben Bolt or the trials of a Sailor", gefolgt durch einige Songs und ein kleines Lustspiel; das Entrée kostete drei Schillinge, ich amüsierte mich aber so wenig, daß, wenn ich auch ein Freibillet bekommen hätte, ich es, so sehr ich Theaterfreund bin, nicht wieder besucht haben würde.

Das Wohnhaus des Gouverneurs, Pilgrimhouse, ist eine starke halbe englische Meile von der Stadt entfernt, in der Nähe von Wiesen vom saftigsten Grün. Doch erzeugt die Insel nicht genug Heu für Pferde, und es bringt beinahe jedes Schiff Ballen festgepreßten Heues aus England.

Längs des Seestrandes befinden sich Badhäuser, auf sechs bis acht Fuß hohen Pfählen ruhend, wo man bei niederem

Wasser in zwei, bei hohem in fünf Fuß tiefem Wasser sich badet. Dasselbe ist kristallhell, und der Meeresboden weißer Korallensand. Besonders interessierten mich die See-Anemonen, die in den Spalten und Ritzen der Pfosten saßen, und die, sobald man sich ruhig verhielt, zum Vorschein kamen und ihren tulpenartigen Kelch und farbigen Pistille mehr als Zoll lang ausbreiteten, so daß da, wo man kurz zuvor bloß ein mit Schlamm überzogenes Holz sah, plötzlich eine Blume sich entfaltete, die aber bei der leisesten Berührung Kelch und Pistill zusammenzog und blitzschnelle in der Holzritze verschwand. Viel großartiger und schöner sieht man diese wunderbaren Geschöpfe in dem Animal flower Cave an der Ostküste wohin ich aber keinen Führer finden konnte.

Jenseits dieser Badhäuser und der Vorstadt Lakes Folly wird der Seestrand unzugänglich durch undurchdringliche Gebüsche der Yucca gloriosa, die hier einheimisch zu sein scheint, während sie in Surinam nur in Gärten vorkommt. Auch einzelne Manzanillbäume wurden mir gezeigt.

In allen Gärten und Landhäusern findet man die herrlichsten blühenden Bäume und Sträucher, die man in Surinam ebenso gut haben könnte, und man muß sich wundern, daß der Holländer, der als Blumenzüchter den ersten Rang in Europa einnimmt, in seiner schönen Kolonie, wie in so vielem anderen, so auch hierin hinter den Briten und Franzosen zurückbleibt.

Außer den Public buildings hat die Stadt keine schönen öffentlichen Gebäude; die Kathedrale und St. Mary sind weder imposant noch sonst merkwürdig, ebenso auch die katholische Kirche. Barbados mit kaum acht geographischen Quadratmeilen Landes hat eine Bevölkerung von mehr als 150 000 Einwohnern, und ist in elf Kirchspiele eingeteilt, wovon jedes eine manchmal äußerst pittoresk gelegene Kirche nebst Wohnung für den Geistlichen, Schule oder kleines Dörfchen um diese hat, welche durch die umliegenden Plantagenbewohner, die zum Sprengel gehören, besucht wird. Ein kleines Städtchen Speigtstown liegt an der Westküste der Insel und an der

nördlichen eine Schulanstalt für Zöglinge, welche später die
englischen Universitäten besuchen wollen. In jeder Richtung
führen wohlunterhaltene Wege durch die ganze Insel; jeder
Pflanzer hält seine Equipage oder sein Reitpferd, und nach
dem zweiten Städtchen der Insel gibt es täglich Gelegenheit
mit Omnibussen.

Zu einem Ausfluge nach dem nördlichen Teile der Insel
mietete ich eine Chaise und fuhr um sieben Uhr Morgens von
Bridgetown ab. Auf gut angelegten Wegen, die mit Korallen
chaussiert sind, kamen wir an großen Blöcken weißen Kalk-
steines vorbei, der aus nichts anderem bestand als aus zahllosen Versteinerungen dieser sonderbaren Schalentiere, die
manchmal bis zur Größe von drei Fuß im Steine saßen. Bald
führte der Weg durch tiefe Schluchten, deren Abhänge, mit
Gesträuch und Guiaven bewachsen, kleine Wasserfälle nach
den Niederungen sandten, die da in einem Bache vereinigt,
ein Bassin bildeten, worin Negerinnen ihre Wäsche wuschen
und Kinder sich badeten; bald kamen wir an Zuckerpflanzungen vorbei, auf denen eben die Windmühlen in Bewegung
waren, den Saft auszupressen, und wo dasselbe Leben und Ge-
johle der Neger herrschte, mit dem sie auch bei uns ihre Arbeit
verrichten.

Diese Pflanzungen sind viel kleiner als die unsrigen; der
Transport des Rohres nach der Mühle geschieht durch Zug-
ochsen, die denn auch die Blätter des Rohres fressen. So kostspielig und zeitraubend der Transport nach der Mühle ist,
ebenso schwierig ist es, den Zucker nach der Stadt zu bringen,
wo bei dem bergigen Terrain vier bis sechs Ochsen an einem
Faß Zucker zu ziehen haben.

Welch unendliche Vorzüge hat doch in dieser Beziehung
Surinam gegenüber andern Kolonien! Der Boden muß hier
immer stark gedüngt werden, wozu man Guano oder auch
manchmal verdorbenen Bakkeljau nimmt. Man sucht natürlich dem Boden möglichst viel Produkte abzugewinnen, deshalb pflanzt man auch zugleich mit dem Rohre und zwischen
dasselbe eine Art Bohnen, die gerade reif sind, wenn das Rohr

498

zum ersten Male gewiedet werden muß. Weder Fabriken noch
Wohnhäuser haben auf diesen Pflanzungen das schöne und
reiche Aussehen der unsern in Surinam noch die manchmal
parkartigen Anlagen, denn obgleich in Barbados die Eigentümer auf ihren Pflanzungen selbst wohnen, kann man mit dem
Boden nicht so verschwenderisch umgehen als in Surinam,
weil da eine Pflanzung oft 20mal mehr Land hat als in Barbados. Man beschränkt sich deshalb bloß auf das Notwendige.

Gegen Mittag kamen wir auf Mount Hillaby, den höchsten
Gipfel der Insel von etwa 1 200 Fuß, von welchem man eine
schöne Aussicht über die ganze Insel hat, und von dem aus
man häufig das im Westen liegende St. Vincent sehen kann.
Von da gingen wir nach dem einzigen aus der Zeit, da ganz
Barbados noch bewaldet war, herrührenden Wäldchen, Tur-
ners hall wood, das kaum eine englische Meile lang sein wird,
und an dessen Südende in einer kleinen Vertiefung ein Gas
aufsteigt, das, wenn ein brennendes Papier darüber gehalten
wird, eine mannshohe Flamme gibt.

In den Regenzeiten sammelt sich in diesem Tümpel Wasser, durch welches das Gas mit einem murmelnden Geräusche
dringt und sich ebenfalls entzünden läßt. Man nennt diesen
Platz the burning oder boiling spring. Von hier ab besteht die
Nordseite der Insel aus einer Gebirgsart in der Kalkkristalle
vorkommen. Auch sickert an den Seiten des Weges aus dem
Gestein ein braunes Naphta, womit ich ein Fläschchen füllte.
Außer jenem kleinen Wäldchen ist die ganze Insel bebaut, und
kann man keine Viertelstunde weit gehen, ohne eine Pflanzung, Dörfchen oder wenigstens eine Schenke zu finden. Im
Hotel waren zwei Amerikaner angekommen, von denen der
eine ein Professor Holmes war, während sein Genosse, dessen
Namen ich vergessen habe, auf keinen Titel Anspruch machte.
Es waren gesprächige und wohlunterrichtete Leute und eben
erst von Jamaika gekommen, um in Bridgetown eine Art
Panorama, oder vielmehr ein in Lebensgröße gemaltes sich ab-
rollendes Bild der Schicksale des armen Uncle Tom zu zeigen,
das überall das größte Aufsehen erregt hatte. Außerdem sollten

noch nie gesehene, das Wunderbare übersteigende magische Künste produziert werden. Auf allen Antillen war sowohl den magischen Kunststücken, als auch dem naturgetreuen Gemälde, dem bedeutendsten Kunstwerk der Union, die lebhafteste Bewunderung gezollt worden, und Barbados, als die äußerste der windwards islands, sollte jetzt noch den Genuß davon haben, ehe Europa damit beglückt würde.

Eine dieser Vorstellungen war bereits gegeben, jetzt sollte die zweite noch mehr Zuschauer anlocken, denn in der Zeitung und auf dem Zettel war angezeigt, daß „his Excellency Sir Hinks, Governor General of the windward islands", die Vorstellung mit seiner Gegenwart beehren werde. Sie sollte im Garnisonstheater vor sich gehen und begann mit dem Unicum „Uncle Tom's Cabin"; dann kamen einige „Songs" und dann die magischen Künste. Anfang acht, Ende zehn Uhr. Preis vier Shilling. Ich betrat das Schauspielhaus wenige Minuten vor dem Anfang und fand es zu meinem Erstaunen beinahe ganz leer. Im höchsten Falle waren auf den zwei Galerien (dem Nobelsitze) acht Personen. Auch das Parterre war nur halb voll und bestand aus Negern und Mulatten und einigen gleichfarbigen Damen. Diese Gentlemen und Ladys führten sich sehr geräuschvoll auf und machten, als es acht Uhr war, einen höllischen Spektakel unter dem Rufe: „ring the bell."

Inzwischen waren drei Herren in schwarzer Kleidung eingetreten und hatten ganz in meiner Nähe Platz genommen. Mein Begleiter sagte mir, daß es der Gouverneur-General und zwei reverends wären. Das Garnisons-Musikkorps war im Orchester plaziert und ließ sich hören, was es aber spielte, konnte wegen des Lärmens im Parterre nicht vernommen werden. Endlich ging der Vorhang auf, und die traurige Geschichte des armen Negers rollte sich auf der rechten Seite ab und auf der linken wieder auf, während der titellose Amerikaner mit einem Stöckchen die Bilder erklärte. Diese waren mit grellen Farben auf Leinwand nach Art der Mordtaten in Lebensgröße gemalt, ohne jeden Kunstwert, das Ganze so schlecht und abgeschabt, manchmal geflickt und das Geflickte nicht einmal übermalt, daß ich in der Tat nicht begreifen konnte, wie die Polizei eine zweite Vorstellung dieses Humbugs hatte zulassen können. Natürlich bekam, wie im Buche so auch im Bilde, der arme Neger verschiedene Male Peitschenhiebe, wo dann das Parterre laut aufjubelte und mit „Wip em wel, Wip em good" seinen Beifall zu erkennen gab.

Endlich war der erste Teil abgelaufen, und der Professor trat hervor. Stolz schaute er im Haus umher, und da er sah, was er früher schon wußte, daß alles „wüste und leer" war, gab er seine Entrüstung darüber zu erkennen: er sei, sagte er, weit herumgekommen und habe überall Beifall gefunden. Hier aber in Bridgetown scheine man leider keinen Geschmack für Kunst zu haben, bei so sparsamem Besuche könne er ja nicht einmal die Beleuchtung bezahlen, und, indem er sich an die acht Musikanten wandte, „ihr könnt gehen, I can't pay you." Lachend standen diese auf, packten ihre Instrumente zusammen und verließen das Orchester; der Professor, der einige Male die Bühne auf und ab spazierte, erklärte weiter, wegen der geringen Einnahme nicht alles auf dem Programm Angeführte zeigen zu wollen, gab dann einige elende Kartenkunststückchen zum Besten und beschloß die Vorstellung mit dem bekannten Wergfressen und Bänderspucken.

Lachend verließ man eine Stunde früher, als das Programm lautete, das Haus, in dem der Gouverneur mit seinen zwei reverends allein zurückblieb, da seine Equipage noch nicht angekommen war, und er bei einem leichten Regenschauer den Weg nach Pilgrimhouse nicht zu Fuß machen konnte. Trotz dieser mißglückten Vorstellung gaben die Amerikaner doch den Mut nicht auf, die Barbadianen durch eine dritte, die im Hotel von Miss Proach gegeben werden sollte, für die Schönheit ihrer Leistungen einzunehmen; da ich aber denselben Tag abreiste, so weiß ich nicht, ob ihre Ausdauer mit einem besseren Erfolg gekrönt wurde.

Der Professor fragte mich, ob man wohl in Surinam Interesse für seine Kunstwerke zeigen würde, da er dann Lust hätte, dorthin zu gehen und von dort seine Reise nach Europa anzutreten; ich riet ihm aber ab, weil in einer Sklavenkolonie die bildlichen Erinnerungen an die Schattenseiten der Sklaverei weder dem Gouverneur noch den Pflanzern angenehm sein könnten, und die Vorstellung von Uncle Toms Hütte vermutlich auch nicht erlaubt würde. Das leuchtete ihm ein. Er war ein großer Abolitionist, und ich beruhigte ihn über den Zustand der holländischen Sklaven mit der Versicherung, daß, wie man sage, in wenigen Jahren die Emanzipation vor sich gehen solle, und wir dann in Surinam gewiß eben so gesittete, freie Neger haben würden, wie die, welche ich bei seiner Vorstellung im Garnisons-Theater zu sehen die Gelegenheit hatte.

Nach einem Aufenthalt von 14 Tagen war der Eagle ausgeladen, und mein Abnehmer, ein äußerst reeller Mann, zahlte mir ohne alle Abzüge und Kürzungen, denen man sich in den französischen Kolonien unterwerfen muß, die bedungene Summe aus. Es war gegen Ende des Monats, wo denn auch die meisten Pflanzer oder ihre Bevollmächtigten nach Bridgetown kommen, um bei der Bank die nötigen Gelder zur Bezahlung ihrer Arbeiter zu holen, und es herrscht um diese Zeit ein besonders reges Leben in der Stadt. Gegen den Abend verließ ich Barbados mit dem englischen Dampfboot Conway, und kamen wir nach etwa 33 Stunden um Mitternacht ans Feuerschiff von Demerara, das noch 20 englischen Meilen von der Stadt abliegt. Hier erhielten wir den Lotsen und lagen vor Tagesanbruch vor Georgetown.

Die Stadt, obwohl bedeutend größer als Paramaribo, ist von der Flußseite aus gesehen unansehnlicher als Bridgetown, da diesem die Hügel mit ihren Plantagen und Dorfchen einen schönen Hintergrund leihen. Das ganze britische Guyana, soweit es bebaut ist, ist eben so flach wie Surinam. Bei Georgetown, das am rechten Ufer des Demerara liegt, sieht man an der Flußseite, längs welcher sich die Stadt hinzieht, bloß Magazine, Schuppen, Werften und Verladplätze, über welchen einige Türme und andere höhere Gebäude hervorragen. Unterhalb der Stadt, da wo eine steinerne Mauer das Ufer gegen das

Abspülen der See schützt, steht der Leuchtturm, von dessen Altane man eine herrliche Aussicht über das umliegende Land und die Stadt hat.

Die Haupt- und bedeutendste Straße ist die längs des Flusses von Süden nach Norden laufende Waterstreet, in der beinahe jedes Haus ein Kaufladen ist, und wo sich überdies eine Menge ambulanter Krämer, meist Portugiesen, Chinesen oder Kulis, herumtreiben, die ihre Waren unter freiem Himmel, auf Tischen aufgestellt, feilbieten. Die Bauart ist von der in Surinam ganz verschieden, und auch von der in Barbados abweichend. Obwohl die Häuser von Holz sind, so sind sie häufig, wie in der Schweiz und Tirol, von außen mit schuppenartig über einander gelegten Schindeln vertäfelt. Meistens haben sie rings herum laufende Veranda, und nur ganz wenige sind noch aus der Zeit übrig, wo auch diese Kolonie den Holländern gehörte.

Am Ende der Waterstreet führt die Eisenbahn halbwegs nach Berbice, von wo ein Teil der Produkte dieser früheren holländischen Kolonie nach Demerara gebracht wird. Aber auch direkte Schiffe fahren nach dem Berbicefluß, an dessen Mündung ebenfalls ein Feuerschiff unterhalten wird.

Georgetown hat manche schöne Gebäude, mit denen sich die unserer Kolonie nicht messen dürfen, aber die Straßen sind unreinlich und schlecht unterhalten. Schöne Kirchen und die public buildings, in dem, wie in Bridgetown, die verschiedenen Beamten ihren Sitz haben, stehen an Straßen oder Plätzen, die eigentlich eher das Ansehen fortlaufender Villen haben. Der Marktplatz an der Waterstreet ist viel kleiner als der in Bridgetown, aber ebenso zweckmäßig. Wie elend und primitiv sind dagegen diese Einrichtungen in Surinam, aber für den Reisenden desto pittoresker, während der Eingeborene, der nichts besseres gewöhnt ist, sich an den Schlendrian dieser Anstalten schon lange gewöhnt hat. Auch manches Fremdartige, Ungewohnte, das wir in Surinam noch nicht haben und freilich in die nebelgraue Ferne der Zukunft wünschen, findet der Reisende. So sah ich das Tragikomische des Leichenzugs eines Negers oder Farbigen. Es folgten der Bahre wenigstens 20 Fiaker und Droschken jeglichen Kalibers, zwei- und einspännig, wie man sie eben hatte auftreiben können, besetzt von Leidtragenden, die ebenfalls nichts anderes als Mulatten und Neger waren, und meist sehr schäbig gekleidet, doch wenigstens etwas schwarzes als Zeichen der Trauer an sich trugen; beinahe alle waren barfuß, aber keiner wollte zu Fuß der Leiche folgen, und so zählte ich in einer Kalesche, durch ein schattenartiges Pferd gezogen, neun Leidtragende. Neben mir stand, dem Schauspiel zuzusehen, ein eleganter schwarzer Dandy mit zerrissenem Schuhwerk, nicht passender Hose, aber einem neuen, gut anliegenden Rocke, aus dem der Zipfel eines seidenen Foulards hervorsah. Er hatte den helmartigen korkenen Hut auf, mit einem grünen Schleier zum Schutze gegen die Sonne, und trug einen Nasenzwicker. Welche Karikaturen, und wie trefflich wissen die Amerikaner sie nachzubilden. Obgleich Demerara, als der Mittelpunkt der früheren holländischen Kolonien (Berbice, Demerara und Essequibo), durch die massenhafte Zufuhr von Kulis eine beinahe viermal größere Bevölkerung als Surinam hat; durch verbesserte Kultur, viel bedeutenderen Handel, ununterbrochene Verbindung mit dem Mutterlande und den Vereinigten Staaten von Nordamerika, und alle gemeinnützigen Einrichtungen, in denen die Engländer Meister sind, Surinam und Cayenne in jeder Beziehung weit hinter sich läßt, so ist doch das Leben nicht so komfortabel und wohlfeil als in Barbados. Fleisch und Gemüse sind nicht besser als in Surinam, und das Leben trotz der Legion von Kaufleuten aller Art eben so teuer.

Außer dem holländischen Dampfboot Paramaribo, mit dem ich nach Surinam zurückzukehren gedachte, fand ich auch das französische „le Rapide", das auf seiner Rückfahrt in den Maroni einlief, und mit dem ich meiner Frau meine Zurückkunft aus Barbados anzeigen konnte. Wie gerne wäre ich damit zurückgekehrt, aber meine Hauptangelegenheit war, meine Schulden zu bezahlen und womöglich die noch vorrätige Ladung Zeder, das für den Pacific bestimmt gewesen war, zu verkaufen.

Schulden bezahlen ist wie überall, so auch in Paramaribo viel leichter und schneller abgemacht als Ausstände einkassieren. Dieses Geschäft beendigt, fand ich Gelegenheit, mein Zedernholz zu verkaufen, die ich, obgleich der Gewinn nicht groß war, gerne ergriff. Das Schiff, welches ich dazu mietete, war die Theodora Josina, und um die Kosten zu sparen, hatten wir keinen Lotsen angenommen, denn die Einfahrt des Maroni war mir jetzt viel besser bekannt als früher.

Der Kapitän hatte sich wegen der Küstenfahrt bezüglich des Aufkreuzens nach dem Maroni bei den Kapitäns der Schoner, welche die Küste befahren, erkundigt, denn diese Fahrt erfordert eine genaue Kenntnis der verschiedenen Strömungen, wann und wo man ankern und weiterfahren muß; denn obgleich ganz gute Küstenkarten bestehen, so gehört zu dieser Fahrt lokale Erfahrung, die der Kapitän eines großen Schiffes nicht haben kann. In Paramaribo hatte ich einen jungen Arowaken gefunden, den ich nach dem Maroni mitnahm.

So fuhren wir Mitte April ab mit der Hoffnung, in sechs bis acht Tagen die kurze Strecke von 80 englischen Meilen zurücklegen zu können, aber in den 14 Tagen, in welchen man beständig kreuzte, hatte man immer das Feuerschiff vor Augen, und war auch in dieser langen Zeit nicht eine Meile weiter ostwärts gekommen.

Es gibt im Leben alle mögliche Arten von Langeweile, und wenige derselben sind mir unbekannt; die schlimmsten sind aber immer die, bei denen Zeitversäumnis mit Unkosten gepaart sind. Beide waren hier im Spiel. Zu Hause hatte ich so viel durch die Reise Versäumtes nachzuholen, und der Kapitän verlor durch Kost und Gage, die er seinen Matrosen zu geben hatte, die Reise mochte kurz oder lange dauern. Bloß eine Unterhaltung hatten wir auf dieser trübseligen Fahrt, als wir zwei große Schiffe unter holländischer Flagge auf uns anhalten sahen. Beide waren voll Menschen in blauen Blusen und Hosen, mit gelben Gesichtern und Zöpfen.

Die Leute saßen auf dem Verdeck und den Verschanzungen, oder hielten sich an den Strickleitern fest. Man fragte uns wie weit es nach Surinam wäre, von dem man schon das Feuerschiff sehen konnte. Es waren die 500 Chinesen, die man von Canton erwartete, und die das Ministerium nach Surinam sandte, um sie auf den Pflanzungen zu vermieten.

Der Kapitän der Theodora Josina konnte nicht begreifen, warum sein Schiff nicht vorauskomme und vermutete, daß an der zinkenen Bekleidung desselben sich Austern angesetzt hätten, die dem Laufe hinderlich wären. Er wollte deshalb in die Mündung wieder einfahren, hier mit hoher Flut auf einer Sandbank das Schiff aufsitzen und bei niederem Wasser, wo es ganz trocken läge, die angesetzten Schaltiere abkratzen lassen. Gesagt, getan. Das große Boot wurde nach Paramaribo geschickt um einen Lotsen zu holen, den ich zu engagieren versprach, und so kehrte ich mit meinem Indianer nach der Stadt zurück, um von da durch den Wanekreek die Heimreise anzutreten. Der Lotse wurde besorgt, der Beschlag des Schiffes gereinigt, und nach zweitägigem Aufenthalt auf der Bank bei Braamspunt trat es seine Reise nach dem Maroni wieder an. Ich aber kaufte für zehn Gulden eine kleine Korjal, mietete zwei junge Mulatten zum Rudern, und fuhr so mit Ajakuli dem Arowaken am Steuer, am selbigen Tage noch Albina zu, wo ich vier Tage später ankam. Nun war ich wieder glücklich zu Hause und harrte täglich der Ankunft des Schiffes, das nun in perfektem Stand und durch den Lotsen geleitet, doch jetzt eine bessere Reise haben mußte. Aber es wollte nicht kommen.

Inzwischen ertrank einer der jungen Mulatten die mit mir von Surinam gekommen waren, bei einer Spazierfahrt, welchen Tod sich sein Kamerad so zu Herzen nahm, daß er aus Heimweh, Fieber und Heulen nicht mehr herauskam, unaufhörlich nach Mamma und Sissa (Schwester) schrie und ein Narr geworden wäre, wenn ich ihn noch länger bei mir behalten hätte. Ich mietete also wieder Indianer und ließ ihn in meinem Boote nach Paramaribo bringen.

Drei Wochen waren verflossen, seit ich von Surinam zu-
rückbekommen war und unsere Lebensmittel waren beinahe
zu Ende, deshalb benützte ich das französische Dampfboot
„le Rapide", um abermals nach Surinam zu fahren, um das
verloren geglaubte Schiff aufzusuchen. Aber ehe wir den Fluß
hinausdampften, kam es stattlich herein, und obgleich schon
innerhalb der Mündung, zeigte es aus überaus großer Cour-
toisie gegen das französische Dampfboot auf der Schwarzen
Tafel seine vermutete geographische Länge, worüber die Offiziere und ich herzlich lachten. Ich rief dem Kapitän zu, daß
ich jetzt meine Chinesen abholen wolle und in acht Tagen
zurückkommen werde.

Ich kam beinahe zugleich mit meinem Boote an, das den
kranken Mulatten nach der Stadt gebracht hatte. Da ich nur
noch wenige europäische Arbeiter hatte, so mußte ich zu den
Vorarbeiten für die Kolonisation womöglich mehr Leute haben; es bot sich mir nun die Gelegenheit dar, Chinesen zu
bekommen, und trat mir das Gouvernement fünf der Neuangekommenen ab.

Unter meinen fünf Chinesen waren zwei Burschen mit ein-
nehmendem Gesicht, von den drei andern war aber der eine,
Hong à hok, eine wahre Vogelscheuche von Häßlichkeit. Die
meisten hatten an Bord die Krätze gehabt und rochen noch
stark nach Schwefelsalbe, es war deshalb keine Kleinigkeit für
mich, vier Tage lang im kleinen Boot bei ihnen zu bleiben.
Obgleich ich durch den Dolmetscher ihnen hatte bedeuten
lassen, daß die Reise nach meinem Wohnplatz vier Tage lang
dauere, so betrugen sie sich, als wir den Motkreek verlassen
hatten und längs der unbewohnten desolaten Seeküste fuhren,
wie Verzweifelte, heulten und klagten beinahe beständig, bis
wir dann endlich am fünften Tage im Maroni ankamen. Die
Theodora Josina hatte alles ausgeschifft und fing sogleich an
die Ladung einzunehmen, so daß sie, ehe drei Wochen beendigt waren, ohne Unfall in See kam.

Achtes Kapitel

Ich hatte bei den wenigen Europäern, die in meinem Dienste geblieben waren, jetzt Arbeiter einer andern Rasse, von der ich so viel gehört und gelesen, aber noch nie einen gesehen hatte. Wir konnten in der ersten Zeit uns nur durch Zeichen verständlich machen, aber sie begriffen leicht die Arbeit, welche sie verrichten mußten, und da man in China die Vorsicht gebraucht hatte, genau die Bedingungen der Kontrakte sowohl in holländischer als chinesischer Sprache auszudrücken, und jeder der Chinesen nicht allein eine Abschrift dieses Kontraktes besaß, sondern auch lesen und schreiben konnte, so kam nicht leicht ein Mißverständnis vor. Überdies lernten sie in kurzer Zeit die so arme Negersprache, so daß man doch, wenn auch keinen ordentlichen Diskurs führen, sich über die Arbeit rechtgut mit ihnen verständigen konnte.

Sie hatten sich bald angewöhnt, badeten sich regelmäßig vor und nach der Arbeit. So häßlich einige im Gesicht waren, so gut geformt waren ihre Leiber, nicht kräftig und muskulöse wie die der Europäer, sondern von weichen, mehr weiblichen Formen. So reinlich sie ihren Körper hielten, um so weniger wählerisch waren sie im Essen, denn Schlangen, Kröten, Hunde wurden von einigen mit großem Appetit verzehrt, Schweinefleisch und Hühner aber ging ihnen über alles. Übrigens waren sie sehr massig, und keiner gebrauchte die Rationen, die ich ihnen wöchentlich auszuteilen verpflichtet war, nämlich 8 ½ Pfund Reis und drei Pfund gesalzenen Fisch.

Nur zwei waren Feldarbeiter von Beruf, die drei andern aber Handwerker: Instrumentenmacher, Wundarzt und Lastträger. Der Wundarzt hatte auch einige anatomische Bücher mitgebracht. Trotz der Abgeschiedenheit von ihren andern Landsleuten, die auf verschiedenen Pflanzungen verteilt waren, schienen sie gerne auf Albina zu sein, und ich fand in ihnen viel gelehrigere, freundlichere, dankbarere und besonders mäßigere Leute, als meine Württemberger waren, die an

Bezahlung und Lebensmittel mich dreimal mehr kosteten und doch nie zufrieden gestellt werden konnten. In den 21 Jahren von 1858 bis 1879, da ich Chinesen in meinem Dienste hatte, sind weniger Unannehmlichkeiten und Streit vorgefallen, als mit meinen Landsleuten in einem Jahre.

Wenn der Chinese rechtlich und human behandelt wird, wenn man namentlich alles anwendet (wofür freilich die Regierung allein sorgen sollte), um ihnen den Genuß von Opium zu erschweren, so sind sie außer dem Neger unzweifelhaft die besten Arbeiter für den tropischen Landbau. An Körper und an Ausdauer viel kräftiger wie der ostindische Kuli, übertreffen sie diese und den Neger an Intelligenz, und was man auch über falschen Charakter, Gewinnsucht, Wollust und dergleichen sagen möge, ich ziehe sie als Arbeiter oder Mietlinge dem Europäer vor.

Die Erben des Herrn K. waren bezüglich des Abstandes ihrer Hälfte von Albina an mich in einer fatalen Lage. Trotz der Bestimmung des Ministeriums, trotz des königlichen Beschlusses meinte Herr N. immer noch, seine Pläne durchsetzen zu können, und da er auf seinem Kontrakt mit den Erben bestand, so konnte, ehe dieser annulliert war, die Abgabe ihres Anteils an mich nicht gerichtlich cediert werden.

Nach Monate langem Hin- und Herschreiben mußte der Minister selbst ins Mittel treten und durch Beschluß vom 16. März 1858 erklären, daß Herr N. keine Unterstützung zu erwarten habe. Jetzt erst, Anfangs 1859, konnte die Übergabe erfolgen. So war nun weit über ein Jahr verflossen, und die letzten Familien, wovon drei schon zwei Jahre über ihre Kontraktzeit zugebracht hatten, verließen mich nach und nach, um sich in Paramaribo niederzulassen, wozu sie durch Ersparnisse die Mittel hatten. Seit dem Tode des Herrn K. hatte ich die bedeutenden Unkosten zum Unterhalte der Leute, die ich zum Anlegen von Kostäckern, Wegen und dergleichen für die neue Kolonisation verwendete, durch meinen Handel mit den Franzosen, Verkauf von Holz und durch meine Naturalien finden müssen; jetzt aber, da dem Anfang der Kolonisation nichts mehr im Wege stand, wollte und konnte ich damit nicht mehr zögern.

Aber jetzt kamen wieder Hindernisse anderer Art.

Ein neuer Minister, Herr Rochussen, früher General-Gouverneur von Niederländisch Indien, hatte das Departement der Kolonien übernommen und, wie es häufig geht, die Ideen seines Vorgängers nicht geteilt. Für eine Kolonisation mit Europäern hatte er auch nicht die mindeste Sympathie, weil sie aber bereits durch den König befohlen war, so hatte er keine Macht sie zu verhindern. Er machte nun dem Gouverneur von Surinam einen andern Vorschlag.

Man sollte nämlich am Maroni eine Probe machen mit Javanesen, die an der Ostküste von Java auf einem elenden steinigen Boden eine kümmerliche Existenz führen. Von diesen sollten einige Dessas oder Dörfer am Maroni sich ansiedeln. Die Frage des Ministers war nun, ob ich mich mit der Vorbereitung zu einem solchen Unternehmen befassen wolle. Die Hauptkultur, womit sich diese Malaien, die direkt unter ihren Oberhäuptern stehen sollten, zu befassen hatten, wäre Reis. Neue Pläne, neue Berechnungen hatte ich dem Gouverneur vorzulegen, die denn auch durch diesen dem Minister überschickt und dann dem General-Gouverneur von niederländisch Indien, Herrn Pahud, zugesandt wurden. Dieser Plan mit Javanesen schien mir am wenigsten Schwierigkeiten zu machen, und man konnte beinahe mit Bestimmtheit voraussehen, daß er glucken müsse. Das Klima von Surinam bei fünf Grad nördlicher Breite ist beinahe dasselbe wie das von Java bei fünf Grad südlicher. Für die Kultur des Reises war ich vor allem eingenommen, auch gründlich damit bekannt, und die 40 Äcker, die ich gepflanzt hatte, hatten mir die beste Ernte gegeben. Javaner und Chinesen leben bloß von Reis. Die Errichtung ihrer Hütten, die dort von Bambus sind, hier aber von Pina gemacht werden mußten, erfordern wenige Auslagen, eben so wenig als ihre Bedürfnisse. In dem Brief an den Gouverneur, der den Berechnungen beilag, sah ich keineswegs ab von der mir anvertrauten europäischen Kolonisation, im

Falle die mit Javanesen nicht zu Stande kommen sollte. Wiederum verliefen viele Monate, ehe die Meinung des General-Gouverneurs aus Java durch Vermittlung des Ministeriums in Paramaribo ankam. Sie lautete nicht günstig, denn wenn es auch hieß, daß keine „onoverkomelyke" (unüberwindbare) Schwierigkeiten der Exportation von Javanesen im Wege stünden, so trug eben der General-Gouverneur doch Bedenken, sie auszuführen, und so unterblieb sie denn auch.

Jetzt drang ich ernstlich darauf, mit der Kolonisation einen Anfang zu machen, aber der Gouverneur erklärte mir, daß bei der Abneigung des Ministers und der Anlage der Penitenciers auf der französischen Seite und so nahe bei Albina er für sich es nicht geraten finde, sich noch in die Sache einzulassen. Überdies habe er um seine Entlassung gebeten und denke in kurzer Zeit nach Holland zurück zu kehren. Die Ausführung dieser jetzt mehr bedenklichen Sache müsse seinem Nachfolger, den er in kurzer Zeit erwarte, überlassen werden.

Schon seit zwei Jahren war der Posthalter der Aukanerbuschneger, dessen Substitut ich war, in Cottica gestorben, und hätte ich von Rechts wegen in seine Stelle und Besoldung von 1 000 Gulden einrücken sollen, da aber bestimmt war, daß ich mein Amt an den bei der Kolonisation neu anzustellenden Beamten abtreten müsse, so hatte ich mich um jene Besoldung nicht beworben. Jetzt aber, da ich beinahe mit Gewißheit voraussah, daß aus der ganzen Kolonisation nichts wurde, machte ich meine Ansprüche geltend und bekam das weitere Salär auch sogleich.

Als ich dann den Herrn van Lansberge, den neuen Gouverneur, zum ersten Male sprach, hatte er noch keine Zeit gefunden, sich von meinen Angelegenheiten zu unterrichten. Kurz, nachdem ich in 18 Monaten elfmal die mühsame und kostspielige Reise von Albina nach Paramaribo hatte machen müssen, ohne eine andere Antwort vom Gouvernement zu bekommen, als man warte immer noch auf neue Bestimmungen des Ministers, dessen Abneigung gegen eine europäische Kolonisation man kenne, während andererseits man Bedenken trage, die Sache von der Hand zu weisen, da der Befehl des Königs vorliege, erklärte ich dem Gouverneur, daß ich selbst nach dem Haag gehen wolle, um meine Sache persönlich ins Reine zu bringen.

Darauf schien der Gouverneur gewartet zu haben, um sich aus der Verlegenheit zu ziehen; sogleich billigte er meinen Entschluß, und da jedem Beamten nach zehnjährigem Dienste ein Urlaub nach Europa zugestanden und ein Reisegeld von 400 Gulden bewilligt wird, so hatte auch ich dazu ein Recht. Ich traf also meine Anstalten zur Reise nach Europa, um aus dem peinlichen Zustande der Unsicherheit, in dem ich nun schon seit vier Jahren mich befand, heraus zu kommen.

Auf meiner Zurückreise von Paramaribo nach Albina hatte ich ein Abenteuer, das ich nie vergesse. Es war Ende April 1860 und der Wanekreek in Folge weniger Regen noch nicht befahrbar, als ich die Zurückreise wieder über See antrat. Ein starker Ostwind wehte Tag und Nacht, und so kam es, daß wir von dem Motkreek bis an die Stelle, wo das Ufer von Schlamm in Sand übergeht, volle drei Tage unterwegs waren, obgleich die Strecke kaum neun Stunden beträgt. Über Tag wurde man von der Sonne verbrannt, denn das Zeltdach konnte man wegen des Windes nicht aufsetzen, und manchmal von den überschlagenden Wellen durchnäßt. An warmes Essen war natürlich nicht zu denken, weil die schlammige Küste keinen Landungsplatz darbot.

So war ich denn herzlich froh, als wir am vierten Morgen den ersehnten sandigen Strand vor uns liegen sahen, auf dem man die sechs Stunden lange Strecke bis zum Dorfe Georgs zu Fuße zurücklegen kann. Es ist dies freilich ein eigentümlicher Marsch, weil man oft über entwurzelte Bäume klettern muß oder durch Waldwasser kommt, deren Bett ein zäher Schlamm ausfüllt, und man überdies nur bei Ebbe oder ganz niederer Flut diesen Strand begehen kann. Kommt man aber an die Gewerimanecke, so wird das Land schon höher. Es war nun gerade ganz niederes Wasser, und das Boot konnte nicht landen, weil längs der Küste sich eine etwa eine Stunde lange bei 300 Fuß breite Schlammbank ausdehnte; aber ungeduldig, der langen Gefangenschaft enthoben zu sein, wollte ich die Flut nicht abwarten, entkleidete mich und nichts als meine Kappe auf dem Kopf, legte ich mich auf die Schlammbank und stieß, wie die Neger der Seeküste es machen, mich mit den Fußen vorwärts. Bald hatte ich den Strand erreicht, grub mit den Händen ein Loch in den Sand und wusch mir mit dem Wasser das alsbald hervorrieselte, den Schlamm vom Leibe. Meine Indianer fuhren indessen längs der Bank, um so bald die Flut aufkam, zu mir ans Land zu kommen.

Es war freilich unanständig, so im Kostüm der unschuldigen Vorzeit am hellen Vormittag Stunden lang zu marschieren, aber ich konnte ja keinem Menschen begegnen, und vor mir selbst hatte ich mich nicht zu genieren; Hunderte Male hatte ich diesen Strand begangen, zwar nicht ganz nackt, aber meistens bloß im Hemde, weil man oft durch Waldwasser und Schlammplatze kommt. Aber nie war ich, wie dieses mal, ganz ohne alle Waffen gewesen. So lief ich also wohlgemut eine gute halbe Stunde längs des Strandes und ließ die Indianer weit hinter mir, als ich auf einmal und keine drei Schritte vor mir den größten Jaguar am Saum des Waldes liegen sah.

Ein eiskalter Schauer überlief mich, und ich bin überzeugt, daß kein Haar auf meinem Kopf war, das nicht zu Berge stand, weil ein Schlag der gewaltigen Tatze des furchtbaren Tieres mich auf der Stelle getötet hätte. Ohne alle Waffe und selbst mit einem Hauer wäre an keine Verteidigung zu denken gewesen. Aber trotz des kleinen Abstands sah und roch mich das Tier nicht, denn ich stand unter dem Wind in den es sich gelegt hatte, um wahrscheinlich den Muskiten zu entgehen. In der Sekunde die ich vor ihm stand, sah ich ihn auch mit dem linken Ohr zucken, wohl in Folge eines Muskitenstiches, aber in der anderen Sekunde schon hatte ich eben so lautlos wie ich gekommen war, den Zurückweg angetreten, erst langsam und immer auf das Tier sehend, dann immer schneller, bis ich meinem Boot so nahe gekommen war, daß mich die Indianer hören konnten; sie ruderten nun mit der Flut, die inzwischen aufgekommen war, dem Land zu, und ich erzählte, was mir begegnet war.

Mit Hauern und zwei Äxten bewaffnet kamen wir an der Stelle an, wo ich den Jaguar gesehen hatte, er war aber schon in den Wald zurückgegangen. Er hatte sich tüchtig im Sand herumgewalzt, wahrscheinlich um sich von den Muskitenwürmern zu befreien, von denen die Jaguars besonders geplagt sind. An seinen gewaltigen Fußspuren sahen wir, daß ihn meine Furcht nicht vergrößert hatte. Während meiner so häufigen und am Ende zu nichts führenden Reisen hatten sich im Laufe zweier Jahre die Penitenciers bedeutend vergrößert, und eine starke halbe Stunde von St. Laurent, den Fluß aufwärts, war an der Mündung des Baletekreek ein anderes Penitencier, St. Louis, errichtet. Ich war auch von diesem nicht weiter als eine halbe Stunde entfernt.

St. Louis, das eine eigene Administration bekam und von St. Laurent ganz unabhängig war, bildete eine Musterkarte von Spitzbuben aller Nationen der Erde. Neben Forçats aus europäischen Ländern (auch einige Württemberger waren darunter), sah man eine Menge Araber aus Algier, Neger und Mulatten von den Antillen, Kulis von Bengalen, Chinesen, Cochin-Chinesen, Croomans der Goldküste und Neger vom Senegal. Kurz alles, was in den französischen Kolonien zur Galeerenstrafe verdammt war, half St. Louis am Maroni bevölkern.

Viele dieser Kerls trugen Ketten und schleiften Kugeln nach sich, ja mehrere waren aneinander geschlossen: Das war nun keine Elite, wie Admiral Baudin durch mich den Gouverneur von Surinam versichern ließ, sondern wohl der Abschaum der Menschheit, der nun mein nächster Nachbar geworden war. St. Laurent, dessen Deportierte bei gutem Betragen Landbesitz erwerben und durch Fleiß und Tätigkeit sich ein sorgenloses Daheim gründen konnten, war ein Penitencier agricole. Den Insassen von St. Louis aber war kein Grundbesitz zugedacht, sie mußten unter Aufsicht von Surveillants (eine Art

514

Gendarmen) das arbeiten, was das Gouvernement nötig fand zu bestimmen.

Ein vier Kilometer langer Weg verband beide Strafanstalten, die durch einen großen Kreek, Baleté, von einander geschieden waren. Auf St. Louis führte Kapitän R., ein Neffe des Gouverneurs von französisch Guyana, das Kommando, mit welchem und seinen Offizieren ich bald in den freundschaftlichsten Verkehr trat. In ganz kurzer Zeit wurden da Kirche, Hospital, Kasernen, Wohnungen und Blockhäuser aufgerichtet, von denen jetzt, wie von so vielem anderen, keine Spur mehr zu sehen ist.

Schon in der ersten Zeit meines Unternehmens hatte ich von Sinamari und Iracoubo Vieh bekommen, Weidenanlagen und ein sehr nahrhaftes Gras, das in Para in Brasilien einheimisch ist, anpflanzen lassen. Unter der guten Pflege eines meiner Württemberger gedieh dieses Vieh vorzüglich und wurde längere Zeit für das beste in der Kolonie gehalten. Auch das französische Gouvernement brachte Vieh nach St. Laurent und verteilte es an die Konzessionäre. Für St. Louis aber, wo die Forçats keinen Grundbesitz hatten, brauchte man auch kein Vieh, und traf die Administration die Übereinkunft mit mir, daß ich die für das Hospital nötige Milch jeden Morgen liefere; dieselbe wurde unter Begleitung eines Gendarmen von vier Arabern abgeholt. So verkaufte ich jährlich für mehr als 2 000 Franc Milch und eine Menge der verschiedensten Waren, die der Gendarm in Kommission hatte bei mir einzukaufen. Ich hatte deshalb gute Aussichten, denn je mehr die Strafanstalten prosperierten, um so mehr nahm auch mein Handel zu; ich konnte ihn aber nur allmählich ausdehnen, da die Unterhaltkosten des leidigen früheren Unternehmens alle meine Mittel aufgezehrt hatten.

Der Gründer der Penitenciers, Admiral Baudin, war nach Frankreich zurückgekehrt, und Herr Tardy de Montravel übernahm das Gouvernement. Er war Capitaine de vaisseau, wurde aber schon im zweiten Jahre zum Contreadmiral befördert. Auch er ließ sich das Wohl der Penitenciers sehr angelegen sein und wollte durch Überführung von Weibern derselben Spezies die Zukunft St. Laurents sichern.

So kam im Januar 1859 eine Probesendung von 38 Frauen, die unter die Obhut einiger Sœurs von St. Joseph de Cluny gestellt wurden, in St. Laurent an, wo bis jetzt, außer den Schwestern des Hospitals und einigen Offiziersfrauen, kein anderes weibliches Wesen zu finden war.

Diese neuangekommenen Weiber waren bestimmt, mit den gleichsortigen Männern sich ehrbar zu verheiraten. Es war eine eigene Szene, als dieses Frauencorps, das frisch und gesund direkt von Frankreich angebracht worden war, den Landungsplatz von St. Laurent betrat, wo Gendarmen und Soldaten die Neuankommenden musterten und die Vorsichtsmaßregeln bekrittelten, die man genommen hatte, daß diese Rosen nicht vor der Zeit gepflückt wurden.

Die Wohnung für die Weiber war schon im Voraus bereit gehalten und bestand aus Schlafsaal und Refectoir, die unter einem Dach mit den für die Nonnen bestimmten Gemächern waren, alles von einem kleinen Platz und Garten umgeben, das ganze aber umschlossen von neun Fuß hohen Palisaden aus dem harzigen Holze der Eperna falcata oder Wapa. Der Eingang in diesen Jungfernzwinger ging durch ein Haus das als Schule diente, und in dem sich die Schwester Pförtnerin befand, die den Eingang zu überwachen hatte.

Bei Nacht war das Tor geschlossen. Allen Unterredungen der Männer mit diesen Weibern mußte eine geistliche Schwester beiwohnen, die zu sorgen hatte, daß etwaige Liebesanträge in den Grenzen des Anstandes blieben; durch Spaziergange, die die Weiber, begleitet von einigen Sœurs am Abende in der nachten Umgebung von St. Laurent machten, war den Liebhabern ermöglicht, die Frauen wenigstens von Angesicht zu sehen. Man hätte nun meinen sollen, daß bei einer Bevölkerung von etwa 800 Männern, die Jahre lang keine anderen Frauen gesehen hatten als die Nonnen des Hospitals, die neu angekommene Ware reißend schnell abgehen würde, aber dem trat das Gesetz der Zivilehe störend in den Weg, indem es

Legitimationspapier verlangte, die bei manchen schwierig oder auch gar nicht zu bekommen waren. Etwa nach einem halben Jahre wurde mit vielem Pomp die erste Heirat erst durch den Kommissär und dann in der Kirche von St. Laurent vollzogen, und nach einem Jahre waren die noch übrigen ebenfalls an den Mann gekommen und lebten nun auf ihren Gütern.

So lange die Frauen unter Aufsicht der Nonnen waren, hatten sie bloß leichte Hausarbeit zu verrichten, Kleider für die Sträflinge zu verfertigen und die Wäsche des Hospitals auszubessern; dabei wurden sie zu Kirchgang und Gebet strenge angehalten und standen in allem unter der Regel, denen die Sœurs von St. Joseph unterworfen waren. Ein so sittsames, einsames und tätiges Leben war aber nicht geeignet, den Mut dieser der Frivolität entrissenen Frauen zu beleben, die in der warmen Luft Guyanas sich nicht an die Enthaltsamkeit des Klosterlebens gewöhnen konnten; mehr als die Miasmen der Sümpfe wirkten Heimweh und Verdruß, und noch ehe die erste Heirat gefeiert wurde, war bereits ein großer Teil gestorben.

Die Sträflinge, deren Frauen und Kinder in Frankreich zurückgeblieben waren, erhielten bei gutem Betragen die Erlaubnis, sie kommen zu lassen, und war ihnen an Bord der Trauportschiffe freie Überfahrt nach Cayenne zugesichert. Bis Anfang 1859, wo bereits viele Konzessionen ausgegeben und Wohnhäuser darauf errichtet waren, blieb die Gesundheit sehr befriedigend, wenn man in Betracht zieht, daß unter den Sträflingen viele Bejahrte sich befanden, viele durch Ausschweifungen aller Art ihre Gesundheit zerrüttet hatten, und der bei weitem größere Teil aus Trunkenbolden bestand, die, wenn sie nur Geld hatten, ihren Hang gar leicht befriedigen konnten; denn kaum war auf St. Laurent die Kirche gebaut, als auch schon das Gouvernement die Erlaubnis erteilte, daß ganz in der Nahe eine Kantine errichtet wurde, wo die freie Bevölkerung durch die Vorder-, die Déportés aber durch die Hintertür den Zugang hatten, und in der Tafia, Liqueure und Weine ohne weitere Kontrolle an jeden verabreicht wurden.

Obwohl ein großer Teil der Deportierten ganz mittellos war, so bekamen doch viele sehr ansehnliche Zuschüsse von ihren Familien in Frankreich und konnten dann ihren Schicksalsbrüdern mitteilen. Jetzt aber, wo Waldungen ausgerodet, Zuckerfelder im Osten und Süden von St. Laurent angelegt wurden, entwickelten sich schädliche Miasmen, die der beständige Ostwind gerade nach St. Laurent trieb. Wechsel- und Gallenfieber stellten sich ein, die Hospitale hatten kaum Raum für die Menge von Kranken, unter denen sich auch viele von der freien Bevölkerung befanden, und bald übertraf die Sterblichkeit des Maroni die der andern Strafetablissements des französischen Guyanas.

So war bei einer Bevölkerung, die bis 1880 nie 1 300 Seelen überschritten hatte, im Laufe von nicht drei Jahren ein Drittel weggestorben, und eine Mutlosigkeit und Erschlaffung war eingetreten, die sowohl bei den Untergebenen als den Vorgesetzten sehr nachteilig auf die weitere Entwicklung des Unternehmens wirkte. Was für absurde Gerüchte in Europa über die Strafanstalten des französischen Guyana verbreitet sein mögen, so kann ich, davon abgesehen, daß dem Gouvernement eher zuviel Humanität als Strenge und zu wenig Konsequenz in seinen Anordnungen vorgeworfen werden kann, versichern, daß für das materielle Wohl der Deportierten aufs beste gesorgt war. Die Hospitale auf St. Laurent und St. Louis standen unter den Händen kundiger Ärzte und waren der Pflege der guten Sœurs de St. Paul anvertraut Für Kost und Heilmittel war aufs Beste gesorgt.

Die Seelsorge an sämtlichen Strafanstalten des französischen Guyanas besorgten die Jesuiten. Mit welchem Recht man diesen Orden und seine Tendenz verdammen möge, steht mir nicht zu in Frage zu ziehen; die Priester aber, welche ich in den 17 Jahren ihres Aufenthaltes am Maroni kennenlernte, waren eifrige und achtungswerte Leute, und haben wir, als sie im Jahre 1873 ihren Wirkungskreis bei der Transportation verließen, ihre Abreise herzlich bedauert.

Wie ich bereits sagte, waren die Lebensmittel für die Transportation reichlich und von guter Beschaffenheit, die Arbeit aber, die sie für das Gouvernement zu verrichten hatten, so gering, daß bei uns in Surinam jeder Neger und Chinese wenigstens das Doppelte arbeiten mußte. Aber leider sah man überall, daß es ein Unternehmen war, bei welchem von den höchsten bis zu den niedrigsten Beamten kein persönliches Interesse ins Spiel kam; keine zweckmäßige Benutzung der Arbeitskräfte und der Zeit, keine Ersparnis, da wo sie hätte angewendet werden sollen, und eine verkehrte Knickerei, wo schnelle Anschaffung neuer Materialien nötig gewesen wäre; ein Schlendrian und laisser faire, die jedem partikulären Unternehmen schnell den Untergang hatten bringen müssen. Die Energie und der Eifer, die in der ersten Zeit zu so großen Hoffnungen berechtigten, erlosch gar bald. Die Arbeiten an den Fabrikgebäuden und Maschinen waren teils in Folge von Uneinigkeiten unter den Vorgesetzten, teils wegen Krankheiten der Leute eingestellt; nur die Natur ging ihren Gang, und das gepflanzte Zuckerrohr reifte in dem jungfräulichen Boden in bester Vollkommenheit; da aber keine Fabrik bestand, um es mahlen und den Saft kochen zu können, so hieb man es ab und verbrannte es, um aufs neue das zwecklose Wachstum zu befördern. Durch die immer unbestimmte Antwort des surinamschen Gouvernements und bei dem Widerwillen, den der Minister gegen eine europäische Kolonisation hegte, hatte auch ich alle Lust daran verloren; es war deshalb der Zweck meiner Reise nach Holland keineswegs der, darauf zu dringen, die Kolonisation auszuführen, sondern der, eine Schadenvergütung anzusprechen für die drei Jahre nutzloser Arbeit und Aufopferung, für die nötigen Auslagen und die Reisen, die ich zu diesem Zweck gemacht, und die eben so kostspielig als mühsam gewesen waren. Daß ich diesen Schadenersatz verdiene, bekräftigte mir der Gouverneur. Ich wollte dieselbe, wie sie auch ausfiele, den Erben des Herrn K. abtreten, um wieder alleiniger Besitzer von Albina zu werden und nach Möglichkeit mein ihnen gegebenes Versprechen zu halten.

Für die Zukunft war ich nun nicht mehr bange; durch die Transportation hatte sich mir ein vorteilhafter Handel eröffnet, der sich beträchtlich ausbreiten ließ. Freilich war es eine gewagte Sache, gegenüber einer so nahe gelegenen und so gefährlichen Nachbarschaft ein Magazin aufzurichten, in dem alle Arten von Waren zu bekommen waren, und in dem besonders Gewehre, Hauers, Pulver und Blei für die Buschneger nicht fehlen durften. Wie leicht konnte ich von diesen Spitzbuben, die oft den Fluß selbst herübergeschwommen waren, überfallen und beraubt werden, wenn ich so ganz allein mit meiner Frau und einem Dienstboten in der gefährlichen Nachbarschaft geblieben wäre. Wiederholt hatte mich unser Gouverneur versichert, daß es unmöglich sei, wegen meiner Niederlassung allein einen Militärposten am Maroni zu errichten: er müsse mich also ohne allen Schutz und mir selbst überlassen, für meine Sicherheit zu sorgen.

So war ich denn genötigt, auf meine eigene Kosten einige Leute um mich zu haben, um doch wenigstens im Falle der Not nicht so allein zu stehen. An eine gewinnbringende Kultur, in kleinem Maßstabe ausgeführt, war gar nicht zu denken. Der weite Abstand von Paramaribo, die Schwierigkeiten des Transportes war jedem Unternehmen im Wege. Als ich endlich sah, daß es zu der projektiven Kolonisation nicht kommen werde, so begriff ich sogleich, daß durch Arbeit meiner Chinesen, sei es mit Reisbau, Pflanzen von Maniok oder Kakao ich nie so viel verdienen könne, um die Unkosten, die diese Arbeiter mir verursachten, zu bestreiten; aber die Notwendigkeit lag auf der Hand, zu meiner eigenen Sicherheit Leute um mich zu haben. Vom Gouvernement, dem ich die Überfahrtskosten für sämtliche zu bezahlen hatte, erhielt ich noch drei andere Chinesen, so daß nun, als ich im Juni 1860 Albina verließ um meine Reise nach Holland anzutreten, ich acht Chinesen hatte, die nebst meinem Aufseher und seinen farbigen Kindern und Frau und einer Negerin für meine Haushaltung die Sauvegarde für meine Frau und mein Eigentum ausmachten.

Nachdem mein Assistent le F. mit Genehmigung des Gouverneurs mein Amt als Stellvertreter während meiner Abwesenheit übernommen hatte, reiste ich Ende Juni nach Paramaribo und von da nach Demerara und schiffte mich auf dem englischen Dampfboote, zuerst dem Trent und später dem Atrato, nach Europa ein. Ohne jeglichen Unfall kamen wir in England an, und reiste ich nach einem achttägigen Aufenthalt in London nach dem Haag, um meine Hauptangelegenheit in Ordnung zu bringen.

Was ich nun in anderthalb Jahren bei unserem Gouvernement nicht hatte erreichen können, wurde in einer halbstündigen Audienz beim Minister ins Reine gebracht. Ich gab ihm ganz einfach zu verstehen, daß seine Abneigung gegen eine europäische Kolonisation in Surinam mir wohl bekannt sei, daß aber, wenn in der so schwierigen Sache unter den Beteiligten, und dazu rechne ich den Minister in erster Instanz, im Voraus kein Vertrauen, ja Mißtrauen in den guten Erfolg des Unternehmens bestehe, ich, dem die Ausführung anvertraut werde, am schwersten darunter leiden würde, denn da das Gouvernement notwendig des Ministers Ansicht teilen müsse, so würde bei jedmöglichem Unfall mir vermutlich die Schuld zugemessen. Ich sehe also lieber davon ab. Der Minister bedauerte mich wegen der vielen umsonst gehabten Mühe und fand es nicht mehr als billig, daß die Regierung, die mich drei Jahre lang an der Nase herumgeführt habe, mir eine Entschädigung gäbe, über die er denn auch mit dem König sprechen und mir den Erfolg nach Stuttgart mitteilen werde.

Die Erben des Herrn K. hatten durch das lange Zögern allen Mut verloren, bloß ihrer übereilten Übereinkunft mit dem kolonisationssüchtigen Herrn N. hatten sie es zu verdanken, daß von der Sache nichts kam, und ich ihnen die volle Summe von 25 000 Gulden nicht zahlen konnte. Jetzt war, wie es ihnen schien, für sie alles verloren, und sie bedauerten mich, an diese hoffnungslose Sache noch die bedeutenden Reisekosten aufgewendet zu haben; glücklicherweise befanden sie sich in der Lage, die Entschädigungssumme leicht verschmerzen zu können.

Aber ich war mir meines Rechtes bewußt und glaubte dem Wort des Ministers, dessen Entgegenkommen und Sprache Vertrauen erwecken mußte, und ich hatte mich nicht getäuscht, denn in den ersten Tagen des Oktobers erhielt ich die versprochene Entschädigung mit 12 500 Gulden, die ich mit umgehender Post an die Erben in Amsterdam sandte. Jetzt war der Zweck meiner Reise erfüllt, das Anwesen von Albina wieder so wie früher ganz mein Eigentum, ich schuldenfrei; abermals sah ich mit freiem Blick in die Zukunft, beide Verbindungen mit ehrlichen Leuten hatten Schiffbruch gelitten, jetzt hoffte ich durch Handel mit französischen Spitzbuben mir meinen Wohlstand zu gründen.

Man war in Holland gerade beschäftigt auf Staatskosten neue Eisenbahnen anzulegen; ich machte nun das Ministerium des Inneren darauf aufmerksam, wie leicht Surinam bei dem unermeßlichen Reichtum an Holz sich durch Lieferung von Schwellen, die ja doch aus dem Ausland bezogen werden müßten, hierbei beteiligen könne, und wie sehr Schiffahrt und Industrie dadurch befordert würden. Aber erst in Surinam erhielt ich Antwort.

Nach 56tägiger Reise, auf welcher mich mein Neffe, ein sechzehnjähriger Jüngling, begleitete, kam ich im Januar 1861 in Surinam an. Glücklicherweise lag, als ich ankam, das französische Dampfboot Casablanca auf der Reede, und da dieses nach dem Maroni zurückkehrte, so hatte ich die beste Gelegenheit nach Albina, wo wir denn auch am 22. Januar ankamen.

In der Zeit meiner Abwesenheit war eine regelmäßige Verbindung zwischen Cayenne und Surinam entstanden, indem die Dampfboote, welche die Lebensmittel und das Schlachtvieh für die Penitenciers des Maroni brachten, die für die englische Post bestimmten Briefe nach Paramaribo beförderten. Durch ein holländisches Dampfboot wurden dann die französischen und holländischen Korrespondenzen nach Demarara gebracht, und übernahm dieses Dampfboot die für das französische und holländische Guyana bestimmten Brief-Pakete. Nach Erhalt des seinigen kehrte dann das französische nach dem Maroni zurück und trat mit oder ohne Passagiere und Fracht seine Zurückreise nach Cayenne an.

Diese Verbindung war besonders für mich von der größten Wichtigkeit, da ich auf angenehme Weise nach Paramaribo und zurückkommen konnte. Durch die Gefälligkeit der Kommandanten erhielt ich später alle meine Bedürfnisse aus Cayenne oder Surinam; es durften diese Herren aber auch, wo ich ihnen zu Diensten sein konnte, über mich disponieren.

Diese Dampfboote der französischen Marine waren Avisos, hauptsächlich zum Dienste in den französischen Kolonien bestimmt. Die Kommandanten waren Lieutenants de vaisseau, und der Etat-major bestand aus Lieutenant, enseigne, Commissaire und médecin. Die Equipage, bei der sich ein Détachement Infanterie de la marine befand, waren meistens Europäer, doch auch Farbige und Neger von Cayenne oder den Antillen und betrug je 50 bis 60 Mann.

Obgleich für den Kriegsdienst eingerichtet, dienten sie doch hauptsächlich zum internationalen Verkehr und Transport, weshalb man die Pünktlichkeit und Reinlichkeit nicht erwarten konnte, die auf andern Kriegsfahrzeugen so notwendig ist, und war der koloniale Dienst dieser Boote eigentlich nichts anderes, als eine Cabotage (Küstenhandel) in anderer Form.

Wurde das Dampfboot von Cayenne nach dem Maroni abgefertigt, so standen 40 bis 50 Ochsen, das Schlachtvieh für die Penitenciers, auf dem Verdeck. In dem nicht allzu großen Raum waren eine Masse der verschiedenartigsten Waren, Lebensmittel, Wein und Getränke. Möbel und Bagage der ab- und zugehenden Offiziere, Beamten und Soldaten waren pêle-mêle mit Hunden, Affen, Papageien, Hühnern und dergleichen auf dem Verdeck und längs der Verschanzung aufgehäuft.

Auf dem Hinterdeck waren die besseren Passagiere wie Offiziere, Priester, Nonnen, Beamte und Soldaten. Den Deportierten aber war ihr Platz im Vorderteil des Schiffes angewiesen. Über Vorder- und Hinterdeck waren Zeltdecken gegen Sonne und Regen ausgespannt und zwar über dem Hinterdeck beständig, während sie beim Vorderdeck über Nacht weggenommen wurden Der Raum unten im Schiffe war spärlich, und nur die Offiziere hatten ihre Kajüten: höhere Beamte, Geistliche, Nonnen aßen mit den Offizieren, wofür diesen in ihrer Gamelle vom Gouvernement täglich fünf Fr. per Person vergütet wurde. Auch andern nicht im Dienst der Kolonie stehenden Passagieren wurde manchmal vergönnt, mit dem Dampfboot nach dem Maroni oder Surinam zu fahren, und diese bezahlten dasselbe Kostgeld an den Chef de la Gamelle. Ich war stets beim Kommandanten, der zu einer andern Zeit in seiner Kajüte aß.

An Ile du salut, das, seitdem die Galeerensträflinge nach Cayenne deportiert wurden, ein sehr bedeutendes Penitencier geworden war, wo Maschinen, Kleidungsstücke, Schuhe, kurz alles, was man für die Transportation gebrauchte, von Deportierten verfertigt wurde, ging das Dampfboot vor Anker, ein Teil der Ochsen und Waren wurden ausgeschifft, man begab sich ans Land, besuchte seine Bekannten, kehrte an Bord zurück, und der Dampfer setzte seine Reise fort.

Brach die Nacht an, so wurden für die besseren Passagiere auf dem Vorderdecke Matratzen neben einander gelegt, bei unruhiger See mit einem blechernen Spucknapf für die Seekranken, während die übrigen sich auf dem Verdeck, den Fässern, Kisten etc. so gut als möglich behelfen mußten.

So brachte man die Nacht zu, gebettet zwischen Beamten, Priestern, Nonnen oder Offizieren, die, wenn die See hoch ging, mit einander zum Erbarmen spieen und stöhnten; daß dann am Morgen das Verdeck nicht sehr reinlich aussah, und daß auf die Toilette nicht die meiste Aufmerksamkeit verwendet wurde, brauche ich nicht zu sagen. Aber glücklicherweise dauerte die Reise kaum 24 Stunden.

Bei St. Laurent kamen nun sogleich große, platte, eiserne Fahrzeuge, „Chalands", an Bord, auf denen sich zur Hilfeleistung beim Ausladen einige Dutzend Déportés unter dem Kommando von Gendarmen oder Surveillans befanden, die dann, um die Ausladung zu beschleunigen, mit Sacré nom de Dieu, Canaille, Chameau, Coquin oder anderen Ehrennamen um sich warfen. Nachdem alles ausgeladen ist, geht es an ein Waschen und Scheuern daß es eine Art hat, so daß zwei bis drei Stunden nachher das Schiff wieder im besten Zustand ist, und alle Spuren seiner zwei- und vierfüßigen Passagiere mit dem reinen Wasser des Maroni abgespült sind. Ist das Geschäft getan, so erhält der Matrose die Erlaubnis seine Hemden und Hosen zu waschen, denn in Cayenne sowohl als in Surinam ist, weil in beiden Städten bloß schmutziges Salz- oder Brack-Wasser ist, dazu keine Gelegenheit; sogleich sieht man dann in jedem der Schaufel-Räder ein Dutzend nackter Menschen emsig mit dem Waschen ihres Weißzeugs beschäftigt, das Gewaschene wird an den Strickleitern aufgehängt, und schnell ist das stattliche Schiff mit vielen Dutzenden Hemden und Hosen behangen, die am Abend schon trocken sind, und ohne gebügelt zu sein, in die Säcke ihrer Eigentümer verpackt werden; Offiziere und Matrosen, denen es erlaubt ist, bringen den Abend auf St. Laurent zu, und gewöhnlich am andern Morgen nimmt das Schiff die Reise nach Surinam oder nach Cayenne auf.

Ungeachtet der vielen Sterbefalle, von denen die neuen Penitenciers heimgesucht waren, fuhr Frankreich fort, seine Bagnos zu leeren, und Transporte auf Transporte neuer Deportierten kamen in Cayenne an und waren größtenteils bestimmt, St. Laurent zu bevölkern. Kleinere Penitenciers, die teils unter die Verwaltung von St. Laurent, teils unter die von St. Louis gehörten, wurden errichtet; so entstand St. Pierre und St. Margueritte an der Maipouribikreek, St. Maurice und St. Anne an der Baleté. Schöne breite Fahrwege führten dahin, und hübsche Kirchen und Wohnhäuser für Priester und Beamte waren in kurzer Zeit gebaut. Ein anderes Penitencier

St. Jean, das an einem Arm des Maroni der Isurubina lag, konnte nur zu Wasser erreicht werden.

Diese kleinen Penitenciers waren eine Vergeudung der Arbeitskräfte und schienen bloß angelegt zu sein, um recht vielen Beamten und Kommandanten ein behagliches Dasein zu verschaffen; sie erforderten allein für Transport, der überallhin zu Wasser geschah, zur Bedienung der Angestellten eine Menge Leute, die viel besser und nützlicher zu einer Kultur, über die man allerdings noch nicht im Reinen war, und zum Anlegen von Weiden hätten verwendet werden können. Das französische Gouvernement dachte ernstlich daran, die Holzarten Guyanas bei der französischen Marine einzuführen, und große Schiffe, die durch die Avisos herein und hinaus geschleppt wurden, holten die viereckig behauenen Stämme auf St. Laurent ab.

Auf dem Arowakendorfe gegenüber Albina war man schon in den ersten Monaten der Anlage von St. Laurent beschäftigt gewesen, eine Dampfsägemühle zu errichten, aber aus verkehrter Sparsamkeit sollten alte, schon seit Jahren nicht gebrauchte Maschinenteile dazu verwendet werden, Kessel von dieser, Maschinen von einer anderen Pflanzung, so daß nichts recht passen wollte, und schon bei der ersten Probe der Kessel zersprang. An dieser Sägemühle wurde bei vier Jahre lang und manchmal mit 30 bis 40 Personen gearbeitet, ehe sie endlich zu Stande kam, während jeder andere Unternehmer sie mit einer Totalausgabe von 10 000 Gulden in weniger als sechs Monaten hergerichtet hätte.

Der größte Teil der Arbeiter, die auf den Penitenciers waren, konnte keine Konzession bekommen, und mußte auf andere Weise beschäftigt werden; das Gouvernement ließ deshalb einen Holzschlag am Siparawini-Flüßchen errichten, das sechs Stunden oberhalb St. Laurent sich in den Maroni ergießt. Der bergige Landstrich ist sehr reich an allen Arten Bau- und Möbelholz. Drei bis 400 Personen wurden nun dorthin gebracht, und durch ein eigenes kleines Dampfboot, St. Anne, wöchentlich zwei bis dreimal die Lebensmittel dahin geschickt. Aber der Platz, umschlossen von Hügeln, die den freien Luftzug hinderten, war höchst ungesund und massenhaft starben die Leute dahin. Auch ein anderer Umstand, den ich auch dem Admiral vorausgesagt hatte, traf ein; sehr viele Arbeiter entflohen nach dem benachbarten Surinam, dessen Fluß Comowini kaum acht Stunden vom Siparawini entfernt ist. Um aber auch Industrielle zu ermutigen, den Holzreichtum des Maroni auszubeuten, wurden einem Pariser Haus 60 Déportés abgegeben, um Möbel, Holz und Schwellen zu Eisenbahnen zu bearbeiten.

Ein sehr eifriger und verständiger Mann, Herr R., leitete das Unternehmen, aber die Hoffnungen, die er hegte, erfüllten sich keineswegs, und nachdem der gute Mann und sein Sohn sich keine Mühe und Entbehrung hatten verdrießen lassen, mußte nach zweijährigem Bestand das Unternehmen mit großem Verluste aufgegeben werden. Auch mir war in Holland der Vorschlag gemacht, für Rechnung der russischen Marine Schiffsbauholz zu liefern, woran sich ein Rotterdamer Haus beteiligen wollte. Ansehnliche Vorschüsse waren mir dazu anvertraut worden, aber als ich den Plan durchlas und sah, daß die kleinsten Dimensionen, welche man verlangte, immer noch größer waren, als die, welche mir die Buschneger lieferten, sah ich von der Sache ab, denn sie war trotz sehr annehmbaren Preisen unausführbar.

Vom Ministerium des Inneren, dem ich den Vorschlag gemacht hatte, bei den neuen Eisenbahnen, die für Staatsrechnung angelegt wurden, Proben mit surinamschem Holz zu Unterlagen und Schwellen zu machen, erhielt ich bald nach meiner Zurückkunft auf Albina Antwort.

Das Ministerium wollte mit 1 500 Stücken differenter Holzarten eine Probe machen, auch war der Preis, welchen es bot, recht annehmbar. Ich konnte nun wohl das Holz bekommen, aber nicht die Leute zum Sägen oder bearbeiten, und um eine Sägemühle zu errichten, war diese Probebestellung zu unbedeutend.

Inzwischen bestellte ich das Holz bei den Buschnegern, bat den Minister, indem ich ihm alle Schwierigkeiten auseinandersetzte, eine Probe mit 15 000 Stück zu machen, wozu ich eine Sägemühle kaufen werde, ohne übrigens einen Cent Vorschuß vom Ministerium zu verlangen. Aber der Minister konnte seinen Ansatz nicht überschreiten, auch nicht als ich später antrug, das Holz in Holland sägen zu lassen; es war also mit der Sache ebenfalls nichts; doch konnte ich glücklicherweise das dafür bestimmte Holz in Barbados verkaufen.

Eine der bedeutendsten Ausgaben für die Transportation war der Verbrauch von Schlachtvieh, das die Firma Laianne & Goriena in Cayenne zu liefern hatte. Dieses Vieh, alles Ochsen, wurde durch eigens eingerichtete Schoner vom Orinoko – und später von Parnaiba in Brasilien nach Cayenne gebracht und vom Gouvernement mit 200 bis 268 Fr. per Stück bezahlt, so daß die Kosten von frischem Fleisch für die Transportation, Kriegsschiffe und Militär sich jährlich wohl auf 6–800 000 Fr. belaufen haben mögen.

Nun hat das französische Guyana, mehr noch als Surinam, längs der Seeküste Landstriche, wo mit bezüglich wenig Kosten Savannen entwässert werden können, um dann als gutes Weideland zu dienen. Dazu ist der Landstrich zwischen der Mündung des Maroni und Amanabo ausnehmend geeignet, indem er von Süßwassersümpfen und Savannen durchschnitten wird. Dieses Land, das bei einer Breite von 15 und einer Länge von 5–6 Kilometern 8–10 000 Hektaren Weideland gegeben hätte, würde auch in den trockensten Zeiten 2–3 000 Stück Vieh leicht ernährt haben. Um diesen Landstrich teilweise zu entwässern, wurde an der Mündung eine neue Niederlassung „Les hattes" errichtet. Hier waren über vier Jahre lang bei 400 Déportés beschäftigt, Konzessionen anzulegen und einen Kanal zum Abzug des Wassers zu machen, aber bei der ersten Arbeit gebrauchte man nicht die Vorsicht, die Waldungen, welche das Meeresufer zwischen dem Amanabo und dem Maroni bedecken, umzuhauen und zu verbrennen, um so dem Seewinde freien Zugang zu gestatten, wodurch denn die Leute, die jene Konzessionen bekamen, stets am

Fieber litten und sie wieder verlassen mußten. Kaum war am Ende des vierten Jahres der Kanal gegraben und eine Schleuse gebaut, als nach dem Tode des Admirals de Montravel in Frankreich der neue Gouverneur, General Hennique, andere Ansichten hegte und das was sein Vorgänger begonnen hatte, nicht weiter fortsetzen ließ.

Dieses Unternehmen jedoch, richtig geleitet, überwacht und energisch fortgesetzt, hätte ohne allen Zweifel die besten Resultate gegeben und der Transportation Millionen erspart. Nichts gibt so sicher und schnell Revenuen, als ein gut geordneter und überwachter Viehstand, besonders wenn man, wie bei der Transportation, so viele Arbeitskräfte auf die Anlage von Weiden verwenden kann. Es ist gewiß nicht zu hoch angenommen und bei mir auf Erfahrung gegründet, daß bei reichlichem Futter und guter Pflege die Herde sich in drei Jahren verdoppelt.

Nehmen wir an, daß 400 Mann, wenn sie nur halb so viel arbeiten als dem Neger vorgeschrieben ist, jährlich wenigstens 1 000 Hektar Wald fällen, säubern und Weideland daraus machen können. Welch ein anderes Ansehen würden die Penitenciers haben, wenn jene an der Mündung jetzt nutzlose Arbeit auf St. Laurent verrichtet worden wäre, wo bis zum Amanabo und dem Accarouanykreek meist hohes Land die Anlagen solcher Weideplätze besonders begünstigt haben würde.

Die Wahl des Zuckers als hauptsächlichstes Stapelprodukt, woran jeder Konzessionär Teil zu nehmen hatte, schien mir eine unzweckmäßige zu sein. Es ist bekannt, daß das Zuckerrohr die meiste Anstrengung und Arbeit erfordert, und schon die Aussicht, immer dieselbe schwierige Arbeit verrichten zu müssen, ohne Hoffnung auf eine ruhigere Zeit, muß niederdrückend auf den Kolonisten wirken, dessen Kräfte im tropischen Klima nach und nach erschlaffen, besonders wenn er sie durch gute Nahrung nicht ersetzen kann.

Der Maroni taugt weniger für die Kultur des Zuckers als die Niederungen Surinams und die Ländereien am Aprouak. Wird das Zuckerrohr im hohen Land gepflanzt, so erfordert es schon beim zweiten Schnitt eine Düngung, die Viehstand und Weiden nötig macht, die angelegt werden müssen und bei jeder Kultur die erste Arbeit des Kolonisten sein sollen, oder das Rohr verlangt künstlichen Dünger, dessen Anschaffung große Kosten und Schwierigkeiten verursacht und dessen Wirkung immer noch nicht erprobt ist. Fruchtbare Niederungen kommen am Maroni selten vor, und wäre deren Bedeichung den Europäern nicht anzuraten. Besonders anzuempfehlen wäre die Kultur des Kakaos gewesen, der, in hohem Lande gepflanzt, von ausgezeichneter Güte ist. Kakao auf Albina gebaut brachte in Amsterdam 47 Cent per ½ Kilo auf, während der surinamsche bloß mit 43 bis 44 Cent bezahlt wurde. Ein ebenso wichtiges Produkt, das sich auch schon im ersten Jahre bezahlt macht, ist Tabak, womit ebenfalls Proben auf St. Laurent gemacht wurden; er war von so vorzüglicher Qualität, daß man in Frankreich das Kilo auf neun Fr. schätzte.

Aber bei allen Kulturen, die man am Maroni und überhaupt im höheren Lande betreiben will, muß die Viehzucht die Grundlage sein, auf der sie ruhen müssen. Der Besitz des Viehes, mit dem er seinen Acker bepflügt, mit dessen Dung er seine Felder im Stande erhält, und das ihm zur Nahrung dient, bindet den Menschen an das Land, das er bebaut und macht es ihm teuer. Ohne Vieh lebt er wie der Indianer, bebaut seine Länder wie derselbe, und verläßt sie um ein anderes anzulegen, wenn sie nach ein oder zwei Jahren nicht mehr produktiv sind. Er gewöhnt sich wie jener ans Nomadenleben. So war bei den Penitenciers von Anfang an der Hauptfehler, daß nicht alle Kräfte auf die Anlage von Weiden zum Behuf eines großen Viehstandes verwendet wurden; es würden unendlich bessere Resultate erzielt worden sein, wenn auch die Sterblichkeit dieselbe geblieben wäre. Wie oft machte ich meine Bemerkungen über die Verschwendung der Arbeitskräfte. Zum Transport von Holz, den ich mit fünf bis sechs Indianer oder Chinesen verrichtete, wurden oft 15 bis 20 Mann verwendet.

Beinahe jeder Offizier oder niedere Beamte hatte sei-
nen Garçon und oft noch einen Koch; auf den Büros der
Lebensmittel, Werkzeuge und Kleidung, deren jedes besonders verwaltet wurde, waren außer den Chefs und Sub-
altern-Schreibern noch viele Deportierte zur Aushilfe. Eine
Weitschweifigkeit herrschte in dieser Verwaltung, die ins
Lächerliche ging. So verkaufte die Administration die leeren
Mehlfässer an die Konzessionärs, die darin ihren Couac nach
Cayenne schickten. Ein solches Mehlfaß kostete 50 Centimes, um es aber zu erhalten, waren vier Unterschriften nötig, die dann der Commandant superieur mit seiner fünften
bekräftigen mußte.

Die Überwachung der Arbeit war einem Korps Surveillants
aufgetragen, die etwa auf gleichem Rang mit den Gendarmen
standen, aber weder das stattliche Aussehen dieser hatten,
noch sich so in Respekt zu setzen wußten. Es waren eben
Mietlinge, denen der Gang der Sache nicht am Herzen liegen
konnte. So kam ich eines Tages, als eben das Dampfboot eine
Ladung Ochsen gebracht hatte, nach St. Laurent. Ich fuhr mit
meinen Indianern in einer kleinen Korjal ganz nahe an dem
Chaland vorbei, aus dem die Ochsen einer nach dem andern
mit einem langen Seil ans Land gezogen wurden. Eben war
wieder ein Ochse herunter gesprungen, die Schlinge, die er
um die Hörner hatte, war ausgeschlüpft, das Tier wurde von
der starken Strömung fortgerissen, sank unter und ertrank vor
unsern Augen, während es mit leichter Mühe hätte gerettet
werden können. Ich rief dem Surveillant, der aber ruhig zusah,
und mir bloß zur Antwort gab: „Qu'est-ce que cela vous regar-
de?" Der Mann hatte ganz recht, was ging es mich an, wenn
das Gouvernement 200 Franc verlor.

Bei der Arbeit, die zum Nutzen und fürs Allgemeine getan
wurde, fehlte oft Überlegung und wohl auch guter Wille, obgleich ein Offizier des Genie diese leitete. So wurde über die
Balétékreek, welche die Ländereien von St. Laurent von denen
von St. Louis scheidet, über eingerammte Pfähle eine Brücke
gelegt, an der man mehrere Monate lang arbeitete. Kaum vier-

zehn Tage nachdem sie fertig geworden war, trieb bei starker Ebbe ein schwer geladener Chaland gegen sie an. Die Pfosten, die nicht tief genug eingerammt waren, sondern auf Felsen aufstanden, gaben nach, und die ganze Brücke wurde auseinander gerissen. Man baute sie nicht wieder auf, sondern errichtete eine Fähre.

Neuntes Kapitel

Wenige Monate später als ich von Europa nach Surinam zurückgekehrt war, beschlossen das französische und holländische Gouvernement den Grenzfluß Maroni topographisch aufnehmen zu lassen und ernannten eine eigene Kommission hiezu. Während der zweihundert Jahre, daß in beiden Kolonien Sklaverei eingeführt und wieder aufgehoben, oder die Emanzipation der Neger beraten, Pflanzungen errichtet und aus Mangel an Arbeitern später wieder aufgegeben waren, fiel es keinem der beiden Gouvernements ein, die Grenze näher zu bestimmen, für welche man den Maroni angenommen hatte, obgleich nach glaubwürdigen Dokumenten und nach Übereinkunft der damaligen Gouverneure im November 1668 der Sinamari als Grenze zwischen dem holländischen und französischen Guyana angenommen worden sein sollte. Im Grunde genommen war es ja gleichgütig, wem das Land gehöre, da ohne Bewohner, die es bearbeiteten, diese unermeßlichen Waldungen keinen Wert haben, und weil diese Einöden so menschenleer sind, daß zwei Menschen auf die Quadratmeile des außerhalb dem Rayon der Pflanzungen liegenden Landes gerechnet, wohl das Maximum der Bevölkerung sein wird.

Wie schon früher erwähnt, waren außer zwei längst verlassenen Militärposten nie Niederlassungen am Maroni gewesen, bis ich mich um 1846 auf dem linken Ufer ansiedelte, und elf Jahre später die Franzosen ihre Straf-Etablissements anlegten, wodurch eine bestimmte Grenzscheidung für sie wenigstens von Interesse wurde. Es sollte nun die Kommission so weit als möglich ins Innere dringen und das Flußbett topographisch aufnehmen; zur Abreise war der Anfang der Trockenzeit bestimmt. Der Hauptstrom und seine beiden Arme Lava und Tapanahoni mußten so viel als möglich befahren und die wichtigeren Punkte astronomisch bestimmt werden.

Die französische Kommission bestand aus vier Mitgliedern, einem Seeoffizier Vidal, dem Kommandanten des Penitenciers St. Louis, Kapitain R., einem Marine-Arzt R. und einem

Lieutenant des Genie B. Die unserige bestand bloß aus zwei früheren Seeoffizieren, die aber bei der bürgerlichen Verwaltung in Paramaribo Ämter begleiteten. Ich war denselben als Beamter, der bei dem Stamme Aukaner-Buschneger und als am meisten bekannt mit den örtlichen Verhältnissen beigegeben. Wie mein Nachbar, Kapitän R. für die Expedition der Franzosen, so hatte ich für die Anstalten der Reise, Lebensmittel etc. zu sorgen und die nötige Mannschaft zum Rudern der Boote unter den Indianern des Flusses anzuwerben.

Es war, wie gesagt, als Grenzfluß beider Kolonien der Maroni angenommen, ohne daß man gewußt zu haben scheint, daß dieser Fluß seinen Namen von seiner Mündung bloß bis dahin behält, wo er sich in zwei Ströme teilt, deren einer aus Südwesten kommend Tapanahoni, der andere aber aus Südosten strömend Lava genannt wird. Würde nun der Tapanahoni als Maroni angenommen, so wäre die Kolonie Surinam im Süden und Südosten vom französischen Guyana umgeben, während wenn man die Lava als Hauptfluß annimmt, unser Grundgebiet um mehrere hundert Quadratmeilen gewinnt, und Surinam das französische Guyana im Süden und Südwesten begrenzt.

Beide Nebenflüsse, aus denen der Maroni entsteht, sind beinahe unbewohnt. Am Tapanahoni haben sich die Aukaner-Buschneger angesiedelt, Abkömmlinge unserer in der Mitte des vergangenen Jahrhunderts entflohenen Sklaven, die sich in diese abgelegene und schwer zugängliche Wildnis geflüchtet hatten, und mit denen schon vor 100 Jahren Frieden geschlossen war.

Die Lava aber bewohnten die Nachkommen anderer surinamschen Sklaven, die in der zweiten Hälfte des vorigen Jahrhunderts nach mühsamen und kostspieligen Kriegen von unsern Soldaten bis in die Lava verfolgt wurden und oberhalb des Itepoucou-Falls ihre Zuflucht nahmen. Unsere Regierung hatte mit den Bonninegern keinen Frieden geschlossen: man bekümmerte sich nicht um sie, kannte auch nicht einmal annähernd ihre Zahl, sondern hatte bloß den

Aukaner-Buschnegern aufgetragen, sie zu überwachen. Zu beiden Stämmen war nie ein wissenschaftlich gebildeter Europäer gekommen, man wußte auf einen Breitengrad hin nicht einmal ihren Wohnort, so wenig wie ihre Seelenzahl. Bloß durch Jagdhunde, Federschmuck und vergiftete Pfeile, die sie nach der Kolonie brachten, und durch ihre eigenen Aussagen wußte man, daß sie mit verschiedenen Indianer-Stämmen Handel trieben. Da die Bonnineger nicht die Erlaubnis hatten, direkt, wie die Buschneger, mit den Europäern oder den Pflanzungen verkehren zu dürfen und durch das Gouvernement gewissermaßen unter die Aufsicht der Aukaner gestellt waren, so übten diese über die Bonnineger eine wahre Sklaverei aus, weil jene alle ihre Bedürfnisse an Salz, Gerätschaften etc. durch die Buschneger beziehen mußten; sie waren verpflichtet, um diese Bedürfnisse befriedigen zu können, die Kostäcker der Aukaner anzulegen und zu unterhalten, ja mußten selbst Monate lang ihre Dörfer an der Lava verlassen, um am Tapanahoni für ihre „Herren" zu arbeiten. Vielfach hatten es schon die Bonnineger versucht, sich dem Joch der Aukaner zu entziehen und mit den Bewohnern von Cayenne, die ihnen viel näher lagen als die von Surinam, in Verbindung zu treten; sie wurden aber zurückgewiesen, da das französische Gouvernement es nicht ratsam fand, den freien Bonninegern Verkehr mit seinen Sklaven zu gestatten. Es war einem früheren Bedienten Monte-Cattinis, dem Korsen Dollinche, vorbehalten, diese Neger näher kennen zu lernen und die ersten Schritte zu ihrer Befreiung zu tun. Bei seinem Nomadenleben, wo er bald auf dem französischen, bald auf dem holländischen Ufer und bei den Buschnegern sich aufhielt, lernte er bei diesen einige Bonnineger kennen, die ihn baten, sie nach dem untern Maroni mitzunehmen. Die Aukaner. den Bonninegern durchaus nicht geneigt, die sie als ihre Sklaven „wi nengere" (unsere Neger) betrachteten, sträubten sich zwar dagegen, hatten aber doch zu viel Respekt vor dem französischen Militär, das die Posten St. Laurent und St. Louis besetzt hielt, daß nicht nach und nach die Bonnineger viel häufiger nach den französischen

Niederlassungen und auch zu mir kommen durften, bis im Jahre 1860 das holländische Gouvernement zwei Beamte, mit denen ein französischer Offizier reiste, zu ihnen sandte und ihnen gleiche Rechte wie den Aukanern verlieh.

Der Anfang des September 1861 war also zur Abreise bestimmt, und man meinte drei bis vier Monate nötig zu haben, um den Instruktionen beider Regierungen Genüge zu leisten. Ich hatte zur Bemannung unserer Boote 17 kräftige Indianer angeworben, zu welchen noch die zwei Bedienten der Topographen und der Koch kamen, so daß das ganze zur niederländischen Expedition gehörige Personal aus 23 Personen bestand.

Ein großes vierzig Fuß langes Boot, mit einem doppelten luftigen leinenen Dach, Vorhänge gegen Sonne, Wind oder Regen gewährte den zwei Topographen jede Bequemlichkeit, die man auf solchen Reisen sich nur wünschen kann, ein anderes eben so großes Boot beförderte die Lebensmittel, die in etwa 50 Kisten verpackt, aus allen Arten konservierter Fleischspeisen, Gemüsen nebst Wein und Bier bestanden; dabei waren Geschenke und Tauschartikel für die Bewohner der oberen Flüsse, alles in einer Menge, daß ich, der stets auf die einfachste Weise reiste, glaubte damit ans Ende der Welt kommen zu können. Außerdem hatten wir ein Zelt bei uns, das man jeden Abend aufschlug und das ein geräumiges und bequemes Obdach bot. Von den zwei kleineren Booten enthielt eines das Zelt, das andere war mit Lebensmitteln, Salz, Küchengeschirr und Geräten beladen.

Ich liebe Luft und Licht und hätte es in dem Schwitzkasten der beiden Topographen, die auf amerikanischen Fauteuils, denen man die Füße abgesägt hatte, saßen, nicht ausgehalten, überdies hätte ich da ruhig sitzen müssen und keine andere Beschäftigung haben können, als Lesen. Ich wollte aber Pflanzen sammeln, Schmetterlinge fangen, die Karte des Flusses, die ich auf meiner letzten Reise gemacht hatte, korrigieren, nicht um die der Topographen zu verdrängen, sondern bloß zu meinem eigenen Vergnügen. Dazu nahm ich meine kleine

leichte Korjal, über die ein drei Fuß langer und zwei Fuß breiter, mit grüner Leinwand bespannter Rahmen befestigt war,
um mich gegen die senkrecht fallenden Strahlen der Mittags-
sonne zu schützen.

Bei solchen Reisen ist es mir ein eigenes Vergnügen hauptsächlich die Genüsse entbehren zu können, die der Bequemlichkeit dienen schon als Knabe wählte ich nicht die gebahnten
Wege, sondern die steilsten und holperigsten. Ein Gefühl phy-
sischer Minorität würde mich beschleichen, wenn ich ohne
krank zu sein, auf weichen Matratzen liegend, mich fortrudern
lassen müßte, oder wenn ich aus Furcht, das Flußwasser schade meiner Gesundheit, meinen Durst bloß mit Mineralwasser
stillen würde. Lebe ich aber einfach, mäßig, und entziehe mich
den Einflüssen der Witterung nicht auf übertriebene Weise,
so meine ich besser und reiner die Eindrücke der Natur zu
genießen und diese Eindrücke, welche die Würze des Lebens
sind, auch zu verdienen. Ich habe den Rigi, den Vesuv und
Ätna im Schweiße meines Angesichts erstiegen und schwelge
noch jetzt in der Erinnerung daran. Vermutlich wird das nicht
der Fall sein, wenn ich mit der Eisenbahn noch einmal hinauf
rutsche. Das wahre Vergnügen will errungen sein. Ich hatte
auf meiner Korjal zwei Arowaken und einen Karaiben. Zum
Trocknen der Pflanzen, die ich unterwegs sammelte, einleg-
te und preßte, hatte ich eine hohle kupferne, durch Dampf,
der in einem verschlossenen Topf erzeugt wurde, zu heizende
Platte. So saß ich auf einer Bank vor einer Kiste, worin außer
meinen Kleidern alles zum präparieren von Naturalien Nötige
aufbewahrt wurde. Die Kiste diente als Tischchen, auf dem
meine Karte nebst Uhr, Kompaß und Thermometer lagen.

Am Mittag den 9. September verließ das holländische Geschwader Albina und fuhr nach dem eine halbe Stunde am
jenseitigen Ufer des Flusses gelegenen St. Louis. Von hier
aus sollte die Expedition beginnen. Wir kamen gerade an,
als der Priester nach vorhergegangener Messe die sämtlichen
zu der französischen Expedition gehörigen Fahrzeuge einge-
weiht hatte. Es war ein eigentümlicher Anblick, diese vielen,

mit den Flaggen der beiden Nationen geschmückten Boote, bemannt mit roten und schwarzen Menschen, das Gewühl von Graukitteln (Deportierten) am Ufer, das Gedränge von Offizieren, Gendarmen und Soldaten beim Abschiednehmen am Landungsplatz. Unter Salven von Gewehr- und einzelnen Kanonenschüssen fuhren wir ab, ich mit schwerem Herzen, denn mein Neffe, den ich erst vor, einigen Monaten aus Europa mitgebracht hatte, lag schwer erkrankt im Hospital von St. Louis, und der Doktor hatte wenig Hoffnung ihn retten zu können. Einige der Offiziere der Penitenciers gaben ihren Kameraden das Geleite bis zum nächsten Indianerdorf Magrli, wo wir übernachten wollten.

Die französische Expedition hatte ebenfalls fünf Boote, jedes mit einem kleinen Dach und beladen mit Lebensmitteln, die zweckmässig in Zinkkapseln verpackt waren. Jedes der Mitglieder hatte sein eigenes Boot nebst einem Bedienten, während zwei Soldaten das ganze beaufsichtigen mußten. Ein französischer Mulatte und ein brasilianischer Indianer waren als Dolmetscher bei dem Stamme der Arukujanas angenommen; ein Koch, drei Mananeger und 21 Bonnineger machten die übrige Equipage aus, so daß die französische Expedition 35 Köpfe zählte.

Bereits nach einer Stunde und ehe es dunkel wurde, landeten wir am Dorfe Magrli, das, wie alle Indianerdörfer, sich auf holländischer Seite befindet, weil die Indianer, deren Dörfer auf dem rechten Ufer gewesen waren, sobald die Penitenciers errichtet wurden, die französische Seite verlassen und sich auf der holländischen angesiedelt hatten. Hier wurde nun eine solenne Abendmahlzeit gehalten. Schnell war unser Vorrat ausgepackt und der Kochherd aufgeschlagen, worauf uns die zwei Köche ein stattliches Abendessen bereiteten. Es wurde auf den mitgebrachten Tischen unter Bananen- und Melonen-Bäumen, an welchen man farbige Lampen zur Beleuchtung des fröhlichen Gelages aufgehangen hatte, aufgetragen. Eine prachtvolle Sternennacht begünstigte unsere Mahlzeit. Umschwärmt von Nachtschmetterlingen, Käfern und anderen Insekten, die der Schein der Lampen angezogen hatte, fielen mehrere dieser Tiere bald in die Trinkgläser, bald auf die Teller, und machten wir uns lustig über den Ärger eines der französischen Offiziere, der vor Ekel jedesmal sein Glas ausschüttete oder seinen Teller wechseln ließ, wenn irgendein unglücklicher Schmetterling darin herum zappelte; doch war alles gleich heiter und freute sich auf die Reise. In den Hütten und zwischen den Hängematten der Indianer hingen auch wir die unsrigen auf, und um zehn Uhr lag schon alles im Schlaf.

Nach eingenommenem Kaffee setzte man am andern Morgen die Reise fort. Sie ging langsam vonstatten, da die Topographen in der Mitte des Flusses fahren wollten, um die Strömung zu messen. Die Breite wurde an mehreren Stellen durch einen Mikrometer aufgenommen. Zur Bestimmung der geographischen Lage nach Sonne und Gestirn waren treffliche Instrumente, ebenso drei Chronometer usw. vorhanden; überhaupt hatten beide Regierungen es an nichts fehlen lassen.

Am 11. September erreichten wir den ersten Fall des Maroni, bis wohin uns die Wirkung der Meeresflut beim Auffahren noch begünstigt hatte. Wir blieben hier einen Tag, um die genaue Lage des früheren Postens Armina aufzunehmen. Schon seit 19 Jahren verlassen, lag er in undurchdringlichem Gebüsch, und es war von den Gebäuden nichts mehr zu sehen, als der halb eingefallene Backofen auf seinem Pfosten von Kontholz, die, obwohl von allen Seiten dem Wetter preisgegeben, noch ebenso gesund und wohlerhalten waren, als wie vor 90 Jahren, wo man sie gesetzt hatte. Am Abend des Ruhetages kamen unsere Jäger mit ihrer Beute an; dieselbe war viel weniger als wir vermuteten; die Indianer hatten einen Brüllaffen und zwei Leguans, die Bonnineger aber einen Kwatta und mehrere Pakus geschossen.

Außer den geschossenen Leguans brachten unsere Indianer noch viele Eier dieser delikaten Eidechsen mit, die sie am Anfang der Trockenzeit in den Sand der Strominseln legen. Anfang Dezember, wenn in Folge der jetzt häufigen Regengüsse die Gewässer steigen, schlüpfen die jungen Tierchen aus und flüchten sich sogleich auf Bäume, wo sie sich in der ersten Zeit vermutlich von kleinen Insekten ernähren, während sie größer geworden, ausschließlich von Knospen und Blättern leben.

Nie läßt der Indianer die Gelegenheit vorbeigehen, auf den Leguan, den er trotz seiner grünen Farbe im dichtesten Laubwerk zu erkennen vermag, Jagd zu machen, aber oft läßt sich das harmlose Tier, so bald es sieht, daß ihm Gefahr droht, ins Wasser fallen, ehe der Indianer den Pfeil abschießt, und sinkt wie ein Stein, oder schwimmt unterm Wasser fort und flüchtet sich ins Gebüsch. Selten verging ein Tag, wo nicht ein oder mehrere dieser Tiere geschossen wurden, ein Beweis wie häufig sie sind und wie sehr sie sich vermehren, obwohl sie bloß einmal im Jahre Eier, und nie mehr als 40 bis 50 legen.

Unsere Lebensweise während der ganzen Reise war beinahe stets dieselbe. Morgens sechs Uhr trank man den Kaffee, brach die Zelte ab, belud die Fahrzeuge und befand sich um sieben Uhr bereits auf der Reise. Gegen zwölf Uhr frühstückte man an einem bequemen Platz auf einer Sandbank oder am Ufer, fuhr dann bis gegen vier oder fünf Uhr, wo man meist auf einer Insel oder auf einer Sandbank das Lager aufschlug. Neger und Indianer fällten das Gesträuch und die kleinen Bäume, die Zelte wurden aufgeschlagen, Holz zum Kochen herbeigeschafft und die nötigen Kisten und Instrumente ans Land gebracht. Die Franzosen hatten einen kleinen tragbaren Backofen bei sich, so daß wir immer frisches Brot hatten. Neger und Indianer hingen zwischen den Bäumen ihre Hängematten auf, während ich unserer Bemannung die Lebensmittel austeilte. Diese bestanden aus Tapioca- oder Cassavemehl und gesalzenem Fisch oder Speck, denn die Jagd, auf die wir besonders gerechnet hatten, war nicht in dem Maße ergiebig, um für so viele Menschen auszureichen. Die Bemannung, welche den ganzen Tag rudern mußte, hatte am Abend wenig Lust noch zu fischen und zu jagen; das Gespräch und die Ruderschläge verscheuchten das Wild vom Ufer, so daß außer hühnerartigen

Vögeln, die gerade nicht sehr scheu und ziemlich dumm sind, auf der Reise wenig geschossen wurde.

Während nun die Topographen ihre Berechnungen machten, die Tagebücher einschrieben etc., stellte ich meinen Trockenapparat auf und trocknete meine den Tag über gesammelten Pflanzen, wusch meine Hemden und Hosen und legte mich dann auf die noch warmen Felsen, um mich in die Vergangenheit zurückzudenken und für die Zukunft Pläne zu machen. Es ist besonders zur Nachtzeit ein eigentümliches Leben in den Waldungen Guyanas. Nach des Tages Schwüle die angenehme Nachtluft, die funkelnden Gestirne über dem dunkeln Walde, in dem die großen Leuchtkäfer wie Irrlichter herumschwärmen. Alles ist still, nur Baumfrösche und Nachtvögel lassen sich hören, oder manchmal das grauenvolle Gebrüll der Alouatten, das schrecklichste Geschrei, das wohl ein Tier hervorbringen kann, und das doch nur der Ausdruck inniger Behaglichkeit und vielleicht auch der zärtlichsten Gefühle ist. Doch es hat ja jede Tageszeit ihre eigenen Reize, und ich bin mit allen ebenso wohl wie mit ihren Schattenseiten vertraut geworden. Wenn auf meinen Reisen auch die Sonne senkrecht über meinem Kopfe stand, und ich oft auf meinen Fahrten nach Schatten lechzte, oder Regengüsse, wie man sie in Europa nicht kennt, mich durchnäßten, meine gute Laune verlor ich deshalb nicht, denn ich freute mich auf den kühlen Abend und den ruhigen Schlaf in der Hängematte.

Wie oft aber sehnte ich mich bei diesen Reisen nach einer traulichen Unterhaltung, nach meiner Heimat, nach meinen Freunden und dachte an die schönen Frühlingstage und meine Jugendzeit. Kam ich aber, was ja bei meinem langen Aufenthalt in Guyana neunmal geschah, wieder in das Vaterland zurück, so fühlte ich mich doch einsam und fremd, statt des schönen Frühlings fand ich ein feuchtes, kaltes Klima, unter einem Himmel von mochte ich sagen grastuchartiger Farbe, und nur selten eine Sonne kraftvoll und lichtstrahlend wie die tropische. Auch die Menschen meiner Jugend fand ich nicht mehr; statt einer Jugend, der ich körperlich nicht mehr

angehörte, fand ich Knaben vollgepfropft mit Weisheit, Jüng-
linge mit Brillen auf der Nase und Schrammen im Gesicht,
die sie nicht im Kriege mit dem Erbfeind bekommen hatten,
die aber doch bei jedem rauhen Lüftchen sich in Plaids oder
Kapuzinermantel hüllten und Pferde- und Eisenbahnen noch
mehr benützten als das reifere Alter; meine Altersgenossen
aber behaglich ausruhend beim Bier und Kartenspiel, oder
im Kampf mit Nahrungssorgen. Ich hatte dann im lieben
Vaterland gar bald genug und kehrte gerne in meine Wälder
zurück. Doch ich schweife ab, und besinne mich glücklicherweise noch zur rechten Zeit, daß der Koch mit dem Essen
fertig ist, ich für den Tisch zu sorgen habe und ja nicht vergessen darf, die Reading, oder Mustardsauce auf den Tisch
zu bringen, denn die Aufgabe und die Interessen der holländischen Kommission konnten darunter leiden. Das Essen war
um neun Uhr fertig, und dann begab man sich zur Ruhe, oder
die Topographen erwarteten die Zeit bis ein Fixstern (meist
die Kapella) den Meridian passierte, um die Breite mittelst
eines künstlichen Horizontes aufzunehmen. Wir hatten, einige Regengüsse ausgenommen, beinahe immer herrliches Wetter, kühle Morgen, wo aber nur einmal das Thermometer auf
17° R. stand, gewöhnlich 18°. Gegen ein Uhr Mittags war die
Hitze am stärksten, 27, 28 auch wohl 29°, während dann das
Flußwasser nicht mehr als 22 bis 23° zeigte. Von abends 6–8
Uhr an hatten wir wieder 23 bis 21°, und so beinahe während
der ganzen dreimonatlichen Reise.

Den 15. September erreichten wir unter 4° 47' die ersten
bedeutenderen Berge, die man bei ganz hellem Wetter schon
vom Meere aus sehen kann. Sie gehören zu einem Gebirgs-
zug, der in westlicher Richtung das französische, holländische
und einen Teil des britischen Guyana durchschneidet, der
aber kein zusammenhängendes Ganze bildet, sondern sich in
einzelnen langgehobenen Bergrücken erhebt, die keine sehr
steilen Abhänge haben. Sie scheinen die Breite eines Grads
einzunehmen, da wir die letzten unter 3° 20' nördliche Breite
fanden.

Man beschloß dieses Gebirge, das sich auf eine kleine Stunde landeinwärts auf holländischer Seite erhebt, zu besteigen, und wir brachen am Morgen des 16. September dahin auf. Ein Kreek führte beinahe an den Fuß des Berges, aber da zu viele Bäume über denselben gefallen waren, so verließen wir ihn und hieben in westlicher Richtung einen Weg, auf dem wir denn auch nach 1 ½ Stunden den Fuß erreichten. Sechs Bonnineger und sechs Indianer bildeten die Eskorte und jagten unterwegs nach allem, was nur Leben hatte, so daß man von allen Seiten Schüsse hörte, denn nichts macht dem Neger mehr Freude, als der Knall seiner Flinte. Der Berg, den wir nun erklommen, bestand aus Granit und eisenhaltigem Gestein, das in großen Blöcken überall zu Tage trat. Gegen den Gipfel hin wurde der Pflanzenwuchs sehr spärlich, die Bäume verkrüppelt und, wie der Boden, dicht mit Moos bedeckt. Eine Menge Bromelien wuchsen im Boden, auch die schöne Tillandsia zebrina und Orchideen, die sonst nur in sumpfigen Gegenden vorkommen, und doch befanden wir uns 800 Fuß über dem Meeresspiegel. Große Striche waren mit Bambus bewachsen, nur gegen den Gipfel hin bekam die Vegetation wieder ihre volle Kraft und Fülle. Ich hatte meinen Hebe-Barometer bei mir und fand gegen das Niveau des Maroni einen Unterschied von 15 Linien oder 1 200 Fuß.

Auf dem Gipfel des Berges fanden wir einen wohl drei Fuß im Durchmesser haltenden Baum, aus dem durch Einschnitte in die Rinde eine Menge weißer, süßer Milch strömte, mit welcher der französische Arzt ein Fläschchen füllte. Es war kein Bolletree (Achras) der an der Küste und auf Bergen vorkommt, vielleicht Brosimum utile.[1] Abends vier Uhr waren

---

[1] Es gibt in Guyana viele Bäume mit Milchsaft, die zu technischen Zwecken verwendet werden könnten. Vor allen zeichnet sich der Bolletree, französisch Balata (eine Sapotee) aus. Er kommt überall vor, und sein rotes, hartes Holz wird zu Bauholz und Schindeln verarbeitet. Seit einigen Jahren war man beschäftigt, die Milch dieses Baumes, die nicht im Holz, sondern in der Rinde sitzt, als Surrogat der immer schwerer zu bekommenden Gutta Percha in den Handel zu bringen, und läßt das französische Gouvernement

wir wieder auf unserem Lagerplatz angekommen: Trotz der zahllosen Schüsse war die Jagd nicht ergiebig gewesen. Nur ein Catinga-Hirschchen (Cervus simplici cornis) oder Kariaku, wie es die Indianer heißen, mehrere Waldhühner und ein Simia israelita waren erlegt worden.

Das Gebirge hieß bei den Eingeborenen Anoso; da nun jeder der beiden Gouverneure schon einen Berg in seinem Namen trug, in dem der holländische Landsberge, der französische aber Montravel hieß, so wollte man ihnen keinen weiteren aufbürden, aber um doch den alten Namen ein wenig zu holländisieren, wurde es als Nassau-Gebirge in die Karte aufgenommen. Eine kleine halbe Stunde oberhalb unseres Biwaks verengte sich der Fluß bis auf etwa 500 Fuß Breite.

Den 18. kamen wir an die zweiten bedeutenden Fälle des Maroni Pedrosungu, dieselben wurden an der holländischen Seite, wo sie viel schwieriger sind, befahren, und brauchte man einen ganzen Tag um über sie hinauf zu kommen. Die Stromschnellen und Kaskaden wurden nun immer häufiger, und kamen wir am 20. in der Nähe der Fälle an, welche die vereinigten Flüsse Lava und Tapanahoni bildeten. Wir schlugen am Fuße eines dieser Fälle unser Lager auf und benachrichtigten durch Schüsse die Poliguduneger, die ganz in der Nähe aber oberhalb der Fälle wohnen, von unserer Ankunft. Es währte auch nicht lange, denn unsere Reise war schon längst unter den Negern bekannt, bis sechs Männer ankamen um uns zu helfen.

Mit langen Seilen, die man zu diesem Zwecke mitgenommen hatte, wurden die Korjalen über den ersten Fall Singadede gezogen, unter allgemeinem Schreien und Lärmen, daß man selbst das Brausen des Wassers nicht mehr hörte. Jetzt

---

durch Déportées, welche täglich ein gewisses Quantum liefern müssen, die Milch sammeln. Da nun der Baum stellenweise sehr häufig ist, so könnte, wie bereits in Demerara, dieses Produkt leicht von Bedeutung werden, aber bei der Gleichgültigkeit und dem Widerwillen gegen jede Neuerung bei unserer Bevölkerung wird den Versuchen der Franzosen wohl keine Aufmerksamkeit geschenkt werden.

hatten wir den großen, wohl 18 Fuß hoch herabstürzenden Fall von Poligudu vor uns und erwarteten nicht anders, als daß man die Korjalen ausladen und über die Felsen ziehen müsse; aber glücklicher Weise kannten die Poliguduneger einen kleinen Kanal, der sich in verschiedenen Krümmungen und anhaltenden Kaskaden um einige Inseln wand, und so befanden wir uns gegen Mittag oberhalb des Falles im spiegelglatten Wasser des Tapanahoni. Jetzt wurden die Flaggen wieder aufgesteckt, und das stattliche Geschwader von zehn Booten landete am Dorfe der Nachkommen der früheren Rebellen, wo die sämtliche Bevölkerung an den Fluß gekommen war, uns zu bewillkommnen.

Die vier kleinen Kanonen, welche die früheren Negersoldaten vom Posten Armina mitgenommen hatten, fand ich nicht mehr. Man hatte sie wahrscheinlich aus Furcht, die Kommission mochte sich ihrer bemächtigen, versteckt. Wir schlugen unser Lager etwa zehn Minuten unterhalb des Poligududorfes auf, da wir die Zudringlichkeit dieser Neger fürchteten und auch Bedenken trugen, mit den Leprösen dieses Dorfes zusammen zu leben.

Die Topographen hatten hier für mehrere Tage Arbeit, denn es sollte ein Profil beider Flüsse aufgenommen werden, und man fand, als diese Arbeit beendigt war, daß die Lava bedeutend breiter als der Tapanahoni sei, und ihre Wassermenge zu letzterem wie sieben zu vier sich verhalte. Unsere Lage gerade gegenüber der Vereinigung beider Flüsse war unter 4° 17" nördl. Breite und 54° 30" westl. Länge von Greenwich. Nach den Stromschnellen und Fällen, die wir überschritten hatten, zu urteilen (mein Barometer war unbrauchbar geworden), lag die Mündung des Tapanahoni etwa 110 Fuß höher als das Meeresniveau, das, da der Fluß nur wenige Krümmungen macht, in gerader Linie etwa 50 Stunden entfernt sein kann.

Die Topographen waren sechs Tage lang mit Messung und dem Zeichnen ihrer Karten beschäftigt, während welcher Zeit die Besuche der Busch- und Poliguduneger kein Ende nehmen wollten. Letztere machten sich über unsere Reise die bangsten

Vorstellungen, und die vielen Instrumente, von deren Gebrauch sie keinen Begriff hatten, trugen nicht wenig dazu bei, ihr Mißtrauen zu vermehren. Wir setzten am 30. unsere Reise fort, denn der Tapanahoni sollte zuerst, und später die Lava aufgenommen werden.

Auf dem Buschnegerdorf Guidappu fanden wir nur wenig Leute, denn der Kapitän desselben „Makosto", sowie die meisten Männer hielten sich schon seit drei Jahren am Cottica auf, wo sie Bau- und Brennholz für die Pflanzungen verarbeiteten; es sah dieses Dorf nun ziemlich verfallen aus, und nur Weiber und Kinder bewohnten es. In einer abgelegenen Hütte kam mir ein kleines Ungetüm entgegen, vor dem ich mich beinahe fürchtete. Es war eine wohl 70 Jahre alte, kaum 2 ½ Fuß hohe Zwergin, die mich mit lallender Stimme begrüßte; sie hatte krumme Beine und nach vorn ausgebogene Arme, und ihr Gang war dem einer Schildkröte nicht unähnlich. Ihre Verwandten erzählten mir auch, daß sie die Tochter einer Seeschildkröte „Kalpe" sei, die ihre Mutter im Schlafe besucht habe, und daß, sobald diese Zwergin von Guidappu weggeführt würde, eine Wasserflut das Dorf überschwemmen werde. Ein anderes Wundergeschöpf war ein zehnjähriges Mädchen, das wie ein Tiger am Leib gefleckt war und auf der Stirne einen großen Schopf schneeweißer Haare hatte.

Alles Außergewöhnliche, so wie Krüppel, Idioten etc. die bei den Negern gar nicht selten, bei den Indianern aber fast nie vorkommen, werden für heilig gehalten und Gotteskinder, Gado pikin, genannt. Wir übernachteten im Dorfe Manlobi, dessen Oberhaupt, ein alter Schwätzer, uns gar viel von seiner Ergebenheit vorplauderte, und wie sich alles beeilen werde, uns auf unserer Reise beizustehen.

Am dritten Oktober abends kamen wir im Dorfe Piket am Fuße des Granholle-Wasserfalles an, wo wir das Großoberhaupt zu erwarten hatten, das uns die nötigen Buschneger zur Weiterreise stellen sollte. Hatten wir schon unterwegs auf den Dörfern, die wir passierten, abenteuerliche Gestalten gesehen, so war dies um so mehr auf Piket der Fall, wo die sämtliche Noblesse von Auka zusammen gekommen war, um mit dem Granman das wichtige Ereignis unserer Ankunft und das noch viel wichtigere unserer Weiterreise zu besprechen. Wir wurden auch, kaum ans Land gekommen, von verschiedenen Kapitäns, Vicekapitans, Majors und anderen Standespersonen umgeben, die sich auf die bestmöglichste Weise zu diesem Besuche herausgeputzt hatten.

Einige dieser Herren waren in Schlafröcken von großblumigem Zitz, andere in Soldaten-Jacken gekleidet, diese trugen Regenmantel der Plantagensklaven, andere wieder Hemden der französischen Deportierten mit dem Zeichen des Straf-Etablissements auf dem Rücken; die meisten aber waren ohne Hemd und Beinkleider, hatten dann aber schöne farbige Binden um die Lenden gebunden, welche die Leute wenn sie wohl gewachsen und jung sind, viel besser kleiden als alle europäischen Anzüge, die ihre meist schönen Körper verunstalten, da sie ja doch nicht für sie gemacht wurden. Auch Weiber waren in Menge erschienen, und bei ihnen wenigstens war der Anzug gewählter als bei den Männern; denn da die Aukaner Buschneger auf den Pflanzungen viel Geld verdienen und durchaus nicht karg sind ihren Weibern schöne Zeuge und Putz anzuschaffen, so kommt bei einer solchen Gelegenheit an das Tageslicht, was man Jahre lang aufbewahrt hat. Die ganze Unterhaltung der Besuche die uns belästigten, drehte sich begreiflicherweise um den Zweck unserer Reise, den jeder einzeln für sich und dann wieder alle zusammen wissen wollten. Man erwartete den Granman am andern Morgen, wo dann in einer Generalversammlung die Sache beraten werden sollte.

Wir schlugen unsere Zelte in der Nahe des Dorfes am Ufer des Flusses, der hier etwa 150 Fuß breit ist, auf, und harrten nun auf den Granman, von dessen gutem Willen die Weiterreise abhing. Wie ich schon früher bei andern Gelegenheiten gesagt hatte, zeigte sich in allen Unterhandlungen, welche das holländische Gouvernement von je her mit Buschnegern hatte, wenn auch ihr Vorteil offen am Tage lag, ein Mißtrauen und der Wunsch, die Sachen in die Länge zu ziehen; um wie viel mehr hatten wir nun hier zu erwarten, daß das Großoberhaupt sich mit seinem Entschluß nicht beeilen werde. Aber es war nicht unser Wunsch, lange auf der faulen Haut liegen zu bleiben, und unsere Lebensmittel ließen nicht zu, die Zeit nutzlos zu vergeuden. Kaum konnten wir von den Weibern so viel eintauschen, was wir für den täglichen Bedarf unseres Tisches nötig hatten.

Mir lag dieses Amt ob, und es war keine Kleinigkeit, die einzelnen Tauschartikel als Perlen, Tücher, Seife, Messer, Spiegel, Angeln etc. so einzuteilen, daß sie dem Wert der angebotenen Lebensmittel, die aus Reis, Yams, Hühnern, Schildkröten, Fischen etc. bestanden, gleichkamen. Es war von beiden Seiten ein ewiges Markten und Feilschen, und für mich um so anstrengender, als es stets am Ufer auf glühendem Sande und bei einer Hitze von oft 28° getrieben wurde.

Als nun endlich am dritten Tage der Granman noch nicht angekommen war, mich auch niemand zu ihm bringen wollte, so nahm ich drei meiner Indianer und fuhr mit der kleinsten unserer Korjalen ab. Ohne viele Mühe kamen wir über die Fälle, und da ich den Weg durch die Inseln von meiner ersten Reise her kannte und auf meiner Karte verzeichnet hatte, so kamen wir auch ohne Unfall auf dem Dorfe des Granman an. Ich fand das Großoberhaupt in seiner Hütte und setzte ihm ganz einfach und der Wahrheit getreu den Zweck unserer Reise auseinander, benahm ihm auch alle Furcht, so daß er versprach die nötigen Leute zu geben und uns den Weg den Tapanahoni hinauf zu zeigen. Er packte auch sogleich seine Sachen zusammen und verließ zugleich mit mir sein Dorf.

Ich in meiner, er in seiner Korjal kamen wir zugleich unterhalb des Granhollofalls an; Beiman aber, um sich recht standesgemäß anzukleiden, stieg auf dem linken Ufer ans Land, wo ebenfalls einige Hutten standen. Kaum hatten die auf Piket befindlichen Standespersonen gesehen, daß ihr Chef an der anderen Seite gelandet war, als alle hinüberfuhren, um sich mit ihm vorläufig zu beraten; es dauerte deshalb über eine

Stunde, bis er herüberkam und der Kommission den Besuch abstattete.

Der alte Beiman sah jetzt ganz anders aus, denn Kleider machen Leute; eine holländische Generalsuniform, reich besetzt mit falschen Tressen, hing an seinem Oberleib – darauf saßen uralte Unterlieutenants-Epauletten, die er vermutlich vor 20 oder 30 Jahren von einem Kommandanten Arminas eingehandelt hatte. Hosen trug er von weiß gestreiftem Sommerzeug viel zu weit, doch kaum bis an die Knöchel reichend, eine alte verbleichte Schärpe umgürtete die lange, magere Person, deren Kopf ein mit weißen Federn gezierter Generalshut bedeckte; hinter ihm trug ein hübscher Knabe seinen Kommandostock.

Man erhob sich, schüttelte dem Granman die Hand und trank mit ihm in Vermouthwein seine Gesundheit, kam aber gleich zur Sache, und wir mußten nun zu unserem Erstaunen hören, daß es ihm nicht möglich sei, uns die nötigen Ruderer zu geben, ebensowenig als zu erlauben, daß die Bonnineger uns auf der Weiterreise auf den Tapanahoni begleiten. Er habe mit den Indianern des Inneren einen furchtbaren Eid geschworen, nie einem Europäer oder andern Fremden den Weg zu ihnen zu weisen, und sein Gott würde ihn ohne Zweifel töten, wenn er diesen Schwur nicht halte.

Die einzige Ursache ihres Widerwillens uns den Weg zu zeigen, war wohl nichts anderes, als die Furcht, ihre Handelsverbindungen mit den Indianern beeinträchtigt zu sehen. Wir schieden also für diesen Abend unverrichteter Sache, und nahm der Granman im Dorfe Piket sein Quartier. Bonnineger und Indianer besuchten ihn und seine Kapitäne dort, und diese wußten unsern Leuten so Bange zu machen, daß sie einstimmig erklärten, nicht weiter den Fluß hinauffahren zu wollen.

Wir waren nun in einer fatalen Lage. Ohne Indianer und Bonnineger war es rein unmöglich die Weiterreise zu unternehmen, denn außer vier Mananegern, den zwei Bedienten und dem Koche der holländischen Expedition hatten wir

niemand, da die zwei Dolmetscher auf Poligudu zurückgeblieben waren, um die Lebensmittel zu bewachen, die für die
Expedition auf der Lava bestimmt waren.

Mit sieben Mann aber drei Korjalen vielleicht einen ganzen
Monat lang gegen Fälle und Stromschnellen aufwärts zu rudern und ohne Wegweiser einen Fluß zu befahren, den keiner
von uns kannte, blieb immerhin ein sehr großes Wagstück.
Schon waren wieder seit der Ankunft des Granman drei Tage
verflossen, an denen fortwährend Gruttus gehalten wurden,
wobei verschiedene weiße Hähne geschlachtet wurden, deren
Eingeweide durch die Zauberer oder Lukumans untersucht,
aber immer für unsere Expedition ungünstig ausfielen, als
Buschneger aus dem untern Maroni ankamen und für uns alle
Briefe mitbrachten.

Herr Vidal, der Chef der französischen Expedition, erhielt
die Nachricht seiner Anstellung zum Lieutenant de vaisseau.
Meine Briefe waren leider traurig; mein Neffe lag noch immer
krank im Hospital von St. Louis; häufige Fieber hatten ihn
so geschwächt, daß er das Bett nicht verlassen konnte und in
schlafähnlichem Zustande tagelang lag. Diese Nachricht versetzte mich in die trübste Stimmung, so daß ich auch nicht
an dem Feste teilnahm, das die Mitglieder der Kommission
zu Ehren Vidals feierten, obgleich ich diesen jungen, talent-
vollen, braven Mann liebte und achtete.

Da nun die Buschneger das Orakel durch Hähne befragt
hatten, so machten auch die sechs Mitglieder der Kommission sich den Scherz, durch einen Zaubertanz den Negern, die
schon an den vielen Instrumenten so viel Unbegreifliches gesehen hatten, ein noch unbegreiflicheres Schauspiel aufzufüh-
ren. Es war eine dunkle sternlose Nacht, als die sechs Offiziere,
eine große blecherne Schüssel mit brennendem Weingeist tra-
gend, der mit Salz vermischt durch seine blauen Flammen den
Tanzenden ein geisterhaftes Aussehen gab, im komischen Me-
nuett aus dem Zelte traten und einen alten trockenen Baum,
der vor dem Dorfe Piket stand, in Brand steckten, und während die Lohe empor prasselte, denselben zwar ohne Musik,

aber in gut eingehaltener Cadence umtanzten. Es gab ein Bild, das die Phantasie nicht barocker hatte malen können.

Lautlos schauten die Neger dem ihnen mysteriösen Schauspiel zu, bis dann endlich der Baum, um den die sechs Spukgestalten tanzten, zusammenstürzte, und damit die Farce beendigt war. Stille war wahrend der Vorstellung alles geblieben, nur der Grandhollofall brauste dazu. Teilnahmslos aber lagen meine Indianer in ihren Hängematten, rauchten ihre Papier-Zigarren und verwunderten sich, daß die Bakeras solch tolles Zeug treiben konnten.

Am folgenden Morgen hatte der Granman wieder tausend Ausflüchte, und unser Zelt war von allen Würdenträgern von Auka umgeben, die gegen die Weiterreise protestierten. Ich kenne die Neger zu gut, und weiß, daß Nachgiebigkeit nie am Platze ist; während nun die Offiziere sich besprachen und bereits geneigt schienen, von der Reise nach dem obern Tapanahoni abzusehen, hatte ich, der Hilfe meiner Indianer sicher, schnell zwei Boote geladen, und forderte die Offiziere auf, mit diesen allein abzufahren und auf alle Mitwirkung der Buschneger zu verzichten. Jeder dieser Herren, (Kapitän R. und Lieutenant B. der französischen Expedition blieben zur Bewachung der Güter und Boote, die man nicht mitnehmen konnte, auf Piket zurück) ergriff einen Pagai und machte sich bereit, in die Korjale zu steigen, als die Buschneger sprachlos vor Entsetzen und unter dem Ausruf „Biggi Trobi sa kon" (Große Händel wird es geben) beinahe fußfällig baten, man mochte ihnen doch erlauben, uns begleiten zu dürfen.

Die Kerls waren vor dem Unwillen des französischen Gouvernements bange, dem sie im vorigen Jahre versprochen hatten, niemandem die Fahrt auf dem oberen Fluß zu verwehren. Man nahm nun zwölf kräftige Buschneger an unter der Bedingung, daß sie ein weiteres unserer Boote brächten, was denn auch augenblicklich geschah. Mein Rat, mehr Indianer mitzunehmen war umsonst, die Herren, zu wenig vertraut mit Buschnegern, meinten nicht, daß diese es jetzt noch wagen würden, ihr Wort zu brechen, und so wurden außer den drei

Indianern meiner Korjal, alle Indianer, Bonni- und Mananeger entlassen und kehrten nach dem untern Maroni zurück. So waren die Buschneger die bei weitem größere Mehrzahl, und bald zeigte es sich, was man an ihnen hatte.

Schon den zweiten Tag gegen Mittag erreichten wir das letzte der Buschnegerdörfer „Mirandalo", das bloß durch einige Familien bewohnt war. So liegen nun die Dörfer der Aukaner Buschneger auf einer Länge von zwölf Stunden, und wenn man die ganze Bevölkerung zu 1 000 Seelen annimmt, so wird es wohl das Maximum sein. Ihre genaue Zahl kannte man nie, sie ist aber auf jeden Fall früher viel beträchtlicher gewesen. Sie sowohl als die Bonnineger sind frei, bewohnen einen fruchtbaren, an Wild und Fisch reichen Landstrich, und doch haben sie sich seit den hundert Jahren ihres Aufenthaltes in den Wäldern bedeutend vermindert, da ihre Zahl, als man 1761 mit ihnen Frieden schloß, weit mehr als das Doppelte betragen haben soll. Unter den Krankheiten die sie hauptsächlich dezimieren, stehen Syphilis und Lepra oben an. Selten sieht man einen ganz schönen, von Flecken und Geschwüren reinen Körper, auch die Pocken richten zuweilen unter ihnen Verheerungen an, und da sie vor dieser Krankheit sich besonders fürchten, so würde es einem Arzt, der sie in Auka zu impfen hätte, ein leichtes sein, genau ihre Anzahl, die sie übrigens selbst nicht wissen, weil vielleicht nur einzelne bis Hundert zählen können, zu bestimmen. Fieber und Dyssenterie, auch Leberkrankheiten sind nicht selten, nie aber sah ich Neger an Gicht und Rheumatismus leiden.

Der Tapanahoni strömt meistens aus Südwesten, manchmal durch unzählige Inseln, so daß seine Breite an solchen Stellen wohl zwei Stunden betragen kann. Die Vegetation ist durchaus nicht so reich als im aluvialen Boden des Landes oder selbst unterhalb des Poligudufalles. Erythrina, Eperua, Copava, Ingas kommen auf den Inseln am häufigsten vor. Große, schwere Bäume sind da selten, und die Gewässer der Regenzeiten scheinen nach und nach den fruchtbaren Boden weggeschwemmt zu haben. Bassins, in denen man, wie in der

Lava, tagelang reisen kann, ohne eine bedeutende Strömung zu finden, sind im Tapanahoni selten, und wo sie vorkommen, wechseln sie bald wieder mit Schnellen und Fällen ab; es ist dieses ein Beweis, daß das Land, durch welches dieser Fluß strömt, höher liegt als das der Lava, und daß das Plateau am Fuße des Tumucumac-Gebirges sich nach Osten zu abdacht. Höhere Berge findet man nicht, und die Ufer erheben sich bloß zuweilen in kleinen Hügeln.

Zwei Tagereisen oberhalb Mirandalo unter 3° 56" nördl. Breite beschlossen die Topographen, meine drei Indianer und einen surinamschen Neger zurückzusenden; denn da die Buschneger auch von unserm Vorrat zehrten, so fürchtete man mit Recht, daß die Lebensmittel nicht zureichen wurden, um 40 Tage lang die Reise auf dem Tapanahoni fortzusetzen, wiewohl man im Ernst nie daran dachte, ohne das bequeme Boot so lange unterwegs zu bleiben. Ich warnte nochmals vor den Buschnegern, denen die Kommission nun ganz und gar überliefert war, aber vergebens.

Ich verließ mit meinen Indianern die Gesellschaft und kehrte nach Albina zurück, um mit Bonninegern den Rest der Lebensmittel für beide Expeditionen abzuholen und nach Poligudu zu transportieren, wo ich sie von ihrer Reise in den Tapanahoni erwarten sollte. Am 25. Oktober war ich wieder auf Poligudu zurück, ich hatte drei andere Karaiben als Ruderer meiner Korjal mitgebracht, die nun auch bis zum Ende der Reise bei mir blieben. Die Kommission war schon längst von ihrer Reise in den Tapanahoni zurück, den sie bloß bis zu 3° 28" nördl. Breite hinaufgefahren war; denn als die Buschneger sahen, daß sie allein Herren waren, beeilten sie sich nicht, um so mehr, als man eine Menge Fälle zu passieren hatte, wo die Herren selbst mit angreifen sollten, was sie nicht gewohnt waren. Zuletzt weigerten sich die Buschneger gar, die Boote zu ziehen und die Bagage zu tragen, wozu noch einige Gewitterregen kamen, welche die des Nachts unter freiem Himmel Campierenden nicht angenehm erfrischten, so daß die Reise, welche 40 Tage dauern sollte, schon acht Stunden oberhalb des Punktes, an dem ich sie verließ, ihr Ende erreicht hatte. So hatten denn die Buschneger ihren Willen durchgesetzt, was um so mehr zu bedauern ist, als unser Gouvernement diese Kerls gar nicht strafen kann, als etwa durch salbungsreiche, mündliche Vorwürfe, wenn ein oder der andere Kapitän nach Paramaribo kömmt und um etwas Reis, Salz oder Pulver bettelt.

Herr Vidal, der Chef der französischen Kommission, sagte mir, der Fluß, sei da wo man umkehrte, völlig aus Westen gekommen, so daß man bereits den Meridian von Paramaribo überschritten habe ein Beweis, daß der obere Surinamfluß ebenfalls aus Südwesten oder selbst aus Westen kommen muß. Wie weit man von den Akuriindianern entfernt war, mit denen die Buschneger Handel treiben, wußte man nicht; vermutlich liegen diese Dörfer unter 2–3° nördlicher Breite und 55–56° westlicher Länge. Sie sind deshalb nicht weit entfernt von den Dörfern der Wapisiana, die Schomburgh besuchte. Auch sie gebrauchen mit Ouraligift vergiftete Pfeile; ob sie, die wir mit dem Namen Akuri nennen, dieses Gift aber selbst bereiten, oder es von den westlicher wohnenden Indianern kaufen, weis ich nicht.

Ich bekam oft solche vergiftete Pfeile, ja einmal von einem Buschneger Akedere eine Kalebasse voll dieses Giftes, das rotbraun aussah und die Zähigkeit des Arakasiribalsam hatte; er brachte mir häufig Produkte jener Indianer mit; nie aber erhielt ich Ourali oder die damit vergifteten Pfeilspitzen durch Bonnineger, die bloß in Handelsverbindungen mit den östlicher wohnenden Indianern, den Arukujana stehen, welche die Zuflüsse des Yari bewohnen, so daß die Strecke, wo dieses berühmte Gift wächst, im britischen oder brasilianischen Guyana zu liegen scheint. Da nun die Buschneger bestreiten, daß die Akuriindianer auf Savannen wohnen, so würden diese erst im Westen des 56° Längengrades anfangen, und da, wie wir später fanden, das Tumukumacgebirge von Westnordwest nach Ostsüdost sich erstreckt, so stehen vermutlich die Gebirge, welche Schomburgh unter 1° 20 nördlicher Breite und

55° 30'–56° 30' westlicher Länge fand, mit jenem in keinem Zusammenhang. Es entspringt also der Tapanahoni höchst wahrscheinlich, wie die Lava, am nördlichen Abhang des Tumukumac, der die Wasserscheide zwischen den direkt in den Atlantischen Ozean mündenden Flüssen und denen, die vom südlichen Abhang in die Seitenflüsse des Amazonenflusses sich ergießen, bildet, und gehören die zwei Bäche, welche Schomburgh in seiner Karte als Basi kityu und Pianaghotte verzeichnet zum Flußsystem der Coppename, Saramacca oder des Surinam, so daß die Quellen dieser Flüsse südwestlicher zu suchen sind als die des Tapanahoni; man könnte deshalb vielleicht durch erstere leichter die Flüsse erreichen, die sich in den Amazonenstrom ergießen; auch ist es wohl möglich, daß hier in den Regenzeiten ähnliche Verbindungen stattfinden wie in Britisch Guyana zwischen dem Rupununi und Rio branco, während bei der Lava und dem Tapanahoni daran nicht zu denken ist.

Der Chef der holländischen Expedition war in Folge der Strapazen schwer erkrankt, und unsere Abreise nach der oberen Lava verzögerte sich noch mehrere Tage. Sogleich nach meiner Zurückkunft hatten die drei französischen Offiziere und der holländische Topograph sich auf die Reise nach der obern Lava begeben, während der französische Arzt und ich bei dem langsam Genesenden zurückblieben. Dieser hatte sich dann endlich so weit erholt, daß wir am 30. Oktober ebenfalls abreisen konnten. Die Lava, wie bereits gesagt, beinahe zweimal so groß als der Tapanahoni, ist von ihrer Mündung in den Maroni an, bei einer Länge von wohl zwei Stunden, voll größerer und kleinerer Inseln.

Am Südende der größten, auf der ich vor drei Jahren eine Nacht zugebracht hatte, hatten die Holländer gegen Ende des vorigen Jahrhunderts einen kleinen militärischen Posten gegen die Einfälle der Bonninger errichtet; ein Haufen Backsteine und Platten waren vermutlich die Überreste eines Backofens, ein Beweis, welche bedeutende Kosten solch ein Krieg gegen das weggelaufene Gesindel gekostet haben muß, wenn man Stein, Mehl etc. auf solchen Abstand und unter solchen Schwierigkeiten herbeizuschaffen hatte. Auf dem Boot des Topographen und Doktors befanden sich jetzt Bonnineger, während ich mit meinen Indianern in meiner alten Korjal fuhr.

Der Fluß war schön und breit und seine Oberfläche so ruhig wie die eines Spiegels. Außer einigen Fischottern, die uns neugierig umschwammen, sah man kein Wild, obwohl sich Jaguare hier aufhalten, wovon wir gleich in den ersten Tagen den Beweis erhalten sollten, denn als wir frühstückten, verfolgte der Hund eines Bonninegers die Spur eines Wildes im Walde, während sein Herr kaum 30 Schritte davon längs des Ufers fuhr; plötzlich heulte der Hund, der Neger eilte in den Wald und fand ihn bereits mit eingeschlagenem Schädel, während der Jaguar sich langsam entfernte. Es war nun ein allgemeiner Jammer, denn die Neger lieben ihre Hunde sehr, wiewohl dieselben mit dem allerschlechtesten, oft kaum genießbaren Futter ihren Hunger stillen müssen, als Jammergestalten herumlaufen und immer von Zecken und Muskitenwürmern geplagt sind. Das arme Tier wurde sogleich auf einer Strominsel begraben, und jedes Gewehr zu seiner Ehre abgeschossen.

Auf den Strominseln, wo sie den Cabiais oder Wasserschweinen, die des Nachts ans Land kommen um Gras und Kräuter zu fressen, auflauern, sah man oft Fußspuren großer Jaguars. Überaus häufig kommt an der Lava der kleine Kaiman, Alligator Sclerops, vor, der ohne alle Bewegung am Ufer liegt und bloß seine Schnauze aus dem Wasser steckt; selten verging ein Tag, wo nicht einer oder einige geschossen wurden, so daß die Indianer sie zuletzt nicht mehr essen wollten.

An der Lava schossen unsere Neger und Indianer ein schönes Waldhuhn, das sie Crala heißen, (penelope cristata); es schmeckt sehr gut, und sind die Vögel so dumm, daß sie sich Stück für Stück vom Baume herunterschießen lassen, ohne wegzufliegen.

Schon am zweiten Tage kamen wir an den Fall Itepucu, eine Menge kleiner Kaskaden und Stromschnellen, die sich etwa 2 ½, Stunden lang von Süden nach Norden erstrecken;

wir gebrauchten einen vollen Tag, um über diese Fälle zu kommen. Selten sieht man die Ufer des Flusses, der wohl über eine Stunde breit sein kann, denn Tausende von Inseln, Inselchen und Klippen füllen sein Bett an.

Plötzlich kommt man aus diesem Labyrinth in einen schönen, stattlichen Strom, ruhig wie ein Spiegel, an dessen rechtem Ufer ein wohl 2 000 Fuß hohes Gebirge auf einen Abstand von vielleicht ¾ Stunden landeinwärts sich erhebt. Beinahe diesem Gebirge gegenüber und zwei Stunden vom Falle aufwärts liegt auf dem linken Ufer das Dorf Providence, der Hauptort der Bonnineger. Diese unterscheiden sich in gar nichts von den Buschnegern, mit denen sie Abstammung und Sprache gemein haben. Ihre Wohnungen sind auf dieselbe Weise gebaut, auch ist ihre Lebensweise dieselbe.

Über ihre Beziehungen zu den Buschnegern habe ich schon gesprochen, sie huldigen wie diese dem krassesten Aberglauben, und sind, ihres Wertes sich bewußt, jetzt durch die Franzosen protegiert zu werden, womöglich noch unverschämter als die Buschneger. In der Dienstbarkeit unter diesen verfertigten sie für sich und ihre Herren große Korjalen aus dem häufig an der oberen Lava vorkommenden Holze des Bambabaumes, einer Laurinacee (Oreodaphne opifera Nels), die bei den Franzosen unter dem Namen Zeder noir bekannt ist. Das Holz ist gelblich von Farbe, hart, hat einen sehr angenehmen zimt- oder kajeputölartigen Geruch und wird in großen Dimensionen gefunden; durch Einschnitte erhält man ein wasserhelles, flüchtiges Öl, das beinahe wie Kajeputöl riecht, von den Negern Bamba fattu genannt wird und bei rheumatischen Schmerzen von Nutzen sein soll.

Auf Providence trafen wir die andern Mitglieder der Kommission. Das Oberhaupt oder der Granman wohnt hier, und hatte sich die sämtliche Bevölkerung der paar von den Bonninegern bewohnten Dörfer eingefunden, so daß es uns leicht wurde, ziemlich genau ihre Menge zu schätzen. Diese mag denn alles in allem 250 bis 280 Individuen betragen, worunter kaum 45 arbeitsfähige Männer. Die Kommission war der

Gegenstand der höchsten Neugierde, und uns zur Ehre, aber wahrlich nicht zum Vergnügen, ward ein Tanz veranstaltet, der beinahe bis an den Morgen dauerte.

Das Dorf Providence liegt unter 3° 48" nördlicher Breite, und da die Richtung des Flusses von Poligudu aus meist eine südöstliche war, so kann der östliche Abstand von diesem etwa 24 Minuten betragen. Wir verließen am 5. November Providence, um unsere Weiterreise anzutreten, das Wasser hatte wenig Strömung, doch stieß man hin und wieder auf kleine Felsenriffe. Gegen Mittag kamen wir an ein paar Hütten vorbei, die auf einer kleinen Insel standen. Es befand sich niemand hier, als ein Wahnsinniger, der in einer Hütte fürchterlich brüllte und tobte.

Am Abend erreichten wir das dritte Dorf der Bonnineger, Courmotibo. Es liegt auf dem rechten Ufer, war aber ebenfalls beinahe leer, weil alle seine Bewohner noch auf Providence waren. Ein uraltes Mütterchen von bräunlicher Mulattenfarbe und schneeweißen Haaren war zu Hause geblieben; es war die einzige noch lebende Tochter Bonnis, der in den neunziger Jahren im Kampf mit Buschnegern sein Leben verloren hatte. Wir beschenkten sie mit einigen Tüchern und andern Kleinigkeiten.

Hier fanden wir auch einen jungen Burschen und ein Mädchen vom Stamm der Irakuleh-Indianer, die in ihrer Kindheit von den Bonninegern entweder geraubt oder als Geiseln mitgenommen waren. Sie sind viel heller als unsere Karaiben, haben wie diese platte Gesichtszuge, graue oder grünliche Augen und Haar von widerlicher Schwärze. Sie waren, wie manche Neger, tätowiert und hatten ganz die Manieren ihrer Gebieter angenommen.

Der Stamm der Irakuleh-Indianer bewohnt die Almakreek, die in die obere Lava mündet, und scheint mit den andern Indianerstämmen und auch mit den Bonninegern in Unfrieden zu leben. Die Letzteren geben vor, die Wohnplätze der Irakuleh nicht zu kennen, weil diese, wie Nomaden, dieselben oft verließen und sich an andern Orten ansiedeln.

Am dritten Tag kamen wir an das letzte Dorf Grasiabra, einige elende Hütten auf dem linken Ufer. Von hier aus erstreckt sich ein Steindamm quer über den Fluß; man konnte ihn für ein Werk von Menschenhänden halten, so regelmäßig sind die Felsenblocke geschichtet. Das Dorf kann höchstens aus 20 bis 30 Seelen bestehen, die aber auf ihren Kostäckern in der Umgegend sich befanden. Drei Stunden oberhalb dieses Dorfes und auf derselben Seite passierten wir die Mündung des Ininiflüßchens. Man sagte uns, daß wenn man dieses Flüßchen, das aus Nordosten kommt, fünf Tage lang aufwärts fahre, man an einen Weg komme, auf dem man in zwei tagen den Oyapok erreiche. Der Inini wird von den Emerillon-Indianern bewohnt, die aber in keiner Beziehung zu den Bonninegern und Europäern stehen sollen.

Den 8. November gegen Mittag kamen wir am rechten Ufer an der Mündung eines schönen Flusses, des Aroua, vorbei, der einen Wasserweg zu dem Camopi, einem Seitenfluß des Oyapoks, darbietet, so daß von beiden Flüssen in bezüglich kurzer Zeit dieser große östliche Grenzfluß des französischen Guyanas zu erreichen ist. Von Providence bis hier hatten wir, einige kleine Stromschnellen ausgenommen, meist ruhiges Wasser gehabt, und durch die geringe Strömung war unsere Fahrt sehr begünstigt. Am 9. kamen wir aber wieder in eine Strecke anhaltender Stromschnellen und Kaskaden, in welchen wir anderthalb Tage lang fahren mußten. Wir schlugen unser Lager am Abend des 9. nahe an der Mündung des aus dem Süden kommenden Litanikreek auf, der hier einen Wasserfall von acht Fuß Höhe bildet. Auch die zwei folgenden Tage hatten wir noch Fälle und Stromschnellen zu überwinden, und erst am 12. November erreichten wir unter 3° 25" das Hochplateau, das sich bis zum Fuße des Tumucumac ausdehnt.

Die Richtung des Flusses, die erst südöstlich, dann südlich gewesen war, wurde nun südwestlich, das Wasser hatte wenig Strömung, das Land war meistens eben und oft sumpfig, nur kleine Hügel ragten zuweilen aus dem Uferlande hervor. Der Fluß, jetzt bedeutend schmäler, war höchstens 100 bis

120 Fuß breit, hatte viel kälteres Wasser, 19 bis 20° R., so daß man fröstelte, wenn man darin sich badete. Alles hatte den Anschein, daß wir uns rasch dem Ursprung näherten.

In den Buchten, in denen wenig oder gar keine Strömung war, fand man Nymphäen und das in den Gewässern des Küstenlandes so häufige Caladium arborescens. Wie sehr wünschte ich, in diesen stillen Gewässern die Victoria regia zu finden, deren Entdeckung im Berbicefluß den Reisen Schomburghs die Krone aufsetzte, aber wir sahen nichts; weder Indianer noch Bonnineger hatten je von dieser Prachtblume etwas gehört. An den Felsen, die manchmal aus dem Wasser hervorragten, oder die das Ufer bildeten, sah man, daß der höchste Wasserstand des Flusses nicht über sieben bis acht Fuß seines jetzigen Niveaus, des niedrigsten, betrug. Trotzdem aber fuhren wir noch volle fünf Tage, oder mehr als einen Breitegrad, in diesen Bassins, bis wir das Dorf der Arukujanas erreichten, die, wie wir von den Bonninegern gehört hatten, nahe den Quellen der Lava wohnen sollten. Der Fluß war nun zum Bach geworden und stellenweise so seicht, daß unsere kleinen Korjalen kaum fahren konnten, während die Breite nicht mehr als 20 bis 30 Fuß betrug.

Ich habe wenig armseligere Indianerdörfer gesehen, als dieses Arukujananest. Vom Fluß aus mußte man wenigstens 30 Schritte weit durch den Sumpf des Uferlandes waten, ehe man den Pfad erreichte, der ins Dorf führte. Auch dieser Pfad steht in den Regenzeiten unter Wasser.

Auf einer kleinen Anhöhe zwischen umgehauenen Bäumen standen drei elende Hütten, in denen etwa 25 Personen wohnten. Der Stamm der Arukujanas, der nie direkt mit Europäern in Beziehung stand, scheint von jenseits des Tumucumac eingewandert zu sein, um in eine leichtere Verbindung mit den Bonninegern zu kommen, die ihnen gegen europäische Artikel ihre Hängematten, Perlenschnüre von Körnern und Samen unbekannter Früchte abkaufen. Die Männer sind hochgewachsen und gleichen den Gesichtszügen nach den Arowaken, haben aber, wie die Karaibenweiber, um ihre Waden baumwollene

Bänder, von denen Fransen herunterhängen, nur haben hier die
Waden ihre natürliche Form, weil sie nicht eingepreßt werden.
Um ihre Lenden tragen sie einen Gürtel von wohl 100 Schnüren, verfertigt aus den Haaren des Coita oder des Brüllaffen,
um welchen ihr Kamis oder Lendentuch befestigt ist. Dieser
Gürtel hält so warm, daß er bei den Eskimos passender wäre,
als hier in der Nähe des Äquators.

Die Weiber sind klein und unansehnlich, der Ausdruck
ihres Gesichtes ist ganz der der Karaiben. Sie tragen als einziges Kleidungsstück einen Schurz oder Kweju von Glasperlen, wie die Arowakenfrauen, nur größer und von weniger
eleganter Zeichnung. Die Fransen an diesem Schürzchen sind
holzartige Samen von Bohnengröße und rasseln beim Gehen.
Haben die Frauen keine Glasperlen zur Verfertigung dieses
Schurzes, so wird er aus dem Samen einer andern Frucht gemacht, die in langen Strängen unter dem Namen Afrou, Are-
wipi und Dapudapu durch Busch- und Bonnineger in den
Handel gebracht und in der Kolonie verkauft werden. Von
diesen aus Fruchten und Samenkapseln verfertigten Perlen-
schnüren tragen die Frauen eine solche Menge, daß sie bei
jedem Schritt ein Gerassel machen wie ein Schlittengaul. Die
Haare beider Geschlechter sind kurz abgeschnitten.

Die Arukujanas sind schmutzig, immer mit Rocu beschmiert und haben nicht das frische, gesunde Aussehen der
Indianer des untern Maroni. Sie scheinen mit den Stämmen, die in denselben Breitegraden das britische Guyana
bewohnen, in keiner Verbindung zu stehen, denn sie haben nicht einmal Cassavereiben, die doch die Makusis den
meisten Indianern von Guyana liefern. Sie gebrauchen dazu
flache Granitplatten, auf deren rauhen Flächen sie die Wurzeln abreiben.

Im Gesträuch um das Dorf fand ich zwei Solanumarten,
deren Früchte diese Indianer roh essen; die erste Art ist etwa
acht Fuß hoch, hat zwei Fuß lange breite, behaarte, stachelige
Blätter, bei einer grünlichten Blume, die aus den Blattachseln
hervorkommt; die ganze Pflanze ist über und über behaart

und mit Stacheln bedeckt. Die Frucht, etwas großer als ein Hühnerei, ist in der Reife gelb. Die andere Art ist viel kleiner, Blätter etwa sechs Zoll lang; Blüte blau, hat eine Frucht ebenfalls gelb und von der Größe eines Eies mit drei kleinen Auswüchsen, wie Hörnern. Von letzterer Art habe ich durch Samen junge Pflanzen in meinem Garten gezogen.

Wir hörten von den Bonninegern, daß etwa neun Stunden in östlicher Richtung und am Litanikreek ein anderes Dorf läge, wohin von hier ein Weg führe, und wo sie manchmal treffliche Jagdhunde eintauschen. In einer Karte, die vor 200 Jahren durch Jesuiten-Missionare, die diese Gegenden durchzogen, gezeichnet ist, sind mehrere Dörfer der Indianer angegeben, die vielleicht nicht mehr existieren, oder welche die Bonnineger aus Handelsinteressen verheimlichen. Was wir weiter erfuhren, war, daß es zwei Stunden oberhalb des Dorfes, wo wir jetzt waren, einen Weg gebe, auf dem man am ersten Tag den Fuß des Tumucumac erreiche, am zweiten und dritten das Gebirge überschreite und am fünften an das Ufer des Yari komme, der sich in den Amazonenfluß ergießt. Am Yari wohnen Indianer eines andern Stammes, die sehr erfahren sind im Verfertigen von baumwollenen Hängematten und Putzsachen aus Vogelfedern. In jener Gegend, die also schon in südlicher Breite liegen muß, seien Savannen und unbewaldete Gebirge, auf denen sich das schöne Felsenhähnchen in Menge finde. Jene Indianer stehen ebenfalls in Verbindung mit den Portugiesen, welche die Ufer und Seitenfluß des Amazonenflusses bewohnen.

Das Dorf der Arukujanas liegt unter 2° 18' nördlicher Breite und beinahe unter demselben Meridian, wie die Mündung der Lava, so daß der Fluß einen Halbkreis bildet und sich zuletzt, wie der Tapanahoni, ganz westlich wendet. Wir wußten nun wohl, daß wir in der Nähe des Tumucumac-Gebirges waren, aber sehen konnte man dasselbe nicht, denn dichter Wald bedeckte wie überall die Ufer, und da der Fluß zu schmal war und zu viele Krümmungen hatte, war nirgends eine Fernsicht.

Auf dem Dorf waren meine Indianer auf Bäume geklettert, aber sie sahen eben nichts als Wald.

Die Topographen überlegten nun, ob wir nicht das Gebirge, das jedenfalls in der Nahe sein mußte, übersteigen sollten, um wenigstens seine Lage und Richtung zu bestimmen, aber unsere wenigen Lebensmittel und mehr noch das Herannahen der Regenzeit machte die Sache bedenklich; auch gehörte diese Weiterreise nicht zur Aufgabe der Kommission, die sich bloß auf die Aufnahme der Lava zu beschranken hatte, obwohl eine geographische Bestimmung des Gebirges, das wohl nie von Europäern besucht worden ist, von großem Wert gewesen wäre. Man kam also überein, sich um den Tumucumac nicht weiter zu bekümmern, die Lava aber noch soweit hinaufzufahren, als mit den kleinen Korjalen zu kommen sei, und dann den Rückweg anzutreten. Den Fällen und Stromschnellen nach zu urteilen, muß das Dorf der Arukujanas etwa 350 bis 400 Fuß höher liegen als die Mündung der Lava bei Poligudu und deshalb 450 bis 500 Fuß über dem Meeresspiegel.

Am 18. November verließen wir das Indianerdorf mit der angenehmen Hoffnung, in einigen Tagen wiederzukehren und dann die Rückreise anzutreten. In einem kleinen Boote, in dem man nur mit Vorsicht, weil sonst zu befürchten, es schlage um, sich rechts oder links bewegen kann, drei Monate lang zu sitzen und Wildnisse zu bereisen, die keine Abwechslung bieten, wird am Ende etwas langweilig.

Die Lava wurde immer seichter, und die übereinander gefallenen Bäume immer häufiger, denn der Indianer gibt sich keine Mühe, dieselben aus dem Wege zu räumen, sondern fahrt mit seiner leichten Korjal darunter weg oder zieht dieselbe darüber hin. Es war ein trüber Tag, an dem wir das Indianerdorf verließen; erst am Nachmittage heiterte sich der Himmel auf, und vor uns lag auf etwa 1 ½ Stunden Abstand vom Fluß eine hohe Felsenkuppe, die über die Waldung des nördlichen Ufers hervorragte, teilweise bewaldet war, aber auf ihrem Gipfel und an ihren Abhängen eine rohe Steinmasse zeigte.

Sogleich wurde beschlossen, unser Lager aufzuschlagen und am andern Tag den Felsen zu erklimmen, der uns unfehlbar eine Aussicht auf das Gebirge geben mußte. Gleich nach unserer Ankunft im Lagerplatz machte ich mich mit Airumanali, einem meiner Karaiben, auf den Weg nach dem Felsen, an dem wir denn auch nach einer kleinen Stunde Marsches ankamen; es war aber für heute zu spät, um ihn so weit zu besteigen, um über die unteren Baume wegsehen zu können; wir begnügten uns also im Zurückweg mit dem Hauer den Weg zu trassieren, und kamen bei anbrechendem Dunkel wieder im Kamp an.

Am andern Morgen machten wir uns alle auf den Weg; voran gingen einige Bonnineger, welche den Pfad, den wir am Abend auf Indianer Art nur leicht bezeichnet hatten, breiter hieben. Die Richtung war Nordwest, und führte der Weg meistens über hohes, trockenes Land, nur lagen zwischen zwei Hügeln, die wir zu überschreiten hatten, große Pinasümpfe, die aber jetzt ausgetrocknet waren; hier bekamen wir die ersten dieser Palmen, seitdem wir Armina verlassen hatten, wieder zu Gesicht. Am Felsen teilten wir uns in zwei Partien, wovon die eine mit dem holländischen Topographen und mir die Besteigung auf der Süd, die andere mit den übrigen Herren von der Westseite unternahm. Ungeachtet an vielen Stellen die rohe Felsenmasse zu Tage traf, so war er doch meistens dicht bewaldet, und an seiner Basis mochte die Neigung wohl 36 bis 40° betragen. Nach etwa ¾ Stunden langem anhaltendem Steigen und Klettern erreichten wir ohne allzu große Anstrengung eine Felsenplatte, von welcher wir das Gebirge teilweise vor uns liegen sahen. Leider war es ein nebelichter Tag, und die fernen Berge nicht leicht zu unterscheiden. Wir gewahrten übrigens mit Verdruß, daß wir uns gar nicht auf dem großen Felsen, sondern nur auf einem kegelartigen Vorsprung desselben befanden, und hörten auch gleichzeitig das Rufen und Schießen unserer Genossen, die den Hauptfelsen gefunden hatten und nun denselben erklommen.

Wir mußten nun, um bis zu ihnen zu kommen, wenigstens 400 Fuß tief auf der anderen Seite hinabklettern, die Kluft zu durchschreiten, die uns vom Hauptfelsen trennte. Undurchdringliches Bambusgebüsch, bedeckte die Abhänge, an denen wir hinunter zu steigen hatten; ungeheure Felsenblöcke von oft 40 Fuß Hohe hingen über uns; der stachlige Bambus zerriß unsere Kleider und entlockte den barfüßigen, halbnackten Negern manchen Schmerzensschrei.

Als wir in der Schlucht angekommen waren, die den wildesten Anblick bot, der mir je in Guyana zu Teil geworden, sahen wir vor uns auf einem Granitblock einen großen, prachtvollen Jaguar. Airumenali machte mich mit dem Rufe Kaikusi, Kaikusi darauf aufmerksam; aber schon hatte ihm ein Bonninger eine Kugel zugesandt. Das schöne Tier machte einen Satz und verschwand pfeilschnelle im Wald.

Wir bestiegen nun den großen Felsen, anfangs noch durch Wald, aber bald nur durch Agaven, Bromeliaceen und andere stachlige Gewächse, bis wir denn endlich bei der Gesellschaft ankamen, die sich auf einem Vorsprunge gelagert hatte. Hohe, beinahe senkrecht stehende Felsen hingen über uns, und schien es nicht möglich weiter zu kommen, obgleich wir kaum die Hälfte der Höhe erreicht haben mochten. Wir kehrten deshalb ins Lager zurück.

Der 20. November war bestimmt, die Lava noch so weit hinaufzufahren, als man an einem Tage kommen konnte, dann aber zurück zu kehren. Die beiden holländischen Topographen machten sich also im Boote auf die Fahrt, und während der Arzt etwas unpäßlich war und im Kampe blieb, wollten der Chef der französischen Expedition und ich noch einmal zum Felsen, um womöglich den Gipfel zu ersteigen.

Da Herr Vidal den abgesonderten Felsenkegel und die Schlucht noch nicht gesehen hatte, so wählte ich den Weg, den wir Tags zuvor begangen hatten. Es war schönes, klares Wetter, und bald hatten wir den Gipfel des kleineren Felsen erreicht, von wo wir in die Schlucht klommen, deren verschiedene Höhlen wir sahen, aber kein Tigernest fanden, wie ich vermutet hatte. Es war elf Uhr, also in der größten Hitze, als wir anfingen den Hauptfelsen zu erklimmen, wo wir bis zu unserem gestrigen Ruheplatz keine so große Schwierigkeit hatten, denn die Spuren so vieler Menschen hatten eine Art Weg gebildet, den man freilich nicht gehen, aber doch kriechen konnte; je höher wir aber von nun an klommen, desto schwieriger wurde es. In den Schluchten, die das Regenwasser nach und nach gebildet hatte, kletterten wir an den Blattern der Agave, die in Menge hier wucherte, oder an den langen Bulben einer nicht weniger häufigen, gelb blühenden Orchidee uns haltend mehrere hundert Fuß hoch empor. Gegen den Gipfel hin war der Abhang weniger steil, und kamen wir in ein kleines Wäldchen üppig wuchernder Heliconien, in dem wir etwas ausruhten und aus den Blattstielen dieser Pflanze, in denen sich Regenwasser sammelt, unsern Durst löschten. Ich war vor Schweiß wie aus dem Wasser gezogen.

Wir hatten nun bis zum Gipfel wieder einen äußerst gefährlichen Weg, am Rande eines wohl 100 Fuß tiefen Abgrunds, an dem Herr Vidal sorglos vorbeilief, ich aber die Vorsicht gebrauchte, mir durch die Unmasse von Agaven einen Weg zu hauen. Außer diesen Agaven fand sich auf den Felsenplatten ebenso häufig eine Bromeliace, die vollkommen der Krone oder dem Schopf einer Ananas glich, aus ihrer Mitte aber einen drei Fuß hohen Stengel trieb, an dem einige vertrocknete Samenkapseln hingen. In einer Felsenspalte blühte eine Isertia, dicht bedeckt mit hochroten Blüten; auf einer weniger harten Stelle des Gipfels aber fand ich zu meinem Erstaunen mehrere Pflanzen des Arrowroot (maranta arundinacea) sowie an einer andern Stelle, wo sich etwas mehr Erde angesammelt hatte, eine Pflanze von Jatropha manihot; vermutlich sind die Samen der letzteren durch den Wind hierher geweht, denn es läßt sich nicht denken, daß Indianer diesen Felsen erklimmen, um auf ihm zu jagen, oder gar die rohe Wurzel hierher brachten, um sie ohne allen Zweck zu pflanzen.

Wir hatten nun ein Panorama vor uns, das sich von Osten nach Südwesten erstreckte, denn die Aussicht nach Norden war uns durch den noch vielleicht 40 Fuß höheren Gipfel, auf welchen zu kommen keine Möglichkeit war, benommen. Unter uns lag ein wellenförmiges Land, dessen Erhebung über den Flußspiegel höchstens 200 Fuß betragen konnte, und durch dieses floß die Lava, von der man bloß einen kleinen Streifen sah. Das Tumucumac-Gebirge, dessen höchste Kuppen nicht über 3 000 Fuß zu betragen schienen, zog sich von West-Nord-West nach Ost-Süd-Ost, und seine nächsten Berge von vielleicht 7–800 Fuß Höhe waren von uns sechs bis sieben Stunden entfernt. Es besteht aus Kegeln, Kuppen und langgestreckten Bergrücken, die mich lebhaft an unsere Schwäbische Alb erinnerten, die ich gerade vor einem Jahre besucht hatte. Ich fand Berge wie die Achalm, Teck, den Neuffen, aber wahrend ich dort den Ofen suchte, bemühten wir uns hier vergeblich, Schutz gegen die glühenden Sonnenstrahlen unter den breiten Blättern der Agave zu finden. Im Südosten lagen Berge wie leichte blaue Wolken, die wohl 40 Stunden von uns entfernt sein konnten, und aus der Mitte des Panoramas erhob sich vielleicht 20 Stunden entfernt ein hoher domförmiger Berg, den wir Dom des Invalides tauften. Aber alles dieses bedeckte ein unermeßlicher Wald, nirgends konnte man Rauch sehen, nirgends gewahrte man Spuren von Menschen. Von unsern Begleitern war bloß Araiumanali, der Arukujana und der brasilianische Indianer uns gefolgt. Herr Vidal und ich sind wohl die einzigen Europäer, die je den Anblick auf das Tumucumac-Gebirge genossen haben. Ich schätzte die absolute Höhe vom Fuße des Felsen an auf ca. 700 Fuß, während Herr Vidal sie auf 300 Meter schätzte. So mannigfaltig auch die Formen der Berge waren, die vor uns lagen, und denen die verschiedenen Tinten und Nuancen von Grün bis ins Indigo und Hellblaue einen eigenen Reiz verliehen, so machte es doch einen peinlichen Eindruck, auf diese Wildnis hinunter zu blicken, in der kaum bemerkbar einige Menschen wohnen, die sich untereinander selbst wie wilde Tiere bekriegen, während Millionen hier im Überflusse leben könnten.

Nachdem Herr Vidal und ich einen Umriß des Gebirges genommen, traten wir den Rückweg an, auf dem ich an einer Felsenspalte einen schönen und mir unbekannten Farne „Lindsaea" fand, von dem ich Exemplare nebst einigen Orchideen dem Arukujana auflud. Der Rückweg war natürlich viel leichter, und nach drei viertel Stunden waren wir wieder am Fuß des Felsens, während wir zum Erklimmen desselben zwei Stunden gebraucht hatten. Die zwei holländischen Topographen waren bereits im Lager angekommen; sie waren den Fluß so weit hinaufgefahren, bis er sich in mehrere Kreeks teilte, die in der Trockenzeit selbst mit den kleinsten Korjalen nicht zu befahren waren. Die Richtung des Hauptkreek war meist Nordwest. Wir traten nun am 21. November die Rückreise an. Heftige Regenschauer hatten die Lava etwas angeschwellt, so daß unsere Reise schnell von Statten ging, und wir schon am 26. uns auf Providence befanden. Nach zweitägigem Aufenthalte verließ die Kommission den Hauptort der Bonnineger, und kamen wir am dritten Dezember wohlbehalten auf Albina an. So war nun die Expedition ohne den mindesten Unfall verlaufen, und die Frage der Grenzscheidung war zum Vorteil des holländischen Gouvernements, und zwar selbst nach Ansicht der Franzosen gelost. Ob nun dasselbe daraus einigen Nutzen ziehen kann, gehört nicht zur Sache. Die Topographen haben eine Karte der Flüsse Maroni, Lava und Tapanahoni aufgenommen und die geographische Lage gewisser Punkte astronomisch bestimmt, um aber die Tausende von Inseln, Fällen, Stromschnellen richtig anzugeben, wären mehr Jahre als uns Wochen zugemessen waren, nötig gewesen. Für andere Zweige der Wissenschaft ist beinahe nichts geschehen: wohl wurden von Felsen und Geröllen Stücke abgeschlagen und mitgenommen, aber Untersuchungen im inneren Lande oder Nachgrabungen unterblieben, teils aus Mangel an Zeit, teils weil niemand geologische Kenntnisse besaß. Dasselbe galt von der Botanik; der französische Arzt und ich sammelten wohl Pflanzen, die wir mit vieler Mühe trockneten, aber wir konnten sie nicht wissenschaftlich beschreiben oder Bekanntes vom Unbekannten unterscheiden.

So reich nun aber auch das Innere an vegetabilischen und mineralischen Schätzen sein mag, so ist doch die Schwierigkeit, dahin zu gelangen, zu groß, um für den praktischen Verkehr lohnend zu sein. Wurden Felsen gesprengt und eine Wasserstraße eröffnet, so wäre in den Trockenzeiten gewiß jede Kommunikation gehemmt, da durch einen beförderten Ablauf der Gewässer ein großer Teil des obern Landes, wo die Flüsse sich manchmal seeartig ausbreiten, trocken gelegt würde; bloß die Falle verhindern es, daß die natürlichen Bassins oberhalb derselben sich nicht ganz entleeren.

Mineralogische Schätze konnten dem Inneren allein Wert verleihen; um aber diese zu erforschen, müßten Sachverständige das Land mit mehr Muße durchsuchen können. Es sind dergleichen Reisen nicht so schwierig wie man denkt, ein gesunder Körper, nicht verweichlicht durch eine koloniale Lebensweise; Eifer und Vorliebe für die Natur vermögen sehr viel. Hätten mich Verhältnisse nicht gebunden, so wurde ich auf eigene Kosten eine zweite Reise unternommen haben, bei der weder die Sorge um Lebensmittel noch Regenzeit mich hätten abschrecken können, das Tumucumac-Gebirge zu übersteigen. Nach kurzem Aufenthalt am Maroni reisten die Mitglieder der Kommission nach Surinam und Cayenne zurück.

Die gesammelten Pflanzen teilte ich mit Hilfe eines französischen Botanikers in 2 Serien; gut und sauber etikettiert und aufs beste verpackt, sandte ich sie an den Chef der holländischen Expedition, um sie in meinem Namen den Herbarien der Universitäten Leiden und Utrecht anzubieten. Nie habe ich dafür einen Dank oder nur eine Empfangsanzeige erhalten. Die überbleibenden Pflanzen wurden durch die Sorge des nun verstorbenen Doktor Hohenacker bekannt, und es fanden sich viele seltene und einige neue Specien darunter, die auch in botanischen Schriften beschrieben sind.

Wenige Tage nach der Abreise der beiden Topographen kam der Gouvernements-Schoner Coroni, um die zurückgebliebenen Korjalen usw. abzuholen, und erhielt ich den Befehl, den Granman der Bonnineger; den unser Gouvernement, weil er von unsern Negern abstammt, unsere Sprache spricht und auch das holländische Ufer der Lava bewohnt, mit vollem Rechte als seinen Untertanen betrachten kann, einzuladen, mit dem Schoner Coroni nach Paramaribo zu kommen, um sich dem Gouverneur vorzustellen, demselben Gouverneur, der ihm ein Jahr zuvor vollkommene Freiheit und Gleichstellung mit den Buschnegern zugesichert hatte.

Dieser Granman war nun mit der französischen Kommission nach St. Louis gekommen, wo seine Untergebenen, die Bonnineger, ihre Bezahlung empfangen mußten. Er sowohl wie die Bonnineger, welche die Franzosen gerudert hatten, befanden sich auf dem Wohnplatze Dollinches, der in der Nähe des Siparawinikreek eine Hütte bewohnte und einen kleinen Handel mit jenen Negern trieb, die ihn, da er die erste Veranlassung ihrer Bekanntschaft mit den Franzosen war, als ihren Freund und Rathgeber betrachteten. Es war nun diesem Mann daran gelegen, die Bonnineger so viel wie möglich von den Holländern entfernt zu halten, was ebenso sehr mit den Interessen der Franzosen übereinstimmte.

Ich fuhr also nach dem Siparawini und traf da den Granman mit seinem Etatmajor, alles eben so armselige, mit Lumpen behangene Kerls, wie er selbst. Meine Einladung an ihn, mit dem Schoner nach Paramaribo zu gehen, konnte er nicht annehmen, weil eine gleiche von Cayenne an ihn ergangen war, und er auf den Rath Dollinches diese nicht von der Hand weisen durfte; Passage für ihn und seinen Etatmajor war ihm an Bord des Casablanca zugesichert. So kehrte denn die Coroni nach Paramaribo zurück, und Adingi (heißt: er stinkt oder der Stinker), so hieß der Granman, schiffte sich mit einem Haufen seiner Untergebenen auf dem französischen Dampfer ein. In Cayenne angekommen, wurde er auf die kordialste Weise empfangen; eine abgelegte Uniform eines Seeoffiziers, in die er sich, ein kurzer, dicker Kerl, hineinpressen mußte, viel zu lange weiße Hosen und viel zu große, weite Schuhe nebst einem

Generalshut mit der Tricolore machten sein Kostüm aus, in welchem er sich mit seinem Etatmajor auf dem Balle beim Gouverneur, Admiral Montravel, einfand. Da der liebenswürdige Wirt sah, daß seinem schwarzen Kollegen die Schuhe hinderlich waren, um sich auf dem gewichsten Parkettboden des großen Saales anmutig bewegen zu können, lud er ihn ein, sie auszuziehen. Bei Tafel wurde denn auch Herr Adingi, der zum erstenmal sich unter Europäern und Damen von Bange befand, so aufgeräumt, daß er selbst Madame Hermine de Montravel Galanterien und Schmeicheleien sagte, die der Dolmetscher (die Bonnineger sprechen die surinamsche Negersprache) ins Französische übersetzte, und deren Sinn in der ganzen Gesellschaft ungewöhnliche Hilarität erregte, unter welcher die jüngeren Seeoffiziere die vergoldeten Etiketten der Champagnerflaschen von diesen ablösten und beide Seiten des Hutes der schwarzen Exzellenz damit beklebten, worauf dieser später voll von Ehre, Wein und Essen, in seligem Dusel den Ball verließ.

Am andern Tage war großes Exerzitium auf der von herrlichen Königspalmen umgebenen Esplanade zu Ehren des armen Teufels, der durchaus nicht begreifen konnte, wie er zu dieser Auszeichnung kam. Reich beschenkt mit alten Uniformen, Salz, Reis und la morue kehrten die Bonnineger nach dem Maroni zurück. Hier machte mir auch Adingi in allem seinem Pompe einen Besuch, mußte sich aber einfach mit einem Schlucke Dram begnügen.[1]

Es gehört ein eigener Humor dazu, sich mit Leuten dieses Schlages abzugeben, und darin sind die Franzosen Meister. Nicht allein bei einer solchen Affenkomödie, wobei sie, indem sie sich selbst belustigen, die albernen Neger noch in ihrem

---

[1] Um dieses Oberhaupt der Bonnineger, obgleich er auf dem niederländischen Ufer der Lava wohnte, noch mehr den Interessen Frankreichs geneigt zu machen, wurde ihm einige Jahre später vom französischen Gouvernement ein Gehalt von 1 200 Franc jährlich, also doppelt so viel, als der Granman der Aukaner vom holländischen Gouvernement bezieht, zuerkannt.

Wahn bestärken, daß dergleichen Possen zu ihrer Ehre geschehen, sondern auch da, wo sie mit gebildeten Leuten zu tun
haben, wissen sie der Eigenliebe derselben zu schmeicheln, die
ihnen dann ebenso wieder zum Gespött dienen muß.

Ich wohnte viele Jahre später auf St. Laurent einem Diner
bei, das der französische Gouverneur dem eben anwesenden
holländischen gab. Unter der Suite des Letzteren befand sich
ein Seeoffizier, der den Namen eines berühmten holländischen
Seehelden führte. Beim Toast, den der französische Gouverneur
ausbrachte, wurde auch des „Nachkommens jenes berühmten
Seehelden" ehrend gedacht, obwohl er wahrscheinlich ebensowenig mit diesem verwandt war, als der, welcher den Toast
ausbrachte. Wenngleich der Träger jenes berühmten Namens
keinen Anspruch auf das Lob gemacht hat, so wird er sich doch
dadurch nicht beleidigt gefühlt haben, und darin liegt gerade
das Gefährliche jeder Schmeichelei, die dem Betreffenden
Bedenken einflössen und das Wort „timeo Danaos et dona
ferentes" in Erinnerung bringen müßte. Ich habe so manche
dieser Toaste anhören müssen, die von Schmeicheleien über-
flossen und einmal selbst meinen Tischnachbar, einen höheren
französischen Beamten, zu der leisen Bemerkung gegen mich
veranlaßten: „C'est pour vomir."

Zehntes Kapitel

Seitdem die letzten Württemberger mich verlassen hatten, war ich hauptsächlich bestrebt, meinen Handel auszubreiten, und kaufte von Busch- und Bonninegern die Holzarten, die sich in Holland verwerten ließen. Um das durch meine Landsleute behufs der Kolonisation von Wald entblößte Land nützlich zu verwenden, bepflanzte ich dasselbe mit Kakao und legte eine große Weide an, so daß ich, da sich die Milch vorteilhaft auf den Penitenciers verkaufen ließ, in wenigen Jahren über 60 Stück Vieh und 30 Schweine besaß, von denen alles was ich übrig hatte, Absatz auf St. Laurent fand.

Kaum waren die Penitenciers entstanden, als auch schon von den Deportierten Versuche gemacht wurden, aus ihrem Verbannungsort zu entfliehen. Manchmal wurden diese Fluchtversuche auf komische Weise ausgeführt, wobei man ebenso die Kühnheit der Flüchtlinge, als die Sorglosigkeit des Militärs, das jene zu bewachen hatte, bewundern mußte.

Zum Dienste des Kommandanten befand sich auf St. Laurent ein schönes, großes Boot, „La Gabrielle", womit eines Tages dieser, seine Frau und einige Offiziere eine Vergnügungsfahrt nach „Les hattes" an der Mündung antraten, um da einige Tage lang die angenehme Seeluft zu gemessen. Die Gesellschaft war mit Wein, Bier und Lebensmitteln wohl versehen, und in der Speisekiste des Kommandanten war ein gut zubereitetes Dejeuner, das sogleich nach Ankunft serviert werden sollte. Auf „Les hattes" waren etwa 400 Deportierte unterm Befehle eines Gendarmerie-Unteroffiziers, und ein kleines Detachement Soldaten der Infanterie de la marine, denen wöchentlich ihre Lebensmittel von St. Laurent aus gebracht wurden. Ein eigenes Fahrzeug konnte man nicht auf „Les hattes" lassen, um die Déportés nicht in Versuchung zu führen, sich dessen mit List oder Gewalt zu bemächtigen. Auch die Ruderer der Gabrielle hatten ihre Lebensmittel für drei Tage bei sich, denn so lange sollte der Aufenthalt dauern. Kaum war die Gesellschaft auf „Les hattes" gelandet, und der Gendarm, der zur Aufsicht

über das Boot mitgegangen war, dem Kommandanten einige
Schritte weit gefolgt, um seine weiteren Befehle zu vernehmen,
als die acht Ruderer, die schon auf St. Laurent ihren Plan abgesprochen hatten, blitzschnelle ins Boot sprangen, vom Land
stießen, und da der Wind günstig war, das Segel aufspannten.
Ehe die Soldaten ihre Gewehre holen konnten, war La Gabrielle schon so weit im Strome, daß keine Kugel sie mehr hätte
erreichen können. Zum Abschied schwangen sie ihre Mützen,
und da die Ebbe noch stark war, so kamen sie bald in See und
am dritten Tage in Demerara an. Unterwegs lebten sie von
der feinen Küche des Kommandanten, während sich dieser
und seine Gesellschaft mit der bescheidenen Gamelle der Unteroffiziere begnügen mußte, bis am dritten Tage zufällig ein
Indianer ans Land kam, der auf der holländischen Seite eine
große Korjal holte, mit der die Gesellschaft nach St. Laurent
zurückfuhr, und so das Vergnügungsreischen beendigt war,
vorbehältlich der Nasen, die das Gouvernement in Cayenne
bei solchen Gelegenheiten auszuteilen pflegte.

Einige Jahre später war ich Zeuge einer Flucht, über die
nicht wenig gelacht wurde. Der Doktor von St. Louis kehrte
vom obern Maroni zurück. Als um Mitternacht das Boot
noch eine kleine Stunde von St. Louis entfernt war, überfielen ihn und den am Steuer sitzenden Surveillant, da beide wahrscheinlich schlaftrunken gewesen, die sechs Ruderer,
entwanden letzterem seinen Revolver, der ins Wasser ficl, und
ruderten einer benachbarten kleinen Insel zu, wo beide ans
Land gesetzt wurden. Widerstand wäre vergeblich gewesen.
Die Spitzbuben fuhren hierauf nach der holländischen Seite, um längs dieser in See zu kommen. Nun waren mehrere
Indianer am Fischen, welche, als sie die Ruderschläge hörten,
pagaiten, um zu sehen, wer die Vorüberfahrenden wären. Die
Franzosen, aus Furcht verfolgt zu werden, ruderten aus Leibeskräften, aber immer näher kamen die Indianer, welche die
Flüchtlinge in der dunkeln Nacht nicht erkennen konnten,
so daß die Kerls endlich dem Lande zusteuerten, sich in den
Wald retteten und ihr Boot treiben ließen. Unglücklicherweise

waren sie nicht auf festes Land gekommen, sondern auf eine Insel, die nur aus Mangrovebäumen bestand und mit jeder Flut zwei bis drei Fuß hoch überschwemmt wurde. Das Boot nahmen die Indianer mit und brachten es mir. Mit wenigen Worten schrieb ich meinem Nachbar den Vorfall und sandte ihm am frühen Morgen sein Boot zurück.

Große Bestürzung herrschte auf St. Louis, als man den Vorfall vernahm; denn wo war der Doktor und der Surveillant, vielleicht ermordet. Es wurden sogleich Gendarmen und Militär nach der Insel gesandt, wo man die sechs Kerls sämtlich in den Mangrovebäumen fand, auf die sie sich beim Aufkommen der Flut geflüchtet hatten; sehr gutwillig kletterten sie herunter, ließen sich fesseln und erzählten, auf welche Weise sie sich des Doktors und Surveillants entledigt hatten; da nun noch Flut war, so benutzte man diese, um nach der Insel zu fahren, wo beide ihren unfreiwilligen Aufenthalt hatten nehmen müssen. Auch sie fand man in den Mongrovebäumen, wo sie in banger Erwartung acht Stunden lang nach Rettung ausgesehen und sich heiser geschrieen hatten. Wegen dieses Überfalls bekamen die sechs Kerls eine doppelte Tracht Prügel, der Doktor dagegen, schon vorher etwas melancholisch, hatte sich die Sache so zu Herzen genommen, daß er kurze Zeit nachher sich erschoß. Um diese plötzlichen Überfalle unmöglich zu machen, wurde auf jedem dem Gouvernement gehörenden Boote zwischen den Sitzplätzen der Ruderer und denen der Passagiere im Hinterteil ein drei Fuß hohes Gitter errichtet, das eben so breit als das Boot war. Die eisernen Stäbe desselben waren etwa sechs Zoll weit auseinander, und die Surveilants, die am Steuer saßen, hatten große, schwere Revolvers bei sich, um den ersten, der eine verdächtige Miene machte, für immer unschädlich zu machen. So human sie auch behandelt wurden, und so wenig Arbeit man von ihnen verlangte, so ließ doch der Hang zur Freiheit sie alle Gefahren verachten. Viele dieser Fluchtversuche wurden manchmal so ohne alle Überlegung und Kenntnis des Landes ausgeführt, daß sie den Flüchtlingen selbst häufig das Leben kosteten, oder sie in eine andere Sklaverei führten, gegen welche die erste beneidenswert war, ich meine die Fluchtversuche ins Innere des Landes, entweder in selbstgemachten kleinen Booten oder mit Korjalen. die sie den Indianern stahlen oder wohl manchmal auch kauften. Waren die Flüchtlinge nicht genau bekannt mit den Lebensmitteln, die Wald und Wasser dem Reisenden, der ohne Gewehr, Pfeil und Bogen reisen muß, bieten, als z. B. Palmkohl, verschiedene Früchte, Leguaneier, Wasserschnecken, Palmwürmer usw., so starben sie, auch wenn sie über die Wasserfälle glücklich hinüberkamen, oft an Entkräftung und vor Hunger. Manche Gerippe wurden auf den Strominseln entdeckt, einmal sechs neben einander, von denen, als man sie fand, eben einige Königsgeier wegflogen, die das wenige Fleisch abgenagt hatten. Mehrere Fälle kamen vor, wo der Überlebende sich mit dem Fleisch seiner Kameraden das Leben so lange gefristet hatte, bis Buschneger ihn entdeckten.

Aber waren die Flüchtlinge auch so glücklich bis zu den Buschnegern zu. kommen, so stand ihnen kein besseres Los bevor; denn diese, die von der Verwaltung auf St. Laurent nicht mehr als zehn Frank für einen eingelieferten Flüchtling bekamen, wollten den langen und gefährlichen Weg nach dem untern Maroni nicht für so wenig Geld machen und ließen die armen Kerls entweder auf ihren Kostäckern arbeiten gegen trockenes Cassave-Brot, kaum zureichend das Leben zu fristen, oder schlugen sie ihnen, wenn sie zu schwach waren oder Lebensmittel stahlen mit der Axt den Schädel ein. Ich habe mehrere Male über solche Greuel, die ich vernahm, bei unserm Gouvernement Klage geführt; aber was hätte dieses, auch wenn man den Täter überführt hätte, und das ist eben das Schwierige, dagegen tun können?

Viele dieser Flüchtlinge wurden von den Buschnegern zu mir gebracht, weil diesen das französische Gouvernement den Aufenthalt auf St. Laurent des Nachts nicht gestattete, und ich wegen meines Holzhandels einen großen Schuppen am Fluß hatte, der zur temporären Wohnung für Neger und Indianer diente. Die meisten der zurückgebrachten Flüchtlinge waren so elend und mager, daß sie kaum gehen konnten, und ich unterließ es nie, sie durch kräftiges Essen und Wein, ehe sie an die französische Behörde abgeliefert wurden, zu stärken.

Erst in der neuesten Zeit stellte der das Innere von französisch Guyana bereisende Marinearzt Jules Creveaux dem französischen Ministerium vor, wie nötig es sei, daß für Busch- und Bonnineger, die man auf alle Art ermutigen müsse, den Interessen der französischen Kolonie dienlich zu sein, auf St. Laurent ein Schuppen gebaut werde, der ihnen bei Tag oder Nacht zur Wohnung diene, was denn auch geschah. Aber schon in der ersten Nacht, als Bonnineger da logierten, wurden von den Déportés ihre Kleider und Korjalen gestohlen, so daß diese Neger nach wie vor ihre Nächte auf dem holländischen Ufer zubringen.

Häufiger als die französischen Sträflinge, d. h. Europäer, entflohen die arabischen nach dem Inneren. Viele dieser Algerier verstehen aus Stroh und besser noch aus den jungen Blättern der Awarapalme Hüte zu flechten, die sie gewöhnlich auf St. Laurent zu zwei Franken das Stück verkauften.

Fiel nun solch ein Strohflechter auf seiner Flucht den Buschnegern in die Hände, so wußten sie dieses Talent des armen Arabers in ihrem Interesse auszubeuten; er mußte dann vom frühen Morgen bis in die Nacht Strohhüte in Dupli- und Triplicaten für die Bewohner des ganzen Dorfes, in welches ihn sein Unstern geführt hatte, vom Säugling bis zum Greis machen, wenn er nur notdürftige Nahrung erhalten wollte Die Erzählungen der Flüchtlinge, wenn sie von den Buschnegern zurückgebracht wurden, waren wirklich schauderhaft, auch kamen wenige mehr in Versuchung, durch Entweichung in das Innere des Landes ihre Befreiung zu suchen.

Die meisten der Flüchtlinge aber suchten nach Demerara zu entkommen. Mit elenden und gebrechlichen Booten wurde manchmal die Reise dahin unternommen, und meist die Trockenzeit, wo die See ruhig und der Wind immer günstig ist, dazu gewählt. In Demerara wurden die Entflohenen nicht ausgeliefert, es sei denn, sie hätten in Cayenne wieder ein neues todeswürdiges Verbrechen begangen. Aber frei und frank durften sie auch in der englischen Kolonie nicht bleiben, sondern wurden nach dem Mazarouny gesandt, wo große Steinbrüche sind, und wo sie gegen Bezahlung arbeiten mußten. In Surinam wurden die Sträflinge, der ersten Kategorie, nämlich solche, die vor Ablauf ihrer Strafzeit entflohen, ausgeliefert; die der zweiten Kategorie aber, deren Strafzeit abgelaufen war, die aber ebenso lange als diese gedauert hatte, noch unter polizeilicher Aufsicht standen, hatten die Freiheit hinzugehen wo sie wollten, durften aber in Surinam nicht bleiben. Die Unterhaltung und Transportkosten beider Kategorien fallen der kolonialen Kasse zur Last und sind nicht unbedeutend.

Da der Maroni bei Albina bloß 6 600 Fuß breit und eine Viertelstunde weiter hinauf durch die Insel Onobo noch mehr verengt wird, so kamen häufig Flüchtlinge schwimmend auf das holländische Ufer und suchten mir oder den Indianern Korjalen zu stehlen, um damit über See, oder, wie oben gesagt, zu den Buschnegern zu entfliehen. Daß man da alles tat, diese gefährlichen Kerls los zu werden, ist sehr begreiflich. Eines Tages badete meine Frau im Fluß, als ganz in ihrer Nähe ein Kerl auftauchte, der auf einem Haufen Mokko Mokko, (einem baumartigen Aron mit sehr leichten Stielen) die er mit Lianen zusammen gebunden hatte, vom französischen nach dem holländischen Ufer geschwommen war; entsetzt schrie sie um Hilfe, worauf der Kerl die Flucht ergriff und im Walde verschwand.

In den ersten Tagen von 1862 kamen wieder 4 bis 5 solcher Spitzbuben auf unser Ufer und hielten sich im Hochwalde hinter meinem Kostacker auf. Jeden Abend, wenn die Chinesen ihre Arbeit verrichtet hatten und nach Hause gingen, kamen jene Kerls, gruben Erdfrüchte aus und hieben Bananen ab; auch wurden Schuhe, Hauer und eine Axt, die die Chinesen zurückgelassen hatten, von ihnen mitgenommen; ich sandte Indianer aus, sie aufzusuchen, aber diese waren wahrscheinlich zu furchtsam, weil man die Zahl der Entflohenen nicht genau wußte, und kamen zurück, ohne, wie sie sagten, eine Spur gefunden zu haben. So trieben sich diese Kerls einige Wochen lang herum, um ihrer aber los zu werden, schrieb ich an meinen Nachbar, den Kommandanten von St. Louis, und bat dringend, er möge doch eine Militär-Patrouille senden, die Spitzbuben einzufangen oder zu verjagen. So kamen auch eines Mittags sechs Soldaten der Infanterie de la marine mit einem Oberleutnant, dem sich der Kommissär angeschlossen hatte.

Wir sprachen nun ab, daß mein Neffe mit den Soldaten den Fluß hinauf und dann den Wokakreek hineinfahren solle, bis zu einer Stelle, wo wir ganz frische Fußspuren der Kerls gesehen hatten. Die beiden Offiziere und ich sollten dann durch den Wald kommen, um sie dort zu treffen. Die Soldaten hatten ihre Ration Wein, für jeden ein halbes Liter, bei sich, außerdem noch ein gutes Liter Tafia für alle; dem Leutnant schien dieses aber nicht genug, und um den Mut seiner Leute recht anzufeuern, mußte ich noch ein Liter Genever beifügen, von dem er, ehe sie weg fuhren, ihnen gut einschenkte und den Rest mitgab.

Nach dem Déjeuner machten wir uns auch auf den Weg, durchkreuzten den Wald in allen Richtungen und kamen endlich, ohne etwas gesehen zu haben, an den Wokakreek, und den Platz des Rendezvous. Vom Boot und seiner Bemannung war nichts zu hören und zu sehen. Nachdem wir wohl eine Stunde gewartet hatten, mußten wir uns auf den Heimweg begeben, um noch mit Tageshelle aus dem Walde, wo kein gebahnter Weg war, herauszukommen.

Es war bereits dunkel, als wir nach Albina zurückkamen, aber das Boot war noch nicht da. Die Sache war mir unbegreiflich, da der Wokakreek kaum eine halbe Stunde von Albina entfernt, und es ganz unmöglich ist, wegen der Menge von umgefallenen Bäumen des Nachts in ihm den Weg zu finden. Eben saßen wir beim Abendessen, als ich von der Wasserseite aus meinen Namen rufen hörte. Ich ging schnell an den Fluß und fand da meinen Neffen ganz nackt, der mir nun erzählte, daß die Soldaten durch die häufigen Libationen so berauscht worden seien, daß, kaum in die Kreek gekommen, keiner mehr im Stand gewesen sei zu pagaien. Bei Flut sei es ihm nicht möglich gewesen, allein aus dem Kreek heraus zu kommen, ebenso wenig habe er bei Nacht durch den Wald kommen können; er sei also herabgeschwommen und bitte mich nun um Kleider, dann wolle er nach dem Essen mit einigen Chinesen das Boot und die Patrouille abholen. So geschah es denn auch, und gegen neun Uhr war Boot und Mannschaft zurück. Einige der Soldaten lagen noch im Boot, das die sichtlichen Spuren ihres Rausches trug und erst mit einigen Eimern Wasser gereinigt werden mußte, ehe die beiden Offiziere sich setzen konnten. Ein starker Kaffe, den ich machen ließ, half den guten Leuten wieder auf die Beine, und so kehrte die Patrouille abends elf nach St. Louis zurück.

Wir mußten beständig auf unserer Hut sein, denn zum Unglück war unser wachsamer Hund kurze Zeit zuvor von einem Tiger getötet worden, und die Chinesen, die den Tag über gearbeitet hatten, lagen schon um zehn Uhr Abends in tiefer Ruhe; auch war mein Wohnhaus über 50 Meter weit vom Chinesenhaus entfernt und war bloß von mir, meiner Frau, meinem Neffen und der Negerin bewohnt.

Am 2. Februar 1862, etwa acht Tage nach jener denkwürdigen Patrouille, weckte mich meine Frau, da sie Fußtritte ums Haus herum gehört habe. Ich öffnete den Fensterladen, hörte und sah aber nichts, ging jedoch im Hemd mit dem Hauer in der Hand hinunter an den Fluß, wo ich denn (es war ganz niedriges Wasser) eine meiner Korjalen von dem Platz, wo sie oben am Ufer und außer dem Bereiche des Wassers angebunden sind, herabgezogen fand. Ich meinte nun, daß vielleicht Chinesen des Abends von den Indianern zurückgekehrt seien und vergessen hätten die Korjal heraufzuziehen; um aber sicher zu sein ging ich wieder ins Haus und zündete ein Licht an. Nun sah ich erst woran ich war. Es waren die flüchtigen Franzosen, die mir das Boot stehlen wollten, und da ich recht wohl wußte, daß sie noch in der Nähe sein mußten, so rief ich so laut ich konnte: „Ecoutez, Canaille, si je vous attrape, je vous ferai tirer une balle dans le ventre." Nun rief ich meinen Chinesen und ließ das Boot wieder heraufziehen und anbinden.

Kaum brach der Tag an, als mich ein Zetergeschrei meiner Negerin Livinia weckte; sie hatte entdeckt, daß man ihr alle ihre Hühner, sieben an der Zahl, die in einem kleinen Häuschen außerhalb der Küche eingesperrt waren, gestohlen hatte. Im Garten war Rettich, Lauch und anderes Gemüse entwendet; A-Ju, der Chinese, der die Kühe molk, fand den Stall offen und vermißte ein Kalb, das sich aber später wieder auf den Savannen fand. Das hintere Magazin war aufgebrochen und eine Kiste Seife entwendet. Auch diese fand sich erbrochen auf den Savannen, so daß es wohl möglich war, daß während zwei oder drei die Sachen stahlen, die andern das Boot herabzogen, alle aber nach verschiedenen Richtungen sich zerstreuten, als ich mit der Laterne kam und rief. Noch waren wir an der Untersuchung, was wohl sonst noch fehlen mochte, als das Boot von St. Louis kam, um die Milch fürs Hospital abzuholen ; dem Gendarmen, der die vier Araber des Milchbootes zu überwachen hatte, zeigte ich die erbrochene Türe des Magazins, und schrieb dann an den Kommandanten, um ihn um eine andere Patrouille zu bitten. Livinia wollte sich über den Verlust ihrer Hühner nicht trösten lassen und beteuerte, daß das französische Gouvernement sie für den Verlust schadlos halten müsse, oder es gebe keine Gerechtigkeit mehr in der Welt. Der Kommandant von St. Louis war seit einigen Tagen mit Urlaub nach Cayenne, und der erste Leutnant (Patrouillengänger) führte während seiner Abwesenheit das Kommando. Er schrieb mir sogleich sehr höflich, daß er es nicht wagen dürfe, auf ein fremdes Territorium französisches Militär zu senden, ich möge mir also selber helfen und die Kerls verjagen, so gut ich könne, dazu wünsche er mir guten Erfolg und sei mein serviteur dévoué. Ich hatte denselben Sonntag geschäftehalber eine Reise nach Mana vor und schon den Tag zuvor auf dem Indianerdorfe Magrli drei junge Burschen dazu bestellt: da aber die gefährlichen Kerls sich in der Nähe befanden, wollte ich nicht wagen, von Haus wegzugehen, erzählte den Indianern, was vorgefallen war, und ersuchte sie, die Flüchtlinge aufzuspüren, womöglich zu arretieren und im Notfall von ihren Waffen Gebrauch zu machen. Ich gab ihnen drei scharfgeladene doppelläufige Gewehre mit und zeigte ihnen die längs des Ufers im Sand eingedrückten Fußspuren bis an den Wald.

Keine halbe Stunde nachdem die Indianer uns verlassen hatten, hörten wir fünf Schüsse, und kurze Zeit darauf kamen die drei jungen Burschen zurück und erzählten, daß sie auf einem Hochland hinter der Haimurakreek zwei Déportés gefunden hatten, wie sie eben die Hühner der armen Livinia räucherten; als die Flüchtlinge sich entdeckt sahen, wären sie sogleich auf sie, die Indianer losgestürzt, worauf sie Feuer gegeben hätten, in Folge dessen die beiden Kerls lautlos niedergestürzt seien.

Dieser Vorfall betrübte mich sehr, aber wie hätte ich anders handeln sollen! Ohne jeglichen Beistand vom holländischen Gouvernement, das ich, so unbedeutend auch meine Stellung als Beamter war, doch an diesem Grenzflüsse vertrat, konnte mir auch das französische, dessen Hilfe gegen seine eigenen Spitzbuben ich angerufen hatte, keine verschaffen, obgleich ich in meinem Briefe an die französischen Behörden hervorhob, daß das Land, auf welchem sich die Flüchtlinge befanden, wiewohl holländisches Grundgebiet, doch mein persönliches Eigentum sei, auf welchen Umstand wegen der Auslieferung von Flüchtlingen vor Jahren schon der Gouvernementssekretär in seinem offiziösen Brief mich aufmerksam gemacht hatte.

Ich sandte nun wiederum nach St. Louis, teilte dem Leutnant den Vorfall mit und bat, die Leichen abholen zu lassen. Es kamen denn auch sogleich der Maréchal de Logis und ein Arzt mit sechs Arabern, um den Tod zu konstatieren, da man aber einen kleinen Sumpf zu durchwaten hatte, ehe man ins Hochland kam, wo die Leichen lagen, entschuldigte der Maréchal de Logis sich mit Leibesfülle und kurzem Atem und blieb auf Albina zurück, während der Doktor der Kürze halber und um dem Gouvernement zwei Särge zu ersparen, die Toten auf dem Platze, wo sie gefallen waren, begraben ließ. Den Nummern der Hemden nach war der eine der Erschossenen ein Belgier, der andere aber ein Spanier gewesen. Die von der Bestattung zurückkehrenden Araber zeigten triumphierend der armen Livinia die halbgeräucherten Hühner, worauf diese wieder in Verwünschungen über die Transportation ausbrach.

Ich belohnte nun die Indianer für ihren mir so wichtigen Dienst und versprach, daß auch das holländische Gouvernement, an das ich sogleich schreiben würde, ihnen eine Belohnung geben werde. Aber da hatte ich die Rechnung ohne den Wirt gemacht; denn als ich dem holländischen Gouverneur von Lansberge den Vorfall mitteilte, ihm das Gefährliche meiner Lage gegenüber dem mit Spitzbuben der ganzen Erde angefüllten Platz, was er übrigens aus eigener Anschauung kannte, in Erinnerung brachte, auch wiederholt bat, nur ein Detachement von drei Soldaten, und wäre es auch auf meine Kosten auf Albina zu errichten, und ihn ersuchte, das Gouvernement möge, um die Indianer zu ermutigen, mich in dergleichen Vorfällen zu unterstützen, den drei jungen Burschen die mir beigestanden hatten, eine kleine Belohnung geben, bekam ich eine abschlägige Antwort, weil das Gouvernement keinen Posten errichten und ebensowenig durch Verabreichung einer Belohnung an die Indianer meine und ihre Handlungsweise in dieser Sache billigen könne. Auch eine mündliche Besprechung mit dem Gouverneur und dem Procureur général konnte die Ansichten beider nicht ändern und hatte für mich kein anderes Resultat.

Da ich nun, der holländische Beamte, von unserem Gouvernement abgewiesen war, wandte ich mich schriftlich an den Gouverneur des französischen Guyanas, den Admiral de Montravel, erzählte die Sache der Wahrheit getreu, hob hervor, wie oft schon französische Flüchtlinge mein Eigentum gefährdet hätten, und berief mich auf die Versicherung des Admiral Baudin, daß bloß die Elite der französischen Spitzbuben nach dem Maroni gebracht werden solle, von denen das holländische Gouvernement und die Bewohner des linken Ufers, das heißt ich allein, denn außer Indianern war sonst niemand da, nie die mindeste Beschwerde haben sollten; daß unser Gouvernement nicht allein Bedenken trage, die Indianer zu ermutigen, mir in ähnlichen Fällen beizustehen, sondern daß es auch außer Stand sei, mir den geringsten Schutz zu verleihen, deshalb bitte ich ihn, den Indianern, die mir geholfen hatten, als Zeichen seiner Billigung eine Prämie zu geben und wo möglich französischen Schutz zu verleihen.

So verliefen vier Monate, in denen sich mit meinem Wissen kein Flüchtling auf meinem Lande aufhielt, bis am achten Juni der französische Gouverneur wieder, einmal den Maroni besuchte und dann auch nach Albina kam. Ich hatte durch Indianer eine weggetriebene Boje aufsuchen und sie der französischen Marine zustellen lassen. Er bedankte sich dafür und frag um die Unkosten. Ich nannte ihm die unbedeutende Summe. Apropos, sagte er, sie verlangen auch eine Prämie wegen zwei totgeschossener Flüchtlinge. Nicht für mich, Admiral, verlange ich die Prämie, sondern für die Indianer, die aber keineswegs angewiesen waren, die Kerls totzuschießen, sondern die sich nur verteidigen mußten, entgegnete ich. Welche Prämie bezahlt man für das Einliefern eines Forçat, fragte er seinen Adjutanten: zehn Franc, Admiral, wiederholte dieser. Dann muß man Herrn Kappler zwanzig bezahlen, weil sie gleich totgeschossen wurden, meinte der Gouverneur. Da fällt mir wahrlich ein Stein vom Herzen, rief ich aus: wie soll ich hier leben können, wenn beide Gouvernements mich nicht nur nicht beschützen, sondern mir sogar Selbsthilfe übelnehmen oder unmöglich machen. O, mon cher, sagte der Admiral, je mehr von diesen Kanaillen aus der Welt geschafft werden, desto mehr ist Ihnen das französische Gouvernement verpflichtet; seien Sie übrigens versichert, daß Ihre Indianer, sobald sie dieselben nach St. Louis senden, die doppelte Prämie erhalten und die Versicherung, daß ich sehr zufrieden war, daß sie die beiden Kerls totgeschossen haben.

Wenn größere Entweichungen stattfänden, von denen man wußte, daß sie zu Land und nicht zu Wasser ausgeführt waren, so sollte ich sogleich davon benachrichtigt werden, um auf meiner Hut zu sein. Ich traf deshalb mit den Kommandanten von St. Laurent und St. Louis die Verabredung, daß ich, sobald Flüchtlinge mich beunruhigten, einen Schuß aus einer kleinen Kanone lösen, bei Tage die Flagge, bei Nacht aber eine Laterne am Flaggenstock aufziehen würde, worauf sogleich ein Boot mit Gendarmen oder Soldaten nach Albina geschickt werden solle, um mir beizustehen.

Glücklicherweise bedurfte ich aber dieser Hilfe nie, obgleich nachher ein ansehnlicher Haufen von mehr als fünfzehn sich auf unserem Ufer aufhalten sollte, und mir dringend anbefohlen war, mich in Acht zu nehmen, da man vermute, daß sie sich meiner Boote mit Gewalt bemächtigen wollten.

In dieser Zeit schloß ich jede Nacht mein Haus und meine Magazine aufs beste, hatte fünf scharfgeladene Gewehre in meinem Schlafzimmer, und oben in der Wohnstube stand auf einem Tisch beim Fenster meine kleine, 80 Pfund schwere, metallene Kanone, um, wenn nötig, sogleich im Zimmer das Hilfssignal geben zu können. Aber es kam niemand. Die Art, wie die andern zwei bei mir empfangen worden waren, schreckte vor weiteren Besuchen ab. Vermutlich waren jene 15 Mann gar nicht auf unserem Ufer, sondern waren mit einem selbstgemachten Boote nach Demerara entflohen, denn viele der Déportés hatten die Erlaubnis, ganz ohne alle Aufsicht Bretter im Walde zu sägen und sie zum Verkaufe nach Cayenne zu senden, und so wurde manche Flucht vorbereitet, von der man nie erfuhr, auf welche Weise sie ausgeführt wurde.

In jener Zeit, wo mein Handel noch mehr abwarf als in späteren Jahren, gab ich in jeder Neujahrsnacht meinen Chinesen und sämtlichen Indianern des Maroni einen Ball. Den Tag zuvor schlachtete man ein fettes Schwein und machte Wurst; Torten und Kuchen von Kokos, Zuckerbananen, Guiaven und Ananas wurden gebacken, und mehrere Damejeannen Dram für die Indianer in Bereitschaft gesetzt. Abends acht Uhr bekam jeder Chinese an Kuchen, Wein, Cognac und Zucker das Nötige, und die Indianer fingen ihre Tänze an. Alles war dann um den großen Brotfruchtbaum versammelt, der hinter meinem Haus stand, während zwei große Feuer auf beiden Seiten brannten. Manchmal teilte ich den Chinesen und Indianern Masken aus, und die Lustbarkeit wurde um so toller, je mehr sich die Köpfe erhitzten.

So hatte ich denn auch am Neujahrabend 1863 drei Offiziere von St. Louis bei mir, und weil ich bei jedem Jahreswechsel um Mitternacht drei Schüsse aus meiner kleinen metallenen und zwei alten eisernen Kanonen abfeuern ließ, so machte ich meinen Indianern auch dieses mal die Freude. Kaum eine halbe Stunde später kam ein großes Boot mit Soldaten und Gendarmen, die der Kommandant von St. Laurent, der mich in Not glaubte, abgesandt hatte, mir beizustehen. Ein guter Punsch erquickte die Dienstfertigen, die sich gar nicht beeilten, nach St. Laurent zurückzukehren, und ruhig die Ebbe abwarteten, die erst gegen den Morgen eintrat.

Durch das Totschießen der zwei Kerls waren andere Flüchtlinge entmutigt, sich in der Umgebung von Albina einzunisten, aber doch trachteten sie, mir meine Fahrzeuge wegzunehmen, um damit nach Demerara zu entfliehen. In wenigen Jahren wurden mir drei große Boote gestohlen, die zu groß und schwer waren, um mit den wenigen Leuten, die ich in meinem Dienste hatte, herauf aufs Trockene gezogen werden zu können. Sie lagen deshalb an Ketten vor Anker oder waren in Kreeken versteckt. Eines dieser Boote war über 600 Gulden wert. Als in späteren Jahren die Transportation nach dem französischen Guyana aufhörte und dafür Neukaledonien mit europäischen Spitzbuben bereichert wurde, war Cayenne und der Maroni nur noch den Sträflingen aus Algier und den andern französischen Kolonien zur Verbannung angewiesen. Diese, aus heißen, meist tropischen Ländern stammend, gewöhnten sich besser an unser Klima und fanden Früchte und Nahrungsmittel des Landes mehr nach ihrem Geschmack. Aber auch diese entflohen, sowie sich die Gelegenheit darbot, und schon gegen 1871 siedelten sich solche Flüchtlinge auf einem Hochplateau an, das auf holländischer Seite, etwa drei Stunden weit im Westen von Albina liegt.

Jedes Jahr im Oktober sieht man, wenn diese Wegläufer ihre Kostäcker brennen, die Rauchwolken am Horizont, und daß ihre Wohnplätze nicht weit von dem Wanekreek abliegen, weiß ich aus Erfahrung, weil ich im Januar 1874 Stimmen und Axthiebe horte, aber nirgends ein Boot sah. Auf mein Rufen war alles still. Auch will kein Indianer in dieser Gegend übernachten, aus Furcht, von den Wegläufern überfallen zu werden. Diese Furcht ist wohl unbegründet, denn durch Gewalttaten würden sie nur die Aufmerksamkeit des Gouvernements auf sich ziehen, bleiben sie aber ruhig in ihren Schlupfwinkeln, so wird sich wohl niemand um sie bekümmern. Das Land ist ja groß und fruchtbar genug, daß sie und ihre Nachkommen Jahrhunderte dort leben können. Ohne Zweifel stehen sie in einiger Verbindung mit den vorüberziehenden Buschnegern, denn zur Bearbeitung ihrer Kostäcker haben sie Gerätschaften nötig, die jene ihnen gegen Austausch von Erdfrüchten wohl verschaffen werden.

Hätte man diese Wegläufer (man meint daß es Anamiten sind) statt sie zum Zuckerbau zu verwenden, mehr ihrer Neigung nach beschäftigt, ihnen gemeinschaftlich in der so fruchtbaren Baletekreek Ländereien gegeben, die sie für eigene Rechnung und nach freier Wahl hätten bebauen können, so hatten sie vermutlich keine Lust mehr gehabt, sich in unzugänglichen Wildnissen eigene Wohnplatze anzulegen, und wären unter richtiger Leitung für die Kolonie wohl noch von Nutzen geworden.

Bei einer Kolonisation, die aus Menschen so verschiedener Länder, verschiedenen Gebräuchen und Bildungsstufen besteht, und die bloß durch das böse Prinzip verbunden sind, um dessen willen sie gesetzlich der Freiheit entzogen und unter eine strenge Zucht gestellt werden, meine ich, wäre es besser gewesen, jeden dieser verschiedenen Stämme, insofern die einzelnen Individuen derselben zahlreich genug sind, nach der Art des Landes zu dem sie gehören, oder ihrer Religion zu behandeln.

Außer den Europäern sind die Araber am zahlreichsten. Hätte man mit diesen, welche teils als Canotiers (Ruderer), teils als Holzarbeiter, meistens aber zum Zuckerbau verwendet werden, eine eigene arabische Kolonie gegründet, ihnen einen der Intelligenteren ihres Stammes zum Aufseher gegeben, eine Moschee bauen lassen und eine Beschäftigung angewiesen, wie Viehzucht und Ackerbau, die ja auch in Algerien der hauptsächlichste Erwerbszweig ist: sie wären zufrieden gewesen und hätten wohl nicht ans Ausreißen gedacht.

Obwohl jetzt einzelne unter ihnen eigene Ländereien haben und so ziemlich französisiert sind, so wird doch die Mehrzahl sich nie an die Behandlung und das Land gewöhnen, und wenn auch, Dank den Ermahnungen der Geistlichen, sich einige zum Christentum bekehrten, so taten sie es mehr der materiellen Vorteile wegen, als aus Überzeugung. Ich habe diese Mohammedaner, die Jahre lang jeden Morgen zu mir kamen, um Milch zu holen, oft bewundert, wenn sie im Ramadan, der bei uns ja immer heiß ist, sich jeden Trunkes und jeder Nahrung enthielten, so lange die Sonne am Himmel stand, und pünktlich ihr Gebet im Sand verrichteten. Solche Leute, die noch Religion haben und sie trotz der Anfechtungen, denen sie ausgesetzt sind, behalten, sind noch nicht für die Gesellschaft verloren, wenn dieselbe sie richtig zu behandeln weiß.

Mit meinen Nachbarn, den Franzosen, stand ich schon von Anfang an in den freundlichsten Beziehungen. Auf den beiden größeren Penitenciers St. Laurent und St. Louis wurden Kantinen errichtet, zweckmäßige Gebäude, die der Administration gehörten, und deren Betrieb alten Unteroffizierswitwen anvertraut wurde, die aber allein dem weitläufigen Geschäft nicht vorstehen konnten und deshalb gelehrige Déportés zu ihren Buchhaltern annahmen, wobei stets das Ende vom Lied war, daß besagte Buchhalter nach und nach in die Wolle kamen und selbst einen Laden eröffneten, während die Kantinière, wenn ihr kein Kaufmann in Cayenne mehr borgen wollte, die Sache einer andern übergeben mußte, die nach einigen Jahren auf gleiche Weise endigte.

In den Kantinen befanden sich außer der Wohnung der Kantinière und dem Laden, in dem allerlei Arten von Waren, Manufakturen, Lebensmittel und Getränke verkauft wurden, Räume, wo die Honoratioren, nämlich Gendarms, Surveillants, Schreiber und Soldaten gemütlich ihren Wein, Vermouth, Absinth oder dergleichen trinken und ein Spielchen machen konnten. Die Noblesse, nämlich die Offiziere, hatten in ihrem großen, geräumigen Hause einen eigenen Speise- und Billardsaal nebst einer kleinen Bibliothek.

La Canaille, die Deportierten, mußten ihren Wein oder Schnaps vor dem Fenster trinken. Ähnliche Einrichtungen in kleinerem Maßstab waren auf den Filialen Les hattes, St. Pierre, St. Maurice, St. Anne, St. Jean und am Siparawini. Auf diesen hielten Déportés, die einiges Vermögen hatten oder Vertrauen bei Kaufleuten in Cayenne besaßen, die Kantine; die Déportés selbst wurden für manche Dienstleistungen bezahlt; viele waren durchaus nicht ohne Mittel, ja einige hatten selbst bedeutende Revenuen, die sie ganz oder zum Teil verzehren durften. So hatte ein gewisser L., ein wegen gefälschter Handschrift deportierter Notar, 15 000 Franc jährlicher Einkünfte. Was diese Leute nun an Bier, Genever, Tafia, Käse, Schinken etc. nötig hatten, kauften in den ersten Jahren die Kantiniers bei mir, und meist gegen bares Geld, wiewohl ich auch Kredit geben mußte und oft um beträchtliche Summen kam. Was man aber an französischen Waren, Wein, Liqueurs, Öl und anderen Lebensmitteln brauchte, wurde aus Cayenne bezogen, und wußten die dortigen Kaufleute wohl, daß ich ihnen eine nicht zu unterschätzende Konkurrenz machte; deshalb wurden Klagen auf Klagen darüber beim französischen Gouvernement erhoben, daß man mir, einem Fremden, erlaube, ausländische Waren auf französischem Boden abzusetzen. Ja selbst in französischen Zeitungen wurde anonym darüber geschrieben.

Seitdem das Gouvernement den Holzhau am Siparawini-flüßchen betreiben ließ, war ein kleines Dampfboot, St. Anne, auf St. Laurent stationiert, das jede Woche ein bis zwei Mal nach obigem Flüßchen fuhr, um Passagiere und Lebensmittel dahin zu bringen. Zweimal monatlich durfte dieses der Regierung gehörige Fahrzeug, das unter dem Kommando eines Enseigne de vaisseau stand, auch zu mir kommen, um den freien und unfreien Bewohnern die Gelegenheit zu geben, bei mir Einkäufe zu machen und eine Luftveränderung zu genießen; denn so nahe Albina bei St. Laurent gelegen war, so war doch bei mir die Luft angenehmer und frischer, weil der Nord- und Ostwind freien Zugang über das große Wasserbassin des Maroni hatte, während er auf St. Laurent durch die Waldungen aufgehalten wurde. So hatten wir auf Albina nur höchst selten einige Muskiten und schliefen ohne Gazevorhänge; auf St. Laurent aber war man stets von diesem Ungeziefer gepeinigt und konnte jener Vorhänge nicht entbehren.

Jedes der Penitenciers hatte zum Gebrauch der Offiziere seine eigenen Boote und bestimmte Ruderer, und da jene an den Werktagen wenig zu tun hatten und an den Sonntagen vollends gar nichts, so waren diese meist zu Ausflügen bestimmt und oft zu Zusammenkünften bei mir. Es kamen deshalb an solchen Tagen mehrere dieser Boote mit Offizieren und Beamten bei mir an, die dann entweder eine Jagd oder andere Partie veranstalteten und ein bewegtes und fröhliches Leben in mein Haus brachten, das mir freilich größeren Aufwand verursachte, den aber mein vermehrter Handel deckte. Kurz, mein Leben war ein anderes als zur Zeit, da ich mir selbst noch mein Essen kochte und bloß Indianer und Buschneger um mich sah, oder später im ewigen Streit und Widerwärtigkeiten mit meinen eigenen Landsleuten bei einem eben so aktiven Leben keine andere Aussicht hatte, als Undank, Mißkennung und sicheren Ruin.

Aber auch in Paramaribo, wo kein Kaufmann den mindesten Schaden durch meinen Handel hatte, regte sich der Neid über das Prosperieren meines Geschäfts, das man, wie in Cayenne, aufs Gröbste überschätzte, und das, wäre es noch so bedeutend gewesen, ja nur zum Vorteil der Kolonie beitrug. Machte ja noch im Jahr 1878 der Gouverneur von Surinam mir die drollige Bemerkung, daß er genau wisse, daß ich 80 000 Gulden in Amsterdam stehen habe.

So viel man überall von den großen Vorteilen meines Handels faselte, so hatte doch niemand Lust, sich in dieser Einsamkeit am Maroni anzusiedeln, denn man kannte recht wohl die mühsamen Kommunikationsmittel, die Beschwerden der Reise, die Schwierigkeiten, welche man mit Arbeitern und Dienstboten hatte, und daß man manche Arbeit selbst verrichten mußte, wozu ein Bewohner oder Kreole des Landes sich nicht erniedrigte.

Ich bezahlte nur eine mäßige Summe für ein Patent oder die gesetzliche Erlaubnis, an einem Platz Handel treiben zu dürfen, wo man alles entbehren mußte, was in einem geordneten Staat oder in einer Gemeinde die Verwaltung dem Steuerpflichtigen gewährt, persönliche Sicherheit, Verbindung, ärztliche Hilfe. Während ich nun letztere bei einer fremden Nation hatte, durfte ich für die beiden ersteren selbst sorgen. Weniger glücklich als mit meinem Handel war ich mit meiner Kultur, die ich betreiben mußte, um meine Chinesen, die ich zu meiner persönlichen Sicherheit nötig hatte, zu beschäftigen. Selten hatte ich mehr als acht dieser in meinem. Dienste, meistens bloß vier bis sechs, die ich dann, nachdem ich alle Hügel bei meinen Kostäckern mit Kokospalmen bepflanzt hatte, entweder Reis bauen oder die Maniokwurzel pflanzen ließ.

Nach der Emanzipation der Sklaven in Surinam fing man an, sich mit Industriezweigen zu beschäftigen, auf die man früher gar keinen Wert gelegt hatte, und auf die man erst durch die Not der Zeiten aufmerksam geworden war. Dahin gehören die in Menge wachsenden kleinen Zitronen „Lemmetjes" (citrus javanica). Sie wurden in einer Salzlauge in Fäßchen verpackt nach den Vereinigten Staaten gesandt, wo sie als Zuspeise dienen. Jetzt wurde auch der Saft dieser Zitronen nach

Holland geschickt und mit Vorteil dort verkauft. Von diesen Bäumchen ließ ich Alleen auf meinen Kostäckern und in den Savannen pflanzen, so daß wir nach wenig Jahren eine solche Masse dieser saftigen Früchte hatten, daß wir täglich 25 bis 30 Liter Saft bekamen. Aber so gesucht dieser Zitronensaft im Anfang in Holland war, gar bald sank durch die bedeutenden Anfuhren der Preis, so daß der Saft oft Monate lang unverkauft in Amsterdam lagerte, und ich dieses anfangs vorteilhafte Geschäft ebenfalls aufgab.

Die Rohstoffe des Landes, die ich mir durch Indianer und Buschneger verschaffen konnte, suchte ich in Holland oder Deutschland bekannt zu machen. Fässer mit Copal, Amyrisharz, Proben von Ölen, Harzen, Copaivabalsam oder Droguen, die aus anderen Teilen von Südamerika in den Handel kamen, sandte ich ohne Erfolg, aber stets mit Schäden ab. Mit einem andern Naturprodukt schien es, daß ich mehr Glück haben werde, aber nur um später um so mehr daran zu verlieren. Es wächst nämlich in ganz Guyana, da wo das reine Flußwasser vorwaltet, der Beilholzbaum, Eperna falcata, aus dessen Holz man einen Balsam gewinnt, der bei der farbigen und weißen Bevölkerung der Kolonie als Mittel gegen Gicht und Rheumatismus gebraucht wird. Die Proben, welche ich davon nach Deutschland sandte, gaben befriedigende Resultate, große Bestellungen folgten, aber in medizinischen Zeitschriften wurde der Balsam verdächtigt, und ich hatte den Schaden.

In den ersten Jahren nach Errichtung der Penitenciers konnte ich Erdfrüchte, Bananen, Ananasse etc., was alles ich durch meine Chinesen anpflanzen ließ, an meine französischen Nachbarn verkaufen ; als diese sich aber später Kostäcker anlegen mußten, hatte man nichts mehr von mir nötig, und um meine Erzeugnisse nach Paramaribo auf den Markt zu senden, war der Abstand zu groß und die Ausgaben für den Transport zu bedeutend; so beschränkte ich mich am Ende bloß auf den Anbau der Maniokwurzel, aus der ich Stärke, Tapioca und Couac zur Ausfuhr nach Cayenne bereiten ließ.

Meine chinesischen Arbeiter hatten manchen Vorteil vor ihren auf den Pflanzungen arbeitenden Landsleuten, ein gesundes, muskitenfreies Land, den reinen Strom, wohlfeile Fische und Fleisch und ihr Hauptnahrungsmittel, den Reis, um denselben Preis den er mich kostete. Aber sie hatten keine Weiber und waren leidenschaftliche Spieler, wodurch viel Streit entstand. Sie kehrten, als ihre Kontraktzeit verstrichen war, nach Paramaribo zurück und ließen sich auf andern Pflanzungen engagieren. Ich nahm nun andere in meinen Dienst, die früher auf Zucker-Pflanzungen gearbeitet hatten, und die nun ganz andere Arbeit verrichten mußten. Diese waren womöglich noch größere Spieler als die früheren, und Nächte hindurch wurde gespielt, so daß mancher seinen Lohn auf Monate voraus verloren hatte und den Andern schuldig war. Die Chinesen spielten mit Karten, die sie entweder aus China mitgebracht hatten, oder welche sie sich aus unsern Karten zuschnitten, denn eine unserer Spielkarten gibt zwei bis drei Chinesische, deren jede mit einem Worte beschrieben ist. Begreiflicherweise entsteht bei diesen Spielen häufig Streit, der aber doch, da die meisten feige Bursche sind, selten in Tätlichkeiten ausartet.

Unter den neuen Chinesen hatte ich einen jungen, kräftigen Burschen, Lim-hok-siu, der in seinem Vaterland das edle Handwerk eines Henkersknechtes betrieben hatte. Mit diesem Kerl hatte ich viele Mühe und Ärger. Da er mit allen seinen Kameraden im Streit war, mußte ich ihn immer abgeschieden von den andern arbeiten lassen, und dann verrichtete er sein Tagewerk, wenn er gerade dazu aufgelegt war, in wenigen Stunden, oft gebrauchte er aber auch eine Woche dazu. Zeitweise war er närrisch, hätte dann einen abscheulichen, bockartigen Geruch und lief tagelang nackt im Walde herum. Seine Kameraden beschuldigten ihn, ihnen Geld entwendet zu haben, er aber behauptete, es gewonnen zu haben; wo er aber seinen Schatz versteckt hatte, wußte niemand, und auf echt chinesische Weise wollten sie ihm sein Geheimnis entlocken.

Eines Abends sagte mir ein Indianer, der im Fluß Pirais angelte, er habe im letzten Chinesenhause ein jämmerliches, Geschrei gehört. Nun schlichen ich, mein Neffe und ein Zimmermann dahin, und wir horten ein Stöhnen und Ächzen und leises Geflüster im Hause. Alles war verschlossen, und obwohl es finstere Nacht war, kein Licht zu sehen. Als ich zu offnen befahl, entflohen alle Chinesen durch die Vordertüre; wir machten Licht und fanden Lim-hok-siu nackt an einen Türpfosten gebunden, seine beiden Daumen staken in einem eigens dazu aufgeschlitzten Stück Holz, das unten einen Ring hatte, den man herauftrieb, so daß man durch das Zusammenpressen der Daumen den furchtbarsten Schmerz hervorbringen konnte; bereits war ihm das Blut unter den Nägeln hervorgedrungen, aber wo sein Geld war, hatte er doch nicht gesagt.

Doch Lim-hok-siu wußte sich zu rächen; denn einige Tage später, als wir eben beim Mittagessen saßen, kamen fünf meiner Chincsen mit schrecklichem Geschrei in mein Zimmer: Lippen, Hals und Mund waren stark angeschwollen und entzündet; ihre Sprache war ein unverständliches Lallen, und bloß vom sechsten, dem nichts fehlte, vernahm ich, daß Limhok-siu sich in die Küche geschlichen und unter den Reis, der auf dem Feuer kochte, kleine Stückchen Domkeen hineingeschnitten habe. Er, der Erzähler, habe glücklicherweise erst später essen wollen.

Ich ließ die Chinesen Seifenwasser trinken, worauf sie das Genossene erbrachen, und wenigstens der Magen nicht gefährdet war; glücklicherweise nahm die Geschwulst nicht zu, sonst hätten die armen Kerls ersticken müssen, aber drei Tage lang konnten sie bloß flüssige Nahrung zu sich nehmen. Der Domkeen (Caladium seguinum) ist ein äußerst giftiger Arun, der auf Savannen und an Gräben häufig vorkommt; ich selbst hieb einmal eine kleine Staude ab, ohne zu sehen, daß dieser Arun hinter ihr wuchs, und ich ihn auch mit abgehauen hatte; plötzlich empfand ich fürchterliche Schmerzen in den Augen, denn wahrscheinlich war von dem Safte hineingekommen; ich konnte die Augen nicht offnen und mußte mich nach Hause führen lassen; doch verging glücklicher Weise der Schmerz und die Entzündung schon nach einigen Stunden.

Lim-hok-siu ließ sich nach dieser Heldentat einige Tage lang nicht sehen, sondern hielt sich auf den Kostäckern auf, wo ich ihn dann bei dunkler Nacht mit Hilfe von Indianern gefangen nahm und ihm durch einen seiner Kameraden, den ich zu diesem Zweck mitgenommen hatte, mit einem Teertau 25 aus dem ff aufzählen ließ, dabei aber seinen Kameraden jede weitere Rache untersagte. Aber die immerwährenden Händel dieses Kerls mit seinen Kameraden bestimmten mich, ihn wegzusenden, ehe sein Kontrakt beendigt war. Mit den Chinesen befand ich mich ganz in derselben Lage wie mit meinen Landsleuten. Von ihrer Seite mußte ich Faulheit, Unverschämtheit und Exzesse erdulden, aber strafen durfte ich sie nicht.

Wie bei jenem Schwarzwälder Z. mußte ich, wenn ein Arbeiter seine Pflicht nicht tat oder mich beleidigte, eine Reise nach Paramaribo machen, die, wenn ich nur vier oder fünf Tage dort bleiben wollte, 70 bis 80 Gulden Auslagen verursachte. Wurde der Arbeiter gestraft, so mußte ich, um ihn abzuholen, abermals ein Fahrzeug nach der Stadt senden, wodurch wieder 30 bis 40 Gulden Unkosten entstanden, und welche Strafe hatte dann der Inculpat bekommen? Entweder eine Gefängnisstrafe von einigen Tagen, wo er bei üblicher Nahrung ausruht, oder eine Strafarbeit an den Wegen oder Gräben der Stadt (welche Strafe man Sebastópol nennt), wo er kaum die Hälfte dessen verrichtet, was er gesetzlich für seinen Meister zu arbeiten hat. Während dieser somit der Arbeit des Gestraften verlustig geht, welche dieser nach Ablauf der Kontraktzeit zu ersetzen nicht mehr verpflichtet ist, kommt den Meister die Arbeit um so teurer zu stehen, je öfter und länger der Arbeiter in seiner Kontraktzeit krank gewesen ist, oder aus Faulheit oder Widerspenstigkeit nicht gearbeitet hat. Es ist also höchst ungerecht, die Widerspenstigen auf eine Weise zu strafen, bei welcher der Meister allein leidet. Bei den Engagements der Kulis, welche die Franzosen aus Bengalen kommen lassen, bestehen zweckmäßigere Bedingungen, da der Kuli, dessen Dienstzeit drei, vier bis fünf Jahre beträgt, wenn der Meister für seine Überfahrt, oder eine Prämie bezahlt hat, die Versäumnistage, sie mögen nun durch Krankheit, Faulheit oder sonst eine Ursache entstanden sein, nachholen muß, und nicht eher seine Entlassung erhält, als bis der Meister ihm den Abschied gibt.

Es versteht sich, daß sowohl in Surinam als in Cayenne, (an beiden Orten ist ja kein Mangel an Beamten), diese Versäumnisse in den monatlichen Aufgaben genau kontrolliert werden können, also der Meister nicht nach Willkür handeln kann. Sind Krankheiten in Folge von Arbeiten, oder sind Seuchen entstanden, so wäre es ungerecht, den Arbeiter durch längere Dienstzeit dafür büssen zu lassen, aber höchst unbillig ist es, wenn Versäumnisse, entstanden durch syphilitische Krankheiten, langwierige Geschwüre in Folge von Unreinlichkeit, Schwäche und Nervenleiden in Folge von Opiumrauchen, und durch Faulheit und Widerwillen, der Meister sie dem Arbeiter nicht in Rechnung bringen darf. Obgleich nun alle Pflanzer, oder überhaupt solche, welche Chinesen oder Kulis in Miete hatten, unter diesen Übelständen litten, so war doch keiner so übel dran als ich.

Ich war der einzige, der so zu sagen außerhalb der Kolonie lebte. Innerhalb des bebauten Landes kann bei jeder Unannehmlichkeit, die auf einer Pflanzung zwischen dem Meister und dem Arbeiter vorfällt, in sechs Stunden der Distriktsbeamte, je nachdem Ebbe oder Flut günstig sind, sich dahin begeben, die Sache untersuchen und Recht sprechen. Überdies muß dieser Beamte, wozu ihm Fahrzeuge und Ruderer zu Dienst stehen, alle drei Monate die Pflanzungen seines Distriktes besuchen und sich selbst überzeugen, ob der Meister seinen Untergebenen es an nichts fehlen lasse. In jedem jährlichen Rapporte machte ich auf den Übelstand aufmerksam, daß nie ein höherer Beamter den Maroni besuche, und bloß einem eigenen Zufall hatte ich es zu danken, daß, seitdem ich Chinesen in meinem Dienste hatte, nach neun Jahren erst der

Beamte, unter dem der Maroni stand, sich hierher verirrte. Handelte nun das Gouvernement so gegen die Gesetze, die es selbst gegeben hatte, so wäre es mir nicht zu verargen gewesen, wenn ich auch in Bezug auf meine Arbeiter diese Gesetze nicht streng befolgt, sondern die Umstände berücksichtigt hätte.

Der Procureur général G., ein ebenso rechtschaffener als strenger, nur nach dem Gesetze handelnder Mann, sah, ohne daß er je am Maroni gewesen war, das Eigentümliche der Verhältnisse von Albina recht gut ein, als einmal einer meiner Chinesen sich nach Paramaribo begab und mich wegen ein paar Ohrfeigen verklagte, die sein Kamerad von mir erhalten hatte. Jener, der Geohrfeigte nämlich, klagte bei mir über Übelkeit und dergleichen und machte ein gar jämmerliches Gesicht. Als ich nun eben, ohne an etwas arges zu denken, Glaubersalz zurecht machte, sah ich zufälligerweise im Spiegel, wie er zur Belustigung seiner Kameraden die Zunge gegen mich herausstreckte und mich mit andern Grimassen verhöhnte; dieses sehen, ihn beim Schopf nehmen und ihm einige Maulschellen applizieren, war das Werk eines Augenblicks. Er mußte nun das Salz einnehmen und sofort an die Arbeit gehen.

Dergleichen Stückchen kamen im Laufe von 21 Jahren gar manche vor, aber sie waren nie so ernstlicher Art, daß die Chinesen mich verklagt oder sich das Gericht darum zu bekümmern gehabt hätte. Nimmermehr suchten mir die Chinesen, welche meinen Dienst verließen, zu schaden, und der beste Beweis dafür ist, daß trotz der Mängel, die dem so abgelegenen Platze anklebten, von den vielen Chinesen, die ich in meinem Dienste hatte, und deren Kontrakt im Maximum fünf Jahre dauerte, zwei acht, zwei zehn und einer zwölf Jahre ununterbrochen bei mir blieben. Begegnete ich den Entlassenen in Paramaribo, Cayenne oder auf den Pflanzungen, so zeigten sie stets Freude mich zu sehen, und wenn sie mir auch Erdfrüchte, Ananas, Orangen oder dergleichen gemaust hatten, so fand ich, und ich muß es zu meinem Schmerze sagen, bei ihnen mehr guten Willen und Dankbarkeit, als bei meinen Landsleuten.

Elftes Kapitel

Bei Anlage der Penitenciers im französischen Guyana war es der Zweck der Regierung gewesen, sich der immer mehr anhäufenden und enorme Summen kostenden Spitzbuben zu entledigen und einer Kolonie, die in einer Zeit, als die Sklaverei noch gesetzlich war, nie prosperieren wollte und seit der Emanzipation gänzlich danieder lag, durch die Deportation dieser Forçats wieder auf die Beine zu helfen.

Hatten auch die früheren Unternehmungen dieser Art traurige Resultate geliefert, so waren doch die Mißgriffe, wodurch jene großenteils entstanden waren, bekannt, auch sind sie wohl bei der jetzigen Transportation vermieden worden. Die französische Regierung, welche die neue Transportation sanktionierte, wird wohl nie zu sanguinische Hoffnungen auf das Wohlgelingen derselben gehabt haben, denn schon in Frankreich, also dem eigenen Geburts- und Vaterlande der Deportierten, herrscht unter ihnen eine große Sterblichkeit, die wohl nichts anderem zuzuschreiben ist, als Ausschweifungen aller Art.

Kommt nun hiezu der klimatische Einfluß eines tropischen Landes, an den sich eben jeder Körper erst gewöhnen muß, ehe er ihn ertragen kann, und dem selbst mancher auch bei der regelmassigsten Lebensweise erliegt, in Verbindung mit dem Heimweh, das auch wohl das roheste und entartetste Herz beschleichen kann, so ist eine größere Sterblichkeit nicht zu verwundern.

Eines der größten Laster, dem die meisten und sogar die Weiber sich ergeben, ist die Trunksucht, und gerade diesem zu steuern hatte dem Gouvernement am wenigsten Mühe gemacht. Leute wie diese haben ihre Freiheit verwirkt; es wäre also leichte Sache gewesen, jede Art geistiger Getränke, wo nicht ganz unmöglich zu machen, doch wenigstens die Verabreichung einer strengen Kontrolle zu unterwerfen. Aber nein! Statt dessen bekam jeder Konzessionär der im Stande war ein Patent zu bezahlen, die Erlaubnis des Ausschankes von Wein und anderen Getränken; und weil bei der Menge, die dieses verderbliche Handwerk betrieb, große Konkurrenz war, so verfälschte jeder dieser Wirte seine Getränke. Wahrend der Wein 120 Franc das Faß von 208 Liter in Cayenne kostete, wurde er auf St. Laurent im Detail und Ausschank zu 55 Ctm. verkauft, ein mit Wasser und Alkohol versetztes und künstlich gefärbtes Geschmier. Waren nun auch dem Wein keine der Gesundheit schädlichen Stoffe beigemischt, weniger Umstände machten die Verkäufer beim Zuckerbranntwein.

Manche der Konzessionärs hatten im Geheimen Brennereien, deren Kessel, Helm und Röhren ein Flaschner sehr geschickt aus Endobache Büchsen (blecherne Büchsen, mit konserviertem Fleisch von Neuholland) zu verfertigen wußte. Die Besitzer solcher Brennereien kauften, wenn sie es nicht selbst bauten, das Zuckerrohr von ihren Kameraden, preßten auf roh verfertigten hölzernen Mühlen den Saft aus und brachten so mit vieler Mühe einen abscheulichen Tafia zu Stand, der dann wieder an die Liebhaber verkauft wurde. Ein weit unschuldigeres Getränke, dessen Verkauf frei betrieben, und das auf kleinen Handkarren unter dem Rufe „Pikette" auf St. Laurent herumgeführt wurde, war Wasser und der gärende Saft des Zuckerrohrs, wovon das Liter einen Sous kostete, und mit dem ich gerne meine Indianer regalierte, wenn wir nach St. Laurent kamen. Obgleich man auch an Werktagen Trunkene auf den Straßen von St. Laurent fand, am Sonntag wurde überall „la noce" gefeiert; viele der Konzessionäre, die vom Gouvernement keine Lebensmittel mehr erhielten und auf den Ertrag ihrer Felder angewiesen waren, lebten um so elender, als sie den größten Teil ihres Verdienstes für Absinth, Tafia oder andere Spirituosen gebrauchten.

Auch die Weiber waren diesem Laster ergeben, und kleinen Kindern schon wurde Schnaps eingeschüttet. Die Schwiegermutter eines dortigen Kaufmanns, der sich durch Fleiß und Eifer schon ein hübsches Vermögen erspart hatte, hatte jeden Tag einen Absinthrausch. In einem solchen befahl sie ihrer Tochter, die vom Fieber geschüttelt auf der Matratze lag, aufzustehen, und als diese, ein erwachsenes Mädchen, nicht Folge leisten konnte, ergriff das Scheusal den Erdölkrug, begoß die Kranke, zündete an und verbrannte so ihre Tochter bei lebendigem Leib.

So gut nun auch die Pflege und der ärztliche Dienst im Hospital war, die polizeiliche Ordnung ließ dort vieles zu wünschen übrig: Wein und Schnaps fand den Weg in dasselbe, und ich selbst fand eine der Aufwärterinnen, die meine kranke Frau zu bedienen hatte, einmal total betrunken. Was Wunder also, daß so viele den Fiebern und andern Krankheiten unterlagen, wenn der Körper durch schlechte Nahrung geschwächt, durch Trunksucht entnervt, in der Krankheit nicht die Diät befolgt, die der Arzt vorschreibt! War nun schon die Sterblichkeit unter den Erwachsenen groß, ebenso oder noch bedeutender war sie unter den Kindern, deren Gesundheit zum großen Teil schon im Keim durch das unordentliche Leben der Eltern vergiftet war; die meisten dieser Kinder sahen bleich und aufgedunsen aus und litten an der im Land so häufigen Blutarmut.

Starben nun solche Kinder im Hospital, so gaben sich nicht selten die Mütter in ihrem Schmerz der Leidenschaft hin, beschuldigten die Ärzte der Unkenntnis, die guten Schwestern der unrichtigen oder gleichgültigen Pflege, aber an den Anteil, den sie an dem Tode des Kindes durch unordentliches Leben und Behandlung hatten, dachten sie nicht. Das Särglein dieser Kleinen wurde mit Blumen geschmückt, und wenn man es zur Beerdigung wegtrug, versäumte die Schwester des Kindersaales nie zu sagen: „C'est encore un ange, qui va rentrer au ciel." Bei den erwachsenen Toten wußte man freilich nicht, wo sie hingingen, aber alle Verstorbenen, insofern sie Katholiken waren, wurden vom Priester eingesegnet und auf den Kirchhof begleitet. Wahrhaft bewundernswürdig ist die Geduld und Aufopferung der guten Schwestern von St. Paul de Chartres, die häufig nichts als Grobheiten, unverschämte Reklamen und Undankbarkeit ernteten.

Bei der Deportation waren verhältnismäßig wenige Landbauern, die meisten waren Handwerker und Leute aus allen

Klassen der Gesellschaft. Der Landbau war aber auf St. Laurent, das Penitencier agricol genannt wurde, die Hauptsache; es hatten deshalb auch die wenigsten der Deportierten Lust und Eifer, sich einem Berufe zu widmen, der ihnen mehr oder weniger neu war, und der in Guyana, wo man alle Hilfsmittel entbehrt, die dem europäischen Landbauer seine Arbeit erleichtern, schwieriger und ermattender ist als im Vaterlande.

Zum Hauptprodukt von St. Laurent hatte man den Zucker gewählt, bei dessen anfänglicher Kultur schon sich das Gouvernement eine unbegreifliche Vergeßlichkeit hatte zu Schulden kommen lassen, wovon ich schon früher gesprochen habe. Der Zuckerkultur standen am Maroni viele sehr bedeutende Schwierigkeiten entgegen. Die Ländereien am Maroni bestehen abwechselnd aus hohem und niedrigem Land. Ersteres ist ein sandiger humusarmer Boden, der bloß im ersten Jahre eine manchmal erträgliche Ernte gibt, aber schon im zweiten ein kümmerliches, dünnes Rohr, dessen Produkt die Arbeit nicht vergüten kann. Will man den Acker weiter benützen, so muß schon nach der ersten Ernte der Boden umgearbeitet und gedüngt werden, wozu auf den Antillen, wo die Viehzucht auch nicht genug Dung liefert, Guano, Gips und manchmal verdorbener gesalzener Fisch angewendet wird. Während nun aber, angenommen auch die Konzessionäre könnten es bezahlen, oder die Regierung schösse das Geld vor, ein Guanoschiff, die immer sehr groß sind und 2–4 000 Tonnen haben, wohl auf den Antillen seine Ladung löschen kann, könnte solch ein tiefgehendes Schiff gar nicht nach Cayenne kommen, der Guano müßte also von den Antillen abgeholt werden, wodurch die Tonne wenigstens wieder um 20 Franc teurer käme. Ein zweites nicht weniger großes Hindernis ist der Transport, der, weil die Konzessionen nicht wie in Surinam an Kanälen und Flüssen gelegen, sondern manchmal zwei bis drei Kilometer von der Fabrik entfernt sind, und das Rohr alles zu Land und auf eine höchst mühsame Weise verführt werden muß, ungemein viel Zeit in Anspruch nimmt, und es ganz unmöglich macht, den Zucker so billig zu liefern, daß er mit dem anderer

Länder konkurrieren kann. Wohl hat das Gouvernement einen Tramway anlegen lassen, aber ob derselbe den Transport wesentlich erleichtert, ist mir nicht bekannt.

An dem Baletekreek, eine Viertelstunde vor seiner Mündung in den Maroni, liegt die Fabrik zum Mahlen oder Auspressen des Rohres und Bereiten des Zuckers, mit einem Destillier-Apparat nach den neuesten Verbesserungen; es wurden keine Kosten dabei gespart, und kundige Männer leiten und überwachen das Ganze. Die Konzessionäre lieferten ihr Rohr an die Verwaltung um einen gewissen Preis per stère ab, und das gewonnene Produkt an Zucker und Tafia wurde für Rechnung des Gouvernements in Cayenne verkauft. Wie viel dasselbe aber bei der Sache zusetzt, ist nicht bekannt. Die meisten Konzessionärs geben trotz der Aufmunterung den Anbau des Rohres auf, und wird derselbe nun ganz für Gouvernements-Rechnung von Arabern, Negern, Chinesen etc., die keine Konzessionen haben, betrieben.

Die Konzessionäre aber legten sich vorab auf den Anbau der Maniokwurzel, da von dem daraus bereiteten Mehle die ganze farbige Bevölkerung der Kolonie lebt, und dieses auch noch aus Brasilien eingeführt werden muß. Aber obgleich dieses Mehl, Couac genannt, ebenso gut bereitet wurde als in Oyapok oder in Brasilien, so brachte es doch stets einen geringeren Preis ein, als jenes, weil die Konzessionäre demselben erst einen Teil des nahrhaften Stärkemehles entzogen, um diesen als Stärke, amidon, oder Tapioca besonders zu verkaufen, so ihr Fabrikat verschlechterten und in Mißkredit brachten.

Aber auch beim Maniokpflanzen war der arme Boden hinderlich, und die Wurzeln waren so klein, daß es am Ende nicht mehr der Mühe lohnte sie zu pflanzen. Andere Produkte des Landbaues, als Gemüse und Erdfrüchte, waren schwierig zu verwerten, denn die meisten der Beamten hatten ihre eigenen Gärtchen, und auch nach Cayenne, wo überdies in jeder Jahreszeit Gemüse gut und billig sind, lohnte sich die Ausfuhr nicht. Manche der Konzessionäre taten was sie konnten, um vorwärts zu kommen. Ihre Gärten mit Gemüse und Erdfrüchten, ihr gut aussehendes Vieh hätten ihnen, wären sie in der Lage gewesen, Absatz dafür zu finden, ein sicheres Einkommen verschafft.

Alle zwei oder drei Jahre war eine Ausstellung der Erzeugnisse des Ackerbaues, der Viehzucht und der Industrie, bei der nicht unbedeutende Prämien verabfolgt wurden, und wo man mit Vergnügen sah, wie jeder der Ausstellenden trachtete, durch schönes Gemüse, Früchte, Vieh, Hühner usw. sich auszuzeichnen. Aber die Hauptsache fehlte, ein gesicherter Absatz, der bei einem Stapelprodukt von großer Bedeutung hätte werden können, wenn die Grundlage der Unternehmung die Viehzucht gewesen wäre. Der Hauptplatz der Penitenciers, St. Laurent, war ein früheres Caraibendorf, das nach dem Tode des Oberhauptes der Indianerin Melkiawa verlassen wurde, bis mein Freund Jules J. sich da eine Hütte baute, um sein Glück mit Holzhandel und Brettersägen zu machen. Der Fluß hat zwischen St. Laurent und Albina eine Breite von 2200 Metern, und bei der reinen Luftströmung von Osten hörten wir nicht allein die Hähne krähen, sondern selbst den Gesang in der Kirche.

Am Platz wo die Boote anlegen, ist ein Steiger oder Brücke, von welcher ein schöner, breiter Weg, auf beiden Seiten mit Kokosbäumen besetzt, zum Hause des Kommandanten führt und an einem Platze, der später mit Eukalyptus-Bäumen bepflanzt wurde, von anderen Wegen durchschnitten wird, die zum Dorfe, dem Hospital und den Konzessionen führen. Das erste ganz in der Nahe des Flusses liegende Gebäude ist das Haus des Etatmajors, von etwa 20 Meter Länge, von Fachwerk gebaut und einstöckig; es enthält etwa 20 Zimmer, und ist die Wohnung der unverheirateten Offiziere, die in einem Hinterhause ihren Speisesaal haben.

Neben diesem Gebäude und hinter demselben ist die Wohnung des Kommissars, der die Verwaltung von Kleidung, Material und Lebensmittel unter sich hat und zugleich Beamter des Bürgerlichen Standes ist. In anderen Gebäuden, die teils aus Fachwerk, teils aus Backsteinen bestehen, wohnen der

Juge de paix, der Kapitän der Truppen, Oberarzt, oder andere verheiratete Beamte. In einem prächtigen Schulhaus wurden früher die Knaben von den frères chrétiens de Ploermel unterrichtet, aber als diese Lehrer abberufen worden waren, und die Soldaten in ihrer Kaserne viel von Fiebern geplagt wurden, übersiedelten diese in das Schulgebäude. Besonders groß und gut eingerichtet sind die Hospitäler, vier große, teilweise zweistöckige Gebäude aus Fachwerk. Sie hatten geräumige Säle mit eisernen Bettstellen und guten wollenen Matratzen, und jedes Bett mit einem Gazevorhang versehen. Es ist Platz für 300 Kranke. In besondern gut eingerichteten Zimmern werden die Offiziere im Fall von Krankheit verpflegt, und die Freien wie Deportierten, Männer und Frauen, sind streng von einander abgesondert. In einem langen niedrigen Gebäude, an dessen einem Ende sich die Kapelle des Hospitals, am andern aber die Küche befindet, sind die Wohnungen der Schwestern, ihre Speise- und Schlafsaal. Ein großer, sehr gut unterhaltener Küchegarten versieht das Hospital mit dem nötigen Gemüse. Alle diese Gebäude, und was sonst noch zum Hospital gehört, sind von einem Zaun umgeben, und verschiedene Türhüter haben darüber zu wachen, daß kein Unbefugter die Kranken besucht.

Zwischen den Gebäuden der Verwaltung und dem Dorfe liegt die große, von Holz gebaute Kirche, die sowohl von außen als von innen ein geschmackloses, schuppenartiges Gebäude ist. Wie alle übrigen Gebäude, so ist auch sie mit Singein gedeckt. Neben der Kirche ist das Pfarrhaus, das früher für die Jesuiten gebaut, jetzt den zwei Pfarrern zur Wohnung dient; an dieses stößt das Gebäude, in dem die ledigen Frauen wohnten, und in dem später eine Anzahl Pétroleuses[1] unter Aufsicht der Schwestern von St. Joseph de Cluny ihren Aufenthalt angewiesen erhielten. Hohe Stacketen oder Pallisaden von Wapaholz umgeben diesen Platz, der bloß eine Türe hat, die des Abends geschlossen und gut verriegelt wird, um wo

---

[1] Beteiligte am Pariser Kommune-Aufstand von 1871 (Red.).

möglich, zu verhüten, daß die liebenswürdigen Genossinnen der Kommune unerlaubten Abenteuern nachlaufen.

In der Nahe und gegenüber dem Pfarrhause ist ein hübsches, einstöckiges Haus gebaut, das dem Gouverneur zum Aufenthalt dient, wenn er nach St. Laurent kommt. Bei jedem dieser Gebäude befindet sich ein gut unterhaltener Gemüsegarten; denn wie bei uns in Surinam die Mahlzeiten größtenteils aus Erdfrüchten bestehen, und nur selten Gemüse gegessen werden, so darf bei den Franzosen das Gemüse und der Salat nicht fehlen. Die verschiedenen Magazine, Büros, Kaserne der Gendarmerie und die Kantine, also die zur Verwaltung der Transportation nötigen Gebäude, nehmen einen Raum ein, der fast ebenso groß ist, als das Dorf der Deportierten.

Dieses ist im Viereck angelegt und besteht aus etwa zwölf Quadraten. Die Häuser, von denen nach dem Tode ihrer Bewohner oder deren Flucht gar manche leer und unbewohnt stehen, sind von Holz und Fachwerk und mit Singeln gedeckt. In ihnen wohnen die Kaufleute, Wirte und die Handwerker, die entweder für die freie Bevölkerung oder die Konzessionäre arbeiten und teils aus wirklichen Handwerkern, als Schuhmachern, Schneidern, Blechnern, Schmieden etc. bestehen, teils aus Handlangern, journaliers; diese letzteren sägen für Rechnung der Kaufleute Bretter, wozu diese das Holz von den Buschnegern kaufen, oder spalten Singeis, bardeaux, die mit den Brettern nach Cayenne gesandt und da verkauft werden. Durch diesen Holzhandel sind immer einige kleine Schoners, die den Kaufleuten selbst gehören, beschäftigt, um Bretter und Singeis nach Cayenne und die nötigen Waren von dorther nach St. Laurent zu bringen. Die Holzausfuhr ist auch der bei weitem größere Verkehr, den St. Laurent mit Cayenne hat, denn die Ausfuhr von Couac hat aus den angegebenen Ursachen bedeutend nachgelassen.

Einige der Bewohner St. Laurents sind Fischer und versehen die Bewohner mit Fluß- oder Seefischen, die frisch oder getrocknet verkauft werden; den meisten Gewinn haben aber die Fischer, wenn in der Trockenzeit der Geelbakher oder

Majoran aus der See in den Fluß kommt und mit der Angel gefangen wird. Das Fleisch, gesalzen und getrocknet, wird zu 60 bis 80 Centimes per Kilo verkauft; die Blase aber, oder der Schwimmbalg, der einen vorzüglichen Leim gibt, gilt in Cayenne 6 bis 7 Fr. das Kilo, so daß bei nur mittelmäßigere Fang der Fischer nächtlich 20 bis 25 Fr. verdienen kann.

Die Administration oder die Aufsicht über das Ganze führt der Kommandant Supérieur, der wieder unter dem Befehle des Directeur des Penitenciers in Cayenne steht. Er hat einen Sekretär und ein eigenes Bureau, unterzeichnet oder kontrasigniert alle Belege, Mandate oder dergleichen der verschiedenen Verwaltungszweige. Jeden Morgen um acht Uhr erhält er den Rapport des Gendarmerie-Chefs über den Stand der Deportierten und der Flüchtlinge, soweit man denselben weiß, ordnet die Arbeiten an und besichtigt sie im Laufe des Tages; da er ein Zivilbeamter ist, so ist sein Stand gegenüber den andern Chcfs der verschiedenen Verwaltungen, die meistens Offiziere sind, nicht immer der angenehmste.

Bei den verschiedenen Verwaltungen waren nicht nur eine Menge Schreiber, sondern zur Aushilfe noch Déportés, die alle saläriert und mit Lebensmitteln versehen wurden. Diese ganze, so ausgebreitete Bürokratie hätte füglich um die Hälfte vermindert werden können, und würde ohne Zweifel sich noch mehr vereinfachen lassen. Über die Funktion des Kommissärs habe ich bereits gesprochen. Mit den Arbeiten an Gebäuden, Wegen, Brücken usw. war ein Offizier des Genie beauftragt, während ein Ingenieur die Maschinen der Sägmühlen und der Zuckerfabrik in Ordnung zu halten hatte. Die Fabrikation des Zuckers und des Tafia war einem andern Beamten übertragen, der dafür aus Martinique berufen war. Die Besatzung bestand aus einer Kompanie des Bataillons Infanterie de la marine, das je zwei Jahre in Martinique, Guadeloupe, Cayenne und am Senegal zuzubringen hatte, ehe es nach Frankreich zurückkehren durfte. Bei dieser Kompanie befand sich Kapitän, Ober- und Unterleutnant, und mußte sie die Posten auf Les hattes, St. Pierre, St. Louis und Siparawini besetzen. In früherer Zeit

606

blieben sie sechs und mehr Monate am Maroni, später wechselten sie alle drei Monate ihren Standort.

Der ärztliche Dienst wurde durch einen Médecin en Chef und zwei Doktoren II. Klasse wahrgenommen, denen ein Apotheker beigegeben war. Die Krankenpflege ist dem Orden der Sœurs de St. Paul de Chartres anvertraut, welche die Aufsicht sowohl über die Kranken, als über Küche, Weißzeug usw. haben. Es sind eine Oberin, la mère supérieure, und 12 bis 14 Schwestern. Die unverheirateten Frauen stehen unter Aufsicht der Sœurs de St. Joseph de Cluny, von welchen die mère supérieure und 6 bis 8 Schwestern ein eigenes, mit Pallisaden umgebenes Haus bewohnen. Sie unterrichten auch die Mädchen im Lesen, Schreiben und in Handarbeiten.

Das geistige Wohl sämtlicher Penitenciers des französischen Guyanas war der Gesellschaft Jesu von Anfang der Transportation bis zum Jahr 1873 aufgetragen. Mit der Treue und dem Eifer der den Priestern dieses Ordens eigen ist, besorgten sie ihr schwieriges Amt; auch sie besuchten uns häufig, und obwohl Protestant, hatte ich an allen wohlwollende Freunde, denen ich noch jetzt Hochachtung zolle, und deren Weggang wir herzlich bedauerten.

Ihr Wirkungskreis beschränkte sich vorab auf die Deportierten; denn außer an einigen Festtagen, an denen der Kirchenbesuch obligatorisch war, sah man nur selten den einen oder anderen der Offiziere in der Messe, und die für sie bestimmten Stühle waren meistens leer. Bei dieser Indifferenz und Nichtachtung der Religion, die doch die herrschende war, machte ich immer bei mir die Bemerkung, daß die Religion wohl nie zwischen Deutschland und Frankreich die Ursache eines Krieges geben werde. Obgleich die Jesuiten vor zweihundert Jahren das Innere Guyanas bereisten und die verschiedenen Indianerstämme besuchten, machten sie doch bei Busch- und Bonnineger keine Bekehrungsversuche, sondern überließen dieses Priestern einer andern Kongregation.

Die Besoldung der verschiedenen Chargen, ohne das Militär, mag sich auf 100 000 bis 120 000 Fr. und den Wert

der Lebensmittel dabei gerechnet, auf vielleicht 150 000 Fr.
jährlich belaufen Zu dieser schon sehr bedeutenden Summe
kommen noch Lebensmittel und Kleidung für die Deportierten, frisches Fleisch, Medicinen, Werkzeuge usw., so daß
ohne die Unterhaltungskosten des Militärs, der Avisos oder
Schoners die jährlichen Unkosten wohl 300 000 Fr. betragen
mögen, während der einzige Gewinn, welchen die Verwaltung
erzielen kann, in den Gebühren für einige Patente und dem
Provenu des Zuckers und Tafia der Fabrik besteht, was zusammen kaum die Summe von 100 000 Fr. erreichen wird. Die
weitere Ausfuhr ist für Rechnung der deportierten Kaufleute
und besteht aus Brettern, Singeis und Couac, deren Totalwert
jährlich 250 000 Fr. nicht übersteigt, so daß der Export in keinem Verhältnisse zu den so bedeutenden Kosten steht, welche
die Deportation der Regierung verursacht.

Das Leben auf St. Laurent war so eigentümlich und streng
abgeschieden von allem, was einem Europäer in tropischen
Ländern in die Augen fällt, daß, wäre nicht die exotische Vegetation und die nach Landesart gebauten, von den europäischen
ganz abweichenden Häuser gewesen, man hätte glauben können, in ein französisches Dorf versetzt zu sein. Besonders in
der ersten Zeit, wo die Araber und farbigen Spitzbuben sich
noch nicht auf St. Laurent befanden, zerstörte nur selten ein
schwarzes oder gelbes Gesicht die Illusion.

Hier sah man in den Straßen Wägen mit Ochsen bespannt,
dort einen Kuchenverkäufer, der seine Ware ausrief; da wieder
Knaben mit Büchern unter dem Arme zur Schule wandern,
oder Frauen in Holzschuhen Hühner und Gemüse auf den
Markt bringen. Durch die stets offenen Fenster sah man in
den Restaurationen die Hungrigen ihre Dejeuner verzehren,
während in einem andern Hause ein Friseur, auf dessen Aus-
hängeschild die Bemerkung „cidevant au palais royal" zu lesen
war, einen Spitzbuben rasierte, freilich in weniger elegantem
Kabinett als in Paris.

Ein spekulativer Kopf hielt in seinem Hause Reunion, wobei einige gefällige verheiratete Damen die Würze der Soirées

waren. Auch einige meiner Chinesen fanden daran Vergnügen und brachten die Sonntage auf St. Laurent zu, von wo sie
dann am Montag morgen gründlich ausgebeutet und „sans le
sou" nach Albina zurückkehrten.

Besonders war mein alter Hong à hok in diesem Hause bekannt, und obgleich er so häßlich war wie nur ein Chinese
sein kann, und es gibt wirklich solche, die als Vogelscheuche
dienen könnten, so war er doch bei jenen Damen sehr beliebt;
auch besuchten sie manchmal Monsieur Onc à Oc am Sonntag auf Albina, wo dann der Geschmeichelte Hühner schlachtete und auftischte was er konnte.

Als in späterer Zeit St. Louis verlassen und die anderen
kleinen Etablissements, als St. Pierre, St. Jean, St. Anne abgebrochen wurden, vermischte sich nach und nach das europäische Element mit dem der übrigen Kondemnierten, und
wird ersteres, da alle Zufuhr aus Europa aufgehört hat, ganz
verschwinden, wie denn auch der Fortbestand der Peniteni-
ers sehr problematisch ist, und schon die Rede davon war, sie
ganz aufzuheben.

Unter den verschiedenartigen Geschäften, mit denen ich
mich abgab, war gewiß mein Amt dasjenige, welches mir am
wenigsten zu schaffen machte, und das ich nur als eine Sinecure betrachten konnte, die am Grenzfluß einigermaßen nötig
war. Ich kam mir vor wie jener französische Festungskomman-
dant, der auf seine Türe einen Soldaten malen ließ, weil in
der Festung keine Besatzung war. Mein Titel war immer noch
Posthalter der befriedigten Buschneger, obwohl seit dem Jahre
1858 diese Neger ganz und gar ohne alle Kontrolle lebten und
in keine andere Berührung mit mir kamen als durch meinen
Handel. Mit meinen Nachbarn hatte ich amtlich nur wenig zu
schaffen, außer bei ansteckenden Krankheiten, die manchmal
auf St. Laurent oder in Cayenne herrschten; bei diesen hatte
ich zu sorgen, daß keine Kommunikation zwischen den Bewohnern der beiden Ufer stattfand, oder daß Buschneger oder
Indianer dieselben nicht nach Surinam einschleppten. Wohl
erhielt ich in solchen Fällen strenge Befehle, versäumte auch

nie, sie den Negern und Indianern mitzuteilen, aber außer mir nahm niemand einige Notiz davon. Wenn die Franzosen nicht selbst Sorge trugen, daß Indianer und Buschneger nicht nach St. Laurent kamen, ich konnte es wahrlich nicht verhüten. Als Beamter des bürgerlichen Standes hatte ich die Geburten und Sterbefälle in die Register einzuschreiben und Heiraten und Scheidungen zu vollziehen, aber da außer Indianern ich der einzige Bewohner des holländischen Ufers war, so konnte ich auch da bloß in meiner eigenen Sache fungieren und die Veränderungen, die durch Geburt und Tod bei meinen Arbeitern vorkamen, in die Register einschreiben, obwohl dieses auch später auf St. Laurent, wohin ich die Kranken bringen ließ, bei ihrem Tode in den dortigen Registern eingeschrieben wurde. Außer einem monatlichen Rapport, der, schon gedruckt, bloß mit Namen und Datum zu versehen war und kund gab, daß nichts vorgefallen sei, hatte ich noch am Ende des Jahres einen Rapport einzusenden, der, was das holländische Ufer betraf, stets damit anfing: „Es blieb halt auch in diesem Jahr, gerade wie es früher war." Bloß St. Laurent gab mir einigen Stoff, dem ich noch Angaben über Gesundheitszustand auf Albina, Thermometerstand und über die indianische Bevölkerung u.s.w. beifügte, und damit meine Chefs auch vollkommen befriedigte, wobei ich aber auch oft, was wohl wenige Beamte tun wurden, zu erkennen gab, wie unnötig der Posten überhaupt sei.

In der Tat, obgleich das französische Gouvernement nie unterließ, mir den Titel Konsul, ja manchmal das Prädikat „Honorable" zu geben, trat meine Dignität, und wäre ich auch den ganzen Tag unter meiner Veranda in weißen Beinkleidern, Rock und Halstuch herumspaziert, gegenüber der Masse von Kommandanten, Kommissaren und anderen Offizieren, die stets mit vielem Glanz, die französische Flagge hinten im Boot, den Fluß auf- und abfuhren, sehr in den Hintergrund. Darum aber bekümmerte ich mich wenig. Auch mein Chef bekümmerte sich wenig darum; ihm war es ganz gleichgültig, in welcher Bedeutung sein Beamter am Maroni gegenüber den französischen Behörden stand, und welche Eingriffe in unsere Rechte diese ausübten. So nannte sich ein Unterleutnant, welcher der Holzfällerei am Siparawini vorstand, stolz „Commandant du haut Maroni" und maßte sich ein Urteil in einer Sache an, die Buschneger betraf, und die unsere Behörden in Surinam bereits untersucht und entschieden hatten.

Auf der Insel Guidala, eine halbe Stunde unterhalb der Mündung des Siparawini, hatten sich mit der Erlaubnis des französischen Gouvernements, dem diese Insel, weil ganz nahe am französischen Ufer, gehört, etwa zehn Familien Farbiger, Abkommen von Indianern und Negern aus Para in Brasilien, angesiedelt. Ein Neger, Bastien, war vom französischen Gouvernement zu ihrem Chef ernannt. Diese Leute, etwas mehr zivilisiert als unsere Indianer, bauen Manioc und trocknen Fische, die sie in Cayenne und auf den Penitenciers verkaufen. Obgleich katholisch, sind sie vollgepfropft mit Neger-Aberglauben, überdies eben so trunksüchtig als unsere Indianer. So kam es denn, daß ein junger Bursche, Manoel, im Rausche aus seiner Korjal fiel und ertrank. In der Nähe und auf holländischem Ufer wohnte ein armer krüppelhafter Indianer Paranama ohne Frau und Kinder bei weitläufigen Verwandten. Eines Nachts, als ich mich eben schlafen legen wollte, hörte ich am Ufer ein Geschrei und Hilferufen, und als ich Licht gemacht und die Haustür geöffnet hatte, stürzte ein Haufen Indianer, Weiber und Kinder, ins Haus, die mich baten, ihnen zu Hilfe zu kommen; Bastien habe sie überfallen, um den armen Paranama mitzunehmen, um denselben wegen des Todes Manoels zu opfern; er, Bastien, habe gerade die Zeit abgewartet, wo niemand den Armen verteidigen könne, denn alle männlichen Indianer seien nach dem Geweriman um Fische zu schießen.

Ich fuhr nun sogleich mit meinem Neffen und einigen Chinesen nach dem Indianerdorf und kam gerade noch zu rechter Zeit; denn der arme Krüppel lag bluttriefend, bewußtlos und gebunden in der Korjal der Portugiesen, die, als sie mich sahen, sich in den Wald flüchteten. Ich ließ den Armen in mein

Boot tragen, wir wuschen und verbanden seine Wunden, und als er am andern Morgen wieder zum Bewußtsein gekommen war, sandte ich ihn ins Hospital nach Sankt. Laurent.

Es versteht sich, daß ich meinen Chef genau von dieser Sache unterrichtete, und es hätte das französische Gouvernement nicht beleidigen können, wenn das unsere sich über solche Gewalttat französischer Untertanen gegen wehrlose Indianer unseres Ufers beklagt hätte; aber es geschah nichts, als daß Bastien die Hospitalkosten des armen Indianers bezahlte, und zwar weil der Kommandant supérieur ihn dazu nötigte. Wie ist es bei einer solchen Gleichgültigkeit seiner Vorgesetzten einem Beamten, wie unbedeutend auch seine Stellung sein möge, noch möglich, einigen Ehrgeiz für die Interessen des Landes, dem er dient, zu behalten! Konnte ich aber auch in meinem Amte nichts nützen, um so mehr beförderte ich als Bewohner des linken Ufers den Handel und die Industrie der Kolonie.

Außer meinem Handel, dem ich meinen allmählich zunehmenden Wohlstand verdankte, betrieb ich noch stets das Einsammeln von Naturalien teils zu meinem Vorteil, teils und mehr noch aus Liebhaberei. Freilich konnte ich mich nicht mehr ausschließlich der Natur widmen wie früher, sondern sammelte nur gelegentlich und gab den Indianern diejenigen Tiere an, welche man in Europa von mir verlangte. So war es mir im Laufe von 30 Jahren möglich geworden, alle Naturalienkabinette Europas von Stuttgart aus mit dem früher so seltenen Manati zu versehen. Dieses Tier, eine pflanzenfressende Cetacée oder Walfischart, kommt in allen größeren Flüssen der Nord- und Ostküste Südamerikas vor und ist auch in den surinamschen Gewässern nicht selten; doch da diese Flüsse schon 10 bis 12 Meilen oberhalb ihrer Mündung durch Bänke und Felsen beengt sind, die das schwerfällige Tier nicht zu überschreiten vermag, so ist es hier weniger häufig und weniger groß als im Amazonenfluß und in den Lagunen und Seen, die im Süden des Oyapoks sich bis zum Kap Nord erstrecken, denn die längsten welche ich erhielt, waren nicht über drei

Meter lang, während sie in den größeren Gewässern eine Länge von sechs Meter erreichen sollen.

Sie kommen nicht an der Küste, sondern nur in den Flüssen selbst vor und halten sich stets im Wasser auf, das sie auch nie verlassen können. Der Manati oder die Seekuh hat die Form eines Walfisches mit horizontal liegendem, breitem, abgerundetem Schwanze; der Kopf ist klein, rund, und die Schnauze mit starken Borsten besetzt; näher am Kopfe oder den Schultern sitzen zwei, einen Schuh lange und fünf Zoll breite Flossen, Hände oder Füße, denn man weiß nicht, wie man sie nennen soll; diese dienen ihm zum Fortrudern und zum Anklammern und haben, wie der Schwanz, einige hufartige Ansätze. Unter diesen Stummeln, mit welchen sie ihr Junges hält, sitzen bei dem Weibchen die Zitzen. Die Augen sind sehr klein, nicht größer als eine Erbse, öffnen und schließen sich durch Zusammenziehen der Haut, in denen sie ohne Augenlider sitzen. Die Nasenlöcher sind groß, halbrund, und öffnen sich mit Geräusch, wenn das Tier Atem haben will, was alle 3 bis 4 Minuten einmal geschieht, wobei es dann den Kopf einige Augenblicke über das Wasser emporstreckt. Ihre Hauptnahrung ist eine sehr stachlige, mit krummen Dornen besetzte Papilionacee mit violetten Blüten, die ein undurchdringliches Gebüsch am Ufer bildet, und deren Zweige und Ausläufer im Wasser hängen. Wir heißen diese Pflanzen Brandi-Macca, die Franzosen aber geben ihr den grandiosen Namen Amourettes. Wehe dem, der, wenn er im Boote längs des Ufers fährt und nicht gut zu steuern versteht, in diesem Wirrwarr von Stacheln festsitzt. Mit tausend Dornen ergreift es die im Boote Sitzenden, und nur langsam, mit Hilfe scharfer Hauer, kann man sich davon losmachen.

Eine andere Pflanze, die dem Manati zur Nahrung dienen soll, ist das baumartige Arum Calladium arborescens. Vermutlich sind noch viele andere längs der Ufer wachsenden und ins Wasser hängenden Pflanzen seine Nahrung. Sie klemmen sich mit den zwei Stummeln an den Zweigen an und reißen mit der sehr starken beweglichen Oberlippe die Blätter ab, dabei kommt der Kopf nur halb aus dem Wasser. Der über 100 Fuß lange Darm des Manati ist wie der Magen strotzend voll von zerkauten Blättern, und ihr Mist gleicht so ziemlich dem der Pferde. Das Fleisch ist schmackhaft, weiß, dem Kalbfleisch ähnlich, und ist das Tier manchmal sehr fett. Von den 38 Manatis, deren Balge und Skelette ich nach Europa sandte, erhielt ich nur zwei durch Indianer, alle übrigen wurden mir von den Portugiesen gebracht, deren ich soeben erwähnte. Diese verstehen hauptsächlich den Seekuhfang, den sie in den Lagunen der Küste betrieben. Zu diesem Zweck haben sie einen vier Fuß langen Stock, an dessen Ende eine acht Zoll lange, eiserne Spitze sich befindet. In einem Öhr an dieser Spitze ist ein einen drittel Zoll dickes, etwa 100 Fuß langes, aus Bromelienflachs gedrehtes Seil befestigt, an dessen anderem Ende ein hohler Kürbis oder runder, aus leichtem Holze geschnitzter Block hängt.

Sobald der Jäger das Tier sieht, fährt er so leise als möglich an dasselbe, wirft ihm dann seine Harpune in den Leib und läßt das Seil auslaufen, gerade wie man es beim Walfischfang macht. Der obenauf schwimmende Kürbis zeigt an, wo das Tier sich befindet, das, sobald es sich wieder auf der Oberfläche zeigt, mit einer Lanze einen Stich bekommt und nach kurzer Zeit an Blutverlust verendet und sinkt; mit der Harpunenleine wird es nun ans Land gezogen. Um aber das manchmal 7–800 Pfund schwere Tier in die kleine Korjal zu bringen, wird diese unter das schwimmende Tier gebracht, dieses hineingelegt, und dann das Wasser wieder herausgeschöpft. Das Zubereiten eines so großen Tieres war keine geringe Arbeit und dauerte über zwei Tage, denn die Haut mußte während des Abziehens beständig mit Salzlauge übergossen werden, um zu verhüten, daß die Epidermis sich ablöse, was bei der warmen Temperatur sehr schnell vor sich geht. Das Fleisch wurde eingesalzen und gab, wenn das Tier groß war, fünf bis sechshundert Pfund, das Neger und Chinesen gerne aßen. Früher trocknete ich mit unsäglicher Mühe die Haut in einem eigens dazu errichteten Gemach, in dem ich eine beständige Hitze von

32 bis 35° Réaumur unterhielt; später aber gebrauchte ich Salz
und Alaun, wodurch ich viel Zeit ersparte.

Von diesem eigentümlichen und in Europa, ehe ich die
ersten sandte, beinahe unbekannten Tiere, sollte ich beinahe
das Glück haben, eines lebend nach England zu schicken. Es
war in den ersten Tagen des Jahres 1865, als mir ein portugie-
sischer Indianer einen großen Manati brachte, dem sein Junges
so nahe ans Ufer gefolgt war, daß der Indianer es fangen konnte.
Das Tierchen war kaum drei Fuß lang, aber stark und kräftig,
und ich bewahrte es in der ersten Nacht in einem großen Wasserfaß. Augenscheinlich fraß der junge Manati noch nichts und
sog bloß noch an der Mutter. Die Brüste des toten Tieres waren
strotzend voll Milch. Gleich am andern Morgen versuchte ich
es, dem Kleinen kuhwarme Milch aus einer Flasche, an welcher
ein mit Handschuhleder umgebenes Röhrchen steckte, einzu-
flößen, die es denn auch begierig trank. Ich ließ nun sogleich
in dem Graben der zu meinem Kostacker führte, eine 20 Fuß
lange und zehn Fuß breite Strecke weiter ausgraben und mit
einem Gitterwerk von Patawalatten umgeben, so daß auch bei
Ebbe das Wasser doch noch drei Fuß, bei Flut über sechs und
sieben Fuß hoch war, und das Tierchen ein ebenso bequemes
als solides Bassin hatte. Das Reservoir war an der Brücke, die
über einen kleinen Kreek und in die Kostäcker führte; eine
Treppe an den Pfosten der Brücke befestigt, diente zum Auf-
und Absteigen. Das kleine Geschöpf gewöhnte sich bald an
sein einsames Dasein und erhielt in der ersten Zeit dreimal täglich je ein halbes Liter Milch, wozu ich oder mein Neffe ganz
nackt ins Wasser steigen und warten mußten, bis „Patscheie"
über unsere Schenkel schwamm, sich mit seinen Händchen an
uns anklammerte und unter Wasser seine Milch einschlürfte,
was manchmal aber auch erst in einer halben Stunde geschehen
war, während welcher Zeit wir geduldig in dem kalten Wasser
des Kreek sitzen bleiben mußten.

Als ich nach mehreren Monaten sah, daß das Tierchen etwas größer wurde und gesund blieb, schrieb ich an die Direktion der Zoological Society in London und bot derselben den

jungen Manati an. Ich erhielt auch alsbald eine zustimmende Antwort und kam mit der Direktion überein, daß diese im März 1866 Jemanden sende, um das Tier nach London zu transportieren. Patscheie gedieh, aber was wir auch taten, das Tier an die Nahrung zu gewöhnen von der es in der Freiheit lebt, alles war fruchtlos; Mokko-Mokko roh oder gekocht, ebenso die Blätter des Brandimakka, Kohl, Salat, klein gehackt, nichts rührte es an, oder spie es wieder aus, wenn ich es ihm mit Gewalt in den Mund steckte. Bloß reife Bananen, und diese in so geringer Anzahl, daß es ohne Milch nie dabei hätte bestehen können, fraß es, bald eine, bald mehrere, oft aber auch gar nicht. Leider kannte ich die Gewohnheit dieser sonderbaren Geschöpfe nicht, um mich darnach richten zu können. Vermutlich leben die jungen Manatis in ihrer ersten Jugend außer der Muttermilch von weniger harten Pflanzen, als die sind, welche den ältern zur Nahrung dienen, vielleicht von Algen oder andern Wasserpflanzen, bis ihr Gaumen so erhärtet ist, daß sie größere Blätter zerkauen können. Mir wurde nie zuvor ein kleines Tier gebracht; der Magen und die Gedärme der alten aber waren mit feinzerbissenen Überresten von Blättern angefüllt, deren Art man gut unterscheiden konnte.

Die Mühe, welche ich und mein Neffe während der 17 Monate hatte, die der Manati in seinem Behälter zubrachte, war unbeschreiblich. Es mochte regnen oder heiß sein, so mußten wir nach dem beinahe einen Kilometer vom Hause abgelegenen Reservoir, um da bis an die Brust im kalten Wasser der Waldkreek geduldig zu warten, bis es Patscheie beliebte, seine Milch zu schlürfen oder seine Bananen zu schlucken, und das in der ersten Zeit drei, später zweimal per Tag.

Jeder Fremde, der nach St. Laurent kam, versäumte nicht, das interessante Tier zu sehen, welchen Genuß man sich besonders in der Regenzeit teuer zu erkaufen hatte, da man zwei Drittel des Weges durch einen Kot waten mußte, in dem man stellenweise bis an die Knie einsank. Die bestimmte Zeit der Abholung rückte heran, und die Direktion schrieb mir, daß sich der Sohn des Intendanten des zoologischen Gartens, der junge Clarence Bartlett, im März in Southampton einschiffen werde, um nach einem dreimonatlichen Aufenthalt bei mir im Juni das kostbare Tier nach England überzuführen. Ich hatte bereits den Gouverneur des französischen Guyana, General Hennique, schriftlich gebeten, dem jungen Mann an Bord des Aviso Abeille Passage nach dem Maroni zu gestatten, ebenso wie später mit demselben Dampfer den Transport des Tiers nach Paramaribo, als eine Rohheit ohne Gleichen beinahe alle meine Mühe und Fürsorge vergeblich machte.

Vierzehn Tage vor Ankunft des jungen Engländers kamen zwei Unteroffiziere des kleinen französischen Gouvernementsdampfers St. Anne zu mir, um, wie so oft geschah, mit meiner Erlaubnis in den umliegenden Waldungen zu jagen. Nachdem ich sie, wie immer bei solchen Gelegenheiten, freundlich bewirtet hatte, gingen sie auf meine Kostäcker und kamen gegen fünf Uhr Abends zurück, ohne etwas als einige Vogel geschossen zu haben. Sie verabschiedeten sich von mir und fuhren ab.

Als ich nun kurz nachher mein Tierchen füttern wollte, war es ganz ungewöhnlich scheu, und nur mit der größten Mühe gelang es mir seiner habhaft zu werden. Ich fand nun zu meinem Entsetzen, daß das arme Patscheie oberhalb seines Schwanzes in den Rücken einen Schuß erhalten hatte, der beinahe eine handbreite Wunde erzeugte, und in dem eine Menge kleiner Schrote staken. Es war zu spät, diese herauszuziehen, und bis ich meinen Neffen geholt hatte um mir zu helfen, wäre es schon dunkle Nacht gewesen. Vor Sorgen über den möglichen Verlust des Tieres brachte ich die Nacht schlaflos zu.

Kaum war es am andern Morgen hell genug, als ich und mein Neffe uns an das schwierige Geschäft machten, dem Tierchen mit einer Pinzette die Schrote herauszuziehen, was uns denn endlich nach einer stundenlangen Arbeit gelang. Glücklicherweise waren sie klein und drangen kaum bis ins Fleisch; wir fanden 38 Stücke. Vier Wochen später war die Wunde geheilt, hinterließ aber eine große Narbe. Sobald die Operation beendigt war, fuhr ich an Bord der St. Anne und beschwerte mich bei dem Kommandanten über die Rohheit seiner Unteroffiziere, die sich bloß damit zu entschuldigen wußten, daß sie geglaubt hatten, auf eine Schildkröte zu schießen. Er versprach mir die Sache dem Gouverneur mitzuteilen, um im Falle das Tier an seiner Verwundung stürbe, die Täter zu einer Schadenvergütung zu bestimmen. Welche Rohheit aber, auf ein Tier zu schießen, das in einer Umzäunung gehalten wurde, und von dem jedermann wußte, welch großen Wert es für mich habe, und welche Mühe und Sorgfalt wir verwandten, es am Leben zu erhalten. Galt es bei den häufigen Besuchen der Déportés auf der Hut zu sein, so mußte man nicht weniger die Matrosen der kleinen Kriegsschoner beaufsichtigen. Diese nahmen, ehe man es sich versah, die Eier aus den Hühnerställen, die Schildkröten aus ihrem Behälter, ja einmal eine Truthenne von ihren Eiern weg. So wurde mir mein zahmer Papagei, der frei herumflog und sich sogleich jedermann auf den Finger setzte, und den ich um vieles Geld nicht hergegeben haben würde, entwendet, aber auf meine Klagen an den Kommandanten der Marine wieder aus Cayenne gesandt, nachdem man das arme Tier vorher so geschlagen hatte, daß es am Tage seiner Ankunft bei mir starb. Und doch war ich gegen alle Franzosen, sie mochten Offiziere, Soldaten oder Matrosen sein, gefällig wo ich nur konnte.

Vierzehn Tage nach der Verwundung Patscheies kam der junge Bartlett bei mir an. Ich ließ nun auf St. Laurent einen zwei Meter langen und 1 ½ Meter breiten Behälter aus starken Brettern machen, der mit Blech ausgefüttert war und etwa 500 Liter Wasser halten konnte. Nach mehreren mißglückten Versuchen gelang es endlich, das ganze so solid zu machen, daß es den mühsamen Transport aushielt. So reisten wir denn Mitte Juni mit dem Aviso Abeille nach Paramaribo, wo Bartlett mit dem Tier auf dem holländischen Dampfboot nach Demerara abfuhr, um mit dem englischen Maildampfer die Reise nach England anzutreten. Vor der Abfahrt wurde noch eine milchgebende Kuh gekauft, daß das Tier, für das man noch preserved milk in Menge mitgenommen hatte, auf der Reise keinen Mangel leide. Aber trotz aller Vorsorge an Milch, Bananen und Wasser, eines hatte man nicht vorhergesehen, nämlich daß das Wasser auch im Juni an den europäischen Sommertagen bei weitem nicht so warm sei, als das, worin das Tier in seinem milden Klima zu leben gewohnt ist; so starb denn das arme Patscheie einen Tag ehe das Schiff in den Kanal einlief. Wäre es lebend in London angekommen, so hätte die Zoological Society in wenigen Tagen ihre sehr bedeutenden Auslagen vergütet erhalten und ich die Genugtuung gehabt, nach so vielen toten Exemplaren auch ein lebendiges dieses so merkwürdigen Tieres in Europa eingeführt zu haben.

Seit der Emanzipation der Sklaven im Juli 1863 war man bedacht, neue Arbeitskräfte in Surinam einzuführen. Die Regierung ließ wieder Chinesen kommen, hatte aber die für die Mieter harten Bedingungen gemacht, daß zu den Männern je ein Drittel Weiber genommen werden mußte, deren Überfahrt man zu bezahlen und denen man Nahrung zu geben hatte. Sie sollten bloß die Männer amüsieren und bedienen, durften aber für den Mieter keine Arbeit verrichten. Die Überfahrt kostete 210 Gulden die Person, die Kontraktzeit dauerte fünf Jahre, und die Bedingungen waren dieselben wie bei den früher eingeführten, nämlich 80 Cents per Tag oder Tagewerk.

Da die Kontraktzeit meiner jetzigen chinesischen Arbeiter beinahe beendigt war, so schrieb ich mich denn auch für sechs Männer und die übliche Zugabe von drei Weibern ein. Weil ich nun nicht sogleich Gelegenheit fand, sie nach ihrer Ankunft vom Bord abzuholen, so blieben, sie solange auf der Pflanzung einer meiner Bekannten, um sich von der Seereise zu erholen. Die meisten litten an Krätze und Geschwüren, für deren Behandlung ich dem Hospital in Surinam noch eine namhafte Summe zu bezahlen hatte. Als sich durch das französische Dampfboot Abeille die Gelegenheit darbot, holte ich sie im Dezember 1866 selbst in Surinam ab. Ich stellte nun die Neuangekommenen an die Arbeit, und mußten die älteren

Arbeiter jenen meine Vorschriften verständlich machen. Besonders befahl ich ihnen und den Frauen Reinlichkeit an und verlangte, daß diese die Häuser und den Platz um dieselben stets sauber zu erhalten hätten. Bloß einmal wöchentlich, am Samstage, kamen die drei Weiber ins Magazin, wo ihnen meine Frau die wöchentlichen Lebensmittel verabreichte, wie sie das Gouvernement vorgeschrieben hatte.

Nie hatte ich je chinesische Damen gesehen, aber gleich die erste Bekanntschaft mit ihnen sollte mir viel Kummer und Sorgen verursachen. Diese drei Damen hießen Hoti, A-Lan und Tso-tsi. Obgleich die beiden ersteren schon ältere Personen waren, so hatten sie doch keine abschreckenden Physiognomien, die dritte aber war eine wahre Spukgestalt, ein Zwerg; so häßlich und zusammengeschrumpft, daß keiner meiner Chinesen, die sonst eben nicht heikel sind, sich mit ihr abgab. Ich ließ es mich später noch zehn Gulden kosten, um sie photographieren zu lassen, und bewahre noch ihr Bild in meinem Album auf, zum Andenken an die 210 Gulden die mich ihre Überfahrt kostete. Die älteren Chinesen verließen mich nach und nach, so daß bloß noch einer übrig blieb, der gewissermaßen zur Strafe noch zwei Monate weiter bleiben mußte. Ich sah die Weiber beinahe nie, bemerkte aber doch einmal, daß Fräulein Tso-tsi beim Gehen sich eines Steckens bediente; auch Madame A-Lan kroch mehr als sie lief.

Die drei Damen waren nun nicht aus den aristokratischen Familien des Reiches der Mitte und hatten deshalb keine verkrüppelten Fuße, sondern solche wie andere Menschenkinder; ich ließ ihnen also sagen, zu mir ins Haus zu kommen, um zu sehen, was ihnen fehle.

Man denke sich meinen Schrecken, als ich ihre Füße untersuchte und ganze Nester von Sandflöhen darin angesiedelt fand; Löcher, aus denen ein stinkender Eiter lief, und die von Würmern wimmelten, waren zwischen den Zehen und hinter der Ferse. Rundweg weigerten sich die Männer, ihre Weiber zu reinigen, und ich war selbst genötigt, dieses ekelhafte Geschäft zu verrichten und den entsetzlichen Geruch zu ertragen. Mit

Baumwolle, in Terpentinöl getaucht, reinigte ich die Wunden, holte dann mit der Zange die Maden heraus, ebenso die Sand-flohnester, und nachdem ich die Wunden bepflastert und ver-bunden hatte, ließ ich sie nach ihrem Hause tragen mit dem strengen Verbot dasselbe zu verlassen. Jeden Morgen wurden sie auf dieselbe Weise von mir behandelt, und nach etwa 14 Tagen waren die Wunden zugeheilt. Unter den strengsten Er-mahnungen, doch ja reinlich zu sein, verrichtete ich zum letz-ten Male das schmutzige Geschäft.

Aber kaum waren weitere 14 Tage vergangen, als trotz meiner Warnungen beide Weiber wieder am Stocke einherwackelten, und bei näherer Besichtigung die kaum geheilten Wunden wieder voller Sandflöhe und Maden waren. Ich muß sagen, daß mir bei diesem Anblick das Weinen näher als das Lachen stand, und um mein Unglück nur gleich in seinem ganzen Umfang kennen zu lernen, schickte ich nach Madame Ho-ti, der dritten Chinesin, um auch deren Füße nachzusehen.

Diese kam aber nicht; rasch ging ich in ihr Haus, um sie zu holen. Ich fand sie beschäftigt einen eisernen Topf auszu-waschen; mit den Worten: „Warum kommst du nicht, wenn ich dich rufe?" stieß ich sie zum Haus über die sechs Zoll hohe Treppe hinunter. Sie fiel auf den Boden und bekam sogleich Konvulsionen. Wir setzten sie auf einen Stuhl und machten ihr Senf-Umschläge, aber sie kam nicht mehr zu sich.

Dem Vorfall hatten außer meiner Frau bloß vier Chinesen beigewohnt. Die Frau war weder auf den Kopf gefallen, noch hatte sie sich auf dem Sandboden beschädigen können, und jede andere würde nach solch einem Falle augenblicklich wie-der aufgestanden sein; hier also mußte eine andere Ursache zu Grunde liegen. Ich befand mich in einer sehr ernsten Lage. Niemand war Zeuge gewesen als allein die Chinesen, worun-ter der Mann der sterbenden Frau, welcher der Bewußtlosen kaltes Wasser ins Gesicht spritzte, was aber eben so wenig nützte als unsere Bemühungen mit Senfpflastern. Die Aussa-gen der Chinesen vor Gericht, wenn die Frau stürbe, und ihr Tod konnte jeden Augenblick eintreten, konnten mich, da ich gar keinen Zeugen hatte, nach Umständen Jahre lang ins Gefängnis bringen.

Ratlos stand ich und überlegte, was ich in dieser verzweifelten Lage tun sollte. Da fiel mir plötzlich ein, ich wolle mich an den Oberarzt in St. Laurent wenden, und da glücklicher Weise eben Indianer angekommen waren, so fuhr ich mit denselben sogleich dahin ab. Ich erzählte dem Médecin I. Klasse, Mitchell, die ganze Sache, bat um seinen Rat und um die Absendung eines Arztes, der die Frau untersuchen und womöglich die Ursache ihres Todes, denn lebend konnte ich nicht hoffen sie wiederzufinden, ermitteln sollte. Sogleich wurde der Doktor zweiter Klasse beauftragt, nach Albina zu gehen, um die Leiche zu untersuchen. Es war nun inzwischen Mittag ein Uhr geworden; Frau Ho-ti war gestorben, und ihr Mann hatte sie in ihr Bett gelegt und in ein weißes Tuch eingehüllt. Zwei brennende Kerzen standen auf beiden Seiten des Kopfes, während die Sonne grell durch Fenster und Türe die Leiche beschien. Der Doktor fand durchaus keine Verletzung, meinte aber, daß es in dem für mich so ernsten Falle notwendig sei, die Autopsie der Leiche vorzunehmen, er rate mir also an, dieselbe nach St. Laurent bringen zu lassen. Es wurde nun schnell durch meinen Zimmermann aus einigen Brettern ein Sarg zusammengenagelt, die Leiche darein gelegt und obgleich der Fluß hohe Wellen warf, und ein heftiger Ostwind die Fahrt schwierig machte, durch die Indianer nach St. Laurent gebracht.

Ich brachte die Nacht in der traurigsten Stimmung zu, denn da ich keine Zeugen hatte, so hing die Sache bloß von dem guten Willen meiner Chinesen ab, und ob dieselben die Wahrheit sprechen würden, konnte ich nicht wissen. Aber einen Trost sandte mir gleich am Morgen der Commandant supérieur, indem er mir vorläufig mitteilte, daß die Öffnung der Leiche ergeben habe, daß die Frau in Folge eines Herzschlags gestorben sei, und daß dieses Organ in einem so abnormen Zustand sich befunden habe, daß sie in wenigen Wochen diesem Übel ohnehin erlegen sein würde, daß aber der Fall oder vielmehr der Schrecken ihren Tod beschleunigt habe. Ich dürfe deshalb ganz ruhig sein, denn es sei nicht die mindeste Verletzung an der Leiche gefunden. Das Resultat der Autopsie werde der Médecin en Chef in der nötigen Form aufstellen und von den Ärzten unterschreiben lassen.

Ich war nun wohl wieder ruhiger, aber wie leicht konnte der Gouverneur verweigern, diesen Todesfall auf Albina untersuchen und mich und meine Chinesen nach Paramaribo kommen lassen. Denn jede Reise des kolonialen Dampfbootes nach dem Maroni kostete an Kohlen etc. etwa 200 Gulden und Geld hatte man, außer meiner Besoldung für den Maroni, nicht übrig.

Ich schrieb augenblicklich an den Gouverneur, teilte ihm den Vorfall ganz der Wahrheit gemäß mit, berief mich darauf, daß jeder Mieter von Arbeitern den Vorteil habe, daß jeden dritten Monat der Distrikts-Kommissair ihn besuche, daß ich aber in neun Jahren diesen Beamten nicht bei mir gesehen habe, ich deshalb auch hoffe, daß er diesen Fall auf Albina selbst untersuchen lasse. Durch Indianer schickte ich den Brief nach Paramaribo, und ließ mir der Gouverneur schreiben, daß, wenn das Resultat der Untersuchung, so ausfalle, als meine Aussagen lauten, ich mich über den Vorfall nicht zu beunruhigen habe, und daß er in wenigen Tagen ein Dampfboot senden und die Sache untersuchen lassen werde.

Unter meinen Bekannten in Paramaribo war der Vorfall bekannt geworden, und da man meinen lebhaften Charakter kannte, so wußte man auch bereits, wie groß der Prügel gewesen war, mit dem ich die Chinesin totgeschlagen hatte. Ja einer meiner Freunde bot sich mir per umgehende Gelegenheit an, meine Stelle zu verwalten, wenn ich zu längerer unfreiwilliger Abwesenheit genötigt würde. In Erwartung des Dampfbootes, das jeden Tag kommen konnte, hatte ich nun vorerst wieder die Füße von Fräulein Tso-tsi zu heilen, Frau A-lan aber sandte ich ins Hospital von St. Laurent, denn ihre Geschwüre waren so bedeutend, daß ich mir nicht traute, sie zu behandeln. Nachdem man ihr zwei Zehen amputiert und sie geheilt hatte, nahm sie den Witwer der Ho-ti, Tiong Alon zum Manne.[1]

Während ich nun mit jedem Tage auf das versprochene Dampfboot wartete, wurde auf St. Laurent am 5. Februar 1867 das erste Todesurteil an einem Italiener Falconetti vollzogen. Dieser, ein Schuhmacher, hatte einer Frau, als sie eben aus der Messe kam, den Hals abgeschnitten, weil sie ihm Geld verweigert hatte, das er von ihr borgen wollte; der Hauptmann, der die Exekution zu arrangieren hatte, besuchte mich den Tag vorher und lud mich ein, dem Spektakel beizuwohnen. Ich liebe dergleichen Schauspiele nicht und lehnte die freundliche Einladung ab. Zufälligerweise war die Guillotine so aufgestellt, daß ich mit meinem Teleskop die Sache ebenso gut sehen konnte, als wäre ich dabei anwesend, aber als der Morgen der Hinrichtung anbrach, lag ein solcher Nebel über

---

[1] Das Paar blieb über elf Jahre in meinem Dienst, bis es sich eine hübsche Summe erspart hatte, worauf es im Jahr 1877 Albina verliess um in Paramaribo sich anzusiedeln. Unter Tränen verließ uns das arme Weib, die sich hier mit ihrem Mann ganz nett eingerichtet hatte, Hühner und Enten hielt, Hunde, Katzen und Affen hatte, und in jeder Beziehung besser und sorgenfreier lebte als in ihrem Heimatland. Tso-tsi aber fand keinen Mann, und auf mein inständiges Bitten erhielt ich später vom Gouverneur die Erlaubnis, sie in ein Asyl für alte, gebrechliche und zu jedem Geschäft untaugliche Weiber gegen ein Kostgeld von 100 Gulden jährlich aufnehmen zu lassen, wo sie, nachdem ich zwei Jahre lang bezahlt hatte, das Zeitliche segnete. Die Nachricht ihres Todes, und daß ich fortan keine Kontribution mehr zu bezahlen habe, erfreute mich eben so sehr, als mich der Tod der armen Ho-ti betrübt hatte. Es ist unverzeihlich von den Agenten des Ministeriums, solche kranke, abgelebte und gänzlich unbrauchbare Personen nach den Kolonien zu senden, und somit die Mieter, die ihr gutes Geld dafür bezahlen müssen, in große Verluste zu bringen, oder besser gesagt zu betrügen. Auch unter den Männern sind viele, die zu keiner Arbeit zu brauchen sind; es wäre daher wohl am Platz, die Agenten verantwortlich zu machen für die Tauglichkeit der Arbeiter, welche sie senden. Man sieht daraus, wie teuer die Arbeitskräfte den Mieter zu stehen kommen, und wie wir solche Damen bezahlen mussten, die nicht einmal Arbeit zu verrichten hatten, während doch die inländischen Negerinnen und Mulattinnen sich in der Kolonie eine Konkurrenz machen, daß man ihre Dienste im Abstreich haben könnte.

dem östlichen Ufer, daß man auf dem Exekutions-Platz nur einen Knäuel verworrener Gestalten erblicken konnte.

Einige Tage später hörten wir um die Mittagszeit in nord-östlicher Richtung viele Kanonenschüsse, blieben aber darüber in Unsicherheit, bis zwei Tage später père Jardinier mich besuchte und mir erzählte, daß ein holländisches Kriegsdampf-schiff, das in den Maroni einfahren wollte, auf eine Sandbank geraten und wahrscheinlich verloren sei. Ich begriff sogleich, daß statt des kolonialen Dampfboots das Kriegsdampfboot die Reise habe machen müssen, nahm Indianer und fuhr den Fluß hinunter, um selbst an Bord zu gehen. Kaum eine halbe Stunde unterhalb St. Laurent kam mir das große Boot des Kommandanten von St. Laurent entgegen, in dem ich diesen den Chef der Immigration, einen holländischen Offizier und den chinesischen Dolmetscher erkannte. Ich erkundigte mich teilnehmend nach dem Zustand des Dampfbootes und hörte, daß es die Bommelerwaard sei, die bei Ebbe den Fluß herein-dampfen wollte, auf eine Bank gestoßen und genötigt gewesen sei, um los zu kommen, die Geschütze über Bord zu werfen; es habe schweren Schaden genommen und sei noch nicht flott; da man aber jeden Tag den Aviso Abeille von Cayenne erwarte, so hoffe man, mit dessen Hilfe die Bommelerwaard wieder flott zu machen. Da Herr D. und der Offizier beim Komman-danten zu Mittag aßen, so kehrte ich schnell nach Albina zu-rück, schrieb den Unfall dem Gouverneur und sandte sogleich eine Korjal mit drei Indianern durch die Wanekreek, um die Hiobs-Post nach Paramaribo zu überbringen.

Am anderen Tage wurden nun durch den Dolmetscher in Gegenwart des Chefs der Immigration und des Offiziers, der als Sekretär fungierte, die Chinesen über den Vorfall vernom-men. Ich hatte verweigert beim Verhör zu sein, da ich mich auf meine Aussagen berief und alles vermeiden wollte, den Chinesen in den ihrigen hinderlich zu sein. Aber das Resultat war, daß auch nicht einer etwas aussagte, was unwahr gewesen wäre oder mir zum Nachteil hätte sein können, so daß ich auch nicht den mindesten Tadel erhielt, und der Freund, der mir angetragen hatte, meine Stelle wahrzunehmen, ganz ruhig in Paramaribo bleiben konnte.

So war also der traurige Vorfall ohne Schaden für mich, aber zu desto größerem für den Staat abgelaufen; denn es kostete große Mühe und die vereinten Kräfte des holländischen Kriegsdampfers Dommel und des französischen Aviso Abeille, um die Bommelerwaard soweit in Stand zu setzen, um die kurze Reise nach Paramaribo machen zu können, von wo sie sich später nach Curaçao begab, um gründlich repariert zu werden. In Paramaribo aber kam der seltene Fall vor, daß Seiner Majestät des Königs Geburtstag, der 19. Februar, ohne Salut der Marine, und ohne Beisein von Offizieren der Flotte gefeiert werden mußte; dagegen nahm die Abeille, die noch zur rechten Zeit ankam, die Honneurs der Flotte vor, und französische Kanonen gaben das Salut, da die holländischen noch im Sande des Maroni Stacken; und alles dies, weil zwei Chinesen-Weiber ihre Füsse nicht von Sandflöhen gereinigt hatten. Möglich ist es, daß, wie auch der Gouverneur meinte, ich diese Sache zu schwer genommen und mir darüber zu viel Kummer gemacht hatte, aber wie hätte sie für mich ausfallen können, wenn die Leiche der Frau nicht geöffnet worden wäre wer ahnte etwas von der Krankheit dieser Frau, die niemand verstand, und die von niemand verstanden wurde. Was hätten, da ich auch nicht einen Zeugen hatte, die Chinesen nicht alles gegen mich aussagen können! Alles dies ging Tag und Nacht mit mir herum; ich hatte Schlaf und Appetit verloren, und hätte der unsichere Zustand noch länger gedauert, so hätte selbst meine gesunde Natur mich nicht vor schwerer Krankheit schütze können. Aber mit innigem Danke erinnere ich mich der Hilfe des französischen Médecin en Chef, Mitchell, der Teilnahme, die ich beim französischen Gouverneur und seiner Gattin fand, und der Bereitwilligkeit unseres braven Gouverneur von Landsberge, den Vorfall am Platze selbst untersuchen zu lassen.

ZWÖLFTES KAPITEL

Kaum war diese für mich so ernste Sache so gut abgelaufen, als ein anderer Umstand meinen Handel und dadurch meine Existenz bedrohte. Seit den vier Jahren von der Emanzipation der Sklave an hatte die Kolonie bedeutend mehr Auslagen, und alljährlich wurden die Subsidiengelder beträchtlicher, welche die Ostindische Kasse der verarmten Kolonie auszuzahlen hatte, um ihre bedeutenden Unterhaltskosten bestreiten zu können, so daß man beschloß, durch Einführung neuer Zolle in der Kolonie selbst einen Teil jener Kosten zu decken. Seit langen Jahren wurden für die vom Ausland eingeführten Waren nie mehr als drei Prozent des Wertes bezahlt; jetzt sollte dieser Zoll auf fünf Prozent erhöht und besondere Artikel als Wein, Bier, Spiritus, Pulver usw. mit einer Extrasteuer belegt werden, die bei manchem 100 Prozent des Wertes überstieg. Im französischen Guyana selbst blieb die Steuer nach wie vor drei Prozent. Da ich nun aber meine Waren über Surinam bezog und in Paramaribo diese Zoll-Abgaben zu entrichten hatte, so sah ich sehr gut ein, daß der Handel mit meinen Nachbarn aufhören mußte, wenn jene enorme Zollerhöhung auch auf mich ausgedehnt würde.

Ich hatte über diese Sache, außer einem Memoire, das ich dem Gouverneur einsandte, noch eine lange Unterredung mit ihm, in der ich auseinandersetzte, daß bloß meinem Handel die Kolonie es zu danken habe, daß unser Ufer nicht allein dem Namen nach, sondern in facto holländisch sei, da ich durch meinen Holzhandel die wenigen Bewohner zu beschäftigen wisse, und sie ihre Bedürfnisse bei mir kaufen. Buschneger, Indianer und andere Bewohner könne niemand zwingen, auf holländischem Ufer einzukaufen, wenn sie wegen Zollerhöhung in Surinam fortan bei den französischen Kaufleuten ihre Bedürfnisse billiger erhalten konnten. Und gerade auf Erzeugnisse der holländischen Industrie, als Bier, Genever, Tabak, Zigarren und viele andere Artikel drückte dieser Zoll, den man doch im Interesse des Mutterlandes nicht hier verlangen sollte.

Der Gouverneur, der den Maroni vor sieben Jahren besucht und wohl bemerkt hatte, wie sehr es sich das französische Gouvernement angelegen sein ließ, die Oberhand am Maroni zu bekommen, dessen eingeborene Bevölkerung aber bloß surinamsche Untertanen waren, sah das Rechtmäßige meiner Beschwerden sehr gut ein, konnte diesen aber nicht abhelfen und riet mir, mich direkt an den Minister der Kolonien zu wenden. Da von dieser Sache meine ganze Existenz abhing, so zauderte ich keinen Augenblick, die Reise zu unternehmen, nahm einen Stellvertreter und verließ den zweiten Juni 1867 die Kolonie mit dem französischen Mailboot. Außer einigen surinamschen Kaufleuten waren mehrere französische Offiziere, mit denen ich bekant war, an Bord, und bereits am fünften landeten wir auf Trinidad, dieser großen und schönen Insel, die an den zahlreichen Mündungen des Orinoko gelegen, wohl ein abgerissenes Stück des festen Landes von Venezuela ist.

Die Ost- und Nordküste, längs der man manchmal fährt, ist ganz unbebaut und besteht aus wohl 1 000 Fuß hohen bewaldeten Gebirgen, die aber einen Baumwuchs zeigen, der mit dem von Guyana nicht zu vergleichen ist, obgleich im Innern der Insel große Baume und besonders viele Mauritien-Palmen vorkommen. Die Ufer sind hier von der Brandung zerwaschene Felsen, bedeckt mit Farnen, und das Seewasser ist so hell und blau, wie an der Küste von Barbados. Die Insel ist beinahe viereckig, mit einer an ihrem südlichen Ufer weit nach Westen sich ausdehnenden Landzunge. Wir fuhren längs der südlichen Küste, die ziemlich hügelig ist. Ehe man das Ende der Landzunge erreicht, wird das Meerwasser seegrün, und sieht man im Westen ein niedriges Küstenland, dicht besetzt mit Mauritien-Palmen, das Delta des Orinoko. Jetzt zeigen sich auch auf der Insel die ersten Wohnungen, versteckt in Kokoswäldern. Man kommt um die Südwestspitze und den Serpentsmouth des Orinoko in den Golf von Paria. Reizende, wenig erhabene Hügel, bepflanzt mit Zuckerrohr, wechseln ab mit Fabriken und Negerdörfern. Die See, oder vielmehr der

Golf, denn man ist überall vom Land umschlossen, ist grün und ihr Salzgehalt durch die Gewässer des Orinoko bedeutend vermindert. Sie wird belebt durch Dampfer und Fahrzeuge aller Art. Scharen von braunen Pelikanen fliegen über die ruhigen Wasser, und stets wechselt die liebliche Szene, unterbrochen durch stattliche Landhäuser und Zuckerfelder. Endlich kommt man in die Hauptstadt, Port Spain. Hier mußte der Dampfer vier Stunden bleiben, um einige tausend Ballen Kakao der nebst Zucker, das Hauptprodukt der Insel ist, einzuladen. Wir hatten also hinlänglich Zeit, um uns in der Stadt umzusehen, nahmen ein Boot, deren sogleich mehrere an die Seite des Schiffes kamen, und fuhren, nachdem man mit den Ruderern für einen Schilling hin und her die Person übereingekommen war, dem eine Viertelstunde entfernten Lande zu. Eine Menge Gouvernements- und Douane-Gebäude, Magazine und dergleichen nehmen den Quai ein, hinter dem die Stadt in einer Ebene liegt. Sie hat meistens steinerne einstöckige, ziemlich verwahrloste Häuser, rechtwinkelig durchschnitten von schmalen Straßen, durch die längs sehr schmalen Trottoirs kleine Gossen klaren Wassers rieseln. Ein breiter Kanal, mit schattigen Bäumen bepflanzt, wie unsere Steenbakkersgracht in Paramaribo, scheidet die Stadt vom Quai ab; überall Brunnen und Frische; auch fand ich liebe Bekannte, nämlich den vultur aura, der hier wie bei uns dasselbe Amt hat, die Straßen von stinkendem Unflat zu reinigen, und den Schmausenvogel mit seiner Judennase (Crotophaga ani), der bei uns dem Vieh die Zecken absucht, hier aber ganz familiär in der Stadt sein Geschäft versieht. An nettem Ansehen kann sich auch Port Spain nicht mit Paramaribo vergleichen. Die Straßen sind trotz des vultur aura schmutzig, doch sind die Kirchen, die katholische Kathedrale, das Hospital und andere, sehr schöne Gebäude. In einem wohl eingerichteten Eishaus kann man sich mit allem möglichen erfrischen, doch steht es in jeder Beziehung an Eleganz und Komfort dem Eishaus in Barbados nach. Ich trank hier ein mir unbekanntes Getränk, das sogenannte Angosturabitter, aus einer Rinde (Galipea officinalis) bereitet, welche in Venezuela zu Hause ist. Diese Rinde ist wahrscheinlich dieselbe, die unsere Indianer Sibiru nennen und bei Magenkrankheiten gebrauchen. In der Kolonie nennt man sie Waikari. Das Getränk hatte ganz und gar den Geschmack und Geruch des Sibiru, und so konnte man dieses auf den Antillen so beliebte Getränke auch in Surinam bereiten.

In der Hauptstraße ist beinahe jedes Haus ein Laden, wo die verschiedenartigsten Waren ohne alle Ordnung aufgehäuft sind. Außerhalb der Stadt sind schöne, wohl unterhaltene Weiden und Wiesen, und etwa zwei englische Meilen entfernt am Fuß bewaldeter Hügel der botanische Garten (Gouvernementsgarden), in dem alle möglichen tropischen Gewächse kultiviert werden, und der wunderschöne, schattige Spaziergänge hat. Alle Bäume sind mit Etiketten versehen, auf denen der wissenschaftliche und Landesname angegeben ist. In einer Schlucht sind verschiedene Arten Kaffees und Orangen, neben denen sich schöne Petreas durchs Gebüsch schlingen. Auf einem etwa 100 Fuß hohen Hügel steht ein hübscher Pavillon, von dem man eine schöne Aussicht auf die Bay und die Stadt hat. Der Garten ist von sechs Uhr morgens bis fünf Uhr abends jedermann zugänglich und enthält ein Haus für den Gouverneur und verschiedene Gewächshäuser für Pflanzen, die den tropischen Regen und zu starke Sonne nicht vertragen können. Wie in Barbados und Demerara fiel mir auch hier die Menge Blumen und verschiedener blühender Sträucher auf, in denen die Gärten und Landhäuser prangen, und auf dem Markte erstaunte ich über die großen Bananenbüsche, die in Surinam selten von solcher Vollkommenheit sind. In einer gegen das Gebirge sich hinziehenden Straße ist das Stadtgefängnis, dessen Insassen, meist Chinesen, in grauen Kitteln, auf denen das Strafzeichen gedruckt ist, und roten Mützen Straßenarbeit verrichten. Nahe bei den Savannen ist inmitten eines prächtigen Garten das große und schöne Hospital.

Ich holte meine Reisegefährten, die kein Interesse gehabt hatten, den botanischen Garten zu sehen, im Eishaus ab, und nachdem ich auf dem Quai noch einen Haufen Erdpech, der vom Pitch Lake angebracht worden war, hatte ausladen sehen, kehrten wir an Bord zurück. Auf Trinidad schiffte sich ein mir bekannter französischer Schiffskapitän nach Frankreich ein, der sein Schiff Panama Paket, mit dem er für Rechnung des französischen Gouvernement im Maroni Holz geladen hatte, hier auf eine sonderbare Weise verlor.

Sein Schiff war gechartert, eine Ladung dieses Peches einzunehmen, und um Fässer zu ersparen, wurde das Pech ohne alle Verpackung in den Raum geschüttet und das Schiff bis oben an gefüllt. Nach und nach setzte sich die Masse, die einzelnen Stücke flossen zusammen, und das Ganze wurde eine kompakte Masse, die das schon etwas alte Schiff auseinanderdrückte, so daß es kaum Guadeloupe zu erreichen vermochte, wo es auf den Abbruch verkauft wurde. Er hatte nun Schwierigkeiten mit der Versicherungsgesellschaft und dem Verlader, und ging nach Frankreich, um dort die Sache ins Reine zu bringen.

Wir verließen die Reede Abends neun Uhr und fuhren an einer Menge kleiner Felseninseln vorbei, auf denen teils nette Landhäuser, teils Fischerwohnungen unter Frucht- und Kokosbäumen versteckt sind, bis wir durch die Bocca del Dragon aus dem Golfe in die See kamen.

Bereits um sieben Uhr des andern Morgens sahen wir bei herrlichstem Wetter das gebirgige Grenada vor uns. Wir ankerten in der kleinen, aber sehr sicheren Bai an der Stadt Georgetown. Diese gewahrt mit ihren Festungswerken von der See aus einen wunderheblichen Anblick. Die Gebäude alle von Stein, weiß und manchmal gelb begipst und mit ihren roten Ziegeldächern sehen gerade aus wie Hauser in Nürnberger Spielzeug. Kommt man aber ans Land und in die Stadt selbst, so findet man sie zerfallen und unreinlich. Bergauf und bergab gehen die Straßen, und sie scheint oder und langweilig zu sein. Hier wurde, ein großer Vorrat von Hühnern, Eiern und Früchten eingenommen, auch kaufte man große Seefische wie Makrele, aber nicht gefleckt. Ich benutzte die zwei Stunden Aufenthalts auf Grenada, um auf den etwa 700 Fuß hohen Berg zu gehen, auf dem ein Fort steht, und wohin ein guter Weg fuhrt. Man kommt an kleinen, elenden Negerhütten, die von Mangos- und Orangenbäumen umgeben sind, und schlecht unterhaltenen Pataten- und Maisfeldern vorbei; es war eben eine Negerwirtschaft, wie wir sie jetzt nach der Emanzipation auch haben. Das halb verfallene Fort dient zum Asyl für die Narren der Insel; es sind meistens Kulis, die frei herumgehen dürfen, die Gefährlichen, die gegen mich gräuliche Grimassen machten, sind aber hinter Schloß und Riegel. Diese Kerls haben hier aber die prächtigste Aussicht über die Bay und die buntscheckige Stadt, die im saftigsten Gelbgrün prangenden Zuckerfelder der Taler, die weiterabliegenden bewaldeten Anhöhen und die See im herrlichsten Blau. Ich stieg auf einer anderen Seite herab, und neben einem Bache, über den eine Brücke führte, nahm ich in der See ein Bad. Große Madreporen-Blöcke liegen umher und werden in einem Kalkofen zu Kalk gebrannt. Am Ufer stehen Manzanillbäume; sie sind aber weder groß noch schon und wohl von einer anderen Species, als der berüchtigte Baum, unter dem die arme Selika in der Afrikanerin ihren Tod fand. Unter den Früchten, die auf dem Markte verkauft wurden, waren die Zimtäpfel die besten, die ich je von dieser Art gegessen habe.

Wir verließen gegen zwei Uhr Grenada und fuhren an der Westküste, wo malerisch längs der Hügel die Zuckerfelder angelegt sind. Gebäude und Fabriken sind klein, und die Mühlen scheinen bloß durch Dampf oder Wasser getrieben zu werden. Ehe man die Nordspitze der Insel passiert, sieht man bereits im Norden die Felsenkuppen der Grenadillen, wovon einige größere bewohnt sind; auch sollen sich Ziegen und wildes Vieh darauf aufhalten.

Diese Inselchen scheinen die Spitzen eines submarinen Bergrücken zu sein, der einstens in der Urzeit Grenada mit St. Vincent und St. Lucia verband, wie überhaupt die kleinen Antillen in einem weiten Bogen das karaibische Meer umschlossen haben werden, und dieses ein ungeheurer Landsee gewesen sein wird, bis durch Erdrevolutionen die Inseln entstanden, was um so wahrscheinlicher ist, weil auf jeder dieser kleinen Antillen noch tätige Vulkane, heiße Quellen oder Asphaltlager vorkommen. Wir passierten gegen neun Uhr Abends St. Vincent, und die Sonne war am andern Morgen noch nicht aufgegangen, als wir in die Bai der Insel St. Lucia einliefen und am Stadtchen Castrie anlegten. Die Bai ist ebenso sicher, aber großer als die der Insel Grenada und bietet Schutz gegen jeden Wind, weil sie auf allen Seiten von Bergen umgeben ist. Das Städtchen ist unansehnlich, aber längs der Küste liegen schöne Zuckerpflanzungen, die ihre Produkte direkt verladen können.

Ein kleines, verfallenes Fort liegt am Eingang in die Bay; die Höhen sind meistens Weiden, doch sieht man auch Zuckerfelder. Ein schönes, neues Hospital liegt vor der Stadt auf einer Anhöhe. Auch hier wurde eine Menge Federvieh an Bord gebracht, und in kleinen, leichten Booten eine Unmasse von Mangos feilgeboten; die viel kleiner und gelber als die unsrigen sind. Das Dampfboot blieb ebenfalls einige Stunden; ich machte mich also sogleich auf den Weg, den Berg zu ersteigen, von dessen Höhe weiße Gebäude herabsahen. Ich nahm einen Negerjungen, mir den Weg zu zeigen. Durch die kleine, unansehnliche Stadt kam man auf den breiten, durch Mango- und Caschubaume beschatteten Weg, an dem einige schlecht unterhaltene Landhäuser lagen. Die meisten Pflanzen, die ich fand, kommen auch in Surinam vor, außer einer kleinen Feraria mit gelber Blüthe, die ich später in Guadeloupe ausgrub und nach Albina verpflanzte.

Oben auf dem Bere, der etwa 600 Fuß hoch sein kann, standen einige schöne Gebäude, die dem Gouverneur und den Beamten zur Wohnung dienten, und daneben ein Signalposten. Man hat eine schöne Aussicht über einen Teil der Insel und zwei Piks, die erloschene Krater sein sollen und noch Souffrière heißen. Bei hellem Wetter sieht man ganz deutlich den Diamantfelsen und die Gebirge von Martinique.

Kaum hatten wir die Bay verlassen, als ein Regenguß, der volle zwei Stunden anhielt, uns jede Fernsicht benahm. Nachdem die Wolken sich verzogen hatten, sahen wir das schöne Martinique mit seinen Zuckerfeldern, Plantagen, Gebäuden, bewaldeten Hügeln und hutförmigen Piks im Sonnenglanz vor uns liegen. Wir kamen schon um zwei Uhr in Fort de France an, wo wir mit Ungeduld die „Santé" erwarteten, welche den Gesundheitszustand der Passagiere zu untersuchen und zu erkunden hatte, ob das Schiff keine Verbindung gehabt habe mit Inseln, auf denen ansteckende Krankheiten herrschen.

Endlich zeigte sich die gelbe Flagge, und nachdem der Arzt das Gesundheits-Patent nachgesehen hatte, fand er darin eine Bemerkung des Quarantaine-Arztes von Trinidad, daß eine leichte Dyssenterie in der Stadt herrsche. Jetzt waren wir verloren, trotz aller Bitten mußte die „Guyana" eine gelbe Flagge am Mast aufhissen, abgesondert von andern Schiffen ankern und eine zweitägige Quarantaine halten. Das war nun fatal; denn es gibt nichts Langweiligeres als an Bord eines Schiffes bleiben zu müssen, das so nahe am Lande ankert. Übrigens fehlte es nicht an Zerstreuung. Boote kamen in unsere Nähe mit Freunden und Verwandten unserer Passagiere, und langdauernde Unterredungen fanden statt; nackte Neger- und Mulattenknaben umschwammen das Schiff mit der Bitte, einen Sous ins Wasser zu werfen, nach dem sie tauchten, solchen in den Mund steckten und beim Heraufkommen vorzeigten. Es war ein unaufhörliches „jettez sou mouché". Drei italienische Musikanten, die von Angostura über Trinidad gekommen waren, um Martinique mit ihrer Kunst heimzusuchen, gaben uns 3 bis 4 Konzerte täglich, die stets mit dem Nationallied endigten, und wobei ich „Evviva Garibaldi" so oft hörte, daß mir die Ohren davon gellten.

Endlich, am Samstag abend kam das große transatlantische Dampfboot „Le nouveau monde" von Panama zurück, das für uns zur Überfahrt nach Europa bestimmt war. Gleich nach Ankunft der Nouveau monde dampfte eine Kriegsfregatte den Hafen hinaus, um sich nach Porto Cabello an die venezuelanische Küste zu begeben, um Genugtuung zu verlangen, weil man auf das Mail-Boot „le Cazique" geschossen habe.

Am Bassin, in dem wir auch lagen, befanden sich die Kohlenbehälter der Kompanie, und nun mußte der Nouveau monde einige tausend Tonnen Steinkohlen einnehmen, welches Manöver ein Leben und eine Bewegung macht, die wohl der Mühe wert sind, einmal gesehen zu werden. Das große Schiff liegt ganz nahe an der Mauer des Bassins, und zwei große drei Meter breite Brücken führen vom Lande auf dasselbe. Fängt das Laden an, so findet ein ununterbrochener Zug von Negerinnen statt, deren jede einen Korb hält, in den ihr vom Aufseher ihre Last Steinkohlen geschüttet wird. Ich schätze dieselbe auf 25 bis 30 Kilo; verläßt sie das Steinkohlen-Magazin, so muß sie am Eingang auf eine Art Wage treten, die einen Zeiger in Bewegung setzt, und erhalt von dem Aufseher eine Marke; hierauf betritt sie die Brücke und wirft im Schiff ihre Last in das Loch das man ihr anweist. Dieses Laden dauert 12 bis 15 Stunden und dies unter einem Geschrei, Geschnatter und Singen von wohl 100 Weibern, daß man beinahe taub wird. Zwischen beiden Brücken sitzen einige zerlumpte Neger, die beständig die Negertrommeln schlagen und dazu singen; ist nun die eine oder die andere der kohlentragenden Damen müde, so läßt sie ihren Korb stehen und tanzt einige Minuten lang mit andern zum Klang der Trommeln, worauf sie, durch den Tanz gestärkt, ihren Korb aufnimmt und weitere Kohlen zuträgt. Neben und zwischen den Brücken sind Negerinnen, die Haufen von Obst, als Orangen, Mangos, Advigatos und Ananassen den Passagieren zum Kaufe anbieten; auch diese, wenn sie der Kitzel ankommt, beauftragen mit dem Verkaufe ihrer Ware eine Nachbarin und mischen sich unter die Tanzenden. Bei Nacht werden Pechfackeln und neuester Zeit elektrisches Licht angezündet, dann ist die Szene noch belebter als bei Tage. Sind die Kohlen eingenommen, so hat der Spektakel ein Ende; ein Kanonenschuß mahnt dann die Passagiere, die sich noch in der Stadt befinden, an Bord zu kommen. Da der Nouveau monde am Sonntag mittag seine Reise antreten sollte, so wurden wir am Morgen unserer Quarantaine entlassen; wir besorgten sogleich unsere Koffer an Bord, um dann noch einen Spaziergang in die Stadt machen zu können. Alle der Compagnie transatlantique gehörende Gebäude nehmen eine große Fläche ein und in dem Magazine findet man an Material und Lebensmittel alles, was ein so großes Dampfboot nur nötig haben kann. In den Werkstätten können alle Reparaturen vorgenommen werden, und für die Maschinen sind alle Arten Reserve-Stücke in Vorrat. Ebensowenig fehlt es an Steinkohlen. Die Stadt Fort de France, der Sitz des Gouverneurs und der Marine-Verwaltung, ist bedeutend kleiner als St. Pierre, hat aber durch ihre Bassins, Werften usw. einen entschiedenen Vorzug für den Handel. Es ist ein hübsches Städtchen in einer Ebene, hat schmale, schlecht gepflasterte Straßen, kleine meistens unansehnliche Häuser aus Stein oder Fachwerk, keine oder nur wenige Gärten, aber einen Überfluß des köstlichsten Trinkwassers, das in einer Leitung von den Bergen kommt und einen Wasserfall bildet, ehe es in die Röhren sich verteilt. Jedes Haus hat seinen Brunnen, und mehrere Badanstalten sind in der Stadt. Ein Fort liegt am Eingang des Hafens und hinter demselben die Savanne, ein freier Platz, eingefaßt von Mangos, Sandbüchsen und andern tropischen Bäumen. Er hat schattige Wege, und ist besonders am Morgen und Abend ein gerne benutzter Spaziergang. Eine weiße marmorne Statue der Kaiserin Josephine, die in Fort de France geboren wurde, ziert den Platz, der von zwei Straßen, dem Fort und der See umschlossen ist. Die Kirche ist groß, aber für ihre Länge zu nieder. Ein allerliebster Spaziergang führt nach einer, auf einer etwa 200 Fuß hohen Anhöhe gelegenen gotischen Kapelle, die zugleich als Kalvarien oder Leidensberg dient. Das Hospital hegt außer der Stadt und wird von einem großen schattigen Garten umschlossen. Die öffentlichen Gebäude sind weder schön noch imposant, und auch das Innere der Hauser steht dem unserer Wohnungen in Paramaribo nach. Zur festgesetzten Zeit kehrten wir aufs Schiff zurück, und allmählich füllte sich dasselbe mit den Passagieren, die aus Peru,

Chili, Venezuela, Mexiko und andern Ländern Süd-Amerikas angekommen und meist Spanier waren. Zuerst kam ein dicker, in violette Seide gekleideter spanischer Erzbischof, eine schuhlange Zigarre im Munde und ein großes goldenes Kreuz auf dem Magen hangend. Ein Zug von etwa 15 Nonnen von drei verschiedenen Orden kam, jede mit einem Handkorbchen, worin sich noch die eine oder andere Herzstärkung für die Reise befand, über die Brücke. Jede bekreuzte sich vor der Eminenz, ein Tempo und drei Bewegungen, und küßte das Kreuz auf dem Magen, während der Bischof mit einer kleinen Handbewegung seinen Segen gab und seine Zigarre weiter rauchte. Eine kleine gelbe Figur in schwarzen, abgeschabten Zivilkleidern schien der Diener Seiner Hochwürden zu sein, und kaum war eine Zigarre ausgeraucht, als der Kleine auch wieder eine neue in Bereitschaft hatte. Mehrere französische Geistliche und drei Dominikanermönche, sowie sechs frères chrétiens de Ploermel fanden sich ein, so daß der Klerus ein nettes Kontingent zur Reisegesellschaft stellte. Familien aus Martinique mit Kindern jeglichen Alters, die zur Erziehung nach Frankreich gebracht wurden, mit einem Gefolge von Verwandten und Freunden, die bis zum letzten Augenblicke blieben und unter Weinen, Umarmungen und Küssen, womit die Franzosen sehr freigebig sind, Abschied nahmen.

Die Verkäuferinnen von Gelées, eingemachten Früchten, Sandbüchsen (Früchte der Hura crepitans) etc. verließen das Schiff, die Brücken wurden ans Land gezogen, und „Le nouveau monde" dampfte stattlich den Hafen hinaus. Plötzlich hörten wir einen jammervollen Schrei, nicht anders, als ob jemand von der Maschine erfaßt und langsam in Stücke zerrissen wurde. Entsetzt lief man zusammen, und siehe eine Mulattin kam aufs Verdeck, und unter Weinen und Schluchzen teilte sie uns mit, daß sie frische Wäsche an Bord gebracht, und während sie ihr Geld erhalten habe, das Schiff den Hafen hinausgedampft sei. Unter einer Flut von Tränen beschwor sie den Kapitan, der auf das Heulen herbeikam, sie ans Land setzen zu lassen, was er aber verweigerte, weil alle Boote bereits aufgeholt und befestigt waren ; sie müsse also bongré, malgré nach la France mit. Mit dem Ausrufe: „o ma mère, o mes enfants" verließ die Unglückliche das Hinterdeck, war aber schon am andern Tage durch eine französische Familie engagiert, um zwei kleine Kinder zu hüten, und hatte sich ruhig in ihr Schicksal ergeben; aber es waren auch mildtätige Herzen an Bord, die sich der Verlassenen annahmen, die nun gänzlich unbekannt einen Monat harren mußte, bis dasselbe Boot wieder die Zurückreise nach Martinique machte; denn zwei Tage ehe wir in St. Nazaire ankamen, lenkte nach abgelaufenem Déjeuner ein Herr unsere Aufmerksamkeit auf die unvorsichtige Mulattin, die nun „sans le sou" in Frankreich ankäme und, freilich durch eigene Nachlässigkeit, ihrer Familie auf so lange Zeit entrissen sei; ein Teller wurde auf den Tisch gesetzt, und etwas über fünfhundert Franc für die Arme eingesammelt.

Als ich sechs Monate später wieder in Fort de France ankam, traf ich die Mulattin auf der Straße, sie erkannte mich sogleich und erzählte, sie habe Paris und die Ausstellung besucht, sich gut amüsiert, und die Kompagnie habe sie kostenfrei wieder zurückgebracht und, o Glück, sie habe Mutter und Kinder wohl und gesund wieder gefunden. Ja, der Herr verläßt die Seinen nicht.

Gegen drei Uhr Nachmittags passierten wir die Hauptstadt der Insel, St. Pierre, die wohl zweimal so groß als Fort de France, malerisch an den Hügeln hinaufgebaut ist; die Reede bietet wenig Sicherheit. Plantagen mit den schönsten Zuckerfeldern, Kapellen und Kirchen, Negerdörfer und Landhäuser, Alles überragt von dunkeln Waldungen, welche die über 2 000 Fuß hohen Gebirge bedecken, ziehen sich bis zur Nordspitze der Insel. Aber wie auf den anderen Inseln, an denen wir vorbeigekommen waren, so ragt auch hier aus dem dunkeln Gebüsch keine einzige einheimische Palme hervor; bloß Pflanzungen und Dörfer mit Alleen der Königspalmen und Waldchen von Kokos zeigen, daß wir in einem Tropenland sind, sonst war, von Weitem beobachtet, nichts von einer exotischen Natur zu bemerken. Die Gebirge der Insel scheinen vulkanischen Ursprungs zu sein; auf einem etwa 3 000 Fuß hohen Berg soll sich ein See, vermutlich der Krater eines Vulkans befinden.

Gegen fünf Uhr Abends sahen wir im Norden die Insel Dominique und nahmen jetzt bei der Nordspitze von Martinique die Richtung nach Nordosten. Schon als wir Fort de France verließen, sahen wir mehrere der Damen sich nach ihren Kajüten begeben; als nun aber die Gewalt der von Osten kommenden Wellen nicht mehr durch die Insel geschwächt war, wurde die Retirade viel allgemeiner, und beim Diner blieb mancher Platz unbesetzt. Und das war Schade. Denn wir hatten delikate Langusten mit Mayonaise und frische Fische in einer pikanten Sauce, beides vortrefflich geeignet, um, wenn es möglich ist, den Magen gegen die Seekrankheit zu stärken. Außer der Suppe, die ich noch nie an einer französischen Tafel nach meinem Geschmack gefunden habe, war immer alles reichlich und gut; ein leichter Tischwein war sowohl in rot als weiß für jeden Gast aufgestellt, ein Vorteil, den man auf den englischen Booten nicht hat, auf denen man vielmehr das Getränke bezahlen muß.

Am andern Morgen hatten wir die schonen Inseln weit hinter uns, und obgleich ein frischer Passat wehte, war die See doch ziemlich ruhig, und bei keiner unserer Mahlzeiten hatte man nötig, die Flaschen zu legen, oder die Violons (Latten und Schnüre, über den Tisch gezogen, die das Herabrutschen der Teller, Schüsseln etc. verhüten) zu spannen. Es gab zwar noch viele Seekranke, die sowohl in den Kajüten als auf dem Verdecke herumlagen; aber mit jedem Tage kamen mehr und mehr an den Tisch – und ehe fünf Tage vergingen, waren alle Plätze besetzt. Wir waren im ganzen 142 Passagiere, worunter 35 Kinder; diese bekamen ihr Essen an einem besonderen Tisch und eine Stunde früher, als die älteren Passagiere. Diese letzteren hatten sechs Tische besetzt, an welchem je ein Offizier des Schiffes die Aufsicht führte. Alles was zum Klerus gehörte, aß an einer Tafel. Um sieben Uhr morgens wurde zum Kaffee geläutet, den man im großen Speisesaal sans gêne und im Negligé einnahm, wo man eben einen Platz fand. Man konnte Kaffee, Chocolade oder Tee bekommen, mit preserved milk, Brot und Butter. Um zehn Uhr kam das Déjeuner, zu dem wiederum dreimal geläutet wurde, und wo man den Platz einnahm, den man von Anfang an gewählt hatte.

Dieses Déjeuner begann mit Vorspeisen, als Sardinen, Thun, Rettiche, Butter etc. Dann kamen Omeletts, Fleischspeisen, Fische, Pasteten, zum Nachtische Torten, Obst, als Orangen, Ananas und dergleichen; Wein nach Belieben und Kaffee. Um ein Uhr wurde Bouillon verabreicht, und abends fünf Uhr war Diner, das, die Suppe ausgenommen, etwa dieselben Speisen enthielt als das Dejeuner. Abends acht Uhr trank man Tee. Die Zeit verkürzte man sich mit Lesen, Essen, Gespräch und Schlafen, oder auch mit Domino, Schach und anderen Spielen, die im Rauchzimmer, denn im Salon durfte nicht geraucht werden, für jeden bereit standen. Im Salon stand ein Piano, von dem hauptsächlich am Abend Gebrauch gemacht und wobei manchmal bis spät in die Nacht getanzt wurde. Es waren, wie überhaupt, immer viele Spanier an Bord, denn diese benützen lieber die französischen Dampfboote als die englischen, teils weil sie mit dem ersten Stamm verwandt und katholisch sind, teils auch weil sie aus Frankreich mit weniger Kosten nach Spanien kommen als von England aus. Diese Spanier eröffneten nun, ungeachtet es nicht geduldet werden soll, jeden Abend nach dem Tee eine Spielbank, wo sich dann in Menge Liebhaber einfanden. Ein französischer Kolonel, der mit Urlaub nach Frankreich reiste, verlor seine ganze Barschaft, über 3 000 Franc. Ein junges spanisches Bürschchen von kaum 15 Jahren fehlte nie am Spieltische.

Auch ich versuchte mein Glück mit 20 Franc, hatte sie aber in vier Sätzen verloren. Schon in Martinique ging die Sonne erst um sieben Uhr unter, und je näher wir nach Norden kamen, desto länger blieb es Tag. Am 18. Juni mittags kamen wir an die Azoren und so nahe an der Insel Fayal vorbei, daß wir die Leute auf der Straße sahen. Am kalten Winde, der uns anwehte, fühlten wir, daß wir die Tropen hinter uns hatten, und alles stand in Mäntel gehüllt auf dem Verdecke, um beim prächtigsten Wetter des freundlichen Anblicks zu gemessen. Die Stadt mit ihren weißen Gebäuden und der Weinstock, mit dem alle Hügel bepflanzt waren, heimelten uns an; man sah keine Palmen mehr, und ich meinte, auf den Anhöhen schon Tannen erkannt zu haben.

Gegenüber Fayal lag Pico mit seinem 7 000 Fuß hohen kegelförmigen Berg. Bis an den späten Abend sahen wir diese reizenden Inseln, welche man auf den französischen Dampfern immer, auf denen der englischen Kompagnie aber, die ihren Kurs zwei Grade nördlicher halten, nie zu Gesicht bekommt. Den 24. Juni am frühen Morgen kamen wir in St. Nazaire an. Ich übergehe den Aufenthalt in Europa, meine fruchtlosen Bemühungen beim Ministerium, meine Einkäufe, Reise und Aufenthalt in Stuttgart etc., und sage nur, daß ich am 8. Oktober wieder in St. Nazaire war, um nach Surinam zurückzukehren. Es war das schöne Dampfboot Impératrice Eugénie, mit dem wir die Überfahrt machen mußten, und lag auf der Reede vor der Stadt. Bei stürmischer See fuhren wir mit dem kleinen Dampfboot Belle Isle an Bord, wo wir wieder eine ganz ansehnliche Gesellschaft trafen, unter der sich auch wiederum der Klerus bemerklich machte. Die Kompagnie ist so liberal, allen katholischen Geistlichen, Nonnen und Schulbrüdern unentgeltlich Passage zu gewahren, nur müssen dieselben zehn Franc täglich Kostgeld bezahlen. Wir waren wieder bei zweihundert Passagieren, die nun, als der Winter nahte, in ihre mildere Heimat zurückkehren wollten.

Das Wetter war bei unserer Abfahrt rauh und stürmisch, und die meisten Passagiere lagen in ihren Betten; nur wenige wagten sich aufs Verdeck. Erst als wir aus dem Biskaischen Meerbusen und im freien Ozean waren, wo die Wellen länger und gleichmäßiger sind, genasen auch allmählich die Seekranken. Die frische Luft ist das beste Mittel dagegen. So krank man auch manchmal ist, so kommen doch Szenen vor, die unwillkürlich zum Lachen reizen. So hielt ich mich, da das Schiff heftig hin- und her schwankte, am Mittelmast, als ein junger

Spanier in meiner Nähe sein Sacktuch herauszog, um sich den
Schweiß abzutrocknen; dadurch verlor er das Gleichgewicht,
stürzte auf mich zu, um sich an mir zu halten, beschmutzte
aber in demselben Augenblick meine Weste von oben bis unten. Ein jammervoller Blick auf mich, und sterbensmüde sank
er auf eine Bank der Leeseite. Diese stürmische See hielt an,
bis wir die Azoren hinter uns hatten und nach und nach in
den Passatwind kamen, wo uns schon die warme Luft entge-
genwehte.

Nun belebte wieder Scherz und Fröhlichkeit die Mahlzeiten
und Tanz und Gesang die Abende; der Nordstern senkte sich
allmählich, und das Kreuz stieg in aller seiner Pracht am südlichen Himmel empor. Oh ihr wundervollen Nächte, von denen man im Norden keinen Begriff hat, warum seid ihr alle
dort zu treffen, wo man so wenig Sinn für euch, wie für die
herrliche Natur überhaupt hat!

Am 22. tauchte das liebliche Martinique wieder aus den
Wellen empor, und als wir ganz nahe längs der Nordküste fuh-
ren, sahen wir einen Menschenhaufen, der durch Schießen,
Rufen, Wehen mit Flaggen und Taschentüchern uns seine
Freude kund tat; aber auch einer der unsrigen wehte mit dem
Tuche, wobei ihm die hellen Tränen die Wangen herabliefen.
Es war der Pfarrer dieser Diözese, den seine Beichtkinder zu-
rückerwarteten, und der sich ebenso freute, sie wieder zu seh-
en. Kaum kamen wir in Fort de France an, als das Dampfboot
Darien uns an Bord empfing und mit uns nach dem Süden
dampfte. Sonntag den 27. kamen wir in Paramaribo an, aber
da der Wanekreek unbefahrbar war, so mußte ich Passage nach
Cayenne nehmen, um von dort aus nach Hause zu kommen.
Den 29. ankerte der Darien auf der Reede von Cayenne. Etwa
zwei Stunden von der Stadt entfernt, außerhalb der Baiy liegt
ein kleiner Felsen „L'enfant perdu", der, ohne alle Vegetation, von jeder Springflut beinahe unter Wasser gesetzt wird,
und auf dem ein kleiner Leuchtturm steht, in dem ein nicht
sehr starkes Licht unterhalten wird, das den vorübersegelnden
Schiffen den Eingang in die Bay andeutet. Die Wächter dieses

Feuerturms sind zwei Deportierte, die nichts zu tun haben, als die Leuchte zu unterhalten. Alle 14 Tage wird diesen Eremiten Wasser, Lebensmittel, Öl etc., von Cayenne aus gebracht, und außer den Leuten die ihnen das Nötige bringen, kommen sie mit niemand in Verkehr. Nun war, wie man mir erzählte, kurze Zeit ehe der Darien in Cayenne ankam, einer der beiden Wächter plötzlich gestorben, ohne vorher krank gewesen zu sein, und sein Kamerad mußte acht Tage lang den verpestenden Geruch des Kadavers ertragen, bis das Boot wieder kam, denn ein Recht, die Leiche in die See zu werfen, hatte er nicht, weil er dann wegen Mordes in Untersuchung hatte kommen können. Jetzt erst, nachdem die natürliche Todesart konstatiert war, wurde dem Einsamen ein neuer Leidensgenosse zugebracht.

Die Stadt Cayenne macht, auf den Abstand von einer Stunde gesehen, einen freundlichen Eindruck, obwohl man von der eigentlichen Stadt nicht viel sieht, weil sie durch die Hügel, auf denen das Fort Ceperou liegt, dessen schöne Kaserne besonders in die Augen fällt, versteckt wird; den Hintergrund bilden bewaldete Hügel von 3–400 Fuß Höhe, und gegen Osten sind die Inseln des pilots, père und la mère felsig und bewaldet, auf geringen Abstand vom Land.

Der Hafen ist nicht tiefer als bei Paramaribo. Schiffe von 18 Fuß Tiefgang können kaum bis vor die Stadt kommen. Größere Kriegsschiffe löschen bei Ile du salut; die Stadt liegt auf einer Insel, welche durch die zwei Flüsse la Comté und Maiouri gebildet wird, hat enge, zum Teil steile Straßen, die meist höchst mangelhaft gepflastert sind. Der Boden auf dem die Stadt erbaut ist, besteht aus einem roten Kleie, welche die Grundlage der ganzen Insel zu sein scheint. Die Häuser sind meist von Fachwerk gebaut, schlecht unterhalten und mit Wallabasingeln bedeckt. Die Straßen, in denen das Unkraut wuchert, und die nur wenig unterhalten werden, sind des Nachts mit Laternen erleuchtet. Selten sieht man ein hübsches Wohnhaus, und auch das Gouvernement-Gebäude hat ein sehr bescheidenes Äußeres, ist im Inneren aber viel eleganter und zweckmäßiger eingerichtet als das unserige in Paramaribo. Auch die Hauptkirche ist ein geschmackloses Bauwerk. Bloß das Hospital macht eine Ausnahme, mehrere von Stein erbaute Flügel enthalten luftige Säle und Zimmer, sowohl für Bürger als Soldaten, Kulis und Deportierte. Im Mittelgebäude sind die Zimmer der Sœurs de St. Paul, und die sehr schön ausgestattete Kapelle des Hospitals. Die Superiorin, die mich, als ich einige Tage im Hospital von St. Louis krank war, dort verpflegt hatte, zeigte mir alle Zimmer und Säle, die auf das zweckmäßigste eingerichtet sind. Wie man in den für Offiziere und Beamte eingerichteten Zimmern alle wünschenswerte Bequemlichkeit findet, so sind auch die niedersten der Kranken, Kulis und Déportés, mit guten Betten, Gazevorhängen gegen Muskiten u. dgl. versehen; Kost und Pflege lassen nichts zu wünschen übrig. Gleich nach meiner Ankunft in Cayenne mietete ich für die paar Tage meines Aufenthaltes ein Zimmer bei einer Madame D., einer alten lebhaften Frau, die mit ihrer steinalten Mutter den oberen Stock eines Hauses bewohnte und mir für zwei Frank täglich ein großes Zimmer abtrat. Ich hatte am Morgen meinen Café au lait, während ich mein Déjeuner und Diner bei einem Restaurant nahm, wo ich stets Bekannte traf. Für drei Franc hat man schon ein gutes Déjeuner oder Diner mit drei verschiedenen Speisen, Wein und Kaffee, wobei man aber die Reinlichkeit und das Zuvorkommende der Pariser Restaurants vermißt, denn zur Bedienung hat man bloß Neger oder Kulis. Um die Mittag- und Abendzeit sind alle Tafeln dicht besetzt, und während sich höhere Beamte in einem eigenen Zimmer absondern, ist hier die Gesellschaft ziemlich gemischt, und speisen Leute von allen Farben miteinander. Obgleich Paramaribo an Reinlichkeit, stattlichem Ansehen und Größe Cayenne bedeutend übertrifft, so wird es, was gute Einrichtung und Komfort für einen Fremden anbelangt, dem kleinsten Dorfchen auf den Antillen nachstehen. Wehe dem Fremden, der ohne Empfehlungsschreiben nach der so gerühmten Stadt Paramaribo kommt; außer den Schnapsschenken, in welchen der Neger, Kuli oder Matrose seinen Schluck stehend trinkt, bietet sich für ihn keine Gelegenheit dar, sich zu erfrischen, denn die Kollegien (ein drolliger Ausdruck für Klub) sind ihm verschlossen, weil er, wenn er da etwas genießen will, erst Mitglied werden muß.

Das einzige „Hotel" in Paramaribo, das Fremde beherbergt, hat so wenig Gäste, daß der Wirt, der wohl nie ein gut eingerichtetes Hotel gesehen hat, kaum die Mittel herausschlägt, um seine Sache auf die allereinfachste Weise zu betreiben; vier oder fünf Zimmer mit defekten Stubenschlössern, Armoirs, an welchen Schlösser oder Schlüssel fehlen, Bettladen mit Matratzen von Zolldicke, gebrochene Fensterscheiben, dazu Muskiten, daß man oft kein Auge schließen kann, sind der Komfort, den der Fremde findet. Eine einfache surinamsche Küche, an die sich der Fremde nicht leicht gewöhnen kann, ohne jegliches Getränke, Wasser ausgenommen, bildet die Pension, welche 5 Gulden per Tag kostet. Alle Getränke sind enorm hoch besteuert, so daß der Wirt den gewöhnlichen Wein nicht unter einem Gulden, das Bier aber nicht unter 60 Cts. die Flasche liefern kann. Aber woher kommt der Übelstand, unter dem der Fremde in dem so „gastfreien" Paramaribo besonders leidet? Das ist eine leicht zu lösende Frage. In Cayenne ist ein immerwährender Wechsel von Soldaten und Offizieren, die alle zwei Jahre nach andern Kolonien detachiert, von Beamten, die auf unbestimmte Zeit ihre Ämter bekleiden und manchmal ganz unerwartet, und wenn sie auch Kreolen des Landes sind, nach den Antillen, dem Senegal oder Cochinchina versetzt werden, die an ein ambulantes Leben gewöhnt, sich deshalb nie zu Hause fühlen, oder häuslich einrichten; überdies ist unendlich mehr europäisches Element im französischen Guyana, abgesehen von der Transportation, wodurch aber auch eine Menge Beamter, Gendarmen usw. in die Kolonie gekommen sind; auch liegt im französischen Charakter schon ein größerer Hang zur Geselligkeit, als in dem der Holländer. Anders aber ist es in Paramaribo, da ist alles stabil, insofern Zurückgang Stabilität genannt werden kann. Das Militar ist ein für die Kolonie speziell bestimmtes Bataillon

und schon seit Olims Zeiten hier stationiert, wird nie abge-
lost, sondern bei Passeporten und Todesfallen von Holland aus
ersetzt. Die meisten der Offiziere haben Familie und Liegen-
schaft, so daß sie, wenn sie auch noch eine Reihe von Jahren
ihre Pension erhalten, im Lande bleiben und in Frieden hier
sterben. Nur höhere Beamte werden vom Ministerium von
Holland gesandt, alle niederen ernennt mit Genehmigung des
Königs der Gouverneur, der die Auswahl in allen Farben und
den treu ergebensten Subjekten hat. Alle diese Beamten haben
Familien, und ist bei den Subalternen das Einkommen noch
so klein, so müssen sie eine „huishoudster" (Haushälterin) haben, die ebenfalls in allen nur denklichen Schattierungen zu
finden sind. Aber auch Schreiber, Ladendiener und andere,
die unabhängig vom Gouvernement sind, Burschen von 16
Jahren fuhren ihre eigene Haushaltung, wie, das mag Gott
wissen, aber da man, wenn man sich mit der Landeskost begnügen will, sehr billig und billiger als in Europa leben kann,
so können auch solche mit bescheidenen Mitteln sich, wenn
sie wollen, ehrlich durchschlagen.

Nur höchst selten verirrt sich ein Fremder nach Surinam;
was sollte er auch in einem Lande machen, wo keine Aussichten mehr sind? Unter diesen Umständen kann ein Hotel
und eine Restauration nicht bestehen. Die beiden Hauptre-
staurationen in Cayenne (es gibt aber noch einige andere), die
am besuchtesten sind, gehören zwei Brüdern D., welche man
statt mit aîné und cadet zu bezeichnen, D. le propre und D.
le gras nannte. Des Abends beim Diner und bis gegen neun
Uhr herrschte bei letzterem ein Verkehr, der mich lebhaft an
die Abende in der Strada di porto in Neapel erinnerte, wo
die niedere Volksklasse Maccaroni und gebackene wohlfeile
Leckereien kauft und siedend heiß aus dem Kessel verzehrt. So
auch hier bei D. le gras. Im Hofe und unter freiem Himmel
umstanden Kulis, Neger, Deportierte und Weiber dutzendweise die Köche, die in einer großen Pfanne Fische, Leber,
Auberginen und Bananen in Schweinefett (saindoux) buken
und gegen kleine Münze an die Käufer austeilten, dabei hatte

646

jeder seine Kalebasse mit Couac, der mit etwas zugegossenem Wasser anschwoll und eine Art dicker Teig wurde, der, wie die Zuspeisen, ohne Gabel oder Löffel mit den Händen gegessen wurde. Vor der Türe saßen einige brasilianische Indianer, die mit ihren Küstenfahrzeugen (Tapoui's) Couac aus Para gebracht hatten; sie hatten kleine Gitarren und sangen mit näselnder Stimme portugiesische Lieder. Alles war Lust, Scherz und Lachen, und als die Mahlzeit beendigt war, tranken die, welche noch einige Sous hatten, einen coup sec (Schnaps), und nach so beendetem Diner gingen sie nach Hause.

Nicht weniger interessant war mir der Marktplatz; er ist zwar unbedeckt, aber Fisch- und Fleischhalle sind Vorzüge, die wir in Surinam nicht kennen. Auch hier sieht man, wie verschieden die Lebensart in beiden Ländern ist. Bananen, welche in Surinam massenhaft auf den Markt kommen, weil sie die Hauptnahrung der arbeitenden Klasse sind, sieht man in Cayenne selten, und eben so Yams, Napis, Taiers, die auf den bessern Tischen Surinams nicht fehlen dürfen. Dagegen ist der Markt wohl versehen mit Gemüsen und Salaten, die wieder in der Trockenzeit bei uns nicht zu bekommen sind. Nie sieht man in Paramaribo europäische Frauen ihre Einkäufe auf dem Markt machen, ja farbige sind zu stolz dazu; man schickt das Negermädchen, um das Nötige zu kaufen. In Cayenne aber gehen die Frauen niederer Beamten mit ihren Körbchen selbst auf den Markt und kaufen was sie brauchen, denn weil es so Gebrauch in Frankreich ist, so schämt man sich auch hier nicht dieser Sitte.

Das Leben ist billiger als in Surinam, aber die Küche von der unserer Kolonie total verschieden. Von Erdfrüchten wird wenig Gebrauch gemacht, Brot darf aber nicht fehlen. Die verschiedenen Arten gesalzenes, getrocknetes, geräuchertes Fleisch und Wurst, die wir in unserer Haushaltung gebrauchen, kommen in Cayenne wenig in Anwendung, dagegen wird allgemein Wein getrunken, dessen Genuß in Surinam sich nur der reichere Bürger erlauben darf. Die arbeitende Klasse lebt von Couac und gesalzenem Fisch, bei dem aber

Schmalz nicht fehlen darf, und ist diese Kost ohne Zweifel kräftiger als unsere Bananen.

Am zweiten Morgen machte ich meinen Besuch beim Gouverneur, der so freundlich war mich zum Déjeuner einzuladen. Im Hof ist unter schonen blühenden Gewächsen ein Springbrunnen und vor dem Hause eine große Fontaine aus Terrakotta, die man aber nur springen läßt, wenn in den Regenzeiten kein Mangel an Wasser ist. Im Garten des Gouverneurs stehen mehrere sehr große Mangos, in denen herrliche Sorten eingepfropft sind. Leider geben die gepfropften nicht den zehnten Teil der Früchte die sie ungepfropften geben, aber diese veredelten Früchte sind denn auch von der größten Vollkommenheit, wohl zwei Faust groß, mit dünner Schale, kleinem, plattem Kerne und nicht faserig wie die gemeine Mango, rotgelb und vom herrlichsten Geschmack.

Ich machte mich am dritten Morgen auf den Weg nach Rourotta, so wird der Hügel genannt, von dem auf etwa zwölf Kilometer Abstand in großen eisernen Rohren das Trinkwasser hergeleitet wird, das die Brunnen der Stadt speist, das aber in der Trockenzeit etwas sparsam fließt, weshalb die Brunnen nur am Morgen und am Abend unter Aufsicht der Polizei geöffnet und über Mittag und Nacht geschlossen werden. Der Weg nach dem Hauptreservoir auf Rourotta war gut unterhalten. En passant besuchte ich den daran liegenden, mit einer Bambushecke umgebenen Kirchhof, auf dem ich auch manche bekannte Namen fand, und mich nur wundern mußte, wie schlecht unterhalten dieser Kirchhof war. Und doch war in einigen Tagen das Allerseelenfest, wo jeder Katholik die Gräber der Seinigen besucht und schmückt.

Wir kamen an Weiden und kleinen Kostäckern vorbei, wo Roku gepflanzt war, und an einem Exerzierfeld vorüber, wo die Artillerie sich im Verfertigen von Schanzkörben übte, und wo mit Kanonen nach der Scheibe geschossen wurde. Das Land schien viel weniger fruchtbar zu sein, als die Umgebung von Paramaribo, wo der Boden aus Muschelsand besteht. Alle kleinen Kostäcker an denen ich vorbeikam, waren ebenso schlecht unterhalten, wie die unserer Neger, die übrigens den Vorzug eines besseren Bodens haben. Sieben Kilometer von Cayenne ist Mont Joly, wo früher die Sträflinge sich befanden, deren Strafzeit beendigt war, und die nun eben so lange als diese gedauert hatte, unter Aufsicht der Polizei standen. Jetzt befanden sich aber bloß Déportés hier, welche den Weg zur Wasserleitung zu unterhalten hatten. Weitere fünf Kilometer erhob sich nahe am Seeufer der Berg, auf dem das Reservoir war. Es lag etwa 150 Fuß über dem Meeresspiegel.

Ein kleines Bächlein, das vielleicht noch 50 Fuß höher herabkommt, ist hier in das Reservoir, einen großen, viereckigen, gemauerten Behälter geleitet, von welchem die gußeisernen Rohren nach der Stadt gelegt sind. Der Zufluß betrug jetzt am Ende der Trockenzeit höchstens 15 Liter in der Minute, wird aber in der Regenzeit wohl fünfmal so viel betragen. Ein Deportierter bewohnt hier ein einsames Häuschen und hat den leichten Dienst, Blätter und dürre Zweige, die von den Bäumen herabfallen, herauszunehmen und das Reservoir zu reinigen. Ich teilte redlich meinen Wein und meine Wurst mit ihm und nahm ein Bad in der See, deren Wasser beinahe eben so trübe ist als an der surinamschen Küste. Doch ist der Strand voll Felsen und Klippen, an denen schmackhafte Austern sitzen, die in Cayenne auf dem Markte verkauft werden. Den Rückweg nahm ich längs des Seeufers und besuchte den Garnisonsgarten, in dem in einem hübschen Hause, das einem arabischen Kiosk gleicht, etwa 20 Soldaten wohnen, welche diesen Garten bebauen, der für die ganze Garnison hinlänglich Salat und Gemüse liefert. Ich besichtigte auch die Ziegel- und Kalkbrennerei, die daran grenzt, und wo Seemuscheln mittels einer Form in Lehmkugeln eingeschlossen, anhaltendem Feuer ausgesetzt, einen guten Kalk geben. Es ist eine langweilige Prozedur, zu der Leute gebraucht werden, von denen man keinen andern Dienst erwarten kann.

Was den Holländer und Deutschen in den französischen Kolonien am meisten befremdet, und was man bei einer Nation, die sich rühmt, im Besitze einer feinen Lebensart par excellence und des höchsten Komforts zu sein, vermißt, ist das Fehlen der Abtritte, wo man ganz einfach, wie zu Goethe der einst in Italien danach fragte, sagt: parci parlà, einen auf die Bühne oder auch wohl in die Küche weißt, wo Behälter dazu stehen, vor denen man zurückbebt. Ich erinnere mich bei dieser Gelegenheit meines ersten Aufenthalts in Paris im September 1860. Neben dem vielen Herrlichen, was die Kunst in ihren verschiedenen Zweigen bietet, und wodurch Paris auch die Weltstadt zu sein verdient, die sie ist, sieht der Fremde, ohne daß er gerade nötig hätte, sich zur untersten Volksklasse herabzubemühen, manchmal unter gebildeteren Leuten eine zynische Gleichgültigkeit in Sachen, an welches die gleichen Stände anderer Nationen sich nicht gewöhnen konnten.

Ich besuchte meinen teuersten Jugendfreund P. Th. und fand ihn in einem kleinen Hotel „Union" in der Rue des marais. In diesem Hotel logierten gut und billig etwa 20 Fremde, auch Frauen, außer mir alles Franzosen, Commis, Buchhalter, Künstler, Buffetdamen etc., eine gebildete und unterhaltende Gesellschaft. Ich gab den Wunsch zu erkennen, auch hier zu logieren, denn Zimmer, Tafel usw. alles gefiel mir, und die Pension war bloß fünf Franc. Mein Freund bat mich aber, ehe ich meinen Koffer kommen lasse, auch die Schattenseite dieses Hotels zu betrachten, und brachte mich in das obere Stockwerk. Das Haus hatte früher dem Scharfrichter Sanson gehört und scheint ein maison de plaisance gewesen zu sein, denn der ganze obere Stock war früher ein großer Saal, mit weißen Stukkaturarbeiten und Spiegeln in goldenen Rahmen, die vom Boden bis zur Decke reichten. Der jetzige Besitzer hatte diesen Saal zu vier Zimmerchen verwendet, indem längs der einen Seite ein Korridor angebracht war mit den vier Türen dieser Zimmer. An der andern Seite befanden sich deren Fenster. Am Ende des Korridors, der wie der ganze Saal eine Marmorflur hatte, war ein rundes Loch, mit einem Deckel von Blei. An der Wandseite aber ein deckenhoher Spiegel, in der Ecke ein Besen. Das war der Abtritt für sämtliche Tischgenossen; die Männer und Frauen am Morgen manchmal vier bis fünf in traulichem Gespräch und noch traulicherer Toilette, ohne allen Anhaltspunkt, vor dem Prachtspiegel sitzend, der aber durch die Menge von allerlei Zeichnungen auf der Unterseite undurchsichtig geworden war, ihre Notdurft verrichtend. Wie im Pfänderspiel der Letzte bezahlen muß, so verstand es sich auch hier stillschweigend, daß der letzte mit dem Besen das Abgelegte in das Loch fegen und dann den Deckel wieder darauf rücken mußte. So sehr mich diese bodenlose Schweinerei frappierte, so konnte sie mich doch nicht abhalten, im Hotel Union zu logieren, wo Küche, Betten, Bedienung und angenehme Gesellschaft nichts zu wünschen übrig ließen.

Am vierten Tag nach meiner Ankunft mußte der Casablanca nach dem Maroni, und kehrte ich auf ihm nach Albina zurück. Wir verließen um sechs Uhr Morgens Cayenne und ankerten bereits um zehn Uhr an Ile royale, der größeren Insel, auf der die Penitenciers und Ateliers sich befinden. Der ursprüngliche Wald ist ganz ausgehauen, und zwischen den Gebäuden sind Bäume gepflanzt und Gärtchen angelegt, die man auf alle Weise gegen die Angriffe der großen Cassaveameise zu schützen sucht. So ist jeder Baumstamm von einem runden blechernen Gefäße umgeben, das mit Wasser angefüllt, die Ameisen verhindert, den Baum zu erklimmen. Oben auf dem Berge, von dem man eine schöne Aussicht auf die Küste von Kourou bis zu den Irakoubobergen hat, steht die schone Kapelle, das Hospital und das Presbytère, Alles von Bäumen und Sträuchern umgeben. Eine Allee von Sandbüchsenbaumen (hura crepitans) umzieht den Gipfel, an dessen Abhang in einer großen gemauerten Zisterne das Regenwasser aufgefangen wird, denn Quellwasser oder Brunnen gibt es nicht. In den Ateliers werden alle Reparaturen für Dampfmaschinen gemacht, Leder gegerbt, Kleider und Schuhe verfertigt. Die Gefangenen beschäftigen sich, wie in den französischen Bagnos, in ihren Freistunden damit, allerlei Gegenstände aus Kokosnüssen, Haifischzähnen und den Stacheln großer Welse anzufertigen, welche sie dem Fremden zum Verkauf anbieten. Ehe wir die Insel besuchten, machte ich meine Aufwartung bei dem Stationskommandanten der Antillen, Admiral Baron de Meckay, der mit der Fregatte Semiramis vor Ile royale lag und mich hatte einladen lassen; der Admiral besuchte einige Tage später auf einem kleinern Dampfer den Maroni, und hatte ich hierbei die Ehre, ihn auf Albina zu sehen. Es war das erste Mal, daß ich ein so großes Kriegsschiff sah.

Wir frühstückten beim Médecin en Chef in seiner zierlichen Wohnung auf Ile royal und kamen gegen zwei Uhr an Bord des Casablanca zurück, wo die Matrosen eben einen wohl fünf Meter langen Hai gefangen hatten. Das schreckliche Tier hing an einer der Rahen, und war man gerade damit beschäftigt den Bauch aufzuschneiden, in dem man drei noch ganz unverdaute Füße eines Ochsen und einen stark mit Nägeln beschlagenen Schuh fand. Vom Fisch behielt man bloß den Rachen, den der Kommandant hübsch macerieren[1] lassen wollte. Das Fleisch hieb man in Stücke und warf es über Bord, wo es in wenigen Minuten von den kleinen und großen Kameraden des Gefangenen verschlungen wurde. Die See, welche diese Insel bespült, ist überreich an diesen Bestien, und es soll, da die Leichen der Déportés, die auf Ile royale sterben, nicht begraben, sondern in die See geworfen werden, ein schauderhafter Anblick sein, wenn eine Leiche, noch ehe sie untergesunken ist, von den Haifischen zerrissen wird. Diese Fische wissen ganz genau, daß ihnen ein Fraß bevorsteht, wenn oben das Totenglöckchen in der Kapelle läutet, und der in ein altes Leintuch gehüllte Tote durch vier seiner Leidensgefährten vom Hospital herab auf einen großen, platten Felsen getragen wird. Hat der Priester die Leiche eingesegnet und mit Weihwasser besprengt, so wird sie ins Wasser geworfen, wo dann die Fische sich auf den Rücken drehen und unter Hin- und Herzerren den Toten zerreißen.

Herrschen, was schon einige Mal vorkam, Seuchen oder das gelbe Fieber auf Ile du salut, wobei oft fünf bis sechs

---

[1] Zur Haltbarmachung bzw. zum Enztug des Wassers in Weingeist oder Essig einlegen (Red.).

Déportés per Tag sterben, so feiern wie man sagt, „les requins la noce." Die andere Zeit geht es spärlich zu, und müssen sie oft kümmerlich an die Kost kommen. Stirbt aber ein Soldat oder sonst ein Mann, der in der Kategorie „ehrlich" ist, so haben die Haifische das Nachsehen, denn der Tote wird auf dem Kirchhof von Kourou begraben. Gegen Abend fuhr der Casablanca ab, wir passierten noch bei Tage die Felsen von Malmanouri, und am dritten November acht Uhr Morgens war ich wieder bei den Meinen auf Albina.

Dreizehntes Kapitel

Der Zweck meiner Reise, eine Freistellung von dem Zoll zu bekommen, mit dem vom 1. Juli 1868 an alle Waren besteuert werden sollten, war gescheitert, denn der Minister überließ die Sache dem Gouverneur, der aber keine Ausnahme zu meinen Gunsten machen konnte. Selbst der Oberbeamte im Haag, der die westindischen Angelegenheiten zu besorgen hatte und dieselben genau kennen mußte, weil er mehrere Jahre lang in der Kolonie gewesen und da noch begütert war, fand, daß es schwierig sei, eine Ausnahme zu meinen Gunsten zu machen, so lange nicht ein besonderer Beamter an diesem Grenzfluß angestellt sei, aber er verwunderte sich, daß ich mich darüber an den Minister gewendet habe, da bei der Abgelegenheit meines Wohnortes, wo ich allein Herr und Meister sei, es niemand wissen könne, wenn ich Schiffe direkt kommen lasse und importiere, was mir beliebe; das war aber meine Meinung nicht, ich wollte gesetzlich haben, was mir ebensowohl im Interesse der Kolonie und des Mutterlandes zu liegen schien, als irr meinem eigenen, und was, da ja außer mir kein anderer Bewohner auf dem holländischen Ufer war, niemanden in unserer Kolonie von einigem Nachteil sein konnte.

Unter der Zollerhöhung, die mit dem ersten Juli eingeführt wurde, litt nicht ich allein, da ich wie früher gesagt, für meine eigene Sicherheit zu sorgen hatte, die mir das Gouvernement, das mir doch Steuern abforderte, nicht gewähren konnte, sondern die holländische Industrie; denn während ich früher in einem Jahr an meine französischen Nachbarn etwa 600 Körbe Bier à 31 Liter verkaufte, war der Verschluß mit einem Male aus, weil ich nun wegen des Zolles sieben Franc per Korb mehr hätte verlangen müssen; das französische Bier wurde also wieder eingeführt, weil es jetzt ungleich billiger als das holländische war. Aber auch in Surinam wurden die nachteiligen Folgen dieser Zollerhöhung empfunden; denn da z. B. Bier, das ein holländisches Produkt ist, nun einen so bedeutenden Zoll zu entrichten hatte, so behalfen die weniger bemittelten

Einwohner und diese sind numerisch die Hauptzahl, sich mit Regenwasser, das bloß manchmal in ungewöhnlich langen Trockenzeiten etwas kostete, und die Einfuhr von Bier verminderte sich so beträchtlich, daß jetzt mehrere tausend Körbe weniger aus dem Mutterland ankamen, als in früherer Zeit; dadurch litt die Industrie, und die Einkünfte erreichten nicht die Höhe, welche man erwartet hatte. Werden Zölle in einem Lande eingeführt, und die finanzielle Lage eines Landes kann sie rechtfertigen, so müssen alle Bewohner gleich daran beteiligt sein; aber während man an der Grenze des britischen Guyana den Kaufleuten, wenn sie Waren nach jener fremden Kolonie verkauften, die bezahlten Zölle zurückerstattete oder einen sogenannten *Drawback* verabfolgte, hatte ich dieses Recht nicht, und war deshalb mein Handel in den so hoch besteuerten Waren vernichtet.

Es war nun inzwischen ein anderer Gouverneur gekommen, der auch den Maroni besuchte und die eigentümlichen Verhältnisse kennen lernte. In einem so menschenarmen Land wie Guyana steigt der Mensch im Wert, und verursacht schon die Einfuhr fremder Arbeiter so viele Unkosten, ohne daß man weiß, ob sie Klima und Arbeit auch ertragen und so die gemachten Kosten vertragen, desto mehr stellt man die inländischen Hände auf Preis. So war es denn auch bei den den Maroni bewohnenden vier Negerstämmen, deren einer, der Stamm der Bonnineger, bereits, wie ich früher erwähnte, durch die Franzosen annektiert war, obwohl diese kein Recht dazu hatten, da die Bonnineger Abkömmlinge unserer Sklaven sind und das holländische Ufer der Lava bewohnen.

In den ersten Jahren der Transportation waren die Deportierten zum Landbau verpflichtet. Was das Gouvernement an Bauholz gebrauchte, wurde unter Aufsicht von Sachkundigen durch Sträflinge bearbeitet. Aber schon in dieser Zeit war die Aufmerksamkeit des französischen Gouvernements auf die den Maroni bewohnenden Negerstämme gerichtet, obgleich es selbst sie nicht zu beschäftigen gedachte. Französische Priester machten Reisen auf die Negerdörfer, um deren Bewohner im Christentum zu unterrichten; bei ihren Krankheiten, und deren sind gar viele, kam man ihnen, obwohl nur einzelne in den Hospitälern aufgenommen wurden, hilfreich entgegen, und so suchte man auf alle Weise diese holländischen Untertanen an die französischen Niederlassungen zu attachieren. War ja selbst ich bei meinem Handel durch alle Hilfe und Gefälligkeiten, die mir das französische Gouvernement bewies, den Franzosen herzlich zugetan.

Obwohl der Landbau die Basis sein sollte, worauf diese Penitenciers agricoles des Maroni gegründet waren, so etablierten sich auf St. Laurent außer den Handwerkern auch Kaufleute, die alle Hilfsquellen des Maroni auszubeuten suchten; dazu bot der Holzhandel die beste Gelegenheit. Dieser war bis jetzt allein in meinen Händen. Nun war trotz der Waldungen, die das französische Guyana eben so gut wie Surinam hat, seit der Emanzipation von 1848 alle Handarbeit viel teurer geworden, und mit dem Holzhau beschäftigte sich niemand mehr. Begreiflicherweise sah man auf St. Laurent ein, daß das Holz, das man von den Buschnegern billig bekommen konnte, trotz der Schiffsfracht in Cayenne noch Vorteil bringe. Es entstand ein lebhafter Handel darin; Schonerladungen mit Brettern und Bauholz wurden nach Cayenne geschickt, und die Buschneger fanden bald, daß sie in den Läden von St. Laurent jetzt, wo der Zoll auf meine Waren drückte, wohlfeiler kaufen konnten. Durch die Konkurrenz mit den Franzosen nahm mein Holzhandel ab und arbeiteten die Buschneger lieber für diese, die alle Arten Holz in kleinen Dimensionen kauften, als für mich, der für den Schiffsbau in Amsterdam bloß lange, große, fehlerfreie Stücke in wenigen Arten kaufen konnte. Einige der Kaufleute auf dem französischen Ufer betrieben ihre Sachen so, daß sie sich eigene Küstenfahrzeuge kauften, und ihre Waren, worunter Wein und Getränke obenan stand, direkt aus Frankreich bezogen.

Je mehr also mein Handel abnahm, weil ich alle höher besteuerten Waren nicht mehr führen konnte, desto mehr breitete ich der französische aus. Ich dachte also auch auf Mittel, um die gegen mich so ungerechten surinamischen Gesetze zu umgehen, nicht um einen Schmuggelhandel zu treiben, der bloß möglich gewesen wäre, wenn auf unserem Ufer außer mir noch andere zinspflichtige Bewohner sich aufgehalten hätten, oder ich fremde Waren unverzollt in die bewohnte Kolonie eingeführt haben würde. Ich setzte mich deshalb mit französischen Kaufleuten in Cayenne und Marsedle in Verbindung, und ließ die in Surinam so besonders hoch besteuerten Gegenstände als Wein, Liqueur, Gewehre usw. direkt aus Frankreich kommen, bezahlte der französischen Douane den geringen Zoll, und konnte diese nun um denselben Preis verkaufen, wie die Franzosen. Um aber diesen meinen Handel auszubreiten und den verlorenen Einfluß wieder zu gewinnen, hatte ich meinen Bevollmächtigten in Amsterdam gebeten, mir dort einen Schoner von 50 Tonnen bauen zu lassen und zwar nach dem Modell, das mir der Schiffsbaumeister gezeigt hatte. Freilich besaß ich die 11 000 Gulden nicht, die der Schoner gekostet hätte, aber ich hatte zwei Ladungen Holz, und meine Einkünfte waren gesichert. Nun sind Amsterdamer Kaufleute in Sachen, die mit Surinam in Bezug stehen, etwas vorsichtig, was man ihnen so sehr nicht übel nehmen kann; denn trotz seines mündlichen Versprechens, mir den Schoner zu kreditieren, schien mein Korrespondent doch später einiges Bedenken zu tragen, weil er statt des Schoners, der neu verfertigt werden sollte, eine doppelt so große Schonerbrigg, die in Altona ausgeboten wurde, um den geringen Preis von 6 000 Gulden kaufte, „een koopje" wie man in Holland sagt. Als aber das Schiff, das „Carolina" hieß, in Amsterdam angekommen war, mußten in dasselbe noch 9 000 Gulden verbaut werden, so daß ich statt für 11 000 Gulden ein bloß halb so großes, neues, das für unsere Küste gepaßt hätte, nun für 15 000 Gulden ein großes altes Schiff bekam, das viel zu groß und tiefgehend für unsere Gewässer war. Die gute Caroline hatte bei einer sehr dauerhaften Körperkonstitution, wodurch sie manchen Puff und Stoss vertragen konnte, die Untugend schlecht zu lufen, das heißt in den Wind zu drehen und schlecht bei dem Wind zu segeln. Vor dem Wind aber konnte sie es mit jedem Schiff aufnehmen; dabei hatte sie für ein so kleines Schiff einen viel zu großen Tiefgang, da sie geladen über zehn Fuß tief ging. Leider ist an unserer Küste ein Schiff, das obige Untugenden hat, für den Eigentümer eine ruinöse Sache, denn da der Wind stets aus Nordost, Ost oder Südost weht, so ist jede Aus- oder Heimfahrt nur durch Auflavieren möglich. Schon bei der ersten Reise nach Cayenne, die jeder Schoner in drei bis vier Tagen macht, hatten wir neun Tage nötig, und zu einer Reise von Surinam nach Albina, die in eben dieser Zeit vollbracht wird, gebrauchte meine Caroline volle 46 Tage.

Zu groß für ein Küstenfahrzeug, zu klein für die große Fahrt nach Europa, hatte ich sechs Mann Equipage zu unterhalten, mit denen eben so gut ein Schiff von 200 Tonnen, das häufig nicht mehr kostet als meine Caroline, fahren konnte. Durch ihre unendlich langen Reisen hatte ich statt Gewinn in den vier Jahren, in denen ich der glückliche Besitzer war, über 20 000 Gulden Verlust. Da ich die Küstenfahrt mit dem dazu ganz untauglichen Fahrzeug aufgeben mußte, so ließ ich es direkt zwischen Amsterdam und Albina fahren, ebenso fuhr es für meine Rechnung zwischen Amsterdam und Oporto, aber überall war Schaden, so daß ich, nachdem ich zwei Ladungen Holz nach Guadeloupe damit gebracht hatte, es Ende 1873 in Amsterdam verkaufen ließ.

Schon seit dem Jahre 1858 war im französischen Guyana, und zwar im Aprouak, Gold gefunden worden, und es hatte sich in Frankreich eine Gesellschaft gebildet, um diese Goldlager ausbeuten zu lassen. Das Gold fand sich meistens im Gerölle der Bergbäche als Staub, und wohl auch in Stückchen von 200 bis 300 Gramm und noch schwerer, war vermischt mit Quarz und andern Mineralien und war bei einer Tiefe von ½ bis drei Meter zu finden. Erst später, denn die Aktiengesellschaft hatte sich wieder aufgelöst, beteiligten sich bei dem Betrieb die Einwohner der Kolonie selbst, und teilweise mit so günstigem Erfolge, daß manche ein bedeutendes Vermögen erwarben. So wurden vom Jahre 1869 bis 1870 auf einem

Placer im Aprouak, wo vier meiner Bekannten beteiligt waren, viele Monate hinter einander jeden Monat durchschnittlich 38 Kilo reines Gold gewonnen, wobei höchstens der vierte Teil des Wertes für Unkosten aufging. Die ganze Gebirgskette, welche das französische Guyana nur wenige Stunden vom Meere ab durchzieht, wurde untersucht, und bald wurden mit mehr oder weniger Erfolg Placers in La Comté am Sinamari und Amanabo angelegt. Diese Gebirge durchziehen zwischen dem 5. und 4. Breitegrad ebenso den Maroni, als ganz Surinam, und wurde auch schon im Jahr 1868 im Siparawinifluß Gold in geringer Menge gefunden. Überall wurden nun von den Franzosen Untersuchungen angestellt, und der wenige Landbau, der seit der Emanzipation noch betrieben worden war, ging dadurch ganz zu Grunde, denn die Neger zogen vor, gegen den hohen Lohn von drei bis fünf Franken täglich und Kost in den Placers zu arbeiten, statt auf den wenigen Pflanzungen für 1,50 bis 1,80 Fr. ohne Nahrung eine geregelte Feldarbeit zu verrichten. So mußte das Hauptlebensmittel des französischen Guyanas, der Couac oder das Maniokmehl, das früher in der Kolonie selbst angebaut und bereitet wurde, jetzt aus Brasilien bezogen werden, und die Neger von Mana, deren Reiskultur für die ganze französische Kolonie so wichtig gewesen war, wurden von nun an auf den Placers am Amanabo mit ostindischem Reis gefüttert, der jetzt aus Marseille oder Demerara in Cayenne eingeführt wurde.

Das französische Gouvernement, noch mehr wie das holländische, auf die Unterstützung des Mutterlandes angewiesen, beförderte auf jegliche Weise die Goldindustrie, wobei, nebendem daß fremde Kapitalien in die Kolonie kamen, durch Vermietung von Ländereien gegen zehn Centimes per Hektar jährlich und fünf Prozent Ausfuhrzoll, das Kilo Gold zu 3 000 Fr. gerechnet, in die koloniale Kasse nicht unansehnliche Zuschüsse flossen. Die zum Unterhalt der wenigen Pflanzungen aus Bengalen eingeführten Kulis wurden ebenfalls zum Goldgraben verwendet, und viele davon unterlagen in den feuchten Waldungen dem ungesunden und ungewohnten

Geschäft, so daß die Goldindustrie in jeder Beziehung dem Landbau hinderlich ward.

Mein Handel, bei dem mein Neffe mich treulich unterstützte, ließ mir viel freie Zeit übrig, das wußte denn auch der gute Père Jardinier, der schon seit dem Anfange der Penitenciers Pfarrer auf St. Laurent war; der einzige der Jesuiten, der sich um mein Seelenheil bekümmerte und mir schriftlich und mündlich anlag, den alleinseligmachenden Glauben anzunehmen. Ich konnte dem guten Mann nicht böse sein, und es schmeichelte mir sogar, daß sich jemand noch um meine Seele bekümmerte, die schon seit den Kinderjahren so ziemlich sich selbst überlassen war; ich wollte ihm deshalb, als er eines Tages mich bat, ein für die katholische Kirche verdienstvolles Werk zu tun, seine Bitte nicht abschlagen, um so mehr, als ich die Zeit hatte, und meine anderen Geschäfte dadurch nicht beeinträchtigt wurden. Es betraf nämlich die Übersetzung der Bulle „Inefabilis Deus", worin Pius LX. die unbefleckte Empfängnis Marias zum Dogma erhob, in die Negersprache, oder, wie sie in der Kolonie heißt, das Negerenglische. Es seien, so erzählte mir der père, in allen Ländern der Welt und wo der Katholizismus seine Bekenner habe, Übersetzungen dieser Bulle in die Landessprachen, ja selbst in die verschiedenen Patois gemacht, und wären schon mehr als 300 solcher Übersetzungen im Vatikan in einem Schranke von wohlriechendem Holz (cedro digna opera) beieinander aufbewahrt.[1]

Diese Übersetzung, meinte der père, könne ich, als gründlich mit der negerenglischen Sprache vertraut liefern. Der Antrag kam mir sonderbar vor, denn obwohl ich fertig die Landessprache spreche, so hatten alle meine Diskurse mit den Negern nur immer das Handgreifliche zum Zweck, und meine Redekunst hatte sich ihnen gegenüber nie ins Übersinnliche verstiegen. Der père hatte ein Exemplar der Bulle in lateinischer und französischer Sprache mitgebracht; alle meine

---

[1] Viele Jahre später las ich, daß Präsident Mac Mahon dem Papst einen kostbaren silbernen Behälter für diese Sammlung verehrte habe.

Einwendungen, daß die an rhetorischen Figuren und intellektuellen Begriffen so reiche Abhandlung sich unmöglich in einer so armen Sprache wie der Negerenglischen wiedergeben lasse, halfen nichts; ich solle, meinte er, die Wörter umschreiben, und wo man eben absolut keins habe, ein neues schaffen. Gerade die Mühe, die mir die Übersetzung machen würde, und die Schwierigkeit, die passenden Wörter zu finden, spornten meinen Ehrgeiz an, die Bulle zu übersetzen.

Sehr bekannt mit den Herrnhutern, hätten diese mir die beste Anweisung geben können, aber ich wollte sie nicht um ihre Hilfe bitten, sondern kaufte, um allen Ruhm allein zu haben, bloß ein Wörterbuch und eine Übersetzung des Neuen Testamentes, wo ich vorab in der Apokalypse die der Bulle analogen Ausdrucke zu finden hoffte.

So begann ich nun die Arbeit, die ich nach drei Wochen, in welchen ich jeden Tag drei bis vier Stunden lang daran tätig war, vollendete, und hübsch in lateinischer und negerenglischer Sprache auf Velin-Papier geschrieben, dem Père übergab. Ist sie nun dem silbernen Schranke Mac Mahons einverleibt, so wird sie in saecula saeculorum von meinem Fleiß zeugen, wiewohl ich meinen Namen nicht darunter geschrieben habe. So viel Mühe ich mir damit auch gab, so fürchte ich doch, daß es eine Übersetzung ist, die an Unverständlichkeit ihres gleichen sucht.

Ich habe erzählt, wie ich vor zwölf Jahren eine Ladung Holz nach Barbados gebracht habe. Seit jener Zeit nun hatte der Handel mit unsern Holzarten bedeutend abgenommen; teils kamen auf den Antillen die Windmühlen immer mehr in Abnahme und wurden durch Dampfmaschinen ersetzt, teils aber wurden unsere viel dauerhafteren Hölzer von den amerikanischen verdrängt. Selbst in Surinam wurde viel mehr amerikanisches als inländisches Holz verwendet, denn jenes kostet kaum die Hälfte von diesem. Die Sägemühlen in den nördlichen Staaten und in Kanada liefern Balken und Bretter in allen nur denklichen Dimensionen, so daß man beim Häuserbau die Balken nur zu passen und zu fugen hat, während unser Holz oft noch bearbeitet werden muß, ehe es verwendet werden kann.

Ich hatte nun von Guadeloupe Aufträge erhalten, in Folge deren ich, nachdem ich jedesmal für einen Stellvertreter meines Amtes gesorgt hatte, zweimal diese schöne Insel besuchte, im Juli 1870 und im Mai 1872, also vor und nach dem unglücklichen Brand, der die Stadt Point à Pitre fast verwüstete, und zwar mit meiner so teuren Karoline, jedesmal befrachtet mit einer Ladung des besten Holzes. Was man Guadeloupe nennt, besteht aus zwei beinahe gleich großen, durch einen Seearm „la rivière salée", worüber eine Fähre fährt, getrennten Inseln, von durchaus verschiedener Formation.

Sie bilden eine für Schiffe sehr sichere Bay, an deren nordöstlichem Ende die Stadt Point à Pitre liegt. Diese Bay ist voll Inselchen, Bänken und Riffen, die aber überall gut betonnt sind. Wegen dieser für die Schiffahrt so günstigen Lage ist Point à Pitre auch der bedeutendste Handelsplatz der Insel, und mögen manchmal wohl 80 bis 100 große Schiffe vor der Stadt liegen, die aus Frankreich und Amerika Lebensmittel, Baumaterial, Steinkohlen, Maulesel und dgl. bringen und mit Zucker, Rum, Orleans, Farbholz und Kaffee beladen und zwar die meisten nach Frankreich abgehen.

Eine ebenso lebhafte Verbindung findet mit den umliegenden Inseln statt, denn nur wenige Meilen entfernt liegt im Südwesten die Inselgruppe les Saintes, im Süden Marie galante, im Osten aber Désirade, die alle ihre Erzeugnisse nach Point à Pitre bringen und ihre Bedürfnisse von da abholen. Als ich die Stadt 1870 zum ersten Mal besuchte, war sie ganz auf europäische Art gebaut, und hätte man nicht überall braune und schwarze Gesichter gesehen, so hätte man meinen können, sich in einer kleinen Stadt Frankreichs zu befinden. Gerade Straßen mit Häusern von drei bis vier Stockwerken, ohne Hofraum oder Garten, die untern Wände bedeckt mit Anzeigen und Reklamen in allen Größen und Farben, und die Straßen gepflastert, mit schmalen Trottoirs längs der Häuser. Statt Alleen von Palmen oder Tamarinden, die Paramaribo ein

so freundliches Ansehen geben, sieht man hier nur den Sand-
büchsenbaum, der die Markthalle und den Theaterplatz umgibt, und dessen schönes, saftiges Grün und dichte Belaubung
die wilde Kastanie des nördlichen Europa ersetzt. Die meiste
Betriebsamkeit herrscht am Quai, wo sich überall Kaufläden
und Magazine befinden. Zwischen dem Quai und dem südlichen Teile der Stadt ist ein großes, ummauertes Bassin, in
dem Schiffe bis zu zehn Fuß Tiefgang liegen können. An diesem ist auch die Fischhalle und auf dem großen, daransto-
ßenden Platze das von einer dreifachen Allee von Sandbüchsenbäumen umgebene, sehr hübsche Opernhaus.

Ein anderer schöner Platz ist vor der Kathedrale, die zwar
ein stattliches Gebäude, aber sehr baufällig ist und jetzt mit
eisernen Säulen und Bogen repariert wird. Gegenüber ist der
Gerichtshof, ebenfalls von Sandbüchsenbaumen beschattet,
und vor demselben auf hohem Piedestal die Büste eines Gouverneurs, der sich um die Stadt verdient gemacht hat. Östlich von diesem Platze und den Quai mit inbegriffen, war bei
meinem zweiten Besuche die Stadt nur noch ein Schutthau-
fen; und man kann annehmen, daß beinahe die Hälfte und
die ansehnlichsten Gebäude der Stadt ein Raub der Flammen
geworden sind. Aber Alles ist in raschem Aufbau begriffen. Es
gibt mehrere Hotels und Restaurants; sie stehen aber bedeutend gegen die Hotels in Barbados zurück, doch ist Ochsenfleisch ebenso gut wie dort, und Eis jederzeit und um einen
billigen Preis zu haben. Wie in allen französischen Städten,
so sind die Hospitäler auch hier in bestem Zustande, und die
Einrichtung dem Klima angemessen. Hier sowohl als in Basseterre stehen diese Anstalten unter der Pflege der guten Schwestern von St. Paul.

Die östliche Insel, auf deren Westküste Point à Pitre liegt,
heißt Grande terre, und besteht aus rezentem, wellenförmig
gehobenem Boden, aus dem eine Menge kleiner steiler, runder
Hügel, „Mamelons" hervorstehen, die kaum 40 Meter hoch
sein werden; diese Hügel bestehen ebenso, wie die Riffe, welche Grande terre umgeben, aus einem kalkartigen Gesteine,

voll von fossilen Muscheln und Korallen, welche auch noch in dem die Küste bespülenden Meere lebend gefunden werden. Der Boden ist eine rote, fruchtbare Erde, und in den Niederungen, sowie auch in der rivière salée ein schwarzes Marschland.

Auf Grande terre ist weder ein Fluß noch eine Quelle, und ist man bloß auf Regen- und Zisternenwasser angewiesen. Der Wassermangel ist deshalb in den Trockenzeiten oft sehr fühlbar. Und doch wäre diesem Übelstand, wenigstens für die Stadt Point à Pitre, leicht abzuhelfen, denn mit bezüglich wenigen Unkosten wäre aus der wasserreichen, gegenüber liegenden Insel Basse terre auf einen Abstand von bloß acht Kilometer das Wasser in Rohren über die Bay zu bringen.[1]

Auf Grande terre befinden sich die meisten und bedeutendsten Pflanzungen, und gut unterhaltene Straßen führen in allen Richtungen nach dem Innern der Insel und dem Städtchen. Mit Diligencen und Dampfbooten kann man jeden Tag nach jedem bewohnten Platze der beiden Inseln kommen.

Die zweite westliche Insel wird sonderbar genug, und wohl vielleicht nach der Hauptstadt, Basse terre oder auch Guadeloupe genannt; diese ist ganz vulkanisch und wird von hohen, bis zum Gipfel dicht bewaldeten Gebirgen durchschnitten, sie ist reich an Wasser, das von den Bergen herunterstürzt, und das von Point à Pitre aus, wie silberne Bänder durch die dunkeln Waldungen sich schlängelnd, gesehen werden kann. Ebenso hat sie heiße und Mineralquellen, und an ihrer Südwestspitze den noch immer tätigen Vulkan La Soufrière.

Auf beiden Inseln sind alle Arten tropischer Früchte angepflanzt; besonders reichlich Mangos, Sabadillen, Mammis, die man Abricot nennt, Barbadinen, Ananasse, verschiedene Arten Markusa (Fruchte von passiflora) und Zimtäpfel; Orangen fand ich weniger groß und gut als bei uns. Gemüse sind ebenfalls gut, reichlich und billig. Unter allen Kolonien, die

---

[1] Das ist in neuerer Zeit geschehen, und Point à Pitre aufs reichlichste mit Wasser versorgt.

ich besuchte, ist darin keine so schlecht bestellt wie Paramaribo. Auch Blumenmärkte findet man sowohl auf Point à Pitre als in Basse terre, und kann man ein hübsches Bouquet für vier Sous bekommen.

Wie in Cayenne das Cassavemehl, in Surinam und Demerara die Banane die Hauptnahrung der arbeitenden Klasse ausmacht, so nährt man sich hier fast allgemein von der süßen Patate und einigen Arten Arums, Maderas und Malingas genannt, die viel mehliger und wohlschmeckender sind als unsere surinamschen Taiers Das Meer ist reich an Fischen, Muscheln, Austern und Langusten, doch ist alles teurer als in dem nahen Barbados, wo die Fischerei besser organisiert zu sein scheint. Auch scheint Barbados Fische zu haben, die hier nicht vorkommen, besonders den großen fliegenden Fisch von Heringsgröße, der in solcher Menge auf den Markt von Bridgetown gebracht wurde, daß man 80 bis 100 Stück für einen Schilling kaufen konnte.

Die Fleischhallen sind am Freitag geschlossen; an diesem Tage wird in den Fischhallen Schildkrötenfleisch verkauft, von einer viel kleineren Art, als die an unserer Küste vorkommende Chelonia viridis. Sie ist zwar in der Gestalt ganz dieselbe, und es sind vielleicht bloß die jüngeren Tiere derselben Gattung, die bei uns nicht gefangen werden, weil sie nie ans Land kommen.

Das Leben m Guadeloupe ist außerordentlich einförmig, und um neun Uhr Abends ist es schon still auf den Straßen; man halt aber auch keinen Mittagsschlaf von zwei bis drei Stunden wie bei uns in Surinam, was unserem Geschäftsleben ein so eigentümlich dumpfes Gepräge gegeben hat, obgleich mir die Mittagshitze auf den Antillen viel druckender vorkam.

Als ich im Juni 1870 zum ersten Male Point à Pitre besuchte, war gerade eine französische Operngesellschaft da; obgleich die Gesellschaft ihr bestes tat und bloß zweimal in der Woche spielte, war doch meistens das Haus halb leer. Mit besonderem Interesse betrachtete ich die farbigen Damen, die im höchsten Putze und überladen mit Perlen und Goldzierat in den Logen erschienen. Eigentümlich an diesen Schönen sind die kolossalen goldenen Ohrringe, die, schlangenförmig gewunden, oft fünf bis sechs Zentimeter lang und drei Zentimeter breit sind. Waren sie massiv, so mußten sie das Ohr bis auf die Schultern ziehen.

Nicht weniger interessant ist der Kopfputz, der aus einem farbigen seidenen oder Madrastuch besteht, zusammengebunden eine Art Kappe vorstellt, von der die Zipfel etwas abstehen müssen. Diese Kopfbedeckung muß nach jedesmaligem Gebrauch aufs neue gebunden werden, und sind eigene Modistinnen in Point à Pitre, die dieses Geschäft besorgen. An Festabenden, wenn die farbigen Frauen mit dieser Kopfbedeckung glänzen wollen, ist das Gedränge zu der Modistin, die den Ruf hat, die Tücher besonders kokett binden zu können, sehr groß, und wird, wie man mir sagte, oft Queue formiert, bis man an die Reihe kommt, bedient zu werden. Das Opernhaus, obgleich durch schlechten Anstrich von unscheinbarem Äußeren, ist eine Zierde der Stadt und diente, weil die Gendarmeriekaserne abgebrannt war, später den Gendarmen zur Wohnung.

Während bei meinem ersten Aufenthalt mein Schiff ausgeladen wurde, wollte ich den Vulkan la Soufrière besuchen, an dessen Fuß auf der Westseite der Insel die Stadt Basse terre gebaut ist, und der über alle Berge, welche die Bay begrenzen, hervorragt, obwohl sein Gipfel, in Schwefeldampf gehüllt, selten für einige Augenblicke sichtbar wird. Mit meinem Indianer Jakali, den ich vom Maroni mitgenommen hatte, verließ ich am 16. Juni 1870 um acht Uhr morgens in einem kleinen Dampfboot die Stadt, und landeten wir nach einer halben Stunde an einem kleinen Dorfchen an dem jenseitigen Ufer der Bay, wo die Diligence wartete, die uns nach Basse terre bringen mußte.

Eine solche Diligence ist nun freilich etwas Anderes, als ein deutscher Postwagen Ganz leicht von Holz, hat sie sechs Sitzplätze im Innern und ein Coupé, hat Vorhänge gegen die

Sonne und wird mit drei Pferden bespannt. Außer mir und meinem Indianer, der beim Kutscher im Coupé saß, nahmen noch eine Nonne, ein pensionierter Hauptmann, eine alte Dame von Basse terre und zwei Gendarmen Plätze; auf sehr gut unterhaltenem Wege wurde der Kilometer in fünf bis sechs Minuten zurückgelegt. Überall ging es durch angebautes Land, das sich von den Gebirgen, die wir zur Rechten hatten, sanft abfallend nach dem Meeresstrande zog.

Auf schonen Weiden sah man prächtiges Vieh von senegalischer Rasse; an den Abhängen der Wege wuchsen überall Kaschu-Bäume, deren Früchte korbweise verkauft werden, und deren Kerne geröstet eine allgemein beliebte Speise sind, und eine Menge süßlich fade schmeckender rosenroter Pflaumen, die auch auf sandigem Boden an der Meeresküste am Maroni wachsen. Gegen elf Uhr kamen wir an das freundliche Stadtchen Capesterre, wo sich ein ziemlich reißender Bach in die See ergießt. Hier wurden die Pferde gewechselt und ein Dejeuner eingenommen, das man in dem viel größeren Point à Pitre nicht besser hätte bekommen können. In Capesterre verließ uns einer der Gendarmen, und nahm ein Lehrer vom Orden der frères chrétiens seine Stelle ein. In allen Dörfern und Städtchen ist die Gendarmerie das am Meisten in die Augen fallende Institut. Wo man hingeht, überall trifft man Gendarmen, und da man hiezu bloß große und starke Leute wählt, so nehmen sie sich neben der französischen Infanterie vorteilhaft aus; sie sind viel besser bezahlt als diese und sind sich ihres Wertes wohl bewußt.

Von Capesterre näherten wir uns immer mehr den Gebirgen, oder vielmehr diese dem Meeresufer, in das sie steil abfielen, und längs welchem der Weg sich befand. Auf sehr gut unterhaltenen Brücken kam man über reißende Bäche, die oberschlächtige Zuckermühlen trieben, und keine Viertelstunde verging, ohne daß man an eine Pflanzung, Dörfchen oder an ein einzelstehendes Haus gekommen war, wo fast überall etwas zum Verkauf ausgeboten war. In den die Häuser umgebenden Gärten wucherte auch, wie bei uns, neben dem An-

667

gepflanzten das Unkraut; doch war jeder Raum benutzt, und zwischen Felsenstücken und am steilen Abhang der Gebirge sah man Zuckerrohr, Kaffee, Matingas und süße Pataten.

In allen Häusern, die manchmal recht zerfallen aussahen, herrschte das gemütliche Kreolenleben, in das sich Franzosen und Französinnen viel leichter finden als Deutsche, Holländer und Engländer. In dem Städtchen war je das andere Haus ein Laden, und wo auch nur drei Hütten standen, war gewiß an einer davon ein Schild mit der Inschrift „Cabaret licencié", wo man sich für einige Sous erfrischen konnte.

Zu den Feldarbeiten, die, wie alle anderen, darunter auch das Steinklopfen (meist Madreporen und Korallen) und Unterhalten der Straßen im Akkord vergeben werden, verwendet man meistens ostindische Kulis, doch sah man auch viele Neger.

Die Pflanzungen liegen malerisch an den Abhangen der Gebirge oder im Tal, die Gebäude aber können sich an hübschem Ansehen nicht mit denen Surinams vergleichen. Sind sie von Mauerwerk, so fehlt der Bewurf, sind sie von Holz, der Anstrich. Schöne, weiße Landhäuser mit grünen Läden, wie unsere Plantagegebäude findet man nirgends. Der Landbau wird hier vielmehr auf europäische Weise betrieben als bei uns. Mit Ochsen wird geackert, gedüngt mit Guano oder auch mit Gips. Kommen amerikanische Schiffe mit wohlfeilen oder verdorbenem Bakkeljau an, so wird auch mit diesem gedüngt, indem um die Wurzel jeder Zuckerstaude etwa ein halbes Pfund gelegt und mit Erde bedeckt wird. Man mahlt hier das Rohr mit dem zwölften Monat, während man es bei uns 16 bis 18 Monate lang stehen läßt, ehe man es für reif genug achtet und zur Mühle bringt.

Der Transport des Rohres ist wie auf Barbados eine schwierige Sache, doch sind die Wege in Guadeloupe weniger steil. Er erfordert einen beträchtlichen Viehstand und besonders viele Maultiere, die direkt von Buenos Aires eingeführt werden.

Wie ist doch Surinam bei dem natürlichen Kanal- und Kreeksystem, das alle Teile des Landes mit einander verbindet, schon vor Demerara und Cayenne begünstigt! Wie viel erspart eine Pflanzung schon dadurch, daß sie keine künstliche Düngung nötig hat! Wie viel glücklicher ist Surinam bei seiner gefahrlosen Küste und immer gleichem Klima, während Erdbeben und Orkane so häufig die Antillen heimsuchen! Gewiß würde bei zweckmäßig und energisch geleiteter Immigration von Chinesen und auch wohl Kulis, bei Aufgabe alter Kultursysteme, Einführung von Zentralfabriken bei der Zucker-Kultur und besserer Benützung der ungemein reichen Hilfsquellen dieses Land einen Wohlstand erreichen, der jenen der Antillen, die doch ebenso gut durch Abolition der Sklaverei gelitten haben, bei weitem übertreffen müßte.

Von einer Anhöhe, über welche der Weg führt und die wenigstens 400 Fuß hoch steil in die See abfällt, sahen wir auf den Abstand von kaum zwei Meilen die Inseln „les Saintes", deren weiße Fortifikationen prachtvoll von der Sonne beleuchtet waren. Etwa auf dem doppelten Abstand lag das lang gestreckte, wenig gebirgige Marie galante, und wie blaue Wolken waren in weiterer Ferne im Süden die Pike von Dominique zu erkennen. Obgleich wir in der Regenzeit waren, wurden wir doch vom schönsten Wetter begünstigt, und die Vegetation hatte eine Frische, die der Surinams gleich kam, obgleich sie an Großartigkeit sich damit nicht messen konnte.

Noch etwa acht Kilometer von Basse terre entfernt kamen wir an „Les bains chauds", nämlich einen Gießbach warmen Wassers, der etwa 3 000 Fuß hoch von der Souffrière herabstürzt und in einem Kanal nach einigen Bassins geleitet wird, die sich in ärmlichen zerfallenen Hütten befinden; das ist nun einer der Badeplätze der Insel. Badegäste waren aber keine da. Die Stelle selbst ist wildromantisch, zu beiden Seiten von Bergen eingeschlossen. Nicht weit davon öffnet sich das Tal, und man kommt an eine Rokou- oder Orleanspflanzung, deren in Reihen gepflanzte, mit weißlichen Blüten und purpurroten Samen-Kapseln bedeckten Bäume von der Anhöhe gesehen einen prächtigen Anblick gewahren. Der Rokou ist eine sehr ergiebige Pflanze, die überall, auch auf steinigem Boden, fortkommt, aber die Fabrikation des Produktes kann bei dem durchdringenden Gestank, der ihr eigen ist, eben so wenig der Gesundheit zuträglich sein wie die des Indigos.

Endlich kommt man auf einer großen steinernen Brücke über einen reißenden Bach nach dem 57 Kilometer von Point à Pitre entfernten Basse terre. Diese Stadt ist viel kleiner als jene und wird wohl nicht über 8 000 Einwohner haben, ist aber der Sitz des Gouverneurs und der Verwaltung. Sie liegt reizend am Fuße des Gebirges, dessen Gipfel, die Soufrière, das Ziel meiner Reise war. Die Hauptstraße hat wenig hübsche Gebäude, ist gepflastert und läuft längs dem Meere, nur wenige kleinere gehen mit ihr parallel, während die Querstraßen alle steil gegen das Gebirge ansteigen.

Mehrere Bäche durchströmen die Stadt, und jedes Haus hat seinen laufenden Brunnen. Es war kaum zwei Uhr, als wir in Basse terre ankamen, wo ich in einem anständigen Haus am Hauptplatze bei einer Madame Dadre abstieg, aber um keine Zeit zu versäumen, mich sogleich auf den Weg nach Camp Jacob machte. Dieses ist der Erholungsort der Truppen, und ich wollte da die Nacht bei dem Médecin en Chef, den ich von Cayenne aus kannte, zubringen, um am andern Morgen den Vulkan zu besteigen.

Camp Jakob ist sieben Kilometer von Basse terre entfernt und es führt ein guter, sehr belebter Fahrweg dahin; rechts hohe bewaldete Gebirge, auf deren Höhen Kaffee-Pflanzungen liegen, über deren Gebäude Königs-Palmen emporragen. Unter uns die Stadt und die See, die wie überall an den Antillen im schönsten Hellblau schimmerte; neben uns und immer steigend, teils frischgeackerte, teils mit jungem Rohr bepflanzte Zuckerfelder. Da der Weg immer steigt, so hatten wir bald das zur Linken liegende 6–700 Fuß hoch gelegene Fort hinter uns.

Auf dem Wege war es sehr lebhaft; es begegneten uns Negerinnen und Farbige, die ihre Waren in der Stadt verkauft hatten und dafür andere Lebensmittel heimtrugen; Kulis in ihrer Nationaltracht mit Turbanen, ihre Weiber mit großen goldenen Ringen in den Ohren und der Nase; Soldaten, die mit schweren Wägen und Pferden ihre Lebensmittel transportierten; Ochsenkarren, die Zuckerrohr nach der Mühle brachten; leichte Chaisen mit den Angestellten der Pflanzungen: kurz ein Leben und eine Beweglichkeit, die einen lebhaften Kontrast bildet mit unserem Betrieb und Transportmitteln.

Um fünf Uhr Abends kamen wir an. Der reizende Platz liegt auf einer geneigten Ebene am Fuße der Soufrière, 2 000 Fuß über dem Meere, und ist wegen seiner kühleren Temperatur und gesunden Lage der Aufenthaltsort kränklicher Militärpersonen und Beamten und auch zeitweise des Gouverneurs. Er bildet mit den Kasernen, Magazinen, Hospitälern und den vielen Landhäusern ein kleines Dort, das auch eine eigene Kirche und einen Pfarrer hat. Camp Jakob ist der angenehmste Platz, den man sich denken kann, und doch waren von den Truppen vier Mann am gelben Fieber gestorben, und mehrere lagen noch an dieser Krankheit im Hospital.

Mein Freund, der Doktor, wohnte ganz in der Nähe des Hospitales in einem kleinen aber netten Hause. In seinem Garten fand man Spargeln, Artischocken, Erdbeeren und gute Gemüse. Ein reißender Bach bespülte denselben. Über diesem und von dem schäumenden Strudel immer geschüttelt, hing auf vier Pfosten eine Lotterfalle von Abtritt, den mir der Doktor mit einigem Stolz zeigte, weil er ihn selbst habe machen lassen, und es der einzige auf Camp Jakob sei. Mehr interessierte mich eine mit einem Dach versehene Säule, worin Baro-, Thermo- und Hygrometer nebst einem mir unbekannten Instrument, dessen Zweck der Doktor ebenfalls nicht kannte, sämtlich zerbrochen hingen, so daß meteorologische Beobachtungen, die doch in solcher Höhe und am Fuße eines Vulkans von Wichtigkeit gewesen wären, unmöglich waren.

Man fand bei der jetzigen Jahreszeit meinen Plan, die Soufrière zu besteigen, wo nicht unausführbar, doch wegen der täglich fallenden Regen schwierig. Es war jedoch der schwarze Bediente des Doktors bereit, mir als Guide zu dienen, wobei, nach seiner Meinung, wir uns um Mitternacht auf den Weg machen müßten. Dazu war ich aber nicht bereit, denn um 3 000 Fuß hoch zu klimmen, wollte ich die mir nötige Nachtruhe nicht aufopfern. Ich bestellte ihn also auf vier Uhr Morgens und ließ beim Krämer eine Büchse Frikadellen, Wein, Brot und Käse zum Frühstück auf dem Gipfel kaufen.

Nachdem es bereits lange zur Messe gelautet hatte und heller Tag war, kam der Bursche endlich an, und machten wir uns auf den Weg. Über Camp Jakob waren nur noch einige wenige Häuser, deren Bewohner Maniok pflanzten, oder im Walde Kohlen brannten und nach der Stadt zum Verkaufe brachten. 5–600 Fuß über Camp Jakob betraten wir den steinigten Pfad, der durch den Wald auf den Gipfel führte.

Es regnete anhaltend, was, wie man mir gesagt hatte, jeden Morgen hier der Fall sein soll, wenn auch im untern Lande das schönste Wetter herrschte. Der Wald, durch den wir stiegen, hatte wenig starke Bäume, viel stachlelige Gesträuche, aber keine Lianen und, zu meiner Verwunderung, gar keine Palmen.

Ich erstaunte aber über die Menge und Größe der Baumfarne, die aus den Schluchten hervorragten und von denen manche bei 40 Fuß hoch sein konnten. Überhaupt ist die Flora an Farne reich, und kommen die meisten derselben auch in Surinam vor. Gegen acht Uhr erreichten wir „Les bains chauds", die in einer Schlucht in ein viereckiges Bassin eingefaßt waren. Ich und Jakali nahmen sogleich ein Bad, wobei der kalte Regen uns empfindlich auf die Haut fiel. Daß Wasser ist kristallhell und mochte beinahe Blutwärme haben; es sei, versicherte mich mein Führer, in der Trockenzeit, und wenn es nicht mit Regenwasser vermischt sei, viel heißer, was man leicht begreifen kann. Das Wasser ist etwas bitterlich sauer, und fanden wir nichts Lebendes darin, als einige Scolopender[1], die wohl von oben hereingefallen sein mochten. Um das Bassin wucherte eine üppige Vegetation und besonders viele

---

[1] Eine Art Tausendfüßler.

Himbeere, die schon hellrot von Farbe, säuerlichsüß und sehr angenehm von Geschmack sind. Wir waren nun von Camp Jacob halbwegs des Gipfels und hatten wieder einen steinigten und steilen Weg durch den Wald, bis wir an einen sumpfigen Bach kamen, den wir bis um die Mitte des Leibes durchwaten mußten.

Jetzt traten wir aus dem Walde hervor und hatten nun einen Berg von 500 bis 600 Fuß Höhe vor uns, der, ganz unbewaldet, nur mit Strauchwerk, Bromelien, einer Markgraviacee und einer schön blühenden Erd-Orchidee bedeckt war. Der Regen hatte aufgehört: doch hingen unter uns Wolken, die uns die Landschaft verhüllten und der Gipfel des Berges war in Schwefeldampf gehüllt, den uns ein starker Nordwind zuführte. Wir mußten über große Steine, wahrscheinlich Lava, klettern; sie waren rauh und porös, doch weniger hart als die Lava des Ätna und Vesuv.

Gegen zehn Uhr erreichten wir den Gipfel. Hier lagen ungeheure Felsblöcke, bedeckt mit einer rosenroten Flechte, und auf dem steinigten Boden fand man viele Namen eingehauen von Personen, welche die Heldentat begangen hatten, den Berg zu besteigen. Es war nirgends die Spur eines Kraters zu sehen, nur große und tiefe Höhlen oder Klüfte, aus denen ein starker Luftzug wehte. Der Gipfel mochte etwa 400 Schritte im Umkreis halten; an drei verschiedenen Stellen brach Feuer aus dem Gestein mit einem Getöse, das ganz dem ausströmenden Dampfe einer Dampfmaschine glich, aber so stark war, daß wir uns beinahe nicht verstehen konnten. Alle Ritzen im Gestein, durch welche das Feuer blies, waren mit Schwefelblumen bedeckt. Ich kratzte von den Steinen so viel ab, daß ich ein kleines Fläschchen damit füllen konnte. Wir waren bis auf die Haut durchnäßt und wärmten uns mit Wohlbehagen am Feuer, denn es war ziemlich kühl und ein Nebel, daß man keine 20 Schritte voraus sehen konnte. Nachdem wir unsere Kleider an dem Feuer getrocknet hatten, wurden die Fricadellen gewärmt, die uns trotz des Schwefelgeruchs gut schmeckten.

Nur zeitenweise hatten wir einige Aussicht, wenn der Wind die Wolken auseinander jagte. Man sah dann die Zuckerfelder und die See in hellem Sonnenschein, dann die finster bewaldeten, im Norden liegenden Berge, und wieder auf Augenblicke, wie Nebelbilder, die so schnell vergehen als sie kommen, ein Stück der Bay mit ihren Inseln und Schiffen. Man sagte mir, nur im Januar sei der Berg zuweilen ganz ohne Wolken, dann sei aber auch die Aussicht entzückend schon. Der Schwefeldampf verursachte mir heftiges Kopfweh, das sich erst auf Camp Jakob verlor. Hätte ich gewußt, wie leicht der Weg zu finden und der Berg zu besteigen wäre, so hätte ich keinen Führer mitgenommen, denn der schwarze Spitzbube rechnete mir seinen Dienst hoch an und verlangte 60 Fr., ließ sich aber doch mit 15 Fr. abfinden.

Um sechs Uhr Abends waren wir in Basseterre zurück. Was mich nun bei diesem Ausflug am meisten verwunderte, war die Armut der Guadeloupschen Fauna; außer einigen starenartigen Vögeln (icterus), die das Vieh umflogen, einem gehaubten Kolibri und drei Arten Schmetterlingen kam mir nichts zu Gesicht. Von Vierfüßlern sah ich gar nichts, doch kommen, wie ich höre, Cavia aguti und ein anderer Nager, den man *racon* nennt, vor. Im Point à Pitre sah ich eine schone Sammlung Schmetterlinge, von denen die meisten auch bei uns vorkommen, und von dem prächtigen Herkuleskäfer (Oryctes hercules), der in den Gebirgen von Basseterre gefangen wird, bekam ich Männchen und Weibchen zum Geschenk.

Es war mir in diesen Waldungen beinahe unheimlich, gar nichts Lebendes zu sehen; doch ergötzte mich an den Straßen und Mauern die Menge der Anolys, kleiner, grüner oder grauer Eidechsen, die zu Dutzenden an den Baumstammen und auf den Steinen sitzen und auf Fliegen und kleine Insekten lauern. Ebenso sonderbar kam mir das Fehlen der Palmen vor, ohne die man sich eine tropische Landschaft gar nicht denken kann; bloß Königs- und Kokospalmen waren um die Häuser gepflanzt, aber in den Wäldern fand ich auch nicht eine Art, nur Farne und Kaktus, aber erstere auch in allen Schluchten und in der größten Vollkommenheit.

Als ich in Point à Pitre war, fingen gerade die Schwurgerichtsverhandlungen an, und da ich noch nie eine solche gesehen hatte, so wollte ich einer derselben auch beiwohnen. Im Tribunalgebäude wurden sieben Falle verhandelt, wovon sechs Anklagen gegen Kulis wegen Brandstiftung, Vergiftung, Totschlag und Diebstahls zum Gegenstand hatten; die siebte aber und die interessanteste war eine Klage von Kulis gegen ihren Herrn wegen Mißhandlung. In einem geräumigen Saale, in welchem durch eine Ballustrade das Sitzungslokal von dem Zuschauerraum abgeschieden war, saßen auf einer erhöhten Tribüne der Anwalt und die Geschworenen; Präsident und Vizepräsident in langen, scharlachroten Talaren, geschmückt mit dem unvermeidlichen Croix d'honneur; Kläger und Verteidiger in schwarzseidener Robe, die acht Geschworenen aber, worunter zwei Mulatten und ein Neger, in schwarzem Habit. Auf Bänken an der einen Seite saßen die Zeugen, meist Kulis mit den konfisziertesten Gesichtern, und vor einem Gendarmen, der mit der größten Nonchalance in seinem Stuhl lehnte, ein Kuli-Weib, der Brandstiftung angeklagt. Ein hübscher, europäisch gekleideter Malaie war Dolmetscher, und nachdem er seinen Landsleuten die durch den Präsidenten gesprochene Eidesformel übersetzt und ihnen gezeigt hatte, wie man zum Schwur die Finger in die Höhe heben müsse, wurden diese beeidigt. Ich machte dem Richter, den ich vom Maroni aus kannte, die Bemerkung, daß Leute, welche keine Christen wären, an einen christlichen Eid nicht gebunden seien, er meinte aber, es wäre bloß der Form wegen. Die Vernehmung von mehr als 20 Zeugen, deren Aussagen alle wieder verdolmetscht werden mußten, machte die Sache ziemlich langwierig, und bei einer Hitze von mindestens 28 Graden schwitzten Geschworene und Richter, die volle fünf Stunden in ihren Tuchkleidern ausharren mußten, wie Braten. Die Zuhörer bestanden meist aus farbigen Nichtstuern und Leuten der niedrigsten Klassen, die

ab- und zuliefen. Nachdem der eine Fall den ganzen Nachmittag gedauert hatte, wurde die Angeklagte wegen Mangels
an Beweisen freigesprochen.

Wir wurden für das Langweilige der Prozedur durch
das Pianospiel einer Dame im Nebenhause entschädigt, die
uns durch Polkas, Walzer etc. wohl zwei Stunden lang amüsierte.

Bei weitem größeres Interesse als der Fall, dem ich beiwohnte, hatte die letzte Verhandlung, wo ein reicher Pflanzer, der einer angesehenen Familie in Grande terre angehörte,
wegen grober Mißhandlung seiner malaiischen Arbeiter sich
zu verteidigen hatte; da konnte der geräumige Saal das Publi-
kum, das ausschließlich den bessern Standen angehörte, kaum
fassen, und die Aufregung und die Debatten sollen sehr lebhaft gewesen sein.

Bei jedem Schwurgerichte, das alle drei Monate stattfindet, sind bei weitem die meisten Fälle Anklagen gegen Kulis,
die auf den französischen Inseln beinahe die einzigen Immigranten sind. Obwohl sie billiger zu stehen kommen als Chinesen, deren Transport kostspieliger ist, so sind diese jenen
sowohl in körperlicher als geistiger Hinsicht überlegen, und
wenn man die zierlichen, hageren Malaien ansieht, so begreift
man nicht, wie sie noch einige bedeutende Arbeit verrichten
können.

Bei meinem zweiten Aufenthalt in Point à Pitre lud mich
mein Geschäftsfreund. Herr S., zu einem Ausflug nach „Les ravines chaudes" am Fuße des Gebirges ein. Es sind dies warme
Bäder, besonders heilsam gegen Gicht und andere rheumatische Leiden, und da Herr S. von Zeit zu Zeit von dergleichen
heimgesucht war, so sollte er für einige Tage Linderung dort
suchen.

Um zwei Uhr Mittags bestiegen wir in der Rue des abymes
die Diligence und erreichten bald die etwa drei Kilometer von
der Stadt entfernte Fahrt über den Seearm „rivière salée". Dieser Seearm, der die Inseln Grande terre und Basse terre von
einander scheidet, ist weder tief noch breit und geht durch ein

flaches Land, das bei hoher Springflut überschwemmt wird und aus schwarzem Marschboden besteht, der, eingedämmt, sehr fruchtbar sein würde. Einzelne Hütten stehen hier zum Schutze für Jagdliebhaber, wenn Seevögel zuweilen diese Niederungen besuchen. Ich sah aber außer einigen Krabben kein lebendes Geschöpf. Der Weg war trefflich unterhalten und führte über wellenförmiges Land nach dem kleinen Flecken Mahaut, der an einer weiten Bay liegt.

Er sieht ziemlich verfallen aus, hat aber eine hübsche Kapelle. In der Nähe fließt ein Bach durch Zuckerfelder und bewässert schone Wiesen im Tal. Die Aussicht von der Anhöhe ist sehr schön; vor sich die Gebirge von Basse terre, zur Rechten die Bai mit ihren Schiffen und zur Linken die mit Inseln und Schiffen besäte Bai von Point à Pitre. Gegen vier Uhr kamen wir zum Städtchen Lamentin, das eine schone Kirche mit zwei Türmen hat, die von weitem dem Orte ein großartiges Ansehen geben. Aus dem Namen Lamentin läßt sich schließen, daß dieses Tier sich früher in den Gewässern der Inseln aufgehalten habe, was ich übrigens nicht glauben kann, denn keiner der Bäche und Flüßchen, welche die Inseln bewässern, ist tief genug, um dem schwerfälligen Tiere zum Aufenthalt dienen zu können; auch scheinen die Pflanzen, von denen bei uns sich der Lamentin nährt, auf Guadeloupe nicht vorzukommen; da es aber doch auf mehreren größeren Inseln, z. B. auf St. Domingo, gefunden wurde, so ist es wahrscheinlich, daß es auch im Meer, und da von Tangen lebt und bloß zeitweise die Flüsse besucht.

Im Städtchen bestellte Herr S. einen zweiräderigen Karren, um uns, da wir bloß noch drei Kilometer weit mit der Diligence fahren konnten, von dort aus nach dem noch vier Kilometer weiter abgelegenen Badeplatz zu bringen. An einem Kreuzweg stiegen wir ab, und setzte die Diligence ihren Weg nach St. Rose fort, wo sie übernachtete. Wir mußten über eine Stunde auf den Karren warten; als ich aber dieses Fuhrwerk zum Transport meines an Rheumatismus leidenden Freundes sah, zog ich vor, den Weg zu Fuße zurückzulegen und lief mit meinem Indianer rüstig neben dem Karren her. Wir kamen gegen sechs Uhr abends in ein weites Tal, mit schönen Wiesen und Zuckerfeldern, die das Lamentinflüßchen durchzog. – Da wir in der Trockenzeit waren, so war das Bett sehr seicht, mochte etwa 100 Fuß breit sein und war voll von abgerundeten Felsenblöcken, über die nun das Pferd den Karren ziehen mußte. Da ich meine Schuhe und Strümpfe nicht ausziehen wollte, so setzte ich mich auch hinein, aber eine Fahrt, bei der ich mehr durcheinander geschüttelt wurde, habe ich nie gemacht; es dauerte wohl eine Viertelstunde, ehe wir da andere Ufer erreichten. Wie der kranke Mann einen solchen Transport ertragen konnte, ist mir unbegreiflich.

Ein guter Weg, eingefaßt mit Kokosbäumen, führte zum Hause des Eigentümers von „Les ravines chaudes", das auf einem Hügel in der Mitte einer kleinen Kakaopflanzung lag. Die Bäder selbst lagen im Tal, und entsprang die Quelle in einem kleinen Sumpf, dessen Wasser man vor einem Teppich von Nymphäen, Gras und anderen Pflanzen nicht sehen konnte. In diesem Sumpf lagen zwei ziemlich geräumige, gemauerte Bassins, worin das Wasser etwa drei Fuß hoch steht; beide Behälter, der eine für Damen, der andere für Herrn, sind mit Dächern von Kokosblättern zum Schutze gegen Sonne und Regen versehen, im übrigen aber überraschend einfach.

Auf einem etwa 50 Fuß hohen Hügelchen lagen die Wohnungen für die Badegäste, elende, schuppenartige, bretterne Baracken im baufälligsten Zustande, vier oder fünf an der Zahl. Man bezahlt für solch ein Häuschen, das bloß zwei Zimmerchen ohne jede Art Möbel enthält, monatlich 100 Franc, jedes Bad aber kostet einen Franc. Dabei muß der Badegast alles was er an Möbel, Betten, Küchengeschirr etc. nötig hat, selbst mitbringen und eben so für seine eigene Küche und Bedienung sorgen. Obgleich das Wasser von ausgezeichneter Wirkung sein soll, so sind doch nie alle Häuschen besetzt, und es bestanden sich auch bloß zwei Familien hier, um die Kur zu gebrauchen. Um eine günstige Wirkung zu erzielen, muß man täglich zwei Bäder nehmen, jedes von drei bis vier Stunden Dauer, so daß man beinahe den ganzen Tag im Wasser zubringen muß.

Wiewohl es schon stark dunkelte, nahm ich doch sogleich ein Bad und fand das Wasser so rein und helle, wie das der Soufrière doch ohne allen Geschmack. Es war weniger warm als jenes und hatte vermutlich nicht mehr als 28° R. Einer der Badegäste, Bewohner des Städtchens Le Modle, lud uns zum Diner ein, das aus einer köstlichen Krebssuppe, wilden Tauben, Krebssalat und Chocoladecrème bestand, alles Erzeugnisse der nächsten Umgebung. Was man sonst zum Leben nötig hat, Fleisch, Brot etc., wird täglich vom Städtchen Lamentin gebracht. Die Temperatur ist viel frischer und angenehmer als in Point à Pitre, wo es denn in den letzten Tagen zum Verschmachten heiß war. Aus dem Platze könnte ein wahres Paradies gemacht werden, wenn Arbeit, und Kapital darauf verwendet würden; aber alles ist jetzt schlecht unterhalten, und das Unkraut wächst fast bis in die Zimmer hinein.

Es war im Monat Mai, welcher der Jungfrau Maria geweiht ist, und die Damen, denn eine der Familien bestand nur aus solchen, und von allen Altersstufen, hatten deshalb auch in einem der leerstehenden Häuser eine Kapelle errichtet, wo ein Marienbild unter Kränzen von wilden Blumen hing, und sangen den ganzen Abend Gesänge und Litaneien. Auch in Point à Pitre sah ich verschiedene dieser provisorischen Kapellen, wo sich am Abend besonders die Jugend versammelte.

Am andern Morgen sah ich mit Erstaunen eine Reihe Agaven (Agave americana), die wahrhaft kolossale Blätter von wenigstens zehn Fuß Länge und 15 Zoll Breite hatten. Man zieht aus dieser Pflanze ebenso wenig Nutzen als bei uns. Ein Weg an der andern Seite des Hügels führte in eine Schlucht, durch die ein Arm des Lamentinflüßchens sich zog; diese war dicht überschattet von Gebüschen der pomme de rose (Eugenia), die auf Guadeloupe in großer Vollkommenheit vorkommt. Um sechs Uhr Morgens machte ich mich auf den Heimweg und fand im Städtchen Lamentin die Diligence, die von St. Rose zurückgekommen war, und waren wir bereits auch um zehn Uhr in Point à Pitre zurück.

Durch meine Reise nach der Soufrière und den ravines chaudes hatte ich nun einen großen Teil der westlichen Insel gesehen; nun wollte ich noch auf Grande terre das Hafenstädtchen le Moule besuchen, das in Bevölkerung und Bedeutung nur Point à Pitre und Basseterre nachsteht. Es liegt an einer Bucht der Ostküste und ist 26 Kilometer von Point à Pitre entfernt.

Mit der Diligence fuhr ich am 26. Mai 1872 um sechs Uhr Morgens ab; der Weg fuhrt durch ebenes, wenig gehobenes Land, aus dem sich viele steile, runde Hügel „mamelons" erheben, auf deren Gipfel meistens die Wohnhäuser gebaut sind, während im Tale und in den Niederungen sich die Pflanzungen befinden. Kaum fünf Kilometer von der Stadt kommt man an ein kleines Dörfchen, „les abymes" und 14 Kilometer weiter an ein Städtchen „Grippon" mit geräumiger Markt- und Fleischhalle. Während die Pferde gewechselt wurden, trank ich im Wirtshaus ein Glas Vermouth und sah da vier nagelneue, sehr buntscheckige Bilder unter Glas und Rahmen, Szenen aus dem letzten Krieg darstellend, gräuliche Metzeleien mit Haufen sterbender Preußen, himmelblauer Bayern und siegreicher Franzosen. Der Weg führte meist eben durch ausgedehnte Striche Weidelands, das aber in Folge der Trockenzeit gelb und dürre aussah, oder an Zuckerfeldern vorbei, deren Mühlen durch Dampf getrieben wurden, bloß hie und da sah man die Ruder von Windmühlen. Diese sind allein noch an der Seeküste im Gebrauch. Das Land war überall bebaut, aber man vermißte den Reichtum an Wasser, das auf der gegenüberliegenden Insel der Vegetation ein so frisches Ansehen gibt.

Die Landstraßen waren sehr belebt durch Wagen und Fußgänger; ebenso besucht, denn es war Sonntag, waren auch die Schenken. Fünf Kilometer vor le Moule sieht man von einer Anhöhe herab die Insel Désirade wie einen großen Sarg aus der See emportauchen; Kaktus- und Portulak-Pflanzen, die man im Innern nicht findet, besäumen den Weg und große Landkrabben spazieren darunter umher. Wir hörten das Gebraus der Brandung und kamen in das lebhafte Städtchen, in dem trotz des Sonntags Markt war und ein solches Gedränge, daß die Diligence nur im Schritt fahren konnte. In einer Nebenstraße befand sich das Wirtshaus, wo wir einstellten, und da wir bloß vier Stunden zu verweilen hatten, so wollte ich zuerst den Seestrand besuchen, an dem zuweilen fossile Menschengerippe gefunden werden.

In der Wirtsstube befanden sich verschiedene Gäste, aber niemand wußte etwas davon, als ein ältlicher Herr, der sich erinnerte, daß das letzte Gerippe im Jahre 1847 gefunden worden sei; ob es aber in eine Sammlung kam, oder verloren wurde, wußte er nicht zu sagen. Der Ort, wo diese Gerippe gefunden wurden, ist eine Bank oder vielmehr ein Felsenriff, das bei Ebbe trocken liegt. Man meint, daß diese Gerippe Karaiben angehören, die früher da begraben worden seien, aber dann mußte sich die Küste bedeutend gesenkt haben, und der einstige Boden weggeschwemmt sein. Es ist aber nicht die Gewohnheit der Karaiben, die früher auch Guadeloupe bewohnten, jetzt aber ganz ausgestorben sind, ihre Leichen so nahe am Meeresstrand zu begraben; auch ist der Umstand sonderbar, daß nur Skelette ohne Kopf gefunden wurden. Es ist eher anzunehmen, daß es Gerippe von in einem Schiffbruche Verunglückten sind. Ich wollte nun den Platz sehen, der drei Kilometer entfernt war, und nahm einen jungen Burschen mit, mir die Stelle zu zeigen.

In einer Bay, umschlossen von Riffen, durch die ein sehr schmaler, gefährlicher Kanal führt, lagen oder vielmehr schaukelten sich, denn das Meer ist hier selten ruhig, sieben große Schiffe, wovon sechs französische und eine amerikanische Flagge führten. In gewissen Zeiten, wenn der Wind nicht günstig ist, können Schiffe nicht einlaufen und müssen Tage und Wochen lang kreuzen; auch vergeht selten ein Jahr, wo nicht an diesen Küsten ein Schiff verunglückt.

Wir liefen nun längs des Strandes, über dem auf einem Hügel der Kirchhof des Städtchens sich erhebt, und kamen an einem Walfischgerippe, dessen Rippen und Wirbel zerstreut lagen, vorbei. Das Tier war erst vor zwei Monaten gestrandet, und häufig werden die Leichen dieser Seeungeheuer ans Land gespült, deren Tran man ausläßt. Die Rippen des Gestrandeten waren einen Meter lang, die Wirbel aber 26 Zentimeter breit. Die meisten dieser Tiere, sagte mir der Junge, wären nicht über zehn Meter lang, und jedes Jahr kämen amerikanische Walfischfahrer nach le Moule, um in der Nähe ihr Geschäft zu betreiben.

Das Riff, auf welches ich zu kommen wünschte, war noch von Wasser bedeckt, aber der Stein so hart und scharf, daß ich den Jungen bewunderte, der barfuß darüber hinlief. Eine Menge Muscheln und besonders eine Art drei bis vier Zoll langer Chitons waren darin versteinert, aber so gut erhalten, und ihre Formen so gut ausgeprägt, daß ich nicht zweifle, daß diese Versteinerung schnelle und wahrscheinlich noch immer vor sich geht, und daher auch jene mit Kalksinter inkrustierten Gerippe einer noch nicht lange vergangenen Zeit angehören mögen.

Nach einem recht guten Déjeuner, wozu unsere Diligence das nötige Eis mitgebracht hatte, blieb mir gerade noch die Zeit, die Kirche zu besuchen, auf deren Hochaltar ich statt eines Altarbildes das Porträt des unfehlbaren Papstes aufgestellt fand. Präzise um zwei Uhr fuhren wir ab und waren um sechs Uhr auf Point à Pitre zurück. Die Wege sind auf beiden Inseln im trefflichsten Zustande, und Kilometersteine, von Point à Pitre aus gerechnet, zeigen überall den Abstand an. Der Preis per Diligence kommt auf 26 Cmes. per Kilometer.

Ehe ich die Stadt verließ, um in Basseterre das englische Dampfboot zu erwarten, mit dem ich nach Surinam zurückkehren wollte, besuchte ich noch die großartigste Zentralfabrik der Insel „les arboustiers" genannt, deren Fabriken vom südlichen Teile der Stadt einen bedeutenden Raum einnehmen, und der die Insel so viel für vermehrten Handel und Kultur verdankt.

Es baute früher in Guadeloupe, wie in Surinam, jeder Pflanzer sein Rohr und bereitete seinen Zucker auf Wasser-, Wind- oder Dampfmühlen in seiner eigenen Fabrik, teils auf einfachere, teils auf verbesserte Weise. Er hatte dabei nicht nur bedeutenden Aufwand für die zur Fabrikation gehörenden Gebäude, Maschinen usw., sondern mußte auch noch für die sehr schwierigen Transportmittel sorgen.

Durch diese Verteilung seiner Arbeitskräfte und -mittel wurde die Anpflanzung des Rohres bedeutend geschmälert, denn einen großen Teil seiner Arbeiter hatte er in der Mühle, dem Kochhause und zur Fässerfabrikation nötig, freilich aber auch den Vorteil, das Produkt ungeschmälert sein Eigentum nennen zu dürfen.

Um nun möglichst viel Zucker zu erzielen und jedem Land-eigentümer, der nicht bemittelt genug war, kostspielige Ma-schinen zu errichten, es möglich zu machen, durch Anpflan-zung von Rohr Vorteil zu ziehen, bildete sich vor etwa zehn Jahren eine Aktiengesellschaft, an deren Spitze die bedeutende Firma Cail & Co. stand, und errichtete eine Zentralfabrik, in der jetzt das Rohr von 45 Pflanzungen und von einer Menge kleiner Grundbesitzer, die jedes noch so kleine Plätzchen mit Rohr bepflanzen, gekauft und zu Zucker verarbeitet wird. Die ganze Unternehmung, mit Anlage der Fabriken, Eisenbahn, Dampfboote und andere Transportmittel, kostete bei fünf Millionen Franken. Auf einer Eisenbahn, welche etwa acht Kilometer weit geht, wird das Rohr in Waggons, wovon jeder etwa 24 stères oder 5 000 Kilo Rohr trägt, von den Äckern abgeholt und nach der Mühle gebracht. Wenn die Waggons ankommen, wird ihr Inhalt gewogen. Das Rohr von Äckern, welche auf Basseterre oder in der Nähe des Meeres gelegen sind, wird in großen eisernen Chalands, geschleppt durch Dampfboote, angeführt. Diese Chalands fassen bei 30 000 Kilo Rohr; sie werden, wenn sie an der Fabrik angekommen sind, auf eine unter Wasser befindliche Wage gebracht, die durch bloß vier Mann in die Höhe geschraubt wird, worauf der Inhalt gewogen wird; das Wägen eines Chaland dauert kaum eine Viertelstunde.

Das Rohr kommt nun aus dem Waggon oder Chaland an einen sogenannten Cane Carrier, wo es zwei Männer auf diesen werfen, der aus zwei um Walzen laufende Ketten besteht, die etwa 60 Fuß lang, einen schief geneigten Bretterboden aufwärts schieben. Dieser Cane Carrier ist mit der Mühle verbunden und schiebt das auf ihn gelegte Rohr unter die drei eisernen Zylinder, die, horizontal liegend, den Saft so rein auspressen, daß der Tras oder das ausgepreßte Rohr durch eine dem Cane Carrier ganz gleiche Maschinerie ins obere Stockwerk transportiert und zur Heilung der zwölf Öfen der Dampfmaschinen, die das Ganze in Bewegung setzen, sogleich gebraucht werden kann.

Aus der Mühle wird der Saft in zwanzig nebeneinander stehende, luftleere Kessel gepumpt, da eingekocht und, nachdem er sich kristallisiert hat, in 34 Turbinen von jeder noch übrigen Unreinigkeit und Melasse gesäubert, so daß das Rohr, welches Abends sechs Uhr unter dem Zylinder vermahlen wird, bereits zwei Stunden nach Mitternacht als schöner weißer Zucker zur Verschiffung verpackt ist, mithin der ganze Prozeß der Fabrikation bloß acht Stunden dauert. Neben der Fabrik sind die Werkstätten der Schlosser, Küfer, Schreiner und die großartige Rumbrennerei, so daß sämtliche Gebäude und der Platz, der sie umgibt, wohl vier Hektare einnehmen werden.

Wie alles Neue und Ungewohnte nur langsam Eingang findet, so war es auch hier, und hatte die Unternehmung anfangs mit viel Hindernissen zu kämpfen; auch der Krieg mit Deutschland wirkte sehr nachteilig; doch übertraf der Erfolg zuletzt die kühnsten Erwartungen. Der Pflanzer, welcher der Zentralisation beigetreten ist, beschäftigt seine Arbeiter bloß noch mit Anpflanzen, Unterhalten und Einernten, und kann jetzt über das Doppelte seines früheren Produkts erzielen, so daß denn auch die Unternehmung bald genötigt war, eine dritte Mühle zu bauen, da in Folge der großen und unerwarteten Anfuhr die zwei Mühlen nicht im Stande waren, alles Rohr zu verarbeiten. Die Unternehmung konnten an ihre Aktionäre 28% Dividende bezahlen, denn bei einer Ausgabe im letzten Jahre von 3 151 581,74 Franc.

Vierzehntes Kapitel

Schon im Jahre 1864 wurde auf französischer Seite an der Mündung des Maroni ein Leuchtturm errichtet, um den Schiffen, die für die Penitenciers bestimmt waren, die Einfahrt auch des Nachts zu ermöglichen, da sich aber auf holländischer Seite die Sandbänke viel weiter seewärts erstrecken, so war es doch bei den wenigstens 5 000 Meter Breite des Flusses an der Mündung zu gewagt, ohne festen Anhaltspunkt oder Landmarke auf dem holländischen Ufer des Nachts die Einfahrt zu wagen. Es sollte nun auf holländischer Seite, und zwar etwas oberhalb des früheren Posten Prins Willem Frederik, ein ähnlicher Leuchtturm errichtet werden, um jenen Übelstand zu beseitigen.

Da das holländische Gouvernement kein Interesse daran hatte, eine Schiffahrt im Fluß zu erleichtern, die auf unserer Seite nicht bestand, so erbot sich das französische Gouvernement freundnachbarlichst, das Bauen des Turmes und der Wächterhäuser zu übernehmen, und während unser Gouvernement in den Besitz des Turmes und der Gebäude trat, mußten die Penitenciers den Unterhalt der Gebäude, Öl, Lampen etc., das holländische Gouvernement aber das Salär der zwei Wächter bestreiten.

Das Feuer beider Türme, die etwa 70 Fuß hoch, aus einem Rahmenwerk von Bruinhartbalken bestanden, waren bloß zwei einfache Lampen mit Reflektoren, deren jede kaum ein halbes Liter Paraffin-Öl des Nachts gebrauchte. Das Licht war deshalb ziemlich schwach und konnte nur bei ganz hellem Wetter von Schiffen gesehen werden, die längs der Küste nach Surinam oder Cayenne fuhren. Aus diesem Grunde war es denn auch für unsere Schiffahrt zur Orientierung von einigem Nutzen; große Auslagen hatten beide Gouvernements nicht, und der Unterhalt beider Wächter betrug bloß 700 Gulden jährlich.

Den 23. Oktober 1871 erfolgte die Übergabe durch den französischen Gouverneur Loubère an den Chef der kolonialen Marine, der zu diesem Zwecke aus Paramaribo gekommen war, unter üblicher Musik und Diner, und als es dunkel wurde, sah man zum erstenmal beide Lichter „ihre Farbenblitze" mit einander kreuzen.

Zum Transport meines Holzes nach Holland genügte mir mein Schiff Karolina nicht; ich ließ deshalb, nachdem ich einen Absatz für holländische Waren in Cayenne gefunden hatte, in Amsterdam Schiffe chartern, deren Ladung zum größten Teil in Cayenne abgesetzt wurde und die mir das für meinen Handel Nötige nach Albina brachten, wofür ich, wenn die verschiedenen Waren den Zoll von 5% die man in Surinam zu bezahlen gehabt hätte, überstiegen, in Cayenne, sonst aber in Paramaribo bezahlte. Auf diese Weise konnte ich der Behörde in Surinam ein ganz legales Dokument übergeben, in dem konstatiert war, daß der Zoll entweder in Cayenne entrichtet sei oder in Surinam bezahlt werden müsse, und wo bei jedem Schiffe, das ich befrachtet, Tonnengeld und Abgaben für das ausgeführte Holz nebst Zoll für die eingeführte Ware entrichtet wurde, was per Schiff etwa auf 700 Gulden angeschlagen werden konnte. Alles dieses hatte ich vermeiden können, wenn ich mir die Bemerkung jenes Oberbeamten im Haag, dem ich im August 1867 meine Bittschrift übergab, zu Nutzen gemacht hätte.

Noch immer hatte ich die unglückselige Karolina am Halse, obgleich sie nach ihrem Wert, nämlich nach dem was sie mich kostete, versichert war, so überwand sie alle Stürme ohne Unfall, stieß oft, wegen ihres zu großen Tiefgangs, auf Sandbänke, nahm aber doch ihrer kerngesunden Konstitution wegen keinen Schaden, sondern kam stets nach zweimal längerer Fahrt als andere Schiffe, wohlbehalten in Amsterdam an. Diesen ewigen Verlusten, die alles verschlangen, was mein Handel mir einbrachte, ein Ende zu machen, beschloß ich, selbst nach Europa zu gehen, um das unglückliche Schiff zu verkaufen.

So reiste ich nun den 2. Oktober mit dem französischen Dampfboot ab. Da wir in Martinique zwei Tage zu bleiben hatten, ehe das große Dampfboot Lafayette die Reise antrat, und ich schon lange wünschte, den berühmten Badeort der Insel zu sehen, so logierte ich in der Stadt und begab mich am Morgen des 8. nach den heißen Quellen, die etwa 13 Kilometer von Fort de France im Gebirge liegen. Ich nahm einen Negerjungen als Führer; es ging stets bergan auf einem gut angelegten Wege, der sich zwischen Landhäusern und Kostäckern hinzog, durch eine wildromantische Schlucht, dicht beschattet von Brotfrucht- und hohen Farnbäumen, die ein köstlich reines und kaltes Wasser, das von den Bergwänden herabrieselte und unten in einem Bache sich sammelte, bewässerte. Ein Seitenweg führte Berg auf zu einem Militärposten, der an der Landstraße von Fort de France nach St. Pierre gelegen war. Diesem folgte man nur kurze Zeit und stieg dann wieder in eine Schlucht, in der das erste dieser Bäder an einem brausenden Waldbach lag. Die Gebäude waren hübsch unterhalten, und einige Garten-Anlagen und Blumen waren Beweise, daß der Eigentümer der Badeanstalt seinen Gästen diese Wildnis so angenehm als möglich machen wollte. Ich hielt mich aber hier nicht auf, sondern folgte dem Fußwege, der in dieser Schlucht neben dem Bache aufwärts führte. Etwa anderthalb Kilometer weiter war das Hauptbad Absolon.

In einer tiefen Schlucht gelegen, glich das Gebäude, von unten gesehen, einem alten Raubschloß, bei dem man eine hohe Mauer zu erklimmen hat. Oben auf dieser Mauer steht das Hotel, das in seinem untern Stockwerk das Wirtschaftslokal und Magazin, im obern die dem Äußeren nach zu urteilen, eben nicht sehr eleganten Zimmer der Badgäste enthält. Hinter diesem ist ein längeres Gebäude, die Badeanstalt, kleine Kabinette mit steinernen Bassins, so verwahrlost wie möglich, und eine Art Hospital für Soldaten, welche die Bäder gebrauchen. Es befanden sich in den Bains Absolon 16 Badegäste, höhere Beamte, Kaufleute und Offiziere der Insel.

Im ersten Kabinett, in dem man das Wasser in aller Kraft und Wärme hat, und das gewiß deshalb auch am wenigsten gebraucht, das schmutzigste war, nahm ich ein Bad. Erfrischung konnte man es eigentlich nicht nennen, denn während außen die Sonne beinahe senkrecht stand, und die Temperatur gewiß 26° Réaumur betrug, hatte das Wasser wenigstens 35°; es soll gegen rheumatische Leiden von großem Erfolg sein. Abgekühlt hat es einen säuerlichbittern, gar nicht unangenehmen Geschmack. Die Schlucht, in der das Bad liegt, erweitert sich, und man sieht auf etwa eine Viertelstunde Abstand einen vielleicht 600 Fuß hohen, zuckerhutförmigen, nur spärlich mit Strauchwerk bewachsenen Felsen „Piton", an dem das heiße Wasser entspringen soll. Man sieht diesen Felsen schon von der Reede von Fort de France.

Die untere Anstalt ist besser unterhalten, scheint aber weniger besucht zu sein; es ist schade, daß, wie auf Guadeloupe, die Eigentümer dieser Badanstalten so wenig tun, um sie in gutem Stand zu halten, und keine Verbesserungen anbringen, die ihren Gästen den Aufenthalt angenehm machen würden. Dazu gehören bessere Wege, Gärten etc., deren Unkosten durch eine vermehrte Frequenz reichlich vergütet würden. Das Bad kostete zwei Franc. Zum Abtrocknen wurde mir ein altes, schmutziges, zerrissenes Tuch gegeben, von dem ich keinen Gebrauch machte, sondern mich meines Sacktuches bediente. Da alle Lebensmittel durch die von St. Pierre kommende Diligence gebracht werden, so ist eine Pension von zehn Franc, die ein Badegast bezahlt, nicht teuer. Abends drei Uhr war ich wieder in Fort de France zurück, wo ein zweites kaltes Bad in einem der gut eingerichteten Badhäuser mich nach dem ermüdenden Marsch von 26 Kilometer in der heißen Atmosphäre Martiniques erquickte.

Am andern Morgen um neun Uhr war ich an Bord des Lafayette, auf dem in allem nicht mehr als 30 Passagiere waren. Ich bekam also eine Kajüte für mich allein, und bei den wenigen Passagieren (denn um diese Jahreszeit begibt man sich nicht gerne nach Europa) war es in dem großen, öden Salon und den leeren Korridoren fast unheimlich. Meine Reise nach Europa war, wie gesagt, keine Vergnügungsreise; denn hätte ich den Verkauf des unglückseligen Schiffes noch länger verschoben, so hätte ich mein mühselig Erworbenes dabei eingebrockt. Ich blieb deshalb nur einen Tag in Paris, eilte nach Amsterdam, verkaufte das unglückliche Schiff mit einem Verluste von 9 000 Gulden, bestellte nach meiner Angabe ein für mich passendes Küstenfahrzeug, mietete zwei Schiffe zur Abholung von Zedernholz von Albina, sorgte für die Befrachtung derselben, alles in weniger als acht Tagen. Wie wohltuend ist solch eine Aktivität, wenn man sie mit unserm surinamischem Geschäftsgang vergleicht, bei dem man überall den Einfluß der zwei bis drei Stunden langen Siesta und des gedankenlosen Plauderns wahrnimmt. Ich brachte sodann einige Wochen in Stuttgart zu und schiffte mich am 7. Dezember wieder in St. Nazaire ein.

Jetzt war es das Dampfboot Martinique, mit dem ich die Überfahrt machte; bedeutend kleiner als der Lafayette, hatte es das Renommee zu rollen und zu schlingern, Eigenschaften, die dem zur Seekrankheit Geneigten nicht eben angenehm sind. Es war mit Passagieren beinahe überfüllt, denn alle Bewohner der wärmeren Länder verlassen, wenn der Winter naht, den kalten Norden und suchen den heimatlichen Süden. Auch die Frau des Gouverneurs von Surinam hatte mit ihren Töchtern den Haag verlassen, um in Paramaribo dem geselligen Verkehr im Gouvernementshaus vorzustehen; denn nur eine gebildete europäische Dame kann Soirées und Abendgesellschaften den rechten Chic verleihen.

Wir hatten, wie bei jeder Reise, Geistliche, Nonnen und Dominikaner nach den verschiedenen französischen Kolonien, und auch der Bischof von Martinique war an Bord. Kaum waren wir in Fort de France angekommen, als die erste Neuigkeit, die man vernahm, die Verurteilung des Marschalls Bazaine war, die man in Martinique telegraphisch erhalten hatte, denn bei unserer Abreise aus Frankreich war der Kriegsrat noch mit seiner Arbeit beschäftigt. Es war nun ein ungeheurer Jubel unter den Franzosen, ein Umarmen und Küssen, als ob der arme Sündenbock allein die Schuld der Niederlage gewesen wäre.

Am andern Morgen war aber ein Fest friedlicherer Art und milderer Gesinnung; da war der Eingang zur Kathedrale mit Blumen und Laubkränzen geschmückt, Ehrenbogen errichtet und Flaggen überall, denn es bewegte sich, langsam und feierlich, eine Prozession der Kirche zu. Voraus die Stadtmusiker mit Trompeten und Klarinetten; dann die Mädchen eines Pensionats, weiß gekleidet vom Kopfe bis zu Fuß, nur mit weißen, gelben, braunen und schwarzen Gesichtern, geleitet von Nonnen mit Rosenkranz und Kreuz, emsig in ihren Gebetbüchern lesend; Schulknaben unter dem Kommando von frères chrétiens, dann der Bischof unter einem Baldachin, nach rechts und links mit Würde den Segen spendend; diesem folgten der Gouverneur, Offiziere, Beamte, Soldaten, Bürger und zuletzt Krethi und Plethi, den Hochwürdigen nach der Kirche begleitend, wo ein Hochamt gehalten und Gott für die glückliche Heimkunft von Monseigneur gedankt wurde.

Wie ich auch in Guadeloupe und Mana zu sehen Gelegenheit hatte, hat in den Kolonien der Katholizismus tiefere Wurzeln als in Frankreich; Kreolen, Farbige und Neger zieht der prunkvolle, bilderreiche Gottesdienst mehr an, als die politischen Verhältnisse Frankreichs, welche die wenigsten selbst kennen, ebensowenig wie sie Untersuchungen und Grübeleien über Wesen und Zweck der Hierarchie anstellen. In Fort de France traf ich den guten père B., der mehrere Jahre als Pfarrer am Maroni unser Nachbar war, und der, wie die ganze Gesellschaft Jesu, Cayenne verlassen hatte, um einen andern Wirkungskreis anzutreten. Die Seelsorge der Penitenciers war nun einem andern Orden übertragen.

Wir verließen Fort de France am Abend des 21. Dezember und kamen am 28. in Paramaribo an. Weil eine leichte Dyssenterie in der Stadt herrschte, so hatte der französische Konsul, der als Arzt wohl beurteilen konnte, ob diese Krankheit ansteckend sei, dem französischen Mail-Boot untersagt, Umgang mit den Stadtbewohnern zu haben, und als bei anhaltend starkem Regen der Gouverneur ans Dampfboot kam, um seine Familie abzuholen, durfte er nicht an Bord kommen, sondern mußte in seinem Boote bleiben, mit welchem er dann seine Familie ans Land brachte.

Hier war derselben ein Empfang bereitet, wie man ihn nicht schöner, fürstlicher wünschen kann; an der Landungstreppe stand rechts das Musikkorps der Bürgerwehr (Schuttery), links das des Bataillons und spielten Empfangshymnen; von dem Walle des Forts Zélandia donnerte das Geschütz; auf jeder Seite des Weges, der von dem Landungsplatze bis zum Gouvernements-Gebäude führt, standen in Reih und Glied hübsche schwarze und farbige Mädchen, sogenannte Woiwoimeiden, die an den Straßenecken sitzen und Früchte, Zuckerwerk und sonst allerlei feilbieten, und die, wenngleich pudelnaß, doch aus vollem Herzen ihre Glückwünsche darbrachten. Solch ein Empfang war in Surinam noch nie gesehen worden.

Unter anhaltendem Regen betrat auch ich das Land, wo meiner fünf Indianer harrten, die meine Frau geschickt hatte, mich abzuholen. Schon am dritten Tage verließ ich die Stadt, um durch den Wanekreek nach Albina zurück zu kehren, wo ich denn auch nach viertägiger Reise in kleiner offener Korjal, oftmals von Regen durchnäßt und glücklicherweise eben so oft durch die liebe Sonne getrocknet, am 3. Januar 1874 wohlbehalten ankam. Meine größte Sorge, die liebe Carolina, hatte ich nun vom Halse, und doch hatte ich mich durch die Umstände bewegen lassen, den Bau eines neuen Schoners für mich zu bestellen. Das französische Gouvernement hatte mir nämlich Hoffnung gemacht, mich mit dem Postdienst zwischen Cayenne und Surinam zu beauftragen.

Für diesen und meinen eigenen Handel war mir nun ein Küstenfahrzeug unumgänglich nötig; ehe aber mein Schoner, der Maroni Paket hieß, in der Kolonie ankam, hatte das französische Gouvernement für den Postdienst zwei schöne, neue Schoner, Topaze und Emeraude aus Frankreich erhalten, und so war wenigstens schon der eine Zweck vereitelt.

Im Jahre 1874 kam der holländische Gouverneur nach dem Maroni und hatte die Zeit gewählt, wo auch der französische gerade sich auf St. Laurent befand. Gastmahle auf St. Laurent und auf Albina mit feinen Getränken und rührenden Toasten, Indianertanz, Feuerwerk, das der holländische Gouverneur zum Amüsement der Transportation auf St. Laurent abpuffen ließ, Kanonensalut vom Casablanca und eine Art niederländischen Volkslieds mit Variationen, als Gegenkompliment des französischen Gouverneurs, waren die Ereignisse der vier Tage, welche der Besuch dauerte, dann trat wieder die alte Einförmigkeit ein.

Seit vielen Jahren waren wir von schweren Krankheiten verschont geblieben, bei leichteren besuchte uns manchmal der Arzt von St. Laurent, von wo wir auch unsere Arzneien bekamen. Im Juli erkrankte aber meine Frau, deren Gesundheit nach einem 22jährigen anhaltenden Aufenthalt am Maroni schon längst geschwächt war, so daß man sie ins Hospital nach St. Laurent bringen mußte, wo sie 63 Tage lang an der Ruhr danieder lag. Bei der besten Pflege erholte sie sich so weit, daß sie wieder nach Albina Rückkehren konnte, aber selten verging eine Woche, in der sie nicht ein oder mehrere Tage das Bett hüten mußte. Die französischen Ärzte meinten einstimmig, daß nur ein Mittel bestehe, ihre volle Gesundheit zu erhalten, und das wäre eine Reise nach Europa, um da in der kühleren Luft der gemäßigten Zone und bei kräftigerer Nahrung, als man sich in Guyana verschaffen kann, wieder zu erstarken. Als sie am 18. September wieder das Hospital verließ, war es schon zu spät an der Jahreszeit, um noch an eine Reise nach Europa zu denken.

Bei seinem Hiersein hatte der holländische Gouverneur mündlich gehört, was er schon längst aus dem feuille de la Guiane française wußte, nämlich alle Details der im französischen Guyana sich immer mehr entwickelnden Goldindustrie. Bereits waren auf französischer Seite am Maroni mehrere Ländereien an Goldsucher in Pacht gegeben; auch hatte auf unserem Ufer mein Neffe im Verein mit einigen Franzosen Untersuchungen angestellt, die, wenn auch keine glänzenden, doch wenigstens befriedigenden Resultate geliefert hatten. Eben so war schon vor zehn oder zwölf Jahren im obern Surinam Gold gefunden worden, aber in so geringer Menge, daß es sich nicht der Mühe lohnte, die Entdeckung auszubeuten. Da nun der Gouverneur dem Wohlstande der Kolonie durch den Landbau nicht aufhelfen konnte, so versuchte er, denselben durch die Goldindustrie zu heben, wobei er auch die Mittel zu erhalten hoffte, einen Teil der so bedeutenden Unterhaltkosten der Kolonie bestreiten zu können. Es war keinem Zweifel unterworfen, daß die Goldlager, die im Sinamari und Amanabo so reichliche Ausbeute geben, auch auf dem linken Ufer des Maroni sich fortsetzten, deshalb wollte der Gouverneur seine Untersuchungen zuerst am Maroni und in der Nähe des Anosogebirges anfangen lassen.

Mit dieser Untersuchung wurde mein Chef, der Gouvernements-Sekretär Mr. Alma, beauftragt, ein Mann von seltener Ausdauer und Willenskraft in einem kränklichen, abgezehrten Körper. Dieser kam nun am 18. August mit dem Dampfboot Paramaribo an, brachte erprobte Goldsucher, die in Afrika, Australien und Kalifornien mit dem Aufsuchen des edlen Metalles sich vertraut gemacht hatten, Ingenieure, Volontaire etc. nebst einem Doktor mit, zu denen ich noch die nötigen Indianer als Ruderer engagierte, worauf die Expedition, die ich für einige Tage begleitete, nach dem obern Maroni aufbrach. Ich fuhr, wie gewöhnlich, wieder in meinem kleinen Boote; da aber der Wasserstand am obern Maroni noch ziemlich hoch war, so kostete es große Mühe, die sehr bedeutende Strömung zu überwinden. Ich selbst kam in den Stromschnellen von Bonnidoro in Lebensgefahr, und hätte ich mich nicht an einem überhängenden Zweig halten können, so wäre die Korjal, die schon halb voll Wasser war, vom Strudel fortgerissen worden und wir unfehlbar verloren gewesen.

Erst am sechsten Tage kamen wir bei dem Anosogebirge an, wo dann alles beschäftigt war Hütten zu errichten, denn der Aufenthalt war auf vier Wochen bestimmt. Mein Chef, der Doktor und der Sohn des Herrn Alma schliefen in einem Zelte, das man zu diesem Zwecke mitgenommen hatte, ich und die

Indianer aber im Freien; jede Nacht hörte ich das Husten des lungenkranken Mannes, mit dem ich das herzlichste Mitleiden hatte, und der zum Wohle der Kolonie bei diesem mühsamen Geschäfte und an dem ungesunden Orte sich aufopferte. Obgleich er erst drei Jahre später starb, so mag doch diese Expedition viel zur Verschlimmerung seiner Krankheit beigetragen und sie unheilbar gemacht haben.

Gleich am ersten Tage besuchte ich den Anosoberg, den ich im Jahr 1861 mit der Kommission bestiegen hatte. Ein Indianer, Tamiri, war mein Begleiter. Ich fand auch die Stelle, wo die Vegetation der eines Sumpflandes gleicht, und wo sich die tillandsia zebrina findet. Auf einen höher liegenden Gipfel, bloß durch eine kleine Schlucht von dem getrennt, auf welchen wir gekommen waren, wollte mir der furchtsame Indianer nicht folgen.

Die Anosoberge sind einzeln liegende, lang gestreckte Bergrücken und ziehen sich beinahe parallel mit dem Fluß in einer Länge von etwa vier Stunden von Süden nach Norden. Wahrscheinlich ist die Strecke, welche sie einnehmen, kaum drei Stunden breit. Sie gehen im Norden und im Süden in kleine, 200 bis 300 Fuß hohe Hügel über, im Westen aber allmählich in Sumpfland und kleine Hügel, durchflossen von den Flüssen Comowini, Tampati und Courmotibo, die alle am westlichen, noch ganz unbekannten Abhang dieser Berge entspringen, welche in früherer Zeit die Schlupfwinkel der weggelaufenen Sklaven waren. In nordwestlicher Richtung trifft dieses Gebirge mit dem Hochplateau zusammen, das sich bis zur Mündung der Sarakreek hinzieht. Die Gebirge im Innern sind noch nie untersucht worden, die dem Fluß näher liegenden aber enthalten außerordentlich viel Eisen. In den meisten kleinen Kreeken fand man Gold, wovon die Expedition Proben mitbrachte.

Schon am zweiten Abend waren die nötigen Hütten errichtet, denn die umliegenden Waldungen lieferten das Baumaterial in Menge. Die Verteilung von Arbeit, Untersuchung, Austeilung von Lebensmitteln etc. ging aufs regelmäßigste vor sich, und gleich am Morgen nach eingenommenem Kaffee stand der Doktor vor seiner Hütte mit einem großen Glas Chinin, von dem jedes Mitglied der Expedition ein Löffelchen voll schlucken mußte. Chinin ist eben die Panacee gegen das Fieber, aber so sehr ich von seiner Heilkraft überzeugt bin, so scheue ich mich doch davon Gebrauch zu machen, wenn ich kein Fieber fühle. Ein so kräftiges Heilmittel kann, täglich genossen, wohl das Fieber abhalten, aber Ursache anderer Krankheiten sein. Eine Offiziersfrau in St. Laurent gebrauchte jeden Morgen einen Teelöffel Chinin im Kaffee, hatte nie Fieber, aber stets nervöses Kopfweh. Bei Reisen im Innern des Landes ist Chinin ganz unentbehrlich, und auch ich hatte auf allen meinen Zügen stets ein Fläschchen voll bei mir, auch ist es das einzige Heilmittel, zu dem Indianer Zutrauen haben; ich hatte zu meiner Armenpraxis jährlich wohl 100 Gramm nötig, aber nie gebrauchte ich es unnötig. Die Expedition des Herrn Alma kehrte nach einmonatlichem Aufenthalt am Maroni nach Surinam zurück; in den meisten Kreeken war Gold gefunden worden; aber ob die bedeutenden Auslagen, die man zur Gewinnung desselben machen mußte, durch die Ausbeute gedeckt würde, blieb späterer Untersuchung anheimgestellt.

Den 24. September kam mein neuer Schoner Maroni Paket auf Albina an; es war ein schönes, schnellsegelndes Schiffchen von bloß 24 Tonnen und hatte die Überfahrt von Amsterdam in 42 Tagen gemacht. Da inzwischen die Postverbindung zwischen Cayenne und Surinam auf eine andere Weise geregelt worden war, auch mein Handel beträchtlich abgenommen hatte, so hatte ich diesen Schoner nur ein- bis zweimal jährlich selbst nötig und ließ ihn deshalb teils in Cayenne nach dem Sinamari, teils in Surinam nach Demerara für meine Rechnung fahren. Der Gewinn, den ich an diesem Fahrzeug hatte, war sehr bescheiden, denn um mit Nutzen ein Schiff zu halten, muß man es in seinem eigenen Geschäfte verwenden und es nicht an Fremde überlassen.

Als das Gouvernement später jeden Monat den Landesschoner nach dem Maroni schickte, war mir der meinige ganz überflüssig geworden, und verkaufte ich ihn dann auch sogleich.

Obgleich meine Frau soweit wieder hergestellt war, so war doch ihre Gesundheit so geschwächt, daß der mindeste Diätfehler sie aufs Krankenbett brachte. Bei einem Alter von 60 Jahren, von denen sie 22 in der Kolonie zugebracht hatte, war an eine völlige Erholung hier nicht mehr zu denken. Dringend rieten mir die französischen Ärzte an, mit ihr die Kolonie zu verlassen und wo möglich in der Heimat zu bleiben, oder mich dort wenigstens so lange aufzuhalten, bis meine Frau sich vollkommen erholt habe.

Aber meine Mittel waren zu beschränkt, um in Europa anständig leben zu können; ich nahm also wieder einen sechsmonatlichen Urlaub und trat im Juni 1875 mit meiner Frau die Reise nach Europa an, wo wir unsern Aufenthalt in dem gesündern Cannstatt nahmen und zwar in einem Haus, wo täglich 72 Eisenbahnzüge vorbeipassierten, deren Lärm mit dem geräuschlosen Leben am Maroni im grellsten Kontrast stand. Während meine Frau sich in der gesunden Luft des Badeortes nach und nach erholte, hatte ich keine Ruhe, so müßig auf der faulen Haut zu liegen; ich machte mich also wieder auf den Weg und zwar nach Italien, das ich vor acht Jahren schon besucht hatte. So lange Zeit an ein einsames Leben gewöhnt, liebe ich doch, wenn ich es haben kann, Abwechslung, und wo fände man diese mehr als auf Reisen? Komfort und andere Bequemlichkeiten waren bei mir stets Nebensache, und nie war ich aufgeräumter, als wenn ich so recht müde mein Reiseziel erreicht und so zu sagen, durch körperliche Anstrengung den Genuß erkauft hatte. Gerade auf einer Reise nach Italien findet man die größten Abwechslungen in Landschaften, in Verkehrsmitteln, in Wirtshäusern, im Essen und hauptsächlich in den Bekanntschaften. Welch angenehme und fröhliche Erinnerungen für die einsamen Abendstunden in Guyana.

So kam ich auf dem Dampfboote, das nach Fluelen fuhr, mit einem ältern, jovialen Mann ins Gespräch, der, obgleich er einen Fez trug, doch ein ehrlicher Deutscher und zwar

697

Kunsthändler in Athen war, und der wieder über Venedig und Triest zurückreisen wollte. Zufällig kannte er einen meiner Bekannten in Stuttgart, den Professor F., der erst kürzlich aus dem Orient zurückgekommen war. Der Athener hatte jenen Herrn in Damaskus kennengelernt, und diese Reisen gaben uns nun genug Stoff zur Unterhaltung. Wir beschlossen also bis Venedig bei einander zu bleiben.

Im Postwagen von Andermatt waren außer uns noch zwei Passagiere, ein alter, englischer Offizier aus Ostindien und ein italienischer Kaufmann. Während mein Athener im Hospiz des St. Gotthard einen warmen Kaffee trank, wollten wir drei andere Passagiere uns durch Laufen etwas erwärmen, und wie ich schon vor acht Jahren getan hatte, verließ ich die Chaussee und folgte den Telegraphenpfählen, die in einer geraden Richtung die vielen Krümmungen der Landstraße abschneiden. Meine zwei Reisegefährten folgten vertrauungsvoll meiner Führung und kamen hinter mir her. Unser Wagen hatte unterdessen seine Vorspann bekommen und fuhr mit Blitzesschnelle herab. Da half kein Rufen; der Kondukteur ließ nicht halten; meine zwei Genossen strengten sich vergebens an, mir zu folgen und, wie ich, längs der Pfähle dem Wagen nachzulaufen; sie blieben endlich zurück, und ich mußte wohl über tausend Fuß an den Felsen herabklettern, um endlich am letzten Umgang den Wagen einzuholen; ich war atemlos und triefend vor Schweiß, und mit echt schweizerischer Höflichkeit wurde ich vom Kondukteur empfangen.

Im Wagen saß ganz allein mein Athener; aus seinem Handkoffer hatte er ein großes, weißseidenes, mit purpurfarbigen, blauen und Goldstreifen durchwirktes Tuch, das er in Isfahan gekauft hatte, genommen, sich dareingehüllt, seinen Fez aufgesetzt und saß da mit, verschränkten Beinen, eine türkische Pfeife rauchend, ein Prachtstück von einem Pascha. Ich saß wie gewöhnlich auf dem Bock, denn freie Luft und Aussicht ist mir Bedürfnis. Es war ein Sonntag und Hunderte von Arbeitern des Tunnels lungerten in den Straßen von Airolo umher; staunend nahmen sie die Pfeife aus dem Munde, zogen die

Mützen und begrüßten ehrfurchtsvoll meinen Reisegefährten, den sie wahrscheinlich für einen türkischen Diplomaten hielten, während ich auf dem Bock ihrer Notiz nicht wert schien. Was meine zurückgebliebenen Reisegefährten betrifft, die nun bis Airolo zu Fuß gehen und dort ein Extragefährt nach Biasca nehmen mußten, so verwünschten sie wahrscheinlich meine Bekanntschaft gemacht zu haben.

So verschieden nun auch mein Reisegefährte und ich von den Tunnelarbeitern beurteilt werden mochten, so waren wir doch nur Kaufleute, die zu ihrem Nutzen und Frommen Handel trieben; denn er verkaufte auf klassischem Boden an die verbastardeten Hellenen deutsche Papeterie und Kupferstiche, und ich in dem verrufenen Cayenne den Franzosen und ihren Spitzbuben deutsches Sauerkraut und Frankfurter Bratwürste.

Als wir am Abende in Arosa ankamen, fühlte ich in meinen steifen Beinen, daß ein so forcierter Marsch vom St. Gotthard herab sich mit meinen 60 Jahren nicht mehr vertrage. Ich blieb deshalb in Arosa, erquickte mich durch ein warmes Bad und eine Flasche Asti und hoffte, meinen Pascha, der nach Mailand vorausging, dort wieder zu finden. Ehe am andern Morgen der Zug dahin abging, besuchte ich noch den Hügel mit der Statue des heiligen Borromäus, hatte aber, so einladend der Küster es auch machte, in den Heiligen hineinzuklettern, durchaus keine Lust, weil mir noch die Promenade des gestrigen Tages in den Beinen saß, und begnügte mich damit, bloß die alten Lumpen zu betrachten, die der fromme Bischof einst getragen hatte. Bereits um ein Uhr war ich im schönen Mailand, wo ich denn auch wieder auf dem Bahnhof mit meinem Pascha zusammentraf, der jetzt als ehrbarer Spießbürger im Wagen saß. Nach dreitägigem Aufenthalt in Venedig, wo ich von Morgens bis Abends mit Sehenswürdigkeiten mich fütterte, verließ ich meinen Reisegenossen und fuhr direkt nach Neapel. Aber auch da blieb ich nur drei Tage, denn der Hauptzweck meiner Reise nach Italien war, einen langgehegten Lieblingswunsch zu befriedigen, nämlich den

Ätna zu besteigen. Schon am Abend des 15. September fuhr ich von Neapel aus mit dem Corriere siciliano nach Messina.

Als wir am Abend abfuhren, kam gerade ein holländisches Dampfboot von Genua; wie freundlich kam mir die wohlbekannte Flagge vor, unter der auch mein kleines Schiffchen fuhr, die meine teure Caroline, seligen Andenkens, getragen hatte, und der ich auch schon 40 Jahre lang angehörte. Es dunkelte schon, als wir Capri zur Linken ließen, und das wundervolle Panorama uns allmählich entschwand.

Ich reiste, der Ersparnis halber, zweiter Klasse, die eine abgesonderte Kajüte und Tafel, aber ein gemeinschaftliches Verdeck mit der ersten hat. Nur wenige Passagiere, meistens Italiener, sprachen französisch; in der ersten Klasse waren einige Engländer und zwei deutsche Kommis-Voyageurs, der eine in baumwollenen Leibchen, der andere in Korsetten, flotte Bursche, von der bekannten Spezies. Ich kroch um neun Uhr in meine Koje, deren Bettücher von zweifelhafter Reinlichkeit mich nicht einluden, meine Kleider auszuziehen. Am Morgen war zum Gebrauch für alle Passagiere der zweiten Klasse, etwa 30 Personen, eine Waschschüssel da, deren man sich tour à tour bediente; war man fertig, so zog man den Zapfen heraus, ließ das schmutzige Wasser ab und reines zulaufen und räumte seinen Platz dem Nachfolger, dem man das Handtuch, an dem sich alle abtrockneten, übergab, und der dann höflich „Grazie" sagte. Es war nicht so vornehm und proper als in der ersten Kajüte, aber auf jeden Fall gemütlicher. Um sechs Uhr betrat ich das Verdeck und sah vor mir den rauchenden Stromboli und etwas später die liparischen Inseln. Nach und nach kam auch die Küste von Sizilien zum Vorschein, und näherten wir uns der kalabrischen, alles im schönsten Sonnenschein, aber nur durch einen leichten Dunst sichtbar. Der Ätna aber war in Wolken gehüllt, und nur auf der Zurückreise sah ich auf einige Augenblicke einen Teil des Gipfels. Gegen halb elf kamen wir in die Meerenge und eine Stunde später nach Messina.

Schon mit dem ersten Zuge um ein Uhr fuhr ich nach Taormina, das wegen der herrlichen Aussicht von seinem griechischen Theater aus so berühmt ist. Die Gegend, durch welche wir fuhren, ist überall bebaut, Zitronenpflanzungen wechseln ab mit Wein, Mandeln und Öl, links die See und rechts sanft ansteigende Hügel mit Reben und Mais bepflanzt. Die Trauben waren schon reif und in einer Fülle, die man in nördlichen Ländern nie sieht. Von den sechs Passagieren, mit denen ich in einem Wagen zweiter Klasse fuhr, sprach nur einer Französisch; er übersetzte seiner Braut, einem jungen, sehr hübschen und äußerst eleganten Mädchen, deren frischen Teint ich bewunderte, unsern Diskurs. Überhaupt ist man sehr gesprächig und überall höflich.

Bei Giardini, einer kleinen Station, mußte ich aussteigen. Gleich war ein Junge bei der Hand, mir den Weg nach Taormina zu zeigen, das wohl 400 Fuß hoch in den Felsen liegt. Der Fahrtraße nach soll es zwei Stunden weit sein, der Pfad aber, den wir einschlugen, war bloß eine halbe Stunde lang, aber über die Maßen steinig, steil und halsbrechend. Mein Junge war ein lebhafter Bursche von 14 bis15 Jahren, braun wie ein Mulatte, und gab sich alle Mühe mich zu unterhalten. Aber leider begriff ich nur wenig. Wir waren endlich oben beim Theater angelangt, dessen Anblick man bei einem Portier mit 50 Cent erkaufen mußte, aber die Aussicht war trübe, auch vom Ätna nichts zu sehen. Es blieb, als ich das Theater gesehen hatte, mir noch genug Zeit mich im Städtchen umzusehen und auf der Terrasse eines Hauses eine Flasche Malvasier zu trinken. Als der Zug in Giardini ankam, war es beinahe dunkel, und nur ein Herr saß im Wagen. Wir waren bereits eine Viertelstunde weit mit einander gefahren, und es war schon stockfinster, als ich es wagte, ihn französisch anzusprechen, und siehe, ich bekam in derselben Sprache Antwort, die dann alsbald mit dem Holländischen vertauscht wurde, als ich hörte, daß er ein Belgier und aus Brüssel sei. Er war Friseur und wohnte in einem kleinen Städtchen in der Nähe Catanias. Bei meiner Ankunft in Catania stand bereits am Bahnhof ein Omnibus des Albergo grande, wo ich logieren wollte, und als ich in diesem Gasthofe ankam, stürzten vier

Kellner heraus, um die Gäste in Empfang zu nehmen, zogen sich aber enttäuscht zurück, als sie meine bescheidene Person mit dem kleinen Handköfferchen als einzigem Gepäck ganz allein aussteigen sahen. Wie sehr haben die Gasthöfe sich in Sizilien seit Goethes Zeit verändert, denn Albergo grande kann mit den besten in Deutschland sich messen; und doch klagten die Wirte, zwei Deutsche, daß so wenig Fremde mehr nach Sizilien kämen, um da den Winter zuzubringen, wozu ihr Gasthof speziell eingerichtet sei; italienische Wirte hätten durch unwahre und übertriebene Erzählungen des sizilianischen Brigantenwesens die Reisenden so erschreckt, daß nur Castellamare, Sorrent und Amalfi noch besucht werden, wo man sie auf andere Weise auszubeuten wisse. Es waren in der Tat nur wenige Gäste da, aber unter diesen wieder meine Commis-Voyageurs in Corsetten und Unterleibchen, deren Artikel bloß auf Catania beschränkt zu sein schienen, da sie mit demselben Dampfboote wie ich Sizilien wieder verließen.

Am Morgen des 17. regnete es, und der Ätna, den man von den Fenstern des Gasthofes sonst sieht, war in Wolken gehüllt. Der Wirt besorgte alles Nötige, nämlich eine Chaise um mich nach Nicolosi zu bringen, eine Decke um mich darein zu hüllen, wenn mich später die Kälte inkommodieren sollte, und die nötigen Lebensmittel, gab mir ein Briefchen an den Hüter des Ätna, den Doktor Gemellaro in Nicolosi mit, und so ging es um ein Uhr Mittags durch die Strada Etnea dem Berge zu. Es ging stets bergauf, zwischen Landhäusern, Kaktusfeldern, Zitronen-, Orangen-, Mandeln-, Feigen- und Granatbäumen und Weinbergen voll schwarzer Trauben. Alles gedieh herrlich in der schwarzen, verwitterten Lava. Nicht weit vom Städtchen, wo wir schon um drei Uhr ankamen, liegen die Monti rossi, bei früheren Ausbrüchen des Ätna entstanden.

Wir stiegen an der Hauptherberge ab. Sogleich waren drei Krüppel bei der Hand, meine Mildtätigkeit anzurufen, und zwei andere krochen auf allen Vieren herbei, so daß ich mich beeilte ins Haus zu kommen, um weiterer Betteleien enthoben zu sein. Der Wirt hatte für mich und meinen Kutscher Brot,

Wurst, Käse, Trauben, Feigen und Ätna-Wein aufgetischt, und es fand sich sogleich ein Kerl, der mich für einige Sous zum alten Herrn Dottore Gemellaro brachte, der gewöhnlich den Reisenden Pferde und Führer besorgt.

Der alte Herr wohnte in einer einsamen Gasse in einem Hause, das in einem schlecht unterhaltenen Garten ganz klösterlich stand. Alles war abgeschlossen; doch öffnete sich auf den Ton der Hausglocke die Türe, und eine alte Frau führte mich in den Empfangssalon. Gott, welche Rumpelkammer! In Seitenkästen an der Wand Stücke von Lava, die der Berg gespieen, seitdem ihm Vulkan seine Eingeweide geöffnet; Basaltstücke, Proben von Bernstein aus dem Simeto, Gipsabgüsse von Antiken, Büsten, Säulen, Kapitale, Ruinen von Kork, alte Bücher und Handschriften, die Vendômesäule und ein Briefbeschwerer mit dem alten Fritz. Von der Decke hingen Schnüre mit getrockneten Bohnen, Knoblauch und Trauben herunter, alles bedeckt mit zollhohem Staube. Der wohl achtzigjährige Herr war durch uns aus seinem Mittagsschläfchen gestört und kam in einer Toilette, die vollkommen mit seinem Salon harmonierte. Sehr gefällig und höflich brachte er sogleich Brot, Trauben und Feigen zu meiner Erfrischung. Er war halb taub und sprach nur mangelhaft Französisch; doch war er sogleich bereit, mir das Nötige zu besorgen, nämlich zwei Maulesel, jeden zu zehn, einen Führer zu acht und einen ragazzo oder Fackelträger zu vier Franken. So waren wir denn schon um vier Uhr zur Abreise bereit, voran der Führer auf seinem Maulesel, der nebst meinen Lebensmitteln, etwas Hafer und ein Säckchen Kohlen tragen mußte; dann ich auf meinem elenden Klepper, statt der Steigbügel zwei Stricke mit Schlaufen, wovon die eine vier Zoll länger als die andere war; hinten war die Decke befestigt und hing mein Regenschirm. Neben uns lief der Ragazzo, ein brauner, bärtiger, Kerl, der eine Laterne trug. So ging es durch Nicolosi.

Dieses liegt schon 2 100 Fuß hoch überm Meer und ist umgeben von Weinbergen und Feigenbäumen. Der Weg führte durch schwarzen Lavasand, und alle Gärten und Weinberge waren mit Mauern aus Lavablöcken umgeben, die, verwittert, den Boden so fruchtbar machen, aber ihm kein freundliches Ansehen geben. Es war trübes Wetter, und immer ging es bergauf; die Vegetation wurde, je höher wir kamen, desto spärlicher, und umsonst sah ich mich nach der Waldregion um, die den untern Ätna umgeben sollte, und die ich mir ganz anders vorgestellt hatte.

Kakteen sah man keine mehr, nur die wunderlich geformten Ginstersträuche wurden häufiger. Wenige Leute begegneten uns, und alle ritten auf Eseln. Auch Maultiere an Karren gespannt, die mit Schnee vom Aetna beladen waren, zogen an uns vorbei. Dieser Schnee kommt aus großen Haufen, die weit unterhalb der Casa Inglese angelegt sind; sie werden, wenn Wärme eintritt, mit Lava-Sand bedeckt und sehen dann wie kohlschwarze Verschanzungen aus. In den Sommermonaten wird in jeder Nacht Schnee aus diesem Vorrat geholt und durch Sizilien und Italien versendet. Obgleich es erst halb sieben war, als wir in die vor wenigen Jahren angelegte Kastanien-Pflanzung des Duca d'Alba einritten, so war es doch wegen des Nebels schon beinahe dunkel. Durch eine Allee von vielleicht sechsjährigen Kastanienbäumen, die aber schon anfingen Früchte zu tragen, kamen wir an ein niedriges, steinernes Gebäude, wo zwei junge Burschen, die Hüter der Pflanzung, uns bewillkommnten.

Im Hause machte der Führer aus trockenen Kastanienzweigen ein Feuer, der Ragazzo gab den Mauleseln zu fressen, und bald saßen die Leute gemütlich plaudernd beim Feuer, über dem in einem Topf Gott weiß was brodelte. Ich zog auch meinen Proviant hervor, steckte mein Licht an, aß ein Stückchen Ente und Brot und teilte meinen Cognac mit den Leuten; dagegen brachten mir die zwei Burschen eine große Zwiebel, zwei Nüsse, und fügten, vielleicht um mich zu necken, einen enormen spanischen Pfeffer bei, den ich auch zu ihrer größten Verwunderung aufaß. Ich konnte mich ihnen nicht verständlich machen, daß man auch bei uns diese Frucht esse, und daß in meinem Garten allein 17 verschiedene Arten davon seien.

Diese Karte entnahm ich dem Buch:

_____

☐ Bitte schicken Sie mir das Gesamtverzeichnis
Edition Erdmann.

☐ Bitte informieren Sie mich regelmäßig über die Reihe
„Alte Abenteuerliche Reise- und Entdeckerberichte".

☐ Bitte schicken Sie mir das Gesamtverzeichnis **marixverlag**.

Alle Informationen unter www.marixverlag.de

Mich interessieren
folgende Themenbereiche:

☐ Afrika
☐ Amerika
☐ Arktis / Antarktis
☐ Asien
☐ Australien
☐ Europa
☐ _____

Ich lag auf meinem Strohbett nicht gerade schlecht, aber die Aufregung ließ mich nicht schlafen, und ich beneidete die vier Leute, die, nachdem sie den Inhalt des Topfes aufgegessen hatten, sich ums Feuer lagerten, erst lebhaft sich unterhielten, dann stiller wurden, einschliefen und zuletzt schnarchten. Wie viele solche Nächte habe ich nicht schon in den Wäldern Guyanas zugebracht! Hatte ich dort mein Essen gekocht, dann setzten meine Indianer das ihre aufs Feuer und aßen inzwischen den Rest meiner Mahlzeit; war das ihrige fertig, so wurde gegessen; dann drehte jeder auf seinem Schenkel eine Zigarre, worauf man sich in die Hängematte legte, rauchte, lachte, bis sich endlich der Schlaf einstellte, und man um die Wette schnarchte. So unangenehm das Schnarchen für den Wachenden ist, so ist es doch wohl nur der Ausdruck einer innerlichen Gemütsruhe, die sich durch diese wenig harmonischen Töne kund gibt. Oft lag ich auf diesen Reisen bis um Mitternacht schlaflos in der Hängematte. Ebenso sorglos als dort lag ich jetzt hier in der Casa del bosco, nur bedacht die Zeit des Weiterrittes nicht zu versäumen, die der Führer auf Mitternacht bestimmt hatte. Mehrere Male schlich ich mich hinaus, um nach dem Wetter zu sehen, aber stets war ein dichter Nebel und sternenloser Himmel. Gegen ½ 12 Uhr weckte ich den Führer; die Tiere wurden gesattelt, die Laterne angezündet, und wir machten uns wieder auf den Weg, voran der ragazzo mit der Laterne.

Etwa fünf Minuten vom Hause war das Ende der Pflanzung; der Weg wurde immer steiler, zog sich über Felsen und Hohlwege oder an Schluchten von 20 bis 30 Fuß Tiefe vorbei, wo ich den sichern Gang der Tiere bewunderte, denn durch einen Fehltritt hätten wir Hals und Beine brechen können. Da verzog sich der Nebel, oder vielmehr wir traten aus demselben heraus, der Mond leuchtete hell, und über uns war ein heiterer Sternenhimmel. Trotz des gefährlichen, mir so ganz ungewohnten Rittes, denn seit 40 Jahren hatte kein Pferd mehr bestiegen, war ich in der heitersten Laune, sollte ich doch heute die über alle Beschreibung herrliche Aussicht vom

Gipfel des Ätna genießen! Es war diese wohl den gefährlichen Ritt, die Kälte und die Ausgaben wert. Endlich um zwei Uhr rief mir der Führer sein „Ecco l'Etna, Signore" zu, und da lag in kurzer Entfernung von uns der Aschenkegel, über dem eine leuchtende Rauchwolke hing. Gegen drei Uhr waren wir an der Casa inglese.

Als ich mit steifen Füßen und erstarrten Händen, denn ich hatte versäumt Handschuhe mitzunehmen, vom Gaul stieg, konnte ich mich nur mit Mühe aufrecht halten, denn die Luft war in dieser Höhe sehr dünn, und ein Schwefeldampf, manchmal zum Ersticken. Leichter Schnee war gefallen; aber am Morgen sah man keine Spur mehr davon.

Die Casa inglese ganz aus Stein gebaut, ist ziemlich geräumig und könnte mit wenig Unkosten zu einer bequemeren Wohnung eingerichtet werden. Der Führer hatte den Schlüssel zum Hause mitgebracht, zündete ein Licht an, und bald brannte ein lustiges Feuer. Acht bis zehn Bettstätten, freilich ohne Matratzen und Stroh, sind zum Gebrauch der Reisenden hier; doch sind sie eine große Wohltat an diesem so einsamen Orte. Im Hause war eine marmorne Tafel eingemauert zum Andenken der Besteigung des Ätnas durch die italienischen Naturforscher. Schon eine halbe Stunde ehe wir das Haus erreichten, sah man am Gange der Maultiere, wie mühsam es für sie war, bei der feinen Luft durch den tiefen Lavasand zu traben; sie blieben alle Augenblicke stehen und keuchten. Ragazzo und Führer hatten sich am Feuer gelagert, an das auch ich mich hinstreckte, um meine erstarrten Füsse zu erwärmen. Trotzdem ich vor Kälte zitterte, glühte mein Kopf und ich fürchtete nur, nicht im Stande zu sein den Aschenkegel zu besteigen.

Um halb fünf Uhr weckte ich den Führer, und da es nicht sehr kalt war, denn mein Thermometer zeigte 4° R. über 0. So nahm ich keine Decke mit, sondern band mir nur ein Tuch über die Ohren. Ein starker Nordwest-Wind hatte sich erhoben, und wie vor fünf Jahren auf der Soufflière in Guadeloupe blies auch dieser mir allen Schwefeldampf, der aus dem Krater aufstieg, ins Gesicht, so daß ich alle fünfzig Schritte stehen bleiben und Atem schöpfen mußte; doch kamen wir um fünf Uhr oben am Rande des Kraters an, als eben die Sonne in aller Pracht und Glut im Osten aufging. Aber sie beschien bloß ein ungeheures Meer zusammengeballter, weißer Wolken, das sich auf allen Seiten bis an den Horizont ausstreckte, und über das der Aschenkegel und ein Teil des oberen Ätnastocks etwa 4 000 Fuß hoch hervorragten, eine tiefsamtschwarze Fläche ohne jegliche Vegetation und Leben; der Aschenkegel selbst war grauschwarz, während der Krater aus dem der Rauch emporstieg, weißlich graue, gelbe, rote und blaue Schwefeladern zeigte. Dieser Krater kann kaum zwei Kilometer im Umkreise haben, seine Tiefe aber 2–300 Fuß betragen, wiewohl ich wegen des Dampfes, der aus unzähligen Ritzen emporstieg, nicht auf den Boden sehen konnte. Die Temperatur stand oben gerade auf dem Eispunkt, obgleich die Sonne hell und warm schien. Es war ein unvergeßlich erhabener Anblick. Aber das Paradies das da unten lag, war vollständig verschleiert, und wiewohl mir der Führer die Gegend zeigte, wo Palermo, Messina, Malta und Syrakus lagen, die ich auch nach meinem Kompaß zu finden wußte, so ragte weder Bergspitze, noch Turm oder Baum über das Wolkenchaos empor; nichts als die trostlose schwarze Lavafläche, wie ein großes Leichentuch mit dem Aschenkegel und dem rauchenden Krater in der Mitte. Der Boden am Krater war überall warm und drei Zoll tief schon heiß, wie auf dem Vesuv, den ich fünf Tage später ebenfalls bestieg. Nach einer halben Stunde stiegen wir wieder vom Kegel herab, der nicht viel höher zu sein schien als der Aschenkegel des Vesuv. Um halb acht Uhr ritten wir ab und sahen eine halbe Stunde abseits den Philosophenturm aus Lavablöcken erbaut; nach und nach trat auch die Vegetation wieder in ihre Rechte, gelbe Blumen wie Schafgarben zeigten sich, Ginsterbüsche und andere stachlige Gewächse nahmen immer mehr überhand und wurden von Schafen abgeweidet; an den Schneehaufen standen Karren und Esel zum Transport des Schnees, der am Abend eingeladen werden sollte.

Gegen elf Uhr waren wir in Casa del bosco und traten aus der Nebel- und Wolkenschicht, die vielleicht 2 000 Fuß hoch gewesen sein mag, wieder in den klaren Sonnenschein. Jetzt hatte ich einen herrlichen Anblick auf die tiefer liegende Gegend; ich konnte nur ahnen was ich vom Gipfel gesehen haben würde, wenn der Nebel die höhere Landschaft nicht bedeckt hätte. Um halb ein Uhr war ich wieder in Nicolosi, wo ich beim alten Herrn Gemellaro meinen Namen ins Fremdenbuch einschrieb, das übliche Opfer von fünf Franc zur Unterhaltung der Casa inglese abgab und meine Führer bezahlte. Um drei Uhr war ich in Catania zurück. Die Reise auf den Ätna hatte, die Lebensmittel eingerechnet, 76 Franc gekostet. Nach vierstündiger Wagenfahrt, 13stündigem Ritt und zwei Stunden Kletterns war ich zu müde, um noch weitere Ausflüge zu machen und kehrte am andern Tag nach Messina und von da nach Neapel zurück. Nachdem ich in Neapel, Pompeji, Capri, Rom und Florenz mich umgesehen hatte, blieb ich nur noch wenige Tage im Vaterland. Da meine Frau inzwischen vollständig erstarkt war und sich gesund genug fühlte, um die Seereise zu unternehmen, machten wir mit dem französischen Dampfer die Überfahrt und kamen den 7. Dezember auf Albina an.

Die Expedition des Herrn Alma im vergangenen Jahre 1874 hatte nun wohl den Beweis geliefert, daß auch auf dem holländischen Ufer sich Goldlager befinden. Es hatten denn auch einige Bewohner der Kolonie Konzessionen an Ländereien gefragt, um weitere Untersuchungen anzustellen; aber der weite Abstand von Paramaribo, sowie die Schwierigkeit des Transportes von Leuten und Lebensmitteln nach dem Maroni schreckten jeden ab, und so verfielen nach

Ablauf eines Jahres diese Konzessionen dem Fiskus, ohne daß nur irgend jemand Arbeiter dahin gebracht hätte.

Günstiger war der Maroni für Unternehmungen der Franzosen. Jede Woche fand man von St. Laurent die Gelegenheit nach Cayenne. Hospital, Autorität, Polizei, also alles was man in jeder bürgerlichen Gesellschaft und bei derartigen Unternehmen besonders nötig hat, war auf dem französischen Ufer vorhanden, freilich nicht speziell für die Goldsucher, aber doch auch für die daran beteiligten französischen Untertanen, während auf unserem Ufer nichts von alledem und bloß ein Beamter zu finden war, der außer seinem bescheidenen Salär wohl einen Titel aber keine Macht hatte und in allen Lebensfragen bloß auf seine Nachbarn, die Franzosen, angewiesen war; deshalb waren auch die wenigen Konzessionen, die auf dem holländischen Ufer betrieben wurden, in Händen der Franzosen; diese hatten Arbeiter aus Cayenne und bezogen ihre Lebensmittel direkt aus dem französischen Guyana, so daß dem Fiskus kein anderer Vorteil aus diesen französischen Niederlassungen auf dem holländischen Ufer erwuchs, als die jährliche Taxe von zehn Cts. per Hektar. Der gute Herr Alma, der trotz seiner schwachen Gesundheit die Expedition am Maroni ausgeführt hatte, sah mit Verdruß, daß in zwei Jahren Zeit sich niemand als nur einige Franzosen auf unserem Ufer in Gold-Unternehmungen eingelassen hatten; die Ursache davon schrieb er dem Mangel einer geregelten Verbindung mit Paramaribo zu, es mußte deshalb jeden Monat ein kolonialer Schoner von der Stadt nach dem Maroni fahren, aber in den drei Jahren bis zu meiner Abreise im Jahr 1879 machte Niemand davon Gebrauch, als bloß ich zum Transport der mir nötigen Waren.

Diese Gleichgültigkeit für den Grenzfluß, an dem doch das Vorhandensein von Gold durch eine kostspielige Expedition bewiesen war, muß man hauptsächlich dem Umstand zuschreiben, daß inzwischen am Surinam und seinen Nebenflüssen, wie an der Saramacca, Gold in größerer Menge entdeckt wurde und näher bei der Hand war. Mein Chef, Mr. Alma, kannte ganz genau aus meinen Briefen und Rapporten, wie auch durch eigene Anschauung, welchen Einfluß unsere Nachbarn, die Franzosen, auf die den Fluß bewohnenden, aber Holland unterworfenen Negerstämme, deren numerische Anzahl er in Folge lügenhafter Aussagen der Oberhäupter beinahe ums zehnfache überschätzte, durch ihre Niederlassungen erhalten hatten, und daß dieser Einfluß nur dann vermindert werden könne, wenn man auf unserm Ufer Industrien ins Leben riefe, die für Rechnung Hollands oder der Kolonie betrieben würden und unabhängig von französischer Hilfe sein müßten.

Dazu gab es nach meiner Meinung nur zwei Mittel, nämlich die den obern Maroni bewohnenden Negerstämme Holz für die holländische Marine oder die niederländischen Eisenbahnen verarbeiten zu lassen, oder auf Staatskosten eine Kolonisation mit Europäern, wie sie im Jahr 1857 bestimmt gewesen war, und wobei auch zugleich eine mit Macht bekleidete Autorität angestellt worden wäre, vor der mehr Respekt gewesen wäre als vor meinem jetzigen, nur zum Spott dienenden Amte. Dieser Autorität hätte auch die Douane anvertraut werden müssen, deren eigentümliche Verhältnisse unsern Nachbarn allmählich den Alleinhandel in die Hand geben.

Niemand hat die Schwierigkeiten einer Kolonisation mit Europäern besser kennen gelernt als ich, aber ich bin überzeugt, daß sie gelingen muß, wenn man die bis jetzt gemachten Erfahrungen benützt und die Mißgriffe vermeidet. Zur Rettung eines so schönen Landes sollte man alles wagen und kein Opfer scheuen, aber es ist nicht mehr die Zeit der Tatkraft und des eisernen Willens, der die alten Holländer beseelte, als im Anfang des vergangenen Jahrhunderts die Kaffee-Kultur auf Java eingeführt wurde. Obwohl damals der General-Gouverneur von Java der ostindischen Kompagnie schrieb, daß es ganz unmöglich sei, diesen Strauch zu kultivieren, weil eben das Land nicht dazu tauge, bestand diese doch darauf, und jetzt sind 300 Millionen Kaffeebäume auf Java; freilich sind Bäume keine Menschen, aber hätte man sich beim ersten mißglückten Versuche abschrecken lassen, wo wäre man jetzt? Man hat jedoch in Holland für die herrliche Kolonie so wenig Sympathie, daß sie vor einem Jahre bloß der Mehrheit von einigen Stimmen es zu danken hatte, daß ihre Lebensfrage, die Einfuhr von Kulis, wieder aufgenommen und ihr ein Bestehen gesichert wurde, das vom Interesse und der guten Laune Englands abhängig ist.

Herr Alma hatte große Hoffnung, den Maroni durch die Goldindustrie heben zu können; nun sollte auch an diesen Fluß eine Distrikts-Verwaltung kommen, nämlich ein Beamter nebst Sekretär, Arzt, Gendarmen, Ruderer usw., und sollten Häuser und Hospital errichtet werden; dann, meinte man, werden die Liebhaber der Geld-Exploitation sich schon einstellen.

Aber eine solche Distrikts-Verwaltung am Maroni hätte wenigstens jährlich 20 000 Gulden gekostet, außer den Kosten für die erste Anlage, das Terrain und die Gebäude. Da nun Albina der bestgelegene Platz war, so machte mir das Gouvernement den Vorschlag, mir dieses abzukaufen. Ich erhielt nach 37jähriger Dienstzeit ganz unerwartet meine Entlassung, worauf ich dann die Hälfte meines Anwesens ans Gouvernement verkaufte, das einen provisorischen Beamten ernannte und mich, bis dieser eintreten konnte, honorär mit der Wahrnehmung meines früheren Amtes beauftragte. Kaum waren aber die Kauf-Akten unterschrieben, als die französische Post die Briefe des Ministers brachte, der die Distrikts-Errichtung und noch manches Andere, das zum Heil und Frommen der Kolonie dienen sollte, als nicht vereinbar mit dem Stande der Finanzen vom Budget strich.

Die Hälfte von Albina war verkauft und auch kontraktmäßig bezahlt; als aber der für den Maroni angestellte Beamte hörte, daß er mit dem niederen Salär von 1 200 Gulden verlieb nehmen sollte, weigerte er sich die Stelle zu versehen, bis endlich nach zwei Jahren das Gouvernement einen Schreiber fand, der mit 2 000 Gulden Gehalt gegen Ende 1878 das Amt von mir übernahm. Von allen den großen Verbesserungen war also keine zustande gekommen, bloß ein subalterner Beamter wurde aufgestellt, dessen Salär doppelt so groß als das meinige ihm erlaubte, ein sorgenloses Leben in Langweile zuzubringen, während seine Stellung ebensogut eine Sinecure war, als bisher die meinige. Für mich aber hatte der Einzug des neuen Beamten in mein früheres Eigentum eine ernste Bedeutung.

Schon seit 33 Jahren Herr und Meister auf einem Platze, den ich mir aus einer Wildnis geschaffen, hatten ich und die

meinigen, alle Europäer, auch europäische Gewohnheiten beibehalten. Es herrschte bei uns deutscher Fleiß und das Bestreben, durch unserer Hände Arbeit unsere Wohlfahrt zu erringen. Wenige Europäer werden in der Kolonie sein, und das
ist eben einer ihrer Krebsschäden, die beim Waldfällen, beim
Landbau, bei der Fabrikation von Maniok usw. das leisteten,
was mein Neffe aus Liebe zur Sache und aus eigenem Antrieb
tat. Ich half überall treulich, soweit meine Zeit und Kräfte es
erlaubten.

Jeder Fremde, der Albina besuchte, er mochte Holländer
oder Franzose sein, war eingenommen von der Ordnung,
Reinlichkeit und Betriebsamkeit, die hier herrschte, wenngleich unsere Kleidung selten festtäglich war. Kostäcker,
Kokos-Alleen und Häuser waren gleich gut unterhalten, und
es fühlte der Europäer, daß er beim Europäer war, der die Sitten seiner Landesart auch im Tropenland beibehalten hatte.
Selbst der Neger begriff, daß Arbeit den Blanken nicht ent-
ehre noch für ihn fruchtlos sei, denn wenn sich auch ältere
Buschneger erinnerten, daß meine Vorgänger, die früheren
Posthalter, ihr ärmliches Leben in reiner, weißer Kleidung,
die Pfeife im Munde, im Lehnstuhl unter der Veranda ihres
Hauses mit Ausnahme einer 3 bis 4 Stunden langen Siesta zugebracht hatten, so sahen sie doch nach so langem Verkehr
mit mir, daß ich meinen Wohlstand, der mir erlaubte gastfrei
und freigebig zu sein, nicht meinem geringen Salär, sondern
meiner Tätigkeit verdankte.

Jetzt herrschte in meinem früheren dem Gouvernement
verkauften Wohnhause ein anderes Leben; der neue Beamte
war ein Farbiger der Kolonie, und aus solchen bestand seine
Familie und Bedienung, so daß jetzt auf Albina zwei Elemente
sich berührten, das Europäische und das Kreolische, die, wenn
sie auch nicht feindlich einander gegenüberstanden, doch
nicht harmonieren konnten.

Wenige Monate nach unserer Zurückkunft aus Europa
fingen die körperlichen Leiden meiner Frau wieder an; dieses
und die Veränderungen bestimmten mich, den Wohnplatz,

der mir durch den langjährigen Aufenthalt, die Sorgen und Entbehrungen, unter denen ich mir ihn errungen hatte, so teuer geworden war, für immer zu verlassen; ich übergab ihn also meinem Neffen. Um dessen Zukunft aber zu sichern, wandte ich mich wiederholt an das Gouvernement mit der Bitte, jetzt, da ein besonderer Beamter seinen Sitz auf Album habe, die Zollverhältnisse so zu regeln, wie sie an dem andern Grenzorte Nickerie waren, denn nur meinem Handel verdankte es die Kolonie, daß sich der holländische Einfluß nicht ganz auf unserem Ufer verloren hat. Daß dieser Handel ebenso im Interesse der Kolonie wie des Mutterlandes war, beweist der Umstand, daß in den 22 Jahren seit die Strafanstalten am Maroni entstanden sind, durch mich in diesen und in der Stadt Cayenne für mehr als 800 000 Gulden an holländischen Erzeugnissen, als Genever, Bier, Käse, Kartoffeln, Zwiebeln, Tabake usw. eingeführt wurden, während 23 große Schiffe mit Holz beladen nach Amsterdam gingen und Ein- und Ausfuhrzoll wie Tonnengeld jederzeit pünktlich in Paramaribo bezahlt worden sind. So habe ich an diesem Fluß, der für die Kolonie nie von einigem Nutzen war, ja durch meine Ansiedlung so zu sagen erst bekannt wurde, aller Hilfe, Unterstützung und alles Schutzes entbehrend, treulich das meinige zum Nutzen der Kolonie und der Industrie des Mutterlandes beigetragen.

Den 4. Juli 1879 verließ ich das mir so teure Land. War es mir auch nicht möglich, mit meinen jugendlichen Ideen am Maroni etwas zu Stande zu bringen, wodurch mein Name dort in freundlicher Erinnerung fortleben kann, so war ich doch so glücklich, durch meinen Handel und durch meine Sammlungen mir ein mäßiges Vermögen zu erwerben, von dem ich in bescheidenen Verhältnissen leben kann. Werde ich auch das Land, dem ich mit so vieler Liebe anhänge, nicht mehr sehen: Immer wird mich der Wunsch beseelen, daß es der holländischen Regierung gelingen möge, die schöne Kolonie aus dem tiefen Verfall, in dem sie sich jetzt befindet, zu erheben und ihre so reichen Hilfsquellen sich nutzbar zu machen.

Über die Abschaffung der Sklaverei, deren Folgen, Kuli-einfuhr und Kolonisation mit Europäern

Obgleich die Sklaverei bei den meisten Völkern des Altertums eingeführt war und ihr Ursprung in Zeiten leitet von denen die Geschichte schweigt, so datiert der Sklavenhandel, mit dem nach Einführung des Christentums sich die westlichen Staaten von Europa befaßten, erst seit der Entdeckung von Amerika. Die geringe Bevölkerung der neu entdeckten Länder, die Ungeschicktheit der Bewohner für Minen-Ausbeute oder den Landbau lenkten sogleich die Aufmerksamkeit der Entdecker und Eroberer auf das benachbarte Afrika, dessen Bewohner, die kräftigen Neger, auf leichte Weise zu bekommen waren. Nur mit diesen als Arbeitern, denn Europa selbst war nicht übermäßig bevölkert, konnte man Minen betreiben und sich auf den Anbau tropischer Produkte legen, die man früher auf schwierige Weise aus dem so fernen Ostindien erhalten mußte.

Alle seefahrenden Mächte des westlichen Europas beteiligten sich fortan bei diesem Handel, den man auf alle Weise ermutigte, und der ebenso wie der Besitz von Sklaven durch Gesetze garantiert und sanktioniert wurde. Über 200 Jahre dauerte dieser Handel, der immense Reichtümer verschaffte, bis gegen Ende des vergangenen Jahrhunderts in Europa Ideen von Freiheit und Gleichheit auftauchten, und man erst das Gehässige der Sklaverei einsehen lernte. England war es vorbehalten die ersten Schritte zur Abschaffung der Sklaveneinfuhr zu tun, und mit großen geldlichen Opfern und der Aussicht des vermutlichen Ruins sonst so gewinnbringender Kolonien wurde im Jahr 1838 die Sklaverei in sämtlichen englisch westindischen Inseln und im britischen Guyana aufgehoben.

Nun war zwar die Sklaverei abgeschafft, aber der Zweck, die Freigegebenen zu nützlichen Gliedern der Gesellschaft zu machen, war nicht erreicht. Die Freiheit sieht der Neger nur im Müßiggang, und so kam es, daß die meisten Freigegebenen die Pflanzungen auf denen sie geboren waren und so lange gelebt hatten, verließen, und keiner geregelten Arbeit, bei der allein die Kultur von tropischen Stapelprodukten betrieben werden kann, sich mehr widmen wollten.

Am meisten litt unter diesen Umständen das britische Guyana, dessen Neger sich teils auf verlassenen Pflanzungen ansiedelten, teils sich Wohnplätze an den Gewässern des so fruchtbaren unbebauten Landes anlegten. Mit der Arbeit weniger Tage baut sich der Eingeborene eine Hütte, die ihm Jahre lang ein zweckmäßiges Obdach gegen Sonne und Regen gewährt. Eine Arbeit von ein bis zwei Stunden täglich in dem so fruchtbaren Boden gibt ihm die nötige vegetabilische Nahrung, während Wald und Gewässer ihn mit Wild und Fisch hinlänglich versorgen.

So kann er bei wenig Beschäftigung und an keine Zeit gebunden sich dem Müßiggang hingeben, und durch den Überschuß dessen was er pflanzt, oder an rohen Erzeugnissen des Waldes sammelt, sich das verschaffen, was er an Gerätschaften, Kleidung oder dergleichen nötig hat. Je weiter er von europäischen Niederlassungen entfernt und dem Einfluß der Zivilisation, der er abhold ist, entrückt ist, desto indolenter wird seine Lebensweise werden und er allmählich in den Zustand kommen, in dem unsere Buschneger leben, die sich zum krassesten Götzendienste bekennen und sittlich auf der niedrigsten Stufe stehen.

Wie verderblich diese unvorbereitete und übereilte Freigebung der englischen Sklaven auf Schiffahrt und Produktion des britischen Guyana wirkte, beweist der Umstand, daß im Jahr 1850, also zwölf Jahre nach der Emanzipation, trotz einer während dieser Zeit sehr bedeutenden Einwanderung von freien Arbeitern aus Ostindien, China, Malta, Afrika usw. die Produktion des Zuckers sich beinahe um die Hälfte vermindert hatte, Kaffee und Baumwolle aber gar nicht mehr angebaut wurden. Die geldliche Vergütung aber, die England den Sklavenbesitzern ausbezahlt hatte, belief sich auf 240 Mio Gulden. So wurde im britischen Guyana (ich lasse die andern westindischen Inseln unberührt) Pflanzung auf Pflanzung verlassen, und hätte England, dem allein sein ostindisches Reich die Gelegenheit gibt, den Mangel an Arbeitskräften in seinen westindischen Kolonien durch Kulis (Bengalesen etc.) zu ersetzen, nicht kolossale Summen für die Überfahrt dieser daran gewendet und durch Schutzzölle die Zuckerpreise gehoben, der totale Ruin des Landes wäre sicher gewesen.

Kaum war im britischen Guyana, zwischen welchem und Surinam der Correntinstrom die Grenze bildet, die Emanzipation vollzogen, als man sich in Holland über die Folgen derselben und ihren Einfluß auf unsere Sklaven beriet und ernstlich daran dachte, auch die Abolition der Sklaven in den Niederländischen Besitzungen einzuführen.

Inzwischen gab das Betragen der Surinamschen Sklaven, die genau von den Vorfällen im Nachbarland unterrichtet waren, zu keinen Befürchtungen Anlaß, und da bei einer Sklavenbevölkerung von ca. 40 000 kaum 500 Soldaten im Lande waren, so ist dieses ein sprechender Beweis von dem guten Geiste der unter der schwarzen Bevölkerung herrschte. Selbst als im Jahre 1848 die Sklaven des benachbarten französischen Guyana ebenfalls frei erklärt wurden, blieben die unsrigen ruhig, wiewohl überall der Wunsch nach Freiheit laut wurde.

Schon längst waren in Surinam strenge Gesetze gegen Mißhandlung von Sklaven eingeführt, und es lag ja im Interesse der Eigentümer selbst, dieses lebende Kapital schonend und gut zu behandeln, um, da es sich nicht mehr wie früher durch Einfuhr erneuern ließ, möglichst lange Nutzen daraus zu ziehen. Es war auch, wie ich bereits im Eingang sagte, auf den meisten Pflanzungen das Leben der Sklaven bei weitem nicht so elend, als man es sich in Europa vorstellte, und viel sorgenloser als das der ärmeren europäischen Landleute, denn das Institut der Sklaverei brachte das eigentümliche mit sich, daß dem Herrn das Bestehen und Wohlsein seiner Sklaven oblag, und er sie in ihrem Alter vor Mangel und Not schützen und in ihren Krankheiten verpflegen lassen mußte.

Der Zustand des Negers hängt aber in seinem Vaterland vom Despotismus und der Willkür seines Oberherrn ab und ist schlimmer als Sklaverei, die doch wenigstens durch Gesetze geregelt wurde. Überdies erkennt der Neger willig die geistige Überlegenheit der weißen Rasse an und hat deshalb kein drückendes Gefühl dieser unterworfen zu sein, wie vielleicht der russische Leibeigene. Eine Hauptlast für ihn besteht darin, daß er eine verkäufliche Ware ist und daß er arbeiten muß.

Der Neger ist schon indolent von Natur, aber der Europäer pflanzte ihm diesen Widerwillen gegen Arbeit und vor allem gegen den Landbau ein, denn fast niemals sah man einen Weißen oder Freien tatsächlich Hand anlegen; ja, obwohl durch den Landbau allein die Wohlfahrt des Landes gegründet wurde und dadurch immer bedingt sein wird, so durfte selbst auf den Pflanzungen kein Sklave, der seine Existenz der wollüstigen Laune eines Weißen verdankte, Feldarbeit verrichten, sondern mußte zum Hausdienst oder irgend einem Handwerk verwendet werden. Dieses elende Vorurteil wurde durch den Europäer selbst genährt, und so wurde der edelste und natürlichste Beruf des Menschen, der einzige der ihn frei und unabhängig machen kann, zu einem ehrlosen und verächtlichen gestempelt.

War nun auch für das materielle Wohl der Sklavenbevölkerung beinahe überall zur Genüge gesorgt, so war für religiöse und sittliche Bildung um so weniger getan, und beinahe alle Sklaven der Pflanzungen lebten im Heidentum, denn wenn auch Missionare dieselben von Zeit zu Zeit besuchten, so waren doch die meisten Verwalter der Pflanzungen gleichgültig und selbst dem Unterricht abhold, weil dieser die Arbeit beeinträchtigte; da aber im Neger selbst kein Trieb dazu war, so fand das Christentum nur wenig Eingang. Besser stand es in Paramaribo, wo beinahe alle Haussklaven sich zur protestantischen und auch wohl katholischen Kirche bekannten, die Herrnhuter und katholischen Missionare Schulen für die Jugend hielten und auch eine Art kirchlicher Ehe zu befördern suchten. Ebenso wenig als Religion kannte man auf den Pflanzungen ein Familienleben, denn da keine Ehe bestand, so hatte ein Vater keine väterlichen Rechte an die Kinder, die er erzeugte, und bloß die Mutter war als Familienhaupt anerkannt und durfte ohne ihre Kinder nicht verkauft werden.

Da die Verwalter der Pflanzungen nur ausnahmsweise verheiratet waren und oft ihre Haushälterinnen unter den hübschen Sklavinnen der Pflanzungen sich auslasen, so war an Sittlichkeit nicht zu denken, so daß die Sklavenbevölkerung stets abnahm, wie denn auch aus derselben Ursache die zügellos freilebende Buschnegerbevölkerung sich verminderte. Die ganze Sklavenbevölkerung war in zwei Klassen eingeteilt: in *Plantagesklaven* oder solche, die im Sklavenregister auf den Namen einer Pflanzung eingetragen waren, nicht einzeln oder familienweise, sondern mit der Pflanzung selbst verkauft werden mußten, und in *Privésklaven*, die auf den Namen irgend eines Besitzers im Register standen, aber dann einzeln verkauft wurden, wenn die Mutter, als Familienhaupt, gestorben war. Diese Privésklaven arbeiteten wie es der Wille ihres Herrn war, entweder auf den Pflanzungen oder als Handwerker oder Hausdiener, oder waren gegen ein Tag- oder Monatgeld vermietet.

Manche freie Familie, die keine Pflanzung oder sonst einen Erwerbszweig hatte, lebte von dem Mietgeld, das ihre Sklaven aufbringen mußten, und das, wenn diese Handwerker waren, meist ein Gulden oder selbst 1,25 Gulden per Tag betrug, so daß die Rente dieses lebenden Kapitals, wenn der Sklave gesund und willig war, 250 bis 300 Gulden, bei einer Frau 100 bis 125 Gulden netto per Jahr betrug, denn die Unkosten waren gering und bestanden bloß aus fünf Gulden Steuer und einigen Kleidungsstücken im Werte von 10 bis 15 Gulden jährlich. Ein kräftiger Neger, der sich auf Feldarbeit oder ein Handwerk verstand, war 800 bis 1 000 Gulden wert; eine Frau oder Mädchen die Hälfte; beide verzinsten deshalb ihren Wert mit 25 bis 30%. So günstig verzinsten sich freilich die Plantagesklaven nicht, denn außer dem Umstand, daß die meisten Eigentümer der Pflanzungen sich außerhalb der Kolonie aufhielten und ihre Pflanzungen durch Bevollmächtigte verwalten ließen, die ein nicht unbedeutendes Gehalt davon zogen, so hatte auch das Hauptprodukt durch Preisfluktuation und die Konkurrenz des Runkelrübenzuckers viel zu leiden. Kaffee und Baumwolle kamen mehr und mehr in Abnahme, während Kakao eine bessere Rente gab. Immerhin war aber eine gut und richtig geleitete Pflanzung eine gewinngebende Sache.

So zeitgemäß und im Interesse der Menschlichkeit auch die Abschaffung der Sklaverei war, so hatte man, indem man das gehässige Institut aufhob, nicht allein Pflichten gegen die Sklaven zu erfüllen, sondern auch gegen die Eigentümer, denen man außer einer Entschädigung für ihr Kapital auch die Mittel verschaffen mußte, die Geschäfte die sie mit den Sklaven betrieben hatten, durch andere Arbeiter fortsetzen zu können. Hierin lag nun das Schwierige der Sache, denn man wußte bereits aus Erfahrung, daß der bei weitem größere Teil der Freigegebenen sich dem Landbau entziehen würde, man deshalb, wenn man die Kultur der Stapelprodukte, auf der die Existenz der Kolonie beruhte, fortsetzen wolle, sich nach andern Arbeitern umsehen müsse, deren Herbeischaffung große Summen erforderte.

Die Engländer, im Besitze ihres stark bevölkerten Ostindischen Reiches, aus dem die Menschen oft massenhaft auswandern mußten, weil bei mangelhafter Kommunikation und unzureichenden Bewässerungssystemen großer Landstriche oft Hungersnot entstand, der Tausende unterlagen, und welche die Notleidenden zwang, in andern Ländern ihren Unterhalt zu suchen, fanden dadurch die Gelegenheit, ihren Westindischen Kolonien die Arbeitskräfte zuzuführen, die sie durch die Emanzipation verloren hatten.

Es war bei ihnen diese Einfuhr bloß eine Geldfrage, während Holland keine Kolonien besaß, deren Überbevölkerung es zur Auswanderung bestimmen konnte. Holland mußte deshalb erst von England die Erlaubnis erhalten, den Bedarf an Arbeitern für seine Westindischen Kolonien ebenfalls aus Britisch-Indien zu beziehen. Bedenklich war hierbei schon der Umstand, daß man diese Kulis durch die Erlaubnis und die Vermittlung der englischen Regierung bekommen mußte. Wenn auch diese ganz unparteiisch zu Werke geht, so sind bei diesem Kuli-Bezug für eine fremde durch den Anbau der gleichen Produkte konkurrierende Kolonie so viele Interessen der englischen Pflanzer im Spiel, daß man wohl begreift, daß nicht eben die Elite der indischen Auswanderer an die Holländer kommt. Diese Auswanderer sind aber nur durch zeitweise Not gezwungen, ihr Vaterland zu verlassen und haben keineswegs Lust, das Land, wohin sie sich vermieten, zum festen Wohnort zu erwählen. Es kehren deshalb auch die meisten nach Ablauf ihrer Kontraktzeit, oder wenn sie sich so viel erübrigt haben, um in ihrem Vaterland sich ein Bestehen zu gründen, wieder dahin zurück. Viele werden auch Kleinkrämer, und nur wenige betreiben nach Verlauf ihrer Mietzeit den Landbau. So müssen denn, Sterbefälle und Abgang gerechnet, jedes Jahr etwa ein Fünftel der zum Unterhalt der Pflanzungen nötigen Arbeiter neu eingeführt werden, so daß also für die Pflanzungen keine stabile Bevölkerung bleibt, wie in der Zeit der Sklaverei. Wäre deshalb die Einfuhr von Arbeitern durch irgendeinen Umstand gehemmt, so würde in wenig Jahren alle Kultur aufhören und das Land wieder eine Wildnis werden.

Die Abschaffung der Sklaverei war deshalb mit so viel Schwierigkeiten verknüpft und mit Rücksichten, die man sowohl den Eigentümern, als auch den Sklaven schuldig war, verbunden, daß man sich Jahre lang darüber beriet und eine Menge Pläne entworfen und wieder aufgegeben wurden. Zuletzt war denn doch vom 1. Juli. 1863 an die Sklaverei für immer aufgehoben. Man hatte jedoch, beehrt durch die nachteiligen Folgen im englischen und französischen Guyana, und um die Freigegebenen an Arbeit für eigene Rechnung zu ge-

wöhnen, die weise Bedingung gemacht, daß sie auf den Pflanzungen des Distrikts, in welchen sie gehörten, gegen Bezahlung dieselbe Arbeit zu verrichten hatten, die ihnen früher im
Sklavenstand aufgetragen gewesen war. Während dieser Zeit,
die zehn Jahre lang, also bis zum 1. Juli 1873 dauern sollte,
standen sie wie Minderjährige unter Vogtei des Staates (Staat-
stoezigt) unter die sie sich auch willig fügten.

Als sie nun nach Ablauf dieser in die vollen Rechte der übrigen Bürger traten, verminderte sich die Arbeit, und wenn
auch der Übertritt in vollkommene Freiheit keine so grellen
Verhältnisse zeigte, wie in den Nachbarkolonien, so war er
doch eben so wenig zufriedenstellend und bereitete weniger
schnell, aber eben so sicher den gänzlichen Verlust an Arbeit
und die Verwilderung der Freigegebenen, so daß also ebenso,
wie bei den Nachbarkolonien, die Einfuhr von fremden Arbeitern eine Lebensfrage für Surinam wurde.

Aber statt daß die Einfuhr von Arbeitern mit Ernst betrieben wurde, tauchten Pläne auf, um jetzt die Neger durch Unterricht zu bilden und dann zur Arbeit heranzuziehen, nach
dem Holländischen Sprichwort: „Wenn das Kalb ertrunken
ist, wirft man den Brunnen zu", eine ganz richtige Idee, die
vielleicht teilweise ihrem Zweck entsprochen hätte, wenn
man vor 50 Jahren sich damit beschäftigt haben würde. So
wurden wegen Mangel an Arbeitern Pflanzung um Pflanzung
verlassen oder um ein Spottgeld verkauft, so daß Zuckerpflanzungen mit Gebäuden und Fabriken, deren Anlage oft über
100 000 Gulden, gekostet hatte mit 1–2 000 Hektar Land für
2 000 bis 3 000 Gulden feilgeboten wurden. Überall trat eine
Mutlosigkeit und Mangel an Energie ein, und nun sollte die
Regierung helfen, die doch schon kolossale Summen für die
Emanzipation ausgegeben hatte. Familien, die früher durch
den Besitz einiger Sklaven ein sorgenloses Leben hatten, sehen, nachdem das Entschädigungsgeld durchgebracht ist, sich
ganz mittellos. Industrie besteht sozusagen gar nicht, weil beinahe alles was man gebraucht, schon fertig aus andern Ländern eingeführt wird.

Landbau war wie oben gesagt, bei Blanken und Negern verachtet. Deshalb sind auch alle Hilfsquellen, die der so reiche Boden liefert, unbenützt, und nur eine wurde in den letzten Jahren ausgebeutet, die aber leider nicht zum Nutzen des Landbaus entstanden ist, weil sie den Freigegebenen einen reichlicheren Verdienst verschafft als dieser, dem sie sich doch als letztem Existenzmittel hätten zuwenden müssen. Es ist dieses die Goldindustrie, die durch ungesunde Arbeit physisch entnervt, und wie wir neuerdings in den Zeitungen lesen, auch die Moral nicht zu heben scheint.

Obgleich manche glücklich dabei sind, so ist sie doch für den weit größeren Teil der Unternehmer verderblich. Immerhin wäre diese Goldindustrie, die manchen aus der Lethargie erweckte, auch der Aufmerksamkeit der Regierung wert gewesen. Eine wissenschaftliche Untersuchung der höher liegenden primitiven Ländereien hätte vielleicht zu weiteren Entdeckungen geführt, aber sie unterblieb, weil die Regierung recht wohl zu wissen scheint, daß nur der Landbau und nicht die Goldindustrie im wahrem Interesse der Kolonie liege.

Von allen seinen großen Besitzungen, mit denen es vor 200 Jahren die erste Stelle im Welthandel einnahm, ist Holland nichts geblieben, als die Oberherrschaft über seine ostindischen Inseln, deren Bevölkerung ihm bloß durch Zwang untertan ist, aber ebensowenig Liebe und Anhänglichkeit an Holland hat, als die Völkerschaften, die das Ostindische Reich bewohnen, für die Engländer.

Überall offenbart sich unter den Völkern des Islam der Hang zur Selbstständigkeit; ein gut geleiteter Fanatismus kann, wie in Hindostan, so auch auf den Sunda-Inseln die Völker ermutigen, sich vom verhaßten Joch der Europäer frei zu machen. Dann bliebe den Holländern noch das schöne, aber menschenleere Surinam, das leicht eine Bevölkerung ernähren könnte, die jener des Sunda-Archipels nicht nachstände.

Wie viele Länder werden in dieser auswanderungslustigen Zeit nicht in Erinnerung gebracht, wohin der Strom oder nur ein Bächlein der Auswanderung zu leiten sei, warum sollte das milde und so überaus günstig gelegene holländische Guyana nicht auch in Anmerkung kommen?

Eine Einwanderung und zwar der kaukasischen Rasse, würde sich auch wohl nach und nach einfinden, wenn erst das Problem gelöst sein wird, daß der Europäer im Tropenklima arbeiten und gesund bleiben kann. Freilich sind schon manche Versuche gemacht, und alle mißglückten; aber bei jedem dieser Unternehmen sind die Mißgriffe nachzuweisen; es wäre also bei einem neuen Unternehmen vor allem ein Studium jener früheren im französischen wie im holländischen Guyana angestellten Versuche nötig, um mit möglichster Vorsicht zu Werk zu gehen.

Welch ein anderer Geist und Wohlstand würde herrschen, wenn eine europäische Bevölkerung, Holländer oder ihre Stammverwandten, sich innerhalb der Kolonie bildete. Eine Bevölkerung, die für sich selbst arbeitend, sich auf den Anbau des einen oder andern Stapelprodukts legen würde.

Eine solche Kolonisation wäre für die Kolonie und für Holland von unberechenbarem Nutzen; durch Ursprung, Sitten und Verwandtschaft mit Holland verbunden, würden sie ihre Interessen im Wohlstand der Kolonie und in ihren Beziehungen zum Mutterland finden, während die jetzige Bevölkerung, kaum bemerkbar in diesen ungeheuren Wildnissen, für beides gleichgültig ist.

Eine Kolonisationsprobe mit Europäern kann aber nach meiner Meinung nur dann glücken, wenn sie ganz außerhalb der Berührung mit der andern inländischen Bevölkerung bleibt, deren Sitten und Lebensweise sie in der ersten Zeit nicht kennen zu lernen braucht, und deren Indolenz ihr nur ein verderbliches Beispiel geben würde. Sie müßte vorerst eine in sich selbst bestehende Gemeinde ausmachen, die nach bestimmten Regeln und Bedingungen geleitet würde, aber für eigene Rechnung arbeitete und dabei alle Vorteile einer wohl verwalteten Gemeinde genösse, bei ihrer Ankunft in der Kolonie bereits eine Wohnung, angepflanzten Acker und Vieh fände, und so lange mit einer kräftigen Nahrung versehen würde, die sie in den Stand setzte zu arbeiten, bis nach und nach ihre Felder tragbar würden. Sie müßte verpflichtet sein, gleich von Anfang an ein Stapelprodukt zu pflanzen, um damit die Vorschüsse zurückzubezahlen, die zu ihrer Überfahrt, Ansiedlung und zeitlichem Unterhalt gemacht werden mußten.

Zwei Kulturen würden sich in Surinam besonders empfehlen: der Tabak und der Kakao; ersterer würde den Ansiedler schnell in den Stand setzen, seine Schulden abbezahlen zu können, der zweite aber gibt ihm für spätere Zeit Gewinn, der aber dann leicht und sicher ist. So lange die Vorschüsse nicht abbezahlt wären, müßte der Ansiedler unter einer Kontrolle stehen, die man Lehrlingschaft nennen könnte. Aber eine derartige Unternehmung, die den Zweck hat, eine dauernde Emigration nach der Kolonie zu ziehen, dürfte nicht das Werk einer partikulieren Gesellschaft, sondern dasjenige des Staates sein, der die Beamten und tauglichsten Leiter auszusuchen hätte. Diese müßten aber gründlich mit den Verhältnissen des Landes und der Kulturen bekannt sein, wie auch jeder Auswanderer aufs Genaueste, und zwar schon ehe er sein Vaterland verläßt, mit der Beschaffenheit, dem Klima, den Kulturen, dem Werte derselben und der Lebensmittel unterrichtet sein muß, ebenso wie von den Bedingungen, unter welchen er dem ersten Probeunternehmen beitritt.

Die Verschiedenheit einer Ansiedlung in einem gemäßigten Klima und einer solchen in einem Tropenlande ist wohl zu berücksichtigen. Der Auswanderer, der sich aus seinem unter der gemäßigten Zone liegenden Vaterlande in ein Land begibt, das ein gleichartiges Klima hat, findet zwar andere Gebräuche, eine andere Lebensweise, auch wohl ein anderes Volk, dessen Sprache er erst lernen muß, aber doch dieselben Produkte, dieselbe Bearbeitung des Bodens, dieselbe Abwechslung der Jahreszeiten, so daß in Betreff des Klimas er sich heimisch fühlt, daß der Landbau, die Urbarmachung des Bodens ihm bekannt ist und keine Hindernisse bereitet, wäre es auch, daß er mit dem Volk, mit dem er von jetzt an leben muß, sich

anfänglich weniger befreundet. So sind dauerhafte Kolonien
in Nord-Amerika, Chile, Südrußland, Australien etc. entstanden, und so haben auch die Holländer das Kap kolonisiert.
Ganz anders ist es aber für den Auswanderer nach einem Tropenland. Klima, Jahreszeiten, Produkte und Bearbeitung des
Bodens sind ihm gänzlich unbekannt. Um sich damit vertraut
zu machen, muß er erst anlernen, und erst nach und nach lernt
er durch Erfahrung die Schwierigkeiten überwinden, die ihm
vielleicht unüberwindlich schienen. Ist nun, wie in Surinam,
der so edle Beruf des Landmanns von Seiten der Bewohner ein
nahezu verachteter Stand, und sieht der Einwanderer die Indolenz, der sich Kreolen wie Freigegebene hingeben, so fühlt
er sich gegenüber diesen gewissermaßen auf einer niedrigem
Stufe als sie, und ist, wenn er nicht Charakterstärke genug hat,
in seinem Stande unglücklich.

Aber auch abgesehen von dem klimatischen Einfluß und
dem moralischen, den der Neuankommende empfängt, wirken auch die Verhältnisse erschlaffend auf seinen Geist. Im
gemäßigten Klima, wo manchmal durch strenge Winter oder
durch regenlose heiße Sommer Mißernten an Getreide, Wein
oder dergleichen entstehen, wo der Bauer bloß die Hälfte des
Jahres hindurch die Früchte seiner Arbeit genießt, wo Sorge
für Kleidung, Haus, Holz, Steuern Energie und Kraftanstren-
gung nötig machen, wird der Körper und Geist gestählt.

Im warmen Tropenklima aber, wo Jahr aus Jahr ein ein
immerwährendes Treiben der Vegetation ist, wo, wenn auch
je eine abnorme Witterung eintritt, doch Früchte wachsen,
denen diese Witterung, es sei nun Nässe oder Trockenheit,
zuträglich ist, gibt das Klima ohne viele Arbeit das was der
Mensch nötig hat. Sorgen für Wohnung, Kleidung, Holz sind
gering; und wenn auch Steuern, die überall der Zivilisation
folgen, erhoben werden, so kommen diese bei dem Gewinn,
den die Arbeit abwirft, nicht in Betracht. Aber gerade durch
die wenige Mühe die man hat, seinen Lebensunterhalt zu erwerben, erschlafft die Energie und der Erfindungsgeist, und
schwerlich wird je in einem Tropenland eine Betriebsamkeit

in Industrie und Landbau herrschen, wie in Ländern der gemäßigten Zone.

Der Versuch der Kolonisation eines tropischen Landes
aber, es möge nun Surinam oder ein anderes analoges sein,
muß, ich wiederhole es, durch den Staat und nicht durch
Privatpersonen unternommen werden; denn wären diese auch
von der reinsten Absicht und Menschenliebe beseelt. Nie wird
der Auswanderer ein vollkommenes Vertrauen in das Unternehmen setzen und jede Maßregel, die er nicht begreift, der
Gewinnsucht der Dirigenten zuschreiben.

Unbegrenztes Vertrauen von Seiten der Kolonisten in die
Leitung und Fürsorgen der Vorgesetzten sind zum Gelingen einer Kolonisation eben so nötig, als eine gesunde und
zweckmäßige Lage des Wohnortes und die Wahl gesunder,
eifriger und des Landbaus kundiger Kolonisten. Ist ein solcher
Versuch auf kleinem Maßstabe erst geglückt, so ist auch das
Vorurteil weggenommen und die Einwanderung gesichert. Es
werden dann die mit Mittel Versehenen, für eigene Rechnung
Ankommenden, die nicht wie diejenigen des ersten Versuches
unter einen leitenden Zwang gestellt werden können, den
Wert eines Zentralsystems, dem die ersten beizutreten gezwungen waren, selbst einsehen lernen und sich freiwillig ihm
anschließen. So können, wenn die Kolonisation sich weiter
ausbreitet, nicht allein Tabake und Kakao, für deren Zubereitung keine Maschinen nötig sind, sondern Ausfuhrprodukte,
zu deren Fabrikation dem Einzelnen die Mittel fehlen, und für
die sich Lage und Boden eignet, kultiviert werden.

Der Geist des Orients

David Urquhart
**Reisen unter Osmanen
und Griechen**
*Vom Peloponnes zum Olymp
in einer ereignisreichen Zeit*

um 1830

Herausgegeben und eingeleitet
von Lars Hoffmann

Gebunden mit Schutzumschlag
400 Seiten, 12,4 x 20,5 cm
ISBN 978 3 86539 802 4

➻ Undercover für die Britische Krone

➻ Am Vorabend der Unabhängigkeit Griechenlands
vom Osmanischen Reich

➻ Der Schotte David Urquhart, der im Auftrag der britischen
Krone viele Jahre seines Lebens fern der Heimat verbrachte,
ist eine der faszinierendsten Gestalten aus der großen Gruppe
der europäischen Reisenden des 19. Jahrhunderts.

im marixverlag
Römerweg 10
65187 Wiesbaden

edition-erdmann@marixverlag.de
www.edition-erdmann.de
www.marixverlag.de

Ein Blick auf die Königreiche vor der großen Umwälzung

Richard Büttner
Reisen im Kongogebiet
Expeditionen im Auftrag der Afrikanischen Gesellschaft in Deutschland

1884 - 1886

Herausgegeben und eingeleitet von Lars Hoffmann

Gebunden mit Schutzumschlag
352 Seiten, 12,4 x 20,5 cm
ISBN 978 3 86539 800 0

➤ Ein Botaniker untersucht die Bodenschätze im Kongobecken

➤ Freud und Leid der Afrika-Expeditionen des 19. Jahrhunderts

➤ Am Vorabend der Berliner Kongokonferenz, in der König Leopold II von Belgien den Kongo als seinen Privatbesitz vereinnahmte, ein völkerrechtlich beispielloser Vorgang.

EDITION ERDMANN

im marixverlag
Römerweg 10
65187 Wiesbaden

edition-erdmann@marixverlag.de
www.edition-erdmann.de
www.marixverlag.de

Der „Vater der Geschichtsschreibung"

Cicero

Herodot
Neun Bücher zur Geschichte

Mit einer Einleitung
von Lars Hoffmann

Gebunden mit Schutzumschlag
1.056 Seiten, 12,5 x 20 cm
ISBN 978 3 86539 142 1

Herodot stammte von der Westküste Kleinasiens und ist der erste Historiker, der ganz gezielt schriftliche und mündliche Zeugnisse zur Geschichte der gesamten, damals bekannten griechischen und orientalischen Welt zusammentrug. Dabei sind es insbesondere auch seine Reisen, die dem Werk einen sehr lebendigen Charaker verleihen. Seine Schlussfolgerungen und Urteile entspringen also nicht nur der Schreibstube, sondern werden durch eigene Eindrücke untermauert, die sich wie ein Spiegel auf das menschliche Verhalten zu unterschiedlichen Zeiten und unter wechselnden Lebensbedingungen anwenden lassen. Den historischen Rahmen bilden die Jahrhunderte vom Trojanischen Krieg bis zum Zug des Perserkönigs Xerxes gegen Griechenland im Jahr 479 v. Chr.

im marixverlag
Römerweg 10
65187 Wiesbaden

edition-erdmann@marixverlag.de
www.edition-erdmann.de
www.marixverlag.de

Die einzige erhaltenene Landeskunde der Antike!

Strabo
Geographica

Gebunden mit Schutzumschlag
1.341 Seiten, 15,1 x 22,7 cm
ISBN 978 3 86539 051 6

Strabos Geographica ist das einzige aus dem Altertum erhaltene Werk dieser Art. Er bereiste viele Länder und beschrieb in seinen Schriften Orte, Menschen und Kulturen seiner Zeit. Doch das Werk ist nicht nur für Landeskunde der griechisch-römischen Welt und für die Geschichte der Geografie von grundlegender Bedeutung. Vielmehr reichert Strabo seine Berichte mit einer Vielzahl von historischen, mythologischen, literarischen und naturkundlichen Einzelheiten an. Damit ist das Werk auch eine Fundgrube für jeden Althistoriker, Archäologen, Kultur- und Literaturhistoriker.

EDITION ERDMANN

im marixverlag
Römerweg 10
65187 Wiesbaden

edition-erdmann@marixverlag.de
www.edition-erdmann.de
www.marixverlag.de